世界遗产全书

THE COMPLETE BOOK OF WORLD HERITAGE SITES

朱月华 · 墨刻编辑部——编

世界图书出版公司
北京 · 广州 · 上海 · 西安

世界遗产全书

The Complete Book of World Heritage Sites

世界遗产全书

The Complete Book of World Heritage Sites

88 全球世界遗产一次全收录

89 欧洲

301 亚洲

世界遗产全书

The Complete Book of World Heritage Sites

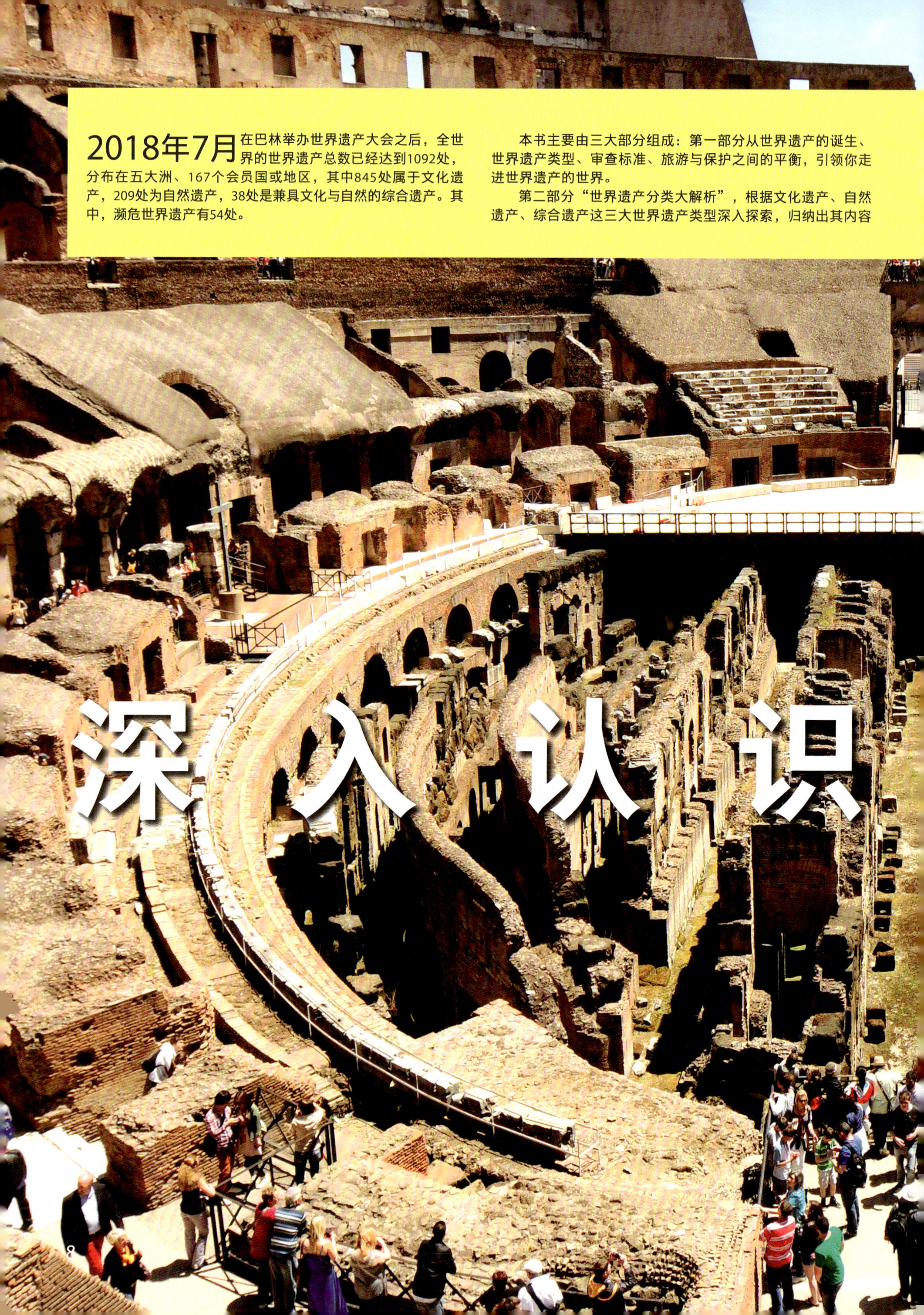

深入认识

2018年7月在巴林举办世界遗产大会之后，全世界的世界遗产总数已经达到1092处，分布在五大洲、167个会员国或地区，其中845处属于文化遗产，209处为自然遗产，38处是兼具文化与自然的综合遗产。其中，濒危世界遗产有54处。

本书主要由三大部分组成：第一部分从世界遗产的诞生、世界遗产类型、审查标准、旅游与保护之间的平衡，引领你走进世界遗产的世界。

第二部分“世界遗产分类大解析”，根据文化遗产、自然遗产、综合遗产这三大世界遗产类型深入探索，归纳出其内容精髓，包括古代文明、地球生态、伟大建筑、城市聚落、宗教世界、产业遗产；再往下细分，就是我们所熟知的古埃及、美索不达米亚、古印度河、古希腊、罗马帝国、野生动物、植物生态、海洋生态、火山、冰川、岩石、宫殿、陵墓、文艺复兴城市等。1092处世界遗产，透过表格和图片的归类分析，让你深入了解每一座世界遗产背后的意义及其在人类历史中和地球上所扮演的角色。

第三部分“全球世界遗产一次全收录”，把2019年之前的五大洲、167个国家或地区、1092处世界遗产全数囊括，以文字和图片的形式来记录这些世界瑰宝。

世界遗产

世界遗产的诞生

世界遗产是指被联合国教科文组织世界遗产委员会列入《世界遗产名录》的文化和自然遗产。世界遗产委员会根据《保护世界文化和自然遗产公约》，将世界范围内具有突出的普遍价值的文化和自然遗产列入《世界遗产名录》。

评定世界遗产的目的便是鼓励世界各国签订合作保护宣言，宣示并保护自己领土内的自然与文化遗产。同时，通过国际合作的方式，提供人才、专业知识、技术、法律保护等各方面的交流，确保遗产的完整性。

1972年11月16日，联合国教科文组织第17届会议于巴黎召开，会上通过《保护世界文化和自然遗产公约》，这是联合国首度界定世界遗产的定义与范围，希望通过国际合作的方式，解决世界重要遗产的保护问题。

申请世界遗产的国家，必须签署《保护世界文化和自然遗产公约》成为会员，缴纳会费。每个遗产地点将获得会费百分之一的补助，执行委员会必须统一审核、讨论如何运用这些经费。

执行委员由会员国共同投票选出，共21个席次，任期6年，每2年改选1/3席次。执行委员会除了必须决定哪些地点可被列入世界遗产，也必须审核是否有任何已被列入世界遗产名单的地点有保护不周的状况。在这过程中，委员会必须听取由专家所组成的团体的专业意见。会员国提报世界遗产候选地点时，必须备有该地点保护规划，以及未来执行方式的保证。通常世界遗产在被认定之前，必须经过5年的评估时间。

继1977年世界遗产委员会在法国巴黎召开第一届大会之后，1978年的第二届大会在美国华盛顿举行，参与的会员国包括澳大

利亚、加拿大、厄瓜多尔、埃及、法国、加纳、伊朗、伊拉克、尼日利亚、波兰、塞内加尔、突尼斯、美国、南斯拉夫，并在会上提出了第一份世界遗产名单，共有12处，其中8处为文化遗产，4处为自然遗产。

世界遗产三大类型

世界遗产的标志外圈的圆象征着自然界，中间的方形则代表人类所创造的事物，同时圆圈也有保护的意思。整体象征着自然与文化之间相互依存的关系。

根据《保护世界文化和自然遗产公约》，世界遗产可分为：文化遗产、自然遗产、兼具文化及自然的综合遗产。

文化遗产并不只是狭义的建筑物，而是与人类文化发展有关的事物都可被认定为世界遗产，包括纪念物(Monuments)、建筑群(Groups of buildings)、场所或遗址(Sites)，都属于文化遗产的范围。至2018年底，世界各地共计有845处文化遗产，在三大类世界遗产中数量最多。

文化遗产可能是建筑大师的作品，例如建筑师高迪在巴塞罗那的建筑；也可能是对后世建筑有重要影响的形式，如欧洲常见的仿罗马式、哥特式、文艺复兴式、巴洛克式教堂；抑或是表现某种传统生活，如日本京都建筑群或中国的紫禁城；甚至是具有相同特性但在不同区域的建筑，也会同时被列入世界遗产，例如同样位于德国境内的魏玛和德绍的包豪斯(Bauhaus)建筑，以及跨国界的德国和英国的罗马长城。

自然遗产指特殊的物理、生物、地理景观。这些地方可能代表了“地球变动所留下的重要景观，代表了地理和生物演进的过程，抑或是濒临绝种动植物的栖息地、生态地，甚至是景色绝美

的自然奇观”，包括化石遗址(Fossil Site)、生物圈保护区(Biosphere Reserves)、热带雨林(Tropical Forest)与生态地理学地域(Biographical Regions)等。例如澳大利亚昆士兰沿海的大堡礁，全球唯一的巨蜥栖息地印度尼西亚科莫多群岛，世界最高峰所在地喜马拉雅山区，达尔文研究发展出进化论的加拉帕戈斯群岛(Galapagos)，都属于世界自然遗产。至2018年底，世界各地共计有209处自然遗产。

综合遗产乃兼具文化与自然特色，表示该地同时符合自然与文化遗产的条件，也是最稀有的一种世界遗产。至2018年底，全世界只有38处，例如中国的黄山、武夷山、泰山，秘鲁的马丘比丘，澳大利亚的乌鲁鲁－卡塔丘塔国家公园等。

其他类型遗产

除了有形的世界遗产之外，联合国教科文组织还有不同计划，较为熟知的有非物质文化遗产(Intangible Cultural Heritage)和世界记忆遗产(Memory of the World)两大类。它们的对象、种类、体系、公约与审查机制，都与世界遗产完全不同，不明就里的媒体常会将其混为一谈。不过它们保存与传承的目的，都是相同的。

非物质文化遗产于2001年5月新增，包括了濒临失传的语言、戏曲、表演艺术、传统手工艺、特殊文化空间、宗教祭祀路线或仪式等无形的文化形式。由于世界快速现代化与统一，这类遗产的传承比具有实质形体的文化类世界遗产更为不易，显示出这类遗产的可贵与亟待保护。

2001年教科文组织首度公布了19种口述与无形人类遗产，例如日本能剧、有百戏之祖称号的“中国昆曲”，以及西西里岛的提线木偶戏等；2003年的第二次会议遴选出28项；2005年的第三次会议

遴选出多达43项，足见保存这些具特殊价值的文化活动的困难和急迫。根据教科文组织2003年《保护非物质文化遗产公约》，自2009年起这些口述与无形人类遗产独立成为非物质文化遗产名录。

这份非物质文化遗产名单整合了2008年以前的90项“口述与无形人类遗产”，2009年新增87项、2010年新增48项、2011年新增33项、2012年新增32项、2013年新增30项、2014年新增38项、2015年新增28项、2016年新增42项、2017年新增42项，累计达470项。

世界记忆遗产是联合国教科文组织于1992年启动的一个文献保护项目，旨在保存具有较高历史文化价值的记忆遗产，每两年评选一次。被列入世界记忆遗产名录以后，联合国教科文组织将提供保存管理补贴和技术支持。目前已有427部文献被列入世界记忆遗产，其中勃拉姆斯的乐谱、贝多芬的第九号交响曲、中国李时珍《本草纲目》都是文献之一。

世界遗产审查标准

要列入世界遗产名单，必须具备非常杰出的普遍性价值，而且至少具有以下10个标准的其中一项，这是根据2005年世界遗产协会所提出的审查标准，前6项为文化遗产，后4项为自然遗产。

❶代表人类开创性天才的知名杰作。

❷展现了人类价值的重要转折，不论是世界上某个文化区块，还是横跨一个时代的建筑、工艺、艺术，以及城市规划发展。

❸对某个文化传统或文明(不论仍然存活还是消失)具有相当独特的表征和见证(testimony)。

❹在人类历史上，某种突出的建筑形式和建筑工法，具有相当重要的地位。

❺人类传统聚落或土地和海洋的利用，足以代表某个文化，或者人类与环境的互动，特别是在环境改变不可逆的情况下，这些都变得十分脆弱。

❻直接与生活的传统、信仰、艺术和文学相关的作品，而且具有普遍的重要性。

❼包含了最极致的自然奇迹，以及极为特殊的自然美景。

❽代表了地球发展史上最为突出的案例，包括记录生命、某种地形形成过程中的重要地质变化，以及某些突出的地形和地质特征。

❾在生态学和生物学的演变过程中具有代表性的案例，不论是陆地、淡水、海岸及海洋的生态系统，还是动物、植物的生态群落。

❿在保护生物多样性上，扮演最重要的自然栖息地，特别是那些正在遭受威胁的物种的栖息地。

世界遗产旅行

被列入世界遗产的实质好处有两个：一是带来显著的旅游收益；二是可以获得国际提供的专业技术与资金的支援，维护文物与自然景观。这两项益处对于发展中国家而言，都十分重要。

最好的国际合作范例是1960年开始的埃及努比亚遗址迁移工程。原因是埃及开始修建阿斯旺大坝，将导致努比亚遗址被淹没，联合国为此集合世界各地的科学家、工程师和考古学家，共同将神殿古迹迁移到高处(例如阿布辛拜勒神殿及菲莱神殿)。整件工程历时20年才完成，树立了国际合作的典范，而这也是世界遗产保护理念的首个具体行动。

被列入世界遗产，就像是被戴上了世界小姐的荣冠，想要一亲其芳泽的观光客也络绎不绝。观光除了带来大量的外汇，同时

也为当地提供就业机会，甚至是改善当地的硬件设施。

但是，联合国教科文组织选出世界遗产并不是为了观光，而是为了集合国际力量保存这些脆弱的文物和自然景观。因此每个地点或项目被列入世界遗产后，并不代表永远列名。过度开发、战争或自然灾害都很容易对世界遗产形成无可弥补的伤害，因此每处世界遗产指定地，必须每6年定期向联合国教科文组织报告该遗产的保护及发展状况。

若世界遗产指定地遭到严重破坏而无法改善时，将被撤销其资格。至2018年底，有54个地点被列入濒危世界遗产名单，此外，有两处遭到除名。

世界遗产遭受破坏的原因主要有：环境急剧变化、大规模兴建硬件设施、城市或旅游业过度发展、土地的使用变动造成的破坏、武装冲突以及不可预期的自然灾害等。其中自然灾害是难以防范的，例如2002年8月东欧严重的水患，使布拉格、布达佩斯等地的建筑与中古文件，遭受相当大的损失。

毫无限制的观光发展和未经良好设计的开发，也对景区造成很大伤害。除了人数过多以外，旅馆、商店、索道等大量建筑都对遗产造成可怕的威胁。尤其是运载游客所带来的空气污染和大量垃圾，都对该地造成严重的伤害，例如印度尼西亚婆罗浮屠的石雕，空气中大量的二氧化碳而使得千年来屹立于此的石雕，遭受严重侵蚀；埃及吉萨金字塔附近原本计划兴建新的机场，也是在教科文组织的强烈要求下才停工。

观光与保护之间必须寻求平衡，才能使遗产的保存更为久远，因此树立新的旅游观念很重要。除了当地政府与国际合作，确保遗产环境健全以外，访客更应学习如何用心对待这些珍贵的遗产。

世界遗产分类大解析

根据文化遗产、自然遗产、综合遗产这三大世界遗产类型再往下分类，又可以归纳出其内容精髓，包括古代文明、地球生态、伟大建筑、城市聚落、宗教世界、产业遗产。若再往下细分，就是我们所熟知的古埃及、美索不达米亚、古印度河、古希腊、罗马帝国、野生动物、植物生态、海洋生态、火山、冰川、岩石、化石等。

当然，1092处世界遗产不仅仅有这些分类，本单元就这几个大项，通过表格和图片的归类分析，让你们深入了解一下每一座世界遗产背后的意义及其在人类历史和这个地球上所扮演的角色。

精彩文明史迹

地貌生态变迁

多元建筑杰作

人文城镇聚落

四大宗教庄严建筑

农、矿、工、交通产业

古埃及·美索不达米亚·古印度三大文明

Egypt, Mesopotamia, India

尼罗河就是埃及的一切。今天游人来到埃及，不论从非洲第一大城开罗开始，还是从阿斯旺湖尼罗河北上，埃及古文明精华多数集中在尼罗河沿线。其中尤以吉萨(Giza)金字塔、卡纳克(Karnak)神殿、阿布辛拜勒(Abu Simbel)神殿，并列为埃及三大必看的古文明遗址。这三座遗址恰好呈北、中、南分布，吉萨金字塔就在开罗附近，卡纳克和路克索神殿居于尼罗河谷地中部的路克索，阿布辛拜勒神殿则位于埃及最南端与苏丹交界之处。从这三处不朽的古文明，恰好可以看出尼罗河对埃及建筑的影响，以及古埃及人的高度智慧。

同样地，如同中华文化发源于黄河，美索不达米亚和印度也都各自有一条孕育文明的大河。美索不达米亚的两河流域孕育了世界遗产“亚述”，印度的印度河孕育了世界遗产“摩亨佐达罗”。

古埃及文明

埃及

孟斐斯及金字塔群

Memphis and its Necropolis Pyramid Fields from Giza to Dahshur

孟斐斯(Memphis)是古埃及旧王国时期的首都，在公元前3100年前就已经是一个繁华的大都会，其盛况可以从沙卡拉陵墓区的气派和金字塔的壮观来判定。从吉萨到沙卡拉的金字塔地区，周遭的大小金字塔约有80余座，不过，最完美、最引人注目的当属吉萨的这3座，其建筑的技巧迄今无人能解，以现在的工程技术，依然无法复制出建于公元前2600多年前的金字塔。

埃及

底比斯古城及陵墓群

Ancient Thebes with its Necropoli

2000多年前，这里是埃及新王国时期的首都。底比斯的地理位置相当优越，都城跨越尼罗河两岸，沿岸尽是宽广的平原。古埃及人依据大自然日升日落的定律，衍生出死亡与复活循环不息的信仰，继而形成日出的东方代表重生、繁衍，日落的西方代表死亡、衰退的观念，因而膜拜阿蒙(Amun)的神殿遍及东岸，而富丽堂皇的皇家陵墓则建于西岸。

埃及

阿布辛拜勒至菲莱的努比亚遗址

Nubian Monuments from Abu Simbel to Philae

阿布辛拜勒以拉姆西斯二世建立的两座神庙闻名全球，一座是自己祭祀太阳神拉神(Ra-Harakhty)、阿蒙神(Amun)、佩特神(Ptah)的「拉姆西斯二世神殿」，一座是妻子纳法塔莉(Nafertari)祭祀哈特女神(Hathor)的「纳法塔莉神殿」。神殿完成于公元前1290—前1224年之间，迄今已有超过3000年的历史，现在，神殿外那4尊拉姆西斯二世的石像，已经成为继金字塔之后，最有资格代表埃及的标志。

美索不达米亚文明

伊拉克

亚述

Ashur (Qal'at Sherqat)

兴起于美索不达米亚的亚述王国于公元前14—前9世纪时，选择了这座位于底格里斯河西岸的城市当作首都，并以该帝国最伟大的神祇兼守护神亚述神为它命名。这座亚述帝国的宗教中心以及皇室陵墓所在地，发迹于公元前3000年以前，历经多番兴衰的亚述古城展现了从苏美尔人到帕提亚王国一路以来的建设，虽然公元前7世纪时毁于巴比伦人之手，却于公元1—2世纪帕提亚王国统治之时再度复苏，最后在公元2世纪时却遭到萨珊王朝的彻底摧毁。

古印度文明

巴基斯坦

摩亨佐达罗考古遗址

Archaeological Ruins at Moenjodaro

摩亨佐达罗位于印度河西岸，距离巴基斯坦前首都卡拉奇约580千米，根据考古遗址往前推算，这座城市约建于公元前3000年前，现存遗迹则清楚地说明了早期缜密的城市规划，包括以未经窑烧的砖筑墙，城市笔直交错的主干道，以及排水系统、地窖仓库、拥有艺廊的议事厅等，就连住屋的架构也经过设计，在地震来袭时会往外崩塌，以减轻人身伤害。

©UNESCO/Karim Hendili

埃及建筑五大必看重点

金字塔

金字塔是法老王追求永生的具体表现。他们相信，要获得永生就得确保肉体像在人间一样继续存在。因此，金字塔的门户与洞穴的窗户永远开着，这样灵魂才能来去自如，同时透过洞开的门窗，可以让人们盯着保护自己的肉体。

方尖碑

方尖碑这种几何建筑形式可能是抽象自然的具体表现，例如阳光的光束。太阳神在埃及人的生活中无所不在。古时方尖碑的顶端还贴有金箔。

圆柱

神殿圆柱的柱头花样繁多，仿纸莎草、莲花、椰枣、棕榈等，全都是生长在尼罗河畔的植物。圆柱上通常都有精致上色的浮雕。

塔门

塔门是新王国时期才发展出来的建筑形式，高大的塔门为神殿的主要入口，基座宽阔，通常为下宽上窄，内墙平直，外墙向外倾斜。

浮雕

建筑物的浮调大致分为两种：一种为凸浮雕，把图案背景切割掉；另一种为凹浮雕，先把图案轮廓凿刻出来，再刻出图样的细部。

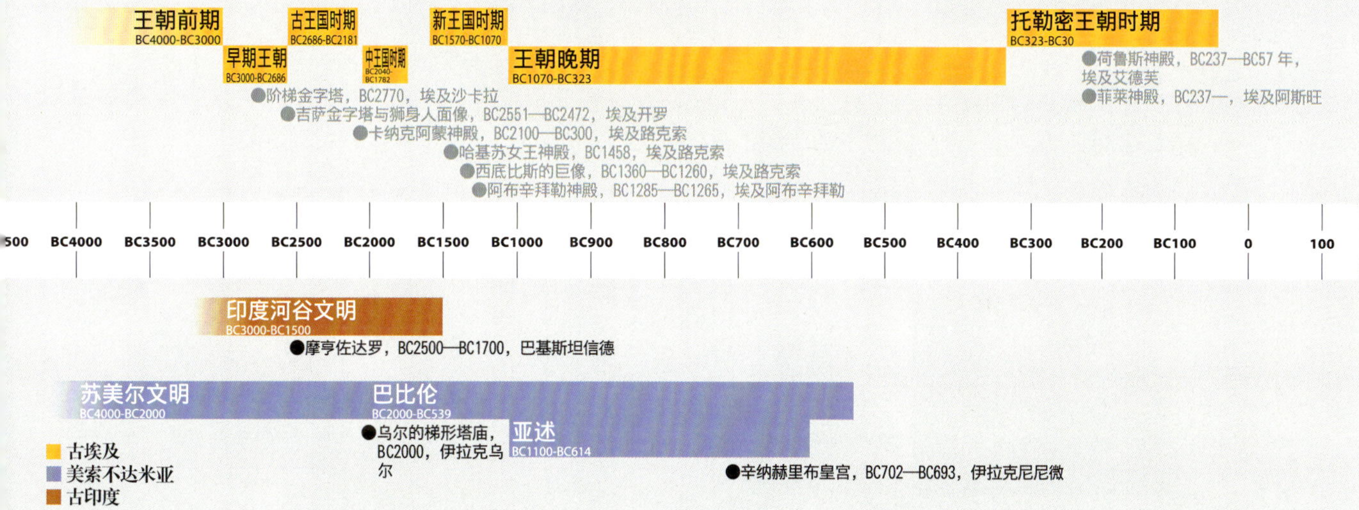

爱琴海·古希腊·希腊化三大文明

Aegean Sea, Greece, Hellenistic Greece

最早的爱琴海文明是公元前2200年克里特岛的米诺安文明，接着由希腊本土的迈锡尼接手；公元前800年，以雅典为发展重心的城邦势力崛起，直到公元前4世纪，马其顿王亚历山大统一整个希腊地区，并进而征服埃及、美索不达米亚、中亚、印度，把希腊文化进一步向外扩散。

真正影响后世的希腊建筑，就是进入希腊文化黄金时期的雅典神殿。直到今天，神殿圆柱的三大样式：多立克(Doric)式、爱奥尼克(Ionic)式及科林斯(Corinthian)式，仍然被世界各地广泛运用。

希腊人追求人与宇宙间的和谐，表现在建筑上则是力求美学的极致以及呼应天然环境的契合。而柱廊、剧场、广场等建筑形式对后世城市空间的规划，都有很大的影响。

爱琴海文明

©Samos Tourist Office

希腊

萨摩斯岛的毕达哥利翁与赫拉神殿 Pythagoreion and Heraion of Samos

在毕达哥利翁(Pythagoreion)堡垒形的港口中，可发现古希腊及古罗马的历史遗迹，包括隧道式的水道桥，而赫拉(Hera)神殿至今仍可见其壮观的建筑规模。

土耳其

特洛伊遗址 Archaeological Site of Troy

从举世闻名的考古区中出土的各种物件，则是小亚细亚文明与地中海文明接触、交融的重要证明，同时也证明了公元前13—前12世纪爱琴海文明消长的趋势。

希腊化文明

©UNESCO/ Lacoudre, Anthony

塞浦路斯

帕福斯 Paphos

传说帕福斯是希腊神话中掌管爱与美之女神阿佛罗狄忒(Aphrodite)的诞生地。公元前12世纪时迈锡尼人曾在此设立她的神庙，此地成为阿佛罗狄忒女神和希腊化时代丰产女神的崇拜中心。

伊拉克

哈特拉 Hatra

哈特拉是公元前3世纪时希律希底帝国创立的亚述城市，到了帕提亚王国时期，因位居丝路重要位置，一跃成为宗教和贸易中心。

©UNESCO/Véronique Dauge

土耳其

桑索斯－莱顿遗址 Xanthos-Letoon

一支属于安纳托利亚民族的古代民族吕西亚，在土耳其的地中海岸西部留下不少位于岩壁上的坟墓和石棺，文化深受希腊、罗马影响。

约旦

佩特拉古城 Petra

据考古发现，佩特拉建筑融合了中亚与希腊地中海形式的风格，出土文物则来自世界各地，显示出佩特拉地处欧亚十字路口的重要地位。

©The Jordan Tourism Board

古希腊文明

巴塞的守护者阿波罗神殿

希腊

Temple of Apollo Epicurius at Bassae

在古希腊时代，属于阿卡迪亚(Arcadia)行政区，位于阿卡迪亚群峰之间，是为祭祀守护者太阳神阿波罗(Epicurius为守护者的意思)而建的，年代约在公元前5世纪，海拔1131米。

©UNESCO/Yvon Fruneau

埃皮达鲁斯考古遗址

希腊

Archaeological Site of Epidavros

建有神庙和大量住宿设施，还建造了浴场、剧场甚至运动场等建筑。从遗迹的各种功能来推断，古希腊人早已发现心理的医疗与身体医疗一样重要。

雅典卫城

希腊

Akropolis, Athens

卫城除了是祭祀的圣地，也是政治与公共场所、防御要塞。在海拔70米高的山头上，耸立着以大理石打造的雄伟建筑，充分展现精湛的建筑工艺，堪称古希腊建筑的经典之作。

德尔斐考古遗址

希腊

Archaeological Site of Delphi

这是古代希腊最重要的宗教圣地，古希腊人认为这里是世界的中心。遗址里有座钟形的大理石，象征“世界的肚脐”。

奥林匹亚考古遗址

希腊

Archaeological Site of Olympia

这里是奥林匹克运动会的发源地。希腊人为表现他们对众神之王宙斯的崇敬，会举行各种祭神庆典，并同时举办体育竞技和文艺表演。

卡赞勒克的色雷斯古墓

保加利亚

Thracian Tomb of Kazanlak

大量王公贵族的陵墓年代可以回溯到公元前4世纪，是保加利亚境内保存最完善的古希腊时期的艺术杰作。

©www.bulgariatravel.org

阿格里真托考古遗址

意大利

Archaeological Area of Agrigento

从公元5世纪起，先后被迦太基人、罗马人占领，又历经拜占庭、阿拉伯王国的统治，留下许多神殿遗迹，是希腊境外保存最完整的古希腊遗迹。

迈锡尼与梯林斯考古遗址

希腊

Archaeological Sites of Mikines and Tiryns

挖掘出来的文物，让荷马史诗《伊里亚特》和《奥德赛》中提到的黄金王国迈锡尼从神话中走出来，让这个在公元前16—前12世纪支配希腊本土及爱琴海岛屿的古文明重现世人眼前。

昔兰尼考古遗址

利比亚

Archaeological Site of Cyrene

昔兰尼建于公元前7世纪，是锡拉岛希腊人的殖民地，在公元365年发生一场大地震前，一直是当地最重要的希腊城市，也见证了地中海地区的荣衰。

©UNESCO/G. Boccardi

希腊建筑必看三大重点

圆柱

真正影响后世的希腊建筑，就是进入希腊文化黄金时期的雅典神殿，而神殿的三大柱式，直到今天仍然被世界各地广泛运用。

剧场

剧场是希腊人祭祀酒神的庆典场地，要大到容得下一个圆形或半圆形的舞台，供庆典中合唱和舞蹈表演使用，还要加上大量座位的观众席。

柱廊

柱廊是希腊人一项简单却影响深远的发明，它单纯利用圆柱和楣的原理，串连成多用途的长廊柱，提供一个可坐下、遮阴、交易的空间。

BC3000　BC2500　BC2000　BC1500　BC1000　BC900　BC800　BC700　BC600　BC500　BC400　BC300　BC200　BC100　0　100　200

米诺安文明 BC3000-BC1400

迈锡尼文明 BC1600-BC1050

古希腊时期 BC800-BC323

希腊化时期 BC323-BC30

●巨石阵，BC2100—BC2000，英格兰南部

●克诺索斯皇宫，BC1600—BC1400，希腊克里特岛

●迈锡尼城，BC1350，希腊迈锡尼

●雅典卫城与帕提农神殿，BC447—BC438年，希腊雅典

罗马帝国
Roman Empire

罗马世界远比一般人想象的大得多，一支有纪律的部队勾勒出一个北起北海、南至非洲亚特拉斯山脉，西起大西洋沿岸、东至幼发拉底河的庞大帝国，领地横跨今天25个以上国家的领土，这个庞大帝国囊括了当时地球上最美丽的地区以及人类文明中最辉煌的部分。

罗马帝国征服过的非洲领土

阿尔及利亚

提帕萨
Tipasa

©UNESCO/Hana Aouak

位于地中海沿岸阿尔及尔西方68千米的提帕萨，原是公元前7世纪腓尼基人所建的贸易驿站，公元2世纪时成为罗马帝国的军事殖民地，接着又先后被拜占庭帝国和阿拉伯人占领，是一座融合多元文化风貌的海滨古城，古罗马遗址主要分为陵墓区和考古区。

罗马帝国征服过的欧洲领土

英国

©VisitBritain

罗马帝国边界
Frontiers of the Roman Empire

这条罗马边界指的是公元2世纪左右罗马帝国的边界线。从大西洋沿岸的大不列颠岛北部，穿过欧洲大陆直达黑海，再从黑海到红海穿过北非抵达大西洋沿岸，全长5000千米。这处世界遗产与德国境内的城墙遗址并列，英国部分指的是公元122年由罗马皇帝哈德良下令建造的，全长118千米，因而被命名为哈德良长城，为罗马帝国最北疆界。

西班牙

阿维拉旧城及城墙外的教堂
Old Town of Ávila with its Extra-Muros Churches

阿维拉位于马德里的西北方，是建于岩山顶端平台上的一座旧城，四周围绕着厚实的城墙，使它赢得「石头城」的封号。城墙保存完整，维持着浓厚的中世纪气氛。阿维拉的中古世纪城墙建造年代约在11—12世纪，是古罗马人与伊斯兰教徒留下来的防御工事，共有8座城门、88座城塔，其中又以文森门和阿卡萨门最令人印象深刻。

英国

巴斯
City of Bath

公元1世纪罗马人入侵英国，便在巴斯温泉附近广建浴池，以及献给水和智慧女神苏莉丝·密涅瓦的神庙，使得巴斯这座温泉之乡逐渐成为度假胜地。现今巴斯唯一存留的古罗马遗迹位于地面以下6米。最著名的是博物馆中的几个2000年前的浴池遗迹，如露天大浴池、泉水涌出的国王浴池等，以及水和智慧女神的镀铜神像。

西班牙

梅里达考古遗址
Archaeological Ensemble of Mérida

在古罗马时代，梅里达被称为「Emeritus Augustus」，意思是「奥古斯都军队中的单身汉们」。这里主要为了保护瓜迪亚纳河上桥梁与通道而修建。它远在古罗马时期便已繁荣兴盛，城内出现大量公共建筑，例如神庙、剧场、水道桥、民居、坟场等，它保留下来的罗马遗迹，是西班牙境内最丰富的，因此赢得「西班牙的小罗马」的美誉。

西班牙

塞哥维亚旧城及水道桥
Old Town of Segovia and its Aqueduct

塞哥维亚的名称源自伊比利亚半岛的凯尔特人，首批居民将它命名为「Segobriga」，意思是「胜利之城」。它优越的战略位置，是它自从中世纪以来便备受君王青睐的原因，城内处处可见昔日的皇宫建筑，以及可远溯自罗马时代的古老城墙和水道桥，堪称西班牙境内规模最庞大的古罗马遗迹。渡槽全长894米，由163根拱形柱组合而成。

西班牙

塔拉戈的考古遗址
Archaeological Ensemble of Tarraco

塔拉戈是昔日罗马人征服伊比利亚半岛的基地。公元前218年，罗马往南攻打驻守于西班牙的迦太基统帅汉尼拔，从那时开始，这座城市就在罗马历史中拥有举足轻重的地位。后来，塔拉戈不仅陆续发展出城墙，还演变成罗马帝国的度假胜地。从它今日保存下来的城墙、塔楼、圆形剧场、竞技场……不难看出昔日盛极一时的景象。

利比亚

大莱普提斯考古遗址
Archaeological Site of Leptis Magna

大莱普提斯考古遗址是地中海地区保存最好也是最宏伟的古罗马遗址，虽然腓尼基人早在公元前1100年就建立起这座城市，但一直到了公元193年，刚登基的罗马皇帝塞维鲁决定大力建设自己的家乡，这里才进入繁华期，并且成为当时非洲的第三大城市。本遗址包括公共建筑、港口、市场、商店、浴池、竞技场、剧场等令人赞叹的建筑景观。

摩洛哥

沃卢比利斯考古遗址
Archaeological Site of Volubilis

沃卢比利斯建于公元前3世纪，是毛里塔尼亚－廷吉他纳省的行政中心，也是罗马帝国西部边境上一个重要的殖民城市。这里土壤肥沃，物产丰饶，不仅繁荣富庶，还建有许多优美精致的建筑物。1755年，沃卢比利斯曾经遭到里斯本大地震的损毁，1914年起，考古学家开始透过出土的遗迹和文物，逐渐拼凑出这座罗马古城的原始面貌。

葡萄牙

埃武拉历史中心
Historic Centre of Evora

埃武拉旧城被保存完整的摩尔城墙所包围，城里石板街道和优雅的建筑，有股浓浓的中世纪城镇风味。当地的建筑十分有特色，白墙、花砖，加上饰以花草动物花纹的铸铁阳台，营造出独特的风韵，而这种建筑特色在日后更多地影响了巴西的建筑。

法国

加尔古罗马水道桥
Pont du Gard (Roman Aqueduct)

加尔水道桥宽275米，高49米，是古罗马水道桥中最高的一座，上中下共三层，上层47个小拱顶，作为引水道之用；中层11个中拱顶，前有步道，人车皆可通行；下层6个大拱顶，有阻挡洪水等功能。整体石材总重量估计高达五万多吨，石块间完全没有使用任何黏合材料，纯粹是靠精密的力学计算切割组合，完美的技术让水道桥历经上千年仍矗立山间。

法国

阿尔勒的罗马及仿罗马式建筑
Arles, Roman & Romanesque Monuments

这里留有重要的古罗马遗迹，包括圣托菲姆教堂及回廊、共和广场里的方尖碑、古罗马剧场、古罗马竞技场和地下柱廊、君士坦丁浴场。建于公元75年的古罗马竞技场，是普罗旺斯保存较好的罗马式遗迹之一。由两层楼、50座拱门所形成的大型竞技场，最多可以容纳两万名观众，直径最广的部分长达136米，坐在最高的一排座位可以一览阿尔勒的城景。

法国

奥朗日古罗马剧场与凯旋门
Roman Theatre and its Surroundings and the "Triumphal Arch" of Orange

墙面宽103米、高37米的奥朗日古代剧场，是世界上保存完好的古罗马剧场之一，尤其是舞台墙面也被完整地保存下来。而位于昔日旧城边界的凯旋门，是纪念罗马皇帝奥古斯都平定高卢，于公元1世纪前后建的，长约19米、宽约8米、高约19米，共有3个拱门，大致呈西北—东南走向。其上的浮雕主要以军队、武器及徽章描述罗马人和高卢人的战斗情景，歌颂罗马帝国光辉的成就。

罗马帝国征服过的亚洲领土

以色列 马萨达 Masada

马萨达名称源自希腊文的“堡垒”，这座犹太人眼中的圣城起源已不可考，只知道公元前40年时希律王为了躲避帕提亚国王的追杀而在此避难并进行大规模的建设。公元66年时，马萨达爆发第一次犹太人和罗马人的战争，围城的罗马人在这座高城的四周筑城、兴建营地、防御建筑与攻击斜坡。

©The Jordan Tourism Board

约旦 佩特拉古城 Petra

绝美的粉红石头城佩特拉，地处往来阿拉伯世界、埃及和地中海交通的十字路口，加上狭窄山谷所形成的天然通道，易守难攻，是中世纪绝佳的交通要塞城市。公元前200年左右，阿拉伯那巴游牧民族(Nabatacans)选择于此建城。自此佩特拉在经济和宗教上扮演重要的角色。一直到罗马帝国的全盛时期，佩特拉还是中东地区的重要城市。其名声远播，远至中国都知道有个玫瑰般的石头城。

©UNESCO/Clément Martin

阿尔巴尼亚 布特林特 Butrint

布特林特坐落于阿尔巴尼亚与希腊的边界，早在公元前10世纪时便已出现聚落，这座伊特鲁里亚人(Etruscan)创立的城市，先后成为希腊殖民地、罗马城市以及主教管辖区。1928年出土遗迹中展现该城各个时期的样貌，古希腊罗马时期的围墙与圆形剧场和神庙、公元前6世纪的古堡、基督教传入时期的大教堂等，都见证了它昔日的经济与军事实力。

©Croatian National Tourist Board/Renco Kosinožić

克罗地亚 波雷奇历史中心的尤弗拉西苏斯主座教堂建筑群 Episcopal Complex of the Euphrasian Basilica in the Historic Centre of Poreč

波雷奇是罗马人于公元前2世纪建立起来的城市，至今城里许多角落仍然可以看到倾颓的罗马遗址。西罗马帝国灭亡之后，公元539年波雷奇由拜占庭帝国接手，并设立了一个主教席位，今天城里最珍贵的遗产尤弗拉西苏斯大教堂，便是那个时期遗留下来的。

塞尔维亚 贾姆济格勒－罗慕利亚纳的加莱里乌斯皇宫 Gamzigrad-Romuliana, Palace of Galerius

贾姆济格勒保存了罗马晚期重要遗迹。早年数量众多的塔楼，使得历史学家认为这里是处罗马军营，直到1953年才确认该遗址为皇宫。加莱里乌斯皇帝以他母亲的名字「Romula」替这处结合了神庙、宫殿、浴室和凯旋门的建筑命名。皇宫兴建于289年，除被当作奢华别墅使用外，还具有敬神与宣扬皇帝功绩的用途，也因此使这处集纪念活动与举行仪式等功能于一身的建筑群显得更加独特。

©National Tourism Organisation of Serbia/B.Jovanovic

德国 特里尔的古罗马建筑、圣彼得大教堂和圣母教堂 Roman Monuments, Cathedral of St. Peter and Church of Our Lady in Trier

君士坦丁大帝崛起于特里尔，在统一罗马帝国后，特里尔的政治地位大幅提升，拥有「第二罗马」的美誉。特里尔的黑门是阿尔卑斯山以北保存最完整的古罗马时期的城门。而特里尔圣彼得大教堂的前身是君士坦丁大帝建立的古罗马教堂原址，它不但是德国最古老的教堂，更真实地呈现早期罗马式建筑风格。紧邻大教堂的就是圣母教堂，堪称德国早期哥特式教堂之一。

©GNTB

斯洛伐克 斯皮什城堡 Spišský Hrad

以石灰岩为材建造的斯皮什城堡，原型可上溯至罗马帝国晚期，当时就已经有军事防御功能的堡垒存在。公元二世纪时，曾在现址兴建一座高塔，但随后被毁。直到12世纪，当时为防鞑靼人攻打而兴建城堡，而后经过多位匈牙利国王增建，至1464年转手给经营制铁业有成的家族，此后便一直在贵族手上流转。1945年由政府接手，城堡正式成为文化古迹建筑被保护。

©www.slovakia.travel/Alexander Vojček

罗马建筑必看六大重点

圆形竞技场

竞技场是典型的罗马式建筑。希腊剧场专门供表演戏剧使用，多半顺着山势而建；竞技场却是供比赛和竞技用，就位于城市内，直接由平地升起。

凯旋门

凯旋门运用了嵌墙柱，通常建在广场入口，是为了纪念战役胜利而设的拱门。凯旋门要够大，才能让军队载着战利品穿越夹道欢呼的民众。

浴池

罗马的公共浴场不是免费就是收费低廉，通常盖在奢华的建筑物内部，分隔成热水池和温水池。罗马人营造大型空间的技巧十分卓越。

图书馆

图书馆是希腊化时期发展出来的建筑，主要是埃及托勒密王朝时代的发明，后来这个功能性建筑也传到小亚细亚及近东，成为博物馆前身。

圆顶

罗马人在结构工程的发明上可谓成就辉煌，圆顶是把混凝土灌入作为永久性框模的墙面之间构筑而成，不论从内或由外，都可欣赏。

水道桥

罗马时代水通常由埋设在地下的水管输送，如果要露天穿越山谷，就要架设水道桥，这是既具有功能又相当美观的建筑设计。

拜占庭帝国
Byzantine Empire

公元395年，君士坦丁大帝从罗马迁都至君士坦丁堡。东罗马帝国被称为拜占庭帝国，东西罗马帝国彻底分裂。公元527—565年查世丁尼一世时期，拜占庭帝国文治武功达到鼎盛时期，盖了圣索菲亚大教堂（现为清真寺），产生了所谓的“拜占庭式建筑”，圆球状的屋顶夸大了建筑外观的力学美。

拜占庭的圆顶向西越过亚得里亚海，则成为威尼斯圣马可大教堂的希腊式十字形五个圆顶；向北至俄罗斯，为了避免冬天下雪时压垮浅圆顶，于是发展出洋葱形圆顶。直到1453年拜占庭被奥斯曼土耳其帝国灭亡为止，这个横跨欧亚非的帝国，其艺术风格影响可说无远弗届。

叙利亚 武士堡和萨拉丁城堡
Crac des Chevaliers and Qal'at Salah El-Din

这两座城堡可以说是11—13世纪东西方十字军征战时期的军事代表作，显示东西双方虽然互为敌对，却在建筑等文化方面相互交流与影响。萨拉丁城堡融合了拜占庭、法兰克人及12世纪伊斯兰阿育比(Ayyubid)王朝的特色。

©UNESCO/Jean-Pierre Heim

©The Jordan Tourism Board

约旦 乌姆赖萨斯
Umer-Rasas (Kastrom Mefa'a)

乌姆赖萨斯原本是一处罗马军营，公元5世纪开始发展成为一座城镇，而后历经长时间的发展，这块遗址上出现了罗马、拜占庭以及早期的伊斯兰文明。

©The Jordan Tourism Board

©www.bulgariatravel.org

保加利亚 内塞伯尔古城
Ancient City of Nessebar

过去多次被不同文明占领，因而拥有丰富的历史与各个时期的建筑。公元前两千多年以前，色雷斯人已然在此设立聚落，到了公元前6世纪时，这里成了希腊人的殖民地，甚至后来成为拜占庭帝国的重要要塞之一。

希腊 阿索斯山
Mount Athos

阿索斯山是希腊东正教的“圣山”，严禁女性及小孩入山，自1054年即是希腊东正教的精神中心。这座拜占庭艺术的宝库，拥有20座修道院及约1400名修道士，其设计影响远至俄罗斯，而学校的绘画则影响了东正教的艺术。

©UNESCO/Christian Manhart

©GNTO/Kouzouni

塞浦路斯 特罗多斯地区的彩绘教堂
Painted Churches in the Troodos Region

在拜占庭时期，该区成为拜占庭艺术的中心。如今保留下来的九间教堂和一座修道院，内部大量装饰着色彩缤纷的壁画，和建筑本身充满乡村风格的外观形成强烈的对比。借由这些壁画，人们得以对塞浦路斯当地的拜占庭与后拜占庭时期的绘画有着概略的认识。

希腊 塞萨洛尼基的初期基督教与拜占庭式建筑群
Paleochristian and Byzantine Monuments of Thessalonika

塞萨洛尼基建于公元前315年，是早期基督教传播地之一。这些精致的基督教建筑，经由公元4世纪至15世纪不断的修建，而呈现出不同时期的建筑特色，这点也影响了拜占庭世界。

©UNESCO/Caroline Delwail

希腊

达夫尼修道院、俄西俄斯罗卡斯修道院及希俄斯新修道院

Monasteries of Daphni, Hossios Luckas and Nea Moni of Chios

这三座修道院虽然相隔有一段距离，但其美学特色相仿。建于广场中的教堂皆为十字型，大圆顶由内角拱支撑着，呈八边形结构。金色背景上装饰着华丽的大理石，为拜占庭艺术第二个黄金时期的象征。

意大利

威尼斯及其潟湖区

Venice and its Lagoon

最早威尼斯是拜占庭的殖民地，其取得自治权后建立了共和国，在7世纪时威尼斯已经成为世界上强盛富有的国家之一，领土延伸到地中海。

意大利

拉韦纳早期基督教古迹

Early Christian Monuments of Ravenna

位于波河三角洲的拉韦纳，于罗马帝国时期就被奥古斯都(Augusto)选为舰队的基地，并开始发展；公元402年西罗马帝国把首都迁到此城，特奥多西奥皇帝(Teodosio)将基督教定为国教；其后拉韦纳还成为东罗马帝国支持的蛮族国王特奥多利可(Teodorico)所建王朝的国都，直到8世纪为止。因此基督教前期的建筑结合拜占庭镶嵌艺术的大量应用，诞生了这座闪亮的马赛克之都。

罗马尼亚

摩尔达维亚的教堂群

Churches of Moldavia

罗马尼亚东北部的摩尔达维亚省是一片洋溢着乡村风情的森林地带，当地七座外观饰以精致的彩绘壁画的东正教教堂，象征着15—16世纪拜占庭艺术的巅峰！

©www.romaniatourism.com

塞尔维亚

斯塔里拉斯和索波查尼修道院

Stari Ras and Sopoćani

坐落于拉斯卡地区的索波查尼修道院兴建于13世纪下半叶，它是西方和拜占庭世界间相互联系的象征。内部精致的彩绘壁画被誉为最漂亮的塞尔维亚中世纪艺术，例如位于主殿西墙的《安眠圣母》壁画。

©National Tourism Organisation of Serbia/ B.Jovanovic

©UNESCO/Yvon Fruneau

塞尔维亚

科索沃的中世纪古迹

Medieval Monuments in Kosovo

这些中世纪古迹由四座融合拜占庭与仿罗马建筑风格的东正教教堂组成。它们的内部装饰发展于13—17世纪。风格独特的巴尔干壁画，对日后巴尔干半岛的艺术发展产生了深远的影响。

塞尔维亚

斯图德尼察修道院

Studenica Monastery

斯图德尼察修道院的两大主要结构为融合罗马与拜占庭风格的圣母教堂(Church of the Virgin)，以及外观呈现八角形圆顶的国王教堂(Church of the King)，这两个同样以白色大理石建造的纪念建筑，因为收藏大量13—14世纪的拜占庭壁画而具有极高的艺术价值。

©National Tourism Organisation of Serbia/B.Jovanovic

埃及

圣卡特琳娜地区

Saint Catherine Area

圣卡特琳娜修道院位于《圣经》所记载摩西接受上帝十诫的西奈山山脚下。这是世界现存的古老修道院之一，院内珍藏着早期基督教手稿及圣像，其建筑可以说是拜占庭早期建筑的最佳范例。而整个圣卡特琳娜地区里不但有许多进行中的考古活动，也是犹太教、基督教、伊斯兰教三大宗教的圣地。

奥斯曼帝国
Ottoman Empire

奥斯曼帝国巅峰时疆土横跨欧亚非三洲，从维也纳到黑海、阿拉伯半岛、北非埃及全在它的掌握之下，占了世界六分之一的领土。千余年来，博斯普鲁斯海峡、黑海、马尔马拉海三面环绕的水域带，带给伊斯坦布尔特殊的地理位置和历史定位。奥斯曼帝国在极盛时期借着这片水域通过黑海，把势力从巴尔干半岛直通维也纳，令欧洲人闻风丧胆长达数个世纪。

尽管随着奥斯曼帝国崩解，过去金戈铁马、气吞万里的荣光早已烟消云散，但是身为一座历史名城，伊斯坦布尔依旧处处散发着那种东西文明所撞击出来的魅力，历经千余年始终不减。除了伊斯坦布尔，在奥斯曼帝国所统治过的土地上也可以看到些许它曾经有过的历史光辉。

埃及

开罗历史区
Historic Cairo

公元969年法蒂玛王朝征服埃及，建都于现在的开罗(意为征服者、胜利)，一直到马穆鲁克王朝(Mamluk Dynasty，奴隶王朝，1250—1517年)结束。为期500余年的时间，开罗一直都是伊斯兰世界的中心，清真寺比邻而建，数量惊人，当时曾被称为“千塔之城”。目前伊斯兰区仍号称有800座以上的清真寺，其中位于大城堡的蓝色清真寺，就像是土耳其伊斯坦布尔蓝色清真寺的翻版。

突尼斯

突尼斯旧城
Medina of Tunis

突尼斯市是突尼斯的首都，融合非洲、欧洲和伊斯兰风情。旧城包括伊斯兰清真寺、古城门和传统市集。在12—16世纪，突尼斯市被公认为伊斯兰世界最富庶的城市。目前旧城里保存了约700件古迹，包括宫殿、清真寺、陵寝等，诉说着该城辉煌的过去。巴尔多博物馆收藏出土自突尼斯各地的马赛克镶嵌画，从史前、迦太基、罗马、早期基督教到阿拉伯帝国时期，各类型镶嵌画应有尽有，至于博物馆建筑本身就是奥斯曼土耳其时期的一座宫殿，足见突尼斯历史之丰，东西方各种文化都曾交会在这片土地上。

波斯尼亚和黑塞哥维那

莫斯塔尔旧城与旧桥地区
Old Bridge Area of the Old City of Mostar

名称原意为“桥梁守护者”的莫斯塔尔，横跨于内雷特瓦河的一座深谷上，15—16世纪时发展成为奥斯曼土耳其的边境城市，并于19—20世纪的奥匈时期持续开发。这座城市长期因其古老的土耳其房舍以及莫斯塔尔旧桥(Stari Most)闻名。该桥在耸立了427年后因1993年的波黑战争而损毁，联合国教科文组织积极修复莫斯塔尔旧桥与多元文化的旧城，重建的桥梁于2004年重新开放。

©UNESCO/Hans de Vaal

土耳其

伊斯坦布尔历史区
Historic Areas of Istanbul

位于历史城区的老皇宫正是奥斯曼强盛的象征，因为400余年间，36位苏丹(皇帝)中的半数都以托普卡匹宫为家。武力强盛时，苏丹不仅在此运筹帷幄、决胜于万里之外，其后宫的香艳及血腥也是一个传奇，就连莫扎特的歌剧也要上演这出以奥斯曼后宫生活为场景的《后宫诱逃》。老皇宫除了占地广阔、房间多如迷宫外，老实说并没有多么惊人的伟大建筑，不过里面却收藏了奥斯曼累积几百年的精华，以及在世界各地攻城略地所取得的宝藏。其中最著名的，便是宝物收藏室里重达86克拉、世界第五大的钻石，以及镶了三颗大翡翠的托普卡匹匕首。

阿尔巴尼亚

培拉特与吉诺卡斯特拉历史中心

Historic Centres of Berat and Gjirokastra

©UNESCO/Yvon Fruneau

“千窗之城”培拉特和“两千阶梯之城”吉诺卡斯特拉，是现今罕见的奥斯曼土耳其时期的典型建筑范例。发迹于公元前6世纪的培拉特，是该国古老的城市之一，历经拜占庭、罗马、土耳其人的统治，该城融合了不同的宗教与文化，其历史可以回溯到公元前4世纪的城堡、拜占庭时期的教堂，以及奥斯曼年代的清真寺与苏菲派兄弟会。吉诺卡斯特拉也位于阿尔巴尼亚南部，坐落于一座谷地上，海拔300米，是一个由希腊人社区所组成的城市，以一座城堡和一系列美丽的双层房舍著称。

©UNESCO/Yvon Fruneau

波斯尼亚和黑塞哥维那

维谢格拉德的索科罗维奇古桥

Mehmed Paša Sokolović Bridge in Višegrad

在波斯尼亚和黑塞哥维那东部的德里纳河上，跨越了一座出自奥斯曼土耳其帝国最伟大的建筑师锡南之手的古桥。这件落成于1755年的土耳其建筑巅峰之作，充分展现奥斯曼帝国先进的土木技术。其以11座砌石拱、每座11—15米不等的跨距横越将近180米的距离，多数砌石拱曾因两次世界大战受损后修复。而南斯拉夫籍诺贝尔文学奖得主安德里奇(Ivo Andric)的小说《德里纳河上的桥》(*The Bridge on the Drina*)，让这座古迹更加声名大噪。

以色列

阿卡古城

Old City of Acre

中世纪时期阿卡古城成为耶路撒冷十字军王朝的首都。这些年代回溯到12—13世纪的十字军时期城镇遗址，几乎被完整地保留了下来，和后来18—19世纪时统治该城并将它建设成典型伊斯兰教都城的奥斯曼土耳其帝国建构的城市面貌重叠，形成今日非常特殊的层次景观：堡垒、清真寺、商旅客栈以及浴池等典型伊斯兰建筑要素，错落于中世纪的结构间。

©The Israel Ministry of Tourism

土耳其

番红花城

City of Safranbolu

自13世纪开始，番红花城就是东西方贸易商旅必经的驿站，到了17世纪时，黑海地区繁盛的商贸使番红花城迈入巅峰期。富豪广建华宅突显身份，这些运用砖木打造的奥斯曼宅邸，通过岁月、天候的考验留存至今，成为番红花城最抢眼的特色。位于山谷中的番红花城就像是停驻在另一个时空的古镇，空气中弥漫着浓重的奥斯曼气味。整座番红花城就是一座生机盎然的博物馆，那些刻画在民宅门窗上的细节，以及沿袭百年的生活形态，窄街巷弄间处处彰显番红花城的特色。

土耳其

布尔萨和库玛立克兹克：奥斯曼帝国的诞生

Bursa and Cumalıkızık : the Birth of the Ottoman Empire

布尔萨是奥斯曼文化的发源地。穆罕默德二世还没拿下伊斯坦布尔之前，于公元1326年从塞尔柱帝国夺下布尔萨，并将其变为奥斯曼帝国的第一个首都。

布尔萨有“三多”：清真寺多、坟墓多、澡堂多。清真寺多，因为这里是奥斯曼文化中心，伊斯兰教信仰坚笃，全城清真寺超过125座；坟墓多，因为奥斯曼崛起于布尔萨，先皇帝陵特别多，就像中国的西安一样；澡堂多，因为布尔萨是个温泉之乡，据估计，全布尔萨的土耳其浴室超过3000座。

前哥伦布时期美洲文明

Pre-Columbian Civilization

在欧洲人还没发现新大陆之前，也就是所谓的前哥伦布时期(pre-Columbian)，美洲地区一直存在着两大文明区块，一是中美洲以玛雅与阿兹特克为主的文明，二是南美洲的印加文明，这两大文明所遗留下来的建筑，至今仍是考古的重要依据。

公元1492年哥伦布发现新大陆，欧洲人大幅改变了对世界的认知，也从此转变了美洲的命运。公元1500年前后，西班牙征服者从墨西哥湾上岸，发现了前所未见的古老文明隐身在雨林里，对中美洲文明的城市布局和建筑留下深刻的印象。

中美洲曾经崛起过的文明，其散布的范围大致包括了今天的墨西哥、危地马拉、洪都拉斯及萨尔瓦多等国家，依照时间先后，较著名的有萨波特克(Zapotecs)、玛雅(Maya)、托尔特克(Toltecs)、米斯特克(Mixtecs)、阿兹特克(Aztecs)等文明。它们通常被划分为以墨西哥高原、河谷为主的“高地”，和以墨西哥湾区为主的“低地”，不论哪个时期或区域，基本上都拥有许多相似的文化特征，包括建筑、城市规划、球场、金字塔神庙、活人献祭等。

至于南美洲的印加文明，它与中美洲的阿兹特克几乎同时开展，然后同样覆灭于外来殖民者的手中。印加帝国的幅员涵盖了南美洲安第斯山脉全境，相当于今天的厄瓜多尔、秘鲁、玻利维亚以及智利、阿根廷等国。

萨波提克文明、阿兹特克帝国文明

墨西哥

瓦哈卡历史中心和阿尔班山考古遗址

Historic Centre of Oaxaca and Archaeological Site of Monte Albán

阿尔班山是萨波提克文明的首都，也是美洲早期的重要城市之一。这地方的文明始于公元前6—前5世纪。萨波提克人于3—7世纪将阿尔班山带入巅峰时期，但没有人知道为何阿尔班山在公元8世纪时突然被遗弃。所遗留下来的建筑以石头为建材而且有厚墙，排水系统规划得十分完善。阿兹特克人则是在公元700—950年间抵达此地，并善加利用这些城市系统。

阿兹特克帝国文明

墨西哥

墨西哥市历史中心和霍奇米尔科

Historic Centre of Mexico City and Xochimilco

墨西哥市为阿兹特克人的政治中心，阿兹特克人称之为「Tenochtitlán」，意指「仙人掌果实之地」。到了15世纪时，市区人口已达20万，城市及其周遭建立了运河和水利工程，几乎和当时的欧洲同样进步。旧城里的中央广场曾经是权力与祭祀中心。墨西哥城以南28千米处的霍奇米尔科(Xochimilco)，仍可见到阿兹特克人所建的人造岛和运河，印证了阿兹特克人治理环境的智慧。

玛雅文明、阿兹特克帝国文明

墨西哥

特奥蒂瓦坎古城

Pre-Hispanic City of Teotihuacan

位于墨西哥城东北边约40千米的特奥蒂瓦坎是知名的文明遗迹之一，城市最早奠基于公元前1世纪，及至4世纪时，庞大的影响力不亚于现今危地马拉的蒂卡尔，只不过这里的人不像玛雅人一样刻制纪念碑，使得考古学家对它的认识非常少。市区里的大型建筑，如日月金字塔、羽蛇神神庙，都兴筑于这时候。城市约在7世纪时开始没落，可能是因城市规模已超过可负荷的规模。

BC5000 | BC4500 | BC4000 | BC3500 | BC3000 | BC2500 | BC2000 | BC1500 | BC1000 | BC900 | BC800 | BC700 | BC600 | BC500 | BC400 | BC300 | BC200 | BC100 | 0

奥尔梅克文明
BC1500-AD300

●奥尔梅克巨石头像，BC1200—BC600，墨西哥墨西哥湾海岸

萨波特克文明
BC500-AD800

●蒂卡尔，BC200—AD800，危地马拉蒂卡尔

●帕伦克城，BC1
墨西哥帕伦克

●特奥蒂瓦坎城，
墨西哥特奥蒂

玛雅文明

洪都拉斯

科潘的玛雅遗址 Maya Site of Copan

科潘为公元5世纪至9世纪玛雅古典时期文明的代表城市，不断的军事领地扩张让它在公元8世纪时达到鼎盛。然而过度的人口集中、土地资源滥用使这里又似昙花一现般迅速凋落，再度被雨林洪水埋没于荒烟蔓草间，只留下壮丽的金字塔建筑群、精致的雕刻纪念碑、复杂的象形文字，述说着曾经光耀一时的功绩。如今，考古学家在破译文字过程中，逐渐还原出精通数学、星象、献祭的玛雅人形象。

墨西哥

奇琴伊察古城 Pre-Hispanic City of Chichen-Itza

奇琴伊察最重要的建筑，是名为库库尔坎(Kukulkan)的神庙，又称金字塔神庙(El Castillo)。占地三千余平方米，由塔身和台庙两部分组成。金字塔底座呈四方形，塔身9层，向上逐层缩小至梯形平台。而从侧面看，每个侧面都有长长的阶梯通往顶部，每面阶梯各有91级台阶，加上上面的一级，正好是太阳年一年365天的天数。另外，9层塔座的阶梯又分为18个部分，这正对应着玛雅历法中一年的月数。金字塔每个侧面都排列了52片雕刻精美的石板，又恰巧是玛雅人的历法周期。

萨尔瓦多

霍亚德塞伦考古遗址 Joya de Cerén Archaeological Site

同意大利庞贝城一样，因公元590年拉瓜那火山剧烈喷发，这里被火山灰深埋地底。不同的是，这里的玛雅农村村民有足够时间逃离死亡命运，只留下家具、器皿和留在盘里未及吃完的食物。考古学家们用石膏灌入火山灰堆积凝成的空洞里，发现农夫几个小时前才种下的木薯田，这个重大线索增进了对人类古代植物学的了解，让我们得以窥见前哥伦布时期，中美洲族群的农耕及日常生活。

危地马拉

蒂卡尔国家公园 Tikal National Park

和多数知名的玛雅遗迹最大的不同是，蒂卡尔隐身在危地马拉北部的皮坦丛林之中，高耸的金字塔穿出浓密的雨林顶端，迎向太阳。从钻木取火的证据推测，大约公元前700年，玛雅人就开始在附近定居；公元前200年，已经有复杂的建筑群从蒂卡尔北方的卫城竖立起来。到了公元250年左右，也就是美洲古典时期的早期，蒂卡尔已经是玛雅很重要的一座城市，不但人口众多，更是玛雅的信仰、文化、商业中心。

不明(1—8世纪)

哥伦比亚

圣奥古斯汀考古公园 San Agustin Archaeological Park

从20世纪30年代起，这地区被发现有许多雕有人物、动物和神像的石像，有的写实、有的抽象，展现高度的创造力和想象力。据考证该文明约在公元1—8世纪出现，可以说是哥伦比亚最重要的考古发现。目前人们对于这些文物所代表的意义仍不清楚，只知那时的人类以渔猎为生，并有制陶技巧。

©Colombia Tourism

奇穆王国(15世纪)

秘鲁

昌昌考古遗址 Chan Chan Archaeological Zone

昌昌是15世纪奇穆王国盛世的首都，城市经过政治和社会阶层精密的考量规划，在市中心区以泥砖筑成围墙并划分成9个堡垒，每个堡垒均有庙宇、墓地、花园、储水池、安排对称的房间，据说应为贵族阶层的生活圈，其他的平民百姓则生活在堡垒区外。遗址自被发掘之后，因其所使用的建材极易遭受自然因素侵蚀毁坏，故1986年登录为世界遗产的同时，亦被列入「濒危文化遗产」名单，计划投入大量资源保护。

©UNESCO/Jim Williams

00 300 400 500 600 700 800 900 1000 1050 1100 1150 1200 1250 1300 1350 1400 1450 1500

米斯特克文明 900-1500

印加帝国 1200-1532

玛雅文明 300-900

阿兹特克文明 1400-1520

- 奇琴伊察，800—1500，墨西哥奇琴伊察
- 复活岛石像，1000—1500，智利复活岛
- 乌斯马尔，600—900，墨西哥犹加敦乌斯马尔
- 阿兹特克的大神庙，1325年—15世纪，墨西哥墨西哥市
- 萨克萨瓦满的神庙式碉堡，15世纪末—16世纪，秘鲁库斯科
- 马丘比丘，1500，秘鲁马丘比丘

史前岩画艺术

Prehistory Rock Art

从旧石器时代到新石器时代，还没有发明文字的史前人类，除了以石作为工具之外，能留给后人作为考古研究依据的，就是这些遗留在山洞或山壁上的画作了。从这些岩画上所描绘的人形、兽类，不难看出当时人类从以狩猎为主的生活方式慢慢演进为游牧、农耕，当然还可以看出他们的祭祀仪式以及艺术创意。

有趣的是，这些留下来的大量岩画，不分洲别、不分种族地域，分布得十分平均，五大洲都能看到这些艺术创作，尽管当时地球五大洲的陆块并不是我们今天所看到的模样。

12

20 万年前	3.8 万年前	1 万年前
旧石器时代前期	旧石器时代后期	中石器时代

1 措迪洛山岩面 Tsodilo，博茨瓦纳
2 威兰德拉湖区 Willandra Lakes Region，澳大利亚
3 科阿峡谷和席尔加·维德史前岩石艺术遗址 Prehistoric Rock-Art Sites in the Côa Valley and Siega
4 阿尔塔米拉岩洞壁画 Cave of Altamira and Paleolithic Cave Art of Northern Spain，西班牙
5 卡卡杜国家公园 Kakadu National Park，澳大利亚
卡皮瓦拉山国家公园 Serra da Capivara National Park，巴西 6
7 韦泽尔河谷壁画洞穴及史前遗址 Prehistoric Sites and Decorated Cav
洛斯马诺斯岩画 Cueva de las Manos, Río Pinturas，阿根廷 8
9 马托波山 Matobo Hills，津巴布韦
10 塔德拉尔特·阿卡库斯岩画遗址 Rock-Art Sites of Tadrart
11 伊比利亚半岛地中海盆地岩画艺术 Rock Art of
乌鲁鲁－卡塔丘塔国家公园 Uluru-Kata Tjuta National Park，澳大利亚 12
比莫贝卡特石窟 Rock Shelters of Bhimbetka，印度 13
塔斯马尼亚荒原 Tasmanian Wilderness，澳大利亚 14
卡莫尼卡的岩画 Rock Drawings in Valcamonica，意大利 15

7

©UNESCO/ F. Bandarin

©澳大利亚旅游局

©澳大利亚旅游局

©UNESCO/Lazare Eloundou Assomo

©Visitnorway.com/Kurt Hamann

7000年前

新石器时代

Verde，葡萄牙、西班牙

f the Vézère Valley，法国

Acacus，利比亚

the Mediterranean Basin on the Iberian Peninsula，西班牙

阿杰尔的塔西利 Tassili n'Ajjer，阿尔及利亚

17 冲戈尼岩石艺术区 Chongoni Rock-Art Area，马拉维

18 阿尔塔岩画 Rock Art of Alta，挪威

19 马洛提－德拉肯斯堡公园 Maloti-Drakensberg Park，莱索托、南非

塔努姆远古岩刻遗迹 Rock Carvings in Tanum，瑞典 20

泰姆格里岩画 Petroglyphs within the Archaeological Landscape of Tamgaly，哈萨克斯坦 21

圣弗朗西斯科山脉岩画 Rock Paintings of the Sierra de San Francisco，墨西哥 22

孔多阿岩画遗址 Kondoa Rock-Art Sites，坦桑尼亚 23

野生动物
Wild Life

世界上各个国家设立的国家公园、保护区数量繁多，既保育植物、动物，也保育生态，能被列为世界遗产的自有其不凡的意义。

这些动物需要被保护，当然是因为生存环境遭受极大威胁。一般人耳熟能详的珍稀动物有大熊猫、黑猩猩、白犀牛、美洲野牛，还有海洋哺乳动物鲸鱼等。由于这些动物的栖息地本身也极其脆弱，再加上人为或政治不稳定因素的破坏，这些自然遗产也有一大半都被列在濒危名单中。

保加利亚

斯雷伯尔纳自然保护区
Srebarna Nature Reserve

此保护区最大的特色在于它是近百种鸟类的繁殖地，以及80多种往来于欧非两洲候鸟每年冬天的栖息地，出现在这里的鸟类包括达尔马提亚鹈鹕、疣鼻天鹅、灰雁，以及大白鹭、夜鹭、紫苍鹭和白琵鹭等鹭鸶。

©www.bulgariatravel.org

坦桑尼亚

塞伦盖提国家公园
Serengeti National Park

本区具有重要的生态价值，不仅孕育着为数众多的动物群落，如狮子、豹、大象、犀牛和水牛，每年还会上演有蹄哺乳类动物随季节逐水草而居的景象，其中最令人叹为观止的，就是上百万只瞪羚以及数十万只斑马进行大迁徙的壮观画面。

乌干达

布温迪国家公园
Bwindi Impenetrable National Park

布温迪森林是非洲丰富的生态系统之一，动植物种类繁多，境内除了有超过160种树木、100种蕨类、120种哺乳动物、300多种鸟类，还是山地大猩猩等濒危物种的庇护所。

©UNESCO/Ron Van Oers

中国

四川大熊猫栖息地
Sichuan Giant Panda Sanctuaries—Wolong, Mt. Siguniang and Jiajin Mountains

人见人爱的熊猫目前在中国大陆只存活在四川、甘肃、陕西交界的山区，总数不过1000只左右，大多分布在四川境内，因此四川以熊猫故乡自居，设置了卧龙等7处保护区，以挽救熊猫濒临绝种的危机。

©Indiatourism

印度

马纳斯野生动物保护区
Manas Wildlife Sanctuary

保护区位于喜马拉雅山脚的缓丘上，这片林木茂密的丘陵，到处是冲积草原及热带雨林，保护区里栖息着各种濒危动物，包括孟加拉虎、亚洲象、印度犀牛、侏儒猪等。

日本

北海道知床半岛

Shiretoko

这里全境布满高山和海岬，因而成为棕熊、虾夷鹿、大岛猫头鹰等野生动物的天堂。知床五湖的自然生态丰富，时常可以看到虾夷鹿群在湖畔觅食的情景，不过最引人注目的还是棕熊的出没。

澳大利亚

大堡礁

Great Barrier Reef

由大大小小约2600个珊瑚礁构成的大堡礁，孕育了400种海绵动物、300种珊瑚、4000种软体动物和1500种鱼类，因此大堡礁的海底世界色彩缤纷。

©澳大利亚旅游局

©澳大利亚旅游局

©Ministry of Culture & Tourism, Republic of Indonesia

印度尼西亚

科莫多国家公园

Komodo National Park

科莫多国家公园位于巴厘岛东边海面，全境约750平方千米，由多座火山岛组成，沿岸是白沙滩、珊瑚礁、碧蓝海洋，内陆则是遍布多刺灌木丛、干燥草原的崎岖山坡，在独特的自然景观里，栖息着5700多只大蜥蜴。

这些蜥蜴因外表和好斗的行为模式，而被称为“科莫多龙”。在印度尼西亚离岛生长的全球独一无二的科莫多龙，是科学家的最爱，尤其是在研究生物演化理论方面。

澳大利亚

鲨鱼湾

Shark Bay

坐落在澳大利亚大陆西海岸最西处的鲨鱼湾，四周被岛屿和陆地围绕着，它拥有全球范围最广、最丰富的海草床，占地4800平方千米，以及世界上数量最多的儒艮。鲨鱼湾还同时保育5种濒临绝种的哺乳动物。

©澳大利亚旅游局

加拿大

伍德布法罗国家公园

Wood Buffalo National Park

这里栖息着北美数量最多的野牛，同时也是美洲鹤的栖息地。皮斯河和阿萨巴斯卡河之间有着世界上最大的内陆三角洲，是这座国家公园的最大特色。

©Tourism Alberta

©UNESCO/Allen Putney

墨西哥

黑脉金斑蝶生态保护区

Monarch Butterfly Biosphere Reserve

每年秋天，数亿只蝴蝶自北美各地飞到墨西哥市西北方大约100千米处、约560平方千米的山区避冬。

植物生态
Flora

相对于活生生的动物，植物生存环境所遭受的威胁较容易被忽略，然而其往往也是珍稀动物的重要栖息地。

由于这些自然保护区人烟稀少、地处偏远，范围又相当辽阔，相较于动物的脆弱，植物生态保存得更好，当然，还是有一部分植物遭受威胁。这些植物类的世界遗产，大致又可从“丰富的植物生态”“古代植物及原始森林”“植被面积辽阔与大型植物”“珍稀特有种”几部分加以分类。

©Turismo de Madeira

葡萄牙 马德拉群岛的月桂树森林
Laurisilva of Madeira

这里以当今全世界最大且年代久远的月桂树林而闻名，其中将近90%的面积都属于原生林。此外还有稀少的苔藓、蕨类和开花植物与多达66种的维管束植物等。

塞舌尔 玛依谷自然保护区
Vallée de Mai Nature Reserve

境内有大片由当地特有棕榈树形成的棕榈林，在这些棕榈树中，最知名的是以巨大种子称霸植物界的海椰子(Coco de Mer)。

日本 白神山地
Shirakami-Sanchi

这片人烟稀少的森林有8000年的历史，其中位于中央地带的约170平方千米的山毛榉原生林被收录为世界遗产。

©秋田县产业经济劳动部观光课

澳大利亚 昆士兰热带雨林
Wet Tropics of Queensland

这里是世界上最古老的雨林区，不只有许多濒临绝种的动植物，它本身更像是一部地球的生态进化史。

©澳大利亚旅游局

澳大利亚 澳大利亚冈瓦纳雨林
Gondwana Rainforests of Australia

冈瓦纳雨林保护区位于澳大利亚东海岸的大断层上，以多样濒临绝迹的雨林物种而著名。

©澳大利亚旅游局

澳大利亚

大蓝山地区自然保护区

Greater Blue Mountains Area

拥有广大的尤加利树林地，蓝山本身等同一部完整的澳大利亚尤加利树生态进化史，还有超过400种的动植物在此栖息。

©加州旅游局

美国

红杉国家公园

Redwood National and State Parks

以巨大的红杉闻名，园区里有全球最高的树。红杉生长于云雾缭绕的温带海岸区，是很好的建材，是世界上最高、最壮观的树种。

波兰·白俄罗斯

别洛韦日自然保护区

Belovezhskaya Pushcha / Białowieża Forest

广阔的森林包括许多常青阔叶树种，也是许多稀有哺乳动物的栖息地。

©Belarus Tourism

©Belarus Tourism

马来西亚

基纳巴卢山国家公园

Kinabalu Park

此地以热带雨林生态而闻名，还有无数奇特的繁茂植物，像世界最大朵花红色大王花，以及橡树、杜鹃花、猪笼草和矮灌木等。

南非

开普植物生态保护区

Cape Floral Region Protected Areas

区内大约有150种特有的植物，有些还是濒临绝种的稀有物种。这里可以观赏南非国花——帝王花(King Protea)。

巴西

发现海岸大西洋沿岸热带雨林保护区

Discovery Coast Atlantic Forest Reserves

这里的纬度已达南纬24度，却仍有雨林生态，主要是因为位于信风带使当地的冬季雨水不断。保护区里树林和灌木林种类繁多，也孕育了多样的生物。

©UNESCO

©UNESCO

肯尼亚

肯尼亚山国家公园

Mount Kenya National Park / Natural Forest

植被丰富，地貌多元，从低海拔的森林往上到荒原，再到高山林地，可以发现11种肯尼亚山特有植物和150种地区植物。

日本

屋久岛

Yakushima

屋久杉原生林是屋久岛最重要的自然景观，大面积的杉木都有数千年的历史，而绳文杉则是其中最具代表性也是最著名的杉木，根据推断已有7200多年的历史。

火山地貌与生态

Volcano

火山喷发是地球自形成以来一直存在的一种地质作用。从这些名列世界遗产的火山地貌，约略可以拼凑出地球的形成轨迹，而这些火山熔岩的地质、地形，也为地球科学家提供了极佳的研究材料。

其中最知名又能以最近距离观赏的就是夏威夷大岛的火山国家公园，火山口仍在冒烟，熔岩仍然不断溢流。事实上，整个夏威夷群岛就是火山岛屿地形，火山砾石海滩、冷却的熔岩、巨大火山口仍然清晰可辨。

英国

圣基尔达岛
St. Kilda

这里位于苏格兰外赫布里底群岛西岸，是大西洋北部的群岛。本岛是片火山群岛，包含四座小岛。

©VisitBritain

英国

“巨人之路”与海岸堤道
Giant's Causeway and Causeway Coast

“巨人之路”与海岸堤道位于北爱尔兰的安特里姆高原(Antrim plateau)海岸边，4万多根六角形黑色巨大玄武岩石柱从峭壁延伸到大海，形成了这条传说中的“巨人之路”。后来确认是由于五六亿年前，第三纪时的火山作用而形成的。沿着海岸悬崖的山脚，4万多根玄武岩石柱不规则地排列起来，绵延6000多米。这种石柱多为六边形，也有四边、五边和八边形的，石柱高者达12米，矮者也有6米多，高低参差、错落有致。从峭壁延伸至海底，形成了这一道通向大海的巨大的天然阶梯。

©Tourism Ireland

英国

戈夫岛野生动植物保护区
Gough and Inaccessible Islands

戈夫岛是第三纪火山岛，大多数海岸线为500—1000米高的峭壁，没有可庇护的港口，唯一的着陆点为东海岸。保护区多山与峭壁，成为世界上最重要的海鸟栖息地。

©UNESCO/Ron Van Oers

©UNESCO/Kishore Rao

坦桑尼亚

恩戈罗恩戈罗自然保护区
Ngorongoro Conservation Area

境内重要的地理景观，包括世界最大的火山口“恩戈罗恩戈罗火山口”，以及活火山“欧铎尼尤兰加”(Oldonyo Lenga)。

俄罗斯

堪察加火山群
Volcanoes of Kamchatka

这里是全球火山活动最频繁的地区，拥有高密度且喷发形式多样的活火山群，火山与冰川的交互作用形成了壮丽的地景奇观。

©UNESCO/Guy Debonnet

澳大利亚

豪勋爵群岛

Lord Howe Island Group

豪勋爵群岛是典型的孤立海洋岛群，是海底2000多米深处的火山爆发产物，群岛以壮观的地势景观及大量的稀有物种而闻名。

©澳大利亚旅游局

新西兰

汤加里罗国家公园

Tongariro National Park

因为有多座活火山和休眠火山，加上多元的生态环境，形成诡奇多变的地理景观。

美国

夏威夷火山国家公园

Hawaii Volcanoes National Park

全世界最活跃的两座活火山冒乌纳罗亚(Mauna Loa)和奇劳威亚(Kilauea)都位于此公园内，奇劳威亚火山迄今仍在喷发。

爆发后的火山熔岩，滚烫地流入冰凉的海水中。由于受到来往浪潮的推挤，熔岩冲击岩石和暗礁而逐渐形成的黑沙滩，是夏威夷岛备受瞩目的海岸景色之一，也是特殊的火山景观。

美国

黄石国家公园

Yellowstone National Park

黄石国家公园的地热景观，是数十万年前火山连续喷发形成的结果，最后一次的火山爆发约在64万年前，激烈喷泻的熔岩覆盖地表，热泉渗入岩层裂隙，极度的高温又迫使滚泉往上喷蹿，形成间歇泉、泥浆泉、喷气孔、温泉等超过10000种地热地形，占全球目前已知的半数。

冰川地形
Glacier

火山与冰川是两个自然现象的极端，但有时二者又能并存。万年不化的冰因重力作用而沿着地面倾斜方向移动，这种移动的大冰块便形成冰川，所以冰川通常分布在高纬度或高山地区。

在欧洲，乘坐瑞士和法国的冰川列车是观赏冰川最便利舒适的旅游方式；南半球的新西兰，则拥有世界海拔最低的冰川，不必爬山，不必坐火车，更不必搭直升机，走在平地就可以接近壮阔的冰川。而峡湾地形，多半也是由冰川作用所形成的。

瑞典 拉普人地区
Laponian Area

瑞典北极圈地区(Arctic Circle)是拉普人(Laponian)的家乡。拉普人完好保存了祖先传统的生活方式，他们随着季节迁徙，活动范围广泛。

©imagebank.sweden.se/Staffan Widstrand

瑞士 瑞士阿尔卑斯山的少女峰和阿莱奇冰川
Swiss Alps Jungfrau-Aletsch

海拔超过4000米的少女峰、僧侣峰(Mönch)与艾格峰(Eiger)，在阿尔卑斯山的中心地带连成一片白雪皑皑的壮丽山色。与少女峰一同被列为世界遗产的，还有全欧洲最大的阿莱奇冰川，冰川总长达23千米，面积超过120平方千米。

挪威 西挪威峡湾
West Norwegian Fjords–Geirangerfjord and Nærøyfjord

峡湾是由百万年前的冰川切割所形成的特殊自然景观，挪威西部的峡湾又被誉为世界上最经典的峡湾地形。

尼泊尔 萨嘉玛塔国家公园(圣母峰)
Sagarmatha National Park

萨嘉玛塔国家公园其实就是一般所称的喜马拉雅山区，全境1148平方千米，涵盖尼泊尔境内2845米以上的山区到圣母峰(即珠穆朗玛峰)之间的范围。平均海拔3000米以上，6000米以上的高山也比比可见，世界最高的圣母峰就在此列。沿途可见冰川和罕见的高山动植物，植物有银蕨、杜松、桦树等，动物则有喜马拉雅黑熊、狼、山猫、雪豹。

中国

云南“三江并流”保护区

Three Parallel Rivers of Yunnan Protected Areas

“三江并流”所指的三江，由西而东依次是怒江、澜沧江、金沙江，三条大江以平行的方式穿越云南西北部，并行奔流将近170多千米，而且最窄处的直线距离仅有19千米，不仅在中国是独一无二的自然景观，在世界上也属罕见。

©藏羚羊

©新西兰旅游局

新西兰

蒂瓦希普纳穆——新西兰西南部

Te Wahipounamu—South-West New Zealand

巨大的万年冰川塑造出南岛西南部的地貌，此处有全球最大的中温冰川和数条流动快速的冰川，缓慢往下移动的万年冰川，挟其庞大且坚硬的躯体，硬生生在山峦间切割出通道入海，在冰川融化后，便留下峡湾、峭壁、瀑布、砾石海滩等冰川地形。

加拿大

落基山脉国家公园群

Canadian Rocky Mountain Parks

远溯6亿年前，美洲大陆接近赤道，西边仅及于大平原区，平原上的河流天天将砂石、黏土、淤泥倾倒进大陆边缘的浅海，慢慢累积压缩成砂岩、页岩、石灰岩、白云石及石英石。2亿年前，原本相安无事的大陆地块改变走向撞击海洋地块，撞击的冲力举起地块，从西向东造山，直到1.2亿年前，落基山逐渐形成。

加拿大落基山的历史，记录在层层重叠的石头里，落基山的形状，由河流和冰川联手塑造。

加拿大·美国

沃特顿冰川国际和平公园

Waterton Glacier International Peace Park

公园内到处都是秀丽的美景，包括落基山脉的群山、一望无际的辽阔平原和散布于其间的湖泊。风、火、水共同雕琢出的险峻山岭，升起在翠绿的平原上，各种不同的生态体系在这里交会，而宁静的沃特顿湖以及链状般的冰川湖，为这座国家公园孕育出多样化的自然生态。

美国

奥林匹克国家公园

Olympic National Park

暴风山脊(Hurricane Ridge)可以说是公园内最美丽也是最不容错过的景点，在山顶可远眺那白雪覆盖、峰峰相连的奥林匹克山脉的壮丽景致，还可一览公园特殊景观之全貌及领略劲风的威力。

化石遗址

Fossil Site

地质年代指的是地球上各种地质中，剧烈的构造运动、大规模的岩浆活动、海陆变迁以及生物的兴盛与灭绝等重大地质事件所发生的时代，而埋藏在不同地质年代的化石也代表了时代的演进。在不同地区的地层之间，要分辨它们的新老关系时，常需要利用地层中所含的生物化石来确定。按照时间顺序排列的化石世界遗产，正是地球历史的重要证据。

美国 大峡谷国家公园
Grand Canyon National Park

整个峡谷地区长度约363千米，深度达1.6千米，主要由谷底部蜿蜒曲折的科罗拉多河切割而成，经历大约300万年至600万年的过程才形成今日的面貌，也由于河流切割，可以发现20亿年前的地层和原始生命化石。

澳大利亚 澳大利亚哺乳动物化石遗迹(里弗斯利/纳拉库特)
Australian Fossil Mammal Sites (Riversleigh / Naracoorte)

位于澳大利亚东岸，是全球十大化石遗迹之一。澳大利亚哺乳动物化石遗迹主要分布在北部的里弗斯利和南部的纳拉库特两处。这些遗迹等于是对澳大利亚的动物群生态演化做了详尽的记录。这里同时发现了古生代二叠纪以及新生代第四纪更新世大型鸟类的化石。

瑞士·意大利 圣乔治山
Monte San Giorgio

©MySwitzerland.com

瑞士意语区南部的圣乔治山，拥有中生代三叠纪中期(约2.3亿—2.45亿年前)完整而丰富的海洋生物化石，作为古时爬虫类、鱼类、鹦鹉螺、甲壳纲动物等生物曾在此生存的证据。又因为这个潟湖靠近陆地，化石中还包含了许多陆地上的物种，诸如爬虫类、昆虫及植物等，记录了这一地区远古时期的地理环境，形成非常珍贵的化石宝库。

©VisitBritain Images

英国 多塞特和德文东海岸的峭壁地形
Dorset and East Devon Coast

绵延在此区的峭壁地形乃中生代岩石构造地形，展现了1.85亿年地球的地质发展历史。该地区是极为重要的化石区域，沿海提供了三叠纪、侏罗纪和白垩纪年代的特有岩层，跨越中生代时期，也是世界上重要的化石现场，包括脊椎动物、无脊椎动物等生物的化石，都被保存得很好，为中生代时期留下不同的考古证据，为近300年来的地球科学研究提供了极为重要的依据。

加拿大 落基山脉国家公园
Canadian Rocky Mountain Parks

在这里可以发现四五亿年前古生代寒武纪三叶虫的化石。

加拿大 乔金斯化石崖
Joggins Fossil Cliffs

乔金斯化石崖是一处富含石炭纪化石的地点，因为海潮不断侵蚀，更久远的地层不断露出地表，大量的古生代石炭纪化石不断出土，揭示了3亿多年前古生物的演化历史。

©Canadian Tourism Commission

加拿大·美国 沃特顿冰川国际和平公园
Waterton Glacier International Peace Park

这里发现了1.5亿年前中生代侏罗纪的蓝藻类化石。

加拿大

艾伯塔省恐龙公园
Dinosaur Provincial Park

在加拿大艾伯塔省，有一大片广阔的“恶地”。恐龙公园成为最受瞩目的焦点，这里以各色各样的植物、鳄鱼、鱼类及恐龙化石闻名于世，不仅拥有冰川时期的遗迹，而且恐龙的骨骸遗迹也从德兰赫勒(Drumheller)一直延伸到恐怖神秘的恐龙谷。在这里不但可以看到35种以上的恐龙骨骸化石，同时这里也是全球规模最大、件数最多的恐龙骨骸展示中心。

©UNESCO/Véronique Dauge

埃及

鲸鱼峡谷
Wadi al-Hitan (Whale Valley)

在埃及西部沙漠的一处鲸鱼化石谷，有许多罕见的和已绝种的鲸鱼化石。这些化石代表生物演化中的一个重要阶段，生动地刻画了这些鲸鱼在进化过程中的生命形态。

此区目前发现最早出现的鲸类为古鲸亚目(Archaeocetes)中的械齿鲸，是人们已知的原始鲸类之一，虽然属于鲸鱼的一种，但其外貌特征却和大海蛇相似，进化后后面的肢体已经没有了，显示了现代鲸鱼的身形，但保留了头骨和牙齿结构的原始主干。

德国

梅塞尔地坑化石遗址
Messel Pit Fossil Site

在这个遗址挖掘出距今5700万年至3600万年间的始新世动物化石，值得一提的是，它提供了哺乳动物早期进化的资料，从动物骨骼到胃内食物都清晰可见，化石本身也保存得相当完整。

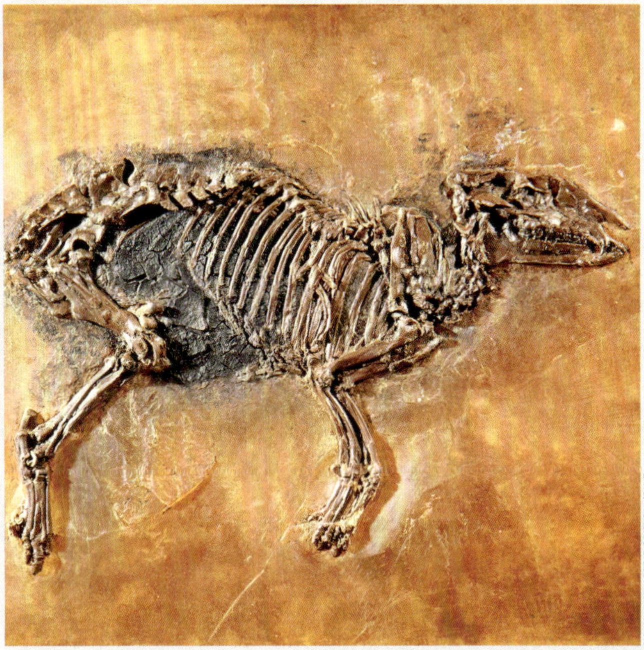

©GNTB/ Welterbe Grube Messel GmbH

尼泊尔

萨嘉玛塔国家公园(圣母峰)
Sagarmatha National Park

高山上可以发现海底古生物的化石，年代约在中生代白垩纪。

宙EON	代ERA	纪PERIOD	世EPOCH	距今大约年代YEARS
显生宙 Phanerozoic	新生代Cenozoic	第四纪Quaternary	全新世Holocene	现代—1万
			更新世Pleistocene	1万—180万
		第三纪Tertiary	上新世 Pliocene	180万—530万
			中新世Miocene	530万—2380万
			渐新世Oligocene	2380万—3370万
			始新世Eocene	3370万—5500万
			古新世Paleocene	5500万—6550万
	中生代Mesozoic	白垩纪Cretaceous	—	6550万—1亿4200万
		侏罗纪Jurassic	—	1亿4200万—2亿500万
		三叠纪Triassic	—	2亿500万—2亿5000万
	古生代Paleozoic	二叠纪Permian	—	2亿5000万—2亿9200万
		石炭纪 Carboniferous	—	2亿9200万—3亿5400万
		泥盆纪 Devonian	—	3亿5400万—4亿1700万
		志留纪Silurian	—	4亿1700万—4亿4000万
		奥陶纪Ordovician	—	4亿4000万—4亿9500万
		寒武纪Cambrian	—	4亿9500万—5亿4500万
元古宙Precambrian	元古代Proterozoic	震旦纪Sinian	—	5亿4500万—8亿
		—		8亿—25亿
太古宙Archean	太古代Archaeozoic	—		25亿—46亿

瀑布
Waterfall

瀑布永远是个热门的旅游话题，只是究竟如何欣赏总有不同的角度，有的看其水势与水量，有的则比较其宽度，更多的则是比较它们的高低落差，千军万马的滔滔水势从高崖直奔而下，总是一个人人翘首企盼的天然奇景。

名列世界遗产的瀑布，有的单一入列，更多的则是涵盖在某个国家公园范围里，非洲的维多利亚瀑布虽然落差只有150米，却以其水势磅礴和壮观取胜，而能以单一瀑布名列世界遗产。

最大落差739米

美国

约塞米蒂国家公园／约塞米蒂瀑布
Yosemite National Park/Yosemite Falls

公园内有不少瀑布，但以约塞米蒂瀑布气势最为磅礴，分为上下两段，上瀑落差达439米，水势湍急，下瀑300米，水流略缓。

最大落差580米

新西兰

蒂瓦希普纳穆——新西兰西南部／鲍文瀑布
Te Wahipounamu—South-West New Zealand/Bowen Falls

巨大的万年冰川塑造出新西兰南岛西南部的地貌，此处有全球最大的中温冰川和数条流动快速的冰川。庞大且坚硬的万年冰川缓慢向下移动，硬生生在山峦间切割出通道入海，在冰川融化后，便留下峡湾、峭壁、瀑布、砾石海滩等冰川地形。

最大落差128米

赞比亚·津巴布韦

维多利亚瀑布
Mosi-oa-Tunya/Victoria Falls

维多利亚瀑布是非洲南部世界级的景点，瀑布有4/5的面积在津巴布韦境内，1/5位于赞比亚。在维多利亚雨林自然保护区内，瀑布终年水流不断，高达100多米的落差激起丰沛的水汽，使得瀑布周围形成特殊的雨林地貌。

最大落差94米

美国

黄石国家公园／下瀑布
Yellowstone National Park/The Lower Falls

黄石国家公园除了地热结构的奇景以外，位于下环线西北方的峡谷村(Canyon Village)则展现深阔的峡谷地形。峡谷村刀割般的地形和奇丽的色彩，彻底显露地理变迁的历史。多彩的流纹岩、陡峭的深谷及高悬的瀑布构筑成峡谷村迷人的风采，区内设有多处观景台可俯瞰上瀑布雄伟的风姿及下瀑布绝美的风韵。

最大落差90米

加拿大

纳汉尼国家公园／弗吉尼亚瀑布
Nahanni National Park/Virginia Falls

©Canadian Tourism Commission/Asymetric/Jason Van Bruggen

这座公园沿着北美非常壮观的河流之一南纳汉尼河分布，包含深涧和巨大的瀑布，以及独一无二的溶洞群，高海拔地区发现白大角羊和白山羊的踪迹，也是北美棕熊、驯鹿等动物的家园。

最大落差40米

中国

九寨沟／珍珠滩瀑布
Jiuzhaigou Valley Scenic and Historic Interest Area

珍珠滩位于日则沟，其下方就是海拔2443米的珍珠滩瀑布。这是珍珠滩激流，流到陡峭的断崖处冲刷而下所形成的瀑布。珍珠滩瀑布，瀑高约有40米，站在下面往上看，虽然无法窥见瀑布全貌，但是却可以看到水流如银白珠帘挂在宽阔的崖壁间，充满飘逸之美。

湖泊
Lake

世界上以单一一个湖泊列入世界遗产的并不多，大多数都是某座国家公园或某个自然保护区里的湖泊一并被划入世界遗产的范围。其中有几个例外，世界第一大淡水湖贝加尔湖便是其一。

不论从湖水深度还是含水量，都在淡水湖中居世界第一的贝加尔湖，同时也是一个生态奇迹。通常一般湖泊的寿命能够维持3万年就已经是极限，贝加尔湖却维持了2500万年而不见干涸。同时科学家惊讶地发现，正因为贝加尔湖维持了2000多万年的寿命，依赖贝加尔湖维生的水中及陆地生物才能稳定演化，形成珍贵的特有物种。根据统计，依赖贝加尔湖生存的物种多达1800种。

除此之外，面积只有贝加尔湖1/14516的普利特维察湖群，以其独特的喀斯特地形和绝美景观受到青睐，早在1979年便进入世界遗产的名单。

面积31500平方千米

俄罗斯

贝加尔湖
Lake Baikal

贝加尔湖可以说是地质与生物界的奇迹，拥有许多令人咋舌的世界纪录。它长636千米、宽79千米，最深处达1620米，面积达到31500平方千米，深度和蓄水量皆为世界淡水湖之最。透明度更高达40米，也就是说水面下40米(相当于13层楼高)的物体都可以看得一清二楚。它的蓄水量占全球淡水量的20%，几乎是北美五大湖的总和。

贝加尔湖是世界上古老的湖泊之一，原本与海洋连接在一起，在2500万年前被陆地包围，经年淡化之后成为淡水湖，许多水底生物也逐渐演化，形成贝加尔湖特有物种。

面积7500平方千米

肯尼亚

图尔卡纳湖国家公园/图尔卡纳湖
Lake Turkana National Parks/Lake Turkana

位于肯尼亚最北端的图尔卡纳湖一区，境内包括湖中的中岛国家公园(Central Island National Park)、南岛国家公园(South Island National Park)，以及东北岸的西比罗伊(Sibiloi National Park)三个国家公园，为东非地堑湖群中位置最北、最大的湖泊，也是肯尼亚第一大湖、全球最大的沙漠湖泊，湖岸线比肯尼亚的海岸线还长。

面积360平方千米

美国

黄石公园/黄石湖
Yellowstone National Park/Lake Yellowstone

横跨怀俄明州、蒙大拿州、爱达荷州的黄石国家公园，面积约8900平方千米。这一块地域辽阔的自然生态保育区，是美国境内重要的哺乳动物栖息地，拥有多种野生动植物和珍稀的地热地貌。其中黄石湖是公园内最大的湖泊，位于国家公园正中央，湖岸线长达160千米，过去湖面比现在大两倍，不过现在平均深度仍有41米，最深达97米。

面积350平方千米

北马其顿

奥赫里德地区的自然及文化遗产/奥赫里德湖
Natural and Cultural Heritage of the Ohrid Region/Lake Ohrid

©www.ohrid.com.mk

坐落于北马其顿的西南方，奥赫里德是欧洲较早有人定居的地方，希腊神话中的腓尼基王子卡德摩斯(Cadmus)，曾在奥赫里德湖畔创立了名为利区尼窦斯(Lychnidos)的城镇。今日的奥赫里德城建筑大多出现在7—19世纪，它最著名的地方在于一度拥有365间教堂，因而被称为“巴尔干的耶路撒冷”。

奥赫里德湖是欧洲较深的湖泊之一，也是欧洲最古老的湖泊，大约在500万年前由地壳隆起所形成，孕育超过200种的地方特有动植物。湖最深达288米，平均深155米，湖岸线长87.5千米。

面积2.17平方千米

克罗地亚

普利特维察湖群国家公园/普利特维察湖群
Plitvice Lakes National Park /Plitvice Lakes

普利特维察湖群是克罗地亚最有价值的自然景观。它之所以吸引人，是因为它丰富多变的地貌所产生的和谐美感，四季都呈现不同面貌。湖区由16个湖泊及无数的瀑布组成，又称为“十六湖国家公园”，属于喀斯特地形，也就是石灰岩与水蚀交互作用所形成的特殊地理与水文地质景观。

普利特维察湖群大致可分为上湖区和下湖区。上湖区位于石灰岩山谷，有茂密的森林和涌流的瀑布；下湖区较小而浅，只有稀少的矮灌丛。普利特维察湖群比起前述几座湖泊面积小得多，只有2.17平方千米。

海洋生态
Marine Ecology

海洋占地球面积70%，不过因为人类难以接近，相较于陆地上的世界遗产，以海洋为主题的可以说屈指可数。有的是海岸地形，有的是珊瑚礁生态，有的则是保护水底下的生物，虽然人们不一定有机会近距离观赏，却都是地球上最珍贵的遗产。

芬兰·瑞典 瓦尔肯群岛/高海岸
Kvarken Archipelago / High Coast

面积共1425平方千米，包括800平方千米的海域以及附近的群岛，加上海岸边零星分布的湖泊和海拔约350米的山丘等，这些独特地形源自冰川作用。

©imagebank.sweden.se/ Friluftsfryn Höga Kusten

德国·荷兰·丹麦 瓦登海
The Wadden Sea

这是一大片温暖、平坦的海岸湿地。各种复杂的自然与生态因素相互作用，衍生出大量过渡性栖息地与深受潮汐影响的海峡、海草甸、贻贝床、河口沙洲、沼泽、沙丘。这里生活着无数的动植物种群，包括海豹和海豚等海洋哺乳类动物，这里也是1200万只水鸟的聚食场。

©GNTB/Deutsche Zentrale für Tourismus e.V.

法国 波尔多湾
Gulf of Porto : Calanche of Piana, Gulf of Girolata, Scandola Reserve

波尔多湾位于科西嘉岛(Corse)的西侧，属于区域自然公园的一部分，高达300米的红色花岗岩海岸伸入海中，此地被誉为地中海美丽的海湾之一。

©Corse Tourist Office

塞舌尔 阿尔达布拉环礁
Aldabra Atoll

由四座大珊瑚岛组成，是世界第二大环礁。动植物繁多，最著名的就是阿尔达布拉象龟，而这里也是全世界象龟数量最多之处，其他知名动物还包括绿蠵龟、双髻鲨、鬼蝠魟。

菲律宾 图巴塔哈珊瑚礁海洋公园
Tubbataha Reef Marine Park

©UNESCO/Ron Van Oers

图巴塔哈珊瑚礁海洋公园由两座环状珊瑚礁岛系统组成。海底生物种类多且密集，海底原始珊瑚礁垂直100米形成完整的生态圈及天然屏障，北端珊瑚礁小岛则是鸟类和海龟的最佳栖息地。

西班牙 伊维萨岛
Ibiza, Biodiversity and Culture

伊维萨岛是海洋与海岸生态系统互动的极佳例子。这里生长着大片浓密的波西多尼亚海草(Posidonia Seagrass)，为地中海特有物种，蕴含和支撑着海洋生物的多样性。

©ibiza.travel/Xescu prats

©Ministry of Culture & Tourism, Republic of Indonesia

印度尼西亚 科莫多国家公园
Komodo National Park

科莫多国家公园由多座火山岛组成，沿岸是白沙滩、珊瑚礁、碧蓝海洋，内陆则是遍布多刺灌木丛、干燥草原的崎岖山坡，在独特的自然景观里，栖息着5700多只大蜥蜴——被称为“科莫多龙”。

澳大利亚 鲨鱼湾 Shark Bay

鲨鱼湾拥有全球最广、最丰富的海草床和世界上数量最多的儒艮，占地4800平方千米，还同时保育5种濒临绝种的哺乳动物。

©澳大利亚旅游局

澳大利亚 大堡礁 Great Barrier Reef

由大大小小约2600个珊瑚礁构成的大堡礁，孕育了400种海绵动物、300种珊瑚、4000种软体动物和1500种鱼类。

©澳大利亚旅游局

所罗门群岛 东伦内尔岛 East Rennell

这是世界上最大的珊瑚环礁，岛上的特加诺湖(Lake Tegano)为咸水湖，过去曾经是礁湖，也是太平洋诸岛中最大的湖泊，湖泊里还有许多石灰岩小岛并孕育不少地方特有物种。

©UNESCO/S.A Tabbasum

伯利兹 伯利兹堡礁保护区 Belize Barrier Reef Reserve System

伯利兹堡礁是面积仅次于澳大利亚大堡礁的珊瑚礁，包括环礁、砂岛、红树林、潟湖、河口三角洲等特殊地形，也是海龟、海牛、美洲咸水鳄等众多濒临绝种生物的栖息地。

哥斯达黎加 科科斯岛国家公园 Cocos Island National Park

科科斯岛是东太平洋地区唯一具有雨林生态系统的地方。这里地处于北回归线逆流的第一个陆地点，众多岛屿和洋流形成复杂的互动，使得此地区成为最佳的海洋地质观察室。这里同时也是长尾鲨、双髻鲨、白尾鲨、魟鱼、鲔鱼、海豚等大型海洋动物的最佳栖息地。

©UNESCO/Marjaana Kokkonen

©周丰培

©周丰培

帕劳 洛克群岛南部潟湖 Rock Islands Southern Lagoon

帕劳拥有全世界最洁净的水质、最美丽的珊瑚礁景观，还有最合适的水温，被海洋学家评为世界七大海底奇观之首。这里蕴藏了全世界种类最多、最丰富的海底资源，总计有700多种珊瑚以及超过1500种的热带鱼类。

喀斯特地形
Karst

喀斯特地形就是所谓的岩溶地形，在石灰岩层广布的地方，因溶蚀作用进行已久，几乎一切河流均在地表消失，另外形成暗流水系，地层表面仅见石灰阱、岩沟及灰岩盆地等，呈现干荒景象。这种地理景观就是因为克罗地亚、斯洛文尼亚这一带亚得里亚海岸的喀斯特区而得名。水将地表侵蚀成溶沟、峰丛、槽谷、洼地、泉湖，还在地表下造就石钟乳、石笋、石花、石幔、伏流。

克罗地亚、斯洛文尼亚的精彩岩溶很早就在世界遗产之列，后来中国又有四处喀斯特地形入选，而世界上最知名的海上喀斯特，就属越南的下龙湾。

克罗地亚

普利特维察湖群国家公园
Plitvice Lakes National Park

湖区由16个湖泊及无数的瀑布组成，又称为“十六湖国家公园”。普利特维察湖群国家公园的可贵之处，在于从石灰岩地表就能看得到这些溶蚀作用，以及石灰华多孔岩石如何与藻类、苔藓和林木交互生长，成为一个特殊却十分敏感的生态体系。而这种水、岩石与植物交互影响所形成的独特景观，从数万年前冰川时期结束到现在，就未曾受到干扰。

保加利亚

皮林国家公园
Pirin National Park

这座石灰岩质的国家公园内有湖泊、瀑布、洞穴和松树林，陡峭的群山间70处冰湖星罗棋布，除了拥有上百种当地特有或罕见植物(特别是巴尔干更新世植物)的特色外，皮林国家公园独特的景观也具备了美学价值。

©www.bulgariatravel.org

匈牙利·斯洛伐克

阿格泰列克及斯洛伐克喀斯特洞窟群
Caves of Aggtelek Karst and Slovak Karst

这个位于匈牙利和斯洛伐克边界的石灰岩洞群，共有712个石灰岩洞。这是非常罕见、珍贵的温带地区石灰岩洞，有别于热带与冰川地区的石灰岩洞，其中有一段长达25千米的洞穴“巴拉德拉－多明加洞穴”(Baradla-Domica Cave)非常精彩，里面有钟乳石、石笋与地下激流等珍奇的地理现象。

©www.slovakia.travel/Alexander Vojček

斯洛文尼亚

什科茨扬溶洞
Škocjan Caves

作为研究喀斯特地形绝佳范例的什科茨扬溶洞，位于斯洛文尼亚西南方的区域，这处拥有多个瀑布且深度长达200米的石灰岩洞穴里，延伸着一条6千米长的地下步道以及多处崩塌的溶蚀洞。雷卡河(Reka River)在“Velika Dolina”(斯洛文尼亚语，意为“大峡谷”)消失于地表之下并流入什科茨扬溶洞，之后朝着亚得里亚海的方向继续漫延34千米，形成另一条河流的源头。雨季时这条消失于地表下160米的河流，形成巨大且壮观的景象。

©Regijski Park Škocjanske Jame

中国

黄龙

Huanglong Scenic and Historic Interest Area

黄龙因“黄龙沟”而得名。黄龙沟属于喀斯特地形。由于石灰岩体渗出含有大量碳酸钙的岩溶水，若流淌的水受阻碍而滞流，水中的碳酸钙质便开始附着、堆积，结晶形成石灰华。日久堆积成梯田状相连的堤埂，俯瞰宛若一条金色巨龙横卧在山中，因而名为“黄龙沟”。

中国

武陵源

Wulingyuan Scenic and Historic Interest Area

武陵源的地质属泥盆纪沉积岩，经过河谷侵蚀堆积、剥蚀构造等作用而形成集合险峭、陡峭、挺拔、雄奇、阴柔景观的山形地貌，无论就科学或美学来看，都极具价值。索溪峪河谷北边和天子山东南部的溶洞景观都属于湘西型岩溶地貌，处处可见诡谲的钟乳石柱、石瀑、石笋、石花。

越南

下龙湾

Halong Bay

这种石灰岩地形是由中国东南的板块延伸而出，经过亿万年溶蚀、堆积，加上海水入侵，形成壮丽非凡的景观。下龙湾一连串的多重形状岛屿就像人间天堂，尤其当舢板船穿梭其间时，更会令人产生时空交错的感觉。若想亲身体验自然的神奇，当然要搭船去亲近深幽的洞穴和高耸的奇石怪岩。这里的许多岛屿都是中空的，内有溶洞，溶洞里的石钟乳、石笋、石柱，构成一幅幅怪诞奇异的画面。

菲律宾

普林塞萨地下河国家公园

Puerto-Princesa Subterranean River National Park

普林塞萨地下河国家公园拥有一条长达8.5千米的水道，穿过东南亚常见的喀斯特景观地形，由山通向海洋，虽然渠道较低的部分容易受到潮汐影响，但完整的生态系统，以及周边茂密的森林，造就了相当完整的生物保护区。

©UNESCO/Ron Van Oers

马来西亚

穆鲁山国家公园

Gunung Mulu National Park

它是世界上广大而壮观的天然钟乳石地洞之一。马来西亚的钟乳岩层的地区分布广袤，几乎包括了婆罗洲的北砂劳越大部分地区，而目前共发现了26个地下洞穴及长达159千米的通道，仅占总数的30%。所有的钟乳石风貌并非只在岩洞内呈现，露出于外的钟乳石层的尖峰有的比树还高，甚至高达45米，这就是全球罕见的石灰刀石林。

美国

黄石国家公园

Yellowstone National Park

令人惊艳的景区“玛莫斯温泉”(Mammoth Hot Springs)，此处以层层相叠的石灰华景观独步园区。这块区域在百万年前，是一片富含石灰岩的浩瀚汪洋，火山爆发促使地下热泉自岩层裂隙中涌出地表，溶解石灰岩中的碳酸钙，遇冷凝结的碳酸钙沉积成石灰华平台，高高低低的平台构成阶梯状的景观，一跃成为人气指数最高的招牌景区。

奇岩景观
Rock Landscape

历经千万年，风化也好，雨蚀也罢，世界各地都分布着各种奇岩怪石，澳大利亚的爱尔斯岩，土耳其的卡帕多西亚，越南的下龙湾，都是地球上奇岩的代表。

这些岩石可能是由火山喷发或熔岩流出所形成，例如英国的“巨人之路”与海岸堤道；有的则是石灰岩的溶蚀作用所形成，也就是所谓的喀斯特地形，例如越南下龙湾。

每个奇岩地貌都有其生成的故事，它们也多半是知名的观光景点，提供给到访的观光客不少旅游趣味。

中国 黄山
Mount Huangshan

安徽省大地锦绣多姿，屹立于安徽省南部的黄山，不但是中国群山中壮观的山水典范，境内群峰矗立，怪石、奇松、云海、温泉、冬雪五大绝景，也造就了缥缈梦幻的美景。不论是云雨雾晴，还是四季轮替，黄山“天开图画”的美景都称霸中国群山。

中国 中国南方喀斯特地貌
South China Karst

中国南方喀斯特地貌横跨了云南、贵州、广西、四川等省份，是世界上热带和亚热带潮湿气候喀斯特地貌的典型代表。喀斯特地貌又名岩溶地貌，是水溶蚀岩石后的结果——将地表侵蚀成溶沟、峰丛、槽谷、洼地、泉湖，还可在地表下造就石钟乳、石笋、石花、石幔、伏流。中国南方喀斯特地貌面积广阔，其中最知名的代表是云南石林、贵州荔波以及重庆武隆。

©藏羚羊

希腊 迈泰奥拉
Meteora

位于高起岩块上的修道院，大部分建于14世纪。在修道院里的生活十分简陋，直到距今100年前，修道士所需的食物和水都仰赖缆索运输。

土耳其 格雷梅国家公园及卡帕多西亚岩石区
Göreme National Park and the Rock Sites of Cappadocia

数百万年前，卡帕多西亚东西面两座火山大爆发，火山灰涵盖了整片卡帕多西亚地区。岩浆冷却后，人类的足迹就跟着踏上这块土地。风化及雨水的冲刷，刻出大地的线条，软土泥沙流逝，坚硬的玄武岩及石灰华突兀地挺立，或形成山谷，或磨出平滑洁白的石头波浪，更留下传奇的仙人烟囱以及基督徒利用高岩巨石避难的洞穴社区。

越南

下龙湾
Halong Bay

下龙湾面积广达1553平方千米，包含约3000座石灰岩岛屿。这种石灰岩地形是由中国东南的板块延伸而出，经过亿万年溶蚀、堆积，加上海水入侵，形成壮丽非凡的景观，也就是所谓的喀斯特地形。这里的许多岛屿都是中空的，内有溶洞，溶洞里的石钟乳、石笋、石柱，构成一幅幅怪诞奇异的画面。

©澳大利亚旅游局

澳大利亚

波奴鲁鲁国家公园
Purnululu National Park

波奴鲁鲁国家公园坐落于澳大利亚西部，园区主要顺着班格班格山脉(Bungle Bungles)规划。其地质结构是泥盆纪时期的石英砂岩，历经2000万年不断的侵蚀，形成一连串蜂窝状的圆锥尖顶，在陡斜的山脉上可观察到因水的侵蚀而形成的黑灰色条纹。

澳大利亚

乌鲁鲁－卡塔丘塔国家公园
Uluru-Kata Tjuta National Park

世界上最大独立巨岩乌鲁鲁和群岩卡塔丘塔，是澳大利亚中部沙漠最美丽的两个红色传奇。乌鲁鲁圆周达9.4千米、高度达348米，卡塔丘塔由36块岩石所构成，占地约0.35平方千米，平均高度500多米。6亿年前，乌鲁鲁及卡塔丘塔所在的阿玛迪斯盆地(Amadeus Basin)被造山运动往上推挤，致使原本埋在海底的山脉形成两个冲积扇。到了3亿年前，新的造山运动又将这两个冲积扇推出海面，呈90度直角拱起的是乌鲁鲁，而卡塔丘塔则以20度的斜角耸立，经过日积月累的风蚀，形成今日所见的独立巨岩和岩群。

加拿大

艾伯塔省恐龙公园
Dinosaur Provincial Park

在加拿大艾伯塔省，有一大片广阔的“恶地”。恐龙公园成为最受瞩目的焦点，这里以各色各样的植物、鳄鱼、鱼类及恐龙化石闻名于世。

美国

约塞米蒂国家公园
Yosemite National Park

国家公园内平均海拔约2000米，拥有陡峭的悬崖山壁、瀑布奇岩、湖泊溪流等奇景。若要提起国家公园内人气指数最高的景点，当然要以船长岩(El Captain)莫属。这个超级巨大的花岗岩，高度达1096米，由于岩石巍然耸立，再加上随着阳光的照射，在一天中会有光影和颜色的些许变化。

中国

中国丹霞地貌
China Danxia

“丹霞地貌”这个地理名词源自中国，主要是针对西太平洋大陆与海盆边缘地区，原本由红色砂岩及砾岩所组成的沉积层因为地壳抬升，经过流水切割、侵蚀、风化等作用，形成一连串壮观的红色崖壁、塔峰、峡谷、瀑布、沟壑等景观。

欧洲古堡
European Castle

城堡在欧洲历史发展上有极重要地位，法文的城堡“Château”和英文的“Castle”，都是从意大利文的“Castello”转化来的。

以法国为例，中世纪的法国城堡都是各地的贵族领主所建的防御性城堡。15世纪末到16世纪间，法国、西班牙及神圣罗马帝国(帝国首都位于今天的德国)为了争夺意大利兴起了一场战争，也间接使得文艺复兴的风潮传至法国、西班牙、德国等地。

整体说来，在中世纪时欧洲的城堡一开始都是各王公贵族的防御性要塞建筑，外有护城河，内有城郭及守望塔。后来随着一场接一场的战争，以及欧洲建筑史的发展演进，文艺复兴、巴洛克、洛可可、新古典主义等主流建筑风格分别融入意式、法式等各地元素，也成了欧洲最美丽的天际线。

法国 卢瓦尔河谷地
The Loire Valley between Sully-sur-Loire and Chalonnes

建筑年代：12—16世纪

城堡特色：12—14世纪出现的城堡，以作为军事堡垒为考量。15—16世纪，满足王室需要的居住型城堡开始建造，意大利文艺复兴风吹进法国。

英国 达勒姆城堡与大教堂
Durham Castle and Cathedral

建筑年代：1072年

城堡特色：外观呈八角形，是古诺曼人的要塞，也是当地主教的住所。

©GNTB/Eric Eichberger

©VisitBritain

©GNTB

英国 圭内斯郡的爱德华国王城堡
Castles and Town Walls of King Edward in Gwynedd

建筑年代：1283—1330年

城堡特色：英国国王爱德华一世在位期间在威尔士北部所完成的一系列中小型城堡，是中世纪军事防御的卓越例子。

©VisitBritain

德国 奎德林堡的神学院教堂、城堡和古城
Collegiate Church, Castle, and Old Town of Quedlinburg

建筑年代：1067年—12世纪中

城堡特色：奎德林堡是萨克森·奥图大帝统治东法兰克王国时的首都，因此在中世纪时便是一座繁荣的商业城市。

瑞士 贝林佐纳的三座防御城堡及城墙
Three Castles, Defensive Wall and Ramparts of the Market-Town of Bellinzone

建筑年代：13—15世纪

城堡特色：掌握了意大利与阿尔卑斯山麓间的交通要道，早在罗马时代就是重要的军事要地。

©Italian State Tourist Board Fototeca ENIT

意大利 蒙特城堡
Castel del Monte

建筑年代：1240年

城堡特色：独特的中世纪军事建筑，整座城堡呈完美的规则形状，不论从数学还是天文学上看，都十分精准。城堡许多建筑元素和风格，都是取自东方的伊斯兰教和北欧的熙笃会哥特式建筑。

丹麦

克伦堡
Kronborg Castle

建筑年代： 1574—1585年

城堡特色： 控制往来丹麦和瑞典水路要道，在北欧16—18世纪的历史里，扮演极重要的角色。

波兰

马尔堡的条顿骑士城堡
Castle of the Teutonic Order in Malbork

建筑年代： 1274年

城堡特色： 曾为德意志条顿骑士团总部，在1309年后再度扩建，成为规模宏大且工法精致的中世纪砖造建筑群。

©Poland Tourism

白俄罗斯

米尔城堡建筑群
Mir Castle Complex

建筑年代： 15世纪末—18世纪

城堡特色： 通过形式和外观，展现在设计与布局上受到的文化影响，同时反映出历史上政治与文化长期的对立统一。

©Belarus Tourism

捷克

利托米什尔城堡
Litomyšl Castle

建筑年代： 16—18世纪

城堡特色： 承袭了意大利的文艺复兴拱廊式城堡建筑风格，后来在18世纪因天灾损毁而重建，并新增巴洛克式装饰物。

©CzechTourism.com

©CzechTourism.com

捷克

克罗梅日什的花园和城堡
Gardens and Castle at Kroměříž

建筑年代： 17世纪

城堡特色： 其重要性在于它为后来的欧洲巴洛克式贵族王侯宅邸和花园，树立了完整与良好的建筑典范。

斯洛伐克

斯皮什城堡
Levoča, Spišský Hrad and the Associated Cultural Monuments

建筑年代： 12—16世纪

城堡特色： 以石灰岩为材料所建造，原型可上溯至罗马帝国晚期，当时就已经有军事防御功能的堡垒存在。

©www.slovakia.travel/Alexander Vojček

匈牙利

布达佩斯：多瑙河岸、布达城堡区及安德拉什街
Budapest, including the Banks of the Danube, the Buda Castle Quarter and Andrássy Avenue

建筑年代： 13世纪起建

城堡特色： 布达山丘上的城堡，随着时代的潮流，从罗马式的圆形古堡发展成为哥特式的城堡区。多元且缤纷的建筑形态，不仅仅见证了当时建筑师们的美学功力，也完全展现布达的完整历史。

木结构建筑
Wooden Architecture

木材保存不易，不似以石材为主的建筑总能屹立千年，因此能够流传后世的纪念性或永久性木结构建筑屈指可数。

从世界建筑史来看，中国对木结构建筑的坚持，可谓自成一格。木结构建筑尽管保存不易，却相对来说有许多优点，包括使用上有很大的灵活性，防震性较佳，也便于施工建造。因为木结构建筑的各个部分都是用榫卯连接起来，工匠可以依照梁、柱、门窗等不同构件加以施工、拼装，于是殿堂、亭榭、廊子、高塔等各种建筑类型变化万千，造就了中国建筑独特的美学。而中国人对于木材的偏好，也间接影响到韩国和日本，因此仅这三个国家的木结构建筑世界遗产数量就占了全世界木结构建筑遗产数量的一半。

在欧洲地区，北欧和东欧算是使用木头最多的区域，不过相形之下，规模都逊于东方国家。

葡萄牙

吉马朗伊什历史中心
Historic Centre of Guimarães

这座城市是中世纪聚落转型现代城市的最佳发展范例，其中15—19世纪的建筑，展现了葡萄牙的传统建筑材料与技术。

波兰

小波兰省南部的木造教堂
Wooden Churches of Southern Little Poland

小波兰省南部的木造教堂建于16世纪晚期，采用东欧与北欧常用的木造工法，无论建材还是形式都可以说是中世纪教堂建筑中的特例。

©Poland Tourism

澳大利亚

皇家展览馆和卡尔顿花园
Royal Exhibition Building and Carlton Gardens

展览馆以红砖、木材、钢铁和石板瓦建成，设计融合了拜占庭、诺曼式和意大利文艺复兴风格。

苏里南

巴拉马利波历史城
Historic Inner City of Paramaribo

在荷兰的技术与当地的工艺建材逐渐融合过程中，城内的建筑创造出洋溢着欧洲风情、当地传统和适应南美环境的独特样式。

©UNESCO/Ron Van Oers

智利

奇洛埃教堂
Churches of Chiloé

岛上的木造教堂，在南美其他地点都很少见，充分展现欧洲与印第安文化融合的特色。目前在奇洛埃群岛约有60座类似的木造教堂在使用中。

©Chile Tourism

©Chile Tourism

番红花城

土耳其

City of Safranbolu

富豪广建华宅突显身份，这些运用砖木打造的奥斯曼宅邸，通过岁月、气候的考验留存至今，成为番红花城最抢眼的特色。

琅勃拉邦

老挝

Town of Luang Prabang

琅勃拉邦是老挝的历史古都，有丰富的庙宇等古建筑，在法国殖民时期，这里还是法国人钟情的避暑胜地，遗留下66栋法国殖民时期建筑。

丽江古城

中国

Old Town of Lijiang

以五花石面铺成的街道曲折有致，与白墙黛瓦、高低错落的“三坊一照壁”木造民居建筑，形成一种古朴的美感。

北京颐和园

中国

Summer Palace, an Imperial Garden in Beijing

面积广达2.9平方千米，根据地形和地点，设有精致的亭、台、楼、阁，巧妙的构思至今仍让中外景观设计家拍案叫绝。

©藏羚羊

承德避暑山庄及其周边庙宇

中国

Mountain Resort and its Outlying Temples, Chengde

承德避暑山庄的兴建历时89年，占地5.64平方千米，约为北京颐和园的两倍、北海的八倍，是中国现存最大的皇家园林。

平遥古城

中国

Ancient City of Ping Yao

城内商家林立，豪宅大院鳞次栉比。由于整座古城保存良好，因而被评为中国汉民族地区保留最完整的古城。平遥城内的明清四合宅院共计有3797座。

北京和沈阳的明清故宫

中国

Imperial Palaces of the Ming and Qing Dynasties in Beijing and Shenyang

故宫的宫殿建筑是中国现存最大最完整的木造古建筑群，体现中国封建伦理及五常的规制，不仅是技艺杰出的建筑，更是珍稀文物的陈列宝库。

中国

泰山

Mount Taishan

泰山的宗教地位突出，以佛、道教为主，玉皇顶上就是一座碧霞祠，终年烟火袅袅。

中国

曲阜的孔府、孔庙、孔林

Temple and Cemetery of Confucius and the Kong Family Mansion in Qufu

祭祀孔子的大成殿建筑精美，足以和故宫的太和殿媲美，也是民间建筑中唯一具有皇家规格的例子。

中国

苏州古典园林

Classical Gardens of Suzhou

苏州古典园林融合了深远的文化、无为的哲学、与自然融合的美学观，造就了一座座极为优雅而充满中国文人雅士品味的艺术杰作。

韩国

昌德宫建筑群

Changdeokgung Palace Complex

宫殿建筑和传统造景的秘苑，为李氏朝鲜王朝时期，保存最为完整的一座宫殿。

韩国

宗庙

Jongmyo Shrine

宗庙是祭祀朝鲜时代历代皇帝和皇妃神位的地方。

日本

日光神社及寺庙

Shrines and Temples of Nikko

日光地区的宗教建筑，以东照宫、轮王寺和二荒山神社为主，合称日光“二社一寺”，特别是东照宫，最能展现江户建筑和雕刻工艺的奇迹。

日本

古京都历史建筑群

Historic Monuments of Ancient Kyoto

京都是日本的千年古都，众多保存完善的木造建筑，以及由特殊宗教文化背景所造就的庭院景观，都是世界艺术文化的宝藏。

日本

白川乡合掌造聚落

Historic Villages of Shirakawa-go and Gokayama

一栋好的合掌造要能挡得住年年的强风大雪，要靠好的木材、茅草和专业的好手，可惜这些都越来越少了，因此现存的完整合掌造，更显弥足珍贵。

日本

严岛神社

Itsukushima Shinto Shrine

被列入“日本三景”的大鸟居，朱红色的木造建筑高达数层楼，左右两根主柱以百年以上的神木支撑，并在屋翼东侧及西侧，分别以金漆绘上太阳及月亮。

日本

法隆寺地区佛教建筑

Buddhist Monuments in the Horyu-ji

法隆寺包括了48座佛寺建筑，是日本历史最悠久的木造建筑，已有上千年历史。

日本

奈良古建筑群

Historic Monuments of Ancient Nara

奈良是日本第一个首都，留下相当可观的古迹遗产。共有8处：东大寺、春日大社、春日山原始林、兴福寺、元兴寺、药师寺、唐招提寺与平城宫迹。

日本

姬路城

Himeji-jo

姬路城不像欧洲城堡般采用石砌，而是木造建筑，所以防火是日本城堡最重视的一环，白漆就有防火的功能。

日本

平泉

Hiraizumi

名气最大的就属中尊寺和毛越寺，大小寺院错落其间，在全盛时期，这里共有40余间寺殿和300座以上的僧堂。

日本

纪伊山脉圣地和朝圣路线以及周围的文化景观

Sacred Sites and Pilgrimage Routes in the Kii Mountain Range

纪伊山脉的熊野三山，包括熊野本宫大社、熊野速玉大社及熊野那智大社为修验道及神道信仰者的精神中心。

宫殿和园林
Palace & Garden

皇家宫殿御院和王室陵墓有异曲同工之妙，一为生，一为死，然而都是王权发挥到极致的表现。从这些君王生前的住所，是足以反映出每个年代集其钱与权，所表现出来的建筑艺术极致。

在东方大一统的集权社会，特别是中国，宫廷建筑仿若一座城市，除了建筑艺术之美，更在于建筑规模和布局的表现；在西方，除了早期的罗马，以及晚期的法国、英国、奥匈帝国之外，由于不曾出现过大一统的大帝国，因此能列入世界遗产的宫殿，大多都是各地公侯依其领地所盖的宫殿住所，小巧、精致、奢华。

©UNESCO/ G. Gonzalez-Briggs

阿塞拜疆 巴库城墙和少女塔、希尔凡王宫
Walled City of Baku with the Shirvanshah's Palace and Maiden Tower

建筑年代：1411年

由希凡沙国王(Shirvanshah Sheykh Ibrahim I)所打造，2层楼的建筑，有50种大小不同的空间，由3座狭窄的回旋梯连接。

中国 北京和沈阳的明清故宫
Imperial Palaces of the Ming and Qing Dynasties in Beijing and Shenyang

建筑年代：1406—1420年

中国现存最大最完整的木造古建筑群，体现中国封建伦理及五常的规制。不但建筑技艺杰出，更是珍稀文物的陈列宝库。

中国 拉萨布达拉宫（含大昭寺、罗布林卡）
Historic Ensemble of the Potala Palace, Lhasa

建筑年代：1645—1653年

这座建于拉萨市中心海拔3700米高的红山顶上的庞大建筑，基本上分成两个部分：白宫和红宫。

中国 北京颐和园
Summer Palace, an Imperial Garden in Beijing

建筑年代：1750—1880年

颐和园是中国皇家园林的登峰造极之作，集合了北方建筑(四合院)、杭州西湖(昆明湖)、西藏(万寿山喇嘛庙)、江南水乡(苏州街)等各种风格于一处。

韩国 昌德宫建筑群
Changdeokgung Palace Complex

建筑年代：1405年

随地形变化搭建的昌德宫，总面积广达40多万平方米，古意盎然的宫殿建筑和传统造景的秘苑，为李氏朝鲜王朝时期保存最为完整的宫殿。

土耳其

伊斯坦布尔历史区（托普卡匹皇宫）

Historic Areas of Istanbul(Topkapı Sarayı)

建筑年代：15—19世纪

在约莫450年的帝国历史间，36位苏丹中的半数以托普卡匹宫为家，而且是帝国的强盛时期。

奥地利

舍恩布龙宫殿和花园

Palace and Gardens of Schönbrunn

建筑年代：18世纪

奢华的巴洛克风格几乎是奥地利装饰艺术中最引人注目的范例。而皇宫花园则展现了哈布斯堡家族历经几世纪以来的品位和兴趣。

奥地利

维也纳历史中心（霍夫堡）

Historic Centre of the City of Vienna(Hofburg)

建筑年代：13—19世纪

霍夫堡是奥匈帝国的统治核心，也是统治奥匈帝国长达700年的哈布斯堡王朝驻在地，是19世纪时牵动整个欧陆的重要地点。

克罗地亚

斯普利特的戴克里先皇宫

Historical Complex of Split with the Palace of Diocletian

建筑年代：3世纪

整座皇宫长215米，宽180米，城墙高28米，四个角落有四座高塔，四面城门里有四座小塔，都兼具防御守卫功能。

法国

凡尔赛宫

Palace and Park of Versailles

建筑年代：1661—1820年

法国史上最豪华的宫殿城堡。宫廷的大肆排场与崇尚君主权力的生活，不断在此上演，是从巴洛克到洛可可风格的典型代表。

法国

枫丹白露宫殿及花园

Palace and Park of Fontainebleau

建筑年代：12—16世纪

宫殿建筑风格结合文艺复兴和法国传统艺术，后来成为许多法国宫殿仿效的对象。

法国

阿维尼翁历史各城：教皇宫、主教团和阿维尼翁桥

Historic Centre of Avignon: Papal Palace, Episcopal Ensemble and Avignon Bridge

建筑年代： 14世纪

矗立在阿维尼翁市区的教皇宫，有“世界最大且最美的房子”之称。历任教皇将原有主教的府邸改建成教皇宫，内部极尽豪华奢靡之能事。

德国

波茨坦与柏林的宫殿庭院

Palaces and Parks of Potsdam and Berlin

建筑年代： 1744年

外观结合巴洛克与古典主义风格，内部的豪华装饰则是典型的洛可可风格。宫殿内有小画廊、图书馆、书房、寝宫等12个房间。

德国

布吕尔的奥古斯都堡与法尔肯拉斯特城堡

Castles of Augustusburg and Falkenlust at Brühl

建筑年代： 18世纪

集结多位艺术家的心血结晶，设计出德国境内洛可可建筑的代表作，并依选帝侯之名将其命名为奥古斯都堡宫殿。

©GNTB

©GNTB

©GNTB

德国

德绍－沃利兹的王室花园

Garden Kingdom of Dessau-Wörlitz

建筑年代： 18世纪

这些设计将美学、教育及经济目的和谐地融合在一起，并结合英式风格的建筑及庭院景观，处处可感受到18世纪的美学景致。

©GNTB

©GNTB

意大利

卡塞塔的18世纪皇宫以及园林、万维泰利水道桥和圣莱乌乔建筑群

18th-Century Royal Palace at Caserta with the Park, the Aqueduct of Vanvitelli, and the San Leucio Complex

©Fototeca ENIT/Paola Ghirotti

建筑年代： 18世纪

建筑群将宏伟宫殿与花园、森林、狩猎屋及丝织工厂做了完美的结合。

塞尔维亚

贾姆济格勒－罗慕利亚纳，加莱里乌斯宫

Gamzigrad-Romuliana, Palace of Galerius

建筑年代：289年

重要的罗马晚期遗迹，1953年确认该遗址为皇宫。这处结合了神庙、宫殿、浴室和凯旋门的建筑，还具有敬神与宣扬皇帝功绩的用途。

西班牙

塞维利亚大教堂、阿卡萨城堡及西印度群岛档案馆

Cathedral, Alcázar and Archivo de Indias in Seville

建筑年代：1248年—16世纪

塞维利亚曾为摩尔王朝首都，塞维利亚王宫与格拉纳达阿尔汗布拉宫，并列为西班牙最具代表性的伊斯兰教王宫。

西班牙

格拉纳达的阿尔汗布拉宫与阿尔拜辛区

Alhambra, Generalife and Albayzín, Granada

建筑年代：1238—1527年

阿尔汗布拉宫堪称是摩尔建筑艺术的极致之作，原为摩尔式碉堡，王宫部分建于14世纪，为末代伊斯兰教皇宫。

瑞典

德罗特宁霍尔摩宫

Royal Domain of Drottningholm

建筑年代：1766年

瑞典皇室的夏宫所在，目前皇室所居的宫殿。不论其建筑形式还是几何式花园，都不难看出凡尔赛宫的影子。

英国

布莱尼姆宫

Blenheim Palace

建筑年代：1705—1722年

其建筑样式是18世纪英格兰典型的王侯住宅。

陵墓
Mausoleum

自古以来，有能力大兴土木、为自己打造身后之所者，多半是当时该地的最高统治者，有时甚至倾全国之力，就为了让自己得以永生，供后世万代景仰。

于是像金字塔、秦始皇陵等皇室陵墓，在其巨大工程的背后，往往是成千上万的人力、巨额的财力、高超的艺术技巧、严密的社会组织，以及强大的资源管理能力，而王权统治无疑是最大的驱动力。当然也有像印度莫卧儿王朝的泰姬陵，其驱动力主要是“爱情”，然后借由王权加以完成。

被列为世界遗产的当然不只这些皇陵，在远古时代，有些埋葬的是一般民众，因为深具考古及艺术价值而被列入，而这么多坟冢中，唯一的特例要算是瑞典的斯科斯累格加登公墓，这是20世纪之后由建筑师所设计的公墓，因其完美结合了周遭环境而入选。

国家名	世界遗产名	建造年代	陵墓主人	主要特色
芬兰	 萨马拉赫德马基青铜时代墓穴 Bronze Age Burial Site of Sammallahdenmäki	前1500—前500年	一般民众	三十多座花岗岩堆砌的圆形墓穴。
瑞典	 斯科斯累格加登公墓 Skogskyrkogården	1917—1920年	一般民众	由两位瑞典建筑师阿斯普朗德和莱韦伦兹共同打造，融合植被景观与建筑元素。
意大利	 塞尔维托里及塔尔奎尼亚的伊特鲁里亚人墓地 Etruscan Necropolises of Cerveteri and Tarquinia	前9世纪—前1世纪	伊特鲁里亚人	伊特鲁里亚人将生前居住环境的模样呈现在他们的墓中，包括起居室、接待室等，里面还有美丽的壁画及生活用品。
马耳他	 哈尔·萨夫列尼地下宫殿 Hal Saflieni Hypogeum	前2500年	一般民众	它是当今世上唯一一座史前时代的地下神庙，后来成为大坟场。
保加利亚	 卡赞勒克的色雷斯古墓 Thracian Tomb of Kazanlak	前4世纪	王公贵族	狭窄的通道与圆形的墓室，墓室墙壁上装饰着一对色雷斯夫妻参与葬仪的情景。
保加利亚	 斯韦什塔里的色雷斯古墓 Thracian Tomb of Sveshtari	前3世纪	祭司、王妃	色彩缤纷的半人半植物女像石柱和壁饰。10尊以深浮雕的方式刻画于中室墙壁上的女性形象，以及拱顶上的弦月窗装饰。

埃及		孟斐斯及金字塔群 Memphis and its Necropolis—the Pyramid Fields from Giza to Dahshur	埃及古王国时代 (前2680年)	法老王及贵族	金字塔群
乌干达		卡苏比的布干达王陵 Tombs of Buganda Kings at Kasubi	13—20世纪	布干达王国 (Buganda Kingdom) 四位已故国王的陵墓	以茅草、芦苇及篱笆条建成
土耳其		内姆鲁特山 Nemrut Dağ	前1世纪	科马吉尼王国 (Commagene Kingdom)国王安提奥克斯一世(Antiochus I)	是一处结合了陵墓和神殿的圣地，中间以碎石堆建高50米的锥形小山，就是安提奥克斯一世的坟丘，东、西、北三侧各有一座神殿
印度		胡马雍陵墓 Humayun's Tomb, Delhi	1557—1565年	莫卧儿帝国第二任皇帝胡马雍大帝	早期莫卧儿风格的建筑物，具有浓厚的波斯建筑元素，后来阿格拉的泰姬陵就是以此为范本，加以设计而成
印度		泰姬陵 Taj Mahal	1631—1654年	慕塔芝·玛哈皇后 (Mumtaz Mahal)	样式融合印度、波斯、中亚伊斯兰教等风格
中国		明清皇陵 Imperial Tombs of the Ming and Qing Dynasties	15—16世纪	明清皇族	明清历代皇族陵墓，分别位于河北、湖北、南京
韩国		高敞、和顺、江华的古墓遗址 Gochang, Hwasun and Ganghwa Dolmen Sites	前7世纪— 前3世纪	建造年代时的掌权者	石室古墓遗址，且以群组的形式出现
韩国		朝鲜王朝皇陵 The Royal Tombs of the Joseon Dynasty	14世纪末	14世纪末朝鲜王朝皇族	每座陵墓位置一律有山为背、南面向水源，除了陵墓本身，还设有T型木造神龛、警卫亭等，周边围绕着动物或人形石雕

20世纪当代建筑
Modern Architecture

19世纪与20世纪之交，新科技，新建材，再加上新风格的探寻，建筑的发展有别于过去几千年人类的建筑史，走向一个全新的时代，新建筑形式的产生不再限于欧洲，也很难用某一种风格规范所有地区，一直到20世纪结束，新艺术、构造理性主义、国际现代主义、后现代多元主义……都以当代建筑概括。新技术打造出过去不可能产生的空间、高度与线条，于是摩天大楼竞相追逐高度，剧院等公共建筑甚至住宅，都有了全新的面貌，不仅建筑师极尽展现个人风格与想象力，建筑的发展也超越了国界与洲界，而且永无止境。

被列入世界遗产的建筑和纪念物，有些从外表看来似乎不是多么炫目及知名的伟大建筑，然而在每一个建筑概念的发展阶段，都独具意义。不过有些建筑的历史纪念意义更大于建筑本身，例如德国纳粹集中营以及广岛原爆遗址。

法国

勒阿弗尔：奥古斯特·佩雷重建的城市
Le Havre, the City Rebuilt by Auguste Perret

勒阿弗尔海港的热闹与繁荣，在第二次世界大战中成了战火下的牺牲品。遭到战争波及而毁损的建筑，占了全城的85%，1946年由建筑师奥古斯特·佩雷(Auguste Perret)着手进行都市重建工程。奥古斯特·佩雷选择使用大量的混凝土进行重建，大量三层楼高的集体建筑，成了勒阿弗尔新建市区最具规模的景观。

德国

汉堡的仓库城、康托尔豪斯区和智利办公大楼
Speicherstadt and Kontorhaus District with Chilehaus

仓库城在德皇威廉二世于1888年主持仪式后正式启用，直到2003年仓库城不再是免税港口的一部分，于是愈来愈多的仓库被转作办公室与博物馆之用。它井然有序的红砖墨瓦、纵横交错的幽静水道、叠影相望的小巧铁桥，让人思绪飘回工业革命时代。邻近康托尔豪斯区现代化主义风格的智利办公大楼，是一处占地约0.05平方千米、6栋庞大的办公大楼建筑群，建于1920—1950年，是一个19世纪末到20世纪初受到国际贸易迅速成长影响的极佳范例。

西班牙

巴塞罗那的加泰罗尼亚音乐宫与圣保罗医院
Palau de la Música Catalana and Hospital de Sant Pau, Barcelona

这座音乐厅与圣保罗医院(圣十字医院的前身)同为加泰罗尼亚现代主义建筑大师蒙塔内尔(Lluis Domènech i Montaner)的代表作。蒙塔内尔与高迪及普意居(Josep Puig i Cadafalch)被并称为“加泰罗尼亚现代主义建筑三杰”，其作品强调师法自然，惯以动植物作为装饰元素。在建材使用上，除沿用红砖、马赛克和彩色玻璃外，他也开发出了不少新技术。

©Visit Belgium

比利时

建筑师维克多·奥尔塔在布鲁塞尔的主要城市建筑
Major Town Houses of the Architect Victor Horta

布鲁塞尔的四座主要城市建筑：塔塞尔旅馆、索勒维旅馆、埃特维尔德旅馆及奥尔塔故居和工作室，是建筑师维克多·奥尔塔的杰作，他同时也是新艺术派的先驱。这些城市建筑反映了19—20世纪艺术、思想与社会的变迁。

比利时 阿根廷 法国 德国 印度 日本 瑞士

柯布西耶的建筑作品——对现代主义运动的卓越贡献
The Architectural Work of Le Corbusier, an Outstanding Contribution to the Modern Movement

©GNTB/Weissenhofmuseum im Haus Le Corbusier

柯布西耶共有17座建筑作品被纳入世界遗产，横跨欧、亚、美三大洲七个国家。这些建筑充分展现了一种新的建筑语言，与过去的建筑完完全全产生一个断点，也反映出20世纪的现代主义运动的解决方式，是以发明新的技术来回应社会的需求，而且是全球性的。

荷兰

里特弗尔德设计的施罗德住宅

Rietveld Schröderhuis (Rietveld Schröder House)

建于1924年的施罗德住宅是著名的建筑师里特弗尔德第一间完整设计的新房子。从外到内都彻底地和委托人施罗德太太讨论，里特弗尔德利用把空间分解成平面以及无限坐标空间的理念，结合使用者的习惯和对各种空间的要求，完成极简却又符合使用者所有需求的风格派机能住宅，被认为是当时欧洲最前卫的建筑。

©Poland Tourism

波兰

弗罗茨瓦夫百年厅

Centennial Hall in Wroclaw

弗罗茨瓦夫百年厅建于1911年到1913年的德意志帝国时期。此厅为多功能的混凝土建筑，建筑师麦克斯·伯格(Max Berg)将之设计为四叶草形，中央的圆形大厅可容纳6000名观众，圆形屋顶有23米高，由钢与玻璃构成。其形式与建筑工法均对20世纪初期的现代建筑有很大的影响。

捷克

布尔诺的图根哈特别墅

Tugendhat Villa in Brno

布尔诺的图根哈特别墅是由知名的建筑师密斯·凡·德·罗所设计。这项建筑建于1929年，建筑过程使用了特殊的采光、通风、玻璃帷幕、室内加热设计，建材则以玻璃、贵重的石头和木材、镀铬的钢铁为主，同时兼顾美学和实用价值。

以色列

特拉维夫白城——现代化运动

White City of Tel-Aviv: the Modern Movement

苏伊士运河开通使得雅法(Yafa)房价高涨，因而一群犹太人移居并于1909年创立了特拉维夫。因为20世纪30年代留欧的以色列学生带回了当时最流行的现代主义，于是大量兴建布局不对称、简洁且注重功能性的建筑。这座年轻且蓬勃发展的城市，成为世界上聚集很多国际风格建筑的区域之一。

©UNESCO/Francesco Bandarin

墨西哥

路易斯·巴拉甘的住家和工作室

Luis Barragán House and Studio

路易斯·巴拉甘的家和工作室位于墨西哥市郊区，建于1948年，是第二次世界大战后的杰出巨作，融合现代、传统以及当地的艺术潮流和元素，形成全新的典范，对于当代庭院、广场、景观设计产生重大影响。

日本

广岛原爆遗址

Hiroshima Peace Memorial (Genbaku Dome)

原爆遗址原本是建于1915年4月的3—5层楼建筑，由当时知名的捷克籍建筑师简·勒泽尔所设计，建筑采用巴洛克式样的结构。1945年8月6日上午8:15，人类史上第一颗原子弹在距离原爆圆顶160米的爆心地投下，所有的窗户瞬间炸裂，当时在馆内办公的30名职员无一幸存，建筑却奇迹般地保留了下来。

©UNESCO/Alcira Sandoval-Ruiz

墨西哥

墨西哥国立自治大学城区校本部

Central University City Campus of the Universidad Nacional Autónoma de México (UNAM)

这所综合大学兴建于1949—1952年，是由超过60位建筑师、工程师、艺术家通力合作所完成的20世纪现代主义独特作品，整合了都市生活、建筑学、工程学、景观设计、艺术，尤其是融入了墨西哥被殖民之前的传统元素，将社会和文化价值具体形象化，成为现代拉丁美洲的标志性建筑之一。

巴西

巴西利亚

Brasilia

兴建于1956年的巴西利亚，由卢西奥·科斯塔和其学生奥斯卡·尼迈尔设计，充满创新与想象力，可以说是前无古人，不愧为20世纪都市设计之典范。

©Brazil Tourism

澳大利亚

悉尼歌剧院

Sydney Opera House

落成于1973年的悉尼歌剧院，不论在建筑形状还是建筑结构上，在20世纪的建筑史上都具有开创性的地位。当初设计歌剧院的丹麦建筑师约恩·乌松(Jørn Utzon)从此名垂青史。

殖民城市
Colonial City

从15世纪起，哥伦布、达·伽马、麦哲伦、哈德逊、塔斯曼、库克等探险家启动了海洋探险时代，也使得当时欧洲几个强权国家包括西班牙、葡萄牙、英国、荷兰、法国纷纷在异地建立属于自己的殖民地，于是一座座融合当地风情与宗主国色彩的殖民城市在地球的另一端不断兴建。

从这份被列为世界遗产的殖民城市名单，不难看出当时殖民时代发展的轨迹。

西班牙的殖民地

洲别	国家	遗产名
美洲	墨西哥	 墨西哥市历史中心和霍奇米尔科 Historic Centre of Mexico City and Xochimilco
美洲	墨西哥	 瓦哈卡历史中心和阿尔班山考古遗址 Historic Centre of Oaxaca and Archaeological Site of Monte Albán
美洲	墨西哥	 普埃布拉历史中心 Historic Centre of Puebla
美洲	墨西哥	瓜纳华托古镇及其银矿 Historic Town of Guanajuato and Adjacent Mines
美洲	墨西哥	莫雷利亚历史中心 Historic Centre of Morelia
美洲	墨西哥	萨卡特卡斯历史中心 Historic Centre of Zacatecas
美洲	墨西哥	克雷塔罗历史建筑区 Historic Monuments Zone of Querétaro
美洲	墨西哥	特拉科塔尔潘历史建筑区 Historic Monuments Zone of Tlacotalpan
美洲	墨西哥	坎佩切历史防御城镇 Historic Fortified Town of Campeche
美洲	危地马拉	 安提瓜危地马拉 Antigua Guatemala
美洲	尼加拉瓜	莱昂·那霍遗址 Ruins of León Viejo
美洲	巴拿马	 巴拿马考古遗址与历史区 Archaeological Site of Panamá Viejo and Historic District of Panamá
美洲	古巴	 哈瓦那旧城及防御工事 Old Havana and its Fortifications
美洲	古巴	 特立尼达与因赫尼奥斯山谷 Trinidad and the Valley de los Ingenios
美洲	古巴	西恩富戈斯都会历史中心 Urban Historic Centre of Cienfuegos

洲别	国家	遗产名
美洲	古巴	卡马圭历史中心 Historic Centre of Camagüey
美洲	多米尼加	 圣多明各殖民城市 Colonial City of Santo Domingo
美洲	美国	圣胡安的堡垒及历史遗址 La Fortaleza and San Juan National Historic Site in Puerto Rico
美洲	委内瑞拉	科罗港口城镇 Coro and its Port
美洲	哥伦比亚	卡塔赫纳港口、城堡和遗迹群 Port, Fortresses and Group of Monuments, Cartagena
美洲	哥伦比亚	圣克鲁斯－德蒙波斯历史中心 Historic Centre of Santa Cruz de Mompox
美洲	厄瓜多尔	基多古城 City of Quito
美洲	厄瓜多尔	昆卡的圣安娜历史中心 Historic Centre of Santa Ana de los Ríos de Cuenca
美洲	秘鲁	库斯科城 City of Cuzco
美洲	秘鲁	利马历史中心 Historic Centre of Lima
美洲	秘鲁	 阿雷奇帕历史中心 Historical Centre of the City of Arequipa
美洲	玻利维亚	波托西城 City of Potosí
美洲	玻利维亚	苏克雷古城 Historic City of Sucre
美洲	智利	 港口城瓦尔帕莱索的历史城区 Historic Quarter of the Seaport City of Valparaíso
非洲	西班牙(加那利群岛)	拉古纳的圣克斯托瓦尔城 San Cristóbal de La Laguna
亚洲	菲律宾	 维甘古城 Historic Town of Vigan

葡萄牙的殖民地

洲别	国家	遗产名
美洲	乌拉圭	萨克拉门托的历史城区 Historic Quarter of the City of Colonia del Sacramento
美洲	巴西	 欧罗普雷图历史小镇 Historic Town of Ouro Preto
美洲	巴西	 奥林达历史中心 Historic Centre of the Town of Olinda
美洲	巴西	 巴伊亚州萨尔瓦多历史中心 Historic Centre of Salvador de Bahia
美洲	巴西	圣路易斯历史中心 Historic Centre of São Luís
美洲	巴西	迪亚曼蒂纳城历史中心 Historic Centre of the Town of Diamantina
美洲	巴西	戈亚斯城历史中心 Historic Centre of the Town of Goiás
欧洲	葡萄牙（大西洋）	 亚速尔群岛的英雄港中心区 Central Zone of the Town of Angra do Heroismo in the Azores
非洲	摩洛哥	马扎甘葡萄牙城 Portuguese City of Mazagan (El Jadida)
非洲	莫桑比克	 莫桑比克岛 Island of Mozambique
亚洲	斯里兰卡	 加勒古镇及堡垒 Old Town of Galle and its Fortifications
亚洲	中国	 澳门历史中心区 Historic Centre of Macao
非洲	肯尼亚	 蒙巴萨的耶稣堡 Fort Jesus, Mombasa

英国的殖民地

洲别	国家	遗产名
美洲	加拿大	卢嫩堡古城 Old Town Lunenburg
美洲	英国属地	百慕大群岛上的圣乔治历史古城与相关要塞 Historic Town of St. George and Related Fortifications, Bermuda
亚洲	马来西亚	 马六甲海峡的历史城市：马六甲和乔治城 Melaka and George Town, Historic Cities of the Straits of Malacca （注：虽最后为英国殖民地，但都留有葡萄牙、荷兰的殖民影子）
美洲	巴巴多斯	 布里奇敦及其军事要塞 Historic Bridgetown and its Garrison

法国的殖民地

洲别	国家	遗产名
美洲	加拿大	 魁北克历史区 Historic District of Old Québec
非洲	塞内加尔	 圣路易岛 Island of Saint-Louis

荷兰的殖民地

洲别	国家	遗产名
美洲	荷兰属地	安的列斯群岛威廉斯塔德历史区、内城和港口 Historic Area of Willemstad, Inner City and Harbour, Netherlands Antilles
美洲	苏里南	 巴拉马利波历史城区 Historic Inner City of Paramaribo

人文聚落景观
Settlement Cultural Landscape

综观被列为世界遗产的建筑，不是王权所打造的宫殿、陵墓，就是宗教力量所促成的神殿、教堂、庙宇、清真寺，真正能入选世界遗产的民居，可以说屈指可数。

这些民居多半是群集的聚落，结合了当地特殊的地形，而形成十分独特有趣的人文地貌，其中世界上最为知名的，当属土耳其的卡帕多西亚岩石区，格雷梅(Göreme)的意思是“让你看不到”。数千年来，人们在火山灰和巨石中挖出教堂、洞穴社区，形成共居、共同生活的文化，也造就了今日所见的千古奇观。

除了这些自然形成的历史聚落，唯一的特例就是西班牙建筑师高迪的米拉之家。这座像是大型雕塑般的建筑其实是一栋公寓，即便已经进入21世纪，这栋20世纪初的建筑风格仍是独树一帜。

西班牙 高迪的建筑作品
Works of Antoni Gaudí

米拉之家(Casa Mila)建于1906—1910年，堪称是高迪落实自然主义最成熟的作品。从里到外，整个结构既无棱也无角，全无直线的设计，营造出无穷的空间流动感。外观呈白色波浪形，配上细致的锻铁阳台，显得雄伟大气且豪华精致。

米拉之家不仅是栋建筑，也是件大型雕塑！不过，其命运坎坷，原为工业巨子的豪宅，后来却沦为赌场，也曾翻身为补习班和分租公寓。被指定为世界文化遗产后，才在1986年由卡沙文化基金会买下整修，重现其美丽。

意大利 马泰拉的岩穴和教堂
The Sassi and the Park of the Rupestrian Churches of Matera

这是地中海地区最显著的穴居聚落案例，而且与当地的地形和生态完美结合。大约从旧石器时代就有人类定居于此，后来在人类历史的舞台上扮演了重要角色。马泰拉多为石灰岩地形，中世纪时隐者在此凿洞居住。由于地理位置孤立，距离最近的大城市那不勒斯尚有240千米之远，马泰拉保存完整的石洞风貌，与百年前的耶路撒冷极为相似。

意大利 阿尔贝罗贝洛的锥顶石屋
The Trulli of Alberobello

阿尔贝罗贝洛发展历史大约可追溯至15—16世纪，当时来此开垦的农民利用当地盛产的石灰岩，以史前时代延续下来的干式石砌法造屋，不使用灰泥黏合，作为仓库或看守田地者的临时住宅。当时的领主规定居民只能盖可随时拆掉屋顶的锥顶石屋，以应付不定期的视察，躲避中央政府税收。直到1797年阿尔贝罗贝洛变成自由城市，才开始建造以灰泥黏合、较坚固耐用的锥形石屋，19世纪在这个地区广为使用并保留至今。

土耳其 格雷梅国家公园及卡帕多西亚岩石区
Göreme National Park and the Rock Sites of Cappadocia

基督徒和穆斯林一起利用奇岩怪石，凿出洞穴住家、洞穴教会，一大片巨石甚至就是一个洞穴社区。巨石内错综复杂，厅室无数，最大洞穴社区可容纳600人。洞穴社区易守难攻，地下城更是叹为观止。不知从何时起，卡帕多西亚人所有地上的活动，包括豢养牲畜、酿酒、生活、教育，全都转进地下，而抵御阿拉伯军队的基督徒更巧妙地利用了地下城：窄而复杂的通道只容一人进出，垂直开口的通气孔、循环系统可以让最底层和最上层的空气一样清新，而利用杠杆原理推动的两吨重圆石门，更是地下城特有的安全装置……许许多多未解的秘密让地下城成为卡帕多西亚的传奇之一。

日本 白川乡合掌造聚落 Historic Villages of Shirakawa-go and Gokayama

在白山山脉中，传统的村落拥有一种特殊的居住形式，这就是合掌造村落。村民以养蚕和生产蚕丝、绢丝制品维持生活，社会结构以每个大家庭为中心，形成一个互助合作的村落，只有这种团结一致的生活形态，才有可能动员全村力量建造或修筑“合掌造”这种特殊的房舍。合掌造的名称，得自厚厚稻草建成的高尖屋顶，造型宛如两手合成的正三角形。

©Ireland Tourism

爱尔兰 斯凯利格·迈克尔岛 Skellig Michael

斯凯利格·迈克尔岛位于爱尔兰西南部凯里郡外16千米的海面上。约从7世纪起，一座座造型奇特的蜂窝状隐修院，矗立在高出水面180多米的陡峭山坡上。这是早期的爱尔兰基督徒们，远离尘世在极端艰苦的环境里生存的写照。如今这些小修道院完好地保存了1400年以前它们最初修建时的风貌。

原来的修道士使用了大约500块石头修建了一条石阶路，一直通向夹于两个山峰之间被称作“基督的马鞍”的鞍部地区。两个山峰中较高的一个距离海平面200多米。山峰顶部有一块具有历史意义的刻有十字架的纪念石。中世纪的朝圣者在访问修道院后，会攀上纪念石的顶部，并且亲吻岩石以示虔诚。

德国 莱茵河中上游河谷地 Upper Middle Rhine Valley

莱茵河中上游河谷地指的是靠近法兰克福处的一段长65千米的地带，从宾根(Bingen)小镇往北绵延到科布伦次(Koblenz)。这一段的莱茵河谷地以其小镇、城堡、葡萄园和各自地理面貌，解释了人类与不同的自然环境互动的历史，并且此段的自然景致与人文景观更曾激发许多著名文人、艺术家与音乐家的创作。时至今日，对游人来说，莱茵河更引人入胜的是歌咏它的诗歌与赞美它的神话和传说。此外，莱茵河沿岸也是欧洲种植葡萄的最北线，是德国区内最大的葡萄酒产地，这里的白酒，品质绝佳。

©GNTB/Deutsche Zentrale für Tourismus e.V.

德国 阿尔卑斯山区史前干栏式民居 Prehistoric Pile Dwellings around the Alps

阿尔卑斯山区的河川、湖泊及湿地边，共有111处史前干栏式民居遗迹，为德国、奥地利、瑞士、意大利、法国、斯洛文尼亚6国共有的世界遗产。这些史前民居大约建于公元前5000—前500年间，时间横跨新石器时代与青铜器时代。部分遗迹保存完好，提供丰富的考古证据，并展示当时人类的生活方式与适应环境的社会发展，是研究这个地区早期农耕社会形成的重要史料。

©GNTB

捷克 霍拉肖维采历史村落保护区 Holašovice Historical Village Reservation

保护区包括23座石造农庄、120栋建筑物，以及一间内波穆克圣约翰小礼拜堂。这里的建筑物具有一层楼结构，采用鞍状屋顶，而且外缘的三角墙都面向村落中央的草坪广场。这些建于18—19世纪时期的本土建筑，充满浓厚的“南波希米亚民间巴洛克风格”，并且延续了源自中世纪的街道格局，完整保存了传统的中欧村落风貌。第二次世界大战结束后，这里的德国居民纷纷搬离，导致许多农庄年久失修，不过自1990年开始，当地恢复重建。

©Czechtourism.com

©Czechtourism.com

匈牙利 霍洛克古村落及其周边环境 Old Village of Hollókö and its Surroundings

整个村庄仅有两条道路，道路两侧立着极具历史价值的民房，其中有65栋房舍是受到保护的。覆盖着干草的木造民房是帕罗次地区的传统建筑风格。由于这种建材易燃，霍洛克村的房舍自13世纪以来便历经多次的火灾损毁，而现今所看到的村景，是在1909年一场大火后重建的，不过建筑整体结构仍从中世纪保存至今。

文艺复兴城市与建筑

Renaissance City & Architecture

15世纪初，哥特风格的意大利米兰大教堂才开始兴建，与此同时，240千米以外的佛罗伦萨，建筑风格已悄悄改变，圣母百花大教堂的巨大红色圆顶预示着新时代的来临。

这就是14世纪兴起的文艺复兴运动，欧洲从中世纪对宗教的迷思中走出来，重新发现人本的价值。这个思维表现在建筑上，就是提倡古典时期的完美比例及天人合一的美感。建筑物的几何图形、线条或任何柱式，比例都要经过精密的计算以及理性的处理，增一分则太多，减一分则太少。

意大利的文艺复兴风潮从佛罗伦萨发轫，接着是罗马，然后是威尼斯。由米开朗琪罗所设计的圣彼得大教堂圆顶，把文艺复兴风格推向极致。

意大利 拥有达·芬奇《最后的晚餐》壁画的感恩圣母教堂及修道院

Church and Dominican Convent of Santa Maria delle Grazie with "The Last Supper" by Leonardo da Vinci

教堂内最有名的是达·芬奇所画的《最后的晚餐》。其创作时间约在1495至1497年之间，绘于修道院里的教士餐厅，强烈表现出达·芬奇的"动态"风格，尤其是12位门徒各种不同的手势。他精确地运用透视法表现空间里人物的关系与互动，也完美地表达了耶稣的神性，是文艺复兴巅峰时期的代表作之一。

意大利 维琴察城及威尼托地区的帕拉第奥式宅邸

City of Vicenza and the Palladian Villas of the Veneto

维琴察城内有一条帕拉第奥大道，两旁有不少宅邸是出自名建筑师帕拉第奥之手。在威尼托地区其他地方也有不少帕拉第奥设计的城市住宅及别墅，他的作品对于建筑的发展影响深远。在维琴察城，巨大的帕拉第奥大会堂雄踞在领主广场上，青铜的船底状屋顶及四周罗列的希腊罗马诸神石雕，是它最大的特色。帕拉第奥大会堂是帕拉第奥于1549年接受委托的第一件公共建筑设计，大师的雕像就位于正面，宫前高达82米的细塔则立于12世纪，而具有华丽装饰外观的首长回廊也是帕拉第奥的作品。

意大利 佛罗伦萨历史中心

Historic Centre of Florence

佛罗伦萨是欧洲文艺复兴的发源地，15、16世纪在美第奇家族统治下，经济及文化都达到鼎盛。其600年非凡的艺术成就展现在圣母百花大教堂、圣十字教堂、乌菲齐美术馆及碧提宫等。

市内无数博物馆、教堂，其建筑、陈设的艺术作品都是文艺复兴时期最耀眼的珍宝，而这都要归功于美第奇家族。美第奇家族由经商到执政，他们把人文主义的精神注入整个佛罗伦萨之中，奖励可以美化俗世的绘画、雕刻、建筑等各种艺术，再现古希腊罗马精神，掀起文艺复兴运动。当时的大师级人物如米开朗琪罗、唐纳泰罗、布鲁内雷斯基、波提切利等人，都在这股风潮中，留下不朽的艺术作品。

美第奇家族统治佛罗伦萨达三世纪之久，这段时期佛罗伦萨可以说是欧洲的艺术文化中心，知名的雕刻家、建筑师、艺术家都聚集在这里。美第奇家族由老科西摩开始成为实质统治者，其他知名的成员还有伟大的罗伦佐及16世纪的科西摩一世。美第奇家族对艺术创作的支持，使这个家族能在艺术历史上具有重要地位，也让佛罗伦萨成为文艺复兴的殿堂。

法国 里昂历史城区

Historic Sites of Lyons

里昂是罗讷－阿尔卑斯大区首府，因为地理位置特殊，一直是欧洲史上极为重要的贸易中心。罗马时代是军事重镇，文艺复兴时期免税政策吸引了许多商人、银行家到此定居，15世纪成为全欧洲印刷中心，16世纪则因丝绸成为法国纺织中心。

大里昂城包括了灌木区、旧里昂区和现代区。历史可追溯到公元前的旧里昂区，是世界遗产中最大的一块文化遗迹，超过300栋不同时代的建筑物，集合成一处保存完整的建筑群。随处可见的教堂与剧院，让人仿佛置身文艺复兴的荣景里，而穿梭在旧城镇里像迷宫一样狭窄封顶的小巷，则可以想象当年运输丝织品的盛况。现在还有超过300个小巷主要分布在旧城区，而在灌木区和现代区也可以看到相似的建筑。

波兰 扎莫希奇旧城
Old City of Zamość

扎莫希奇位于波兰东南方联结黑海与西欧、北欧的贸易要道上，由意大利帕多瓦的建筑师柏纳多·莫兰多负责城市规划，是16世纪晚期文艺复兴城市的完美典范。旧城区至今仍保存了原始的规模，包括城堡和众多融合意大利与中欧传统的古老建筑。

©Fototeca ENIT/Paola Ghirotti

©Poland Tourism

意大利 乌尔比诺历史中心
Historic Centre of Urbino

坐落于山丘上的乌尔比诺小山城，位于意大利中部、靠近亚得里亚海的马克省。在15世纪时历经了文艺复兴时期，吸引全意大利艺术家及学者，并影响欧洲其他区域文化的发展。到了16世纪，经济和文化的停滞，使得文艺复兴的外观得以完整保存至今。

捷克 克鲁姆洛夫历史中心
Historic Centre of Česky Krumlov

克鲁姆洛夫最早建于13世纪，整个城镇的建筑风格融合了哥特式、文艺复兴式及巴洛克式建筑，是典型的欧洲城镇雏形。从空中俯瞰，可以看到伏尔塔瓦河以S形包围整个城镇。在河左岸沿山丘而建的是庞大的城堡区，而河右岸则是一片红色屋顶起伏的旧城区。克鲁姆洛夫古堡是克鲁姆洛夫的权力象征，位于全镇最高处，是哥特式建筑混合文艺复兴式建筑的最佳代表。无论从哪个角度都可以看见那以红黄壁画装饰的高塔，独特的造型相当引人注目，甚至连夜间都有灯光照明，成为全镇的象征。

意大利 提沃利埃斯特别墅
Villa d'Este, Tivoli

因为园区有喷泉大大小小多达500座，埃斯特别墅又被称为“千泉宫”。别墅修建者是16世纪时的红衣主教伊波利多·埃斯特，他发现提沃利的气候对健康颇有助益，因此决定把原来的方济会修道院改建为华丽度假别墅。别墅由受古希腊罗马艺术熏陶的建筑师与考古学家利戈里奥设计，以高低落差处理喷泉的水源，企图把文艺复兴时期艺术家们的理想展现于这片蓊郁的花园里。后来由不同时期的大师陆续完成，因此也带有巴洛克的味道，为欧洲庭园造景的典范。

意大利 费拉拉文艺复兴城及波河三角洲
Ferrara, City of the Renaissance, and its Po Delta

位于波河下游平原的费拉拉，因为埃斯滕塞家族的苦心经营，变成一座文艺复兴城市，吸引许多大师前来设计并建造埃斯滕塞家族的宫殿。费拉拉城的主要建筑都围绕着一座非常特别的主教堂。市政厅的中庭拥有造型极美的“荣誉大阶梯”。埃斯滕塞城堡自1450年起便成为领主的宅邸，“钻石宫”则是埃斯滕塞权力的象征。为了建构欧洲最精致的宫廷，罗赛蒂依照新的透视法则来设计，加上贝利尼、曼泰尼亚等大师的绘画装点，费拉拉在埃斯滕塞家族的主导之下，成为15、16世纪波河地区文艺复兴都市景观的典范。

©viewingmalta.com

马耳他 瓦莱塔城
City of Valletta

瓦莱塔城形状有如堡垒，四周环绕着厚重的城墙。瓦莱塔城最主要的道路是共和大道，笔直地穿越整个半岛，最后抵达圣艾尔摩要塞。道路两旁的建筑物，分属于意大利文艺复兴风格、洛可可和新古典主义样式，外观多为石头原色，唯有造型优雅的阳台被漆成绿色或红色。位于共和大道的大统领官，原是骑士团长宫殿。首相办公室则是意大利著名建筑师吉罗拉莫·凯撒所设计，原本属于意大利文艺复兴样式，后来于1744年加盖正面的巴洛克墙壁。

汉萨同盟城市
Hanseatic City

1241年，吕贝克和汉堡首先签订同盟条约，后来除了德国北部的城市外，从波兰到荷兰的沿海城市也相继加入，这便是汉萨同盟(Hanseatic League)的雏形。最早，汉萨同盟只是商人和贵族为了商业合作而形成的结盟关系，在会员间有效率地处理经贸往来，形成巨大的交易网络，确保经济利益的共同市场。后来，从由商人主导的结盟关系，发展到各城市间的结盟，当时许多自由城市都是汉萨同盟的会员。

到了14世纪中期，同盟权力集中在吕贝克城，在其领导下，汉萨同盟垄断从北海到波罗的海的贸易往来，盟城间彼此互惠互利，甚至还拥有军队和金库。不过，建立在利益基础上的结合，并不能使会员们同心同德，而16世纪实行中央集权的荷兰与英国蓦地崛起，汉萨同盟因而势微，自1669年后就再也没有开过会，但它代表的重商主义和冒险精神，仍在同盟城市的建设及思想上留下极深的烙印。

挪威 布吕根
Bryggen

布吕根是挪威第二大城卑尔根市区里最古老的地区。所保留的木造房舍建筑，呈现14—16世纪汉萨同盟时期来自德国商人的群居特色。1955年以前，这里陆陆续续发生过数次火灾，但居民不断地在原地重建相同的建筑。从卑尔根港望去，赭红、鹅黄、奶油色等鲜艳的尖顶建筑并排，形成卑尔根最大的特色。现在所保存的58座建筑多数仍在使用中，主要是商店和艺术工作室，还有部分房舍作为餐馆对外开放。

想要了解卑尔根的历史，最佳去处是位于鱼市场转角的汉萨博物馆，里面完整地保留当时德国商人的生活实况，导览员会详细地说明当时居民如何小心谨慎地预防火灾，多数房舍里不准点火，唯一准予用火的地方是公用厨房，也是大伙儿集会聊天的场所。

德国 施特拉尔松德与维斯马历史中心
Historic Centres of Stralsund and Wismar

仍保留14世纪建筑风格的老城施特拉尔松德和维斯马，曾是当时的海上贸易重镇，见证了汉萨同盟的全盛时期。这两座城市保有完整的中世纪风格，从建筑、街道、港口、广场等，都能追溯当时所遵循的吕贝克法律，也是汉萨同盟时期典型的海岸商城。

©GNTB/Wismar Tourismus Zentrale

©GNTB/Krüger, Norbert

德国 汉萨城市——吕贝克
Hanseatic City of Lübeck

数百年前的“汉萨同盟”时期，吕贝克可是首屈一指的大城市，且是同盟的权力中心。今日老城内被联合国列为受保护的珍贵文化遗产，就是建于汉萨同盟的全盛时期。哥特式的砖造建筑艺术，由红砖堆砌排列的楼房，居然发展出完美的建筑结构，处处是优雅与迷人的氛围。而古城内七座哥特式的教堂，更是在厚重坚实的砖造主体上矗立起高耸的尖塔，气势雄伟而壮观。

瑞典

汉萨同盟城市维斯比
Hanseatic Town of Visby

位于瑞典东南方的哥得兰岛(Gotland)上，维斯比因为是“一座保有完整汉萨联盟时期建筑与城墙的城镇”，而被评定为世界遗产。

在12—13世纪时，维斯比是波罗的海附近从事商业往来相当活跃的城镇。1288年以石灰石建造的长达3.6千米的城墙，现在仍几近完整地围绕着维斯比，不仅在瑞典难得一见，也是北欧地区保留最完整的中世纪城墙。每年8月中旬，民众会穿上中世纪服饰游行，节庆活动维持约一周。

波兰

中世纪城镇托伦
Medieval Town of Toruń

托伦这个古老城镇在波兰历史上具有重要地位。13世纪中叶，条顿骑士团在此修筑城堡以彰显征服普鲁士的功绩，这是托伦城的雏形，随后托伦城便成为汉萨同盟时期的商业中心。至今托伦城仍保存着许多14—15世纪的建筑，也包括天文学家哥白尼的住所，漫步城区可感受古老波兰的历史风情。

©Poland Tourism

拉脱维亚

里加历史中心
Historic Centre of Riga

地理位置上，里加位于东西欧交会的波罗的海岸边，500米宽的道加瓦河(Daugava)贯流而过。几个世纪以来，里加一直是拉脱维亚最重要的商业、金融和文化中心。13世纪末开始，成为汉萨同盟城市之一，然而也因为如此，德国、瑞典、俄国、波兰等不同国籍的人频繁进出或定居在这里，而把里加视为自己的城市。

爱沙尼亚

塔林历史中心
Historic Centre of Tallinn

塔林就是一座活生生的城市博物馆，同时也是汉萨同盟城市(Hanseatic League，14—17世纪北欧商业都市之政治及商业同盟)全盛时期的最佳典范。

塔林是欧洲保存完整的中世纪城市之一，蜿蜒缠绕的石子街道，大约从11—15世纪慢慢成形，今天几乎一条不漏地保留下来；而那一栋栋教堂、谷仓、货栈、商人会所、民宅，也几乎都以原貌维持至今。塔林的黄金年代是15、16世纪，因为加入汉萨同盟，塔林在波罗的海扮演重要角色，同时赢得声望，强大的经济除了使得塔林更有能力从防御工事上保护自己，也更有机会在建筑和艺术上发光发热。塔林旧城的下城区因为汉萨同盟的关系，受到德国吕贝克(Lübeck)法律的管制，居住在这里的商人、中产阶级统一由市议会管理。

基督教遗产与教堂

Christianity & Church

在欧洲中世纪时期，由于罗马教宗的统治，基督教得到广泛的传播，从此主宰了欧洲人的思想与信仰。今天的欧洲史，毋宁是一部基督文明史，其中教堂的兴建，就是见证。11世纪之后，随着工艺的进步和商业的扩大，亮丽的都市文化兴起，欧洲的文艺复兴开始萌芽，这种萌芽是伴随着兴建教堂和大学开始的。艺术和科学以越来越快的步伐迅速成长，其中最具象征性的，就是哥特式大教堂的出现。创新的工程技术结合一套新的建筑语汇，创造出一种全新的教堂建筑风格。

于是欧洲各个大城市开始互相较劲，看看谁盖的教堂最高、最壮丽，世界上最具代表性的哥特式教堂，首推巴黎的圣母院以及德国的科隆大教堂。

此后，随着欧洲建筑史的演进，每一个时期总有一座代表性的教堂永垂于世，它们不再是单纯的宗教建筑物，更是城市的文化标志。其中梵蒂冈的圣彼得大教堂兼具了文艺复兴和巴洛克时期的风格；至于现代建筑，当然首推高迪在巴塞罗那所兴建的圣家堂。此外，在希腊、东欧和俄罗斯发展出来的东正教，也有其代表性风格，拜占庭建筑便是其中之一。随着大航海时代的来临，教堂在亚洲、美洲等殖民地蔓延开来，不少融合殖民风格的教堂都被列为世界遗产。

克罗地亚 希贝尼克圣雅各教堂

The Cathedral of St. James in Šibenik

建造年代： 1402—1555年

建筑形式： 哥特式、文艺复兴式

特色： 这栋宗教建筑在建筑史上的独特之处在于，从墙壁、筒形拱顶到圆顶都是以特殊技术把石块准确地组合起来。在19世纪之前的欧洲，多半只用木材及砖头接榫与架构，圣雅各教堂却用石材办到了。也因为如此，建筑物外观及内部，形状几乎一模一样，而这也是今天看到的——正面大门的三叶状山墙与三堂式的教堂规划，以及三块筒形拱顶完全一致，这在欧洲可以说是独一无二的。

丹麦 罗斯基勒大教堂

Roskilde Cathedral

建造年代： 12—13世纪

建筑形式： 哥特式

特色： 丹麦境内第一座哥特式教堂，尔后不断改建，融合了各时期的教堂建筑风格，最后一次的改建在19世纪，因此整座教堂清晰地展现了欧洲宗教建筑的发展历程。自15世纪起，约在宗教革命之后，大教堂成为皇室和教会主教等重要神职人员的安葬处，共有20位国王和17位皇后的陵墓安放在教堂墓室中，这也让罗斯基勒大教堂的地位非同凡响。

意大利 比萨大教堂广场

Piazza del Duomo, Pisa

建造年代： 1173—1370年 **建筑形式：** 仿罗马式

特色： 主教堂建于1064年，在11世纪时可以说是世界上最大的教堂，由布斯格多主导设计，这位比萨建筑师的棺木就在教堂正面左下方。修筑的工作由11世纪一直持续到13世纪。由于是以卡拉拉的明亮大理石为材质，因此整体偏向白色，建筑师又在正面装饰上其他色彩的石片。这种玩弄镶嵌并以几何图案来表现的游戏，是比萨建筑的一大特色。分成四列的拱廊将教堂正面以立体方式呈现，这就是结合古罗马元素的独特比萨风格。在整片杜莫广场中，都可以看见这种模式的大量运用。

梵蒂冈 梵蒂冈城(圣彼得大教堂)

Vatican City

建造年代： 1400—1666年 **建筑形式：** 文艺复兴式、巴洛克式

特色： 圣彼得大教堂是一座长方形的教堂，整栋建筑呈现出一个拉丁十字架的结构，它同时也是目前全世界最大的一座教堂。在长达176年的建筑过程中，包括布拉曼特、罗塞利诺、桑加罗、拉斐尔、米开朗琪罗、贝尼尼、波洛米尼、卡罗马德诺等在建筑或艺术史上留下大师名号者，都曾参与圣彼得大教堂的兴建，可以说集合了众多建筑天才的风格于一体，除宗教的神圣性外，艺术性也很有看头。

西班牙

塞维利亚大教堂
Cathedral in Seville

建造年代：15世纪 **建筑形式：**哥特式、文艺复兴式

特色：宽160米、长140米的大教堂，是全世界第三大的教堂，仅次于罗马的圣彼得大教堂和伦敦的圣保罗大教堂。历经一个世纪兴建的大教堂原本为哥特式风格，中央圆顶坍塌之后，建筑风格转为文艺复兴式，加上由昔日清真寺唤拜塔改建而成的摩尔式希拉达塔，以及穆斯林入内祈祷前净身的橘子庭院，整座教堂融合了多种风格。

英国

坎特伯雷大教堂、圣奥古斯丁教堂和圣马丁教堂
Canterbury Cathedral, St. Augustine's Abbey, and St. Martin's Church

建造年代：1070—1174年 **建筑形式：**哥特式

特色：坎特伯雷大教堂是最显著的地标，不论是亨利八世的宗教迫害还是第二次世界大战时希特勒的猛烈炮火，都没有对此教堂造成巨大的伤害。圣奥古斯丁教堂也是英国古老的教堂之一，597年罗马教皇派遣圣奥古斯丁到英国传教，在坎特国王的允诺下，于皇宫城墙外建一座教堂，供教徒敬拜之用。三间由木材、燧石、砖块及瓦片组成的撒克逊式小教堂，就成为此地最早的建筑。

德国

维斯朝圣教堂
Pilgrimage Church of Wies

建造年代：1746—1757年 **建筑形式：**德国洛可可式

特色：教堂内部呈现出华丽、优雅却不气势凌人的感觉，巧妙地在空间不大的教堂内部，以弯曲、流动的海草或是贝壳的花纹，带出流畅的动感，尤其是许多纤细、金碧辉煌的线条与色彩，更赋予教堂典雅、活泼、奔放的视觉感受，宛如梦幻境界般的华丽天堂，不再是高高在上的权威感与距离感。维斯朝圣教堂细致而亲切的建筑设计，被誉为18世纪德国宗教建筑中顶级的建筑杰作。

©GNTB

罗马尼亚

摩尔达维亚的教堂群
Churches of Moldavia

建造年代：15—16世纪

建筑形式：拜占庭

特色：罗马尼亚东北部的摩尔达维亚省是洋溢着乡村风情的森林地带，当地七座外观壁画彩绘精致的东正教教堂，象征着15—16世纪拜占庭艺术的巅峰。一幅幅题材来自《圣经》和著名历史故事的壁画，犹如联屏画般展现于众人的眼前，修默修道院的《围攻君士坦丁堡》、摩尔多维塔修道院色彩缤纷的《圣经》场景、素有“东方西斯廷大教堂”之称的沃洛涅特修道院，和谐的用色与优雅的线条轮廓，使得这些壁画完美地融入周遭景观之中。

©www.romaniatourism.com

斯洛伐克

喀尔巴阡山区斯洛伐克境内的木造教堂
Wooden Churches of the Slovak Part of the Carpathian Mountain Area

建造年代：16—18世纪 **建筑形式：**木造教堂

特色：坐落于斯洛伐克境内、名列世界遗产的喀尔巴阡山区木造教堂共有八座，各自分布于不同的地点，由于宗教习惯不同，这些宗教建筑彼此间展现各异其趣的外部式样与内部空间，反映出宗教建筑于不同时期的流派与发展，以及特殊的文化与地理环境对其产生的显著影响。

©www.slovakia.travel/Alexander Vojček

©UNESCO/Francesco Bandarin

埃塞俄比亚

拉利贝拉的石刻教堂群
Rock-Hewn Churches, Lalibela

建造年代：12世纪末、13世纪初

建筑形式：石刻教堂

特色：12世纪末、13世纪初，埃塞俄比亚第七任国王拉利贝拉按照神谕，以数十年的时间将当时的首都，也就是今日的拉利贝拉，打造成非洲的“新耶路撒冷”。这座位于北部岩石高原的圣城，最有名的就是11座位于巨大石坑内以整块岩石开凿而成的石刻教堂，其中包括世界最大的石刻教堂“耶稣基督教堂”，以及呈十字架造型的圣乔治教堂。

伊斯兰教遗产与清真建筑

Islam & Mosque

公元622年伊斯兰圣者穆罕默德(Muhammad)率领家人和追随者从麦加(Mecca)逃往北方480千米处的麦地那(Medina)。作为社会和宗教的改革者，他以麦地那这个穆圣之城为根据地，创始面朝麦加的礼拜，开启了伊斯兰教的新纪元。

公元7世纪之后，从阿拉伯半岛崛起的军队，挟着伊斯兰教的信仰，以极快的速度向西扩张至地中海沿岸，包括土耳其、埃及、北非、伊比利亚半岛南部，向东延伸至波斯、中亚、印度等地区。

伊斯兰教从沙漠的游牧民族崛起，完全没有伟大建筑的传统，加上穆罕默德一直在一个极简单的环境中生活和礼拜，使得伊斯兰教艺术和建筑，都是顺着这个背景与思维发展出来的。伊斯兰建筑类型主要包括清真寺(Mosque)、伊斯兰经学院(Madressa)、陵墓(Mausoleum)，以及伊斯兰世界里较少被保存下来的宫殿。

突尼斯 突尼斯旧城／大清真寺

Medina of Tunis

在12—16世纪，突尼斯被公认为伊斯兰世界最富庶的城市。目前旧城里保存了约700处古迹，包括宫殿、清真寺、陵寝等。旧城最突出的建筑物是大清真寺，站在远处就可看到清真寺的尖塔，在阳光下闪耀着。时间一到，大清真寺传来震耳欲聋的叫拜声，十足浓厚的伊斯兰色彩，登高望远，这座老城就如马赛克般炫丽。

马里 杰内古城／泥砖建筑、杰内大清真寺

Old Towns of Djenné

杰内是马里中部尼日尔河内陆三角洲上的一座古城，从公元前200年左右就开始有人居住，后来发展成撒哈拉沙漠的黄金交易中心，15—16世纪时，该城进入最辉煌繁华的时期，并且在传播伊斯兰文化上扮演着重要角色。杰内古城素以泥砖建筑著称，总共有2000座古老建筑被完整保留下来，其中最知名的景观就是1907年兴建的“杰内大清真寺”。

©UNESCO/Francesco Bandarin

摩洛哥 非斯旧城／旧伊斯兰学校

Medina of Fez

非斯从12世纪起就已是鼎盛的城市，而旧城区里的大学也是世上最古老的一座。尤其在13—15世纪时的马里尼德(Merenid)朝代成为首都，带领摩洛哥进入黄金时期。从阿拉伯人横扫北非的领域后，非斯一直是伊斯兰文化重镇，始终是摩洛哥最重要的宗教和文化中心。

埃及 开罗历史区／阿兹哈清真寺

Historic Cairo

开罗曾是伊斯兰世界的中心，掌控着东地中海的贸易大权。在开罗最繁盛的时期，人口密集，生活富庶，清真寺比邻而建，数量惊人，当时曾被称为“千塔之城”。目前伊斯兰区仍号称有800座以上的清真寺，伊斯兰区范围辽阔，北起征服之门，南到大城堡，登高环伺，放眼尽是尖塔、寺院。

土耳其 迪夫里伊大清真寺和医院／迪夫里伊大清真寺

Great Mosque and Hospital of Divriği

安纳托利亚高原的中部地区于公元11世纪初被突厥人征服，1228年至1229年期间，土耳其苏丹在迪夫里伊这个地方盖了一座大清真寺。清真寺有一间祈祷室、两个穹顶，其穹顶建筑的高超技法及出入口繁复的雕刻，相较于内部墙壁的素雅，恰成对比。土耳其清真寺何其多，这座清真寺入榜甚早，足见其在伊斯兰建筑史上的意义。

©Republic of Turkey of Culture and Tourism

印度 顾特卜高塔建筑群／顾特卜胜利之塔
Qutb Minar and its Monuments

拥有全印度最高石塔的顾特卜高塔建筑群，最初建于1199年，由印度首位伊斯兰教统治者兴建，它不但是印度德里苏丹国的伊斯兰建筑，同时也是早期阿富汗建筑的典范。整个顾特卜高塔共分5层，塔高72.5米，塔基直径约14.3米，塔顶直径约2.5米。环绕塔壁的横条浮雕，既装饰着阿拉伯花纹和《古兰经》铭文，也点缀着印度传统工艺的藤蔓图案和花彩垂饰，融合了波斯与印度的艺术风格。

阿尔及利亚 贝尼·哈迈德山上城堡／大清真寺
Al Qal'a of Beni Hammad

©UNESCO/Yvon Fruneau

位于阿尔及利亚首都阿尔及尔东南方225千米，坐落于山峦高地间的贝尼·哈迈德，是公元1007年哈迈德王朝为执政所建立的第一座堡垒型首都，也是当时阿拉伯世界的手工业及商业重镇。1152年，积极扩张北非版图的阿尔摩哈德王朝夺得政权，致使这座城市被摧毁。不过，最著名的大清真寺幸存下来。其祷告室共有13条通道和8间隔间。

耶路撒冷 耶路撒冷旧城及其城墙／圆顶石头清真寺
Old City of Jerusalem and its Walls

木造鎏金的圆顶建筑，外观贴满以蓝色为主的马赛克，形成《古兰经》经文和几何图案，顶端有新月形标志，是旧城最醒目的地标。自从公元7世纪被穆斯林征服，并宣称先知穆罕默德在此升天之后，神殿山便与麦加、麦地那齐名，名列伊斯兰世界“三大圣地”之一。如今，这里由约旦管辖，空中传出来的声响，是叫拜塔的高亢诵经声，能入内朝拜的，尽是覆头巾、罩面纱的穆斯林。

土耳其 伊斯坦布尔历史区／苏雷曼尼亚清真寺、蓝色清真寺
Historic Areas of Istanbul

被马尔马拉海、黄金角及博斯普鲁斯海峡三面水域包围的伊斯坦布尔，不但是世界上唯一一座跨于欧亚大陆上的城市，更是拜占庭、奥斯曼两大帝国的首都，它曾是全世界政治、宗教及艺术中心长达两千年之久，在这样的千年古都中，小亚细亚文明、拜占庭遗迹、奥斯曼文化并存，最令人惊艳的文化遗产包括公元6世纪的建筑巨作圣索菲亚教堂，以及奥斯曼建筑最完美之作的苏雷曼尼亚清真寺，它们分别见证了伊斯坦布尔重要的历史和文化传承。

孟加拉国 巴凯尔哈德清真古城／清真寺、早期的伊斯兰纪念碑
Historic Mosque City of Bagerhat

15世纪时，土耳其将领乌鲁格卡强翰在巴凯尔哈德城郊打造了这座古城，曾被称为卡利法塔拜德(Khalifatabad)的巴凯尔哈德古城，位于恒河和布拉马普特拉河交汇处。古城里有多座清真寺和早期的伊斯兰纪念碑等，多数为砖造，并运用大量技术工法。

©UNESCO/Hana Aouak

©UNESCO/Jeremy Hartley

阿尔及利亚 阿尔及尔的卡斯巴赫古城／清真寺
Kasbah of Algiers

始建于公元前6世纪的卡斯巴赫，是一座依傍陡峭山丘、可眺望港口和地中海的麦地那(伊斯兰式古城)。由于先后受到腓尼基人、罗马人、汪达尔人、拜占庭人、阿拉伯人、土耳其人和法国人的统治，因此现今所看到包括堡垒、清真寺、土耳其宫殿和传统民房在内的历史古迹，充分融合了罗马、拜占庭、土耳其军事建筑以及阿拉伯的建筑风格。

佛教遗产与佛寺、佛塔、佛像

Buddhism & Temple, Stupa & Buddhist Image

佛教萌芽于印度次大陆，影响却遍及全亚洲。公元前316年，印度半岛上首度出现一个中央集权的大帝国——孔雀王朝。孔雀王朝的第三位继承人阿育王皈依了佛教，他为印度留下两座伟大建筑：一座是石狮柱，一座是佛塔。

由于佛陀主张过着沉思默想的禅修生活，从公元前3世纪开始，出现了石室、石窟的建筑，随着佛陀造像(壁画与雕刻)在1、2世纪发展成形，更丰富了石窟的艺术价值。

佛陀造像艺术可以说是伴随着犍陀罗(Gandhara)艺术的发展而茁壮的，这得归功于公元1—3世纪的贵霜王朝(Kushan)。在此之前，佛陀是以菩提树、法轮、伞盖等形象存在，直到大乘教派把佛陀人格化、偶像化。

贵霜王朝加上随后于4世纪崛起的笈多王朝，并称为印度艺术史上的古典风格时期。向北传播过程中，则出现了世界最高立佛的阿富汗巴米扬(Bamiyan)大佛及中国西域地区的众多石窟。

笈多王朝之后，也就是在7世纪左右，佛教在印度本土日渐式微，到了11世纪伊斯兰教入侵，佛教在北印度几乎绝迹，南印度则转化为印度教。

此后，大乘佛教在中国、朝鲜、日本继续发光发热，小乘佛教向南传播，与印度教在中南半岛、东南亚岛屿交替发展。

©UNESCO/Katy Anis

阿富汗

巴米扬山谷文化遗址

Cultural Landscape and Archaeological Remains of the Bamiyan Valley

巴米扬山谷位于兴都库什山脉，在佛教传播的地域内，巴米扬石窟是现存最西部的文化遗迹。除了已毁的两尊高达53米和38米的大佛像，山壁另有上千座人工斧凿的洞穴，内有壁画、佛像，有如神龛一般。

印度

菩提伽耶的摩诃菩提佛寺

Mahabodhi Temple Complex at Bodh Gaya

佛陀成正觉之后的250多年，也就是公元前3世纪，阿育王在菩提树下安放了一块金刚座并建造一座正觉塔，后来经锡兰王、缅甸王的重修、整建。

印度

阿旃陀石窟

Ajanta Caves

阿旃陀石窟类别分为两种。一种是支提(Chaitya)，为印度佛教建筑的一种形式，泛指佛殿、塔庙、祠堂。另一种是毗诃罗(Vihara)，指出家僧人集体居住静修的僧院、学园、僧房。

尼泊尔

佛陀出生地蓝毗尼

Lumbini, the Birthplace of the Lord Buddha

佛陀的出生地蓝毗尼坐落在喜马拉雅山脉脚下，目前规划成一座园区，园区分为三部分：一是佛陀母亲摩耶夫人庙(Mayadevi Temple)，二是阿育王石柱，三是水池和菩提树。

斯里兰卡

丹布勒黄金寺庙

Golden Temple of Dambulla

堪称僧伽罗佛教艺术结晶的皇家岩庙，吸引无数信徒前来朝圣，里面收藏着岩庙壁画的复制品，以及来自世界各地的佛像、法器、昔日以棕榈叶制成的书籍等。

斯里兰卡

康提圣城

Sacred City of Kandy

这座城市一直都是佛教徒心中的圣地，佛牙寺以及它每年七、八月间举行的佛牙节庆典(Esala Perahera)，是教徒甚至所有人一生都想经历一次的特殊体验。

斯里兰卡

阿努拉德普勒圣城
Sacred City of Anuradhapura

天爱帝须王统治时期，正值佛教传入斯里兰卡，国王将这座城市打造成为佛教朝圣和学习的中心。如今，阿努拉德普勒依旧拥有数十座大大小小的佛塔。

©河南旅游局

中国

龙门石窟
Longmen Grottoes

龙门石窟的雕刻作品，可以说是北魏至唐代佛教文化的代表，高度展现中国的石窟艺术精华。

中国

莫高窟
Mogao Caves

莫高窟艺术文物囊括了壁画、彩塑、建筑、绢画、经文、染织，展现纵横数千年的社会、政治、经济、宗教景况，忠实记载了丰富的古代文化。莫高窟南北长1600多米，上下叠层如蜂巢。

©藏羚羊

中国

峨眉山与乐山大佛景区
Mount Emei Scenic Area, including Leshan Giant Buddha Scenic Area

四川峨眉山和山西五台山、浙江普陀山、安徽九华山并称为“中国四大佛教名山”，地位崇高，庙宇众多。乐山大佛高达71米，为全球最大的石雕坐佛。

中国

云冈石窟
Yungang Grottoes

始建于北魏时期的云冈石窟，绵延1千米长，共有大小石窟53个，佛像51000多尊，论气势、论艺术成就，都堪称世界级的艺术宝库。

中国

大足石刻
Dazu Rock Carvings

大足石刻集儒释道造像之大成，为中国石刻艺术的代表性作品，也是公元9世纪末—13世纪中叶世界石刻艺术的辉煌成就。

韩国

海印寺大藏经版木及版库
Haeinsa Temple Janggyeong Panjeon, the Depositories for the Tripitaka Koreana Woodblocks

©韩国观光公社

寺内完整保存了自高丽时代遗留至今的八万块大藏经版木。寺庙内共有两座藏经殿，木造的殿内结构没有任何华丽雕刻，却能避免所有因气候造成藏经版腐蚀的损伤，保护被封存百年的藏经版完好无缺。

韩国

佛国寺与石窟庵
Seokguram Grotto and Bulguksa Temple

石窟庵的释迦如来佛像为韩国一级国宝，也是世界雕刻史上的登峰之作。佛像颈部的三道柔和线条，僧衣覆盖左肩的薄纱状，胸膛与双足衣服的美丽线条，皆为雕刻艺术的最高杰作。

印度教遗产与印度庙

Hinduism & Hindu Temple

与佛教、耆那教同样源自婆罗门的印度教，在笈多王朝时代融合印度民间信仰开始转化发展，渐渐形成了梵天(创造神)、毗湿奴(守护神)、湿婆(破坏神)三神一体崇拜的格局。

现存最早的印度神庙建于笈多王朝时代，早期只供僧侣使用，规模较小。印度神庙后来的发展越来越庞大，庙本身就像是一座圣山、一件巨大的雕塑品，有时俨然一座小镇，但不外乎三个基本结构：底座、由雕刻装饰成的饰文条，以及居高临下的庙塔。而不论轮廓如何，神庙即代表宇宙。

今天能够永垂后世、代表佛教与印度教的两座伟大建筑，非婆罗浮屠与吴哥窟莫属，它们同样属于佛教与印度教艺术最上乘的杰作。一个在东南亚的爪哇岛上，由一整座山凿刻而成；一个位于中南半岛的柬埔寨，是全世界规模最大的神殿建筑群。

如果一定要区分何者属于佛教，何者是印度教，难免显得一厢情愿。因为这两个宗教一直并存，而且关系密切，不论中心思想还是教义，甚至所崇拜的神祇都有重叠之处。

婆罗浮屠的基础原本可能是印度教的大型建筑，但经历数代的扩建，最终成为伟大的佛教艺术成就；吴哥遗址的基本架构是由信奉印度教的历任高棉君王所建立，然而这当中也有信奉大乘佛教的君王加雅巴曼七世(Jayavarman Ⅶ)把佛教定为国教，大吴哥城(Angkor Thom)就是他的规划。婆罗浮屠完成于9世纪，吴哥窟在12世纪达到巅峰，13世纪时，泰国、缅甸都乍现过佛陀的光芒，然而随着王朝颠灭，佛教与印度教滋长的土地上，便不曾再出现超越前人的伟大杰作。

象岛石窟

印度

Elephanta Caves

象岛石窟又被称为埃勒凡塔石窟，历史上对它的记录不多，仅知道石窟是在公元450—750年佛教衰落、印度教兴起的期间开凿。石窟的雕刻风格偏向笈多古典主义，在石窟门廊两侧与窟内的天然岩壁上，共有9幅巨型浮雕，石窟内有大量以湿婆神(Shiva，印度三大神中的破坏神)为主的浮雕和塑像，描述着湿婆神的神话故事，因此这里也是一座湿婆神庙。

朱罗神庙

印度

Great Living Chola Temples

9—13世纪是朱罗王朝(Chola Empire)的强盛时期，曾经统治大半个印度半岛，创造出许多朱罗式建筑，尤其是供人们居住生活的神庙。今天被列为世界遗产的主要有三处：一是坦贾武尔(Thanjavur)的布里哈迪锡瓦拉寺(Brihadishwara Temple)，二是甘盖孔达科里斯瓦拉姆的布里哈迪斯瓦拉寺，三是达拉苏拉姆的艾拉瓦得斯瓦拉寺。其中又以坦贾武尔的神庙最著名。

默哈伯利布勒姆建筑群

印度

Group of Monuments at Mahabalipuram

默哈伯利布勒姆曾经是一座港口城市，由7世纪的帕拉瓦(Pallava)国王所建，整座遗址就坐落在孟加拉湾的海岸边，呈椭圆形分布。岩石雕刻的洞穴圣堂、巨石构成的神坛、战车形式的神殿，以及巨大的露天石雕，都是帕拉瓦艺术风格的代表。至今，石雕的传统仍然延续下来，在周遭许多雕刻工作室，都还能听到铁锤、凿子敲打的声音传遍整个村落，而这声响，已经持续了上千年。

印度

克久拉霍寺庙群
Khajuraho Group of Monuments

克久拉霍在10—13世纪是昌德拉(Chandella)王朝的首都。在克久拉霍的全盛时期，印度教寺庙多达80多座。克久拉霍的寺庙虽以描绘性事驰名，但是从寺庙的建造技巧和装饰风格来看，都堪称早期印度工匠最伟大的艺术成就。

印度

埃洛拉石窟
Ellora Caves

埃洛拉石窟包含有12座佛教石窟(公元600—800年)、17座印度教石窟(公元600—900年)和5座耆那教石窟(公元800—1000年)。从这些石窟中不仅可以得知在遮卢迦王朝(Chalukya)和拉什特拉库塔王朝(Rashtrakuta)统治德干地区期间，印度教蓬勃发展、佛教逐渐衰落与耆那教崛起，同时它们也代表着当时包容各种宗教的社会状况。

柬埔寨

柏威夏神庙
Temple of Preah Vihear

柏威夏神庙建于公元11世纪上半叶，祀奉印度教的湿婆神，沿着将近800米的轴线，散布着由步道和阶梯串联的多间神庙。神庙的建筑和石雕尤其令人惊叹，顺应所在的自然环境，同时考量到宗教功能，完美打造出这座印度神庙，而且拜地处偏远之赐，柏威夏神庙部分保留相当完整。

柬埔寨

吴哥遗址
Angkor

吴哥是昔日高棉吴哥王朝的首都，吴哥王朝的国王们竭尽所能地建造庙宇，今天留存在柬埔寨西北丛林中占地广达5000平方千米的神殿遗迹，气势与质量均无与伦比。吴哥遗址区占地广阔，以俗称“小吴哥”的吴哥窟(Angkor Wat)及俗称“大吴哥”的大吴哥城(Angkor Thom)为中心，扩展为东部、南部、北部及郊区景点。

越南

美山圣地
My Son Sanctuary

美山圣地是曾经繁盛一时的占婆(Champa)帝国的宗教中心，这个曾在4—12世纪雄霸越南中部的帝国，留下许多令人惊异的大型宗教建筑，其中又以美山圣地的规模最大。占婆帝国以海上贸易为主要经济来源，骁勇善战，最早以婆罗门教为国教，因此美山圣地里的建筑属于印度式，崇奉的也都是印度神祇。

印度尼西亚

婆罗浮屠寺庙建筑群
Prambanan Temple Compounds

爪哇中部的婆罗浮屠寺庙建筑群，是印度尼西亚境内最大、最古老的印度寺庙，建造历史可追溯至公元8—9世纪，包括240多座庙宇。寺庙建筑大致分为三层，底层是金字塔形的底座，上建有5座通往中心的方形楼梯，其上是有3座环形平台的圆锥体，以及最顶端的纪念佛塔。此外，散布在2500平方米的围墙和栏杆，皆饰以华美的石雕，围着环形平台的则是72座开放式佛塔，每一座都安置着一尊佛像。

农业景观
Agriculture Landscape

农业是人类最早的产业，也奠定了一个地方富庶的基础，随着时代更迭，每个地方所栽种的农产品及呈现出的农业景观也会有所改变。然而人们栽种的植物毕竟不像建筑物能历经千年而屹立不倒，因此能入列世界遗产的农业景观不仅在该产业的发展过程中扮演极关键的角色，而且至今依然活生生地存在着。

综观全球这18座农业世界遗产，其中葡萄园就占了10座之多，足以显示葡萄酿酒在西方社会的悠久历史以及产业的制度化，当然或多或少也反映出世界遗产委员会以西方为主的价值观，仅法国就有3座。此外，还有椰枣1座、龙舌兰1座、烟草1座、甘蔗1座、咖啡园2座、水稻田3座，其中古巴就占了3座。只是随着产业的演进，农业景观的确不易维护，容易被列为濒危名单。

哥伦比亚

哥伦比亚咖啡文化景观
Coffee Cultural Landscape of Colombia

哥伦比亚咖啡文化景观位于科迪勒拉山系的中部地带，本区拥有百年历史的咖啡栽种文化，以及传统建筑、料理、音乐、神话传说等丰富的文化遗产。

©Colombia Tourism

©Colombia Tourism

墨西哥

龙舌兰植物景观及特基拉古代工业设施
Agave Landscape and Ancient Industrial Facilities of Tequila

距离瓜达拉哈拉郊区50千米远的龙舌兰镇，是墨西哥“国酒”的产地。在这个美丽的河谷地带，制造龙舌兰酒已有2000年以上的历史，而近几十年来国际间对龙舌兰酒的喜爱，更使其成为墨西哥的象征。

受保护的范围包括龙舌兰以及阿连那、阿玛提坦这三个城镇。由于酿酒的技术融合了西班牙殖民前的传统发酵技术，以及欧美引进的蒸馏科技，而该特色也反映在酒厂的建筑上，因此这个地区的文化景观展现独一无二的特性。

古巴

特立尼达与因赫尼奥斯山谷
Trinidad and the Valley de los Ingenios

距离特立尼达旧城约12千米远的因赫尼奥斯山谷，是18世纪蔗园景观的见证，面积约270平方千米的广大土地上划分为70多处甘蔗园。为了运输甘蔗，还铺设了一条铁道穿过谷地中央，虽然蒸汽火车现在已经不再运行，但仍然可以看到简陋的火车站矗立在路边。

瑞士

拉沃葡萄园梯田
Lavaux, Vineyard Terraces

日内瓦湖区的沃州是瑞士第二大葡萄酒产地，这一带共有26个葡萄园区。这处沿着日内瓦湖北岸种植的拉沃葡萄园梯田，种植历史据称可追溯至罗马军队占领时期，也有人说最早是从中世纪的传教士开始酿酒，而目前在斜坡上将近30千米长的种植区域，则确认是始于11世纪。

©MySwitzerland.com

印度尼西亚

巴厘岛的文化景观：体现“三界和谐”哲学思想的苏巴克水稻灌溉系统
Cultural Landscape of Bali Province: the Subak System as a Manifestation of the Tri Hita Karana Philosophy

据文献记录，巴厘岛早在9世纪，就挖掘出复杂的水源渠道，让稻田适时获得充分灌溉，而这种繁复的灌溉系统，当地称之为“苏巴克”(Subak)。

葡萄牙 上杜罗河葡萄酒区
Alto Douro Wine Region

上杜罗河成为葡萄酒乡的历史将近2000年，根据考古证据，早在公元3—4世纪的西罗马帝国末年时，这里已经开始酿制葡萄酒。17世纪下半叶时波特酒的出现，让该区的葡萄园不断扩张，到了18世纪时，波特酒不但成为上杜罗河的主要产品，更以绝佳的品质跻身世界名酒之列。

©Turismo de Portugal/Jose Manuel

古巴 比尼雅莱斯谷
Vinales Valley

比尼雅莱斯谷属于喀斯特溶蚀地形，土壤并不肥沃，但在谷地里许多原住民部落利用传承了千年的种植方式，在此种植烟草和谷类。

匈牙利 托卡伊葡萄酒历史文化景观
Tokaj Wine Region Historic Cultural Landscape

位于匈牙利东北方，以低地和河谷地形为主的托卡伊，是以葡萄园、农地、村落交织而成的迷人城镇，时至今日，在这里仍然可以看得到古老传统的酿酒技术和文化。

©Hungary Tourism

菲律宾 菲律宾水稻梯田
Rice Terraces of the Philippine Cordilleras

居住在此的怡芙高族(Ifugao)住民，为了适应崎岖不平、耕地稀少的艰难环境，将一块块的石头沿着山坡筑成挡土墙，修建成可耕种的田地。经过数千年的开垦，开辟出200平方千米的梯田，相加的长度可以绕行半个地球，以胼手胝足的精神征服了大自然。

葡萄牙 皮库岛葡萄园文化景观
Landscape of the Pico Island Vineyard Culture

©Turismo de Portugal/Associacao de Turismo dos Acores

以岛上火山同时为葡萄牙最高山的皮库山(Ponta do Pico)命名的皮库岛，是亚速尔群岛的第二大岛，密布着一小块一小块的葡萄园，它们的周遭围绕着直接以玄武岩块堆砌、没有加上任何水泥接合的护墙，使葡萄免受强风与海水的侵害。

意大利 阿马尔菲海岸景观
Costiera Amalfitana

阿马尔菲海岸有着绝佳的自然景观，这个地区展现了居民如何适应多样化的地形，有阶梯式的葡萄园、果园，也有牧场。

矿业景观

Mining Landscape

世界上矿产何其多，但能被列为世界遗产的，必定是该矿区在人类或该国产业历史上，占有举足轻重的地位。从矿产来看，大致有金、银、铜、煤、铁和硝石，这些也都是一般人耳熟能详的矿藏，只是年代不同，发生在不同国家的城镇，便有了不同的意义。

这些名列世界遗产的矿区，大多是从16世纪之后开始的。在美洲的矿区，多半是伴随着地理大发现。欧洲强权在殖民地开发的矿区，例如墨西哥的瓜纳华托在过去250年间生产全世界20%的银矿，玻利维亚的波托西城生产的白银则专供西班牙皇室，至于智利生产的硝石制成化学肥料，更改变了全球的农业发展。

时空再回到18世纪的欧洲强权，工业革命起源地的英国，所有的煤、铁、铜等矿产，正是工业革命最强大的后盾，所以大英帝国本土就有三座与矿产相关的世界遗产入列。

国家名	遗产名		矿业	概要
智利	亨伯斯通与圣劳拉硝石厂区 Humberstone and Santa Laura Saltpeter Works		硝石	这里所开采出的硝石被制成化学肥料，改变了全球的农业环境，也为智利带来巨大的财富
智利	塞维尔铜矿城 Sewell Mining Town		铜	位于安第斯山脉海拔约2000米的极端环境中，为了开采铜矿而兴建，城市里有教堂、赌场、电影院、医院和一般住宅区
英国	铁桥峡谷 Ironbridge Gorge		煤、铁	铁桥峡谷是工业革命的象征。在铁桥峡谷附近，有个建于1708年的库尔布鲁克戴尔(Coalbrookdale)熔炉，以纪念此地焦炭的发现
英国	康沃尔与西德文郡的矿区景观 Cornwall and West Devon Mining Landscape		铜	是18—19世纪时的矿产技术中心，对当时的工业革命产生了非常深远的影响
挪威	勒罗斯铜矿镇 Røros Mining Town		铜	勒罗斯位于多山地区，该区开采铜矿的历史有300多年，直到1977年才停止开采

瑞典	法伦大铜山矿区 Mining Area of the Great Copper Mountain in Falun		铜	根据地质学家的考证，至少在13世纪前，当地就已经开始了铜矿的开采，17世纪时，法伦铜产量达到最高峰
德国	埃森的厝尔威瑞恩煤矿场 Zollverein Coal Mine Industrial Complex in Essen		煤	位于埃森的厝尔威瑞恩煤矿采掘场，由一座高耸巨大的铁架与周围的巨大厂房，构成一幅重工业文明的代表图像
德国	弗尔克林根铁工厂 Völklingen Ironworks		铁	这间工厂在早期的科学技术及工业发展史上具有独特地位
斯洛伐克	班斯卡－什佳夫尼察历史城镇及周边工业遗迹 Banská Štiavnica		金、银	以产矿、冶金和文艺复兴建筑闻名的城镇
日本	岛根县石见银山遗址 Iwami Ginzan Silver Mine and its Cultural Landscape		银	因为16世纪开始大量开采银矿，促进了日本与东亚其他国家及欧洲之间的贸易与文化往来。17世纪时，石见银山的银矿开发达到高峰
比利时	瓦隆尼亚矿业遗址 Major Mining Sites of Wallonia		煤	这四座分布于瓦隆煤矿盆地的旧矿区，见证了比利时在工业革命时期的繁荣景象，以及它在社会、科技和都市规划方面的创新发展
西班牙、 斯洛文尼亚	水银遗产：阿尔马登与伊德里亚 Heritage of Mercury: Almadén and Idrija		水银	这个世界遗产由西班牙的阿尔马登镇以及斯洛文尼亚的伊德里亚镇共同拥有，它们分别为全世界第一大以及第二大的汞矿产地

工业景观

Industrial Landscape

说到现代工业，不能不提工业革命的起源地英国。18世纪中叶，英国人瓦特(James Watt)改良了蒸汽机之后，接着引起了一连串的技术革命，从过去的手工劳动转向大量机器生产，这个技术大跃进从英格兰传遍欧洲大陆，19世纪再传到北美地区。

如今英国就有4处世界遗产与工业革命息息相关，其中有3处为纺织业，也标示了那个年代纺织在工业革命中所扮演的角色。除了英国以外，在意大利、芬兰也都有纺织厂和木浆厂入选，它们也都是工业革命的产物。较为特别的是法国和波兰各有一处制盐厂入选，前者已经跨入工业时代，后者则已经有700年以上的历史，波兰的维利奇卡盐矿可以说是兼具矿业和工业特色。

近年，又有新的工业遗产陆续入列，像是日本的纺纱厂和明治时期工业革命遗址，以及乌拉圭的肉品加工厂。

国家名	遗产名		工业	概要
英国	新拉纳克村 New Lanark		纺织	仿佛山中的乌托邦，新拉纳克村是英国保存最完好的18世纪村落，位于苏格兰。除了保留旧的棉织工厂以外，新拉纳克的工厂一直营运至1968年，后被列为保护区，由基金会管理。在19世纪初，社会主义理想者罗伯特·欧文(Robert Owen)以此为基地，创造出工业社会的理想社区。这种社区模型对当时与现在的社会都有很深的影响
英国	索尔泰尔城镇 Saltaire		纺织	保留完好的19世纪下半期工业城镇。纺织厂、公共建筑和工人住宅，建筑品质高超，完整地保留着原始风貌，重现维多利亚时代的风范
英国	利物浦海上商城 Liverpool-Maritime Mercantile City		造船	利物浦拥有6处历史中心与港区，见证了18、19世纪全球贸易。不论是码头兴建技术、运输系统，还是港口管理，都是相当进步的，这些在大英帝国殖民发展中是很重要的
英国	德文特河谷工业区 Derwent Valley Mills		纺织	德文特河谷位于英格兰中部，遍布着18—19世纪具有历史价值的棉花纺织工厂。在南面是建于1771年的克劳姆弗德水利工厂(Cromford Mill)，是第一座以水为动力的工厂。在斯特拉特(Strutt)的北部工厂(North Mill)，现在是德文特河谷游客中心，为铁框建筑结构，对全世界高楼大厦的建筑结构都产生过影响
比利时	普朗坦－莫雷图斯印刷博物馆 Plantin-Moretus House-Workshops-Museum Complex		印刷	其历史源自文艺复兴及巴洛克时期，安特卫普和巴黎、威尼斯是当时欧洲三大印刷名城。这个博物馆保存了不少古老印刷设备、一个大型图书馆及珍贵的档案
意大利	卡塞塔的18世纪皇宫以及园林、万维泰利水道桥和圣莱乌乔建筑群 18th-Century Royal Palace at Caserta with the Park, the Aqueduct of Vanvitelli, and the San Leucio Complex		丝织	卡塞塔的建筑群是18世纪时，波旁王朝(Bourbon)的查理三世(Charles III)为对抗凡尔赛宫及马德里皇宫而建，独特之处在于将宏伟宫殿与花园、森林、狩猎屋及丝织工厂做了完美的结合
芬兰	韦尔拉木材加工和造纸厂 Verla Groundwood and Board Mill		木浆	19—20世纪，北欧和北美洲地区以木浆制纸的工业发展蓬勃，但随着时代更迭，木制纸浆的传统产业不再风光，韦尔拉完整保存这座工业遗址
波兰	维利奇卡盐矿 Wieliczka Salt Mine		制盐	现在的维利奇卡盐矿从1290年开始，至今已经有700多年历史，也可以说是波兰历史最悠久的、始终运行不辍的一座工厂。整个盐矿区由9层密密麻麻、仿佛迷宫般的隧道构成，最深达地下327米。用盐制成的礼拜堂和圣人雕像，都是长年在此采盐的工人在工作之余慢慢雕琢出来。随着阶梯不断往下，沿途还可经过地下咸水湖泊、高达36米的大厅，以及餐厅、会议室、博物馆等，其中最壮观的就是圣金加礼拜堂(St. Kinga's Chapel)，整座教堂长约54米，宽约17米，高12米

交通建设

Traffic Construction

与交通建设相关的世界遗产大致可以分成三大类：一是水路，二是陆路，三是空中。水路的世界遗产都是运河和水闸；陆路则是铁路；较特别的是空中，入选的是瑞典在20世纪初的一座电台，是可以跨越大西洋的无线通信系统，具有历史时代意义。

运河或水闸有的表现出先进的水利技术，有的则是诸多技术成为工业革命的前导，有的则兼具军事防御功能，近年入选的“中国大运河”，则涵盖的层面更广。而目前三座陆路交通的世界遗产都是高山铁路，一座在奥地利，一座在瑞士，一座在印度。欧洲的铁路穿越阿尔卑斯山区，印度的铁路则是跨越喜马拉雅山区和尼尔格里高山，这些都代表了现代交通建设在建筑学、工程学与环境概念的高度成就。

法国 南运河 Canal du Midi

1667年开工的南运河，先从地中海沿岸的榭德开往土鲁斯，再一路往西。由于大西洋和地中海两海域的水位高低差异悬殊，要求精密的计算和工程技术，再加上需考量注入足够的水量，才能让运河可行船，长达240千米的水道，总共花了15000名劳工长达14年的时间，兴建了水闸、渠道、陆桥等350处工程，从邻近山区的31条大小河流引水注入，成就此一划时代的民生工程，诸多技术也成为工业革命的前导。

比利时 中央运河的四座船舶升降机及其周边，拉鲁维耶尔市及勒罗尔克斯（埃诺省）

The Four Lifts on the Canal du Centre and their Environs, La Louvière and Le Roeulx (Hainault)

中央运河位于比利时南部，连接斯海尔德河与马斯河两个河流盆地，总长约20千米。为了克服埃诺省拉鲁维耶尔市附近7千米河段高达66米的水位落差，以及水量不够充沛的问题，比利时人延揽了英国土木工程师艾德温·克拉克(Edwin Clark)设计并建造4座船舶升降机，以利船只行进。1888年，第一座船舶升降机完工，1917年，整条运河开通完成。

©Visit Belgium/OPT-JP Remy

©Österreich Werbung/ÖBB

奥地利 塞梅林格铁道 Semmering Railway

1848—1954年，奥地利人在阿尔卑斯的高山峻岭间兴建了一条长达41千米的铁路，在工业技术不如今日先进的当时，塞梅林格铁道象征着早期铁道建筑的卓越成就，不论是隧道、高架桥或其他工程，都因为必须克服重重的险境与困难而令人敬佩。

瑞士·意大利 阿尔布拉—贝尔尼纳的雷蒂亚阿尔卑斯山铁路 Rhaetian Railway in the Albula / Bernina Landscapes

这一段铁路总长约128千米，一共穿越55个隧道与狭廊，以及196座桥梁与高架道路，至今仍是穿越阿尔卑斯山区的铁道中海拔最高的一座，同时也是世界同类型铁路中高低落差较大的路线之一，是人类运用现代技术克服山岳险阻的最佳范例。阿尔布拉—贝尔尼纳铁道更难能可贵的地方在于，它虽然破除了地形上的障碍，却没有破坏原本壮丽的自然景观，反而和谐地与整个环境融合在一起。

©MySwitzerland.com

印度 印度的高山铁道 Mountain Railways of India

印度高山铁道被列入世界遗产的有三处：一是大吉岭喜马拉雅铁道，二是塔米尔纳德邦尼尔格里高山铁道，三是卡奥卡－西姆拉铁道。其中塔米尔纳德的铁道原本计划在1854年兴建，然而由于山区施工困难，延宕到1891年才动工，并于1908年竣工。这段铁道从海拔326米上升到2203米，至今仍然在运作中。

加拿大 里多运河 Rideau Canal

里多运河是北美洲最古老且至今仍功能健全的运河系统。运河连接加拿大首都渥太华和安大略湖畔的城市金斯顿，全长202千米，联结多个湖泊。当初是英国为了保护其殖民利益、抵御美国而建的军事设施，后来开放民居和贸易。目前受保护的地区包括运河的所有水域、水坝设施、桥梁、堡垒、闸门，以及相关的考古研究地点。

全球世界遗产
一次全收录
五大洲
167个国家/地区
1092座世界遗产

欧洲

阿尔巴尼亚Albania

2 1 0 Total 3

位于巴尔干半岛西南部的阿尔巴尼亚，由于接近希腊，又在巴尔干交通要冲上，入选的两座世界遗产都与这样的历史和地理背景相关。古希腊罗马遗址、拜占庭教堂、奥斯曼土耳其清真寺，见证其历史发展脉络。

★喀尔巴阡山脉与欧洲其他地区的原始山毛榉森林Ancient and Primeval Beech Forests of the Carpathians and Other Regions of Europe详见德国(P.162)

布特林特 Butrint

1992
文化遗产
伊特鲁里亚 × 希腊 × 罗马文化

布特林特坐落于阿尔巴尼亚与希腊的边界，早在公元前10世纪时便已出现聚落，这座伊特鲁里亚人(Etruscan)创立的城市，先后成为希腊殖民地、罗马城市以及主教管辖区。

公元9世纪时拜占庭帝国的统治让布特林特进入黄金时期，其后又被威尼斯人占领，布特林特一路易主，到了阿尔巴尼亚独立时，却因为疟疾爆发，导致无人居住。

©UNESCO/Clément Martin

1928年意大利考古队在荒烟蔓草间发掘了它，出土遗迹中展现该城各个时期的样貌，古希腊罗马时期的围墙与圆形剧场和神庙、公元前6世纪的古堡、基督教传入时期的大教堂等，都见证了它昔日的经济与军事实力。

培拉特与吉诺卡斯特拉历史中心

Historic Centres of Berat and Gjirokastra

2005
文化遗产
奥斯曼土耳其

"千窗之城"培拉特和"两千阶梯之城"吉诺卡斯特拉，是现今罕见的奥斯曼土耳其时期的典型建筑范例。

位于阿尔巴尼亚中部、发迹于公元前6世纪的培拉特，是该国古老的城市之一，历经拜占庭、罗马、土耳其人的统治，该城融合了不同的宗教与文化，其历史可以回溯到公元前4世纪的城堡、拜占庭时期的教堂，以及奥斯曼年代的清真寺与苏菲派兄弟会。

©UNESCO/Yvon Fruneau

吉诺卡斯特拉也位于阿尔巴尼亚南部，坐落于一座谷地上，海拔300米，是一个由希腊人社区所组成的城市，以一座城堡和一系列美丽的双层房舍著称。

安道尔Andorra

1 0 0 Total 1

安道尔这个位于法国和西班牙之间、比利牛斯山脉东边的小山国，国土为欧洲第六小的国家，面积仅468平方千米，首都为安道尔城(Andorra la Vella)，海拔1029米，为欧洲最高首都。这里入选的世界遗产位于该国东南部。

©Andorra Tourism

©Andorra Tourism

马德留－佩拉菲塔－克拉罗大峡谷文化景观

Madriu-Perafita-Claror Valley

2004
文化遗产
人文聚落景观 × 峡谷

安道尔南方有一座占地约43平方千米、几乎占该国9%面积的冰川峡谷，由于东、南、西三面环绕着山脉，北面是陡峭的峡谷，遗世独立的环境成为稀有和濒危野生动物的避难所。

马德留－佩拉菲塔－克拉罗大峡谷展现了次寒带高山景观的缩影，它充满戏剧性的峭壁冰景、冰川、高低起伏的树林谷地以及高山牧场，反映了长期以来气候、经济、社会系统的转变，更展现其独特的田园风格与山脉文化，特别是人类历经千年才领会出与该地自然环境和谐相处的方式，这些古老的土地管理社区体系，已沿用超过700年的时间。

符号说明 登录时间 遗产内容 遗产类型 文化遗产 自然遗产 综合遗产 濒危文化遗产 濒危自然遗产 濒危综合遗产

奥地利Austria

9 1 0 Total 10

奥地利历史悠久，哈布斯堡王朝曾经在欧洲权倾一时，十处世界遗产有九处属于文化遗产，类型横跨城堡、宫殿、园林、城市历史中心，以及河谷、湖泊与铁道等景观，十足反映其多元文化面貌。

★喀尔巴阡山脉与欧洲其他地区的原始山毛榉森林Ancient and Primeval Beech Forests of the Carpathians and Other Regions of Europe详见德国(P.162)

萨尔茨堡历史中心

1996

文化遗产

历史城区

Historic Centre of the City of Salzburg

作为音乐神童莫扎特的故乡，萨尔茨堡因为保存了大量精致的城市建筑而成为世界遗产。

这座城市从中世纪开始直到19世纪为止，一路由大主教管辖，最早便因为火焰哥特式艺术而吸引了来自各地的手工艺匠在此定居；后来又因为意大利建筑师文森佐·斯卡莫齐(Vincenzo Scamozzi)和山迪尼·索拉里(Santini Solari)联手打造的巴洛克式面貌而闻名，大量的教堂和修道院建筑为萨尔茨堡带来戏剧性的城市景观。

旧城区以莫扎特广场为中心围绕着许多著名建筑，包括大教堂、老市政厅、主教官邸、主教官邸喷泉等，都是不可错过的景点。当然，建筑永远比不过一个永恒的名字，那就是在此出生的音乐家莫扎特，为了纪念他不朽的作品，每年都会举办萨尔茨堡音乐节，成为吸引观光客的一个主要活动。

1996

文化遗产

宫殿
×
花园

舍恩布龙宫殿和花园

Palace and Gardens of Schönbrunn

从18世纪到20世纪初，舍恩布龙宫一直都是奥地利最强盛的家族——哈布斯堡王朝家族的官邸。它的建筑先后由约翰·伯恩哈德·菲舍尔·冯·埃拉赫(Johann Bernhard Fischer von Erlach)和尼古劳斯·帕卡西(Nicolaus Pacassi)两位建筑师设计，建筑风格融合了“玛莉亚·特利萨式”外观，以及充满巴洛克华丽装饰的内部，成为中欧宫廷建筑的典范。

名称意思为“美泉宫”的舍恩布龙宫，总房间数多达上千间，如今只开放一小部分供游客参观，包括莫扎特7岁时曾向玛莉亚·特利萨一家人献艺的“镜厅”、装饰着镀金粉饰灰泥以4000根蜡烛点燃的“大厅”、被当成谒见厅的“蓝色中国厅”、装饰着美丽黑金双色亮漆嵌板的“漆厅”、高挂奥地利军队出兵意大利织毯画的“拿破仑厅”、耗资百万装饰成为舍恩布龙宫最贵厅房的“百万之厅”，以及玛莉亚·特利萨、弗兰茨·约瑟夫一世等人的寝宫。

散布于宫殿后方的庭院占地1.7平方千米，林荫道和花坛切割出对称的几何图案，位于正中央的海神喷泉充满磅礴气势，由此登上后方的山丘，可以抵达犹如希腊神殿的凯旋门(Gloriette)，其立面装饰着象征哈布斯堡皇帝的鹫，这里拥有欣赏舍恩布龙宫和维也纳市区的极佳角落。

建筑本身加上庭院，以及1752年设立的世界第一座动物园，让舍恩布龙宫成为奥地利热门的观光胜地。

符号说明 登录时间 遗产内容 遗产类型 文化遗产 自然遗产 综合遗产 濒危文化遗产 濒危自然遗产 濒危综合遗产

1997
文化遗产
人文聚落景观 × 湖泊

萨尔兹卡莫古特文化景观——从哈尔施塔特到达赫斯泰因

Hallstatt-Dachstein / Salzkammergut Cultural Landscape

萨尔兹卡莫古特的德文由“Salz”(盐)与“Kammergut”(皇家领地)组合而成，开采盐矿历史悠久，后因成为哈布斯堡家族的御用盐仓而蓬勃发展。距离萨尔茨堡约1小时车程的萨尔兹卡莫古特，层叠山峦间点缀着76个大小澄澈湖泊，举目所及尽是自然优美的绝景，是能忘却尘嚣的世外桃源，丰富的自然资源也让此处成为人声鼎沸的度假胜地。

区域内有许多闻名遐迩的可爱湖滨小镇，静静地安躺于群山与湖泊的怀抱中，像最具盛名的圣沃夫冈、温泉疗养地巴德伊舍、莫扎特母亲出生地圣吉尔根、如梦似幻的哈尔施塔特等。因此处自然保护与人文发展的和谐共存，这一带几乎全划入世界遗产，以轻慢的脚步，最能咀嚼出其独到的韵味。

虽然当地的矿产维持了人们的经济活动，不过动人的湖泊景色却未因此受到破坏，成为人类和大自然互惠且和平共处的良好示范。

2011
文化遗产
聚落遗址

阿尔卑斯山区史前干栏式民居

Prehistoric Pile Dwellings around the Alps

阿尔卑斯山区的河川、湖泊及湿地边，共有111处史前干栏式民居遗迹，为德国、奥地利、瑞士、意大利、法国、斯洛文尼亚6国共有的世界遗产。这些史前民居大约建于公元前5000—前500年间，时间横跨新石器时代与青铜器时代，部分遗迹保存完好，提供丰富的考古证据，并展示当时人类的生活方式与适应环境的社会发展，是研究这个地区早期农耕社会形成的重要史料。

*与法国、德国、意大利、斯洛文尼亚、瑞士并列

©Österreich Werbung/Horvath

2000
文化遗产
人文聚落景观 × 河谷

瓦豪溪谷文化景观

Wachau Cultural Landscape

身为多瑙河之灵的瓦豪溪谷，坐落于梅克(Melk)和克雷姆斯(Krems)之间，这段35千米的河岸，由于优美的自然环境及巧夺天工的美丽河谷、沿岸的城堡遗迹，而在1998年被收录为世界遗产。从史前时代便开始发迹，其间错落着修道院、城堡等建筑，城镇与村落的城市布局规划以及葡萄园等农地利用的文化景观。

在沿途的景观上，可以看见未受破坏的大自然、一连串的历史建筑、从史前时代演变至今的农业用地以及城镇规划，形成一种跨越时光且非常独特的风景。

©Österreich Werbung/OBB

1998
文化遗产
铁道

塞梅林格铁道

Semmering Railway

公元1848—1954年，奥地利人在阿尔卑斯的高山峻岭间兴建了一条长达41千米的铁路，在工业技术不如今日先进的当时，塞梅林格铁道象征着早期铁道建筑的卓越成就，不论是隧道、高架桥或其他工程，都因为必须克服重重的险境与困难而令人敬佩。

如今这条坐拥阿尔卑斯山美丽风光的铁道，连同沿途的特色建筑，成为奥地利休闲娱乐胜地。

1999

文化遗产

历史城区 × 城堡

格拉茨城——历史中心和埃根贝尔格宫

City of Graz—Historic Centre and Schloss Eggenberg

历经哈布斯堡家族数个世纪的统治，长期繁荣兴盛的格拉茨至今仍是奥地利重要的城市之一。

身为奥地利第二大城，蜿蜒狭窄的街道旁林立的象征文艺复兴、巴洛克、现代风格等不同时期的建筑，格拉茨的旧市区是最能代表中欧艺术和建筑的范本，伟大的艺术家和建筑师在此尽情挥洒，让这座结合各个时期风格建筑的城市洋溢着中世纪的风情。

格拉茨的地理位置在奥地利东南方，地处东欧与巴尔干半岛交接处，孕育了丰富、多元化的文化色彩。西部接邻阿尔卑斯山山脚，穆尔河(Mur)流经市中心，周围尽是广阔的绿地，故有“花园城市”之称。

在格拉茨的石板路上漫步，除了可以欣赏到精致的建筑、时尚的橱窗，往来穿梭的格拉茨人所散发出的优雅风采，更让这座艺术之城成为欧洲游客的旅游胜地。

2001

文化遗产

人文聚落景观 × 湖泊

费尔特 / 新锡德尔湖文化景观

Fertö / Neusiedlersee Cultural Landscape

位于奥地利布兰根省的新锡德尔湖，八千年来都是不同文化交汇的地点，当地地貌因为人类活动和自然环境的交相影响，产生了不同的景观，其中最具代表性的是围绕于湖畔四周的村庄聚落建筑，它们大多出现在18—19世纪，因而增添了新锡德尔湖这处充满田园之美的文化价值。

新锡德尔湖位于奥地利和匈牙利交界处，在匈牙利境内则名为费尔特(Fertö)，是中欧最大的草原湖，海拔113米，总面积约320平方千米。湖泊大部分位于奥地利境内，有五分之一是在匈牙利境内，因此由奥地利和匈牙利共同提报，并通过列名世界遗产。

*与匈牙利并列

©Österreich Werbung/Berger

符号说明 登录时间 遗产内容 遗产类型 文化遗产 自然遗产 综合遗产 濒危文化遗产 濒危自然遗产 濒危综合遗产

2001

濒危文化遗产

历史城区

维也纳历史中心

Historic Centre of the City of Vienna

奥匈帝国的首都、欧洲指标性的音乐之都——维也纳从凯尔特和罗马聚落演变成一座中世纪和巴洛克城市，又在19世纪时经历了工业革命。从坐落于历史中心的巴洛克风格城堡和花园，到环城大道旁的成串建筑，维也纳见证着两千年来世代交替的重要价值，同时展现了政治与文化发展的关键，成为欧洲珍贵的城市规划遗产。

它的建筑形式充分展现了三个不同时期的风格，分别是：中世纪建筑、巴洛克时期建筑及现代主义建筑。这是维也纳历史中心列入世界遗产名单最主要的原因之一。

仔细研究维也纳建筑的发展，可以发现它从庄严沉稳的仿罗马式建筑、哥特式建筑演变成华丽精巧的巴洛克风格，而当巴洛克式建筑在欧洲流行的时候，统治维也纳的哈布斯堡王朝正处于最强盛时期，因此对于这种讲究雕刻装饰的巴洛克主义特别倾心，在维也纳建造了许多令人瞠目结舌的气派建筑和迷宫般的大型花园，这是维也纳发展史中的黄金时期。

哈布斯堡王朝在维也纳创立的功绩，除了华丽的建筑结构之外，还包括将维也纳建设成欧洲的音乐之都。所有世界顶级的音乐家都从维也纳发声，其中包括萨尔茨堡出身的莫扎特。维也纳在世界古典音乐史上达到的成就，不但影响欧洲音乐史的发展，同时也让维也纳成为古典音乐的朝圣中心。

即使到了20世纪之后，维也纳仍然在建筑和音乐两方面独领风骚，每年超过700万的游客涌入这座都市，就是为了一睹音乐之都的风采。

白俄罗斯Belarus

3 1 0 Total 4

位于俄罗斯和波罗的海诸国之间的白俄罗斯，其历史发展始终处于俄国、波兰和立陶宛三方势力之间，直到1991年苏联解体才正式独立。除了一处与波兰并列的自然遗产，还有两座城堡建筑入选。

1979 自然遗产 森林

别洛韦日自然保护区

Belovezhskaya Pushcha / Białowieża Forest

别洛韦日自然保护区位于波罗的海与黑海的分水岭，横跨白俄罗斯与波兰边境，年代可回溯到公元前8000年，是欧洲目前仅存的一片原始森林，也是极为珍贵的自然区。这里不仅生长着长青阔叶树、针叶树等900种植物，还孕育了许多稀有的哺乳动物，包括驼鹿、狼、貂、山猫以及欧洲最重的陆上动物——欧洲野牛。1921年，波兰政府为了保护古老的森林资源，并且复育数量稀少的欧洲野牛，在此正式成立比亚沃维耶扎国家公园，面积占整个原始森林的1/10，而这座国家公园也是欧洲历史悠久的国家公园之一。

*与波兰并列

2000 城堡 文化遗产

米尔城堡建筑群

Mir Castle Complex

米尔城堡建筑群于15世纪末开始兴建，最初的哥特式建筑落成于16世纪初，然而随着城堡易主，不断扩建，融合了文艺复兴和巴洛克式风格，到了拿破仑时期，却因为战争遭到弃置而多所被毁坏，直到19世纪末才根据昔日蓝图加以重建，并将附近的区域纳入，成为花园。

这座中欧城堡的外观，展现一连串在设计与布局上所受到的文化影响，同时反映出历史上政治与文化长期的对立统一，成为当地令人印象深刻的古迹。

符号说明：登录时间 遗产内容 | 遗产类型：文化遗产 自然遗产 综合遗产 濒危文化遗产 濒危自然遗产 濒危综合遗产

2005

城堡 × 宫殿

文化遗产

涅斯维日的拉济维乌家族城堡建筑群

Architectural, Residential and Cultural Complex of the Radziwill Family at Nesvizh

身为波兰豪门的拉济维乌家族，在中、东欧长达好几个世纪的历史中有着举足轻重的地位，该贵族世家诞生过多位知名人物，对于传播南欧与西欧的文化有着重要的贡献。

拉济维乌家族于1533年开始拥有位于涅斯维日的城堡建筑群，他们不但让这座城堡成为16—17世纪中欧建筑的发展原型，还孕育了中欧新建筑学派。直到1939年遭到苏联红军驱逐，拉济维乌家族才离开这个居住了几个世纪的城堡。该城堡群十座相互联结的建筑环绕着六角形的庭园，其中又以基督圣体教堂(Corpus Christi Church)最为重要，其建筑结构衍生出日后俄罗斯的十字圆顶长方形建筑。

2005

文化遗产

地理标志

斯特鲁维地质测量点

Struve Geodetic Arc

斯特鲁维地质测量点是在一条横跨10个国家的地质测量弧线中，以三角测量法落在这几个国家的测量点。这条测量线总长2820千米，起自挪威的哈默菲斯特(Hammerfest)，终抵黑海，勘测计划是由俄罗斯地质学家斯特鲁维(Friedrich Georg Wilhelm Struve)在1816—1855年间主持，是全球首度对子午线进行长距离的测量，这对于后来确认地图标准绘制，以及在地球科学和地形学上都有相当大的助益。

整条测量线以258个三角定位找出265个主要落点，联合国教科文组织选出34个落点，分别以当初测量时留下的记号为主，包括岩石洞、铁十字架、石堆注记或是纪念碑等。

这个世界遗产共跨越白俄罗斯、爱沙尼亚、芬兰、拉脱维亚、立陶宛、摩尔多瓦、挪威、俄罗斯、瑞典、乌克兰10个国家。在白俄罗斯，当年共有19个测量点，其中5个被列入世界遗产。

*与爱沙尼亚、芬兰、拉脱维亚、立陶宛、摩尔多瓦、挪威、俄罗斯、瑞典、乌克兰并列。

比利时Belgium

12 1 0 Total 13

比利时丰富的历史文化，让这个小小的国度竟拥有12项文化遗产及1项自然遗产。从远古新石器时代遗址到古典城市建筑，再到现代建筑和工业及水利工程遗产，没有大山大水的比利时，全然以文化面貌取胜。

★喀尔巴阡山脉与欧洲其他地区的原始山毛榉森林Ancient and Primeval Beech Forests of the Carpathians and Other Regions of Europe详见德国(P.162)

佛兰德斯地区的贝居安修道院

Flemish Béguinages

1998 文化遗产 修道院

贝居安会是一个成立于13世纪的妇女宗教组织，当时由于战乱频仍，加上黑死病肆虐，社会上有许多未婚妇女及寡妇，为了生存，她们必须组成一个自给自足的社群，这便是贝居安会的创立目的。贝居安会的妇女们平日除了服侍上帝、从事劳动外，还要照顾老弱残疾，但她们并未如修女般立誓，因此可以拥有自己的财产，且不用过着戒律严格的生活，随时也都可以离开。

欧洲有许多贝居安修道院，位于布鲁日的这所修道院成立于1245年，目前已不再有任何贝居安会妇女居住，看到的都是天主教本笃会(Benedicitines)的修女。修道院周围被绿树成荫的运河与白墙围绕，院内有大片绿色草坪与白杨木，后方一整排红白色的山形墙房屋静静屹立，气氛特别宁静安详，宛如来到世外桃源。

布鲁塞尔大广场

La Grand-Place, Brussels

1998 文化遗产 广场

来到布鲁塞尔，首先报到的地方一定是大广场，这里不但早就被列为世界文化遗产，法国大文豪雨果更曾赞誉其为“欧洲最美丽的广场”。广场吸睛亮点当然是气派恢宏的国王之家和市政厅，四周大部分是以前的同业公会。每栋建筑都有自己的名字，并将特色表现在屋顶或门楣装饰上，只是原先的木造中世纪建筑大都无法逃过法王路易十四在1695年攻打布鲁塞尔时所带来的破坏，现存的建筑物大部分是在那之后重建的，而现在金碧辉煌的样貌则是20世纪以来陆续重新整修后的结果。

早在11世纪时，广场中央便是市集所在地，而今广场上仍保有每天早上的花市和每周日的鸟市，在夏季时分，广场上也会举办不定期的音乐会。夜间的大广场灯火辉煌，展现出童话城堡般的梦幻浪漫韵味。

符号说明：登录时间、遗产内容　遗产类型：文化遗产、自然遗产、综合遗产、濒危文化遗产、濒危自然遗产、濒危综合遗产

©Visit Belgium/OPT-JP Remy

1999
仿罗马建筑×哥特建筑×文艺复兴建筑×巴洛克建筑
文化遗产

比利时和法国的钟楼

Belfries of Belgium and France

中世纪时期的欧洲，意大利、德国和英国的城镇，多半都以盖一座市政厅来代表一个城市，而在欧洲西北部地区，则更热衷于盖钟楼。钟楼通常是一座城市里继领主城堡、教堂钟塔之后的第三高塔，也是城市强盛的象征。最早的时候，钟楼多半为木造建筑，商人用来存放贵重物品，后来才逐渐改成砖造建筑，其主要作用也改为代表这个城市的自由与权势。

这些建于公元11—17世纪之间的钟楼，法国北方有23座，比利时境内有32座，呈现了从仿罗马、哥特、文艺复兴到巴洛克时期各种不同的风格，而一起被列为世界遗产。

＊与法国并列

©Visit Belgium/OPT-JP Remy

©Visit Belgium/OPT-JP Remy

1998
文化遗产
水利工程×运河

中央运河的四座船舶升降机及其周边，拉鲁维耶尔及勒罗尔克斯（埃诺省）

The Four Lifts on the Canal du Centre and their Environs, La Louvière and Le Roeulx (Hainault)

中央运河位于比利时南部，连接斯海尔德河(Scheldt River)与马斯河(Meuse River)两个河流盆地，总长约20千米。为了克服埃诺省拉鲁维耶尔市附近7千米河段高达66米的水位落差，以及水量不够充沛的问题，比利时人延揽了英国土木工程师艾德温·克拉克(Edwin Clark)设计并建造四座船舶升降机，以利船只行进。1888年，第一座船舶升降机完工，1917年，整条运河开通完成。

这四座船舶升降机带有浓厚的工业时期特色，它们的运作原理是让船只驶入一个水槽，然后借由液压千斤顶的运作，使左右两个水槽同时垂直上升和下降，让船只得以前进。这些至今仍在运作的船舶升降机，不仅展现了欧洲卓越的水利工程技术，也是19世纪晚期保存得最完整的工业景观。

2000

文化遗产

历史城区

布鲁日历史中心

Historic Centre of Brugge

布鲁日像个上了锁的中古世纪木箱，幸运躲过第二次世界大战的战火，锁住了数个世纪的繁华。走在街头，无时无刻不感受到那股被传统与艺术洗练过的氛围。12—13世纪时，羊毛纺织业和布料贸易让布鲁日成为称霸西欧的港口，14世纪的金融市场技术甚至吸引威尼斯商人前来取经，只可惜通往北海的重要海道因泥沙淤积而无法行船，布鲁日的黄金岁月在16世纪初画下句点。失去经济龙头地位，布鲁日沉寂了数百年，也因此得以完整地保存历史古迹，在2000年时被联合国教科文组织评定为世界文化遗产，而这些文化艺术宝藏终究为城市找回往日荣光。

“Brugge”在荷兰文中是“桥梁”的意思，一条条小而精致的运河和一座座精致的桥梁，在这座古城里纵横交错，也让布鲁日获得了“比利时的威尼斯”之美名。乘坐游船顺着蜿蜒的运河贯穿市区，也是另一种悠闲的旅游方式。两岸皆是布鲁日有趣的风格建筑，尤其是那些中古世纪遗留下来的修道院或医院等古迹，更让人一发思古幽情。而在地标建筑中，以供奉着基督圣血及圣物的圣血礼拜堂最为出名，建于13世纪的钟楼则紧追在后，攀爬366层阶梯登上楼顶，完整的中世纪古城皆臣服脚下。

2000

文化遗产

新艺术建筑

建筑师维克多·奥尔塔在布鲁塞尔的主要城市建筑

Major Town Houses of the Architect Victor Horta (Brussels)

本世界遗产包括布鲁塞尔的四座主要城市建筑：塔塞尔旅馆(Hôtel Tassel)、索勒维旅馆(Hôtel Solvay)、埃特维尔德旅馆(Hôtel van Eetvelde)以及奥尔塔故居及工作室(Maison & Atelier Horta)，负责设计的是比利时知名建筑师维克多·奥尔塔。

维克多·奥尔塔是“新艺术运动”(Art Nouveau)的发起人之一。他突破当时传统的建筑思维，大量采用明朗的布局、弯曲的线条以及漫射的光线，摒弃直线和锐利的角度，因此也使得这四座城市建筑成为19世纪末期欧洲建筑中的先锋之作，并且反映了欧洲在19及20世纪的艺术、思想与社会变迁。

©Visit Belgium

符号说明 登录时间 遗产内容 | 遗产类型 文化遗产 自然遗产 综合遗产 濒危文化遗产 濒危自然遗产 濒危综合遗产

图尔奈圣母大教堂

2000

文化遗产

教堂

Notre-Dame Cathedral in Tournai

12世纪上半叶，这座教堂在先前遭大火烧毁的主教圣堂地基上重建完成。它以当地出产的蓝灰色石料作为外墙建材，并且融合了罗马与哥特风格的建筑元素，最具特色的部分包括：沉重肃穆的罗马式中殿、重建于13世纪中叶充满哥特风格的唱诗班席位、五座醒目的哥特式塔楼以及建筑手法介于罗马与哥特之间、属于过渡期作品的耳堂。这些风格鲜明的建筑结构，清楚呈现了大教堂所经历的三段设计期。

图尔奈圣母大教堂不仅拥有建筑上的价值，同时也保存了不少珍贵的艺术品，其中最具代表性的就是制于13世纪初期，以银与铜铸造而成的圣母像圣堂。

斯皮耶纳的新石器时代燧石矿区（蒙斯市）

2000

文化遗产

新石器时代遗址

Neolithic Flint Mines at Spiennes (Mons)

这座古老矿区位于蒙斯市东南方的斯皮耶纳村附近，占地1平方千米，是欧洲历史最悠久、面积最大的新石器时代燧石矿区。

由于坚硬的燧石破碎后会产生锋利的切口，可当工具使用，因此新石器时代的人类会凿取这种岩石，经过敲击成形与打磨的程序，将它制作成手斧，然后用来砍伐森林。此外，燧石和铁器互相敲打会产生火花，因此当时的人们也把它当作取火工具。

斯皮耶纳的新石器时代燧石矿区，不仅见证了燧石开采从露天走入地下的演变过程，也展现了远古人类卓越的发明及应用能力。

2005 文化遗产 印刷工艺

普朗坦－莫雷图斯印刷博物馆

Plantin-Moretus House-Workshops-Museum Complex

安特卫普在15、16世纪时是欧洲印刷业的重镇，而来自法国的普朗坦(Christopher Plantin)更是当时印刷业界的翘楚。他于1555年在这里开设了一间印刷厂，成为他事业的立足点，在他于1589年过世后，印刷厂由莫雷图斯家族所继承，并经营了长达300年之久。如今，游客可以在普朗坦以前的工作室中见到仍能运转的印刷机器、制版机等历史文物，了解16世纪一本书印制完成的过程。

馆内的收藏还包括一台世界上最古老的印刷机(约公元1600年)、早期的印刷原料、珍贵的活字印刷本《古腾堡圣经》(*Gutenberg Bible*)、丰富的印刷图像，以及包括鲁本斯在内的大师蚀刻板画等，完整见证了15—18世纪的印刷历史。

2009 文化遗产 新艺术建筑

斯托克雷特宅邸

Stoclet House

1905年时，银行家兼艺术爱好者阿道夫·斯托克雷特(Adolphe Stoclet)挑选了当时维也纳分离派运动中杰出的建筑师之一约瑟夫·霍夫曼(Josef Hoffmann)替他兴建这座宅邸。

没有预算限制，这栋落成于1911年的建筑，被认为是霍夫曼的代表作，同时也是20世纪非常精致华丽的私人建筑之一。大理石的外观充满现代主义的简洁感，由克林姆、摩瑟等艺术大师设计的内部空间与细节，都让这栋宅邸由内而外展现浑然一体的美感，犹如一件巨大的新艺术杰作而跻身世界遗产之列。

©Visit Belgium/StephaneMignon

符号说明：登录时间　遗产内容　遗产类型：文化遗产　自然遗产　综合遗产　濒危文化遗产　濒危自然遗产　濒危综合遗产

©Visit Belgium/OPT-Alessar draPetrosino

2012
文化遗产
矿业景观×煤矿

瓦隆尼亚矿业遗址

Major Mining Sites of Wallonia

瓦隆尼亚矿业遗址包含了四座开采于19—20世纪，至今仍保存良好的煤矿场，它们共同组成一条由东向西横跨比利时，长170千米、宽3—15千米的带状区域。这四座矿区分别是19世纪初由建筑师布鲁诺·雷纳德(Bruno Renard)设计建造的格朗霍奴矿区(Grand-Hornu)及工业城、拥有欧洲最早的煤矿场以及许多建于1838—1909年的建筑物的路克森林矿区(Bois du Luc)、布勒尼矿区(Blegny-Mine)，以及为了纪念1956年严重矿场灾变而成立煤矿博物馆的卡齐尔森林矿区(Bois du Cazier)。

这四座分布于瓦隆煤矿盆地(Walloon Coal Basin)的旧矿区，见证了比利时在工业革命时期的繁荣景象，以及它在社会、科技和都市规划方面的创新发展。这些地区的城市设施、工业建筑及工人住宅都经过高度融合，并且具有欧洲工业革命初期的新古典主义风格。

2016
文化遗产
现代建筑

柯布西耶的建筑作品——对现代主义运动的卓越贡献

The Architectural Work of Le Corbusier, an Outstanding Contribution to the Modern Movement

柯布西耶(1887—1965)是20世纪伟大的建筑师之一，瑞士裔法国人，他致力让居住在都市拥挤空间的人能有更舒适的生活环境，是功能主义建筑的泰斗，被誉为现代建筑的开拓者，瑞士法郎的10元纸币上就是柯布西耶的肖像。

2016年世界遗产大会把柯布西耶的17座建筑作品纳入世界遗产，横跨欧、亚、美三大洲，分布在比利时、法国、德国、瑞士、印度、日本、阿根廷7个国家。这些建筑充分展现了一种新的建筑语言，与过去的建筑完完全全产生一个断点，也反映出20世纪的现代主义运动的解决方式，是以发明新的技术来回应社会的需求，而且是全球性的。

这17座建筑分别是：位于比利时安特卫普的吉耶特宅邸(Maison Guiete)；德国斯图加特的魏森霍夫聚落(Maisons de la Weissenhof-Siedlung)；法国巴黎的罗氏与纳雷宅邸(Maisons La Roche et Jeanneret)和摩利托出租公寓(Immeuble locatif à la Porte Molitor)、佩萨(Pessac)的弗吕日市(Cité Frugès)、普瓦西(Poissy)的萨伏伊别墅(Villa Savoye et loge du jardiner)、马赛的马赛公寓(Unité d'Habitation)、孚日圣迪耶(Saint-Dié-des-Vosges)的圣迪耶工厂(La Manufacture à Saint-Dié)、鸿香(Ronchamp)的圣母教堂(Chapelle Notre-Dame-du-Haut de Ronchamp)、罗屈埃布兰卡马尔坦(Roquebrune-Cap-Martin)的柯布西耶棚屋(Cabanon de Le Corbusier)、里昂的圣玛利亚修道院(Couvent Sainte-Marie-de-la-Tourette)、菲尔米尼(Firminy)的菲尔米尼文化中心(Maison de la Culture de Firminy)；瑞士科绍 (Corseaux)的日内瓦湖小别墅(Petite villa au bord du lac Léman)、日内瓦的克拉泰公寓(Immeuble Clarté)；日本东京的日本国立西洋美术馆(Musée National des Beaux-Arts de l'Occident)；印度昌迪加尔(Chandigarh)的议会大厦(Complexe du Capitole)；阿根廷拉普拉塔(La Plata)的库鲁特却特博士宅邸(Maison du docteur Curutchet)。

*与阿根廷、法国、德国、印度、日本、瑞士并列

波斯尼亚和黑塞哥维那Bosnia and Herzegovina

3 0 0 Total 3

波斯尼亚和黑塞哥维那夹处于克罗地亚和塞尔维亚之间，过去同属南斯拉夫共和国，20世纪90年代独立之初，曾经发生过波黑战争。入选的世界遗产有两处是桥梁建筑，算是世界名桥，为奥斯曼土耳其时代遗产。

©UNESCO/Yvon Fruneau

©UNESCO/Hans de Vaal

©Bosnia and Herzegovin Tourism

维谢格拉德的索科罗维奇古桥

2007 文化遗产 桥梁

Mehmed Paša Sokolović Bridge in Višegrad

在波斯尼亚和黑塞哥维那东部的德里纳河(Drina River)上，跨越了一座出自奥斯曼土耳其帝国最伟大的建筑师锡南(Sinan)之手的穆罕默德·帕夏·索科罗维奇(Mehmed Paša Sokolović)古桥。这件落成于1755年的土耳其建筑巅峰之作，充分展现奥斯曼帝国先进的土木技术。其以11座砌石拱、每座11—15米不等的跨距横越将近180米的距离，多数砌石拱曾因两次世界大战受损后修复。而南斯拉夫籍诺贝尔文学奖得主安德里奇(Ivo Andric)的小说《德里纳河上的桥》(*The Bridge on the Drina*)，让这座古迹更加声名大噪。

史特奇中世纪墓碑墓地

2016 文化遗产 陵墓坟冢

Stećci Medieval Tombstones Graveyards

这座遗产共有28处，主要分布在波斯尼亚和黑塞哥维那全境、克罗地亚中部与南部、黑山西部及塞尔维亚西部，这些具有区域特色的中世纪墓碑，称作史特奇(Steci)。墓碑的主人多为拒绝效忠其他国家，誓死忠于波斯尼亚的勇士。多数史特奇位于山丘，这里可以让死去的爱国勇士们俯瞰乡野，灵魂得以追根溯源，而墓碑摆放的方式则依循欧洲中世纪以来的传统，按列排开。墓碑多由石灰岩凿刻而成，富含多样的装饰图案、纹样和碑文，兼具地方传统的独特性及中世纪欧洲的一致性。

现今发现的史特奇约有69000多个，年代约在12—16世纪之间，其中保有浮雕的约有6000多个，存有碑文的则少于400个。由于历史悠久，随着时间推移，大量的史特奇遭到破坏或摧毁，有一部分乃因为石头质地不佳而渐渐消失，但绝大多数是因为前人对于史特奇的历史价值不了解，遂将这些古迹用来建造宗教建筑、住宅、道路等。

*与克罗地亚、黑山、塞尔维亚并列

莫斯塔尔旧城与旧桥地区

2005 文化遗产 旧城×桥梁

Old Bridge Area of the Old City of Mostar

名称原意为“桥梁守护者”的莫斯塔尔，横跨于内雷特瓦河(Neretva River)的一座深谷上，15—16世纪时发展成为奥斯曼土耳其的边境城市，并于19—20世纪的奥匈时期持续开发。

这座城市长期因其古老的土耳其房舍以及莫斯塔尔旧桥(Stari Most)闻名。该桥在耸立了427年后因1993年的波黑战争而损毁，连带使得旧城区中交织着土耳其、地中海和西欧风格的许多建筑也遭殃。联合国教科文组织积极修复莫斯塔尔旧桥与莫斯塔尔多元文化的旧城，重建的桥梁已于2004年重新开放。

符号说明 登录时间 遗产内容 遗产类型 文化遗产 自然遗产 综合遗产 濒危文化遗产 濒危自然遗产 濒危综合遗产

©www.bulgariatravel.org

保加利亚Bulgaria

7 3 0 Total 10

位于希腊北方的保加利亚，深受东正教的影响，因此与基督信仰相关的教堂和古城遗产便达四处。此外，还有两处古希腊时期的色雷斯古墓，以及三处列入自然遗产的保护区和国家公园。

★喀尔巴阡山脉与欧洲其他地区的原始山毛榉森林Ancient and Primeval Beech Forests of the Carpathians and Other Regions of Europe详见德国(P.162)

马达拉骑士浮雕

Madara Rider

1979

文化遗产

岩石浮雕

在保加利亚东北方的马达拉村(Madara)附近一面100米高的巨岩上，有一幅年代溯及公元710年的浮雕，描绘一位骑士将长矛刺向卧倒于他脚下的雄狮，他的头上盘旋着老鹰，后方则追着一只猎犬，这番场景在当时通常象征凯旋。此年代是在公元9世纪保加利亚第一王朝改信基督教之前。

浮雕四周还有以希腊文和保加利亚文撰写的铭文，记载着公元705—801年间的重大事迹，不过部分文字遭到严重侵蚀难以窥见全貌，但这类生动的浮雕因在欧洲十分罕见，而极具艺术价值。

©www.bulgariatravel.org

博亚纳教堂

Boyana Church

1979

文化遗产

教堂

在保加利亚首都索非亚的郊区，坐落着一座中世纪保加利亚东正教教堂。博亚纳教堂的整体结构分成三个部分，东面的双层教堂是最早出现的结构，诞生于10世纪末到11世纪初，13世纪时保加利亚第二王朝时期，添加了位于今日中央的建筑，到了19世纪中叶，整个教堂因西面的扩张而形成今日的规模。博亚纳教堂以上溯至1259年的湿壁画著称，今日看到的是覆盖于数百年前首批壁画上的第二层壁画，共拥有89幅场景、多达240位人物，它是目前东欧保存完善的古壁画之一，代表着中世纪东欧艺术的精髓。

伊万诺沃岩洞教堂

1979

文化遗产

岩洞教堂

Rock-Hewn Churches of Ivanovo

伊万诺沃岩洞教堂位于伊万诺沃村、洛姆河(Rusenski Lom)河岸上方32米处，是开凿于坚固巨岩之中的教堂、礼拜堂和修道院的统称。迥异于保加利亚其他的修道院建筑群，这片散落于河岸岩洞间的宗教圣地，最初是12世纪首批隐修者挖掘他们个人修行室或教堂的地方，全盛时期该区拥有多达40间的教堂，不过大多数难以保存至今。

岩洞教堂最引人注目之处在于它保存完善的美丽壁画，其中五座13—14世纪教堂中的壁画，被认为是保加利亚中世纪艺术最美丽的范本。

卡赞勒克的色雷斯古墓

1979

文化遗产

古希腊 × 陵墓坟冢

Thracian Tomb of Kazanlak

盛产保加利亚玫瑰的卡赞勒克，同时也是古希腊时期色雷斯三世的首都苏特波里斯(Seutopolis)所在地，地底下隐藏着大量王公贵族的陵墓。

目前出土的色雷斯古墓只是广大墓地中的一小部分。三座圆拱状石砌的建筑，包括了狭窄的通道与圆形的墓室，墓室墙壁上装饰着一对色雷斯夫妻参与葬仪的情景，色彩缤纷的马匹以及夫妻温柔紧握彼此手腕的告别动作，给人留下深刻的印象。这些古迹年代可以回溯到公元前4世纪，是保加利亚境内保存最完善的古希腊时期的艺术杰作。

里拉修道院

1983

文化遗产

修道院

Rila Monastery

里拉修道院是保加利亚最大且最著名的东正教修道院，以该国圣人兼隐修士“里拉的圣约翰”(John of Rila)命名。在公元10世纪创立修道院之前，圣约翰就是在这里的岩洞中生活并埋葬于此。里拉修道院位于索菲亚南方117千米、海拔1147米的里斯卡河(Rilska River)深谷中，自从创立以来便受到保加利亚统治者的支持与敬重，第二王朝时每位沙皇的大笔捐献，让它在12—14世纪时达到高峰，成为中世纪保加利亚的精神与社会生活中心。里拉修道院象征着保加利亚的文艺复兴风格，同时也是斯拉夫文化本身的体现。

内塞伯尔古城

1983

文化遗产

古城

Ancient City of Nessebar

今日保加利亚知名的黑海度假胜地内塞伯尔，过去多次被不同文明占领，因而拥有丰富的历史与各个时期的建筑。其古城位于以一道人造地峡和大陆连接的半岛上，公元前2000多年以前，色雷斯人已在此设立聚落，到了公元前6世纪时，这里成了希腊人的殖民地，甚至后来成为拜占庭帝国的要塞之一。

古城内大量的古迹包括希腊化时代的卫城、阿波罗神庙与市集，中世纪的施特拉密特罗波利亚(Stara Mitropoliya)教堂和堡垒，以及保加利亚19世纪黑海沿岸典型的木屋等。

符号说明	登录时间	遗产内容	遗产类型	文化遗产	自然遗产	综合遗产	濒危文化遗产	濒危自然遗产	濒危综合遗产

1983 国家公园 × 森林 自然遗产

皮林国家公园

Pirin National Park

皮林国家公园位于保加利亚西南方的皮林山区，海拔在1008—2914米之间，拥有广达274平方千米的面积。随着历史演进，这座石灰岩地形的国家公园无论面积或边界均不断变化，最初于1962年时在保育高山森林的前提下创立了维廉国家公园(Vihren National Park)，当时的面积还不到今日的四分之一。

公园内有湖泊、瀑布、洞穴和松树林，陡峭的群山间星罗棋布着70处冰湖，除了拥有上百种当地特有或罕见植物(特别是巴尔干更新世植物)的特色外，皮林国家公园独特的景观也具备了美学价值。

1983 自然遗产 自然保护区 × 鸟类

斯雷伯尔纳自然保护区

Srebarna Nature Reserve

这处位于多瑙河南方2千米处的自然保护区，坐落于古罗马时期沿着黑海延伸的庞蒂克大道(Via Pontica)上，范围包括一处同名湖泊及其周遭区域。

斯雷伯尔纳自然保护区占地约5.4平方千米，创立于1948年。该地区大量的原生物种早已多次吸引外国生物学家前往研究。此保护区最大的特色在于它是近百种鸟类的繁殖地，以及80多种往来于欧非两洲候鸟每年冬天的栖息地，出现在这里的鸟类包括达尔马提亚鹈鹕、疣鼻天鹅、灰雁，以及大白鹭、夜鹭、紫苍鹭和白琵鹭等鹭鸶。

1985 文化遗产 陵墓坟冢

斯韦什塔里的色雷斯古墓

Thracian Tomb of Sveshtari

1982年发现于土石堆中的斯韦什塔里的色雷斯古墓，位于保加利亚的东北部。这座公元前3世纪的古墓，反映出色雷斯人宗教建筑的基本结构。这座古墓拥有独一无二的建筑装饰，像色彩缤纷的半人半植物女像石柱和壁饰。十尊以深浮雕的方式刻画于中室墙壁上的女性形象，以及拱顶上的弦月窗装饰，都是目前为止在色雷斯地区发现的唯一范例。

根据古地理学家的说法，此古墓提醒人们盖塔(Getae，一支和古希腊以及北方交流的色雷斯民族)文化的存在。

克罗地亚Croatia

8 2 0 Total 10

克罗地亚的自然遗产为喀斯特地形中的上乘之作，而文化遗产方面，则是从罗马时代到中世纪的古城及杰出的宗教性建筑。较特殊的是赫瓦尔岛上的古老农田，因为活生生持续耕种了2000多年，而被纳入保护之列。

★史特奇中世纪墓碑墓地Stećci Medieval Tombstones Graveyards详见波斯尼亚和黑塞哥维那(P.104)

★15世纪—17世纪的威尼斯防御工事：陆地之国与海洋之国Venetian Works of Defence between the 15th and 17th Centuries: Stato da Terra – Western Stato da Mar详见意大利(P.202)

★喀尔巴阡山脉与欧洲其他地区的原始山毛榉森林Ancient and Primeval Beech Forests of the Carpathians and Other Regions of Europe详见德国(P.162)

1979

文化遗产

宫殿

斯普利特古建筑群及戴克里先皇宫

Historical Complex of Split with the Palace of Diocletian

这是克罗地亚境内最重要的罗马时代遗迹。罗马皇帝戴克里先出生于达尔马提亚贫寒之家，本人行伍出身，公元284—305年间出任罗马皇帝，是3世纪时最伟大的军人皇帝。他逊位前，在他出生地附近(Spalato，即今天的斯普利特)为自己打造了退位后使用的皇宫。

皇宫以一座传说中的堡垒为样本，几乎是一座城市。皇宫以布拉克岛(Brac)产的光泽白石建造，耗时10年，动用2000位奴隶，同时不惜耗资进口意大利和希腊的大理石，以及埃及的狮身人面像和石柱。整座皇宫东西宽215米，南北长181米，城墙高26米，总面积31000平方米。四个角落有四座高塔，四面城门里有四座小塔，都兼具防御守卫功能。

四座城门以街道相连，把皇宫分成几大区块。银门、铁门以南是皇室居住以及进行宗教仪式的地方，北边是士兵、仆役居所，以及工厂、商店所在；金门、铜门以东是皇帝陵寝，西边则有神殿。

戴克里先死后，皇宫变成行政中心及官员住所。经过数个世纪的变迁，拜占庭、威尼斯、奥匈帝国接连统治，皇宫城墙里的原始建筑基于居民的需求，已经翻了好几番，还好历代的斯普利特居民都能与城墙里的建筑和平共处，把破坏程度降到最低。今天的神殿、陵墓、教堂、民居、商店共聚城墙内迷宫般的街道里，乍看虽杂乱，却有自己的发展逻辑，错落有致。

符号说明 登录时间 遗产内容 遗产类型 文化遗产 自然遗产 综合遗产 濒危文化遗产 濒危自然遗产 濒危综合遗产

1979

文化遗产

古城

杜布罗夫尼克老城

Old City of Dubrovnik

杜布罗夫尼克老城坐落在达尔马提亚海岸南端的一块石灰岩脊上，从高处俯瞰，强大厚实的米白色城墙包围着斑驳红色砖瓦，清澈湛蓝的亚得里亚海三面环抱，仿佛一片摊在海面上的巨大贝壳。

这里曾经是一座繁华的地中海贸易中心，海权力量仅次于威尼斯。尽管1667年经历一场毁灭性的大地震，近代又爆发克罗地亚与塞尔维亚人之间的武力冲突，杜布罗夫尼克仍然把古老遗产完完整整地保存下来，赢得了“斯拉夫的雅典”的称号。

杜布罗夫尼克的历史可以追溯到7世纪，其间经过拜占庭、威尼斯、匈牙利的统治，1358年，一个自治的“拉古萨共和城邦”(The republic of Ragusa)诞生，杜布罗夫尼克以拉古萨(Ragusa)之名驰骋于地中海，一度成为地中海第三强权。15、16世纪时，拉古萨的商船舰队超过500艘，随着欧洲地理大发现纪元开启，杜布罗夫尼克富甲一方；接着欧洲文艺复兴运动兴起，艺术、建筑、文学、科学发展达到巅峰，是杜布罗夫尼克的黄金年代。

然而1667年一场大地震毁去了城中大半建筑，幸好根基雄厚的杜布罗夫尼克迅速从灾难中站起来，富丽堂皇的巴洛克式建筑就是明证。到了18世纪末，商船增加到673艘，与拉古萨缔结邦交的城市超过80个。直到1808年，拿破仑攻破堡垒，解散城邦，“拉古萨”时代告终。

近代史上，杜布罗夫尼克面临最残酷的考验，就是克罗地亚独立之初，遭受塞尔维亚军队的重炮轰击，超过2000颗炸弹落在城里，许多象征性的达尔马提亚文化遗产严重受损。1995年在联合国教科文组织和欧盟协助重建下，杜布罗夫尼克逐渐走出战火阴影，再度展现其黄金年代的荣耀。

1979

自然遗产

国家公园
×
湖泊
×
喀斯特地形

普利特维察湖群国家公园

Plitvice Lakes National Park

普利特维察湖群是克罗地亚最有价值、也最具知名度的自然景观。它之所以吸引人，是因为它丰富多变的地貌所产生的和谐美感，四季都呈现不同面貌。

湖区由16个湖泊及无数的瀑布组成，又称为“十六湖国家公园”，为喀斯特地形(Karst)的代表作，也就是石灰岩与水蚀交互作用所形成的特殊地理与水文地质景观。普利特维察湖群大致可分为上湖区和下湖区。上湖区位于石灰岩山谷，有茂密的森林和奔腾的瀑布；下湖区较小而浅，只有稀少的矮灌丛。大部分的湖水来自黑河(Bijela)、白河(Crna Rijeka)和地下涌泉，相反，水有时候也会渗透进石灰岩，成为伏流，最后所有的水都汇入科拉纳河(Korana)。

普利特维察湖群国家公园的可贵之处，在于从石灰岩地表就能看得到这些溶蚀作用，以及石灰华(travertine)多孔岩石如何与藻类、苔藓和林木交互生长，形成一个特殊却十分敏感的生态体系。而这种水、岩石与植物交互影响所形成的独特景观，从数万年前的冰川时期结束到现在，就未曾受到干扰。

普利特维察湖群的湖水变化万千，从蔚蓝到鲜绿，从深蓝到浅灰，湖水呈现什么颜色，要依据湖水深度、水中矿物质和有机物质比例以及阳光的角度而定。

处于亚得里亚海岸及欧洲大陆的交界处，普利特维察湖群国家公园的夏天阳光充足，冬季覆满白雪。得天独厚的气候，使得湖区周遭到处是乌沉沉的茂密森林，老木翳天，枝柯交缠，水汽森森，石凉苔滑。因为保护得宜，甚至还保留了大片的原始森林，这样的环境也为生物多样性提供了发展空间。

符号说明 登录时间 遗产内容 遗产类型 文化遗产 自然遗产 综合遗产 濒危文化遗产 濒危自然遗产 濒危综合遗产

©Croatian National Tourist Board/Renco Kosinožić

1997
文化遗产
教堂

波雷奇历史中心的尤弗拉西苏斯主座教堂建筑群

Episcopal Complex of the Euphrasian Basilica in the Historic Centre of Poreč

波雷奇是罗马人于公元前2世纪建立起来的城市，至今城里许多角落仍然可以看到倾颓的罗马遗址。西罗马帝国灭亡之后，公元539年波雷奇由拜占庭帝国接手，并设立了一个主教席位。今天城里最珍贵的遗产尤弗拉西苏斯大教堂，便是那个时期遗留下来的。

尤弗拉西苏斯大教堂所在的位置，原本是一座4世纪的小礼拜堂，至今还能看到原始的地板镶嵌画；6世纪时，经由尤弗拉西苏斯主教扩建为一座综合性的宗教建筑群，包括一座三殿式教堂、中庭、八角形洗礼堂，以及主教寓邸。13—15世纪之间，教堂又陆续增建，并于16世纪立起高耸的钟塔。

尤弗拉西苏斯主教来自拜占庭帝国首都君士坦丁堡(今土耳其伊斯坦布尔)，他有幸亲眼见识到拜占庭文化黄金年代的最杰出的代表性建筑——圣索菲亚大教堂，因而决心在他主掌的教区里，也盖一座能代表拜占庭文化的教堂。于是他从君士坦丁堡招来最有名的艺术大师参与教堂的兴建，而最具价值的就在那些贴着金箔的镶嵌画，代表着拜占庭时代最高的艺术创作。

这座遗产所诉说的，是早期基督教信仰以及拜占庭式建筑的完美结合。

1997
文化遗产
古城

特罗吉尔历史城

Historic City of Trogir

这是一座狭窄的岛屿城市，城墙环岛而绕，北面有一道小石桥连接克罗地亚本土，南面另一条开合桥跨越特罗吉尔水道，通往奇欧佛岛(Ciovo)。

目前约3000人住在老城里，历史的凿痕使得整座“岛城”仿佛露天的城市博物馆。从城市外观可以清楚看到社会、文化发展的脉络，即希腊罗马的城市布局、中世纪的防御城堡、仿罗马式的教堂，威尼斯哥特式、文艺复兴与巴洛克风格的宅邸在狭窄的中世纪街道交错，外围环绕着宽阔的滨海大道。

公元前3世纪，希腊人开始在岛上开拓殖民，随后的罗马时代，特罗吉尔发展成一座主要港口，而这古老的城市基础，便成为日后特罗吉尔城市的发展核心。接下来十多个世纪，特罗吉尔起起落落，有时享有独立的自治权，强大的经济实力展现在精致完美的建筑与雕刻上；有时又与达尔马提亚海岸其他城市的命运一样，落在不同统治者的手中。克罗地亚国王、阿拉伯人、威尼斯、奥匈帝国、法国拿破仑轮番上阵，其中对城市风格影响最深远的，无疑是15—18世纪威尼斯长期的统治。

许多达尔马提亚城市被威尼斯并吞后，逐渐失去活力，唯有特罗吉尔持续诞生伟大的艺术家，使得这座结合了仿罗马、哥特、文艺复兴、巴洛克的复合风格城市，成为城市历史连续的著名范例。

2008
文化遗产
农业景观 × 葡萄园 × 橄榄 × 薰衣草

史塔瑞格雷德平原

Stari Grad Plain

史塔瑞格雷德平原位于亚得里亚海上的赫瓦尔岛(Island of Hvar)。从公元前4世纪来自帕洛斯岛(Paros)的古希腊人在这里建立殖民地并开垦农地以来，这块土地上的农业景观至今几乎与昔日无异。这些仍旧种植农作物的古老农地上，以葡萄、橄榄树和薰衣草为主，依然欣欣向荣，这一切都得归功于已经超过2400年历史的古老石墙。

这些以石墙为界切割出的几何形耕地，连同石砌小屋和集水系统等建设，成为解说古希腊农业系统的最佳范例，它们整体构成的文化景观留下了极其重要的价值。

行走在史塔瑞格雷德的这些古老石墙间，你可以很轻易地辨认出橄榄树、葡萄和薰衣草。在两千多年前，古希腊人来到赫瓦尔之前，野生的橄榄树便已存在，至今仍能看到那些苍劲的千岁橄榄树依然挺立。在古希腊文明中，橄榄油与希腊文化密不可分。橄榄除了可食用之外，压榨出来的橄榄油还可以制成肥皂、精油、灯油……这些传统用法流传至今。

2000
文化遗产
教堂

希贝尼克圣雅各教堂

The Cathedral of St. James in Šibenik

1402年规划、1432年兴建之初，圣雅各大教堂原本被规划为威尼斯哥特风格，最终在1555年完成时，却转变为托斯卡纳文艺复兴风格，共耗时一个半世纪。

教堂主体没有用到一根木头，全部以白色石灰岩打造。石材来自以产白石闻名的布拉克(Brac)、科楚拉(Korcula)等岛屿，还包括拉布岛(Rab)的红色角砾大理石。

教堂兴建仿佛一场接力赛，第一阶段多半以意大利籍的建筑大师及当地石匠主导，共同完成哥特式的下层建筑体；1444年之后，参与这座教堂兴建的重要人物接连上场。在乔治・达尔马提亚(Juraj Dalmatinac)的领导之下，转变为文艺复兴风格，完成了侧廊狮子门、后堂的71颗人头像、柱头及洗礼堂。

另一位重要人物是尼古拉・费兰迪纳茨(Nikola Firentinac)，他接续完成侧廊祭坛、圆顶、筒形拱顶；1505年尼古拉死后，又由巴托罗米欧(Bartolomeo)和贾科莫(Giacomo da Mestre)接手完成了整座教堂。

这栋宗教建筑在建筑史上的独特之处在于，从墙壁、筒形拱顶到圆顶都是以特殊技术把石块准确地组合起来。在19世纪之前的欧洲，多半只能用木材及砖头接榫与架构，伟大的乔治・达尔马提亚却用石材办到了。也因为如此，建筑物外观及内部，形状几乎一模一样，而这也是我们今天看到的——正面大门的三叶状山墙与三堂式的教堂规划，以及三块筒形拱顶完全一致，这在欧洲可以说是独一无二的。

符号说明 登录时间 遗产内容 遗产类型 文化遗产 自然遗产 综合遗产 濒危文化遗产 濒危自然遗产 濒危综合遗产

塞浦路斯Cyprus

3 0 0 Total 3

塞浦路斯是地中海上人口第三多的岛屿，由于土耳其和希腊双方种族冲突，分为“北塞”及“南塞”。“北塞”仅受土耳其承认，“南塞”则为欧盟会员国一员，也就是塞浦路斯共和国，入选的三座世界遗产都位于“南塞”。

©UNESCO/ Caroline Delwail

1985
文化遗产
教堂

特罗多斯地区的彩绘教堂

Painted Churches in the Troodos Region

特罗多斯地区是位于塞浦路斯中央的最大山脉群，山脉延伸至该岛的西部地区。除了拥有多处散置于山坡和平地上的村落外，特罗多斯地区最大的特色在于坐落于山顶的拜占庭教堂与修道院群。

远古时期，特罗多斯地区以铜矿闻名，到了拜占庭时期，该区成为拜占庭艺术的中心。如今保留下来的九间教堂和一座修道院，内部大量装饰着色彩缤纷的壁画，和建筑本身充满乡村风格的外观形成强烈的对比。借由这些壁画，人们得以对塞浦路斯当地的拜占庭与后拜占庭时期的绘画，有着概略的认识。

©UNESCO/ Lacoudre, Anthony

©www.visitcyprus.com

1980
文化遗产
古希腊罗马

帕福斯

Paphos

传说帕福斯是希腊神话中掌管爱与美之女神阿佛罗狄忒(Aphrodite)的诞生地。公元前12世纪时迈锡尼人曾在此设立她的神庙，也因此使得这处位于塞浦路斯西南方的海岸城市，成为阿佛罗狄忒女神和希腊化时代丰产女神的崇拜中心。

帕福斯在古希腊罗马时期是这座岛屿的首府，因此拥有多座罗马宫殿、剧场、堡垒和陵墓。它们除了极具历史与文化价值之外，点缀其间的精致镶嵌画也令人惊艳。这些全世界最美丽的镶嵌画，栩栩如生地描绘出古希腊神祇的生活场景与传说。

©www.visitcyprus.com

©www.visitcyprus.com

1998
文化遗产
新石器时代遗址

乔伊鲁科蒂亚

Choirokoitia

乔伊鲁科蒂亚身为地中海东部重要的新石器时代遗址之一，发迹于公元前7000年乔伊鲁科蒂亚的聚落，见证着一个组织机能社会的存在。该集体聚落四周还围绕着保护社区的堡垒。

史前时代的塞浦路斯，在东方与欧洲世界文化的传递上扮演着关键角色。乔伊鲁科蒂亚这座保存完整的遗址，不但清楚地展现了地中海地区原始城市聚落的起源，更能提供有关文明从亚洲传播至地中海世界的重要证据。

捷克Czech Republic

12 0 0 Total 12

捷克入选的12座世界遗产，皆为宝贵的文化遗产，以具有历史、宗教与美学价值的建筑和遗迹为主。人们可以透过这些精致细腻的雕工或设计，深刻感受曾在这块土地上生活过的祖先们是如何对人类文化发展做出努力的。

1992

文化遗产

历史城区

泰尔奇历史中心

Historic Centre of Telč

原以木结构为建筑主体的泰尔奇山城，在14世纪遭逢一场大火后，四周便绕以城墙和护城河，房舍也改以石头建造；到了15世纪晚期，建筑风格以哥特式为主。

1530年的大火让这个城镇再度面临重建，此后的建筑结合了哥特式、文艺复兴、巴洛克或洛可可样式。哥特式拱形厅门、文艺复兴式的外观及楼梯，和文艺复兴式或巴洛克式的山形墙，这些建筑至今仍完整保存了下来，充满了梦幻风格，让来到这里的人们会以为走进了童话世界，而非现实的城镇。

1992

文化遗产

历史城区

布拉格历史中心

Historic Centre of Prague

公元9世纪前后，波希米亚王朝开始在伏尔塔瓦河(Vltava)西岸山丘上建造城堡，开始了布拉格的发展。当时城堡内兴建许多宫殿、教堂，夸耀波希米亚王朝光荣的历史，而在13世纪时，布拉格城堡受战火波及全毁，一时之间布拉格光彩尽失。但在14世纪中期，查理四世(Charles IV)将布拉格定为神圣罗马帝国的首都，大肆兴建宫殿、教堂。布拉格的城市规模在这个时期迅速发展扩增，成为一个繁荣富有的大都市，号称“黄金布拉格”，而今天在布拉格保存下来备受瞩目的建筑群，也以“黄金布拉格”时期的作品为主。

当时，雄心壮志的查理四世要将布拉格建设成一个媲美罗马、君士坦丁堡的欧洲大城。他从德意志帝国、意大利等地请来优秀的建筑师、艺术家建设布拉格城，并为每个建筑画上精致的壁画。当时中欧第一座大学“查理大学”和连接伏尔塔瓦河两岸的查理大桥(Karluv Most)就是这时候建设完成的，而城堡区内则开始兴建圣维特大教堂，纪念在此长眠的历代波希米亚王。这时候的布拉格不但在建筑上有卓越成就，也是中欧的经济、政治、学术中心。

今天在布拉格可以看到从11—18世纪不同形式的建筑。仿罗马式、哥特式、文艺复兴式、巴洛克式一直到现代主义等各种风格，汇集在布拉格的历史中心，走在街上，仿佛来到一座露天的建筑博物馆。

符号说明 登录时间 遗产内容 遗产类型 文化遗产 自然遗产 综合遗产 濒危文化遗产 濒危自然遗产 濒危综合遗产

©CzechTourism.com

1994 文化遗产 教堂

泽莱纳山的内波穆克圣约翰朝圣教堂

Pilgrimage Church of St. John of Nepomuk at Zelená Hora

1719年，布拉格大主教指派的委员会在研究殉道者内波穆克圣约翰的遗体后，发现他的舌头保存完好，足以显现其神圣地位，因此为了纪念这位圣徒，当地修道院院长提议建造一座朝圣教堂，地点就选在圣约翰早年受教育的泽莱纳山。

泽莱纳山的内波穆克圣约翰朝圣教堂是一座极为出色的巴洛克—哥特式宗教建筑，其设计者为著名的捷克建筑师圣蒂尼(Jan Blazej Santini)。由于传说圣约翰在殉道时，身体上方出现一座镶有五颗星的皇冠，因此圣蒂尼便以五角星的外形来设计教堂的主结构。这座别出心裁的朝圣教堂，成功衔接了新哥特与巴洛克两种建筑风格，具有承前启后的历史价值。

1992 历史城区 文化遗产

克鲁姆洛夫历史中心

Historic Centre of Český Krumlov

克鲁姆洛夫最早建于13世纪，整个城镇的建筑风格融合了哥特式、文艺复兴式及巴洛克式建筑，是典型的欧洲城镇雏形。由于维持了将近500年平静的局势未受战火波及，至今仍保留了中世纪的景观。

从空中俯瞰，可以看到伏尔塔瓦河(Vltava)以S形包围整个城镇。在河左岸沿山丘而建的是庞大的城堡区，而河右岸则是一片红色屋顶起伏的旧城区。克鲁姆洛夫的权力象征——克鲁姆洛夫古堡，位于全镇最高的地理位置上，是哥特式混合文艺复兴式建筑的最佳代表。无论从哪个角度都可以看见那以红黄壁画装饰的高塔，独特的造型相当引人注目，甚至连夜间都有灯光照明，成为全镇的象征。

1995

文化遗产

历史城区 × 教堂

库特纳霍拉：历史城区及圣巴巴拉教堂和塞德莱茨的圣母大教堂

Kutná Hora: Historical Town Centre with the Church of St. Barbara and the Cathedral of Our Lady at Sedlec

库特纳霍拉在14世纪由于银矿开采而发展，你可以想见这是一个富裕的城市。在14—15世纪，库特纳霍拉是全欧洲非常有钱的城市之一，由于保存良好，到处都可以看到当年繁华的遗迹。

其中，最壮丽的建筑莫过于圣巴巴拉教堂，这是哥特式晚期的杰作之一。其哥特式的建筑结构，与布拉格城堡中的圣维特大教堂并列世纪之冠。另一个迷人的教堂是塞德莱茨的圣母大教堂，这是18世纪的早期巴洛克式建筑，后来也影响了欧洲中部地区建筑风格。

1996

文化遗产

文化景观

莱德尼采－瓦尔季采的文化景观

Lednice-Valtice Cultural Landscape

公元17—20世纪时，今日捷克南摩拉维亚(Southern Moravia)这块土地，曾经被列支敦士登(Liechtenstein)王国政府统治。这段时间，在原本就拥有富饶田园景致的莱德尼采－瓦尔季采一带的土地上，建造了许多巴洛克式、古典和新哥特式的建筑，以及美丽浪漫的英式庭园，占地约200平方千米的景致壮观迷人，是欧洲少数比较大的人造景观之一。

©CzechTourism.com

©CzechTourism.com

符号说明 登录时间 遗产内容 遗产类型 文化遗产 自然遗产 综合遗产 濒危文化遗产 濒危自然遗产 濒危综合遗产

1998 文化遗产 城堡 × 园林

克罗梅日什的花园和城堡

Gardens and Castle at Kroměříž

克罗梅日什是位于横贯摩拉瓦河(Morava)的浅滩上的一座城镇，其建于17世纪的城堡和花园，原为文艺复兴时期建筑，1752年的一场大火让它面临重建命运，此时的主教便将它改为巴洛克式风格。克罗梅日什的花园和城堡的重要性，在于它为后来的欧洲巴洛克式贵族王侯宅邸和花园，树立了完整与良好的建筑典范。

1998 人文聚落景观 文化遗产

霍拉肖维采历史村落保护区

Holašovice Historical Village Reservation

位于捷克波希米亚地区的霍拉肖维采历史村落，包括23座石造农庄、120栋建筑物，以及一间内波穆克圣约翰小礼拜堂。这里的建筑物均为一层结构，采用鞍状屋顶，而且外缘的三角墙都面向村落中央的草坪广场。这些建于18—19世纪时期的本土建筑，充满浓厚的“南波希米亚民间巴洛克风格”(South Bohemian folk Baroque)，并且延续了源自中世纪的街道格局，完整保存了传统的中欧村落风貌。第二次世界大战结束后，这里的德国居民纷纷搬离，导致许多农庄年久失修，不过自1990年开始，当地恢复重建。

1999 文化遗产 城堡

利托米什尔城堡

Litomyšl Castle

起始于意大利的文艺复兴拱廊式城堡建筑风格，在16世纪被广泛运用在欧洲中部。1582年建造而成的利托米什尔城堡，就承袭了这种风格，而且不仅如此，整座城堡的外观或装饰都极为精致细腻，包括了后来在18世纪因天灾而重建新增的巴洛克式装饰物，都令人惊艳，而这些建筑迄今皆完整地被保存下来。

©CzechTourism.com

2000 宗教纪念物 文化遗产

奥洛穆茨的三位一体圣柱

Holy Trinity Column in Olomouc

位于霍尔尼广场的三位一体圣柱高35米，是中欧地区最大的巴洛克式雕像。

建于1716年的三位一体圣柱，耗时38年才完工。起初是由当地一名工匠伦德尔(Wenzl Render)主动发起建造。他积极地参与募款、设计和监工，然而到了1733年，在整项工程仅完成最下层的小礼拜堂时，伦德尔壮志未酬便辞世了。尽管之后仍有几位好手接任，也都未能在他们在世时亲眼见到它的落成，直到1754年，这项艰巨的工程才在约翰·伊格纳兹(Johann Ignaz Rokický)手中完工。全城欢欣鼓舞，这成为当时摩拉维亚最重要、最神圣的大事，连奥匈帝国女皇玛丽亚·特利萨和夫婿都前来参加揭幕仪式。

圣柱最上端是三位一体雕像，中间则是圣母升天雕塑，这些皆由当地著名雕刻家以镀金青铜铸成。雕像不但表情传神、动作优雅，甚至连衣服的褶皱看起来也极为自然生动。这座三位一体圣柱想要表现的，不是夸张繁复的巴洛克风格，而是一种和谐自然的建筑范本。

2001
文化遗产
现代建筑

布尔诺的图根哈特别墅

Tugendhat Villa in Brno

图根哈特别墅是知名德国建筑设计师路德维希·密斯·凡·德·罗(Ludwig Mies van der Rohe)于1929年设计建造的。当时他应图根哈特夫妇(Tugendhat)的要求，建立了这栋别墅，以作为他们新婚住所之用。

图根哈特别墅分成3层楼，乳白色的建筑墙面充满一种简约时尚风格；由于没有预算上限，凡·德·罗利用许多上等的建材，如蜜黄花纹玛瑙、石灰华、黑檀木、玻璃、镀铬的钢铁，打造了一所前所未有的高级寓宅。

建筑过程使用了特殊的采光、通风、玻璃帷幕和室内加热设计，深具巧思。楼下的主空间，分为书房、客厅和餐厅三部分，触目所及，全是充满时尚感的精致家具和盆栽装潢，皆兼具美学和实用价值；两侧墙面是大片的玻璃落地窗，从这里可以直接欣赏到户外的花园美景，也能掌握每分每秒的光影变化，感觉坐在家中，就在欣赏一幅四时风情画。这种结合了住宅与花园并考量光学的物理设计，极具现代化。

即使在今日也堪称新颖时尚，何况在20世纪初，当时更被视为前卫独特的作品，深具艺术与建筑价值，是不少建筑师必定朝拜的经典范本。

©CzechTourism.com

©CzechTourism.com

2003
文化遗产
基督教宗教遗产
×
犹太教宗教遗产

特热比奇的犹太社区和圣普罗科皮乌斯大教堂

Jewish Quarter and St. Procopius Basilica in Třebíč

特热比奇的犹太社区(包括犹太人墓地)和圣普罗科皮乌斯大教堂的重要性，在于从中世纪到20世纪期间，见证了犹太教和基督教两种不同文化的和平共存。另外，圣普罗科皮乌斯大教堂原本是13世纪时本笃会修道院(Benedictine monastery)的一部分，显然也受到西欧建筑风格的影响。

丹麦Denmark

7 3 0 Total 10

丹麦的本土面积不大，却拥有世界第一大岛格陵兰岛。一共十处世界遗产，其中有三处遗产就位于丹麦本土50倍大的格陵兰岛上，而原本德国和荷兰共同拥有的瓦登海(The Wadden Sea)，在2014年扩充范围，把丹麦海域也划进来。其他入选的文化遗产，大都与丹麦王权及基督信仰相关。

★瓦登海The Wadden Sea详见德国(P.162)

©Visit Denmark/Cecs van Roeden

伊卢利萨特冰川峡湾

Ilulissat Icefjord

2004 自然遗产 冰川地形×峡湾

伊卢利萨特冰川峡湾位于格陵兰(Greenland)西海岸，距离北极圈约250千米处，总面积为402.4平方千米，是瑟梅戈库雅雷戈(Sermeq Kujalleq)冰冠的面海湾口。瑟梅戈库雅雷戈可以说是活动相当频繁的冰川，以每天19米的速度移动，每年约崩解35立方千米。根据其250年来的变化，科学家可以依其移动或变化的情形来观测全球气候的演变，可以说是全球地质历史的最佳记录。

克里斯蒂安菲尔德——摩拉维亚教会聚落

Christiansfeld, a Moravian Church Settlement

2015 文化遗产 人文聚落景观

克里斯蒂安菲尔德这座城镇位于丹麦的南日德兰半岛(South Jutland)上，建立于1773年，是摩拉维亚教会成员为了解决18世纪移民安置问题，进行城市规划进而发展成的新市镇，是提供信徒自由集散、居住的地方。他们对城市的规划，源自内心的虔诚和对神的仰慕，将教会安置于城镇的中心，实践摩拉维亚教会的理想。

克里斯蒂安菲尔德以教堂广场为核心，周边是完整而集中的住宅，城外则是公墓。住屋建筑外观统一且质朴，由一到二层的黄砖红瓦建造。摩拉维亚人善用他们的思维和建造模式做人性化城市规划，并开发农业用地。小镇周围被农田环绕，镇内不乏公共建设，像是公共大屋(Large communal houses)供寡妇和单身男女居住，至今仍被沿用，也是摩拉维亚教派中极具影响力的公共建设。克里斯蒂安菲尔德被公认为欧洲移民安置中，保存最完整的例子。

耶灵石碑及教堂

Jelling Mounds, Runic Stones and Church

1994 文化遗产 石碑

这四座立在丹麦日德兰半岛(Jutland)耶灵镇上的石碑通常被称为“丹麦的出生证明石”。其中一座大型碑石由10世纪的哈拉尔国王所设立，碑文除了纪念其父母亲，同时颂扬自己在丹麦与挪威的功绩，并将碑石送给所有的丹麦基督徒。

碑文不仅反映了当时的政治气氛，也证明了基督教已于10世纪中传入北欧地区。碑石旁的教堂同时被列入遗产范围，根据历史学家考证，哈拉尔国王曾将他的父亲葬在教堂的地底下。

符号说明：登录时间 遗产内容 | 遗产类型：文化遗产 自然遗产 综合遗产 濒危文化遗产 濒危自然遗产 濒危综合遗产

1995

文化遗产

教堂

罗斯基勒大教堂

Roskilde Cathedral

罗斯基勒大教堂建于12—13世纪，是丹麦境内第一座哥特式教堂。随着时代更迭，每个时期都为教堂添加了些许当时的建筑特色，光看19世纪的设计灯饰悬挂在1420年木工打造的唱诗班座椅上方，便可了解一二。这不仅成为丹麦教会建筑演进代表之一，也提供了北欧宗教建筑学的最佳典范。

自15世纪起，约在宗教革命之后，大教堂成为皇室和教会主教等重要神职人员的安葬处，共有20位国王和17位皇后的陵墓安放在教堂墓室中，这也让罗斯基勒大教堂的地位非同凡响。

罗斯基勒大教堂内备受瞩目的莫过于皇家墓室和坐落在教堂中央的金色木雕祭坛，主祭坛上细雕出耶稣孩童时期、濒死、死亡、复活等重要事件。圣桌上的《圣经》则是从腓特烈二世(Frederik II)时代保留至今。旁边唱诗班木制座椅扶手上雕着一张张表情不同的脸，椅背上方则刻画着从《创世纪》到《审判之日》的《圣经》故事。

整个教堂中殿有几件装饰特别值得一看：位于南廊的管风琴，是全丹麦有名的历史老件之一，可以溯及1425年；位于北廊的克里斯蒂安四世私人宝箱，上面的雕刻象征着信、望、爱、正义、坚毅等基督徒美德；建于17世纪初雕刻精美的讲道坛；装置在二楼，以圣乔治屠龙为蓝本设计的整点报时钟；中殿正中央与金色祭坛遥遥相对的铜雕“国王之门”，由设计师彼得·布兰德斯(Peter Brandes)于2010年所创作，取代原本的橡木门。

2014 动物化石遗址 自然遗产

斯泰温斯克林特

Stevns Klint

斯泰温斯克林特位于丹麦东部的西兰岛(Sjælland)，是一段全长约15千米、高41米、富含化石的海岸断崖，吸引许多地质爱好者前来一探究竟。

这里保留了因陨石撞击而形成的大量灰云沉积记录，也间接证实了约在6500万年前，地球曾经遭到陨石撞击。当时正逢白垩纪末期，希克苏鲁伯陨石(Chicxulub meteorite)撞击墨西哥的犹加敦半岛，造成动物大灭绝，地球上超过50%的物种消失。

而从个别化石的记录来看，也可以见到大灭绝过后，动物的演化和生态逐渐恢复过程。

2015 文化景观 × 狩猎 文化遗产

北西兰的狩猎场景观

The par force hunting landscape in North Zealand

17世纪末到18世纪之间，丹麦国王在哥本哈根北方的北西兰地区打造了几座巴洛克式的狩猎场，专供王室狩猎之用，被纳入世界遗产的大致有斯托尔鹿苑(Store Dyrehave)和格里布斯科夫(Gribskov)两座森林，以及斯克斯堡围猎场和鹿苑(Jægersborg Hegn/Jægersborg Dyrehave)，这些地方距离王室所在地腓特烈堡(Frederiksborg)不远。

所谓的“帕力狩猎”(par force hunting)，特别指的是贵族的狩猎方式，借由猎狗的协助及8道程序，来完成整场狩猎。而丹麦国王所打造的这些狩猎场，后来也都转变成王室权力的象征，狩猎场的道路有的呈星形，有的是正方格子状，还有一些石子哨、围篱、狩猎小屋。

符号说明 登录时间 遗产内容 遗产类型 文化遗产 自然遗产 综合遗产 濒危文化遗产 濒危自然遗产 濒危综合遗产

2000
文化遗产
城堡

克伦堡

Kronborg Castle

文艺复兴风格的克伦堡，因为地理位置重要，控制了往来丹麦和瑞典水路的要道，在北欧16—18世纪的历史里扮演极重要的角色。而丰富的贸易及交通税收，更使克伦堡成为文化重镇。

不过，它的大名鼎鼎，却是因为莎士比亚的旷世名剧《哈姆雷特》以这里为故事背景。其实，莎翁应该是借用了在丹麦流传甚久的故事《阿姆雷德》(*Amled*)改编而成。这两个故事架构完全相同，只不过莎士比亚加入了奥菲丽亚发疯以及遇见老国王亡魂等情节，使整个故事更加丰富。

克伦堡建于1420年左右，1629年一场大火烧掉大部分建筑，克里斯蒂安四世(Christian IV)重新建构这座鎏金屋顶、为深沟高墙所围绕、气势磅礴的防卫城堡。不过此举却严重危害当时岌岌可危的政府财政。1658年瑞典军队进占克伦堡，将宝物洗劫一空。1785年后皇室不再居住于此，这里沦为陆军武器库，一直到1924年在嘉士柏啤酒公司的赞助下，才再度恢复昔日光芒。

2017
文化遗产
农业文化景馆

格陵兰岛库加塔：冰盖边缘的北欧人与因纽特人农业

Kujataa Greenland: Norse and Inuit Farming at the Edge of the Ice Cap

库加塔位于格陵兰岛南方，自10世纪开始，从冰岛迁徙到此的北欧人，和当地的原住民因纽特人突破了文化迥异的限制，共同发展农业、畜牧业、渔业，创建了北极地区最早的农业活动。这对于位于北极圈的格陵兰是十分珍稀的产业，也留下了北欧人移民欧陆之外的区域定居发展的先例。

2018
文化遗产
因纽特人文化

阿斯维斯尤特－尼皮萨特：因纽特人于冰与海之间的狩猎场

Aasivissuit – Nipisat: Inuit Hunting Ground between Ice and Sea

这一处文化遗产位于西格陵兰中部的北极圈内，蕴藏着4200年的人类历史遗迹，多处考古遗址展现该地区的因纽特人季节性的迁徙、定居形式、捕猎驯鹿和鱼类，以及因纽特人关于环境、航海和医学方面丰富的非物质文化遗产。从西部的尼皮萨特到东部冰盖附近的阿斯维斯尤特，大型冬季营房、驯鹿狩猎遗迹，反映了因纽特传统文化及季节性迁移的特色。

爱沙尼亚Estonia

2 0 0 Total 2

爱沙尼亚一直都是波罗的海三小国中最西化的国家。从历史、民族、文化、语言来看，爱沙尼亚其实更接近北欧，其中首都塔林最能代表爱沙尼亚的精神，它仿佛皇冠上的宝石，最耀眼的旅游资源都集中在这座中世纪的古城里。

★斯特鲁维地质测量点Struve Geodetic Arc详见白俄罗斯(P.97)

1997

文化遗产

历史城区 × 汉萨同盟城市

塔林历史中心

Historic Centre of Tallinn

塔林是爱沙尼亚首都，城虽不大，却是波罗的海沿岸非常迷人的欧洲城市之一。塔林的精华几乎全都集中在中世纪的旧城区里。尽管历史命运多舛，走马灯似的外来政权带来连绵不断的战火，塔林依旧完整保留了中世纪的美丽与历史氛围，这得归功于它那坚实的城墙、石造建筑，以及城市现代化过程中没有遭到破坏。在北欧地区，已经找不到像塔林这样的城市了。

可以这么说，塔林就是一座活生生的城市博物馆，同时也是汉萨同盟城市(Hanseatic League，14—17世纪北欧商业都市之政治及商业同盟)全盛时期的最佳典范。

塔林是欧洲保存完整的中世纪城市之一，蜿蜒缠绕的石子街道，大约于11—15世纪慢慢成形，今天几乎一条不漏地被保留下来；而那一栋栋教堂、谷仓、货栈、商人会所、民宅，也几乎都原貌维持至今。塔林的黄金年代是15、16世纪，因为加入汉萨同盟而在波罗的海扮演重要角色，同时赢得声望，强大的经济除了使得塔林更有能力从防御工事上保护自己，也更有机会在建筑和艺术上发光发热。

塔林旧城大致分为两大部分：称为图姆皮(Toompea)的上城区坐落在一块石灰岩高地上，属于统治阶层和贵族的活动领域；下城区位于图姆皮和塔林港之间，因为汉萨同盟的关系，受到德国吕贝克(Lübeck)法律的管制，居住在这里的商人、中产阶级统一由市议会管理。

符号说明：登录时间、遗产内容；遗产类型：文化遗产、自然遗产、综合遗产、濒危文化遗产、濒危自然遗产、濒危综合遗产

芬兰Finland

6 1 0 Total 7

数百年来，芬兰夹处于瑞典、俄国这两大强权之间，文化上也受到这两国的强烈影响。此外，芬兰有“千湖之国”的美誉，湖泊、森林遍布全国。因此，入选的遗产中，多半是要塞堡垒、木造古城、木造教堂及木浆造纸工厂。

★斯特鲁维地质测量点Struve Geodetic Arc详见白俄罗斯(P.97)

苏奥曼斯纳要塞

Fortress of Suomenlinna

1991

文化遗产

防御工事

苏奥曼斯纳要塞(或称芬兰防御城堡)位于芬兰首都赫尔辛基入港处，长达6千米的城墙串起港口岛屿，形成坚实的御敌堡垒，是18世纪少见的欧洲堡垒形式。岛上的防御设施、绿草如茵的草地、各式艺廊展场、餐厅及咖啡屋，营造成气氛独特的露天博物馆。

芬兰防御城堡最早兴建于1747年，当时芬兰受瑞典政权管辖。虽然瑞典在17世纪是军事强权，但自18世纪起，原属瑞典版图的波罗的海地区，纷纷落入俄罗斯的辖区。瑞典深受俄罗斯的军事扩张的威胁，便决定利用赫尔辛基港口的6座岛屿，兴建防御工事。数以万计的士兵、艺术家、犯人都参与了这项伟大的工程，法国政府更是贡献了90桶黄金，历时40年才完工。这项伟大的工程被命名为“Sveaborg”，也就是“瑞典城堡”之义。

虽然建立了坚固的堡垒，但还是不敌俄国的入侵。在1808年芬兰成为俄国属地，所以岛上有许多建筑呈现俄国特色。1917年芬兰独立，隔年这里也随之更名为“Suomenlinna”，即苏奥曼斯纳，成为芬兰军队的驻地，直到1972年才交由政府管理，现在则成了赫尔辛基最受欢迎的观光胜地。

劳马古城

1991

文化遗产

木造古城

Old Rauma

坐落于波的尼亚湾旁的劳马古城，是芬兰历史悠久的港口城市之一，自9世纪开始就靠着热络的贸易活动逐渐繁荣起来。

劳马古城是北欧最大的木造历史古城，占地约0.29平方千米，总共包含大约600栋建筑物。由于当地曾在17世纪两度遭遇火灾，因此除了建于15世纪中叶的木造圣十字教堂以外，其他建筑只能回溯到18世纪。人们来到此地，不仅可以造访著名的圣十字教堂，欣赏内部的中世纪壁画，还可以参观目前已经开放成博物馆的渔夫之家(Kirsti House)以及船夫之家(Marela House)。

©Visit Finland

©Visit Finland

佩泰耶韦西古教堂

1994

文化遗产

教堂

Petäjävesi Old Church

这座位于芬兰中部佩泰耶韦西区的古老乡村教堂，隶属于路德教派，其建筑形式融合了文艺复兴时期的十字形平面格局及哥特式拱顶，是北欧东部传统木结构教堂建筑的范例。佩泰耶韦西古教堂的设计及建造者是一位名叫雅可・勒帕宁(Jaakko Klemetinpoika Leppänen)的教堂建筑师傅。他从1763年开始动工，在1765年完工，位于西侧的钟塔则是他孙子艾尔基・勒帕宁(Erkki Leppänen)在1821年增建的。虽然自1879年起，这座古教堂就被当地的新教堂取代，直到20世纪20年代才在一位奥地利艺术史学家的推动下开始重新整修，但却也得以保存了最传统的木造教堂样貌。

©Visit Finland

韦尔拉木材加工和造纸厂

1996

文化遗产

造纸工业

Verla Groundwood and Board Mill

韦尔拉木材加工和造纸厂位于芬兰东南部的科沃拉区(Kouvola)。这个保存完整的小规模乡村工业建筑遗址，见证了19—20世纪北欧及北美地区传统木浆造纸工业的兴盛与没落。1872年，当地第一间磨木工厂在韦尔兰柯斯基河流(Verlankoski Rapids)西岸成立，但不幸毁于1876年的一场大火。1882年，两名造纸商重新成立一间同样全木造的磨木纸板工厂，但木材干燥区又在1892年被烧毁。有鉴于此，后来工厂最大股东的建筑师胞弟爱德华・狄佩尔(Carl Eduard Dippell)把干燥厂改建成一栋四层楼的砖房，并且运用装饰手法，营造出教堂般的外观。这间磨木纸板工厂一直运作到1964年，才因产量减少而结束营业。

©Visit Finland

©Visit Finland

符号说明 登录时间 遗产内容 遗产类型 文化遗产 自然遗产 综合遗产 濒危文化遗产 濒危自然遗产 濒危综合遗产

2000 冰川地形 自然遗产

高海岸/瓦尔肯群岛

High Coast / Kvarken Archipelago

芬兰的瓦尔肯群岛和瑞典的高海岸位于波的尼亚湾的西岸，同样因为冰川地形而入选为世界自然遗产。高海岸的面积共1425平方千米，包括800平方千米的海域以及附近的群岛，加上海岸边零星分布的湖泊和海拔约350米的山丘等。这些独特地形源自冰川作用，地质学家预估原本被冰川压迫的陆块，在冰川持续融化的状态下不断上升，未来瑞典与芬兰之间的波的尼亚湾，很可能会变成一个湖泊。

*与瑞典并列

1999 青铜时代墓地 文化遗产

萨马拉赫德马基青铜时代墓地遗址

Bronze Age Burial Site of Sammallahdenmäki

萨马拉赫德马基青铜时代墓地遗址位于芬兰西部的拉皮地区(Lappi)，总共包含30多座可回溯到公元前1500年至公元前500年间，以花岗岩堆砌而成的圆锥形石堆坟冢，是当时人们信仰与社会结构的珍贵见证。这些分布于山坡上的石堆坟冢，采用的是自当地收集或者从下方峭壁挖凿而来的石块。石堆可以按照形状大小区分为几种类型，包括低矮的小型石堆、较高耸的大型石堆以及环状石堆。除此以外，这些石堆还呈现两种独特的结构，一种是椭圆形结构，一种是较扁平的四边形结构(又称为“教堂地板”)，后者在北欧地区极为罕见。

法国France

39 4 1 Total 44

说法国是世界遗产的“黄金之国”一点儿也不过分，在这块五角形的国土上，密布着被视为人类文化精华的遗迹。从罗马时代到近代，不只是令人赞叹的奇景，还能从中体会历史的流动、文明的进程与智慧的累积。此外，太平洋、印度洋上也都有法国殖民领土内的自然遗产。

★比利时和法国的钟楼Belfries of Belgium and France详见比利时(P.99)

★阿尔卑斯山区史前干栏式民居Prehistoric Pile Dwellings around the Alps详见奥地利(P.93)

韦特奈的修道院

1981

文化遗产

修道院

Cistercian Abbey of Fontenay

韦特奈修道院保存了完整的熙笃会生活形式及遗迹。公元1112年，勃艮第的贵族青年贝纳(St. Bernard)加入了熙笃会，当时的熙笃会和主流的本笃会对立，摒弃本笃会讲究的生活形式，以清贫的方式修行。

修士们自己种植药草、制作铁器，水源充沛的韦特奈正好提供了制铁所需的水力，保留下来的锻造间(Les forges)也成为今日欧洲古老的工厂遗址之一。

修道院在18世纪被改建为造纸厂，法国大革命时期教士纷纷出逃，此地荒废一时，直到19世纪被城主买下，重新整修才将修道院恢复原有风貌。

符号说明 登录时间 遗产内容 遗产类型 文化遗产 自然遗产 综合遗产 濒危文化遗产 濒危自然遗产 濒危综合遗产

1983
文化遗产
修道院 × 教堂

加尔坦佩的圣塞文－梭尔修道院教堂

Abbey Church of Saint-Savin sur Gartempe

这座建于11世纪的修道院教堂，被誉为法国的“仿罗马式西斯廷礼拜堂”(Romanesque Sistine Chapel)。它拥有细长尖塔与庞大中殿，内部有欧洲最壮观的12世纪仿罗马式系列壁画，描绘从《创世纪》至《十诫》的《圣经》故事。这座呈基督十字形的教堂拥有一座高80米的方形钟楼，教堂的地窖则埋葬着圣萨凡(St. Savin)和圣塞普朗(St. Cyprian)两位圣者，延续教堂的湿壁画风格，墙上画满两位圣者一生的故事。

1979
文化遗产
教堂

沙特尔大教堂

Chartres Cathedral

沙特尔大教堂原本是建于11世纪的仿罗马式教堂，1194年遭大火烧毁，而在13世纪初期重建为今天所见到的哥特样式，并留下西大门、南北两钟塔、地下墓室，而“圣母之纱”是唯一幸存的圣物。它也是法国境内最高的哥特式教堂。

教堂内的176片彩绘玻璃大多数是自13世纪时保存下来的，算是欧洲中世纪非常重要的彩绘玻璃之一。彩绘玻璃窗主题诉说耶稣生平、《旧约圣经》和圣人的故事，而兴建之时庞大的资金由贵族、富商和工会赞助，因此在部分彩绘玻璃窗的最下部，可以看见包括多种行业工作场景或家族徽章等捐赠者的标记。而在这些缤纷的彩绘玻璃中，又以蓝色为主调，形成当地特殊的“沙特尔蓝”代表色。

1979

文化遗产

修道院

圣米歇尔山及其海湾

Mont-Saint-Michel and its Bay

从远处观望圣米歇尔山，宛如一座独立的岛屿和庄严的城堡，事实上自中世纪盖了修道院之后，这里便成为重要的朝圣之地。

早在8世纪之前，圣米歇尔山周围并非今日所见的沙洲，而是一片青翠的森林，但不明的原因使森林沉入陆地，造就了这座周长900米、高88米的花岗岩小山孤立于沙洲。此处以潮汐落差而著名，涨潮时高涨的海水将山头变成一座孤立于河口的岩岛，退潮时又会露出与本岛接壤的坦荡大道，仿佛海中仙境。

根据凯尔特(Celtic)神话，圣米歇尔山曾经是死去灵魂的安息地与海上墓地。传说公元708年，阿维兰奇(Avranches)的圣欧贝尔主教(Bishop Aubert)曾三度梦见天使长圣米歇尔(Saint Michel)托梦给他，希望以他的名义在山顶建立一座圣堂。

公元966年，诺曼底公爵查理一世在此建立本笃会修道院(The Benedictines)。历经数度修建与扩充，加上四周被断崖与大海环绕的险恶要势，让圣米歇尔山成为百攻不破的碉堡要塞，14—15世纪的英法百年战争与16世纪的宗教战争即可证明。

数百年来，这里一直是修道士的隐居之处。由于修道院长期压榨领地内的农民，在法国大革命期间圣米歇尔山首度被民众攻陷，从神圣的修道院沦为监狱。直到1874年被法国政府列为国家古迹，至此展开大规模的整修。

今日的圣米歇尔修道院成为法国热门的旅游胜地，除了独特的历史背景和地理位置外，也和建筑本身的结构有关。由于耸立于花岗岩巨岩的顶端，修道院以金字塔型层层上筑的方式修建，兴建于巨柱下方的多座地下小教堂构成支撑平台，足以承受上方高达80米的教堂重量，因此该建筑又被称为“奇迹楼”。

符号说明 登录时间 遗产内容 遗产类型 文化遗产 自然遗产 综合遗产 濒危文化遗产 濒危自然遗产 濒危综合遗产

©UNESCO/ F. Bandarin

1979
文化遗产
旧石器时代遗址 × 岩画艺术

韦泽尔河谷壁画洞穴及史前遗址

Prehistoric Sites and Decorated Caves of Vézère Valley

位于法国西部的韦泽尔谷地，一共包含了147个旧石器时代的遗迹，以及25个史前壁画洞穴。其中发现于20世纪40年代的拉斯科(Lascaux)洞穴，对于考古学家研究史前人类艺术可以说相当重要。在洞穴壁画上呈现了狩猎的景致，还能看到100个左右的动物形体，栩栩如生的细节与丰富色彩，具有相当大的考古价值。

1979
文化遗产
修道院 × 教堂

韦兹莱——教堂与山丘

Vézelay, Church & Hills

韦兹莱的本笃会修道院(the Benedictine abbey of Vézelay)建于9世纪，因为拥有玛丽·玛德莲(Marie-Madeleine，即抹大拉的玛利亚)的圣骨，而被视为圣徒朝圣的重要圣地，它也是“圣地亚哥朝圣路线”的交会点之一。1146年，本笃会就是在这座修道院宣誓第二次十字军东征；1190年第三次东征时，英国狮心王理查一世(Richard the Lion-Hearted)和法王菲利普二世(Philip II Augustus)就是在此相遇。

修道院内的圣玛德莲教堂(Madeleine of Vézelay)建于12世纪，教堂内部柱子的柱头和正门上的雕刻十分精美，是勃艮第地区仿罗马式建筑的杰作。

1983
文化遗产
广场

南锡的斯坦尼斯拉斯、卡里尔、阿莱昂斯三座广场

Place Stanislas, Place de la Carrière and Place d'Alliance in Nancy

南锡是18世纪的洛林公爵斯坦尼斯拉斯·雷克金斯基(Stanislas Leszczynski，国王路易十五的岳父)的临时居所。公元1752年到1756年间，由建筑师艾曼纽·艾黑(Emmanuel Héré)所领导的优秀团队，以斯坦尼斯拉斯、卡里尔、阿莱昂斯三座巴洛克式的广场，美化了这座洛林省的首府。

矛盾的是，这也是君主制度下一个开明君王在建设现代都城时，用足够的敏感度注意到公众需求的最早、最典型的例子，而这不仅提升了君王的声望，也讲求功能性，因此成为城镇规划的典范。在广场上则可看到艾黑的雕像。

阿维尼翁历史名城：教皇宫、主教团和阿维尼翁桥

1995

文化遗产

历史城区

Historic Centre of Avignon: Papal Palace, Episcopal Ensemble and Avignon Bridge

矗立在阿维尼翁市区的教皇宫(Palais des Papes)，有“世界最大且最美的房子”之称。公元1309—1377年期间，教皇克雷蒙五世(Clement V)因为派系斗争而逃离罗马，选定阿维尼翁为驻地，在这期间经历了七位教皇，历任教皇将原有主教的府邸改建成教皇宫，内部极尽豪华奢靡之能事。直到1377年教皇迁回罗马，留下的雄伟城墙和宫殿，成为重要的历史遗迹。

罗讷河上那座著名的断桥——圣贝内泽桥(Pont St-Bénézet)，又被称为阿维尼翁桥，与教皇宫同为阿维尼翁的标志，不过，风格却大相径庭。这座桥因为法国民谣《在阿维尼翁桥上》(Sur le Pont d'Avignon)而闻名。桥未断之前有22个拱门，现因罗讷河泛滥冲毁仅剩一小段，桥上还残留着祭祀圣贝内泽的小礼拜堂。

阿尔勒的古罗马及仿罗马式建筑群

1981

文化遗产

罗马 × 仿罗马式建筑

Arles, Roman & Romanesque Monuments

位于罗讷三角洲顶点的阿尔勒，完整保留了早期城市演变至中世纪欧洲大城的遗迹，其中包括早期古罗马建筑、4世纪时的浴场和大型坟场，以及12世纪的中世纪城墙遗迹。

它留下的重要古罗马遗迹，有圣托菲姆教堂及回廊(Église St-Trophime et Cloître)、共和广场里的方尖碑(Obélisque)、古罗马剧场(Théâtre Antique)、古罗马竞技场(Les Arènes)和地下柱廊(Cryptoportiques)、君士坦丁浴场(Thermes de Constantin)。

建于公元75年的古罗马竞技场，是普罗旺斯保存较好的罗马式遗迹之一。由2层楼、50座拱门所形成的大型竞技场，最多可以容纳2万名观众，直径最广的部分长达136米，坐在最高的一排座位可以一览阿尔勒的城景。

1979

宫殿 × 园林

文化遗产

凡尔赛宫与花园

Palace and Park of Versailles

这是法国有史以来最壮观的宫殿。早在路易十三时期还只是座拥有花园的狩猎小屋，直到路易十四继位，他有意将政治中心移转至此，遂展开扩建计划，耗费50年才打造完工，其规模包括宫殿、花园、翠安农宫、玛丽安东奈特宫和大马厩等，建筑面积比原来增加了5倍。

随着路易十四的去世，这种宫廷的大肆排场与崇尚君主权力的生活，在路易十五和路易十六掌政期间并未改变。王公贵族们依然奢靡无度，日夜纵情于音乐美酒的享乐中，没想到却引发法国大革命，路易十六被送上断头台，凡尔赛宫人去楼空，直到路易·菲利普与各党派协商之后，1837年将凡尔赛宫改为历史博物馆。在这里，看到的不仅是一座18世纪的宫殿艺术杰作，同时也看到了法国历史的轨迹。

城堡是凡尔赛宫的参观重点，由下往上观望，让人更增添几分崇敬，至于装饰于大门的路易十四太阳神标志，则象征他的伟大功绩。花园则包含了喷泉、池塘、林道、花床、运河等，其中光是喷泉就有32个。

1981

文化遗产

宫殿

×

园林

枫丹白露宫殿及花园

Palace and Park of Fontainebleau

位于巴黎东南方的枫丹白露(Fontainebleau)，名字源自“Fontaine Belle Eau”，意为“美丽的泉水”。12世纪，法王路易六世下令在此修建城堡和宫殿作为避暑胜地，而历代国王不是把它当作行宫、接待外宾，就是长期居住在此，因此，重要的皇室文物或建筑风格都在这里留下痕迹，深具艺术遗产价值。

众多国王中，又以弗朗索瓦一世(François I)的修建计划最具看头。他除了保留中世纪的城堡古塔，还增建了金门、舞会厅、长廊，并加入意大利式的建筑装饰。这种结合文艺复兴和法国传统艺术的风格，在当时掀起一阵仿效浪潮，也就是所谓的“枫丹白露派”。

路易十四掌政后，每逢秋天都选在枫丹白露进行狩猎活动，这项传统一直延续到君主专制末期。不过到了17世纪后，法国皇室搬至凡尔赛宫居住，枫丹白露光彩渐渐黯淡，甚至在法国大革命时，城堡的家具遭到变卖，整座宫殿宛如死城。直到1803年，经由拿破仑的重新布置，枫丹白露才又重现昔日光彩。目前城堡开放参观的重点包括大殿建筑、小殿建筑、文艺复兴殿，以及六座庭院和花园。漫步其间，数百年前的皇族生活仿佛近在眼前。

符号说明	登录时间	遗产内容	遗产类型	文化遗产	自然遗产	综合遗产	濒危文化遗产	濒危自然遗产	濒危综合遗产

加尔古罗马水道桥

1985 文化遗产 古罗马遗址

Pont du Gard (Roman Aqueduct)

建于公元前45年，当时罗马帝国领土扩展迅速，势力远及法国西南部的尼姆，而尼姆是高卢地区的大城市，居民人数高达两万。为了应付罗马城市必备的公共澡堂、大型喷泉，以及市民日常所需等每日将近两千万升的用水量，罗马人开始往外找水源，最后在尼姆市外50千米处找到了泉源。

工程团队一路打造地下或半地下的引水道，直至距尼姆市不远的加尔河岸，于是尼姆引水计划中最庞大的工程——加尔水道桥动工。为了跨越宽达270米的河床，据推估，当时可能动用了1000名工人、施工期达3至5年。

外观优雅的加尔水道桥，宽275米、高49米，是古罗马水道桥中最高的一座，由上中下三层组成。上层47个小拱顶，作为引水道之用；中层11个中拱顶，前有步道，人车皆可通行；下层6个大拱顶，一来支撑上面两层，其次有阻挡洪水等功能。

工程团队运来数百块巨石来打造加尔水道桥，估计整体石材总重量高达五万多吨。尽管工程浩大，但石块间完全没有使用任何黏合材料，纯粹是靠工程团队精密的力学计算来切割组合。完美的技术，让水道桥历经上千年仍矗立山间。

©Amiens Tourism/Laurent Rousselin

亚眠大教堂

1981 文化遗产 教堂

Amiens Cathedral

位于庇卡底省(Picardy)心脏位置的亚眠大教堂，是13世纪最大的古典哥特式教堂。教堂的成列雕像与浮雕最为人称道。在西面的国王廊，有22座代表法国国王的巨像。

亚眠大教堂内部共由126根柱子支撑，其内部空间在目前的西欧中世纪教堂中是最大的，而中殿高度达42.3米，也是目前法国教堂中最高的主拱顶。

波尔多湾：皮亚纳－卡兰切斯、基罗拉塔湾、斯康多拉保护区

1983 自然遗产 海洋生态

Gulf of Porto: Calanche of Piana, Gulf of Girolata, Scandola Reserve

位于科西嘉岛(Corse)西侧的斯康多拉半岛(Scandola peninsula)，属于该地区自然公园的一部分，高达300米的红色花岗岩海岸伸入海中，此地被誉为地中海美丽的海湾之一。半岛上的植被主要为灌木丛林，是海鸥、鸬鹚、海鹰的重要栖息地，至于清澈的海水以及周遭小岛和海蚀洞穴，则孕育了丰富的海洋生物。

©Corse Tourist Office

1981

文化遗产

古罗马遗址

奥朗日古罗马剧场与凯旋门

Roman Theatre and its Surroundings and the "Triumphal Arch" of Orange

墙面宽103米、高37米的奥朗日古代剧场(Théâtre Antique)，是世界上保存完好的古罗马剧场之一，尤其是舞台墙面也被完整地保存下来。

而位于昔日旧城边界、通往里昂路上的凯旋门，是纪念罗马皇帝奥古斯都平定高卢，于公元1世纪前后建立的，并于19世纪开始多次展开修复工作。凯旋门长19.5米、宽8.4米、高19.2米，共有3个拱门，大致呈西北—东南走向。其上的浮雕主要以军队、武器及徽章描述罗马人和高卢人的战斗情景，歌颂罗马帝国光辉的成就。

1991

文化遗产

城市规划

塞纳河岸

Paris, Bank of Seine

从卢浮宫到埃菲尔铁塔，从协和广场到大小皇宫，塞纳河畔见证了巴黎的历史演进。1853年，拿破仑三世时代的塞纳省长奥斯曼男爵(Baron Georges Eugène Haussmann)改造了巴黎。这项大工程对19—20世纪间发展的都市计划，有重大影响，同时许多重量级的建筑、博物馆、华厦和古迹，也如雨后春笋般出现于塞纳河畔，将巴黎带入美好年代。

海明威曾说：“假如你够幸运，在年轻时待过巴黎，那么不论未来你在哪里，巴黎将永远跟着你，因为巴黎是一席流动的飨宴。”而塞纳河，穿越巴黎的过去、现在和未来，正是这飨宴的流动泉源。

古代的塞纳河两岸居民靠着交通渡轮(即今日的“苍蝇船”)来往。到了17世纪，因土木技术的发达而大量修筑桥梁，如今跨越塞纳河的桥梁多达37座。浪漫的巴黎人赋予其不凡的意义，增添更多浪漫的想象空间。

符号说明 登录时间 遗产内容 遗产类型 文化遗产 自然遗产 综合遗产 濒危文化遗产 濒危自然遗产 濒危综合遗产

1988,
2017

文化遗产

历史城区

斯特拉斯堡——大岛和新城

Strasbourg, Grande-Île and Neustadt

位于法国、德国、瑞士三国交叉口的斯特拉斯堡，融合了拉丁民族与日耳曼民族的文化特色。为了平息法德两国自普法战争到第二次世界大战以来的恩恩怨怨，1949年欧洲议会成立时，还刻意将开会地点选在斯特拉斯堡。1979年的时候这里更被冠上“欧洲首都”之名，象征欧洲从此朝无国界的合作迈进。

被莱茵河支流包围的大岛(老城区)，满载了建城两千年来的历史、文化与生活，河边分布着典雅的半木造屋。最具代表性的圣母院大教堂，被法国文豪雨果赞美是“巨大和精致的完美结合”。兴建工程从1176年持续到1439年，此后大约有将近4个世纪的时间，这座高达142米的尖塔，是当时最高的建筑。

位于大岛以东的新城于1871年至1918年为德国所管理，因此又称为德国区。新城的城市规划采用德式的建筑风格设计，被视为全球最重要的日耳曼建筑保存区，因为德国的主要城市在第二次世界大战中遭受严重摧毁，而斯特拉斯堡因是法国城市幸免轰炸而保存良好。

1992

文化遗产

教堂

布尔日大教堂

Bourges Cathedral

布尔日的圣埃蒂安大教堂(Cathédrale St-Etienne)，建于12—13世纪之间，标志着法国哥特艺术的巅峰，并被视为令人赞叹的杰作。

这是一座男性圣人的大教堂，和传统的圣母院不同。法国最有名的三大哥特式教堂，就是巴黎圣母院、沙特尔大教堂及布尔日的圣埃蒂安大教堂，不过前两者正面均由三座门构成，而圣埃蒂安却由五座门构成立面，显得相当与众不同。另外圣埃蒂安最显著的哥特式特征，一为飞扶壁，二为拱形窗，也是欣赏大教堂时不可错过的焦点。除了欣赏建筑之外，你也可以看到中世纪时的法国，基督信仰所展现的力量。

1991

文化遗产

教堂 × 修道院 × 宫殿

兰斯圣母大教堂、圣雷米修道院及圣安东尼十字宫

Cathedral of Notre-Dame, Former Abbey of Saint-Remi and Palace of Tau, Reims

曾有25位法国国王在此加冕，致使兰斯圣母大教堂成为法国人心目中的圣地。教堂正面的左侧门上，有一座“微笑的天使”雕像，被认为是兰斯市的地标。一起被列入遗产的还有圣雷米修道院及昔日兰斯大主教的宅邸圣安东尼十字宫。

自公元816年至1825年，共有34位领主(其中有25位为法国国王)在兰斯圣母大教堂接受加冕，就连苦陷英法百年战争的皇太子查理也不例外。

从兰斯大教堂的右翼往右走，即可直通圣安东尼十字宫(Palais du Tau)。16世纪时，这栋建筑原为兰斯大主教的官邸。在过去，法国国王的加冕仪式结束之后，就会在圣安东尼十字宫举行大型的宴会。经过路易十四(Louis XIV)重修之后，圣安东尼十字宫仍然保留了它13世纪的礼拜堂及哥特式的建筑风格。目前它是兰斯重要的博物馆之一，收藏许多珍贵的雕塑、织锦画和与宗教仪式相关的古物等。

1982，2009

文化遗产

盐场

从塞南的大盐场到阿尔克的皇家盐场——开放式锅炉制盐

From the Great Saltworks of Salins-les-Bains to the Royal Saltworks of Arc-et-Senans, the Production of Open-pan Salt

位于法国东部贝桑松(Besançon)附近的阿尔克盐场，始于1775年路易十六时期，由勒杜(Claude-Nicolas Ledoux)负责兴建。它其实是一个理想市镇计划，这巨大的半圆形建筑群，主要是为了让盐场里的工作和组织更为层次分明而设计。这可以说是工业建筑的第一个主要成就，也标示了启蒙时代的文明进程，不过这个计划从来没有实现。阿尔克的皇家盐场于1982年被列为世界遗产，到了2009年再把塞南的大盐场纳入进来。塞南盐场一直使用到1962年，已有1200年的历史，在1780—1895年间有21千米长的木管连通阿尔克皇家盐场。而这些盐场的制盐方式，都是以开放式锅炉(Open-pan)煮盐水，来萃取这些当年相当值钱的“白金”。

符号说明 登录时间 遗产内容 遗产类型 文化遗产 自然遗产 综合遗产 濒危文化遗产 濒危自然遗产 濒危综合遗产

里昂历史城区

1998 历史城区 文化遗产

Historic Sites of Lyons

里昂是罗讷－阿尔卑斯大区首府，因为地理位置特殊，一直是欧洲史上极为重要的贸易中心。罗马时代是军事重镇，文艺复兴时期免税政策吸引了许多商人、银行家到此定居，15世纪成为全欧洲印刷中心，16世纪则因丝绸成为法国纺织中心。1998年，基于里昂展现了从古代到近代的都会发展历史，里昂的旧城区列名世界遗产。大里昂城包括了灌木区(Croix Rousse)、旧里昂区(Vieux Lyon)和现代区(Presqu'e)。历史可追溯到公元前的旧里昂区，是世界遗产中最大的一块文化遗迹，超过300栋不同时代的建筑物，集合成一处保存完整的建筑群。随处可见的教堂与剧院，让人仿佛置身文艺复兴的荣景里，而穿梭在旧城镇里像迷宫一样狭窄封顶的小巷(Traboules)，则可以想象当年运输丝织品的盛况。

虽然有许多小巷已经被拆除，但现在还是有超过300个小巷主要分布在旧城区，而在灌木区和现代区也可以看到相似的建筑。

卡尔卡松历史防御堡垒

1981 文化遗产 防御工事

Historic Fortified City of Carcassonne

卡尔卡松位居伊比利亚半岛与其他欧洲地区的走廊地带。12世纪时，特宏卡维家族(Les Trencavels)在本市建造城堡与大教堂，保存完整的城郭相当可观。

早在罗马时代，法国西南部奥德河(Aude)右岸山丘上就有防御工事，但现有这座中世纪堡垒城镇，其防御城墙、城市建筑、街道和精致的哥特式教堂，再加上现代科学保护组织的创始人之一杜克(Viollet-le-Duc)从19世纪后半期开始的长期维修计划，让卡尔卡松在军事用途之外，更有独特的历史文化价值。

卡尔卡松目前的规模，是13世纪十字军东征时所兴建的。在毁损的罗马防御工事上再打造一处军事堡垒，有着内外两道城墙，加起来达3千米长，随后在城外再加建一道无水的护城沟渠，城内还有52座瞭望塔，以强化其防卫的功能。

南运河

1996 文化遗产 水利工程×运河

Canal du Midi

这条横跨法国西南部的运河，当初兴建的主因是为了方便法国国内的货物运输，在运河打通前，货物必须往南绕行西班牙才能到达法国另一端。1663年邦和布(Bonrepos)的男爵里凯(Pierre-Paul Riquet)极力鼓动法国国王路易十四和首相开通这条串联大西洋和地中海的蔚蓝海岸的运河，并担下所有的工程费用和设计规划。

1667年运河开工，先从地中海沿岸的榭德(Séte)通往土鲁斯(Toulouse)，再一路往西。由于大西洋和地中海两海域的水位高低差异悬殊，要求精密的计算和工程技术，再加上需考量注入足够的水量才能让运河可行船，长达240千米的水道，总共花了15000名劳工长达14年的时间，兴建了水闸、渠道、陆桥等350处工程，从邻近山区的31条大小河流引水注入，成就此一划时代的民生工程，诸多技术也成为工业革命的前导。

1998

文化遗产

基督教朝圣路线

法国境内的圣地亚哥朝圣路线

Routes of Santiago de Compostela in France

中世纪时数百万名基督徒前往西班牙的圣地亚哥，朝拜耶稣十二门徒之一圣雅各(St. Jacques)的圣骨匣。他们希望透过旅程得到救赎，并带回象征圣雅各的扇贝。在横跨法国的途中，他们于某些集合点与歇脚的庇护所留下足迹。这条朝圣路线已经存在了上千年历史，被誉为基督世界三大朝圣路线之一，其他两条则是从英格兰的坎特伯里(Canterbury)前往罗马，以及前往耶路撒冷的朝圣路线。在巴黎，以大量装饰展现火焰哥特式风格的圣雅克塔，是法国朝圣之路的起点，18世纪末拆除了教堂，如今只剩下高52米的塔楼，于1998年时一并被联合国教科文组织列入世界遗产。

2000

文化遗产

城堡 × 河谷人文景观

叙利到沙洛讷之间的卢瓦尔河谷地

The Loire Valley between Sully-sur-Loire and Chalonnes

拥有众多城堡及古城遗迹的卢瓦尔河流域(Loire Valley)，北至叙利(Sully-sur-Loire)靠近奥尔良(Orleans)，西至沙洛讷(Chalonnes)靠近翁杰(Angers)的这块区域，被列入世界遗产的保护范围。

城堡大量的出现，可分为两个时期。第一个时期是12—14世纪出现的城堡，以作为军事堡垒为考量，以翁杰堡(Chateau d'Angers)的高耸城墙为典型。这类城堡有的随着枪炮的演进而逐渐荒废，好比昔侬堡(Chateau de Chinon)；有的被改造得适合居住而保留下来，例

1999

文化遗产

农业景观 × 葡萄园

圣埃米利昂地区

Jurisdiction of Saint-Émilion

在法国西南部与西班牙接壤的阿基坦(Aquitaine)这个地方，土地肥沃，盛产葡萄。葡萄的栽培技术是由罗马人带来，并在中世纪时发扬光大。

圣埃米利昂位于圣地亚哥朝圣路线之上。它源于8世纪的埃米利昂隐士为自己挖的隐修岩洞，之后在中世纪发展成小镇；在12世纪英格兰统治期间，这里成为一个独特的管辖区，之后更成了国家级的产酒区，并在其城镇村落留下无数历史建筑物，如今这里几乎就是上等波尔多红酒的代名词。

符号说明 登录时间 遗产内容 | 遗产类型 文化遗产 自然遗产 综合遗产 濒危文化遗产 濒危自然遗产 濒危综合遗产

如布洛瓦堡(Chateau de Blois)和翁布瓦兹堡(Chateau d'Amboise)。

15—16世纪，以满足王室需要的居住型城堡开始被建造。随着英法百年战争的结束，意大利文艺复兴风吹进法国，优雅华丽的城堡如雪侬梭堡(Chateau de Chenonceau)、尚博尔城堡(Chateau de Chambord)、阿泽－勒－伊多堡(Chateau d'Azay-le-Rideau)，卢瓦尔河城堡真正跃升为法国王室之家。

好大喜功的法王法兰斯瓦一世(Francois I，1515—1547)是这股风潮的实践者。他在卢瓦尔河流域大肆兴建城堡，更一手打造了满足他华丽幻想的尚博尔城堡。

卢瓦尔河流域谷地所留下的不只是城堡，也是十个世纪以来法国人的历史足迹、生活形态及文化遗产，如果想要回味昔日皇室的金色年华，卢瓦尔河绝对是最具代表的区域。

©Office de Tourisme de saint-émilion

1997，1999

综合遗产

高山生态 × 高地人文景观

比利牛斯山之珀杜峰

Pyrénées-Mont Perdu

比利牛斯山为西班牙与法国的界山，呈东西走向，长435千米，平均海拔在2000米以上，最高峰为高3352米的珀杜峰。气候与植被呈明显垂直变化，超过2300米处即为高山草原，3000米以上仍有冰川。

靠西班牙一侧是埃尼斯罗(Añisclo)和艾斯瓜因(Escuain)两座大峡谷，景色壮丽。托尔托萨(Tortosa)为登山滑雪圣地，游客络绎不绝。另外值得一提的是，山区仍保有恬静的田园景观及在现代欧洲仅见的昔日高地生活方式，活脱就是一座传统农业生活展示馆。

*与西班牙并列

2001

文化遗产

古城

普罗万——中世纪展览会古城

Provins, Town of Medieval Fairs

普罗万位于巴黎东部的郊区地带，是一座建于中世纪的防御古城。11—14世纪，统治本地的香槟区公爵会在这里及其他三个城镇举办年度展览会，促进欧洲北部与地中海地区之间的贸易交流，使普罗万成为欧洲重要的政治与贸易中心，并且见证了国际羊毛贸易的繁荣盛况。在当时四大贸易展览城镇里，普罗万是至今唯一仍然保有中世纪建筑样貌的古城。其上城区至今仍被保存完好的城墙所围绕，城内有许多石造房屋，还有一座建于12世纪的恺撒塔(Tour César)。普罗万除了具有历史上的价值，现在还是重要的玫瑰产地，因此又有“玫瑰城”的称号。

2008

文化遗产

防御工事

沃邦的防御工事

Fortifications of Vauban

身为法国元帅以及杰出的军事工程师，沃邦不但参与路易十四的大小战役，更为他设计了无数军事工程，包括堡垒、城墙、棱堡，甚至无中生有的城镇等，此外更跨越了山、海等地形限制。

沃邦获选为世界遗产的12件防御工事，遍布法国西、北、东部的边界上。他创新的要塞建筑与攻略，见证了西方军事建筑中传统防御工事的巅峰，不但为后世带来深远的影响，部分甚至沿用至今。而他的筑城理论更跨越欧洲，甚至为美洲以及东南亚和俄罗斯的防御工事带来重大的影响。

2010

文化遗产

古城

阿尔比的主教城

Episcopal City of Albi

塔恩河(Tarn River)穿越群山与峡谷奔流于法国南方，在河岸旁有一座历史悠久的城市阿尔比，早在青铜器时代已有人烟，直到1040年时因为旧桥(Pont-Vieux)的兴建，靠着热络的贸易活动与旧桥过路费而蓬勃发展。

13世纪时，教宗与法国国王联手对抗以阿尔比为发源地、盛行于法国朗格多克(Languedoc)地区的卡塔尔教派(Cathars)。为了打击相信二元论与神秘直觉说的“异端邪说”，主教在圣战后于阿尔比兴建了一座主教宫(Palais de la Berbie)，以及宏伟的堡垒和极度高耸的圣塞希尔教堂(Cathedral of Sainte-Cécile)。主教城以南法独特哥特式风格、当地红橘两色砖块兴建。这里的古迹和几个世纪以来未曾变迁的城区，展现了同质且协调的气氛，象征着中世纪建筑与城市发展的巅峰。

2005 战争遗产 文化遗产

勒阿弗尔——奥古斯特·佩雷重建的城市

Le Havre, the City Rebuilt by Auguste Perret

勒阿弗尔是塞纳河流向海洋前的最后一道关卡。刚开始勒阿弗尔是以军港的机能为主，后来商业与贸易繁荣的景象则始于美国独立战争时期，一船船飘过大西洋的补给物资，就是由勒阿弗尔扬帆出航，也开启了勒阿弗尔港商业化的第一步。莫奈在勒阿弗尔画下的知名画作《日出印象》中，也依稀可见当时勒阿弗尔的工业繁荣景象。

然而，海港的热闹与繁荣却在第二次世界大战中成了战火下的牺牲品。遭到战争波及而毁损的建筑，占了全城的85%。虽然勒阿弗尔在1944年9月13日即由同盟联军从德军手中收复，但光是城市整顿及清理，就花费了两年时间，直到1946年才由建筑师奥古斯特·佩雷(Auguste Perret)着手进行都市重建工程。

在物资及经费极为缺乏的当时，奥古斯特·佩雷选择使用大量的混凝土进行重建。大量三层楼高的集体建筑，成了勒阿弗尔新建市区最具规模的景观，兼具传统与现代的城市风格，也让勒阿弗尔成为欧洲第一个列入世界遗产的20世纪都会市中心。

2011 文化遗产 农业×放牧景观

喀斯与塞文——地中海农牧文化景观

The Causses and the Cévennes, Mediterranean Agro-Pastoral Cultural Landscape

喀斯与塞文位于法国中南部高山与深谷的交错地带，范围涵盖法国五个省份，占地约3023平方千米。

喀斯高原和塞文山脉拥有多姿多彩的田园风光以及独特建筑，不仅将人与自然环境之间和谐共生的互动关系表露无遗，同时也见证了中世纪以来地中海地区放牧传统的演进。本区保存了在地中海地区能看到的几乎所有放牧形态，包括农业型放牧、季节迁徙放牧、定居型放牧等，当地人民经常使用的放牧路径更充分反映了数百年来的农牧传统。

建于喀斯高原陡峭台地上的石造农舍、教堂和村庄，具体呈现了11世纪以来大修道院的组织形式。塞文山脉除了是理想的放牧地点、出产著名的高山绵羊之外，同时也保留了在蚕丝业鼎盛时期所建的石造建筑。位于本区的洛泽尔山(Mont Lozère)，则是目前依然保有夏季游牧传统的少数地区之一。

符号说明：登录时间 遗产内容 | 遗产类型：文化遗产 自然遗产 综合遗产 濒危文化遗产 濒危自然遗产 濒危综合遗产

2007 文化遗产 都市计划×建筑

波尔多月亮港

Bordeaux, Port of the Moon

法国著名酒乡波尔多，同时也是位于大西洋沿岸重要的海港城市。早在公元前300年左右，凯尔特人便已在此建立聚落，超过2000年的时间，这座古城的月亮港在历史上扮演着重要的交易角色，特别是12世纪时与英国和低地国家之间的贸易往来。

波尔多的城市规模打罗马时期便不断扩张，当地出现于启蒙时代的都市计划与建筑，展现了18世纪初的新思维，成为创新的古典与新古典主义浪潮的杰出范例，它的都市布局落实了哲学家们梦想中的都会蓝图：一个结合人文主义、多方性与文化的大熔炉。

2016 文化遗产 现代建筑

柯布西耶的建筑作品——对现代主义运动的卓越贡献

The Architectural Work of Le Corbusier, an Outstanding Contribution to the Modern Movement

柯布西耶(1887—1965)是20世纪伟大的建筑师之一，瑞士裔法国人，他致力让居住在都市拥挤空间的人能有更舒适的生活环境，是功能主义建筑的泰斗，被誉为现代建筑的开拓者，瑞士法郎的10元纸币上就是柯布西耶的肖像。

2016年世界遗产大会把柯布西耶的17座建筑作品纳入世界遗产，横跨欧、亚、美三大洲，分布在比利时、法国、德国、瑞士、印度、日本、阿根廷7个国家。这些建筑充分展现了一种新的建筑语言，与过去的建筑完完全全产生一个断点，也反映出20世纪的现代主义运动的解决方式，是以发明新的技术来回应社会的需求，而且是全球性的。

由于柯布西耶大多数时间都在法国活动，所以法国入选的遗产也最多，包括法国巴黎的罗氏与纳雷宅邸(Maisons La Roche et Jeanneret)和摩利托出租公寓(Immeuble locatif à la Porte Molitor)、佩萨(Pessac)的弗吕日市(Cité Frugès)、普瓦西(Poissy)的萨伏伊别墅(Villa Savoye et loge du jardiner)、马赛的马赛公寓(Unité d'Habitation)、孚日圣迪耶(Saint-Dié-des-Vosges)的圣迪耶工厂(La Manufacture à Saint-Dié)、鸿香(Ronchamp)的圣母教堂(Chapelle Notre-Dame-du-Haut de Ronchamp)、罗屈埃布兰卡马尔坦(Roquebrune-Cap-Martin)的柯布西耶棚屋(Cabanon de Le Corbusier)、里昂的圣玛利亚修道院(Couvent Sainte-Marie-de-la-Tourette)、菲尔米尼(Firminy)的菲尔米尼文化中心(Maison de la Culture de Firminy)，共10处。

*与阿根廷、比利时、德国、印度、日本、瑞士并列

2008

自然遗产

海洋生态

大洋洲法国属地

新喀里多尼亚礁湖：珊瑚礁多样性及相关生态系统

Lagoons of New Caledonia: Reef Diversity and Associated Ecosystems

位于南太平洋的新喀里多尼亚，拥有全长约1500千米、全世界第二长的珊瑚礁。新喀里多尼亚大堡礁(New Caledonia Barrier Reef)环抱着一座面积广达24000平方千米的礁湖，从距离岸边30千米处朝西北方延伸了将近200千米的距离。这些珊瑚不但种类丰富且拥有高度地方特性，大部分都维持健康的状态，和礁湖中古老的珊瑚化石相互比对，能一窥当地海洋发展历史。

保持完好生态体系的礁湖还是濒危动物儒艮的家以及绿蠵龟的重要产卵地。礁湖中多样的水生生物，从浮游生物到鲨鱼等大型鱼类，展现了比例良好的生物栖息地特性。

2014

文化遗产

旧石器时代遗址

×

岩画艺术

阿尔代什省的阿尔克桥(肖韦)洞穴壁画

Decorated Cave of Pont d'Arc, known as Grotte Chauvet-Pont d'Arc, Ardèche

阿尔克桥岩洞又称为肖韦洞穴(Grotte Chauvet)，位于罗讷－阿尔卑斯山区阿尔代什省(Ardèche)的一座石灰岩高原地底下25米处。1994年因石块崩塌，才让这个埋藏于地底两万年以上的洞穴被发现。里头有超过1000幅的壁画，描述了435个呈现14种动物的寓言故事，年代约为30000至32000年前的奥瑞纳文化时期(Aurignacian period)。

这些出现在岩洞内的旧石器时代晚期艺术图像，展示了一系列绘画技巧，包括阴影的使用，绘画和雕刻的结合，解剖精度，立体感及动态，被视为是人类艺术表现上一个非凡的成就。出现在壁画中的动物包括熊、狮子、犀牛、野牛等。

2015

文化遗产

农业景观

×

葡萄园

勃艮第葡萄园的风土和气候

The Climats, terroirs of Burgundy

位于法国东北的勃艮第是驰名的古老葡萄酒产区，而位于勃艮第第戎市南方的黄金山丘(Côte d'Or)，由北边的夜之丘区(Côte de Nuits)及南边的波恩丘区(Côte de Beaune)组成，是这个酒区的心脏地带。

这块土地因位置、日照和气候的不同，葡萄酒的种植方式和品种也各异。当地居民透过长时间的探索，在尊重任何可能的差异性下，各自形成别具一格的酿产方式，从葡萄酒、酒厂到酒庄，都展现了这个自中世纪前期开始发展出的葡萄种植生产和商业体系出色的一面。

符号说明 登录时间 遗产内容 遗产类型 文化遗产 自然遗产 综合遗产 濒危文化遗产 濒危自然遗产 濒危综合遗产

2015 农业景观×葡萄园 文化遗产

香槟地区的山丘葡萄园、酒庄和酒窖

Champagne Hillsides, Houses and Cellars

这块坐落于法国东北的香槟-阿登区的农业文化景观，自17世纪以来，就以其自行发展出的严谨生产、酿造和行销方式，成为全球知名的香槟酒产区。靠着位于山丘的葡萄园、酒庄和酒窖，传承了世人的心血成果，孕育出举世闻名的气泡酒，成为节日庆典不可或缺的角色。目前纳入世界遗产范围的区域，分别是奥维耶、阿伊和马勒伊(Hautvillers、Aÿ and Mareuil-sur-Aÿ)的历史葡萄园，位于兰斯的尼凯斯(Saint-Nicaise)山丘，以及香槟大道(Avenue de Champagne)和夏布洛尔堡(Fort Chabrol in Epernay)。

2010 自然遗产 火山地形×生态

非洲法国属地

留尼旺的山峰、冰斗与峭壁

Pitons, Cirques and Remparts of Reunion Island

位于印度洋上的火山岛留尼旺，属于法国的海外行省，位于毛里求斯群岛和马达加斯加岛之间。该岛主要由两座坐落于印度洋西南方、彼此相互接邻的火山山脉组成。被列入世界遗产的山峰、冰斗与峭壁，主要位于留尼旺国家公园(La Réunion National Park)的核心区域。在这片占据该岛40%、面积超过1000平方千米的土地上，两座高耸的火山山峰、巨大的峭壁以及三处位于悬崖边的冰斗，掌控着全面的局势，其他还有大量变化多端的陡峭地形与绝壁、树木丛生的峡谷和盆地，共同构成引人注目的地貌。此外，各色生长于此的植物，展现了高海拔的特殊现象，亚热带雨林、云彩森林和石楠植物，拼贴出当地的生态景观。

2012 文化遗产 矿业景观×煤矿

北卡莱海峡采矿盆地

Nord-Pas de Calais Mining Basin

北卡莱海峡采矿盆地位于法国北部的北卡莱海峡省，从比利时边界一直延伸到白琼镇(Béthune)。这里是法国人在18—20世纪之间，沿着一条120千米长的煤矿带建立起来的矿业文化景观。

20世纪30年代，本区成为欧洲极为重要的产煤区，进入矿业发展的黄金时期，并且吸引7万多名外地人来此工作，直到1990年才停止采矿。本区反映了欧洲在工业时期大规模开采煤矿的发展史，同时也为当时的矿区生活、矿工间紧密的社群关系，以及法国史上著名的库里耶(Courrières)煤矿灾变，留下了珍贵的记录。

本区纳入世界遗产的范围涵盖了109处文化遗址和19间矿业公司厂区、600座竖井、17座矿坑、51处煤渣堆、运煤系统、3座火车站、38间学校、26栋宗教建筑、矿工宿舍、市政厅、医院等各种硬件设施。

2017 文化遗产 波利尼西亚文化

大洋洲法国属地

塔普塔普阿泰

Taputapuātea

法属波利尼西亚是位于太平洋中的群岛。这处区域是人类在地球上最晚定居之地，而塔普塔普阿泰(Taputapuātea)考古遗址所在的赖阿特阿岛(Ra'iatea)就位于这片群岛中。文化遗址涵盖两座山谷、一处潟湖与珊瑚礁、一片开放海域。遗址中心坐落着被称为“塔普塔普阿泰”的毛利会堂(marae)，具有政治、仪式、丧葬用途。在波利尼西亚散见这类型的毛利会堂，是生者的世界与先人的世界交会之所，是波利尼西亚原住民(mā'ohi)千年文明的见证。

2018 自然遗产 断层地质

多姆山链－利马涅断层构造区

Chaine des Puys - Limagne Fault Tectonic Arena

多姆山链－利马涅断层位于法国中部地区，属西欧裂谷，历史可追溯到3500万年前。多姆山链区域有数十座火山，爆发时间可追溯到8400年前到9.5万年前。这些年纪不一、形状各异的火山虽属休眠火山，但火山地质专家并不排除“苏醒”爆发的可能。其中，位于克勒蒙费朗(Clerment-Ferrand)市西方的奥弗涅火山(Auvergne Volcanos)，南北绵延逾32千米、宽4千米，形成奇伟的多姆山脉。依据教科文组织的说明，多姆山链－利马涅断层构造区展现大陆板块断裂、提升历程，显现大陆地壳如何破裂、坍塌，使深部岩浆上升，导致地表大面积隆起，为断层裂谷提供明证。

德国Germany

41 3 0 Total 44

重视工业及文物保护的德国，有不少教堂、修道院和工业遗产入选。为了表达对上帝的虔敬，每个时代最流行的建筑风格都表现在教堂里。壮观建筑的背后，都有一段悠远而具代表性的故事，犹如德国历史，一幕幕在眼前上演。

1981

文化遗产

神圣罗马帝国 × 教堂

斯佩耶尔大教堂

Speyer Cathedral

斯佩耶尔大教堂长134米、高32米，是欧洲最大的仿罗马式教堂，拥有4座尖塔。初临乍看，大教堂似乎简单而朴实，唯有庄重肃穆的气氛让人不敢小觑。其实，再仔细看看各细部，大教堂笔直高耸的廊柱上，有源自希腊典雅的建筑特色，科林斯式柱头上精雕细琢了花哨的装饰图案，衬托出大教堂雍容典雅的气势。

走进大殿内，八位英勇的神圣罗马帝国的帝王塑像凛然在列，教堂内部的壁画更是当时德国最流行的拿撒勒画派(Nazarenes)，属于19世纪初德国浪漫派画家作品。教堂地下室的皇家墓室(Imperial Vault)，就是安葬八位帝王、四位皇后及主教的陵寝，不但是全德国最大的皇家地下墓室，还因拥有精致细腻的彩绘屋顶，被称为全世界最美的墓室，让人赞叹其历史与艺术的双重意义。

符号说明 登录时间 遗产内容 遗产类型 文化遗产 自然遗产 综合遗产 濒危文化遗产 濒危自然遗产 濒危综合遗产

1978

文化遗产

神圣罗马帝国 × 教堂

亚琛大教堂

Aachen Cathedral

在今日德国领土中，位于西边邻近比利时与荷兰的亚琛，历史地位非比寻常。不但已拥有千年以上的建城历史，更因该城的亚琛大教堂是罗马帝国正统的皇家教堂，让亚琛威名远扬。其中，最关键的转折点，就是来自768年掌权的查理曼大帝(Charlemagne)，其朝代被称为加洛林王朝(Carolingians)，他于800年受封加冕成为神圣罗马帝国皇帝，取得承继罗马帝国的正统地位。

查理曼大帝在位期间，因喜欢亚琛而在此兴建行宫。他所居住的行宫也就变成查理曼帝国的政治中心，经济上的发展也更加优越，甚至查理曼大帝的遗体也葬在此教堂内。不但查理曼大帝荣耀了亚琛大教堂，还有从936年的奥图一世国王(Otto I)到1531年卡尔五世国王(Karl V)为止，一共30位国王在亚琛的大教堂内举行加冕为王的仪式，可以说亚琛大教堂具有政治与宗教的双重地位与象征。

2018

维京人遗迹

文化遗产

赫德比边境遗址景观及丹尼维尔克防御边墙

The Archaeological Border Landscape of Hedeby and the Danevirke

维京人聚居的赫德比地理位置优越，在9世纪到11世纪间，维京人在此展开了对斯堪的纳维亚(Scandinavia)、君士坦丁堡的贸易，并且成为联系北海与波罗的海的物流枢纽，使赫德比的繁盛达到巅峰，成为当时欧洲最重要的商业中心。考古学家在遗址内不断发掘出来自同时期多国的钱币以及沉船。

而丹尼维尔克边墙大约建于5世纪，这是一条穿越石勒苏益格(Schleswig)地峡的防御工事，将日德兰半岛(Jutland Peninsula)和欧洲大陆隔开。这道边墙长约33千米，其中有4千米保存良好。赫德比遗址及丹尼维尔克边墙这两处遗迹，显现了德国北部地区在中世纪早期的独特文化风貌。

1981

文化遗产

宫殿×园林

维尔茨堡的主教宫、花园和广场

Würzburg Residence with the Court Gardens and Residence Square

维尔茨堡主教宫是欧洲重要的巴洛克宫殿之一。主体建筑由亲王主教约翰菲利浦·法兰兹委任建筑师诺曼(Neumann)规划，从1720年至1744年完成整体架构，内部的细部建筑直到1780年才完工，总计花了60年漫长的时间才完成。

主教宫内举世闻名的就是阶梯大厅的湿壁画，同时也是世界上宏大的湿壁画之一。繁杂高难度的画法，栩栩如生，是出自提埃波罗(Tiepolo)之手。

阶梯大厅仅由底下的圆拱柱支撑，需要相当高的技术，在第二次世界大战时，这些拱柱还历经了1945年的战火。在大战中，维尔茨堡被严重摧毁，当然主教宫也无法幸免而遭受破坏。所幸当时已先移走部分家具及艺术品，现在游客才能在宫殿内看到真品。主教宫经过一番整修后，在1987年才开放参观，让人能一睹德国南部极具代表性的巴洛克宫殿风采。

符号说明 登录时间 遗产内容 遗产类型 文化遗产 自然遗产 综合遗产 濒危文化遗产 濒危自然遗产 濒危综合遗产

1983

文化遗产

教堂

维斯朝圣教堂

Pilgrimage Church of Wies

教堂于1746年开始兴建，1754年教堂的祭坛开始使用，并在1757年全部完工。而成就维斯教堂的最大功臣，乃是当时教堂建筑的首席建筑师多明尼克·辛玛曼(Dominikus Zimmermann)。在其精巧设计下，一改当时教堂常有的厚重、夸张与压迫的渲染风格，改以源自法国宫殿、沙龙与豪宅式的世俗建筑设计，将教堂带入洛可可式的风尚潮流。他巧妙地将巴洛克式风格移转至洛可可式的装饰设计，被称为德国洛可可样式的经典作品。教堂内部呈现出华丽、优雅却不气势凌人的感觉，巧妙地在空间不大的教堂内部，以弯曲、流动的海草或是贝壳的花纹，带出流畅的动感，尤其是许多纤细、金碧辉煌的线条与色彩，更赋予教堂典雅、活泼、奔放的视觉感受，宛如梦幻境界般的华丽天堂，不再有高高在上的权威感与距离感。维斯教堂细致而亲切的建筑设计，被誉为18世纪德国宗教建筑中顶级的建筑杰作。

©GNTB

©GNTB

1984

文化遗产

城堡
×
宫殿

布吕尔的奥古斯都堡与法尔肯拉斯特城堡

Castles of Augustusburg and Falkenlust at Brühl

18世纪时，科隆大主教兼选帝侯奥古斯都在原本已遭破坏的城堡遗址上，重新打造出一座亮丽的宫殿建筑。宫殿集结多位艺术家的心血结晶，设计出德国境内洛可可建筑的代表杰作，并依选帝侯之名命名为奥古斯都堡宫殿(Schloss Augustusburg)。

至于宫殿中的花园设计，则是以典型的巴洛克式风格，由法国建筑师多明尼克·吉拉德(Dominique Girard)仿照法国庭院风格设计而成。在没有经过后代的华丽修复技巧下，成为今日全欧洲最具真实巴洛克原貌风格的庭院作品。

整座宫殿建筑的雕刻、绘画、壁饰、天花板、吊灯、楼梯、人物塑像设计等，综合成最具代表性的洛可可建筑物，成就18世纪最经典的宫殿建筑，真实地呈现出王室贵族们优雅又奢华的精致艺术品位。此外，早期洛可可风格的法尔肯拉斯特狩猎小屋(Falkenlust hunting lodge)也被纳入世界遗产范围。

1990

文化遗产

宫殿
×
园林

波茨坦与柏林的宫殿和花园

Palaces and Parks of Potsdam and Berlin

腓特烈大帝是欧洲一代军事奇才，曾在七年战争中以一国之力对抗欧陆群雄，并为普鲁士赢得最终胜利，就连拿破仑都受他兵法影响很深。腓特烈大帝渴慕法国文化，并与法国大思想家伏尔泰有密切的信件来往，素有“哲学家皇帝”之称。1744年，腓特烈大帝为自己兴建了一座“普鲁士的凡尔赛宫”，宫名“Sans Souci”是法文“忘却忧烦”的意思，而在200多年后成为波茨坦旅游的重头大戏，也是波茨坦最引以为傲的建筑艺术象征。

黄墙、灰瓦、绿色圆顶的王宫，外观结合巴洛克与古典主义风格，内部的豪华装饰则是典型的洛可可风格。宫殿内有小画廊、图书馆、书房、寝宫等12个房间，喜爱吹笛子的腓特烈大帝最爱的是音乐厅。而铺着大理石地板和大型法式窗的大理石厅，则是大帝与文人雅士讨论哲学的地方，在伏尔泰当年做客的客房内还有一尊伏尔泰的雕像。

忘忧宫最著名的是宫殿前方辽阔的六层阶梯式平台。每层平台的墙面上皆爬满绿意盎然的葡萄藤，迤逦延伸到山丘底部的大型喷泉。而宫殿背后的半圆形双回廊柱，灵感则明显来自梵蒂冈的圣彼得大教堂。虽然大帝与他的王国俱往矣，忘忧宫的美却依然在艺术家及学者之间传颂着。

符号说明 登录时间 遗产内容 遗产类型 文化遗产 自然遗产 综合遗产 濒危文化遗产 濒危自然遗产 濒危综合遗产

1985

文化遗产

神圣罗马帝国 × 教堂

希尔德斯海姆的圣母大教堂和圣米歇尔教堂

St. Mary's Cathedral and St. Michael's Church at Hildesheim

希尔德斯海姆建城于公元815年，872年被设立为主教城市，之后开始兴建圣母大教堂，因此圣母大教堂迄今已有超过千年历史。这座历史悠久的教堂保留了神圣罗马帝国时期的建筑风格，于1985年与圣米歇尔教堂一起被列入世界文化遗产。

希尔德斯海姆圣母大教堂在第二次世界大战中被严重摧毁，在1950—1960年间重新修建完成。神奇的是，大教堂拥有一株始建即存在的千年蔷薇，它攀爬数米越过教堂的外墙，至今依然生机盎然。教堂内部最引人注目的是一座大型轮状烛台，12个烛台呈圆周排列，是世上现存最大的一座由纯金打造的吊式烛台。另外，教堂里收藏了许多天主教的宝物，经过上千年的沉淀，这些物品也被列入世界遗产的保护，例如金制的圣母像、本渥主教(Bishop Bernward)的十字架等。

圣米歇尔教堂由本渥主教于1010年下令兴建，精心设计的对称形式，是本渥主教希望将天国的美丽事物投射至人世间的期望。内部著名的13世纪木制平顶式彩绘天井、青铜大门和廊柱，都十分具有罗马式建筑特色。

©GNTB

©GNTB

1986

文化遗产

古罗马 × 教堂

特里尔的古罗马建筑、圣彼得大教堂和圣母教堂

Roman Monuments, Cathedral of St. Peter and Church of Our Lady in Trier

位于摩泽尔河畔(Moselle)的特里尔(Trier)，曾经在德国历史上扮演举足轻重的角色。君士坦丁大帝崛起于特里尔，在统一罗马帝国后，特里尔的政治地位大幅提升，拥有“第二罗马”的美誉。

特里尔的黑门是阿尔卑斯山以北保存最完整的古罗马时期的城门。而特里尔圣彼得大教堂的前身是君士坦丁大帝建立的古罗马教堂原址，它不但是德国最古老的教堂，更是早期罗马式建筑风格的真实呈现。紧邻大教堂的就是圣母教堂，建造于1235—1250年间，是德国早期哥特式教堂之一。

另外，还有恺撒皇帝浴池，当年是罗马帝国的第五大浴场；另一处古罗马圆形竞技场的遗址，虽然建筑物本身已然残破，但整体规模全都保持原状遗留下来。

1987

汉萨同盟城市

文化遗产

汉萨城市——吕贝克

Hanseatic City of Lübeck

数百年前的“汉萨同盟”时期，吕贝克可是首屈一指的大城市，且是同盟的权力中心。今日老城内被联合国列为受保护的珍贵文化遗产，就是建于汉萨同盟的全盛时期。哥特式的砖造建筑艺术，由红砖堆砌排列的楼房，发展出完美的建筑结构，处处是优雅与迷人的氛围。而古城内七座哥特式的教堂，更是在厚重坚实的砖造主体上矗立起高耸的尖塔，气势雄伟而壮观。

吕贝克建筑的恢宏气派与繁华，虽因吕贝克的没落而沉寂，不过，也因着沉寂而能保留住古老的市容，让今日人们得以瞻仰中世纪吕贝克的容颜。吕贝克不但美得出奇，而且凝结了城市的骄傲，展现出大城的优雅风范。

1991

文化遗产

修道院

洛尔施修道院

Abbey and Altenmünster of Lorsch

早在8世纪，位于洛尔施的修道院就是一处极负盛名的修道院。最初，有16位僧侣住在此地静修，一年之后，僧侣们取得殉教者那扎流斯(Nazarius)的遗骨，修道院突然变得极受欢迎。信众纷纷进献贡品，甚至献上农田和果园，修道院顿时成为当时非常富有的修道院之一。

由于造访的信徒众多，旧有的修道院不敷使用，于是往西500米处，于767年修建一座新的修道院，就是今日修道院的所在地。当年盛极一时的修道院，就连查理曼大帝也亲临并赐给修道院许多土地。今日前来洛尔施寻访修道院的风采，就只见门口矗立着一栋巨型的建筑物。这座曾经是全欧洲最重要的修道院，目前只遗留下修道院的国王厅(Königshalle)，但其真正用途无人能解，仅能从其外墙上丰富的雕饰想见其昔日的灿烂。修道院附属的图书馆拥有600本手抄本书籍，馆藏中最著名的文稿就是《洛尔施医药书》，堪称医学探讨之始。

©GNTB/ Rammelsberg Weltkulturerba

1992，2010 文化遗产 矿业景观 × 银矿 × 铜矿 × 铅矿 × 锡矿

拉梅尔斯堡矿场、戈斯拉尔历史城镇和上哈尔茨水资源管理系统

Mines of Rammelsberg, Historic Town of Goslar and Upper Harz Water Management System

位于德国北部，哈尔茨(Harz)山脉以北的戈斯拉尔，早在11世纪就已在市郊的拉梅尔斯山上发现了银矿。由珍贵矿产的开采而得到神圣罗马帝国皇帝亨利二世的青睐，于是在此兴建皇帝行宫，就近享有矿产的巨大经济利益。

位于古城西南隅的皇帝行宫，以仿罗马式建筑的风格，在此屹立数百年的辉煌岁月。约于1040年至1050年间，在亨利三世的手中达到最高潮，不但是中世纪时最重要的城市，还在当时形成一个德意志民族的罗马文化的中心，让戈斯拉尔拥有“北方的罗马”的称号。而临近的拉梅尔斯山矿坑，是世界上唯一持续开采了千年之久的老矿坑。虽然1988年宣布停产，但整座矿区却摇身一变成为科技文化古迹，以庞大、多层次的采矿设备著称，完整地呈现出采矿历史的技术演变过程。

©GNTB

1993 文化遗产 修道院

毛尔布龙修道院建筑群

Maulbronn Monastery Complex

毛尔布龙修道院是欧洲阿尔卑斯山以北地区保存最完整的，建于1147年。由堡垒似的城墙围绕，中间主要的建筑物在12—16世纪之间陆续成形，其最主要的修道院教堂是过渡时期的哥特式建筑，并成为后来许多欧洲北部和中部哥特式教堂的原型。此外，教堂的水利系统格外引人注目，包括设计完备的雨水排洪管道、灌溉沟渠及贮水槽等。

不过，20世纪最为人所熟知的德国文学家黑塞(Hermann Hesse)中学时期曾在此就读，也让此修道院的名声更为响亮。尽管黑塞在此的岁月短暂，不堪忍受经院教育的摧残，但这座修道院曾多次出现在他的作品中。

1993 文化遗产 神圣罗马帝国 × 城镇

班贝格城镇

Town of Bamberg

班贝格自10世纪起，就和斯拉夫民族有很深的关系。在它发展最强盛的时候，大约从12世纪起，它的建筑风格影响了整个北德和匈牙利，18世纪晚期更成为南德启蒙主义的根据地，近代最有影响力的哲学家黑格尔(George Wilhelm Friedrich Hegel)曾住在此地，传扬人类的理性本质。班贝格的地理位置包括七座小山丘，神圣罗马帝国的亨利二世以班贝格为他的权力中心，除了这一政治重要性，瑞尼兹河(Regnitz)及无数的水道、桥梁，让班贝格充满了水的流动美感和浪漫的气氛。虽然巴洛克风的流行也传染了这个中世纪小镇，但难能可贵的是，两种建筑氛围相互帮衬，在免于战火后，成为观察日耳曼原味建筑最理想的地方。

©GNTB/Eric Eichberger

1994 文化遗产 古城 × 城堡 × 教堂

奎德林堡的神学院教堂、城堡和古城

Collegiate Church, Castle, and Old Town of Quedlinburg

奎德林堡是萨克森・奥图(Saxonian-Ottonian)大帝统治东法兰克王国时的首都，因此在中世纪时便是一座繁荣的商业城市。

目前山城保存完好的木造结构建筑，飘散出一股中世纪的城镇风情。全区内有将近800座的独栋房屋被列为古迹，是一座保存极为完好的中世纪古城。城内的圣瑟瓦修教堂(St. Servatius)可说是仿罗马式建筑中的完美杰作。

1996, 2017 文化遗产 现代建筑

魏玛、德绍与贝尔瑙的包豪斯建筑

Bauhaus and its Sites in Weimar, Dessau and Bernau

由格罗皮乌斯创建的包豪斯学院，摆脱了文艺复兴时期的传统建筑，其自成一系的建筑风格，以功能引导设计，成为20世纪建筑学的先锋。在魏玛，由教授牧贺设计的白色楼房，堪称现代建筑的雏形，其后由于纳粹的压迫，包豪斯学院改迁德绍，这两地的包豪斯建筑在1996年被列为世界文化遗产。

2017年扩展新增的部分包括位于德绍带阳台入口的三层砖楼(Houses with Balcony Access)，以及贝尔瑙的德国贸易联盟联合学校(ADGB Trade Union School)，两者皆为格罗皮乌斯的继位者迈耶领导兴建的。此延伸项目反映了包豪斯建筑在功能主义、朴素设计方面的理念，对20世纪的建筑和工艺设计产生了深刻的影响。

1994 文化遗产 工业景观 × 铁工厂

弗尔克林根铁工厂

Völklingen Ironworks

这座铁工厂位于萨尔州的弗尔克林根市，在德国和法国的边境上，面积约0.06平方千米，是19、20世纪西欧和北美地区修建的唯一一座综合型炼铁工厂。工厂虽已停产，但至今仍保存完好。这间工厂在早期的科学技术及工业发展史上具有独特地位，提供了早期铸铁过程的完整记录。

©GNTB

1995 自然遗产 动物化石遗址

梅塞尔地坑化石遗址

Messel Pit Fossil Site

本遗址位于法兰克福市东南方35千米处的梅塞尔村，占地0.42平方千米。从1859年开始，这里一直是褐煤与油页岩的矿场，1900年左右，人们发现岩层中蕴藏了丰富的化石资源，不过正式的考古挖掘工作直到20世纪70年代才开始进行。梅塞尔地坑化石遗址所出土的动物化石，年代可回溯到距今5700万年至3600万年的始新世，无论在品质、数量及种类上都极为出色，从动物骨骼到胃内食物都完整保存了下来。这个可为哺乳动物的早期进化提供大量资料的化石遗址，原本即将变成垃圾掩埋场，但在当地人士的积极抢救下，黑森州政府在1991年收购此地，供作科学研究之用。

©GNTB/ Welterbe Grube Messel GmbH

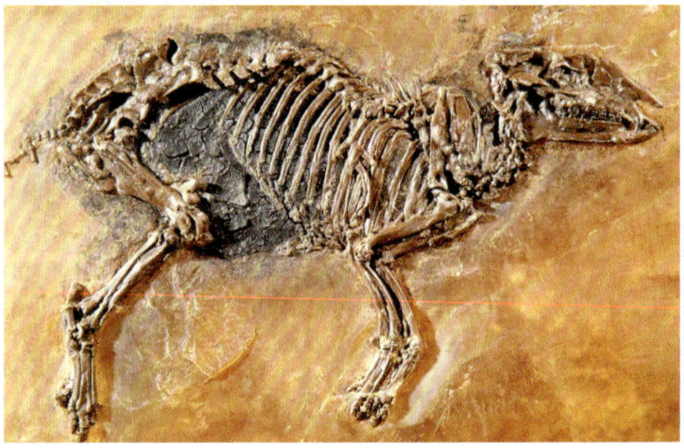

©GNTB/ Welterbe Grube Messel GmbH

符号说明 登录时间 遗产内容 遗产类型 文化遗产 自然遗产 综合遗产 濒危文化遗产 濒危自然遗产 濒危综合遗产

1996

文化遗产

教堂

科隆大教堂

Cologne Cathedral

科隆大教堂是充满传奇色彩的大教堂，它耗时600多年才基本落成。传说它是人世间最靠近上帝的所在，更传说它是地球上最完美的哥特式建筑。不管你是不是教徒，来到德国都一定要到科隆来看看。

哥特式风格的科隆大教堂，从1248年开始兴建，1265年完成了主祭坛与圣咏台，但一直到1322年这座祭坛才开始正式使用。接下来的建设则进度缓慢，时断时续，1560年之后，教堂甚至完全停工了，直到1842年普鲁士王国兴起才为今日的规模重新打下基础。1880年，威廉一世将最后一块基石放置于南钟塔，象征性地完工。但事实上，小规模的修缮工程，从未停歇。

主祭坛的回廊是科隆大教堂最古老的部分，共有七个小圣堂，建造时期在1248—1265年间。而正门入口高处的巴伐利亚彩窗，则是在1842年由巴伐利亚国王捐赠给教堂。中世纪时，人们相信光就是上帝之爱，因此，每座大教堂都会有透光的彩色镶嵌玻璃。其他如十字架小圣堂、三博士之圣骨盒、米兰圣母像等，都是来到科隆大教堂不能不看的至宝。

联合国教科文组织在纳入此世界遗产时，就很感性地指出：除了它不可思议的内部与壮观的艺术集成，科隆大教堂更代表了欧洲基督教徒持久不变、经久不衰的力量。

©GNTB/Jochen Keute

1996　宗教遗产 × 基督教　文化遗产

艾斯莱本和维滕贝格的路德纪念建筑群

Luther Memorials in Eisleben and Wittenberg

由马丁·路德所发动的宗教改革，创立了基督教新教，造成欧洲天主教会分裂。新教徒勤勉努力的精神正好切合经济发展的需求，政治上也促成各地诸侯君主脱离教会的掌控，而新教所设立的学校和大学等，也为现代教育奠定基础。这些建筑是为了纪念马丁·路德的生活而建，遗址包括路德在艾斯莱本和维滕贝格的住处、教堂，以及他在1517年发表宗教改革95个论点的城堡和教堂。

1998　文人纪念物　文化遗产

古典魏玛

Classical Weimar

18世纪末兴起的文学运动，在魏玛掀起一波又一波的文艺浪潮，吸引了德国重要的文人聚集到此，包括维兰、歌德、席勒、赫尔德及雪莱，很快便成了欧洲的文化枢纽。

当年那股风潮所遗留下来的风情至今在魏玛仍清晰可见。别致的古典风格建筑庭园里，让人感受到的不只是那场文化运动所带来的发展，还有魏玛曾经扮演的人文重镇角色。包括歌德的宅邸与花园、席勒的宅邸等，共12座建筑被纳入世界遗产范围。

欧洲
德国

1999
文化遗产
博物馆

柏林博物馆岛

Museumsinsel (Museum Island), Berlin

博物馆岛是柏林最重要的遗产，因为这里不但汇集了德国重要的几座博物馆，同时每年也为柏林吸纳进成千上万的观光人潮。

博物馆岛之所以被称为岛，是因为这块区域刚好被施普雷河所包围，形成一座宛如牛角形状的内岛。从岛的最尖端开始，依序是柏德博物馆、佩加蒙博物馆、旧国家美术馆、新博物馆和旧博物馆，其中又以佩加蒙博物馆的典藏最丰富。

佩加蒙博物馆建于1930年，是博物馆岛上最年轻的一座，却也是最令人难以忘怀的一座。一走进博物馆的大门，眼前这座宏伟万千的希腊建筑，仿佛将你带到了两千多年前的希腊化时代，使你完全忘了自己是在一座室内的博物馆中。著名的佩加蒙祭坛(Pergamon Altar)于1878年在土耳其的佩加蒙被德国考古学家发掘后，便被拆成小块运回柏林，然后在博物馆岛上重新组装搭建。祭坛底部的雕刻，描述的是诸神与巨人之间的战争，不同于古希腊艺术平衡与和谐的原则，这些雕饰被表现得夸张和激烈，极具戏剧张力，这就是希腊化时代最经典的艺术特征，因此佩加蒙祭坛的图像总是出现在艺术史的教科书上。

©DZT/Wartburg-Stiftung/ Bildarchiv Monheim

1999 城堡 文化遗产

瓦尔特堡城堡

Wartburg Castle

被森林环绕的瓦尔特堡，怎么看都是幻想中完美城堡的真实版，不过，它的历史除了军事战争外，也和宗教、德国统一有着密切的关系。1521年马丁·路德因躲避罗马教廷的宗教迫害，隐居在瓦尔特堡中，接受萨克森国王的庇护。躲藏期间，路德将古拉丁文《圣经》翻译成德文，让读《圣经》不再是神职人员的专利，大大降低了教会的神秘性与权威性，使他成功地推动宗教改革。歌德于1777年造访瓦尔特堡后，目睹瓦尔特堡岌岌可危，于是挺身筹募维修资金，号召当地居民共同加入抢救工程，此举不但使瓦尔特堡再次引起人们注意，也带给其重生的机会。

2000 园林 文化遗产

德绍－沃利兹的王室花园

Garden Kingdom of Dessau-Wörlitz

这座王室花园由18世纪的摄政王李奥波三世所建，占地广达150平方千米，可以说是启蒙运动园艺设计的典范。这些设计将美学、教育及经济目的和谐地融合在一起，并结合英式风格的建筑及庭院景观，在河流环绕的英式公园、城堡及中国宝塔建筑里，处处可感受到18世纪的美学景致。

©GNTB/Investitions- und Marketinggesellschaft Sachsen-Anhalt mbH

©GNTB/Investitions- und Marketinggesellschaft Sachsen-Anhalt mbH

符号说明 登录时间 遗产内容 遗产类型 文化遗产 自然遗产 综合遗产 濒危文化遗产 濒危自然遗产 濒危综合遗产

2000 文化遗产 修道院

赖谢瑙修道院之岛

Monastic Island of Reichenau

修道院之岛上三座修建于9—11世纪的仿罗马式教堂，为中世纪中欧建筑风格提供了典范。这些位于赖谢瑙岛上的修道院，见证了中世纪的本笃教会和文化，教堂内部的壁画充分印证了赖谢瑙在当时已成为欧洲的一处艺术中心。另外，教堂内还展示卡洛林及奥托王朝时期盛行的东方文化。

2002 文化遗产 历史城区×汉萨同盟城市

施特拉尔松德与维斯马历史中心

Historic Centres of Stralsund and Wismar

仍保留14世纪建筑风格的老城施特拉尔松德和维斯马，曾是中世纪时的海上贸易重镇，见证了汉萨同盟的全盛时期。

这两座城市保有完整的中世纪风格，从建筑、街道、港口、广场等，都能追溯当时所遵循的吕贝克法律，也是汉萨同盟时期典型的海岸商城。雄伟的建筑向世人展示海港当时可观的财富，以及不凡的政治地位。

©GNTB/Wismar Tourismus Zentrale

©GNTB/Essen, Marketing GmbH/Peter Wieler

2001 文化遗产 矿业×工业景观×煤矿

埃森的厝尔威瑞恩煤矿场

Zollverein Coal Mine Industrial Complex in Essen

位于埃森的厝尔威瑞恩煤矿采掘场，与一般人对煤矿场与矿坑的丑陋印象不大相同。此地的煤矿挖掘场是由一座高耸巨大的铁架，与周围的巨大厂房，构成一幅如炼钢厂般重工业文明的代表图像。

原来，厝尔威瑞恩煤矿采掘场的设计与兴建时期，已是鲁尔区煤矿业开始走下坡阶段，于是矿场主人为节省成本、延续煤矿场的生存，与两位工业建筑师于1928年开始构想此一全新的煤矿场改建计划。由绘图、设计、兴建到完成，只花上四年时间。结合美学与效率、工业与艺术的设计理念，不但保留住欧洲最完整的煤矿区，工业建筑也达到更新生命力的伟大成就。厝尔威瑞恩不仅见证了德国煤矿经济史，更是结合工业与美学的杰出建筑典范。

2004

文化遗产

神圣罗马帝国
×
象征公民自治
×
自由贸易纪念物

不来梅市政厅及罗兰雕像

Town Hall and Roland on the Marketplace of Bremen

市政厅及罗兰雕像都是不来梅在神圣罗马帝国时期繁荣的标记。市政厅建于1405—1410年间，17世纪被改建为德国北方的文艺复兴式样，称为“威悉文艺复兴”，而市政厅正是这种建筑风格中的佼佼者。广场上的罗兰像则是世界上最古老、最具代表性的罗兰像。罗兰是查理曼大帝的手下大将，在与巴斯克人的战役中阵亡，其事迹透过著名史诗《罗兰之歌》而广为人知。

罗兰作为不来梅的守护者，从9世纪起就有竖立他的木像，1404年改立为石雕像。传说只要罗兰像能继续屹立着，不来梅就能保持自由且独立的地位，因此被视为不来梅自由共和与贸易权利的象征。

2002

文化遗产

人文聚落景观
×
河谷

莱茵河中上游河谷地

Upper Middle Rhine Valley

充满浪漫情调的莱茵河，发源地不在德国(在瑞士阿尔卑斯山区)、入海口也不在德国(在荷兰入海)，但最精华段

都在德国，而且，对于德国人来说，这是一条如父亲般的河流(母亲则是多瑙河)。早在罗马帝国时期，这条河的航运就极其发达，尤其特殊的是，由于莱茵河整段河流几乎没有落差，即使在科技不发达的过去，这条河也可以双向行船。因此，莱茵河基本上就像一条柔嫩的桥，默默地联系着许多不同的文化与思想，交汇出绚烂的欧洲艺术源头。

这里所称的莱茵河中上游河谷地指的是靠近法兰克福处的一段长65千米的地带，从宾根(Bingen)小镇往北绵延到科布伦次(Koblenz)。这一段的莱茵河谷地以其小镇、城堡、葡萄园和各自地理面貌，解释了人类与不同的自然环境互动的历史，并且此段的自然景致与人文景观更曾激发许多著名文人、艺术家与音乐家的创作。

时至今日，对游人来说，莱茵河更引人入胜的是歌咏它的诗歌与赞美它的神话与传说。此外，莱茵河沿岸也是欧洲种植葡萄的最北线，是德国区内最大的葡萄酒产地，这里的白酒，品质绝佳。美景配美酒，“莱茵浪漫”，是旅游德国时不可错过的部分。

符号说明 登录时间 遗产内容 遗产类型 文化遗产 自然遗产 综合遗产 濒危文化遗产 濒危自然遗产 濒危综合遗产

2004

文化遗产

园林

穆斯考尔公园

Muskauer Park

穆斯考尔公园建于19世纪初，是欧洲园林中相当重要且出色的代表之一。它并不以创造一个经典或天堂般的景致为目标，而是以当地的植物来塑造景观，是在城市里兴建园林的先驱，也为后世的“园林建筑”提供了最佳范例，影响所及包括欧洲及美洲。穆斯考尔公园位于德国及波兰边界，是两国共同完成的完美杰作，也更显其珍贵。

*与波兰并列

©GNTB

©Regensburg Tourismus GmbH, Bauercom

©DZT/Thurn und Taxis Regensburg/Foto-Design Ernst Wrba

2006

文化遗产

古罗马
×
神圣罗马帝国
×
古城

雷根斯堡旧城与史塔达姆霍夫

Old Town of Regensburg with Stadtamhof

雷根斯堡位于巴伐利亚的多瑙河河畔。公元179年，罗马人在雷根斯堡以石材建立了雷吉纳城堡。中世纪时期，雷根斯堡的地位愈显重要，巴伐利亚公爵选择定居于此，查理大帝在此修建行宫。

1245年左右，雷根斯堡成为自由城市，得天独厚的地理位置，让它因商业往来频繁而日渐繁荣。古城里的谷物市场、圣彼得大教堂、公爵宫殿等，至今都保留着原有的建筑形态。横跨古罗马、仿罗马、哥特等风格，也为这座神圣罗马帝国重要都城转变为新教城市，留下珍贵的证据。除了旧城之外，多瑙河上的沙洲史塔达姆霍夫以及12世纪的古桥，也被纳入世界遗产范围。

欧洲

德国

2009，2014

自然遗产

海洋生态

瓦登海

The Wadden Sea

瓦登海是欧洲大陆西北部到北海之间的浅海和湿地，涵盖荷兰的瓦登海保护区以及德国的瓦登海国家公园。原本这座世界遗产为荷兰和德国共有，2014年保护范围扩大，把丹麦的瓦登海海洋保护区也纳入进来。这是一大片温暖、平坦的海岸湿地环境。各种复杂的自然与生态因素相互作用，衍生出大量过渡性栖息地与深受潮汐影响的海峡、海草甸、贻贝床、河口沙洲、沼泽、沙丘。这里生活着无数的动植物种群，包括海豹和海豚等海洋哺乳类动物，此外这里更是1200万只水鸟的聚食场。它是今日少数存留下来的大规模潮间带生态系统，境内依旧不受干扰地持续进行着自然演进。

*与丹麦、荷兰并列

2011

文化遗产

现代建筑

阿尔费尔德的法古斯工厂

Fagus Factory in Alfeld

位于阿尔费尔德的法古斯工厂由十栋建筑物构成，是座专门制造鞋楦的工厂。厂房内有各种制造部门、仓储及装配设施，且直到今日仍在运作。

这座工厂可以说是现代建筑史的里程碑。它是由格罗皮乌斯设计于1911年，是所有现代工厂的范本模型。格罗皮乌斯利用大量玻璃外墙，一方面使其具有现代化的外观，一方面又为工人提供至少6小时的日照光线，充分发挥了机能主义美学的理念，也为他日后创办包豪斯学院埋下伏笔。

2007，2011，2017

自然遗产

森林 × 榉木

喀尔巴阡山脉与欧洲其他地区的原始山毛榉森林

Ancient and Primeval Beech Forests of the Carpathians and Other Regions of Europe

喀尔巴阡山脉与德国境内的原始山毛榉森林，是认识这种遍布北半球的植物其历史、进化与生态学不可或缺的研究对象。这里跨越多元温带林区，展现了该植物在各种生长环境下完整的生活模式。这片自然遗产沿着一条长达数百千米的轴线，一路从乌克兰拉希夫山脉向西延伸至斯洛伐克维霍拉特山脉，再到德国中北部，其中包括了宝贵的山毛榉基因库以及该区多种相互依存的物种。它们同时是上次冰川时代后当地生态系统重新移植和发展的杰出范例，这项进程至今仍在持续发展中。

*与阿尔巴尼亚、奥地利、比利时、保加利亚、克罗地亚、意大利、罗马尼亚、斯洛伐克、西班牙、乌克兰、斯洛文尼亚并列

2008

文化遗产

现代建筑

柏林现代住宅群落

Berlin Modernism Housing Estates

建于1910—1933年间的柏林现代住宅群落，正是所有现代社区建筑的原始样板。这些住宅以最有效率的格局设计，满足所有居住上的功能需求，因而解决了当时居住空间不足的问题，正好符合了后工业时代新世界的期待，因此，其所发挥的影响可以说是无与伦比的。

符号说明 登录时间 遗产内容 遗产类型 文化遗产 自然遗产 综合遗产 濒危文化遗产 濒危自然遗产 濒危综合遗产

©GNTB

2013

文化遗产

园林

威廉赫艾山丘公园

Bergpark Wilhelmshöhe

威廉赫艾公园始建于17世纪末，当时黑森－卡塞尔(Hesse-Kassel)领主卡尔一世(Karl I)打算建造一座结合建筑、景观与水法的大花园，特别从意大利敦聘建筑师，为他设计了山丘上的海克力斯像与小瀑布。卡尔一世的孙子弗烈德里希二世(Frederick II)又把这里改成英式花园，修建了人造洞穴、古罗马渡槽、中国村等建筑。威廉九世(Wilhelm IX)又增建了威廉赫艾宫与狮子堡。

搭乘电车来到山下，便能看到山坡上的威廉赫艾宫、小瀑布与远方的海克力斯像连成一条直线，既有种雄浑不可一世的气势，又有股历史悠悠的沧桑美感。

©GNTB

©GNTB

©GNTB

2012

文化遗产

歌剧院 × 巴洛克式宫廷剧院

拜罗伊特的侯爵歌剧院

Margravial Opera House Bayreuth

本歌剧院坐落于巴伐利亚省北部的拜罗伊特镇，是1745—1750年由布兰登堡－拜罗伊特侯爵弗雷德瑞克(Frederick, Margrave of Brandenburg–Beyreuth)的夫人威廉米娜女侯爵(Margravine Wilhelmine)委托建造的，大约可容纳500位观众。它是现今巴洛克宫廷剧院建筑中保存得最完整也极为杰出的例子，而且由于位处城市公共空间，因此对19世纪大型公共歌剧院的普及有重要的带头作用。

负责剧院内部装潢工作的朱塞佩·加利(Giuseppe Galli Bibiena)，是当时首屈一指的舞台设计师。他全部用木材打造华丽繁复的室内空间和包厢，并且以彩饰帆布包覆天花板和包厢后墙，不仅提供了保护，也提升了音响效果。值得一提的是，剧院内深达27米的舞台还吸引了作曲家瓦格纳来到拜罗伊特，并且随后在城北筹建了一座拜罗伊特节日剧院(Bayreuth Festspielhaus)，演出自己的歌剧作品《尼伯龙根的指环》。

2014

文化遗产

修道院遗址

柯维皇家修道院与加洛林时期西侧塔楼

Carolingian Westwork and Civitas Corvey

坐落于大片原始自然的乡间，位于霍克斯特镇(Höxter)东边、威悉河(Weser)西岸的柯维皇家修道院，大致建于822—885年之间。这座本笃会修道院本身是珍贵的考古遗迹，对日后发展出的诺曼式、哥特式建筑影响深远。可惜在三十年战争中近乎全毁，目前只有部分被挖掘出来，是德国重要的中世纪宗教遗迹之一。而它的西侧塔楼，更是目前仅存的加洛林王朝时期的具体建筑，历史价值难以估算。

©GNTB

2015

文化遗产

现代建筑

汉堡的仓库城、康托尔豪斯区和智利办公大楼

Speicherstadt and Kontorhaus District with Chilehaus

仓库城(Speicherstadt)和邻近的康托尔豪斯(Kontorhaus)区都是位于汉堡这座海港城市的建筑非常密集的中心地区。

其中仓库城在德皇威廉二世于1888年主持仪式后正式启用，同时新的仓库仍在持续建造。二战结束后这里被重建，仍旧是汉堡港的主要仓储基地。直到2003年仓库城不再是免税港口的一部分，于是愈来愈多的仓库被转作为办公室与博物馆之用。尽管仓库城在历史上的任务已经终结，但它井然有序的红砖墨瓦、纵横交错的幽静水道、叠影相望的小巧铁桥，依然有着让人思绪飘回工业革命时代的魔力。而香料博物馆、海关博物馆、国际海事博物馆等，也都是学习港口知识的好去处。

至于邻近智利办公大楼现代化主义风格的康托尔豪斯区，是一处占地约0.05平方千米、6栋庞大的办公大楼建筑群，建于1920—1950年，是一个19世纪末到20世纪初受到国际贸易迅速成长影响的极佳范例。

符号说明	登录时间	遗产内容	遗产类型	文化遗产	自然遗产	综合遗产	濒危文化遗产	濒危自然遗产	濒危综合遗产

2011
文化遗产
聚落遗址

阿尔卑斯山区史前干栏式民居

Prehistoric Pile Dwellings around the Alps

阿尔卑斯山区的河川、湖泊及湿地边，共有111处史前干栏式民居遗迹，为德国、奥地利、瑞士、意大利、法国、斯洛文尼亚6国共有的世界遗产。这些史前民居大约建于公元前5000—前500年间，时间横跨新石器时代与青铜器时代。部分遗迹保存完好，提供丰富的考古证据，并展示当时人类的生活方式与适应环境的社会发展，是研究这个地区早期农耕社会形成的重要史料。

***与奥地利、法国、意大利、斯洛文尼亚、瑞士并列**

©GNTB

©GNTB/Weissenhofmuseum im Haus Le Corbusier

©GNTB/Weissenhofmuseum im Haus Le Corbusier

2016
文化遗产
现代建筑

柯布西耶的建筑作品——对现代主义运动的卓越贡献

The Architectural Work of Le Corbusier, an Outstanding Contribution to the Modern Movement

柯布西耶(1887—1965)是20世纪伟大的建筑师之一，瑞士裔法国人，他致力让居住在都市拥挤空间的人能有更舒适的生活环境，是功能主义建筑的泰斗，被誉为现代建筑的开拓者，瑞士法郎的10元纸币上就是柯布西耶的肖像。

2016年世界遗产大会把柯布西耶的17座建筑作品纳入世界遗产，横跨欧、亚、美三大洲，分布在比利时、法国、德国、瑞士、印度、日本、阿根廷7个国家。这些建筑充分展现了一种新的建筑语言，与过去的建筑完完全全产生一个断点，也反映出20世纪的现代主义运动的解决方式，是以发明新的技术来回应社会的需求，而且是全球性的。

在德国，入选的是位于斯图加特的魏森霍夫住宅群(Maisons de la Weissenhof-Siedlung)。

***与阿根廷、比利时、法国、印度、日本、瑞士并列**

2005
文化遗产
古罗马

罗马帝国边界

Frontiers of the Roman Empire

这条边墙总长568千米，从莱茵河的波恩一直延伸到多瑙河的雷根斯堡，拥有60个堡垒及900座瞭望塔。罗马帝国退出莱茵河、多瑙河流域后，周遭居民开始将边墙搬走用作建材。后来考古学家对边墙进行研究，并将其放置在一座博物馆中，德国政府也开始出资修复。

1987年英国的哈德良长城被列为世界遗产，到了2005年德国部分与其合并列为一项世界遗产——罗马帝国边界。

***与英国并列**

©GNTB/Marth, Gundhard

2017
文化遗产
冰川时期文化

施瓦本侏罗山区洞穴与冰川时期艺术

Caves and Ice Age Art in the Swabian Jura

早在43000年前的冰川时期，人类就开始在现今的欧洲地区活动，位于德国南部的施瓦本侏罗山，就是当时人类的居住地之一。当地的考古工作在19世纪60年代展开，至今共在六处洞穴内发掘出穴狮、长毛象、马、牛等小型动物雕像，以及半人半兽小雕像、女性形象小雕像、乐器、首饰等物件，年代可溯及43000年前到33000年前。这批古物是迄今所发掘的古物中，历史最早的一批具象艺术表现，对于研究人类艺术起源及后续发展有极大的助益，相当珍贵，令人振奋。

2018
文化遗产
教堂

瑙姆堡大教堂

Naumburg Cathedral

瑙姆堡大教堂位于图林根盆地(Thuringian Basin)东部，建于1028年。整体建筑展示了从晚期罗马式过渡到早期哥特式的特殊风格，是中世纪建筑艺术的杰出作品。教堂西侧祭室的雕像及隔屏雕刻是参观重点。人物雕像的样貌、表情、服饰及尺寸都宛如真人，技术精湛；植物雕刻细腻丰富，显出写实主义在瑙姆堡大教堂的发展和表现达到高峰，后续也影响了周边教堂的雕刻风格。

希腊Greece

16 0 2 Total 18

希腊不愧为西方文明的摇篮，其入选的18项世界遗产中，有高达十处为爱琴海、迈锡尼、古典希腊和希腊化一脉相承的考古遗址。此外，基督教在希腊传播较早，遗产中有多达六处都是早期基督教与拜占庭文化代表。而由于希腊地形特殊，全世界为数不多的综合遗产中希腊就占了两处。

2007

古城

文化遗产

科孚老城

Old Town of Corfu

科孚是位于爱奥尼亚海的希腊小岛，同时也掌控了亚得里亚海的出入口，极具战略价值。在古希腊时代，科孚就已经在希腊神话中出现。海洋之神波塞冬(Poseidon)迷恋上大河之神的女儿，并把她掳来这座岛屿结为夫妻。威尼斯强盛的时代，威尼斯人在这里建了三座堡垒，防止奥斯曼土耳其帝国的入侵。

©Corfu Tourist Office

符号说明 登录时间 遗产内容 遗产类型 文化遗产 自然遗产 综合遗产 濒危文化遗产 濒危自然遗产 濒危综合遗产

1987

文化遗产

古典希腊

雅典卫城 Akropolis, Athens

在希腊语中，“Akro”指的是“高地”，“Polis”则是“城邦”，“卫城”意指“位于高地的城邦”。在希腊境内有多座“Akropolis”，但以雅典市区的这座卫城最负盛名，也是希腊古文明的最佳见证。公元前5世纪，雅典居民为了祭祀雅典娜女神，在市区的这座山丘上兴建神殿，是卫城最早的雏形。但当时希腊与波斯之间征战频繁，神殿完工后不久就被波斯军队占领并烧毁。后来波斯军队又在其他战役中战败、退出希腊，此后雅典的执政官培里克利斯(Perikles)积极设立民主体制，并大力推广文化、艺术活动，将雅典文明带向最鼎盛的时期，也在此时着手于卫城的重建工程。

卫城的角色，除了是祭祀的圣地，也是政治与公共场所、防御要塞。在这处海拔70米高的山头上，耸立着一座座以大理石打造的雄伟建筑，而每座建筑的细部更是充分展现精湛的建筑工艺，堪称古希腊建筑的经典之作。雅典卫城中最精彩的遗址包括帕提农神殿、伊瑞克提翁神殿和南面的狄奥尼索斯剧场、伊罗德·阿提卡斯音乐厅等。

1988

综合遗产

岩石景观
×
修道院

迈泰奥拉

Meteora

在希腊语中，迈泰奥拉是“漂浮在半空中”的意思。希腊中部塞色连平原(Thessalian Plain)的西北方，有一片辽阔的山野，山野间穿插矗立着巨大的裸岩。草木不生的岩石仿佛平地拔起，地貌有点儿像中国云南的石林，又有点儿类似湖南的张家界。仔细观察的话，会发现在某些岩石的顶端藏着修道院，这些高高在上的修道院果然很像“漂浮在半空中”。

关于迈泰奥拉的地貌源起有两种说法：神话归因于某天宙斯发怒了，从天界疯狂地丢下石块，便成了迈泰奥拉的奇岩；地质研究的说法是这一带曾经是湖泊区，水退却后，岩壁因为风化、侵蚀等作用而逐渐变成现在的模样。

早从公元9世纪开始，基督教徒们为了躲避宗教压迫，纷纷逃到这片杳无人烟的地方来，在岩石的裂缝中或是洞穴里寻求生存的空间，逐渐也有修士尝试在悬崖峭壁之上建立修道的道场。为了隔绝外界的入侵及打扰，他们刻意不修路、不建阶梯，对外交通联系必须倚靠绳索、吊车等，真正与世隔绝，宛如自给自足的“天空之城”。在15、16世纪，避难修道风气达到巅峰时期，迈泰奥拉的修道院多达24间，目前只有6间保存下来，而且直到18世纪20年代，这些修道院仍维持着没路、没便道、没阶梯的状态，现在所看到的道路、桥梁等设施，都是后来慢慢加上去的。

这6间修道院，各有各的作息时间，而且随时可能变更；入内参观时，服装要求相当严格。修道院外表朴素，内部堪称金碧辉煌。

符号说明 登录时间 遗产内容 遗产类型 文化遗产 自然遗产 综合遗产 濒危文化遗产 濒危自然遗产 濒危综合遗产

1986
文化遗产
古典希腊

巴塞的守护者阿波罗神殿

Temple of Apollo Epicurius at Bassae

这座著名的神殿位于迈锡尼的东北方，在古希腊时代，属于阿卡迪亚(Arcadia)行政区的一部分，位于阿卡迪亚群峰之间，是为祭祀守护者太阳神阿波罗(Epicurius为守护者的意思)而建的，年代约在公元前5世纪，海拔1131米。

这座神殿的设计者为伊克提诺斯(Iktinos)，也是雅典帕提农神殿的建筑师。希腊神殿建筑有三大柱式：多立克(Doric)、爱奥尼克(Ionic)、科林斯(Corinthian)。阿波罗神殿是目前发现最古老的科林斯柱式建筑，其建筑风格大胆，独立坐落在阿卡迪亚群山间。

©UNESCO/Yvon Fruneau

1988
文化遗产
古城

罗得岛中世纪城市

Medieval City of Rhodes

位于罗得岛北边的罗得古城建造的时间并没有确切的记载，约在公元前3世纪就存在了，但现在看到的规模，其实是中世纪以来的样貌。

1309—1523年之间，由耶路撒冷撤退的圣约翰军团驻守在此，对抗东方的伊斯兰教势力。在骑士军团的统治之下，罗得古城被建造成一个固若金汤的石城，周围由宽达12米的城墙围起。除了圣约翰军团之外，土耳其、威尼斯人也曾统治过这里，因此整个城市呈现不同的建筑景观。位于上城的骑士团长宫殿(Palace of Grand Master)、大医院(Great Hospital)和骑士军团街(Street of the Knights)是旧城中最豪华壮观的哥特式建筑；而下城混合了许多清真寺、土耳其澡堂甚至犹太教堂。中世纪欧亚文明交接的景象，都保存在整个旧城的街道建筑及生活形态当中。

1987
古典希腊
文化遗产

德尔斐考古遗址

Archaeological Site of Delphi

德尔斐是古代希腊最重要的宗教圣地，古希腊人认为这里是世界的中心。遗址里有座钟形的大理石，象征“世界的肚脐”，也正因为它特殊的地理位置，传说阿波罗神会在这里显示他的预言。

希腊王必须借由祭司在此地卜卦祭祀才能得知阿波罗神的预言。无论是个人或国家的命运，都必须先在这里卜卦，得到神谕之后才能决定。因此，在与世隔绝的山上，建造了许多神殿、祭坛、剧场及收藏朝圣者献礼的宝库，每年都有来自各地的信徒到此地朝圣。海拔2000米左右的德尔斐遗迹，包括阿波罗神殿、雅典人的宝库(Athenian Treasury)、剧场等建筑都是参观的重点。虽然交通不方便，但德尔斐特殊的环境景观和保存完整的遗址，成为仅次于雅典卫城的热门遗址。

1989

文化遗产

拜占庭文化

米斯特拉斯考古遗址

Archaeological Site of Mystras

在伯罗奔尼撒半岛的斯巴达西南方五六千米处，有一座中世纪城市遗迹，至今仍保留昔日的面貌，静静地隐藏于提格托斯山(Taygetos)靠近古斯巴达绿意盎然的陡峭斜坡中。

沿着提格托斯山坡分布，曾经盛极一时的米斯特拉斯，如今是座无人居住的废墟，也是一处展现拜占庭文化的露天博物馆。该遗迹共分为两个部分，由山顶往山下分别为城堡和宫殿群所在的上城和齐聚教堂与修道院的下城。

米斯特拉斯的兴起和斯巴达密不可分，甚至可以说“成也斯巴达，败也斯巴达”。原因在于13世纪中叶，由于斯巴达没落，法兰克人在附近另辟城镇与修筑城堡，为米斯特拉斯打下初步的根基。而后这里一路在拜占庭、土耳其和威尼斯人的统治下不断发展，在17世纪时一度因为蚕丝业发达，人口居然高达4万。然而希腊独立战争后，米斯特拉斯重回希腊怀抱，不过1825年的一场大火，烧毁了当地的房舍，也烧去了该镇的繁荣。1831年时，奥图一世国王决定新建斯巴达城，于是米斯特拉斯从此遭到废弃。

1996

文化遗产

古典希腊 × 希腊化

艾加伊考古遗址(韦尔吉纳)

Archaeological Site of Aigai (modern name Vergina)

本遗址位于希腊北部的韦尔吉纳镇，自19世纪50年代开始，考古学家就推测这里是马其顿王国第一个首都艾加伊(Aigai)的所在地，并且埋藏了当时留下来的古老坟冢。1861年，挖掘工作在法国拿破仑三世的赞助下开始进行，不过直到1977年之后，希腊考古学家马诺里斯·安卓尼可斯(Manolis Andronikos)在山丘上挖掘到马其顿国王的墓室，韦尔吉纳镇才成为举世闻名的考古遗址。本址的考古遗迹除了一座以马赛克与灰泥装饰的奢华宫殿，以及可回溯到公元前11世纪的300多座古坟，还有亚历山大大帝之父菲利浦二世(Philip Ⅱ)的皇家坟冢。

1988

文化遗产

古典希腊

埃皮达鲁斯考古遗址

Archaeological Site of Epidavros

今日以露天剧场上演古典戏剧之庆典闻名的埃皮达鲁斯，最初其实是因医疗圣地之名而享誉希腊！

公元前6世纪时，医神阿斯克列皮亚斯(Asclepius)的信仰在当地蔚为流传，许多信徒纷纷来到传说中的医神诞生地，希望能被神力治愈。到了公元前4世纪时，埃皮达鲁斯盛极一时，成为古代最著名的医疗中心。不远千里而来的病患，在当地的医疗室中休息，希望医神能在他们的睡梦之中，指点正确的医疗方式。

有趣的是，埃皮达鲁斯除神庙和大量住宿设施外，还建造了浴场、剧场甚至运动场等建筑。从遗迹的各种功能来推断，古希腊人早已发现心理的医疗与身体医疗一样重要，据说剧场的出现，也是为了让病人能在欣赏戏剧、音乐的同时，身心感到放松而增强疗效。

符号说明 登录时间 遗产内容 遗产类型 文化遗产 自然遗产 综合遗产 濒危文化遗产 濒危自然遗产 濒危综合遗产

1989 古典希腊 文化遗产

奥林匹亚考古遗址

Archaeological Site of Olympia

这里是奥林匹克运动会的发源地。希腊人为表现他们对众神的崇敬，会举行各种祭神庆典，同时多半还会举办体育竞技和文艺表演。这些竞技中就以奥林匹亚最为知名，因为这是为众神之王宙斯所举行的。

奥林匹亚与宙斯密不可分，遗址里的布局足以说明这一点。整个奥林匹亚遗址的正中心坐落着公元前5世纪兴建的宙斯神殿。尽管神殿已颓圮，那些散落一地、仿如巨轮的多利克式石柱依然摄人心魄。巨大神殿里面安放的，就是曾经名列古代世界七大奇迹之一的宙斯神像。奥林匹亚遗址里除了宙斯、赫拉(Hera，宙斯的妻子)两座工程浩大的神殿，更拥有一座可容纳45000名观众的体育场以及面积更大的赛马场，这也是当年体育竞技的所在。

1988 修道院 × 拜占庭文化 × 山海地景 综合遗产

阿索斯山

Mount Athos

阿索斯山是希腊东正教的“圣山”，严禁女性及小孩入山，自1054年即是希腊东正教的精神中心。这座拜占庭艺术的宝库，拥有20座修道院以及约1400名修道士。其山城布局和建筑设计，影响远至俄罗斯，而绘画学校的创作则影响了东正教的艺术。这座遗产的面积广达330平方千米，除了山上的修道院之外，还包括位于最东侧、卡尔西德斯(Chalcidice)地区的三座半岛，那是伸入爱琴海的狭长岩石带。而这座结合了人文和地景的综合遗产，反映出传统修道院对农耕的重视，并保存了许多如今当地都很难找到的植物物种。

©GNTO/Kouzouni

©UNESCO/Christian Manhart

1988 早期基督教 × 拜占庭文化 文化遗产

塞萨洛尼基的初期基督教与拜占庭式建筑群

Paleochristian and Byzantine Monuments of Thessalonika

塞萨洛尼基这座省城兼海港建立于公元前315年，是早期基督教传播地之一。城里许多精致的基督教建筑，经由公元4世纪至15世纪不断的修建，而呈现出不同时期的建筑特色，这点也影响了拜占庭世界。圣德米特(St. Demetrius)和圣大卫(St. David)教堂的马赛克艺术，可说是早期基督教艺术的伟大作品。

1990

文化遗产

拜占庭文化

达夫尼修道院、俄西俄斯罗卡斯修道院及希俄斯新修道院

Monasteries of Daphni, Hossios Luckas and Nea Moni of Chios

这三座修道院虽然相隔有一段距离，但其美学特色相仿。建于广场中的教堂皆为十字形，大圆顶由内角拱支撑着，呈八边形结构。在金色背景上装饰着华丽的大理石，为拜占庭艺术第二个黄金时期的象征。

其中达夫尼修道院创立于公元1080年，在兴建的过程中躲过了多次入侵破坏与地震，落成为一座十字造型、中央耸立大型圆顶的拜占庭式建筑。1211年时，来自法国的熙笃会修士替修道院的立面增建了两座法国哥特式的拱门。然而到了土耳其人统治时期，这里成为一处军营，直至16世纪才重回希腊东正教的怀抱。

命运多舛的达夫尼修道院在1889和1897年历经两次地震，结构大大损毁；而1999年的另一场地震无疑是给它致命的一击，修道院从此关闭进行全面的整修。如今，内部有一座小型博物馆展出支柱雕刻与残缺的浮雕装饰。至于修道院本身，先知、天使、圣母……各个姿态生动，金碧辉煌，再次展现在观赏者的眼前，还有位于圆顶中央的全能耶稣，注视着人世间的子民。

由于拜占庭式的马赛克镶嵌不但耗时且斥资繁重，因此11世纪后许多拜占庭教会几乎都不采用马赛克镶嵌，这三座修道院也成为该风格晚期的代表作。

1992

文化遗产

爱琴海文明 × 古典希腊 × 罗马

萨摩斯岛的毕达哥利翁与赫拉神殿

Pythagoreion and Heraion of Samos

萨摩斯这座爱琴海的岛屿十分靠近小亚细亚，在公元前3000年以前，便已发展出自己的文明。在毕达哥利翁(Pythagoreion)这个堡垒形的港口中，可发现希腊及罗马的历史遗迹，包括隧道式的水道桥，而赫拉(Hera)神殿至今仍可见其壮观的建筑规模。

©Samos Tourist Office

2016

文化遗产

希腊化 × 古罗马 × 早期基督教

菲利比考古遗址

Archaeological Site of Philippi

这座以城墙环绕的遗址，坐落在希腊东北方一处卫城的山脚下。自古以来，这里就处于欧洲通往亚洲的要道上。公元前356年，马其顿国王菲利普二世建立了这座城市，他以希腊化风格建造了城墙、城门、剧院和神殿。接着在公元前42年菲利比之役(Battle of Philippi)后，经历罗马帝国洗礼，发展成为“小罗马”，而有了古罗马城市必定出现的议事广场以及神殿前的巨大露台。进入基督教时代，更成了基督信仰中心。十二使徒之一的保罗就曾经造访过这里，其中大教堂遗迹就是早期基督教活跃的证据。

符号说明 登录时间 遗产内容 遗产类型 文化遗产 自然遗产 综合遗产 濒危文化遗产 濒危自然遗产 濒危综合遗产

1990

爱琴海文明

文化遗产

提洛岛

Delos

提洛岛位于基克拉泽群岛的中央，因为地理位置特殊，提洛岛自古就是战略要塞。到了罗马人统治时代，这里更成为爱琴海的海上贸易中心，来自叙利亚、埃及等地的商队都曾在岛上留下遗迹。除了经济发达之外，传说提洛岛是太阳神阿波罗的出生地，因此自公元前700年开始就被视为祭祀的圣地，至今留下许多神庙遗址。

©Patmos Tourist Office

1999

文化遗产

宗教遗产 × 基督教

帕特莫斯岛的圣约翰修道院、启示录洞窟及科拉历史中心

Historic Centre (Chorá) with the Monastery of Saint John "the Theologian" and the Cave of the Apocalypse on the Island of Patmos

帕特莫斯岛是神学家圣约翰(St. John)执笔写下《福音书》(*Gospel*)和《启示录》(*Apocalypse*)的地方。岛上的宗教建筑不少，10世纪末期这里建造了一座修道院，成为希腊东正教的学习地及朝圣地。至于岛上最古老的聚落科拉(Chorá)，也有不少宗教及民间的建筑，也都纳入世界遗产范围。

1999

文化遗产

迈锡尼文明

迈锡尼与梯林斯考古遗址

Archaeological Sites of Mikines and Tiryns

迈锡尼与梯林斯是希腊两个重要的古文明遗址。从中挖掘出来的大量古文物解开了长久以来的迈锡尼文明之谜，也让荷马两部史诗《伊里亚特》和《奥德赛》中提到的黄金王国迈锡尼从神话中走出来，成为证据确凿的历史。

迈锡尼遗址是德国的考古狂人谢里曼(Heinrich Schliemann)于1876年挖掘出来，让这个在公元前16—前12世纪支配希腊本土及爱琴海岛屿的古文明重现在世人眼前。迈锡尼文明的城堡自成一格，以长宽达5—8米的巨石堆叠而成围墙最为惊人。在伯罗奔尼撒半岛、爱琴海上某些岛屿、希腊中南部甚至雅典，都曾发现迈锡尼式建筑，但其中最具规模的，就是迈锡尼卫城。

迈锡尼卫城被一条长约900米的城墙围起。这座城墙由一块块巨石堆叠出一层坚不可破的防护，也由于这项重量级的浩大工程衍生出独眼巨人为迈锡尼人筑城的传说，而迈锡尼人也因此保障自己的财富文化不受外族侵犯。迈锡尼遗迹中最精彩的部分包括迈锡尼卫城的狮子门(Lion Gate)、阿特列于斯的宝库(Treasury of Atreus)等，而遗迹中出土的黄金面具、酒器及各种装饰品等都展示在雅典的国家考古博物馆，这些出土文物可说是迈锡尼文明的精华。

梵蒂冈 Vatican

2 0 0 Total 2

梵蒂冈为罗马教廷所在地，是世界上面积最小的国家，仅0.44平方千米，人口约800人。由于就位于罗马城里，这两座世界遗产范围可谓高度重叠。

1980，1990

文化遗产

历史城区 × 古罗马 × 基督教遗产

罗马历史中心、罗马教廷治外法权的资产及城外的圣保罗大教堂

Historic Centre of Rome, the Properties of the Holy See in that City Enjoying Extraterritorial Rights and San Paolo Fuori le Mura

由传说中的建城历经世代的扩张，罗马从点到面，成为当时欧洲最大帝国的首都；帝国灭亡，天主教继之而起，虽然教堂取代神殿，可是罗马已成为一种精神、信仰、艺术的代名词，它是人类文明永恒的象征。被列为世界遗产的范围，除了属于意大利罗马城内的古罗马遗址之外，属于梵蒂冈的部分，则是罗马教廷在罗马城内享有治外法权的圣母玛利亚大教堂(Basilica di Santa Maria Maggiore)、拉特拉诺的圣约翰教堂(Arcibasilica di San Giovanni in Laterano)，以及城墙外的圣保罗教堂(Basilica di San Paolo fuori le Mura)等15处建筑及资产。

*与意大利并列

符号说明 登录时间 遗产内容 遗产类型 文化遗产 自然遗产 综合遗产 濒危文化遗产 濒危自然遗产 濒危综合遗产

1984

文化遗产

城市 × 基督教遗产

梵蒂冈城

Vatican City

梵蒂冈是世界上最小的国家。梵蒂冈有属于自己的广播媒体，还发行邮票、货币和报纸，既是一个独立的政权，也是全球天主教徒的圣地。

在这样的圣地里有着世界上珍贵的博物馆及最大的教堂。梵蒂冈博物馆保存了数不尽的无价艺术品，从文艺复兴的大师作品到现代艺术品。这些都归功于历代教宗对艺术品有着极高的品位，并费心收藏。

圣彼得大教堂是公元4世纪时，由君士坦丁大帝下令修建的。在据说是圣彼得埋葬的地点上，盖一座由大石柱区隔成五道长廊的大教堂。如今圣彼得大教堂是一座长方形的教堂，整栋建筑呈现出一个拉丁十字架的结构，造型非常传统而神圣，它也是目前全世界最大的一座教堂。在现今的圣彼得教堂长达176年的建筑过程中，一些在建筑或艺术史上留下大师名号者都曾参与圣彼得大教堂的兴建，例如布拉曼特、罗塞利诺、桑加罗、拉斐尔、米开朗琪罗、贝尼尼、波洛米尼、卡罗马德诺等。可以说圣彼得大教堂集合了众多建筑天才的风格于一体，在宗教的神圣性外，它的艺术性也很有看头。

至于圣彼得广场，则昭示着罗马最辉煌的17世纪巴洛克时代。那时的建筑被要求必须彰显天父的伟大和敬畏宗教的无上神圣，贝尼尼确实做到了。美丽而经过仔细计算安排的多利克柱廊，从圣彼得大教堂左右两翼延伸而出，贝尼尼形容它有如“母亲的双臂”，将全世界的信徒导引入这宏伟的广场，进入神圣的圣彼得大教堂。

匈牙利Hungary

7 1 0 Total 8

因历史上屡遭外族入侵，匈牙利在文化上留下了丰富的遗产，再加上地貌上的变化多端，除了四周环绕山脉且被多瑙河从中一分为二之外，东部的大草原、西南部的湖泊、东北部的葡萄园等，都增添了它不同的风情与特色。

★费尔特/新锡德尔湖文化景观Fertö / Neusiedlersee Cultural Landscape详见奥地利(P.94)

布达佩斯：多瑙河岸、布达城堡区及安德拉什街

1987，2002

文化遗产

历史城区 × 河岸 人文景观

Budapest, including the Banks of the Danube, the Buda Castle Quarter and Andrássy Avenue

被誉为“多瑙河珍珠”的布达佩斯以多瑙河为中央线，一分为二。特别是位于河西岸布达山丘上的城堡，随着时代的潮流，从罗马式的圆形古堡发展成为哥特式的城堡区。多元缤纷的建筑形态，不仅仅见证了当时建筑师们的美学功力，也完全展现布达的完整历史。

有“中欧巴黎”之称的布达佩斯，是匈牙利首都，也是全国的行政与经济文化中心，横跨多瑙河两岸，由布达与佩斯两个城区组合而成，左岸是古老又传统的布达城，右岸则是充满巴洛克与古典主义建筑的商业城市佩斯。

布达城堡山保存许多重要的布达佩斯中古遗迹，是全览整个布达佩斯和多瑙河的眺望点。海拔约170米的城堡山位于长约1千米的高地上，主要分为皇宫和旧城两大部分。皇宫所在地是13世纪所建的城堡，旧城则是当时中古时代平民主要的居住生活地。

从布达跨越多瑙河到右岸的佩斯，瞬间就从古典高雅风情转换到繁荣的现代都会。而安德拉什街是条林荫大道，两边都是美丽的新文艺复兴式建筑。

符号说明 登录时间 遗产内容 遗产类型 文化遗产 自然遗产 综合遗产 濒危文化遗产 濒危自然遗产 濒危综合遗产

1987
文化遗产
人文聚落景观

霍洛克古村落及其周边环境

Old Village of Hollókö and its Surroundings

霍洛克是个展现历史文化风情的小村庄。整个村庄仅有两条道路，道路两侧立着极具历史价值的民房，其中有65栋房舍是受到保护的。覆盖着干草的木造民房是帕罗次(Palóc)地区的传统建筑风格。

由于这种建材易燃，霍洛克村的房舍自13世纪以来便历经多次的火灾损毁，而现今所看到的村景，是在1909年一场大火后重建的，不过建筑整体结构仍从中世纪保存至今。

©www.slovakia.travel/Alexander Vojček

1995
自然遗产
喀斯特地形

阿格泰列克及斯洛伐克喀斯特洞窟群

Caves of Aggtelek Karst and Slovak Karst

这个位于匈牙利和斯洛伐克边界的石灰岩洞群，属于喀斯特地形，共有712个石灰岩洞。这些是非常罕见、珍贵的温带地区石灰岩洞，有别于热带与冰川地区的石灰岩洞。其中有一段长达25千米的洞穴“巴拉德拉－多明加洞穴”(Baradla-Domica Cave)非常精彩，里面有钟乳石、石笋与地下激流等珍奇的地理景观。

从自然、地理、气候、地质、生物、历史学等各种角度来看，这里具有观光及研究价值，1995年由匈牙利、斯洛伐克两国共同提出并列入世界遗产名单中。

*与斯洛伐克并列

1996 文化遗产 修道院

佩奇的早期基督教墓地遗迹

Early Christian Necropolis of Pécs (Sopianae)

2000　文化遗产　陵墓坟冢×基督教遗产

由于佩奇(古称“Sopianae”)气候温暖加上多瑙河流域的富饶土地，罗马人早就在这块土地上扎根生存，而埋入地下几千年的文物，随着考古学家不断地挖掘，也陆续呈现在世人面前。

古基督教墓地遗迹在1975年时被发掘出来。估计为公元350年时期的产物，地面上是一个简单的礼拜堂，地面下便是墓室。在建筑层面上，这些墓地兼具墓穴和礼拜堂的功能；而就艺术层面来说，这些坟墓中描述基督教主题的壁画，装饰丰富，极具艺术价值。

霍尔托巴吉国家公园——普斯陶

Hortobágy National Park—the Puszta

1999　文化遗产　草原游牧景观

位于匈牙利东部的霍尔托巴吉国家公园有个别称“普斯陶”(Puszta)，由大片的草原和湿地构成。在这片平原上，有大量的野生动植物在此生活，是欧洲较大的自然保护区之一。不过，这里是以文化遗产的身份入列，传统的土地利用形式以及家畜在草原上吃草的田园景观，已经超过两千年。来到这里，可以参加旅游团，沿途欣赏牛、马、羊、鸟群等有趣活泼的大自然生态。

©Hungary Tourism

潘诺恩哈尔姆的千年圣本笃会修道院及其自然环境

Millenary Benedictine Abbey of Pannonhalma and its Natural Environment

1996　文化遗产　修道院

潘诺恩哈尔姆圣本笃会修道院建立于996年，是匈牙利最古老的修道院。匈牙利开国国王圣依斯特凡的父亲，体察到匈牙利人要在欧洲长治久安必须要入境随俗，因此，改信天主教并建立这座修道院，因此，这里可以说是匈牙利天主教精神萌芽之所。这座哥特式的修道院其间虽历经几番整修，但古老的地下室、哥特式回廊、顶棚的湿壁画及图书馆仍被完善地保存下来。环境非常清幽，目前仍有修士在此居住。

©Hungary Tourism

托卡伊葡萄酒历史文化景观

Tokaj Wine Region Historic Cultural Landscape

2002　文化遗产　农业景观×葡萄园

位于匈牙利东北方，以低地与河谷地形为主的托卡伊，是个由葡萄园、农场、村落交织而成的迷人城镇。拜火山土壤以及适合霉菌生长的微气候所赐，这里拥有流传了上千年的葡萄栽培模式及酿酒文化，而且一直延续到今天。事实上，“托卡伊”(tokaj)一词就是公元10世纪从亚美尼亚语“葡萄”演变而来的匈牙利语。

本区的建筑包含罗马天主教、东正教及犹太教教堂，充满贵族风格的城堡和庄园，以及纯朴的民宅，不过最具特色的是酒窖。它们基本上分为两种，一种建于住宅的地下室，另一种突出于地表，不直接与住宅相连，入口处装有铁门或木门。

冰岛Iceland

1 1 0 Total 2

冰岛地处欧亚板块及美洲板块交接处，地层活动频繁，境内多火山、地震，整个国家几乎都建立在火山石上。壮观的冰川、喷泉、火山、激流与瀑布等自然风光，吸引全世界游客，入选的世界遗产，都与火山地形相关。

2008

自然遗产

火山地形生态

瑟尔塞岛

Surtsey

瑟尔塞岛位于冰岛的最南端距离本岛南方海岸33千米处。这座因为1963年火山喷发而形成的新岛屿，历经三年半的堆积从海平面下130米处渐渐浮上表面，形成一座遗世独立的迷你岛屿。从诞生之初便受到严密的保护，在排除人力因素的干扰下，瑟尔塞岛无疑成为一座原生态自然实验室。透过它独特的景观，生物学家和植物学家能够长期观察生物形态在新陆地生长的过程。随着时间推移，如今这座岛屿已经出现了将近70种的苔藓、维管束和地衣植物，以及近百种的鸟类和300多种的无脊椎动物。

2004

文化遗产

议会遗址

辛格韦德利国家公园

Þingvellir National Park

众所周知，冰岛的火山地貌气势磅礴，然而辛格韦德利国家公园却是以文化遗产身份入选为世界遗产，原因是这个地方对于人类而言，其历史意义更胜于其自然地貌。位于雷克雅尼斯半岛(Reykjanes)和亨吉德火山(Hengill)附近的辛格韦德利国家公园，是冰岛阿尔廷(AlÞing)议会旧址所在地。阿尔廷成立于公元930年，也是世界上最古老的议会。

当时阿尔廷每年都在为期两周多的议会时间内，制定“自由人之间的公约”，同时排解纷争，直到1798年停办为止。因此不只是对冰岛人，对全人类而言阿尔廷都具有非常重要的历史价值与意义。

但由于此地位于北美、欧亚板块交界之处，18世纪末因火山爆发及地震，此地被摧毁，如今仅剩下一片空旷地。地质学家研究指出，此欧美板块断层裂缝每年还在拉长2厘米左右距离。

距公园入口不远处可看到阿曼纳乔断层(Almannagjá)，崖壁上的玄武岩柱，远眺河岸边农舍也是游客拍照的重点。原古议会中有一块法律石，是会议期间的主席台，如今因地壳变动已沉没，现以一根旗杆标示出；往南走可看到辛格瓦拉湖(Þingvallavatn)，其面积广达84平方千米，是冰岛最大的天然湖泊。

爱尔兰Ireland

文化遗产 2　自然遗产 0　综合遗产 0　Total 2

由于经过多次的战乱及英国统治时期的刻意忽视，爱尔兰从中世纪留存至今的完整建筑并不多，但从两处历史有上千年之久的世界遗产中，仍可以窥见爱尔兰丰厚的古文明面貌。

1993
文化遗产
史前巨石文明 × 陵墓坟冢

博因河湾考古遗址

Brú na Bóinne—Archaeological Ensemble of the Bend of the Boyne

博因河湾考古遗址位于都柏林北方50千米处，是一片史前坟墓群。它们的历史比埃及金字塔还要久远，是世界上最巨大、保存最完整的“长廊式墓穴”建筑。顾名思义，此类建筑指的是要通过一条长长的通道，才能进到里面的墓室。年代大都在新石器时期，建造地点则多是沿着博因河北岸。

此区主要有三座坟墓：纽格莱奇(Newgrange)、诺斯(Knowth)、道斯(Dowth)。纽格莱奇巨石古墓大约建造于公元前3200年。这座神奇的古墓占地大约4000平方米，周围环绕着97块巨石，其中一些巨石上还刻有中世纪时期的图案花纹。墓室入口的石板上，装饰着螺旋状的神秘图纹。石冢之下是一条长达19米的走廊，两侧共有43座石柱，走廊一直通到中心坟室，坟室后面尚有2个房间。屋顶有6米高，并由石板做成奇异的凸形顶。另外还有3座奉献水池，装饰着光滑的石头。

墓室最神奇的是入口上方敞开的一个小长方窗口，每年冬至的黎明时分，光线会慢慢穿透19米长的通道，射到墓室内最里端的石块上。

©Ireland Tourism

1996
文化遗产
修道院遗址

斯凯利格·迈克尔岛

Sceilg Mhichíl

斯凯利格·迈克尔岛位于爱尔兰西南部凯里郡外16千米的海面上，由两座岛组成。

较大的岛上约从7世纪起，一座座造型奇特的蜂窝状隐修院，矗立在高出水面180多米的陡峭山坡上。这是早期的爱尔兰基督徒们，远离尘世在极端艰苦的环境里生存的写照。由于地理位置极为偏远，要想到岛上一探究竟并不容易，也因为这样，如今这些小修道院完好地保存了1400年以前它们最初修建时的风貌。当年修道士们使用了大约500块石头修建了一条石阶路，一直通向夹于两个山峰之间被称作“基督的马鞍”的鞍部地区。两个山峰中较高的一个距离海平面200多米，山峰顶部有一块具有历史意义的刻有十字架的纪念石。中世纪的朝圣者在访问修道院后，会攀上纪念石的顶部，并且亲吻岩石以示虔诚。

较小的岛上自成一个完整的鸟类生态圈，是世界上第二大的塘鹅栖息地。为了保护自然生态，这里是禁止人登陆的。

符号说明：登录时间　遗产内容　遗产类型：文化遗产　自然遗产　综合遗产　濒危文化遗产　濒危自然遗产　濒危综合遗产

意大利Italy

49 5 0 Total 54

意大利为全球拥有世界遗产最多的国家，高达54处。受游客欢迎的意大利是文艺复兴的发源地，具有深厚的文化底蕴。大城市如罗马、佛罗伦萨、威尼斯，小城镇如锡耶纳、比萨、庞贝均被列为世界遗产，其中有49项文化遗产、5项自然遗产。

★圣乔治山Monte San Giorgio 详见瑞士(P.284)

★阿尔布拉－贝尔尼纳的雷蒂亚阿尔卑斯山铁道Rhaetian Railway in the Albula / Bernina Landscapes详见瑞士(P.286)

★阿尔卑斯山区史前干栏式民居Prehistoric Pile Dwellings around the Alps详见奥地利(P.93)

★喀尔巴阡山脉与欧洲其他地区的原始山毛榉森林Ancient and Primeval Beech Forests of the Carpathians and Other Regions of Europe详见德国(P.162)

帕多瓦的植物园

1997

文化遗产

植物园

Botanical Garden (Orto Botanico), Padua

世界第一座植物园就建在帕多瓦，时间是1545年。植物园内大致保持原貌，当初设立的目的是作为科学研究中心，目前仍是如此。

位于意大利东北部威尼托地区(Veneto)的小城帕多瓦，被称为美丽的大学城，市内充满一股浓厚的学术气息。伽利略曾于公元1592—1610年在此任教。帕多瓦大学的医学系在欧洲享有盛名，而且1678年第一位意大利女性大学生在此毕业，当时全欧洲的大学还尚未允许女子就读。

而帕多瓦的动人之处不只如此，文艺复兴的绘画之父乔托曾于1303—1305年为此城做艺术装点，因此在知性的氛围中，帕多瓦同时还隐含着感性之美。

罗马历史中心、罗马教廷治外法权的资产及城外的圣保罗大教堂

Historic Centre of Rome, the Properties of the Holy See in that City Enjoying Extraterritorial Rights and San Paolo Fuori le Mura

1980，1990

文化遗产

历史城区 × 古罗马 × 基督教遗产

由传说中的建城历经世代的扩张，罗马从点到面，成为当时欧洲最大帝国的首都；帝国灭亡，天主教继之而起，虽然教堂取代神殿，可是罗马已成为一种精神、信仰、艺术的代名词，它是人类文明永恒的象征。

这座遗产于1980年被提名，1990年世界遗产组织再把范围扩大到由教皇乌巴诺八世(Urbano Ⅷ)于17世纪所修建的城墙。扣除罗马教廷的治外法权资产，属于意大利境内的主要包括：古罗马议事广场、圆形竞技场、图拉真柱、启发无数文艺复兴大师的万神殿、位于台伯河畔的奥古斯都陵寝、哈德良陵寝(Mausoleo di Adriano)及马可·奥勒留圆柱(Colonna di Marco Aurelius)等帝国时期的遗迹。其中古罗马议事广场是最早的政治与商业活动中心，神殿、大会堂、元老院、凯旋门、演讲台等具有公共功能的建筑，全集中于此。

※与梵蒂冈并列

符号说明 | 登录时间 | 遗产内容 | 遗产类型 | 文化遗产 | 自然遗产 | 综合遗产 | 濒危文化遗产 | 濒危自然遗产 | 濒危综合遗产

1980
文化遗产
教堂
×
文艺复兴绘画

拥有达·芬奇《最后的晚餐》壁画的感恩圣母教堂及修道院

Church and Dominican Convent of Santa Maria delle Grazie with "The Last Supper" by Leonardo da Vinci

教堂内最有名的是达·芬奇所画的《最后的晚餐》。《最后的晚餐》的创作时间约于1495—1497年，绘于修道院里的教士餐厅，强烈表现出达·芬奇的“动态”风格，尤其是12位门徒各种不同的手势。他精确地运用透视法表现空间里人物的关系与互动，也完美地表达了耶稣的神性，是文艺复兴巅峰时期的代表作之一。

由于达·芬奇以混合了油彩与蛋彩的颜料来创作，而非文艺复兴时常用的湿壁画原料，《最后的晚餐》完成后不到50年便毁损得极为厉害。1982年起意大利政府利用高科技将画作恢复原状，于1999年大功告成。因此现在民众得以一窥原作的真实面貌，而学者专家也从恢复的作品中找到许多以往被忽略的线索。

1987

文化遗产

教堂
×
广场

比萨大教堂广场

Piazza del Duomo, Pisa

比萨大教堂所在的杜莫广场，有一组举世闻名的古建筑群：大教堂、洗礼堂、钟塔(斜塔)及墓园，影响了意大利11至14世纪的艺术风格。其中最著名的比萨斜塔由于当地土质松软，一度面临倾倒的命运，所幸经过抢修后，游客可重新登塔参观。

主教堂建于1064年，在11世纪时可以说是世界上最大的教堂，由布斯格多(Buscheto)主导设计，这位比萨建筑师的棺木就在教堂正面左下方。修筑的工作由11世纪一直持续到13世纪。由于是以卡拉拉(Carrara)的明亮大理石为材质，因此整体偏向白色，不过建筑师又在正面装饰上其他色彩的石片。这种玩弄镶嵌并以几何图案来表现的游戏，是比萨建筑的一大特色。

分成四列的拱廊将教堂正面以立体方式呈现，这就是结合古罗马元素的独特比萨风格。在整片杜莫广场中，都可以看见这种模式的大量运用。

符号说明 登录时间 遗产内容 遗产类型 文化遗产 自然遗产 综合遗产 濒危文化遗产 濒危自然遗产 濒危综合遗产

佛罗伦萨历史中心

Historic Centre of Florence

1982

文化遗产

历史城区

佛罗伦萨是欧洲文艺复兴的发源地，15、16世纪在美第奇家族统治下，经济及文化都达到鼎盛。其600年非凡的艺术成就集中展现在圣母百花大教堂、圣十字教堂、乌菲齐美术馆及碧提宫等建筑内外。

市内无数博物馆、教堂，其建筑、陈设的艺术作品都是文艺复兴时期最耀眼的珍宝，而这都要归功于美第奇家族。美第奇家族由经商到执政，他们把人文主义的精神注入整个佛罗伦萨之中，奖励可以美化俗世的绘画、雕刻、建筑等各种艺术，再现古希腊罗马精神，掀起了文艺复兴运动。当时的大师级人物如米开朗琪罗、唐纳泰罗、布鲁内雷斯基、波提切利等人，都在这股风潮中，留下不朽的艺术作品。

1987

文化遗产

城市
×
潟湖景观

威尼斯及其潟湖区

Venice and its Lagoon

由118座岛屿组成的威尼斯建于5世纪，在10世纪成为海权强国。整个城市都是艺术巨擘的杰作，即便是小教堂都有如提香(Titian)、丁托列托(Tintoretto)、韦罗内塞(Veronese)等大师的作品。

威尼斯的建城始于蛮族的入侵，亚得里亚海沿岸的居民逃到这里。最早威尼斯是拜占庭的殖民地，取得自治权后建立了共和国，在7世纪时威尼斯已经成为世界上强盛富有的国家之一，领土延伸到地中海。文艺复兴时期，继佛罗伦萨、罗马之后，提香、丁托列托、韦罗内塞等知名艺术家群集威尼斯，使这里成为当时文艺复兴的第三大中心。在威尼斯你可以看到各种建筑风格：拜占庭式、哥特式、古典主义、巴洛克，也可以欣赏到文艺复兴时期经典名作，可以说是名副其实的艺术之城。

威尼斯是建筑在潟湖上的城市，呈反S形的大运河是当地160条运河中最主要的一条。位于大运河南端的圣马可广场是威尼斯的政治中心，广场周围也是威尼斯最热闹的区域，大潮时还可看到水淹圣马可广场的景观。金碧辉煌的宫殿、教堂建筑，摇曳海上的浪漫生活，再加上面临沉没消失的可能性，造访威尼斯的游客络绎不绝。

符号说明 登录时间 遗产内容 遗产类型 文化遗产 自然遗产 综合遗产 濒危文化遗产 濒危自然遗产 濒危综合遗产

圣吉米尼亚诺历史中心

Historic Centre of San Gimignano

1990

文化遗产

历史城区

圣吉米尼亚诺位于托斯卡纳省，是往来弗朗西斯科与罗马间的中继站。它被誉为“美丽的塔城”，顾名思义，圣吉米尼亚诺在托斯卡纳地区拥有极为特殊的都市景观。12、13世纪是城邦自治时期，除了与邻近国家争战之外，城内的贵族亦彼此角力。为了显示自身的财富与权势，他们竞相修筑高塔，极盛时期多达72座，如今仅剩14座保存较为完整。这个城市也保存了14、15世纪意大利艺术大师的作品，至今仍弥漫着中世纪封建时代的氛围。

1993 文化遗产 人文聚落景观

马泰拉的岩穴和教堂

The Sassi and the Park of the Rupestrian Churches of Matera

这是地中海地区最显著的穴居聚落案例，而且与当地的地形和生态完美结合。大约从旧石器时代就有人类定居于此，后来在人类历史的舞台上扮演了重要角色。

马泰拉多为石灰岩地形，中世纪时隐修者在此凿洞居住。由于地理位置孤立，距离最近的大城市那不勒斯尚有240千米之远，马泰拉保存完整的石洞风貌，与百年前的耶路撒冷极为相似。

符号说明 登录时间 遗产内容 遗产类型 文化遗产 自然遗产 综合遗产 濒危文化遗产 濒危自然遗产 濒危综合遗产

1995 城市 × 文艺复兴 文化遗产

费拉拉文艺复兴城及波河三角洲

Ferrara, City of the Renaissance, and its Po Delta

位于波河下游平原的费拉拉，因为埃斯滕塞家族的苦心经营，变成一座文艺复兴城市，吸引许多大师前来设计并建造埃斯滕塞家族的宫殿。

费拉拉城的主要建筑都围绕着一座非常特别的主教堂。埃斯滕塞家族的执政中心“市政厅”(Palazzo Comunale)的中庭，拥有造型极美的“荣誉大阶梯”。“埃斯滕塞城堡”(Castello Estense)自1450年起便成为领主的宅邸，“钻石宫”(Palazzo dei Diamanti)则是埃斯滕塞权力的象征。为了建构欧洲最精致的宫廷，罗赛蒂(Biagio Rossetti)依照新的透视法则来设计，加上贝利尼(Jacopo Bellini)、曼泰尼亚(Andrea Mantegna)等大师的绘画装点，费拉拉在埃斯滕塞家族的主导之下，成为15、16世纪波河地区文艺复兴都市景观的典范。

1994，1996 文艺复兴 × 帕拉第奥式建筑 文化遗产

维琴察城及威尼托地区的帕拉第奥式宅邸

City of Vicenza and the Palladian Villas of the Veneto

帕拉第奥是文艺复兴时期具有代表性的建筑师之一。位于威尼托地区的维琴察城，市内有一条帕拉第奥大道，两旁有不少宅邸是出自名建筑师帕拉第奥之手。在威尼托地区其他地方也有不少帕拉第奥设计的城市住宅及别墅，他的作品对于建筑的发展影响深远。

在维琴察城，巨大的帕拉第奥大会堂雄踞在领主广场上，青铜的船底状屋顶及四周罗列的希腊罗马诸神石雕，是它最大的特色。帕拉第奥大会堂是帕拉第奥于1549年接受委托的第一件公共建筑设计，大师的雕像就位于正面，宫前高达82米的细塔则立于12世纪，而具有华丽装饰外观的首长回廊(Loggia del Capitaniato)，也是帕拉第奥的作品。

1995

文化遗产

历史城区

那不勒斯历史中心

Historic Centre of Naples

那不勒斯是意大利南部最大的城市，气候温暖、土地肥沃，还有优良的港口，但也因此招致许多外国势力的侵扰。最早是希腊人，公元前7世纪时，希腊人命名此地为“Neapolis”；300年后，换成罗马人主宰此地，奥古斯都大帝最爱到此避寒；后来伦巴第人及拜占庭帝国都分别统治过这里。成为那不勒斯公国后，那不勒斯有了自治的主权，但维持不了多久就再度易手于欧洲各皇室间。各民族为那不勒斯及意大利南部带来不同的文化及生活痕迹，希腊、法国、西班牙的风味融合为一，特别是13到18世纪的欧洲品味对这里影响深远，现今多数的重要建筑多建于此时。不过，那不勒斯人也没有失去自己的特色，17、18世纪的巴洛克时期，那不勒斯也发展出自己的文化艺术主张，皇宫就是最大的代表作。

符号说明 登录时间 遗产内容 遗产类型 文化遗产 自然遗产 综合遗产 濒危文化遗产 濒危自然遗产 濒危综合遗产

1995 历史城区 文化遗产

锡耶纳历史中心

Historic Centre of Siena

锡耶纳是托斯卡纳地区最完美的中世纪小镇，尤其是铺满红砖、呈扇形的市中心广场，在14世纪时发展出独特的艺术风格，杜奇奥、马丁尼及洛伦泽蒂兄弟等艺术大师都曾为这个小镇装点市容。

穿梭在中世纪的街道上，每一个突如其来的转角和小路，都能让人有回到中世纪时代的错觉。主教堂内部还有米开朗琪罗、贝尼尼等人的作品，这些艺术品丰富了锡耶纳的内涵。此外，市政大厦大约在1310年完工，当时是九人会议的总部。曼贾塔楼高达102米，名称取自第一位敲钟的人，是意大利中古世纪塔楼中第二高的，登上塔楼可以俯瞰由整个市中心广场向外扩散的锡耶纳景致。

1996 文化遗产 早期基督教×拜占庭文化

拉韦纳早期基督教古迹

Early Christian Monuments of Ravenna

位于波河三角洲的拉韦纳，于罗马帝国时期就被奥古斯都(Augusto)选为舰队的基地，并开始发展；公元402年西罗马帝国把首都迁到此城，特奥多西奥皇帝(Teodosio)将基督教定为国教；其后拉韦纳还成为东罗马帝国支持的蛮族国王特奥多利科(Teodorico)所建王朝的国都，直到8世纪为止。因此基督教前期的建筑结合拜占庭镶嵌艺术的大量应用，诞生了这座闪亮的马赛克之都。

公元4到6世纪之间所建的特奥多利科陵寝(Mausoleo di Teodorico)、圣维塔莱教堂(Basilica di San Vitale)、普拉西狄亚陵墓(Mausoleo di Galla Placidia)、大主教礼拜堂(Arcivescovado)、尼奥尼安洗礼堂(Battistero Neoniano)、圣阿波利那雷诺沃王宫(Basilica di Sant'Apollinare Nuova)、阿里亚诺洗礼堂(Battistero degli Ariano)、克拉赛的圣阿波利那雷教堂(Sant Apollinare in Classe)，这八座结合希腊罗马西方传统与基督教肖像东方风格的建筑，正是拉韦纳艺术最极致的典范。

©Fototeca ENIT/Paola Ghirotti

1996 文化遗产 城堡

蒙特城堡

Castel del Monte

13世纪腓特烈二世在意大利南部靠近巴里(Bari)的地方开始建造蒙特城堡，是一座独特的中世纪军事建筑。这座城堡在地理位置上具有重要的象征意义。建筑呈完美的规则形状，不论从数学还是天文学上看，都十分精准，而固若金汤的城堡，也反映出腓特烈二世的雄风。城堡许多建筑元素和风格，都是取自东方的伊斯兰教和北欧的熙笃会哥特式建筑。

1995 文化遗产 人文聚落景观

阿达的克雷斯皮

Crespi d'Adda

阿达的克雷斯皮位于意大利北部的伦巴第省，是19至20世纪北美和欧洲地区工业城镇(Company Town)的典范。当时是由开明企业家依劳工需求所建造的住宅城，很多当年为了工业目的所设计的用途至今依然清晰可见。尽管受到社会及经济环境变迁的威胁，这些地方仍然保存完好。

1996 文化遗产 历史城区

皮恩扎历史中心

Historic Centre of the City of Pienza

位于托斯卡纳省的皮恩扎，是教宗皮乌斯二世(Pope Pius II)的出生地。他于1459年把整座城市改建成文艺复兴风格，也是首度把文艺复兴风格应用在城市建筑上。他找了建筑师贝尔纳多(Bernardo Rossellino)进行整座城市的改造。

华丽的皮乌斯二世广场，周围建筑包括皮科洛米尼宫殿(Piccolomini)以及博尔贾(Borgia)宫殿和教堂，拥有纯文艺复兴的建筑外观，而内部是德国南部教堂的晚期哥特式样式。

符号说明 登录时间 遗产内容 遗产类型 文化遗产 自然遗产 综合遗产 濒危文化遗产 濒危自然遗产 濒危综合遗产

1996

文化遗产

人文聚落景观

阿尔贝罗贝洛的锥顶石屋

The Trulli of Alberobello

翠绿藤蔓攀着白墙爬上屋顶，窗台盛开的花朵将小巷点缀得色彩缤纷，圆锥屋顶像山丘上冒出的一朵朵可爱小蘑菇。阿尔贝罗贝洛如同童话中小矮人的村落，在南意热情阳光下散发疗愈系的魅力。

阿尔贝罗贝洛原本是一片美丽的橡树林，被称为“Arboris Belli(美丽的树)”，这就是“Alberobello”名称的由来。地区发展历史大约可追溯至15—16世纪，当时这里是在那不勒斯政府登记下的非法垦殖地，孔韦尔萨诺(Conversano)城领主默许农民于此耕作以独吞此地税收，相对地，也给予较优惠的税收条件吸引农民。来此地开垦的农民利用当地盛产的石灰岩，以史前时代延续下来的干式石砌法造屋，不使用灰泥黏合，最初作为仓库或看守田地者的临时住宅。

农作逐渐丰饶，当然引起其他城主的不满而被举报，于是中央政府派人前来视察。当时的孔韦尔萨诺领主吉吉罗拉莫二世便下令农民推倒屋舍，假装此地无人居住，从此居民的住宅就被规定只能盖可随时拆掉屋顶的锥顶石屋，以应付不定期的视察，躲避中央政府税收。直到1797年居民再也受不了这种高压的封建统治，趁着那不勒斯国王斐迪南四世出巡时抗争，才让阿尔贝罗贝洛摆脱幽灵小镇和封建制度的命运，变成一个自由城市。此后才开始建造以灰泥黏合、较坚固耐用的锥形石屋，19世纪在这个地区广为使用并保留至今。

欧洲

意大利

©Fototeca ENIT/Paola Ghirotti

1997

文化遗产

宫殿×园林

卡塞塔的18世纪皇宫以及园林、万维泰利水道桥和圣莱乌乔建筑群

18th-Century Royal Palace at Caserta with the Park, the Aqueduct of Vanvitelli, and the San Leucio Complex

本建筑群坐落于意大利南部卡塞塔省的首府卡塞塔市。1750年，波旁王室的成员那不勒斯国王查理七世决定在新首府兴建一座皇宫，于是他采用参与圣彼得堡整修工程的著名建筑师卢伊吉·万维泰利(Luigi Vanvitelli)的设计，将皇宫打造成一座规模宏伟的巴洛克式建筑。这座建于1752年到1780年的卡塞塔宫，以法国凡尔赛宫作为设计范本，其气派程度有过之而无不及。内部除了有1200个房间，还设置一间富丽堂皇的皇家剧院。不过查理七世在1759年继任为西班牙国王查理三世，因此他从未在这里住过。

除了卡塞塔宫以外，本建筑群还包括位于皇宫周边，由喷泉、雕像和瀑布组成的人造园林、万维泰利水道桥以及位于圣莱乌乔村的丝织工厂，反映出条理分明的城市规划思维。

1997

文化遗产

教堂×钟楼×广场

摩德纳大教堂、市民塔、大广场

Cathedral, Torre Civica and Piazza Grande, Modena

大教堂几乎就等同于摩德纳的代言人。这座仿罗马式教堂具有黑暗时期简单朴拙的建筑特色，在整个艾米利亚－罗马涅大区的教会建筑中，再也找不出第二座风格如此纯粹的建筑。

相较于意大利诸多巨大而雕琢的教堂，摩德纳大教堂呈现的是返璞归真之美。从正面看，其立面是一座巨型的玫瑰窗，山墙上有一尊基督像，左右各有一头石狮护卫着，玫瑰窗下方则装饰着《亚当夏娃》《诺亚方舟》等一系列的《圣经》故事浅浮雕，那是12世纪雕刻家威利盖摩(Wiligemo)的杰作。

走进三殿式的教堂，黑暗的室内空间，光线全由立面那座玫瑰窗主宰，其实带着哥特风格的玫瑰窗是13世纪才增添的。整个视觉中心，便是中殿祭坛那座高高悬吊的耶稣像十字架，阳光透过玫瑰窗照射进来，十字架闪着金色光芒；而十字架下方一整条带状的《耶稣受难》《最后的晚餐》等大理石浅浮雕，雕工细腻，则是另一位12世纪雕刻家坎皮奥尼(Anselmo da Campione)的力作。

市民塔与大教堂紧紧相连，其担负的角色就是教堂的钟楼。86.12米的高度，从摩德纳市区的任何角度都可以看到它美丽的身影。自从中世纪建成以来，市民塔就一直是摩德纳最显眼的地标。

1997

文化遗产

古典希腊

阿格里真托考古遗址

Archaeological Area of Agrigento

若说阿格里真托是“诸神的居所”并不夸张，因为连希腊境内也找不到一处神殿遗迹如此密集的地方。

城市的规模早在公元前581年就已建立。当时来自希腊罗得岛附近的殖民者，在西西里岛建立了一座名为阿克拉加斯(Akragas)的城市，也就是今日阿格里真托的前身。这里曾是古希腊黄金时期仅次于夕拉古莎的富裕城市，公元前406年败给迦太基人之前，是个居民多达20多万的大城市。

从公元5世纪起，先后被迦太基人、罗马人占领，又历经拜占庭、阿拉伯王国的统治，但后来阿格里真托的重要性逐渐被西西里岛东岸的城市所取代。昔日繁华忙碌不再，只留下许多神殿遗迹。如今这些神殿、城墙、墓穴等遗迹已成为阿格里真托最重要的观光资源，它们大多聚集于现今城市南面的谷地间，统称为神殿谷。许多建筑历史可以回溯到公元前5世纪，是希腊境外保存最完整的古希腊遗迹。

1979

文化遗产

史前岩画

卡莫尼卡的岩画

Rock Drawings in Valcamonica

卡莫尼卡谷地位于意大利北部的伦巴第平原(Lombardy plain)，有多达14万幅图腾及图案的史前岩画。这些岩画前后持续了大约8000年的时间，其内容包括航海、农业、战争、舞蹈及神话。这些岩画的价值，就在于它们的持续力。从史前时代开始，接着基督诞生、罗马人统治，再到中世纪，甚至现代，人们在岩石上作画始终不辍，连接远古与现代。

符号说明 登录时间 遗产内容 遗产类型 文化遗产 自然遗产 综合遗产 濒危文化遗产 濒危自然遗产 濒危综合遗产

1997

文化遗产

古罗马

庞贝、赫库兰尼姆、托雷安农齐亚塔考古遗址

Archaeological Areas of Pompei, Herculaneum and Torre Annunziata

公元79年8月24日，维苏威火山大爆发，山脚南麓的庞贝古城瞬间被埋没，火山灰厚达6米，庞贝也因此凝结在那个浩劫之日。直到17世纪被考古学家发掘，将近两千年前都市的一砖一瓦、人们的一举一动，才得以重见天日。

庞贝在被埋没之前正值罗马皇帝尼禄(Nero)时代，因制酒和油而致富，是一座十分忙碌的港口城市，与罗马之间往来密切。今天走进遗址里，街道呈整齐的棋盘状分布，除了一般罗马遗迹里经常看得到的神殿、广场、剧场、音乐厅等建筑之外，一座商业城市该有的机能，这里一点也不少，例如银行、市场、浴场、商店等。

此外，由于庞贝几乎是一整座城市原封不动地被火山灰凝结，相较于世界其他考古遗迹，这里无疑是更为人性的。比如市民社交的酒吧共有99间，而且多半位于街道交叉路口；妓院则位于酒吧后头较隐蔽之处，甚至街道地面上还刻着男人性器官作为路标，妓院里的春宫图更是栩栩如生；面包烘焙屋里，可以看到磨面粉的巨大石磨以及烤炉；有钱的富豪之家，家里不但有花园、神龛、餐厅、厨房，还在门口地板上贴有犬只的马赛克镶嵌画，以示“内有恶犬”……

而位于那不勒斯和庞贝之间的赫库兰尼姆，和庞贝同样埋藏于公元79年维苏威火山那场惊天动地的爆发中，虽然它的名声没有庞贝来得响亮，然而其保存状况与庞贝相比，则更胜一筹。

1997

文化遗产

人文聚落景观 × 海岸

韦内雷港、五村镇和沿海群岛

Porto Venere, Cinque Terre, and the Islands (Palmaria, Tino and Tinetto)

位于热那亚以东的东里维耶拉(Riviera Levante)，由于地势险峻、交通不便，好几个世纪以来几乎与外面的世界隔绝，直到近代，都还没有公路抵达。

这段狭长的海岸线，以古老城镇韦内雷港(Porto Venere)、五座位于悬崖上的村镇(Cinque Terre)和美丽海岬上的芬诺港(Porto Fino)为代表。这里拥有原始的自然景观以及丰富的人文风貌，它们不仅展现了人与自然之间的和谐关系，也勾勒出过去一千多年来，当地居民如何在崎岖狭窄的地理环境中，维持传统的生活模式。

由蒙特罗梭(Monterosso al Mare)、维那札(Vernazza)、科尔尼利亚(Corniglia)、马那罗拉(Manarola)及里欧马乔雷(Riomaggiore)所构成的五座渔村，是在中世纪晚期形成的滨海聚落，由于沿海岬梯地而建，只能靠船只、火车及步行抵达。

韦内雷港则是建于公元前1世纪的古老城镇，它包含三个村落和帕尔马利亚(Palmaria)、提诺(Tino)、提内托(Tinetto)三座小岛，其意大利语的意思是“女神之港”，曾是诗人拜伦(Byron)最喜爱的一座城市。

大多数的秘境，终究还是会被发现。几十年前，五村镇就已经不是未被发现的伊甸园，因为火车、轮船的运送，五村镇已成为北意大利知名的旅游胜地之一，夏日旺季时更是游人如织。然而当你从铁路、从海上缓缓驶进这些遗世独立的村落，你会发现，那险峻的崖岸、岬角上古雅的粉彩屋舍、山崖间挺立的小教堂、从海边沿着山势层层往上延伸的葡萄梯田、满山粗犷野放的橄榄树林以及远离游客聚集的广场、大街……愈是保留原始之美，愈能散发出一股无法抵挡的诱人魅力。

符号说明 登录时间 遗产内容 遗产类型 文化遗产 自然遗产 综合遗产 濒危文化遗产 濒危自然遗产 濒危综合遗产

1997 文化遗产 人文聚落景观 × 海岸

阿马尔菲海岸景观

Costiera Amalfitana

阿马尔菲海岸位于意大利南部的苏莲托半岛(Sorrentine Peninsula)，总面积约112平方千米。它不仅是相当受欢迎的旅游景点，而且具有极高的历史文化与自然价值，是地中海景观的杰出典范。道路迂回盘旋于陡峭山崖上，绕过几个山弯，泛着宝石光泽的湛蓝海洋立即填满视线，阳光温暖耀眼，照亮依山而筑的白色别墅，盛艳红花绽放满园热情，翠绿橄榄树随风摇曳，空气飘散着柠檬和柑橘芳香。阿马尔菲海岸明媚风光和洋溢着地中海风情的度假氛围自罗马时期以来即受到皇帝贵族的爱戴，也是诗人作家的灵感之源。

本区虽然从旧石器与中石器时代就有人类活动的痕迹，但直到中世纪初期才开始出现密集的聚落，许多包括阿马尔菲在内的城镇都保存了代表性的建筑及艺术作品。由于地形狭长，适合农耕的土地有限，因此当地居民发挥了强大的环境适应力，充分利用多样化地形，在较低矮的坡地梯田上栽种葡萄、柑橘、橄榄等农作物，同时在较高的山坡上开辟牧场。

1997 文化遗产 宫殿

萨伏伊皇宫

Residences of the Royal House of Savoy

萨伏伊(Savoy)公爵艾曼纽・菲利巴尔特(Emmanuel-Philibert)在1562年以都灵(Turin)为首都时，开始了一系列的建筑计划，用来展现他的权力，而这些杰出的建筑都是出自当时极具代表性的建筑师及艺术家之手。所有的建筑都是以皇家宫殿(Royal Palace)为中心辐射出去，其中也包括许多乡间的住宅和狩猎小屋。

1997 文化遗产 史前遗迹

巴鲁米尼的努拉格史前遗迹

Su Nuraxi di Barumini

约在公元前2200年的青铜器时代，一种独特的被称作努拉格(Nuraghi)的防御性建筑开始在地中海上的撒丁岛(Sardinia)出现。这种圆形的防御塔以石块堆积而成。之后在迦太基人入侵的压力下，巴鲁米尼的居民将这些史前建筑扩大并加固，也成为这类建筑的典型代表。

1998

文化遗产

古罗马

阿奎莱亚的考古遗址与大教堂

Archaeological Area and the Patriarchal Basilica of Aquileia

公元前181年，罗马人在阿奎莱亚建立殖民地，抵抗蛮族入侵，后来该地迅速发展为贸易重镇，成为早期罗马帝国时代规模较大、较富裕的城市之一。不仅如此，阿奎莱亚也在宗教上扮演重要的角色，直到1751年都被划为主教区。

公元452年，阿提拉(Attila)大肆劫掠阿奎莱亚，建于4世纪的大教堂遭到破坏，并且在接下来的数百年里历经多次整修。1909年，南侧大厅的泥砖地板被人移除，原先铺设于公元4世纪的马赛克地板也重现在世人面前，成为整座教堂最引人注目的焦点。阿奎莱亚拥有许多保存良好的历史遗迹，因此是地中海地区最完整的古罗马城市范例。

1998

文化遗产

古希腊 × 伊特鲁里亚文明 × 修道院

奇伦托和迪亚诺河谷国家公园、帕埃斯图姆和韦利亚考古遗址，以及帕杜拉的切尔托萨修道院

Cilento and Vallo di Diano National Park with the Archaeological Sites of Paestum and Velia, and the Certosa di Padula

奇伦托是一处相当著名的文化景观。奇伦托地区有三座东西向山脉，聚落沿着山脉走向散开，也生动地展现了这个地区的发展历史。从史前到中古世纪，这里不仅是一条贸易路线，文化和政治也在此交会。

这里位于古希腊和伊特鲁里亚两种文化的交界处，从帕埃斯图姆(Paestum)和韦利亚(Velia)这两座城市挖掘出的考古遗迹可以看出一二。

此外，位于帕杜拉的切尔托萨修道院(The Certosa di San Lorenzo at Padula)也被纳入世界遗产范围。这座始建于1306年的修道院，是世界上少见的庞大寺院建筑，17至18世纪期间，风格转变为巴洛克式建筑，如今这是一座考古博物馆。

2000

自然遗产

火山地形生态

埃奥利群岛

Isole Eolie (Aeolian Islands)

埃奥利群岛位于西西里岛北部海域，取名自半神半人的风神(Aeolus)，总面积约12平方千米，包括因火山活动而形成的7座大岛和5座小岛，最大岛是利帕里岛(Lipari)。

埃奥利群岛现今的样貌，是历经长达26万年的火山活动而形成的。它们提供了史冲包连式(Strombolian)和伏尔坎宁式(Vulcanian)两种火山喷发形态的重要例证，因此从18世纪以来一直具有极高的地质研究价值。

除了原始的火山活动，人们来到此地还可以享受地中海地区的宜人气候以及美丽的海岸景观，因此使得埃奥利群岛成为意大利热门的夏季旅游景点。

1998

文化遗产

历史城区 × 文艺复兴

乌尔比诺历史中心

Historic Centre of Urbino

坐落于山丘上的乌尔比诺小山城，位于意大利中部、靠近亚得里亚海的马克省(Marche)，在15世纪时历经了文艺复兴时期，吸引全意大利艺术家及学者，并影响欧洲其他区域文化的发展。到了16世纪，经济和文化的停滞，使得文艺复兴的外观得以完整保存至今。

©Fototeca ENIT/Paola Ghirotti

1997

文化遗产

古罗马

卡萨莱的罗纳别墅

Villa Romana del Casale

卡萨莱的罗纳别墅是罗纳在农间开发的代表作。广阔的庄园是西方帝国农业经济的基础，建于公元4世纪的卡萨莱罗纳别墅是这些奢华别墅中的一座。最值得一提的是它用丰富而极具质感的马赛克装饰每个房间，也是罗马世界中，非常优秀的马赛克工艺之一。

©Fototeca ENIT/Vito Arcomano

符号说明 登录时间 遗产内容 遗产类型 文化遗产 自然遗产 综合遗产 濒危文化遗产 濒危自然遗产 濒危综合遗产

2000 文化遗产 城市 × 古罗马 × 威尼斯风格 × 文艺复兴

维罗纳城

City of Verona

建于公元1世纪、至今仍保存相当完整的圆形剧场，正是维罗纳在罗马帝国时期就已极为繁荣的历史见证。城内的古罗马遗迹处处可见，非常活泼的“蔬菜广场”(piazza delle Erbe)是当时的议事广场与商业中心。

1263年，史卡立杰利(Scaligeri)家族开始了长达127年的统治，他们骁勇善战的骑士性格亦表现在建筑形式上。哥特式尖塔林立的史卡立杰利石棺群，颇令人惊异；堆垛式的“史卡立杰罗桥”(Ponte Scaligero)与“旧城堡”(Castelvecchio)，则成为中世纪防御工事的建筑典范。

15—18世纪末期，维罗纳亦臣属于威尼斯共和国，文艺复兴、巴洛克风格的教堂、宫殿纷纷建立；不管是在领主广场(Piazza dei Signori)的四周还是如迷宫般的小径里，经过两千多年不间断的发展，各个时期的建筑皆能和谐地交织出维罗纳最迷人的都市景观。

1999 文化遗产 古罗马

提沃利的哈德良别墅

Villa Adriana (Tivoli)

提沃利自罗马共和时期以来就一直是古罗马贵族喜爱的避暑胜地，哈德良别墅是哈德良皇帝(Hadrian)在希腊与埃及长期旅行后的成果，是非常典型的古罗马别墅。

位于罗马东北近郊31千米的小城提沃利，被提布提尼(Tiburtini)山丘群环绕，因此由山上引来水源，创造如诗如画的庭园胜景，是吸引皇帝和主教们来此度假的主要诱因。哈德良别墅位于提布提尼山脚下，与提沃利市区相距5千米，是片非常典型的古罗马别墅，它的设计师就是公元117—138年统治着帝国的哈德良皇帝。

富于田园风情的建筑，其灵感来自哈德良皇帝在希腊与埃及的长期旅行，因此它不只是皇帝度假的地方，更是他心目中理想城市的雏形。

2000 文化遗产 教堂 × 基督教遗产

阿西西的圣方济大教堂及其他教会遗迹

Assisi, the Basilica of San Francesco and Other Franciscan Sites

建立于罗马时代的阿西西，中古世纪是自治政府的城邦体制，12世纪末诞生了意大利的第一位圣人圣方济(San Francesco)，也就是日后的方济会创始人。公元1226年圣方济去世，翌年罗马教皇下令于此城为圣人建教堂。

直到1367年才全部完成的大教堂分为上下两层，采用哥特式建筑，不只规模庞大，内部还拥有当时最顶尖的艺术家，例如奇马布埃(Cimabue)、洛伦泽蒂(Lorenzetti)、西蒙·马丁尼(Simone Matini)等人的杰出画作，而文艺复兴的绘画之父乔托所作的《圣方济生平》系列壁画，更成为日后圣人肖像的经典。

阿西西是一座中世纪景观保存非常完好的小山城，如今更成为方济会的中心，每年吸引成千上万的信徒前来朝圣。它不只是宗教圣地，由信仰所发展出来的建筑群，更是人类艺术与文化的结晶。

2001

文化遗产

度假别墅 × 园林

提沃利的埃斯特别墅

Villa d'Este, Tivoli

夏季走进埃斯特别墅的庭园，那沁人心扉的清凉水汽，如琴音般连续而轻快的潺潺水声，立刻让人暑气全消，脚步和心情为之轻松。

因为园区有大大小小多达500座喷泉，埃斯特别墅又被称为“千泉宫”。别墅修建者是16世纪时的红衣主教伊波利多·埃斯特(Ippolito d'Este)，他是费拉拉的埃斯滕塞家族与教皇亚历山卓六世的后代，因支持朱力欧三世成为教皇而被任命为提沃利的总督。他发现提沃利的气候对健康颇有助益，因此决定把原来的方济会修道院改建为华丽度假别墅。

别墅由受古希腊罗马艺术熏陶的建筑师与考古学家利戈里奥(Pirro Ligorio)设计，以高低落差处理喷泉的水源，企图把文艺复兴时期艺术家们的理想展现于这片蓊郁的花园里。后来由不同时期的大师陆续完成，因此也带有巴洛克的味道，为欧洲庭园造景的典范。

2002

文化遗产

城镇 × 巴洛克

晚期的巴洛克城镇瓦拉迪那托

Late Baroque Towns of the Val di Noto

西西里岛东南边的八座城市：卡塔格罗尼(Caltagirone)、卡塔尼亚山谷的米里泰罗(Militello Val di Catania)、卡塔尼亚(Catania)、莫迪卡(Modica)、那托(Noto)、帕拉佐罗(Palazzolo)、拉古萨伊布拉(Ragusa Ibla)和西克里(Scicli)都被纳入世界遗产的范围。

这些城市都是在1693年的大地震之后重建的，呈现晚期巴洛克风格，不论建筑或艺术成就，均属上乘，而在城镇规划以及翻新都市建筑方面，更具意义。其中卡塔尼亚在18世纪进行大规模重建，所以相较于其他风格杂陈的西西里城市，卡塔尼亚呈现出完整规划后更华丽的市容，大型建筑几乎都出自维卡里尼(Giovanni Battista Vaccarini)之手。

2003

文化遗产

基督教遗产

伦巴第与皮埃蒙特省的圣山

Sacri Monti of Piedmont and Lombardy

在意大利北部的皮埃蒙特和伦巴第共有九座圣山，群集着建于16世纪晚期及17世纪的礼拜堂及宗教建筑，它们分别代表了不同观点及教派的基督教信仰。除了宗教信仰的象征意义之外，信徒们为了传播信仰而在屋舍外墙以绘画及雕刻的形式，将宗教艺术融入山丘、森林、湖泊等大自然景致之中。圣山是历史、艺术、宗教与自然的完美融合之地，也影响了其后欧洲建筑的发展。

符号说明 登录时间 遗产内容 遗产类型 文化遗产 自然遗产 综合遗产 濒危文化遗产 濒危自然遗产 濒危综合遗产

2004
文化遗产
伊特鲁里亚 × 陵墓坟冢

塞尔维托里及塔尔奎尼亚的伊特鲁里亚人墓地

Etruscan Necropolises of Cerveteri and Tarquinia

伊特鲁里亚人将生前居住环境的模样呈现在他们的墓中，包括起居室、接待室等，里面还有美丽的壁画及生活用品。

邻近塞尔维托里城市的大墓地包括上千座坟墓，其组成犹如一座城市，有街道、小广场、房舍。而在塔尔奎尼亚最有名的，则包括拥有200座绘着壁画的坟墓，其中最早的可溯及公元前7世纪。

©Fototeca ENIT/Sandro Bedessi

2006
文化遗产
城镇 × 文艺复兴 × 巴洛克

热那亚：新街和罗利宫殿群

Genoa: Le Strade Nuove and the System of the Palazzi dei Rolli

在16—17世纪早期，意大利北部的热那亚在财富和海权方面，都达到最强盛时期。当时的新街和罗利宫殿群是热那亚的历史中心，更是欧洲第一个统一在公权力架构之下的都市发展计划，于1576年由上议院所颁布。被列入遗产范围的包括新街的文艺复兴式建筑及巴洛克宫殿。罗利宫殿群除了是当时贵族的居所，也作为社交组织举办活动以及迎接国家贵宾住宿之用。

新街涵盖的范围相当广，包含的宫殿无数，其中又以红宫、白宫、多利亚突尔西宫所在的加里波底街(Via Garibaldi)最为人所称颂。

©Italian State Tourist Board Fototeca ENIT

2004
文化遗产
人文聚落景观 × 文艺复兴

奥尔恰谷文化景观

Val d'Orcia

奥尔恰谷文化景观是位于锡耶纳内陆地区的小镇，农庄散布在山丘上，它反映出14—15世纪一套理想的土地管理模式，并创造出极具美学的自然景致，是文艺复兴的理想典范。所有这些创新的土地管理模式包含了城镇与村落、罗马教堂与方济会修道院，以及农舍、旅栈、神殿、桥梁等。

2005
文化遗产
古典希腊 × 古罗马 × 陵墓坟冢

锡拉库扎和潘塔立克石墓群

Syracuse and the Rocky Necropolis of Pantalica

锡拉库扎和潘塔立克拥有古希腊罗马时期的遗迹。潘塔立克拥有5000多座坟墓，年代分布从公元前13—前7世纪。

锡拉库扎在古希腊时代可是西方世界重要的城市之一，它易于防守的海岸线、绝佳的天然海港以及肥沃的土壤，吸引了希腊人于公元前733年在此建立殖民地。到了公元前367年时，这座城市已经成为希腊世界中最富裕的城市，直到公元前215年遭逢罗马人攻击，最后终因不敌长达两年的围城而被迫投降，从此锡拉库扎失去了它的重要性。

如今，这座西西里岛上知名的滨海度假胜地，仍保留着许多古希腊、古罗马和巴洛克时期的建筑。

多洛米蒂山

The Dolomites

2009

自然遗产

高山生态 × 景观

属于阿尔卑斯山系的多洛米蒂山，坐落于意大利的东北方，因为法国矿物学家以白云石(Dolomite)比拟该山的形状与颜色而得名。这片辽阔的山区占地约1420平方千米，共包括一座国家公园和多座地区公园。境内拥有多达18座超过3000米高的山峰，错落着陡峭的悬崖、笔直的山壁和长且深的狭窄河谷，形成全世界闻名的高山景观之一，其中除了石墙、小山峰等重要地形特征外，还有喀斯特与冰川等地形。此外根据化石分析，此地也保存了中生代碳酸盐台地系统。

曼图亚与萨比奥内塔

Mantua and Sabbioneta

2008

文化遗产

城镇 × 文艺复兴

三面环湖的曼图亚和坐落于波河北岸的萨比奥内塔彼此相距30千米，这两个同位于意大利北部伦巴第省(Lombardy)的文艺复兴城镇，在贡札格(Gonzaga)家族的推动下，展现了不同的城市面貌，却都在建筑价值与传播文艺复兴文化上扮演了重要的角色。公元前2000年前已然发迹的曼图亚城，利用原有的城市结构加以更新、扩张，产生兼具罗马到巴洛克时期各种建筑特色的不规则布局；至于贡札格家族建造于16世纪的萨比奥内塔城，则是当时理想城市规划理论的体现，此座城市拥有棋盘状的设计。

意大利伦巴第人遗址

Longobards in Italy, Places of the Power

2011

文化遗产

伦巴第文化

本遗址涵盖意大利半岛北部的七个古迹建筑群，包括圣萨尔瓦托–圣塔朱利亚修道院建筑群(Monastic Complex of San Salvatore-Santa Giulia)、圣萨尔瓦托大教堂(The Basilica of San Salvatore)、克里图诺圣殿(The Clitunno Tempietto)、圣塔索菲亚建筑群(The Santa Sofia Complex)以及军营、堡垒等，它们充分反映了伦巴第人这支日耳曼族群的辉煌成就。

公元6—8世纪，伦巴第人翻越阿尔卑斯山脉占领意大利北部，建立自己的王国并且发展出独特的文化。伦巴第建筑融合了多元风格，除了汲取日耳曼世界的价值观，也吸收来自古罗马、基督教、拜占庭的文化影响。这些建筑物不仅预示了日后加洛林王朝(Carolingian Dynasty)的文艺复兴、彰显伦巴第人在中世纪欧洲基督教精神与文化的发展过程中所扮演的重要角色，更见证了欧洲从古代过渡到中世纪的历史进程。

埃特纳山

Mount Etna

2013

自然遗产

火山地形生态

埃特纳山位于西西里岛东岸，海拔3350米，是地中海岛屿中的最高山，也是世界上最活跃的层状火山(Stratovolcano)。这座火山的爆发史可追溯到50万年前，而近2700年都有活动记录，其持续的喷发活动，为火山学、地球物理学及其他地球科学提供了宝贵的研究资料，同时对地方性的陆地动植物生态体系也非常重要，对于研究生态和生物而言，无疑是座天然的实验室。

被列入世界遗产的范围共192.37平方千米，包括因为科学研究而受到严格保护的范围以及埃特纳地区自然公园(Parco dell'Etna Regional Nature Park)。

15世纪—17世纪的威尼斯防御工事：陆地之国与海洋之国

Venetian Works of Defence between the 15th and 17th Centuries: Stato da Terra – Western Stato da Mar

2017

文化遗产

防御工事遗址

这项遗址包含了15项位于意大利、克罗地亚、黑山的防御工事。从意大利的伦巴第地区至亚得里亚海的东海岸，横跨1000多千米，有力维护了威尼斯共和国的主权与扩张。陆地之国(Stato da Terra)的防御工事保护威尼斯共和国不受西北方的强国攻击，海洋之国(Stato da Mar)则守护亚得里亚海通往东方黎凡特的海陆通道及关口。防御工事引进的大炮火药使军事与建筑产生重大转变，可见于后来遍布欧洲的星形要塞。

*与克罗地亚、黑山并列

符号说明：登录时间　遗产内容　遗产类型：文化遗产　自然遗产　综合遗产　濒危文化遗产　濒危自然遗产　濒危综合遗产

2015

文化遗产

阿拉伯-诺曼式建筑

阿拉伯-诺曼式的巴勒摩以及切法鲁和王室山的主教堂

Arab-Norman Palermo and the Cathedral Churches of Cefalú and Monreale

西西里岛位于地中海中心，自古以来即是各国觊觎之地。各民族在岛上留下曾经统治的痕迹，而集大成者是西北边海岸线的巴勒摩。诺曼王朝时期在罗杰二世的经营之下，这种融合了西方古罗马、东方伊斯兰和希腊拜占庭文化的混血文化，发展出别具一格的"阿拉伯－诺曼式"建筑。

包含诺曼王宫帕拉提纳礼拜堂、巴勒摩主教堂、王室山(Monreale)及切法鲁(Cefalù)主教堂等在内的九个市民及宗教建筑，因为在建筑、装饰及空间运用上表现东西方文化的完美融合而被列入文化遗产。这也是不同种族与宗教可和平共存的最佳诠释，包括穆斯林、拜占庭、拉丁、犹太及伦巴第。

2013

文化遗产

别墅 × 园林 × 文艺复兴

托斯卡纳的梅第奇别墅

Medici Villas and Gardens in Tuscany

在托斯卡纳乡间散布着一些别墅和花园，其风格明显受到梅第奇(Medici)家族的影响，而这些艺术风格又影响到现代欧洲文化。被纳入世界遗产范围的，共有12座别墅和两座花园。

这些别墅和花园建于15—17世纪，代表了王侯贵族在乡村建筑形式上的创新。不仅与自然环境完美融合，而且主要用途是表现在娱乐、艺术、知识等方面，不同于过去大多数是农牧之用的庄园或军事用途的宏伟城堡。从第一栋梅第奇别墅开始，便非常注重建筑本身和土地、花园、环境之间的关联，而这些兴建王公贵族宅邸的参考标准，不仅持续很久，影响更遍及意大利和全欧洲，也因为人文建筑和自然环境的完美结合，整体景观呈现出人本主义和文艺复兴的特质。

2014

文化遗产

农业景观 × 葡萄园

皮埃蒙特的葡萄园景观：朗格－罗埃洛和蒙菲拉托

Vineyard Landscape of Piedmont: Langhe-Roero and Monferrato

意大利西北部，介于波河和亚平宁山脉之间的连绵丘陵，自古罗马时期就是颇负盛名的葡萄酒产区。皮埃蒙特南部的葡萄园景观包含五个独特的葡萄产区及凯渥尔城堡(Castle of Cavour)。

这个区域是土壤肥沃的丘陵带，有适合葡萄生长的大陆性气候，使用土生品种进行单一酿造，葡萄酒产销历史可追溯至公元前5世纪，那时就已发展出葡萄藤授粉的技术。而当时皮埃蒙特地区与塞尔特、伊特鲁里亚人贸易接触往来频繁，甚至现在当地方言中，从葡萄酿造相关的单字中，还找得到塞尔特及伊特鲁里亚人的语言。

延续几个世纪的葡萄种植、酿造技术及产销经济活动，造就了迷人的生活图景。连绵起伏的葡萄园间，村庄、城堡、酒窖、仓库等人类活动的建筑，让自然景观显得平衡又协调，让葡萄酒的生产与酿造富有传统的美感与诗意。

2018

文化遗产

现代工业城市

20世纪工业城市伊夫雷亚

Ivrea, Industrial City of the 20th Century

工业城市伊夫雷亚位于皮埃蒙特(Piedmont)地区，具有百年历史的科技资讯公司好利获得(Olivetti)，于1908年在此地创建了意大利第一家产制打字机的工厂。这项文化遗产包括了一处大型工厂以及用于行政、住宅、社会服务的建筑群。这批建筑大多是1930—1970年由意大利知名的城市规划师和建筑师所设计规划。联合国教科文组织认为，伊夫雷亚是20世纪工业革命发展的理想地，作为一处工业化的模范城市，伊夫雷亚显现了现代工业生产与建筑、人文之间的密切关系。

拉脱维亚Latvia

2 0 0 Total 2

拉脱维亚就像三明治一样，南北夹处在爱沙尼亚和立陶宛之间，西临波罗的海，东边则与俄罗斯和白俄罗斯接壤。历史上，德国、瑞典、俄国、波兰都曾经觊觎并统治过拉脱维亚，首都里加是波罗的海三小国中最大的城市，并入选为世界遗产。

★斯特鲁维地质测量点Struve Geodetic Arc详见白俄罗斯(P.97)

1997 历史城区 文化遗产

里加历史中心 Historic Centre of Riga

历经800年的历史，形塑出里加独特的城市风貌和丰厚的传统。

地理位置上，里加位于东西欧交会的波罗的海岸边，500米宽的道加瓦河(Daugava)贯流而过。几个世纪以来，里加一直是拉脱维亚最重要的商业、金融和文化中心。13世纪末开始，成为汉萨同盟城市之一，然而也因为如此，德国、瑞典、俄国、波兰等不同国籍的人频繁进出或定居在这里，而把里加视为自己的城市，目前里加人口中拉脱维亚人占比还不到一半。

文化心理上，里加似乎更接近西欧。自从1201年亚伯特主教建立了里加城之后，里加在音乐、美术、文学、建筑上的发展，一是随着西欧的文化脉络前进。

在建筑方面，里加可以说是一座建筑博物馆。旧城区保留了完整的中世纪建筑，从哥特、文艺复兴到巴洛克都能看得到，后来19世纪末在市中心发展出来的新艺术建筑(Art Noveau)及木造建筑，也具有独一无二的价值。

这座如童话故事般的城市一度被称为“东欧的巴黎”，然而因为发展过于迅速，玻璃帷幕的旅馆、精品店、商业中心不断进驻，也使得联合国教科文组织提出警告，如果里加不能控制这种发展，将被撤除其世界遗产资格。

卢森堡
Luxembourg

1 0 0 Total 1

卢森堡是个超级小国，其首都卢森堡市也是超级迷你。从卢森堡复杂的语言体系，不难看出这座小国的纠葛历史。由于地处列强交界地带，卢森堡自古就是欧洲强权的练兵场。卢森堡地下要塞是游客的必游景点，也被列为世界遗产。

卢森堡市的老城区和防御工事

1994

文化遗产

防御工事

City of Luxembourg: Its Old Quarters and Fortifications

卢森堡的地理位置重要，向来是兵家必争之地。历经多次争战，卢森堡市形成市内被碉堡城墙围绕的独特景观，而今这些炮台、瞭望台及老城区都已被列为世界遗产。

卢森堡市地下要塞是一个历史上伟大的工程。公元963年，齐格菲伯爵(Count Siegfried)在一块山间空地上建立了一座碉堡，在接下来的几个世纪里，后人不断加强其防御工事，使它成为一处坚固的防卫系统。尽管如此，在1443年还是无法抵挡勃艮第人想要攻占卢森堡的野心，自此之后卢森堡几经易帜，被邻近各国统治长达4个世纪之久。由于碉堡的修建横跨了数个世纪，先后参与兴建者包括勃艮第人、西班牙人、法国人、奥地利人和德意志联邦的公民，最后，他们将卢森堡市建成一座防御性超强的城市，因而有“北方的直布罗陀”之称。

这座具有强大防御功能的城市一共由24座碉堡、16个牢固的军事防御系统和一条长达23千米的地下通道所组成。这些通道深达岩石内部约有40米，通道内部不但可容纳数千名士兵和马匹，同时也设有工作室、厨房、面包店和屠宰场等，范围之庞大、通道之复杂，犹如一座迷宫。

立陶宛Lithuania

4 0 0 Total 4

波罗的海三小国中，唯有立陶宛是以国家的状态，维持了将近800年之久。中世纪时曾经和波兰合并成一个国家，成为东欧最大的国家，帝国势力从东边的黑海延伸到西边的波罗的海。如今，立陶宛是波罗的海三小国中世界遗产最多的国家。

★斯特鲁维地质测量点Struve Geodetic Arc详见白俄罗斯(P.97)

维尔纽斯历史中心
Vilnius Historic Centre

1994
文化遗产
历史城区×巴洛克

从13世纪开始，维尔纽斯就是当时的立陶宛大公国的政治中心，一直到18世纪之前，这里都深深受到东欧文化和建筑发展的影响。尽管不断遭受外来侵略，部分建筑物也被摧毁，维尔纽斯仍然保留了大量而繁复的哥特式、文艺复兴式、巴洛克式和古典主义建筑，以及中世纪的城市规划和布局。今天联合国教科文组织不仅把维尔纽斯旧城列入世界遗产名单，还认定这座旧城是全欧洲最大的巴洛克式旧城。

波罗的海三小国的首都中，一般公认塔林整体呈现最美，里加最都会化，而维尔纽斯则是活泼而不拘谨。走进维尔纽斯旧城，那些巴洛克式、像巧克力砖盒子般的天际线，偶尔还穿插着俄罗斯东正教堂的“洋葱头”及天主教堂的尖塔，有的年久失修，有的斑驳陆离，显得些许颓废及脆弱，然而也反映出建筑上的价值以及维尔纽斯人的不拘小节。

维尔纽斯市中心坐落在内里斯河(Neris River)南岸，以大教堂广场为核心。维尔纽斯大教堂位于开阔广场的北面，倚靠在盖迪米诺山脚下，广场对面，就是街道如迷宫般的旧城区。

克拿维考古遗址
Kernavė Archaeological Site

2004
文化遗产
新石器时代遗址×古城遗迹

©www.Lithuania Travel/V Valužis

克拿维考古遗址位于立陶宛东方、维尔纽斯(Vilnius)西北35千米处。这里保留了从10000年前新石器时代到中世纪时期，人类在此活动的种种历史文化遗迹，包括城市、墓地等，其中又以盖在山上的五座堡垒最引人注目。

克拿维在中世纪曾是重要的封建城市，14世纪晚期遭条顿骑兵团摧毁，但至今许多遗迹仍被人们使用着。

©www.Lithuania Travel/K.Driskius

2000

人文聚落景观 × 海岸沙嘴

文化遗产

库尔斯沙嘴 Curonian Spit

库尔斯沙嘴是一座将库尔斯潟湖与波罗的海分隔开来的狭长形沙丘半岛，南端与俄罗斯的桑比亚半岛(Sambian Peninsula)相连，北端接近立陶宛的海港城镇克莱佩达(Klaipėda)，总长98千米，但宽度仅0.4—4千米。

这座沙丘半岛最早在5000年前由冰碛石形成，后来海风与海浪不断带来沙子，使得它逐渐高出海平面。不过大自然的破坏力量无所不在，它能保有今日的样貌，大部分都要归功于当地人从19世纪以来持续进行的造林固沙计划。

如今，沙嘴森林覆盖率高达70%，当地人为了生存，不断随着自然环境的变化而改变生活形态，也造就出这种人与自然交互影响的文化景观，因此这座世界遗产是以文化遗产入列。

*与俄罗斯并列

©www.Lithuania.Travel/V. Valužis

摩尔多瓦Moldova

1 0 0 Total 1

摩尔多瓦是1991年宣布独立的新国家，位于乌克兰和罗马尼亚之间，首都为基希讷乌(Chisinau)，其国家名称来自穿越这个国家的摩尔多瓦河。唯一入选的世界遗产，就是与十个国家并列的斯特鲁维测量点。

2005

文化遗产

地理标志

斯特鲁维地质测量点 Struve Geodetic Arc

这是在一条横跨白俄罗斯、爱沙尼亚、芬兰、拉脱维亚、立陶宛、摩尔多瓦、挪威、俄罗斯、瑞典、乌克兰10个国家的地质测量弧线中，以三角测量法落在这几个国家的测量点。这条测量线总长2820千米，起自挪威的哈默菲斯特(Hammerfest)，终抵黑海，勘测计划是由俄罗斯地质学家斯特鲁维(Friedrich Georg Wilhelm Struve)在1816—1855年间主持，是全球首度对子午线进行长距离的测量，这对于后来确认地图标准绘制，以及在地球科学和地形学上都有相当大的助益。

整条测量线以258个三角定位找出265个主要落点，联合国教科文组织选出34个落点，分别以当初测量时留下的记号为主，包括岩石洞、铁十字架、石堆注记或是纪念碑等。

*与白俄罗斯、爱沙尼亚、芬兰、拉脱维亚、立陶宛、挪威、俄罗斯、瑞典、乌克兰并列。

马耳他Malta

3 0 0 Total 3

马耳他为地中海上的群岛小国，位于意大利西西里岛南方80千米处，陆地面积约316平方千米，首都为瓦莱塔(Valletta)。由于位于地中海的航线要道上，马耳他历史发迹甚早，史前时代考古遗迹更是该国的重要遗产。

©viewingmalta.com

瓦莱塔城 City of Valletta

1980

文化遗产

城市

瓦莱塔是马耳他的首都，形状有如堡垒，四周环绕着厚重的城墙。在瓦莱塔，迄今仍遗留有1522年至1798年间圣约翰骑士团(Hostel of Saint John)所建造的堡垒和宫殿。瓦莱塔的名称即取自骑士团大统领的名字“La Vallette”。由于相继被腓尼基、希腊、迦太基、罗马、拜占庭、阿拉伯所统治，城内有320座建筑遗迹，瓦莱塔可以说是世界上古迹密度极高的城市之一。

瓦莱塔最主要的道路是共和大道，笔直地穿越整个半岛，最后抵达圣艾尔摩(St. Elmo)要塞。道路两旁的建筑物，分属于意大利文艺复兴风格、洛可可和新古典主义样式，外观多为石头原色，唯有造型优雅的阳台被漆成绿色或红色。位于共和大道的大统领宫(The Grandmaster's palace)，原是骑士团长宫殿。首相办公室则是意大利著名建筑师吉罗拉莫·凯撒(Gerolamo Cassar)所设计，原本属于意大利文艺复兴样式，后来于1744年加盖正面的巴洛克墙壁。

©viewingmalta.com

符号说明 登录时间 遗产内容 遗产类型 文化遗产 自然遗产 综合遗产 濒危文化遗产 濒危自然遗产 濒危综合遗产

哈尔·萨夫列尼地下宫殿

Hal Saflieni Hypogeum

1980

文化遗产

史前遗址 × 地下宫殿

马耳他史前时代萨夫列尼时期的地下宫殿，原本是一处圣地，后来却成为大坟场，它是当今世上唯一一座史前时代的地下神庙。1902年时一群挖掘水槽的工人意外破坏了它的屋顶，才使得建立于公元前2500年的哈尔·萨夫列尼地下宫殿重见天日。

地下宫殿共分三层，位于中央的第二层拥有直接凿自一整块大石头的圆形主室、天花板壁画彩绘精致的圣贤室、墙壁上装饰几何图案的装饰室以及用来收集蛇或存放救济品的蛇井等，其中文物大都转放到博物馆收藏。

©viewingmalta.com

©viewingmalta.com

马耳他巨石神殿

Megalithic Temples of Malta

1980，1992

文化遗产

史前巨石文明 × 神殿

马耳他境内有七座史前时期的巨石神殿，其中坐落在戈佐岛(Gozo)的吉甘提亚神殿(Ggantija Temples)，于1980年被列为世界遗产，1992年又将哈加因(Hagar Qim)、塔西安(Tarxien)等神殿列入其中。吉甘提亚神殿大约建于公元前3600—前3000年间，被视为岛上最珍贵的文化遗产。

马耳他的巨石神殿，主要是为了举行祭祀仪式而建造的。从神殿出土的祭坛、神龛、祭刀和神像等，可以得知当时以动物献祭的对象是“丰饶女神”。这位女神的造型是下半身肥硕而夸张，搭配一双纤细的脚，是生殖力的象征，也反映出当时人们独特的审美观。

©viewingmalta.com

北马其顿

North Macedonia

0 0 1 Total 1

北马其顿位于巴尔干半岛上，1991年宣布独立。这是一个不靠海的内陆国，首都为斯科普里(Skopje)。境内有超过50座湖泊，海拔2000米以上的高山也多达16座，入选的奥赫里德地区就是一座人文与自然兼具的综合遗产。

©www.ohrid.com.mk

奥赫里德地区的自然及文化遗产

Natural and Cultural Heritage of the Ohrid Region

1979

综合遗产

湖泊生态 × 拜占庭

坐落于北马其顿的西南方，奥赫里德是欧洲较早有人定居的地方，希腊神话中的腓尼基王子卡德摩斯(Cadmus)，曾在奥赫里德湖畔创立了名为利区尼窦斯(Lychnidos)的城镇。

今日的奥赫里德城建筑大多出现在7—19世纪。它最著名的地方在于一度拥有365间教堂，因而被称为“巴尔干的耶路撒冷”。城内最古老的斯拉夫修道院帕特雷莫(St. Panteleimon)是北马其顿境内最重要的教堂，此外多达800幅年代可上溯到11世纪的拜占庭风格圣像，是继莫斯科的托里托拉可夫美术馆(Tretyakov Gallery)之后，珍藏世上最重要圣像的地方。

奥赫里德在1979年被提报为世界遗产时，是以自然遗产入列的，从新生代的第三纪起，奥赫里德湖就是不少特有淡水动植物的庇护所。一年之后，再把周边属于文化的部分纳入进来，尤其是拜占庭文化，从而成为一座综合遗产。

黑山 Montenegro

3 1 0 Total 4

黑山于2006年5月脱离塞尔维亚而独立，也是南斯拉夫最后一个独立的成员国。这个才刚起步的国家，它的海湾、山脉和森林，都还散发着原始之美，一处自然遗产、三处文化遗产，都是最美的风景。

★史特奇中世纪墓碑墓地Stećci Medieval Tombstones Graveyards详见波斯尼亚和黑塞哥维那(P.104)
★15世纪—17世纪的威尼斯防御工事：陆地之国与海洋之国 Venetian Works of Defence between the 15th and 17th Centuries: Stato da Terra - Western Stato da Mar详见意大利(P.202)

科托尔自然与文化历史区域
Natural and Culturo-Historical Region of Kotor

1979

文化遗产

古城

科托尔位于科托尔峡湾的最深处，背后靠着陡峭的罗浮茜山(Mountain Lovćen)，前方则是一片平静无波的大海湾。

科托尔的历史，就如同亚得里亚海岸的城市，伊利亚人、罗马人、塞尔维亚人、威尼斯人、拿破仑军队、奥地利人轮番主宰……然后是第二次世界大战后铁托的南斯拉夫共产党政权。如今，黑山总算独立，不同的统治者在城市留下了不同的印记。

历史上，科托尔因为有高大厚实的城墙保护，得以免受战乱侵袭，但是1667年的毁灭性大地震，摧毁了科托尔四分之三的建筑。地震引发大火，罹难者的尸体更引来大批老鼠而爆发鼠疫……成为科托尔史上最黑暗的一章，当时12000人仅3000人存活。

这座仿佛被锁在时空胶囊的古城，早在1979年就被纳入世界遗产保护的行列，除了它那欧洲少见的长城般的城墙，还有它融合了各种不同文化，尤其是东正教和天主教两大教派竟能在一座教堂里使用不同角落。过去，科托尔因为海上贸易发达，在这个区域的亚得里亚海扮演重要角色，因而留下珍贵的建筑遗产。

杜米托尔国家公园 Durmitor National Park

1980

自然遗产

冰川 × 湖泊 × 高山生态

创立于1952年的杜米托尔国家公园，由杜米托尔山脉、塔拉(Tara)峡谷、苏齐查河(Sušica)和德拉加河(Draga)以及寇马尼查(Komarnica)峡谷高原组成，面积广达390平方千米。

冰与水的交互作用，在杜米托尔的石灰岩山脉上留下13座冰川湖，被称为“山之眼”(Gorske Oči)。其中最大的一座为“黑湖”(Crno Jezero)，背后就是地标之一、呈圆形的“熊峰”(Međed，海拔2287米)。杜米托尔山脉共有48座高峰超过2000米，最高峰为波波托夫库克(Bobotov Kuk)，海拔2523米。另外深达1300米的塔拉河峡谷，仅次于1500米的美国科罗拉多大峡谷。

这座由冰川形成的国家公园内，遍布溪流与湖泊，除了浓密的针叶林外，还有种类繁多的原生植物，交织出绝美的自然景观。由于此区于中世纪时为塞尔维亚的核心，因此也散布着村落和多座教堂与修道院等古迹。此地冬天是黑山主要的滑雪胜地，夏天则适合健行、泛舟等活动。

符号说明 登录时间 遗产内容 遗产类型 文化遗产 自然遗产 综合遗产 濒危文化遗产 濒危自然遗产 濒危综合遗产

荷兰Netherlands

9 1 0 Total 10

荷兰低于海平面的恶劣环境条件，迫使荷兰人运用一切手段与海争地。运河、风车、堤坝、圩田，无一不是荷兰人表现在治水专长上的明证。事实上，在荷兰的十项世界遗产中，有六项都和其杰出的水利工程有关。另外，还有荷兰在美洲的一座殖民时代的属地入选。

★瓦登海The Wadden Sea详见德国(P.162)

©Netherlands Board of Tourism and Conventions

©Netherlands Board of Tourism and Conventions

斯霍克兰及其周边地区

Schokland and Surroundings

1995

文化遗产

水利工程×土地利用

从史前时代就已然发迹的斯霍克兰，数千年以来不断受到海水泛滥的影响，使得当地居民曾多次被迫搬迁。该区的发展历史与文化，称得上是一部浓缩的荷兰人长期与海抗争的英雄史。

15世纪以前的斯霍克兰原本是一座岛屿，然而19世纪时因为海平面不断上涨、海水入侵的缘故，当地政府不得不于1859年时撤离该处居民。直到20世纪40年代将其围垦并排干须德海(Zuider Zee)海水过后，才再度成为得以利用的土地。如今在这片填海新生的土地上，依旧保留了珍贵的昔日村庄遗迹。

1996

文化遗产

水利工程

阿姆斯特丹的防线

Defence Line of Amsterdam

绵延135千米，环绕着阿姆斯特丹城的防线，建于1883年到1920年之间，是荷兰唯一一个以水力原理所打造的防御工事。自16世纪以来，荷兰人就不断借助他们所擅长的水利工程知识来达到防御目的。

这条防线由45个要塞所组成，控制着复杂的运河及水闸，能够借助自低地涌进来的水来达到防卫功能。

1998

文化遗产

水利工程

沃达蒸汽抽水站

D.F. Wouda Steam Pumping Station

位于荷兰北部弗里斯兰省(Friesland)的沃达蒸汽抽水站，是全世界最大的蒸汽抽水站。它不仅展现了荷兰人顶尖的工程技术，也为全世界的水利工程立下标杆。

荷兰自古就是个与海争地的国家，除了需要围起堤防阻挡海水入侵，还必须借助风车和抽水机排出积水，才能让人民及土地免受水患威胁。1894年，弗里斯兰省遇到严重的水患，为了解决这个问题，官方决定在弗里斯兰省南岸兴建两座新的蒸汽抽水站，并由水务署总工程师德克・弗瑞德瑞克・伍达(Dirk Frederik Wouda)负责执行建造工程。1916年，第一座抽水站开始动工，1920年启用，并且在1947年更名为沃达蒸汽抽水站，直到今天仍在运转。

1997

水利工程

文化遗产

金德代克－埃尔斯豪特的风车群 Mill Network at Kinderdijk-Elshout

金德代克－埃尔斯豪特的风车群标志着荷兰水利史上的一项奇迹。自中世纪开始，荷兰人发现原本只作为动力来源的风车，也可改装成排水的工具，于是在全国各处低地兴建了无数排水用风车。透过复杂的蓄洪与排水结构，让原本早该沉没大海的低地也可以为人所居。

由于科技发展，荷兰境内的风车大多被动力泵取代而拆除，因此像金德代克－埃尔斯豪特这样仍密集保留19座17世纪排水风车及储水区的地方，可谓绝无仅有。就算忽略它在水利史上的意义，其排列壮观的风车群与水圳交错的优美风景，绝对值得专程前往。

符号说明 登录时间 遗产内容 遗产类型 文化遗产 自然遗产 综合遗产 濒危文化遗产 濒危自然遗产 濒危综合遗产

1997 文化遗产 殖民城市 × 荷兰

荷兰美洲属地

荷属安的列斯群岛的威廉斯塔德历史区、内城和港口

Historic Area of Willemstad, Inner City and Harbour, Curaçao, Netherlands Antilles

威廉斯塔德是位于加勒比海群岛上的城市，1634年荷兰人在岛上建立了一个天然而优良的贸易港口。

这座城市历经几个世纪不断的发展具有了几项重要的历史意义，其中包括其建筑不但展现出欧洲城市设计的概念，而且呈现出荷兰、西班牙及葡萄牙殖民城市的风貌。

1999 文化遗产 水利工程 × 土地利用

比姆斯特尔圩田

Droogmakerij de Beemster (Beemster Polder)

此为荷兰最早开发的圩田，可以追溯到17世纪初叶，也是开发计划中的杰作。无论道路、运河、堤坝皆保存完整的景观，完全遵照古典主义及文艺复兴的思维和原理。这个开发案代表着人类在社会与经济扩张时，在与海争地上又向前迈进了一大步。

©Netherlands Board of Tourism and Conventions

©Netherlands Board of Tourism and Conventions

©Netherlands Board of Tourism and Conventions

2000 文化遗产 现代建筑

里特弗尔德设计的施罗德住宅

Rietveld Schröderhuis (Rietveld Schröder House)

建于1924年的施罗德住宅是著名建筑师里特弗尔德(Gerrit Thomas Rietveld)第一间完整设计的新房子，从外到内都彻底地和委托人施罗德太太(Truus Schroder-Schrader)讨论。里特弗尔德利用把空间分解成平面以及无限坐标空间的理念，结合使用者的习惯和对各种空间的要求，完成极简却又符合使用者所有需求的风格派机能住宅，被认为是当时欧洲最前卫的建筑。

此住宅的最大特点即在于施罗德太太主要活动的楼层一楼和二楼。结合了餐厅、起居室、卧室、书房等区域，却不以固定的墙壁切割空间，而是以活动的隔板作为临时性的间隔。当隔板完全打开时，是完整的一片活动空间；但当隔板拉起时，固定的插座、洗手盆、书桌、衣橱、床铺和其他流动家具等，又可以马上转化各个小单位成个别机能空间。除了无墙壁阻隔外，大片的玻璃窗、彩色支架和遮阳板穿插在纯白的主体上，让室内和户外有水平的延伸联结，更是影响后来许多当代建筑的技法。

2010

文化遗产

水利工程 × 运河

辛格尔运河以内的阿姆斯特丹17世纪运河环形区

Seventeenth-Century Canal Ring Area of Amsterdam inside the Singelgracht

辛格尔运河环绕着阿姆斯特丹市中心，17世纪时，为了解决大量移民所带来的欠地问题，阿姆斯特丹决定展开一项大型都市更新计划——兴建运河环形区。从此，辛格尔运河成为该市最外缘的边界。这片紧邻城墙的历史都会区以水道建构而成，包括旧城由西到南的水道网，以及围绕旧城的中世纪港口。

在这项长期计划中，阿姆斯特丹借助同心弧形运河系统排干沼地，并通过填满运河之间的空间来扩充土地面积，这些新生的居住地让同质性的都市建筑获得整体性发展，包括拥有山形墙的运河屋等许多古迹。直到19世纪，阿姆斯特丹的运河环形区都是世界大型城市计划的参考范本。

©Van Nellefabriek

©Van Nellefabriek

©Van Nellefabriek

2014

文化遗产

工业遗产

凡尼那工厂 Van Nellefabriek

凡尼那工厂建于1920年，当时是鹿特丹西北部斯帕瑟-博尔德(Spaanse Polder)工业区的茶、咖啡和烟草工厂。由钢铁和玻璃组成的大面积帷幕外墙，是20世纪现代化工业建筑的经典之作。

凡尼那工厂被视为“理想工厂”，提供了充足的照明和愉悦的工作环境，至今仍作为鹿特丹的商业中心使用。建筑本身是一战至二战期间现代主义和功能主义的代表，同时见证了荷兰长期以来自热带国家进口食品、加工并行销欧洲的商业和食品工业轨迹。

符号说明 登录时间 遗产内容 遗产类型 文化遗产 自然遗产 综合遗产 濒危文化遗产 濒危自然遗产 濒危综合遗产

挪威Norway

7 1 0 Total 8

挪威人的祖先维京人是了不起的航海家，挪威的世界遗产中，或多或少都与维京人的文化相关。此外峡湾是挪威狂野的灵魂，经过冰川千万年不断的挤压、挖掘，形成地面上深长弯曲的烙印，也是挪威最美丽的自然景观。

★斯特鲁维地质测量点Struve Geodetic Arc详见白俄罗斯(P.97)

布吕根 Bryggen

1979

文化遗产

汉萨同盟城市

布吕根是挪威第二大城卑尔根(Bergen)市区里最古老的地区。卑尔根在14—16世纪中叶为汉萨同盟(Hanseatic League)的贸易中心，而布吕根则是当时商人居住和活动的区域。现今这块地区仍保留当时的建筑结构，为这段汉萨同盟的历史做了最好见证。

卑尔根这个城镇是由国王奥拉夫(Olav Kyrre)于1070年建立，当时，作为挪威首都的卑尔根，拥有鱼类贸易的垄断权；到了12世纪，斯韦勒(Sverre)国王下令布吕根一带为贵族商人的居住地；接着，1350年，强大的汉萨同盟势力伸入卑尔根地区，他们利用港口掌管各种食物和原料的往来贸易，并在布吕根沿着狭窄的街道与港口平行建立居住的房舍。这些房子最常见的特色为：以山墙立面的三层楼木造建筑，外侧则以木板联结而成一个长形的建筑，并共同围绕着一个庭院。在庭院的后头，有一个以石头建造的小仓库，除了用以储藏食物，也有防火功能。

从14世纪德国商人将卑尔根作为主要贸易城镇并建立家园开始，布吕根等于是整个社会形态的缩影。只是在1955年以前，这里陆续发生过数次火灾，让这些中世纪的木造建筑遭到严重损毁，所幸，它们仍依照原有的形式和建造方式重建而成。现今游客仍能从这些赭红、鹅黄、奶油色等鲜艳却又古典的62栋建筑物中窥看当时德国商人的群居面貌。

©Visitnorway.com/Per Eide

奥尔内斯木结构教堂 Urnes Stave Church

1979

文化遗产

教堂

奥尔内斯木结构教堂位于松恩－菲尤拉纳郡(Sogn og Fjordane)，建于公元1130年左右，是北欧地区传统全木造建筑中最出色的范例。其外墙是由木板垂直嵌叠而成，与一般以水平方式搭建的木结构建筑不同。

本教堂除了采用北欧及罗马式建筑的空间架构，也承袭了维京时代精湛的木工技术，以及以动物造型为主题、俗称“奥尔内斯风格”(Urnes style)的装饰手法。这种装饰手法可见于教堂的北墙入口，该入口刻有一条蜷曲向上的蛇，底下有只四足动物把蛇咬住。根据基督教的图解研究，这象征了善恶两方永无休止的战争。

1980
文化遗产
矿业景观
×
铜矿

勒罗斯铜矿镇及其周边特许区

Røros Mining Town and the Circumference

勒罗斯位于多山地区，该区从17世纪开始开采铜矿，直到1977年才停止，历史有三百多年。

勒罗斯镇于1679年被瑞典军队彻底破坏后原地重建，目前留有约2000栋一二层楼的木造冶炼房，大部分都保留了原来房舍的正面以及熏黑的模样，外观就如同中世纪的城镇。

城镇周边的缓冲区也被纳入世界遗产范围，是1646年特许给丹麦－挪威皇冠(Danish-Norwegian Crown)这家矿业公司，也见证了在一个气候严酷、遥远的地方，因为铜矿的开采，一种矿业文化的建立及发展过程。

©Visitnorway.com/Johan Berge

©Visitnorway.com/Terje Rakke/Nordic Life AS

©Visitnorway.com/Terje Rakke/Nordic Life AS

1985
文化遗产
新石器时代遗址
×
史前岩画

阿尔塔岩画 Rock Art of Alta

阿尔塔岩画分布于挪威芬马克郡(Finnmark)北极圈内的阿尔塔峡湾一带，创作时间可回溯到公元前4200年至前500年，相当于新石器时代晚期、金属时代早期，是全世界极为重要的史前时代岩画遗址。

阿尔塔岩画的考古研究工作始于1967年，自1972年首批史前岩画在西吉姆卢弗特湾(Hjemmeluft)出土以来，考古人员总共在7处区域45个场址发现了6000多幅岩画及石刻艺术。其中以西吉姆卢弗特湾的岩画最为丰富，大约有3000多幅，而这里也成为阿尔塔史前博物馆的所在地。

这些由史前居民创作的岩画，内容包括驯鹿、麋鹿、熊、狼等各种动物图像，以及渔猎、宗教仪式和农耕场景，真实反映了当时萨米人在北极圈边缘生活的情形。

©Visitnorway.com/Kurt Hamann

©Innovation Norway/ Ian Brodie/visitrjukan.com

2015
文化遗产
工业景观

尤坎－诺托登工业遗产

Rjukan-Notodden Industrial Heritage Site

尤坎－诺托登坐落在壮丽的群山、瀑布、河谷之间。这里有水力发电厂、输电线路、工厂、交通运输系统以及城镇，全部都由挪威水电公司(Norsk-Hydro Company)于20世纪初所建设。其目的主要是从空气中抽取氮气，来生产人造肥料，以适应20世纪初西方世界农业快速成长的强烈需求。

尤坎－诺托登主要由工人的家和维持城镇运作的社会机构构成，并有铁道和渡轮连接到码头，让肥料得以运送出去。这座遗产不但展现了工业与自然景观的完美结合，更是20世纪初一个全球性工业的全新案例。

符号说明 登录时间 遗产内容 | 遗产类型 文化遗产 自然遗产 综合遗产 濒危文化遗产 濒危自然遗产 濒危综合遗产

©Visitnorway.com/Bjørn Jørgensen

©Visitnorway.com/CH

2004
人文聚落景观
×
岛屿
文化遗产

维加群岛 Vegaøyan — The Vega Archipelago

维加群岛位于北极圈南方，有数十座岛屿，海域面积1037.1平方千米，陆地面积则为69.3平方千米。

从岛屿上的考古遗迹来看，人类活动最早可追溯到石器时代，在如此荒凉的环境下，岛上住民主要以捕鱼和生产凫绒为生。岛上有渔村、码头、仓库、灯塔、农地，以及让凫鸭筑巢的屋舍，到了9世纪时，这里一度是凫绒生产重镇，约占岛民三分之一的收入。1500年来，维加群岛的岛屿景观反映出这种半渔、半农、半牧的生活方式。

2005

自然遗产

峡湾

西挪威峡湾——盖伦格峡湾和纳柔伊峡湾

West Norwegian Fjords—Geirangerfjord and Nærøyfjord

英文“Fjord(峡湾)”这个词，实来自挪威语，指深入内陆的狭长海湾。数百万年前，北欧斯堪的纳维亚半岛被厚达1000米以上的冰川层所覆盖，缓慢移动的冰川不断推挤、磨蚀、向下切割，形成绵长的U型深谷。经过几万年反复不断的冰川消融、海水上升入侵，造就了今天人们所看到的陡崖、峭壁、飞瀑、冰川湖等绝奇景色。

挪威西部的峡湾又被誉为世界上最经典的峡湾地形，其中盖伦格峡湾和纳柔伊峡湾两段峡湾在2005年因为其独特、雄伟的地理景观，堪称挪威峡湾地形中景致最出众的峡湾，而被列入世界自然遗产名单中。

盖伦格峡湾位于海勒叙尔特(Hellesylt)和盖伦格(Geiranger)两座小村落之间，仅仅15千米长，却因其峻、奇、险堪称挪威峡湾的代表，而被称为“挪威峡湾之王”，不论从陆路或水路进入湾区，都有不同风情。

波兰Poland

14 1 0 Total 15

夹处于俄罗斯和西欧、东欧、北欧之间，波兰就像它被轮番侵略的历史一样，文化面貌复杂而多元。除了屈指可数的自然遗产，其余几乎都是在东西强权逼迫下遗留的痕迹。这当中有自发的光芒，也有悲凄的伤痕。

克拉科夫历史中心

Cracow's Historic Centre

1978

文化遗产

历史城区

克拉科夫是目前波兰第三大城市，人口约77万，由于是波兰境内少数未被战火波及的城市，从而得以保留大量完整的中世纪和文艺复兴建筑。不论是历史建筑、纪念物，还是艺术作品，都没有第二座波兰城市能与之匹敌。

传统上，克拉科夫就是波兰的文化中心，不仅仅是传承古典，在现代艺术与文化方面，克拉科夫也享有极高地位。这座城市诞生了切斯瓦夫·米沃什(Czesław Miłosz)和维斯拉瓦·辛波斯卡(Wisława Szymborska)两位诺贝尔文学奖得主，而史上第一位波兰籍教宗若望·保禄二世，也出身于克拉科夫。

克拉科夫旧城是在1257年鞑靼人入侵之后所规划设计的，总共有两道绵延3千米的厚实防御城墙、47座塔楼、8座城门及一条护城河。如今几乎所有的克拉科夫知名景点都位于旧城之内。

符号说明 登录时间 遗产内容 遗产类型 文化遗产 自然遗产 综合遗产 濒危文化遗产 濒危自然遗产 濒危综合遗产

1978

文化遗产

矿业景观 × 盐矿

维利奇卡盐矿 Wieliczka Salt Mine

维利奇卡一带从新石器时代起就发现了盐矿，一直到公元1世纪才有被开采的记录，而正式被大幅开采制盐则是从10世纪开始。现在的维利奇卡盐矿从1290年开始，至今已经有700多年历史，也可以说是波兰历史最悠久的、始终运行不辍的一座工厂。

整个盐矿区由九层密密麻麻、仿佛迷宫般的隧道构成，最深达地下327米。一般游客只能参观地下64—135米之间的最上面三层。搭乘电梯到达地下64米的第一层，经过一个又一个盐坑，可以陆续看到用盐制成的礼拜堂和圣人雕像，都是长年在此采盐的工人在工作之余慢慢雕琢出来的，让虔诚的信徒即使不能到教堂去，也可以在盐坑中祷告。除了宗教的需求外，有些盐洞记载的是采矿工人的工作情形，提供给后人更多的想象。

随着阶梯不断往下，沿途还可经过地下咸水湖泊、高达36米的大厅，以及餐厅、会议室、博物馆等，其中最壮观的就是圣金加礼拜堂(St. Kinga's Chapel)。整座教堂长54米，宽约17米，高12米，从1895年到1927年，花30多年时间移出2万吨岩盐才完成。礼拜堂里，从主祭坛的圣金加神像、前教宗若望·保禄二世雕像，到水晶吊灯、《最后的晚餐》等壁画，全数都是由岩盐雕琢而成。

1979

文化遗产

战争遗产

奥斯维辛集中营

Auschwitz-Birkenau—German Nazi Concentration and Extermination Camp

奥斯维辛原本只是一座小镇，然而自从第二次世界大战期间，纳粹德军在此设立集中营，并且大量屠杀无辜的生命后，便成为波兰境内历史伤痕最深的地方。

奥斯维辛位于克拉科夫西方60千米，它的波兰名“Oświęcim”也许名不见经传，但德文名字“Auschwitz”却是恶名昭彰。

1940年4月，纳粹德军在奥斯维辛郊外的前波兰军队营房设立了这座集中营。最早的时候，本来只打算用来关波兰的政治犯，没想到后来却变成欧洲犹太人的灭绝中心。据统计，超过150万人、27个国籍的人死于这座“杀人工厂”，也可以说是人类最大的集体坟场，这里面包括110万犹太人、14.5万波兰人、2万罗马人、1万俄罗斯人，以及吉卜赛人、捷克人、南斯拉夫人、法国人、奥地利人……而最初的营房已经不敷使用，于是1941年在奥斯维辛西方3千米处的比尔克瑙(Birkenau)又设立了面积更大的奥斯维辛二号(Auschwitz Ⅱ)。

后来纳粹败逃之时，奥斯维辛和比尔克瑙的集中营只有少数遭到破坏，其余则完好地保留至今，恰为那段残酷的历史留下见证。坚实的围墙、装刺的铁丝网、严酷的瞭望哨，还有枪决台、毒气室、焚化场……集中营如今已改为博物馆，却掩饰不住弥漫在周遭的阴森与肃杀。

1980

文化遗产

历史城区

华沙历史中心

Historic Centre of Warsaw

华沙是波兰首都及最大城市，同时是波兰的经济、文化和科学中心。以波兰的标准来说，华沙是一座年轻的城市。当许多波兰古城已经在庆祝它们的建城500周年时，华沙才刚从一片森林中冒出头来。直到14世纪初，马佐维亚公爵(Mazovia)在今天的皇家城堡所在地盖了一座堡垒，一座中世纪城镇渐渐成形。1611年，波兰定都华沙，完全扭转了华沙的命运，不仅是政治，经济、科学、文化、艺术都紧跟着蓬勃发展起来。

近代史上，影响华沙最深远的，当属第二次世界大战期间，纳粹德军长达5年的占领，以及1943年犹太起义(Ghetto Uprising)和1944年的华沙起义(Warsaw Uprising)，总共造成华沙85%的建筑被毁，80万华沙居民牺牲，超过战前华沙总人口的一半。

今天整座城市都是从瓦砾堆中重建的，仿佛一只浴火凤凰，华沙以快速重建证明其民族的生命力和韧性。不论城市景观还是内在精神的表现，华沙所呈现的都是新与旧、东与西的融合，最不可思议的，便是旧城的复原与重建。

民族性坚韧的波兰人以强烈的决心重建家园，找出许多历史照片、绘画、电影等文献资料，加上居民的生活记忆，重新打造出未受损坏前的旧城面貌。在1949年到1963年之间，重新恢复了华沙17、18世纪的旧观，不仅努力保留了历史，也再现了华沙极盛时期的风华。

1979
自然遗产
森林

别洛韦日自然保护区

Belovezhskaya Pushcha / Białowieża Forest

别洛韦日自然保护区位于波罗的海与黑海的分水岭，横跨白俄罗斯与波兰边境，年代可回溯到公元前8000年，是欧洲目前仅存的一片原始森林，也是极为珍贵的自然区。这里不仅生长着长青阔叶树、针叶树等900种植物，还孕育了许多稀有的哺乳动物，包括驼鹿、狼、貂、山猫以及欧洲最重的陆上动物——欧洲野牛。

1921年，波兰政府为了保护古老的森林资源，并且复育数量稀少的欧洲野牛，在此正式成立比亚沃维耶扎国家公园，面积占整个原始森林的1/10，而这座国家公园也是欧洲历史悠久的国家公园之一。

*与白俄罗斯并列

1992
历史城区
文艺复兴
文化遗产

扎莫希奇旧城

Old City of Zamość

扎莫希奇位于波兰东南方联结黑海与西欧、北欧的贸易要道上，由来自意大利帕多瓦的建筑师柏纳多·莫兰多(Bernando Morando)负责城市规划，是16世纪晚期文艺复兴城市的完美典范。旧城区至今仍保存了原始的规模，包括城堡和众多融合意大利与中欧传统的古老建筑。

中世纪城镇托伦

Medieval Town of Toruń

1997

文化遗产

城镇 × 汉萨同盟城市

位于华沙西北方的托伦，是波兰古老而美丽的中世纪城镇之一。旧城里众多的哥特式建筑，洋溢着中世纪的氛围，也留存着当年经济、科学、文化高度发展的见证。

托伦位于维斯瓦河(Wisła)畔，拥有八百多年历史，也是前条顿骑士团(Teutonic Order)势力范围的南缘，目前是个人口约20万的小城市。

托伦虽然没有靠海，但是位于把波罗的海沿岸出产的琥珀运往华沙或克拉科夫的重要路线上。古代这里是多条贸易交通要道的交会点，扮演着维系北欧和西欧间、中欧和东欧间沟通的重要角色，所以在汉萨同盟时期成为欧洲繁荣的城市之一。

除此之外，托伦更广为人知的一点，就是它是伟大天文学家哥白尼(Miko aja Kopernika)的故乡。托伦幸运之处，在于两次世界大战中都没有遭受到太大的破坏，所以古迹保存得相当完整，也让它保有浓郁的中世纪气息。

马尔堡的条顿骑士城堡 Castle of the Teutonic Order in Malbork

1997 文化遗产 城堡

位于波兰北部的马尔堡城堡，曾经是德意志条顿骑士团总部。始建于13世纪，在1309年后再度扩建，成为规模宏大且工法精致的中世纪砖造建筑群。

城堡在第二次世界大战中曾遭严重损毁，但后人根据遗留下来的建筑和文献仔细重建，又恢复了本来的风采。

2006 文化遗产 现代建筑

弗罗茨瓦夫百年厅 Centennial Hall in Wroclaw

弗罗茨瓦夫百年厅建于1911—1913年的德意志帝国时期。此厅为多功能的混凝土建筑，建筑师麦克斯·伯格(Max Berg)将之设计为四叶草形状，中央的圆形大厅可容纳6000名观众，圆形屋顶有23米高，由钢与玻璃构成，其建筑形式与工法均对20世纪初期的现代建筑有很大的影响。

©Poland Tourism

2004 园林 文化遗产

穆斯考尔公园 Muskauer Park

穆斯考尔公园建于19世纪初，是欧洲园林中相当重要且出色的代表之一。它并不以创造一个经典或天堂般的景致为目标，而是以当地的植物来塑造景观，是在城市里兴建园林的先驱，也为后世的“园林建筑”提供了最佳范例，影响所及包括欧洲及美洲。穆斯考尔公园位于德国及波兰边界，是两国共同完成的完美杰作，也更显其珍贵。

*与德国并列

©Poland Tourism

1999 文化遗产 矫饰主义建筑及园林

卡尔瓦里亚·泽布日多夫斯卡：矫饰主义建筑及园林景观 Kalwaria Zebrzydowska: the Mannerist Architectural and Park Landscape Complex and Pilgrimage Park

本处世界遗产位于波兰南部克拉科夫(Kraków)附近的卡尔瓦里亚·泽布日多夫斯卡镇，是一处结合自然环境与宗教含义的建筑及园林景观。

公元1600年，克拉科夫总督米柯拉伊·泽布日多夫斯基(Mikolaj Zebrzydowski)首先在他城堡坐落的山丘上兴建“受难小教堂”(Chapel of the Crucifixion)，作为个人祈祷之用。后来他接受方济会修士的建议，扩大建造规模，并且以圣城耶路撒冷的样貌为范本，利用当地的自然环境打造一系列具有象征意义、富有矫饰主义风格的建筑群。这些小教堂及修道院充分反映了耶稣受难以及圣母玛利亚的一生，至今依然是各地信徒朝圣礼拜的场所。

2001 教堂 文化遗产

亚沃尔和希维德尼察的和平教堂 Churches of Peace in Jawor and Swidnica

坐落于亚沃尔和希维德尼察的和平教堂，在波兰西南部的西里西亚(Silesia)地区，是欧洲规模最大的纯木结构教堂，建于17世纪中叶。

当时迫于皇帝的压力，教堂仅以木料和泥土构成，但却以朴素平实的外观屹立数百年，不仅见证了当时激烈的宗教与政治斗争，更体现了对于宗教自由的追求。

2003 文化遗产 教堂

小波兰省南部的木造教堂

Wooden Churches of Southern Little Poland

小波兰省南部的木造教堂建于16世纪晚期。有别于罗马天主教文化中其他石造教堂，这里是采用东欧与北欧常用的木造工法，无论建材还是形式，都可以说是中世纪教堂建筑中的特例。这些教堂在贵族的支持下修建，因而成为当时人们社会经济地位的象征。

2013 文化遗产 教堂

波兰和乌克兰的喀尔巴阡地区木造教堂

Wooden Tserkvas of the Carpathian Region in Poland and Ukraine

这些坐落于波兰和乌克兰两国境内、喀尔巴阡地区的木造教堂，位于中欧的东缘，共有16座教堂入选。

这些建于16—19世纪，以横式原木及当地传统建筑元素打造的教堂，都是喀尔巴阡地区东正教社区的信仰中心。教堂里的空间主要分成三部分，教堂顶端的穹顶，则为四边形或八角形；而东正教堂内部的圣像屏、彩绘装饰及具有历史感的家具摆设，都是不可或缺的。此外，木造钟楼、庭院、门屋、墓园也都是这些教堂主要的构成元素。

*与乌克兰并列

2017 文化遗产 矿场 × 地下水系统

塔尔诺夫斯克山的铅锌银矿场与其地下水管理系统

Tarnowskie Góry Lead-Silver-Zinc Mine and its Underground Water Management System

这处矿场是中欧主要矿区之一，坐落于波兰南方的上西里西亚(Upper Silesia)地区，是波兰最大的地下铅锌银矿场。整个地下矿场包括矿井、通道、艺廊及地下水管理系统。其设施多位于地底下，而地下水管理系统首创公共排水系统，其持续运作了三个世纪，既供应工业用水，也满足了城镇人口的用水需求。

符号说明 登录时间 遗产内容 遗产类型 文化遗产 自然遗产 综合遗产 濒危文化遗产 濒危自然遗产 濒危综合遗产

葡萄牙Portugal

14 1 0 Total 15

15世纪晚期到16世纪中期，葡萄牙海权主义在曼努埃尔一世执政时达到巅峰，由此发展出独特的曼努埃尔式(Manueline)建筑和艺术。葡萄牙不少世界遗产都是这个时代的产物，而大西洋上的几座世界遗产小岛，也都是航海时代被葡萄牙所征服的。

1983 修道院 × 曼努埃尔式建筑 文化遗产

托马尔的基督教女修道院

Convent of Christ in Tomar

托马尔的基督教女修道院位于里斯本东北方143千米处，其前身为创立于12世纪的圣殿骑士堡垒。由于圣殿骑士从伊斯兰教徒手中收回了不少失地，因而在基督教世界的资助下扩建了显赫一时的修道院，成为“收复失地运动”(Reconquest)中的象征。

然而随着14世纪圣殿骑士团的消失，1344年时该修道院改变了最初的设计结构，摇身一变成为基督教女修道院，展现了葡萄牙曼努埃尔时期(Manuel)对于外来文化开放的一面。除了融合罗马、拜占庭风格以及堡垒和教堂式样外，装饰彩砖的哥特式回廊和葡萄牙首座双层回廊，都说明它重要的文化与历史价值。

1983 殖民城市 文化遗产

亚速尔群岛的英雄港中心区

Central Zone of the Town of Angra do Heroismo in the Azores

英雄港坐落于亚速尔群岛的特赛拉岛(Terceira)。这座当地最古老的城市，是昔日亚速尔群岛的首府。15世纪时随着葡萄牙东印度公司的崛起，这里成为重要的贸易与军事港口，整日帆船川流不息的盛况，直到19世纪轮船出现时才停歇。

在长达四个世纪的巅峰时期，英雄港市区出现大量宫殿、修道院、教堂与城墙，令人为这座小岛上的小城能有此番发展规模而感到震惊。而它今日的名称来自玛莉亚二世，这位葡萄牙皇后于1830—1833年间曾避居于此，因为当地居民勇敢奋战，于是赋予它“英雄”的名号。

©Turismo de Portugal/Associacao de Turismo dos Açores

1983

文化遗产

修道院 × 曼努埃尔式建筑

巴塔利亚修道院

Monastery of Batalha

曼努埃尔式建筑是葡萄牙在15世纪晚期到16世纪中期，因极力发展海权主义而在艺术和建筑上出现的其独特建筑风格，取名自当时执政的曼努埃尔一世。其建筑特色在于扭转造型的圆柱、国王纹章和雕饰精细又繁复的窗框，同时运用大自然图像，如在石头上镶着贝壳、锚等。

以淡色石灰岩建造的巴塔利亚修道院，伫立在巴塔利亚镇中心，除了建筑本身是杰作外，还与葡萄牙14、15世纪的历史息息相关。卡斯蒂利亚国王朱安(Juan)与葡萄牙公主联姻，但对葡萄牙国王的王位虎视眈眈，在1385年派兵攻打葡萄牙。当时身兼埃维斯骑士团指挥的若昂(Joào)发誓，如果赢得胜利，将兴建一座纪念圣母的伟大修道院。最后，葡萄牙人赢得这场战役，若昂也成为葡萄牙国王。修道院便于1388年开始兴建，一直到1533年才大致完工。

建筑本体包括教堂、皇家回廊、创立者礼拜堂、修士大会堂等，都是以火焰形式的哥特风格在1434年完工的。不过，在15、16世纪增添的曼努埃尔式建筑，主导了整个修道院的风格。

符号说明 登录时间 遗产内容 遗产类型 文化遗产 自然遗产 综合遗产 濒危文化遗产 濒危自然遗产 濒危综合遗产

1983
文化遗产
修道院 × 纪念物 × 曼努埃尔式建筑

里斯本的热罗尼莫斯修道院与贝伦塔

Monastery of the Hieronymites and Tower of Belém in Lisbon

为了纪念达伽马(Vasco da Gama)发现前往印度的航海路线，曼努埃尔一世于1502年下令建造了这座热罗尼莫斯修道院，一直到1572年才完工。整个设计起先是哥特式的风格，随着设计师去世，接手的西班牙建筑师加入了文艺复兴式的色彩，以航海、风景、人物装饰的精致大理石壁雕，展现世界独一无二的葡萄牙哥特风味。修道院完工后一直作为当时即将出海冒险和征战水手的心灵祈祷圣地。达伽马等人的棺木就停放于修道院的教堂里，欧盟成员国领导人也是在此签署了《里斯本条约》。

离热罗尼莫斯修道院不远的贝伦塔，也是由曼努埃尔一世下令建造的。宛如城堡般的奇特造型与略具摩尔风格装饰的贝伦塔，在1515—1521年间建造，这时便是葡萄牙航海冒险的时期，许多冒险家都是由此出发前往全球各地探险，因此也成为海上冒险的象征建筑物，又有“世界尽头，海洋起点”的称号。

1986

文化遗产

历史城区

埃武拉历史中心

Historic Centre of Évora

埃武拉旧城被保存完整的摩尔城墙所包围。15世纪时，这里成为葡萄牙王室的行宫，城里石板街道和优雅的建筑，有股浓浓的中世纪城镇风味。当地的建筑十分有特色，白墙、花砖，加上饰以花草动物花纹的铸铁阳台，营造出独特的风韵，而这种建筑特色在日后更多地影响了巴西的建筑。

外形酷似碉堡的大教堂(Sé)是当年冒险家达伽马前往印度前祷告的教堂，而教堂一旁的圣器艺术博物馆收藏了许多教会的十字架、金银器与圣杯。附近还有个埃武拉博物馆，罗马式的廊柱、摩尔窗，加上现代的雕刻品收藏，还有葡萄牙自然派与佛兰德斯的绘画作品，内容丰富。

1989

文化遗产

修道院

阿尔科巴萨修道院

Monastery of Alcobaça

阿尔科巴萨修道院是葡萄牙境内规模较大的中古建筑群之一。葡萄牙首任国王阿方索·亨利克斯(Afonso Henriques)曾向熙笃会的创始人圣伯纳德(St. Bernard)发誓，若能成功击退摩尔人，将为熙笃会兴建修道院。当阿方索于1147年成功地击退摩尔人时，1178年便开始大兴土木，直至1223年才完工。修士们在此过着自给自足和奉献教会的工作，1269年起办学回馈乡梓。教堂则是葡萄牙现存最高大的哥特式建筑。教堂里有两座石棺，诉说着佩德罗一世(King Pedro I)与英娜斯(Inês de Castro)之间的凄美爱情故事。

修道院的回廊十分漂亮，一楼雕有花饰窗格的拱门，建于14世纪狄尼斯国王执政时，而二楼的曼努埃尔式建筑则是在16世纪加上的。在回廊西北边有间国王厅(Sala dos Reis)，也就是现今的修道院入口处，这是在18世纪时所增添的，里面有葡萄牙历任国王的雕像，厅堂四周镶有描述建造修道院故事的青色瓷砖。

1996 文化遗产 历史城区 × 桥 × 修道院

波尔图历史中心、路易一世桥和赛拉多皮拉尔修道院

Historic Centre of Oporto, Luiz I Bridge and Monastery of Serra do Pilar

葡萄牙的第二大城波尔图坐落于杜罗河(Douro)河口，它是葡萄牙北部重要的文化与经济中心，以生产和外销葡萄牙最著名的波特酒(Port wine)而闻名于世。

这座拥有杰出都市景观的城市，名字衍生自“港口”这个词。回溯其历史，早在公元4世纪就是一座重要的商业港口。今日错落于区内的各色古迹，从罗马式唱诗班席、新古典主义的股票交易所，到曼努埃尔风格的教堂等，都能看出它长达两千多年的发展史，以及对外与西方世界的文化和贸易联系。

除了波尔图的历史中心区，该城市最显眼的地标路易一世桥，以及杜罗河对岸、位于加亚村(Vila Nova de Gaia)的赛拉多皮拉尔修道院，也被纳入世界遗产范围。

1998，2010 文化遗产 旧石器时代遗址 × 史前岩画

科阿峡谷和席尔加·维德史前岩石艺术遗址

Prehistoric Rock Art Sites in the Côa Valley and Siega Verde

拥有现今全世界最重要的史前人类艺术活动遗迹的科阿峡谷，位于葡萄牙东北部的群山间。这些年代距今上万年的旧石器时代晚期岩石雕刻艺术，以山羊、马匹和古代野牛等经常出现于西欧早期艺术的特色动物为主题，其他发现还包括鱼拓，以及铁器时代以后的人形雕刻。纤细线条刻画的人物大多是小头、佩剑、双腿细长、骑在拥有细长身躯马匹上的战士。

17世纪开始，当地再度兴起岩石艺术，主题转而与宗教相关，到了20世纪中期这里甚至出现飞机、火车和船只等现代产物，见证人类艺术与文化的漫长发展。2010年联合国教科文组织再度扩大遗产的范围，把西班牙境内的席尔加·维德也纳入进来。

*与西班牙并列

1995

文化遗产

人文聚落景观 × 城市

辛特拉人文景观

Cultural Landscape of Sintra

辛特拉被森林与冷泉所围绕，自古以来这里就是葡萄牙国王最喜爱的夏季避暑胜地，再加上这里建筑仍旧保有浪漫的风格，让辛特拉成为一个既怀旧又浪漫的古典山城。浪漫派的英国诗人拜伦(Lord Byron)也在他的游记中对辛特拉赞誉有加。

19世纪时，辛特拉变成欧洲第一个浪漫主义建筑的中心，费迪南二世(Ferdinand II)把一处废弃的修道院改造成一座城堡，内部融合了哥特式、埃及式、摩尔式、文艺复兴时期等各种建筑风格，同时打造一座花园，里面种植了本地及各种异国的树种。而山坡周边的住宅区，结合了花园和公园的设计规划，也影响到后来欧洲城市建筑景观的发展。

2001

农业景观 × 葡萄园

文化遗产

上杜罗河葡萄酒区 Alto Douro Wine Region

上杜罗河成为葡萄酒乡的历史已将近2000年，根据考古证据，早在公元3—4世纪的西罗马帝国末年时，这里已经开始酿制葡萄酒。17世纪下半叶波特酒的出现，让该区的葡萄园不断扩张，到了18世纪时，波特酒不但成为上杜罗河的主要产品，更以绝佳的品质跻身世界名酒之列。

上杜罗河当地的景观因为这项人类长期发展的产业活动而形成独特的面貌，葡萄园、酒庄、村落、教堂以及道路，勾勒出传统欧洲葡萄酒区的景象，也反映出随时间变迁的酿酒业，在技术以及社会等各方面的发展。

©Turismo de Portugal_Jose Manuel

符号说明 登录时间 遗产内容 遗产类型 文化遗产 自然遗产 综合遗产 濒危文化遗产 濒危自然遗产 濒危综合遗产

1999

自然遗产

森林
×
月桂树

马德拉群岛的月桂树森林

Laurisilva of Madeira

15世纪初，葡萄牙航海家发现了位于该国西南方的马德拉群岛，这些几百万年前因地壳运动和火山喷发形成的岛屿，以分布广阔且年代久远的月桂树森林而闻名，是当今全世界最大的月桂树林。

特别是其中将近90%的面积都属于原生林，也因此拥有大量当地特有且珍贵的生物，像是马德拉长趾鸽，以及稀少的苔藓、蕨类和开花植物，多达66种的维管束植物等，此外，它还是许多无脊椎动物的家。

©Tourism de Madeira

2001

历史城区

文化遗产

吉马朗伊什历史中心

Historic Centre of Guimarães

作为葡萄牙王国第一位国王阿方索一世(Afonso I of Portugal)诞生地的吉马朗伊什，是一座兴建于公元4世纪的葡萄牙北方城市，至今其城墙上还有一段醒目的文字，诉说这个发源于12世纪的南欧国家历史。吉马朗伊什在12—16世纪时进入发展巅峰，出现多座地标性建筑和华美的别墅，16世纪时该城已出现水渠等大规模城市建设规划，17世纪时还修筑了沃邦式防御工事。

如今这个区内各时期建筑保存完善的城市，是中世纪聚落转型现代城市的最佳发展范例，其中特别是15—19世纪的建筑，展现了葡萄牙的传统建筑材料与技术。

2013

文化遗产

大学

科英布拉大学——阿尔塔和索菲亚校区

University of Coimbra—Alta and Sofia

科英布拉大学是葡萄牙历史最悠久的大学，创建于1290年，拥有700多年的历史。校园坐落于山丘上，能俯瞰整座城市，也因为历时已久，建筑物保有历史韵味，其建筑形式对于之后葡萄牙殖民地区的大学建设也有深刻影响。

科英布拉大学保有许多特色建筑，其中著名的包括圣克鲁兹大教堂(Cathedral of Santa Cruz)、由皇宫改建的学院建筑，以及巴洛克风格、被誉为全世界最美图书馆之一的乔安娜图书馆(Joanine Library)，还有科英布拉植物园、大学出版社和建于1728年的巴洛克式钟塔。这座钟塔由意大利建筑师所设计，成为日后欧洲大学钟塔的代表。

20世纪40年代科英布拉大学逐渐发展成大学城，联结都市与大学间的关系，体现教育与城市相辅相成的关系。

©Tourism de Madeira

2004

文化遗产

农业景观×葡萄园

皮库岛葡萄园文化景观

Landscape of the Pico Island Vineyard Culture

皮库岛是亚速尔群岛的第二大岛，岛上的皮库山(Ponta do Pico)为葡萄牙最高山。岛上密布着一小块、一小块的葡萄园，它们的周遭围绕着以玄武岩块堆砌、没有加上任何水泥接合的护墙，使葡萄园免受强风与海水的侵害。

皮库岛的葡萄酒文化起源于15世纪，从当地的葡萄园、石墙、房舍、庄园地主的宅邸、酒窖、教堂和港口等人文景观，得以一窥当地如何以小规模的葡萄园区块，发展出适合当地生活环境的作业形态，并生产出极具价值的美酒。

2012

文化遗产

防御工事

埃瓦斯边城及其防御工事

Garrison Border Town of Elvas and its Fortifications

埃瓦斯城位于葡萄牙东南部的阿连提如地区(Alentejo)，紧邻西班牙边界。自从1640年葡萄牙成功反抗西班牙的统治、恢复独立开始，葡萄牙人就大规模地加强埃瓦斯城的军事防御，使它成为在17—19世纪期间保卫葡萄牙的重要边境城镇。

埃瓦斯城拥有全世界最大的干沟式防御工事，设计者是荷兰耶稣会神父佩卓·若昂·皮斯卡西欧·科斯曼德(João Piscásio Cosmander)，他依照荷兰学派的堡垒工程理论，依山坡建造十几座分布成不规则多边形的堡垒，堡垒四周环绕着干沟，外头还有数座棱堡加以保护，是目前荷兰式防御工事中保存最完善的典范。

除了军营、教堂、修道院、城墙、护城河以及军事堡垒之外，埃瓦斯城还有一座长达7千米的阿莫雷拉引水道(Amoreira Aqueduct)，可以在遭遇长期围城的状况下为城内供应足够的水源。

符号说明 登录时间 遗产内容 遗产类型 文化遗产 自然遗产 综合遗产 濒危文化遗产 濒危自然遗产 濒危综合遗产

罗马尼亚Romania

6 2 0 Total 8

身为东欧大国，罗马尼亚居民多达86%信奉东正教。由于极具罗马尼亚地方特色，有多达五座世界遗产都与东正教教堂建筑相关。而罗马尼亚位于欧洲第一长河多瑙河的入海口，该河注入黑海的三角洲也被划入自然遗产范围。

★喀尔巴阡山脉与欧洲其他地区的原始山毛榉森林Ancient and Primeval Beech Forests of the Carpathians and Other Regions of Europe详见德国(P.162)

摩尔达维亚的教堂群

Churches of Moldavia

1993

文化遗产

教堂

罗马尼亚东北部的摩尔达维亚省是一片洋溢着乡村风情的森林地带，当地七座外观壁画彩绘精致的东正教教堂，象征着15—16世纪拜占庭艺术的巅峰。

一幅幅题材来自《圣经》和著名历史故事的壁画，犹如联屏画般展现于众人的眼前，修默修道院(Humor Monastery)的《围攻君士坦丁堡》、摩尔多维塔修道院(Moldoviţa Monastery)色彩缤纷的《圣经》场景、素有“东方西斯廷大教堂”之称的沃洛涅特修道院(Voroneţ Monastery)，和谐的用色与优雅的线条轮廓，使得这些壁画完美地融入周遭景观之中。

多瑙河三角洲 Danube Delta

1991

自然遗产

河口三角洲生态

全长2850千米的多瑙河贯穿了欧洲十个国家，拥有300多条支流，流域面积超过81万平方千米，它在罗马尼亚和乌克兰之间形成了全欧洲第二大且保存最完善的三角洲。

占地约3446平方千米的多瑙河三角洲，除北部一小部分外，大多位于罗马尼亚境内。这条最后注入黑海的河流，其支流将沿途土地切割成无数小岛，这些岛屿经常于春夏两季被淹没。在这片区域里，有多达45种淡水鱼、300种鸟类以及超过1200种植物。每年到了候鸟迁徙的季节，还可以看见来自欧亚非三大洲与地中海区域的无数候鸟在此繁衍。

1993 文化遗产 修道院

霍雷祖修道院 Monastery of Horezu

17世纪末罗马尼亚展开了一场艺术与文化上的革命，产生一种将拜占庭主义发挥得淋漓尽致的布兰考恩(Brancovan)风格。该风格以君士坦丁·布兰考恩(Constantin Brâncoveanu)王子命名，他于1690年建立的霍雷祖修道院，可谓此纯粹发源于罗马尼亚的艺术风格中最具代表性的杰作。

霍雷祖修道院的建筑结构简单且平衡，装饰着大量的雕刻、圣像以及彩绘作品，其中90%的壁画落成于1692—1702年间，展现了深受希腊肖像画主题影响的早期布兰考恩风格。它挂满圣像与图画的修道院学校，也成为巴尔干半岛的特殊景观之一。

1993，1999 文化遗产 防御型村镇

特兰西瓦尼亚的防御性教堂村落群 Villages with Fortified Churches in Transylvania

13世纪时，匈牙利国王在特兰西瓦尼亚地区设置了殖民地。这些紧密结合农夫、工匠和商人的社区，为了抵抗土耳其人和外族入侵，兴建了结合防御工事的撒克逊村庄。

基于安全的理由，这些位于山谷的村落彼此紧密相连，采用顺应当地地形的特殊土地管理系统与居住形式。尽管防御工事从外城到设置碉堡的城墙大小不一，但总围绕着该城的中心——教堂，并大致以一条中央街道为核心向外延伸。如今有七座防御性教堂村落获选为世界遗产，它们不但呈现了13—16世纪的建筑样貌，也是特兰西瓦尼亚南边最美的文化景观。

符号说明：登录时间 遗产内容 | 遗产类型：文化遗产 自然遗产 综合遗产 濒危文化遗产 濒危自然遗产 濒危综合遗产

1999

文化遗产

防御型村镇

锡吉什瓦拉历史中心

Historic Centre of Sighişoara

12世纪时，被称为特兰西瓦尼亚－撒克逊人的日耳曼手工艺匠人和商人，因为匈牙利国王在特兰西瓦尼亚设立殖民地而大量涌入，锡吉什瓦拉就是在这种情况下于1191年而建立的。

在长达几个世纪的时间里，锡吉什瓦拉扮演着中欧边境上重要的战略与贸易角色。居住其中的日耳曼匠人不但掌管该城的经济命脉，同时也出资兴建城墙并加以保护，使得这个介于中欧拉丁文化以及东南欧拜占庭文化间的小型城市，成为中世纪防御城镇的绝佳范例。不断蓬勃发展的锡吉什瓦拉，见证着延续将近850年的特兰西瓦尼亚－撒克逊文化，其建筑遗产也随该城古迹继续流传。

1999

文化遗产

防御工事

奥勒什蒂耶的达契亚军事碉堡

Dacian Fortresses of the Orastie Mountains

历史悠久的罗马尼亚在远古时被称为达契亚(Dacia)。达契亚人是定居于当地的两支部落之一。公元前1世纪—公元1世纪，为了抵抗罗马人的入侵，达契亚统治者在今日的奥勒什蒂耶兴建了融合军事与宗教艺术的堡垒，展现来自古典世界与欧洲铁器时代晚期的军事建筑概念。

这六处遗址可谓达契亚王国核心，其所成就的军事碉堡，见证了当时已发展出高水准的社会经济文明。由于公元2世纪初被罗马人攻克并加以扩建，这些依旧保存完好的遗迹耸立于壮观的大自然间，让人感受到充满气势且创新的美感。

1999

文化遗产

教堂

马拉穆列什的木造教堂

Wooden Churches of Maramureş

马拉穆列什位于特兰西瓦尼亚的北方，区内八座出现于不同时期和地区的木造东正教教堂，说明它们对兴建罗马尼亚东正教石头教堂所持的反对意见。尽管拥有不同的建筑风格，然而这些主要兴建于17—18世纪的教堂，全都以厚圆木兴建而成，并在建筑西面树立独特的细长钟塔，狭小且阴暗的内部彩绘着质朴的《圣经》场景，木造教堂展现了北罗马尼亚山区的文化景观。

由于来访者不多，当地的木造村落和教堂、传统的生活方式，以及色彩缤纷的传统服饰反而被妥善保存下来，使得马拉穆列什犹如一座活生生的露天博物馆。

俄罗斯 Russia

17 11 0 Total 28

幅员广阔的俄罗斯，除了独特的俄罗斯风情所形塑出的人文风貌及建筑遗产，其自然环境也为科学家提供许多宝贵的研究资料。由于横跨欧亚两大洲，欧洲多半为以建筑为主的文化遗产，亚洲则大部分是人迹罕至的自然遗产。

★斯特鲁维地质测量点Struve Geodetic Arc详见白俄罗斯(P.97)
★库尔斯沙嘴Curonian Spit 详见立陶宛(P.207)

1996

自然遗产

湖泊

俄罗斯亚洲区

贝加尔湖 Lake Baikal

贝加尔湖可以说是地质与生物界的奇迹，拥有许多令人咋舌的世界纪录。它长636千米、宽79千米，最深处达1620米，深度和蓄水量皆为世界淡水湖之最。透明度深达40米，也就是说水面下40米(相当于13层楼高)的物体都可以看得一清二楚。它的蓄水量更高达23000立方千米，占全球淡水量的20%，几乎是北美五大湖的总和。

此外，地质研究证实贝加尔湖是世界上最古老的一个湖泊，原本与海洋连接在一起，在2500万年前被陆地包围，经年淡化之后成为淡水湖，许多水底生物也逐渐演化，形成贝加尔湖特有物种。值得一提的是，世界上所有淡水湖的演变几乎都是朝向“沼化”而变成陆地，但贝加尔湖因长年维持低温，水中含氧稳定，因而不易沼化，方能保留许多珍贵的物种绵延至今。

符号说明 登录时间 遗产内容 遗产类型 文化遗产 自然遗产 综合遗产 濒危文化遗产 濒危自然遗产 濒危综合遗产

1990

文化遗产

宫殿×广场×教堂

俄罗斯欧洲区

莫斯科克里姆林宫及红场

Kremlin and Red Square, Moscow

自13世纪起，克里姆林宫就是俄罗斯政治、经济、宗教中心，地位非凡。紧依的红场上矗立着圣瓦西里教堂，也同步展现了东正教的艺术与势力。

从过去到现在，莫斯科的精华都藏在克里姆林宫里。1472年，莫斯科使者访问威尼斯，见识到才气洋溢的建筑，这位率直的使者毫不客气地要求当地著名建筑师陪同返俄，以复制令他感到震撼的景观。于是，以亚里士多德·费奥拉凡蒂(Aristotele Fioravanti)为首的建筑师们来到了莫斯科，运用拔尖的技术为克里姆林宫修建精致的教堂。随后的数十年，意大利的建筑师们前赴后继地加入改造克里姆林宫的工程，一幢接一幢出自著名建筑师的作品，构筑成克里姆林宫热闹的传奇。

五百多年的时光沿着2235米长的城墙流过，今日的墙内，建筑一样考究，人潮异常汹涌，两者都令人惊奇。克里姆林宫由5座巍峨塔楼和19座尖塔环抱，深凿的护城河无声无息地流动，见证克里姆林宫的历代政治事件。

高耸的城墙内布满一幢幢华丽的教堂、宫殿、塔楼，和广场串联成一首激昂的“交响曲”，成为全球最优美典雅的建筑群。

与克里姆林宫比邻的红场名气与其不相上下，缤纷的圣瓦西里教堂和肃穆的列宁陵寝，共同撑起红场的门面，单纯但气势令人屏息。

1990

文化遗产

历史城区

俄罗斯欧洲区

圣彼得堡历史中心及其古迹群

Historic Centre of Saint Petersburg and Related Groups of Monuments

位于莫斯科西北边的圣彼得堡，建城不过300年，从一个荒烟蔓草的海边沼地，在10年之间迅速发展成俄罗斯第二大城。不但发展的速度惊人，规模及精致程度也令人啧啧称奇。

这得归功于彼得大帝、伊丽莎白女皇及叶卡捷琳娜二世三位有魄力、有远见的沙皇。尤其彼得大帝登基后，为恢复通往欧洲的通道与瑞典作战，争回波罗的海控制权，1703年在涅瓦河入海口建造圣彼得堡，1712年彼得大帝将首都从莫斯科迁过来，并加强海军建设。

继位的伊丽莎白女皇利用居留欧洲的心得，把重心放在圣彼得堡都市规划及建筑风格。圣彼得堡放射状的道路规划就是在这个时期奠定根基，而闻名于世的冬宫也归功于这位女皇。叶卡捷琳娜二世集两位沙皇的成就于一身，不但积极扩张圣彼得堡市的规模，更请来欧洲各国建筑师拓展圣彼得堡的建筑样式。

经过18世纪历代沙皇的建设，圣彼得堡成为俄国境内的小欧洲，更因城中散布着交错的运河而有“北方威尼斯”的美称。

耸立天际的建筑、目眩神驰的博物馆、美丽的运河水道、繁华无比的大街……圣彼得堡历史中央区就是整座城市精华中的精华。沿着涅瓦河南岸延伸将近2千米的区域，散布着圣彼得堡最精华的建筑景点，包括冬宫、圣伊萨基辅大教堂、基督复活大教堂、俄罗斯美术馆、彼得一世夏宫等。相较仍残留许多苏联时期遗迹的莫斯科，在圣彼得堡能强烈感受到一股截然不同的氛围，一种西欧的优雅、精致与自信，这也是彼得大帝当年建立这座城市的目的——全面欧化。

1990 文化遗产 教堂

俄罗斯欧洲区

基日岛木造教堂 Kizhi Pogost

基日岛位于奥涅加湖(Lake Onega)上，岛上的木造教堂原名普雷欧布朗杰斯卡大教堂(Preobrazhenskaya Tserkov)，建于公元1714年，从地面到中央尖顶约37米高。教堂完全没使用钉子，纯粹以精密的斧凿技巧完成，目前建筑物逐渐老朽，如何保存下去成为困难的课题。

基日岛上除了这座教堂，还有许多18世纪到19世纪的木造农家建筑与风车，使整座岛像是北俄罗斯建筑史博物馆。

1992 文化遗产 史前遗址 × 教堂

俄罗斯欧洲区

索洛韦茨基群岛的文化和历史建筑群

Cultural and Historic Ensemble of the Solovetsky Islands

索洛韦茨基群岛位于白海(White Sea)西部海域，由六座岛屿组成，涵盖范围达300平方千米。岛上发现有公元5000年前的人类活动遗迹。自15世纪以来，索洛韦茨基群岛一直是宗教活动频繁之地，至今仍保有数座16世纪到19世纪之间兴建的教堂与修道院。

1992 文化遗产 教堂 × 宫殿

俄罗斯欧洲区

弗拉基米尔和苏兹达尔的白色教堂

White Monuments of Vladimir and Suzdal

位于弗拉基米尔的圣母升天大教堂建于1158—1160年之间，另一座圣德米特里教堂建于1190年，这两座以纯白石头搭建而成的教堂，都是由弗拉基米尔大公爵安德烈·波戈流比斯基所建造，在俄国建筑史上占有重要的地位。弗拉基米尔在13世纪被莫斯科大公国取代领导地位之前，一直是政治与宗教中心，当时弗拉基米尔－苏兹达尔大公国及莫斯科大公国的公爵贵族们的婚礼、登基仪式等都是在圣母升天大教堂举行。圣德米特里教堂显得较为娇小精致，内部墙的上层刻满浮雕，共计有上千个石块雕刻，包括《圣经》故事里的大卫王、亚历山大大帝东征以及《旧约圣经》里的《力士参孙》。

在苏兹达尔，克里姆林宫可以说是苏兹达尔发展的起源。早在11世纪左右，就已出现城堡式的社会结构，长达1400米的木造及泥土围墙构成克里姆林宫的雏形。现在围墙完全颓圮，只剩下环绕的土墩，而克里姆林宫内原有的建筑仅剩两座，分别是圣母诞生大教堂以及长形的大主教宫。大主教宫内还分别有会议厅、苏兹达尔历史博物馆及古俄罗斯绘画展示厅等几个区域。这两栋建筑都被纳入世界遗产范围。

符号说明 登录时间 遗产内容 遗产类型 文化遗产 自然遗产 综合遗产 濒危文化遗产 濒危自然遗产 濒危综合遗产

1993 文化遗产 修道院

俄罗斯欧洲区

谢尔吉耶夫三位一体教堂

Architectural Ensemble of the Trinity Sergius Lavra in Sergiev Posad

公元1337年，一位名叫圣谢尔吉·拉多涅日斯基(St. Sergius of Radonezh)的僧侣，在莫斯科近郊的偏僻森林里建立一处小教堂，即为该修道院的前身。他在此慢慢建立起一套修道主义传统吸引众多跟随者，使这种信仰传达的生活方式深入俄罗斯的中下阶层。

修道院石墙高达15米，成为莫斯科北方重要防御据点。它拥有几个世纪以来、历经各个朝代改建和扩建的各种形式的教堂和附属建筑群。

这片东正教修道院建筑群保留了15—18世纪的教堂特有的军事元素，但其色彩绚丽缤纷又带有浓厚的童话味道。其中最重要的圣母安息大教堂，内有沙皇鲍里斯·哥德诺夫(Boris Godunov)的陵墓，以及俄罗斯史上最伟大画家安德烈·卢布列夫(Andrei Rublev)的名作《三位一体》(*The Trinity*)。

1992 文化遗产 教堂 × 修道院

俄罗斯欧洲区

诺夫哥罗德及周边的历史建筑群

Historic Monuments of Novgorod and Surroundings

位于中亚与北欧往来要道上的诺夫哥罗德，在公元9世纪时成为俄罗斯史上的第一个首都。这个城市遍布许多中世纪以来的教堂与修道院，古迹数量与年代都是全俄罗斯之最，可以说是东正教的精神堡垒，同时也是俄罗斯古典建筑的精髓所在。

其中最重要的古迹便是公元1045—1050年建造的圣索菲亚大教堂，至今仍为民众所使用。此外，诸多教堂的天花板与墙壁上仍完整保留着14世纪由希腊艺术家塞奥法尼斯(Theophanes)所创作的拜占庭风格湿壁画，亦是诺夫哥罗德文艺蓬勃发展的最好例证。

1994 文化遗产 教堂

俄罗斯欧洲区

科洛缅斯科耶的耶稣升天教堂

Church of the Ascension, Kolomenskoye

这座建于1532年的教堂是历史悠久的俄罗斯传统木造教堂之一，位于莫斯科郊区科洛缅斯科耶的皇家庄园，是为了庆祝伊凡四世(也就是后来的“恐怖伊凡”)的诞生而建。

教堂的篷顶形式、以石头和砖砌成的底座，在俄国建筑发展史上都有举足轻重的地位，因为这是首次将木造建筑的样式以砖盖起来，它为25年后莫斯科红场上圣瓦西里教堂的建造提供了范例。

1999 自然遗产 高山生态

俄罗斯欧洲区

西高加索山脉 Western Caucasus

西高加索山脉位于俄罗斯南部高加索山脉的最西端，从黑海一直延伸到厄尔布鲁士山(Mount Elbrus)，占地将近3000平方千米。此地只有野生动植物栖息其间，是欧洲少数尚未遭受人为开发的山区之一。

本区拥有多样性的生态系统，目前列入纪录的植物共有1500多种，其中1/5的高山植物属于特有种。1924年，苏联政府为了保育珍贵的高山森林及欧洲最高的树木高加索冷杉(Nordmann Fir)，在此成立了高加索国家自然生物圈保护区(Caucasian State Nature Biosphere Reserve)。

除了种类丰富的植物以外，本区还是全球濒危物种欧洲野牛的原生地，而同样名列全球濒危物种的雪豹，偶尔也会在这里出没。

符号说明 登录时间 遗产内容 遗产类型 文化遗产 自然遗产 综合遗产 濒危文化遗产 濒危自然遗产 濒危综合遗产

2004

文化遗产

修道院

俄罗斯欧洲区

新圣女修道院

Ensemble of the Novodevichy Convent

新圣女修道院是瓦西里三世在1524年为纪念俄罗斯古城斯摩棱斯克摆脱立陶宛统治而修建的一座女子修道院。后来在这里成功抵御了16世纪末蒙古军队和17世纪波兰军队的入侵。

它的周围都用城墙围住，原为克里姆林宫外城的一部分，修道院内有很多珍贵的古建筑，红白相间的钟楼非常漂亮。修道院建立起来后，主要用来安置皇室的女眷，举凡死了丈夫、失宠、嫁不出去，皆会被安排来这里做修女。十月革命后修道院被迫关闭，改为国家历史博物馆的一个分馆，苏联解体后才又作为女子修道院重新开放。

巴洛克风格的建筑群精致华丽，内部装饰更精雕细琢，并收藏许多珍贵画作与艺术品。邻近的墓园也十分有名，契诃夫、果戈理与许多皇室成员都埋葬于此。

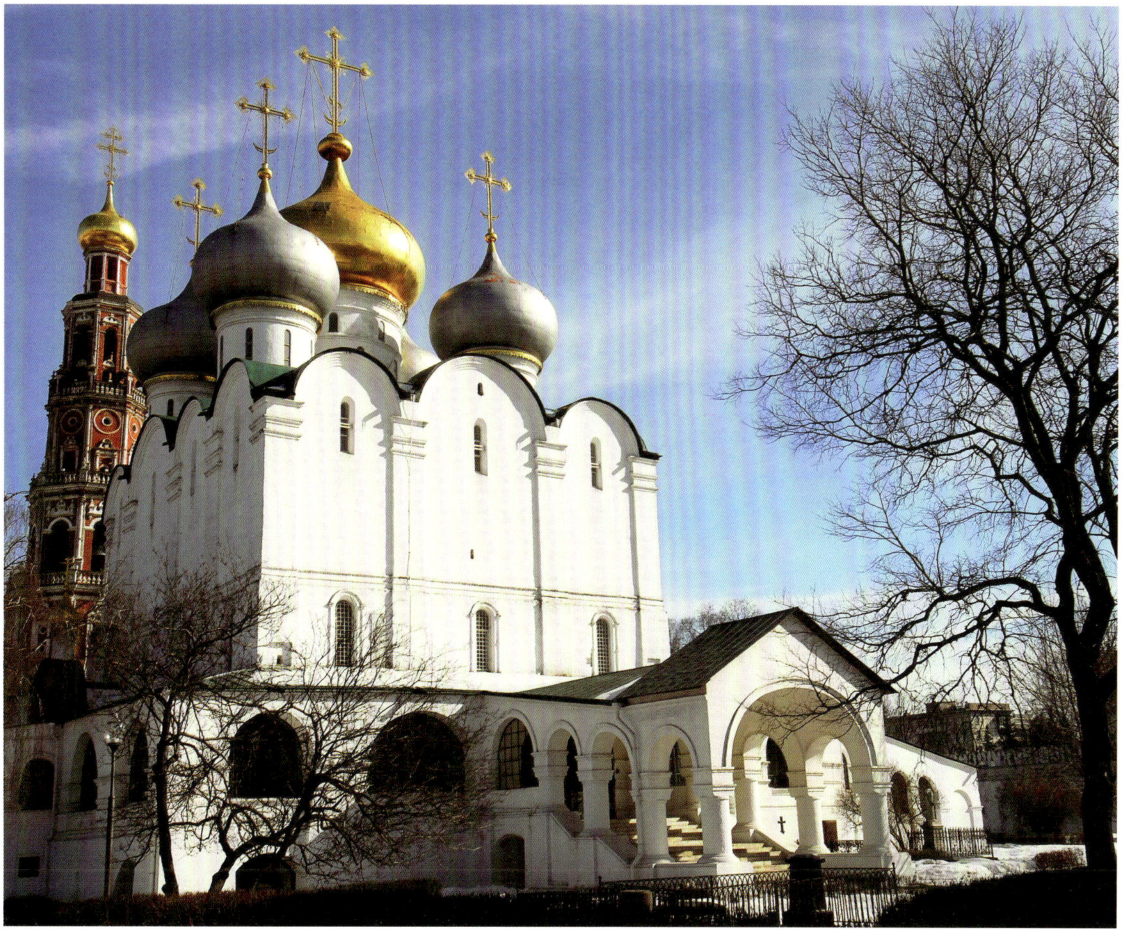

1995

森林

自然遗产

俄罗斯欧洲区

科米原始森林

Virgin Komi Forests

科米原始森林占地32800平方千米，位于乌拉尔地区的冻土地带。

辽阔的疆域涵盖山脉、冰川、湖泊、泥炭沼、河流等各种地形，保留了大片的松柏、山杨、桦木等，并庇护着许多珍贵的野生动物。有关此地的相关研究已经持续了五十多年，为科学家研究生物多样性提供了许多宝贵的资料。

2000

修道院

文化遗产

俄罗斯欧洲区

费拉蓬特修道院

Ensemble of the Ferrapontov Monastery

费拉蓬特修道院位于北俄罗斯的沃格达区(Vologda)，是一座保存良好的东正教修道院的典型建筑，代表了15—17世纪俄罗斯文化的精神与发展。其中圣母诞生大教堂内部有一幅狄奥尼西(Dionisy)所绘的著名壁画，是俄罗斯壁画艺术的极致表现。

2005 文化遗产 历史城区

俄罗斯欧洲区

雅罗斯拉夫尔历史中心

Historical Centre of the City of Yaroslavl

雅罗斯拉夫尔位于莫斯科东北250千米处，由于地处伏尔加河(Volga)和科特罗斯河(Kotorosl)交界处，自11世纪起逐渐发展为商业城镇。

在16、17世纪，雅罗斯拉夫尔因伏尔加河上频繁的贸易活动而发展起来，一度成为伏尔加河流域第二大城，而这个时期的富商把财富投资在建设教堂及修道院，并聘请最有名的壁画家为教堂绘制壁画。修道院内的救世主基督显灵大教堂、伊利亚·普罗罗克教堂中鲜艳而生动的壁画，正是这时期的杰作。

雅罗斯拉夫尔保留着为数众多的17世纪教堂，叶卡捷琳娜二世在位时，曾以新古典主义风格将这座城市的街道做了放射状的规划，是都市计划革新的重要先例。

符号说明 登录时间 遗产内容 遗产类型 文化遗产 自然遗产 综合遗产 濒危文化遗产 濒危自然遗产 濒危综合遗产

2001，2018

自然遗产

高山生态 × 森林

俄罗斯亚洲区

中锡霍特山脉

Central Sikhote-Alin

位于俄罗斯东部的锡霍特山脉拥有世界上最特殊的温带林。在这样一个针叶树林地带与亚热带混合的生态环境中，南方物种如老虎、喜马拉雅熊与北方物种如棕熊等奇异地并存着。从锡霍特山绵延到日本海的这块区域同时也是许多濒危物种的重要栖息地，例如俗称西伯利亚虎或东北虎的阿穆尔虎(Amur Tiger)。

2012

自然遗产

岩石景观

俄罗斯亚洲区

勒那河柱状岩自然公园

Lena Pillars Nature Park

勒那河柱状岩自然公园位于西伯利亚远东地区的萨哈(雅库特)共和国中部，以勒那河(Lena River)沿岸奇特宏伟的天然岩柱景观著称。

本区的柱状岩由寒武纪时期的石灰岩、泥灰岩和白云石岩层所组成，高度在150—300米。它们崎岖不平、深邃陡峭的外观，主要是极端大陆性气候的冬夏温差(冬季温度-60℃，夏季温度40℃)以及地表径流的沟蚀作用所产生的结果。

除了拥有奇特的天然石景，勒那河柱状岩自然公园还具有极高的生物研究价值。这里不仅蕴藏了长毛象化石、北美野牛化石等丰富的寒武纪古生物化石群，还孕育了种类丰富的动植物，包括西伯利亚麝、西伯利亚花栗鼠、红鹿等44种哺乳动物、99种鸟类，以及多达464种植物，而且其中不乏已被列入红皮书的稀有物种。

2017

文化遗产

教堂 × 修道院

俄罗斯欧洲区

斯维亚日斯克岛上的圣母升天大教堂与修道院

Assumption Cathedral and Monastery of the Town-Island of Sviyazhsk

斯维亚日斯克位于伏尔加河、斯维亚加河(Sviyaga)与希舒卡河(Shchuka)的汇流处。1551年，伊凡四世远征喀山，将斯维亚日斯克作为据点。小岛上的圣母升天大教堂位于同名的修道院中，教堂内的壁画迥异于东正教风格，极为罕见。修道院的建造则透露了伊凡四世为扩展莫斯科政权所施展的政治手段与传教计划。

2000

文化遗产

历史城区

俄罗斯欧洲区

喀山克里姆林宫历史建筑群

Historic and Architectural Complex of the Kazan Kremlin

喀山是俄罗斯古老的城市之一，15—16世纪曾为喀山汗国(Kazan Khanate)的都城，在1552年被伊凡四世攻下而归并俄罗斯，目前是鞑靼斯坦共和国(Tatarstan)的首府。

喀山克里姆林宫建筑遗址群汇聚了好几个世纪的古老建筑，除了16—19世纪的俄罗斯历史建筑，还包括10—16世纪的早期建筑和唯一幸存的鞑靼堡垒。其中以高59米的苏尤姆别卡尖塔(Syuyumbike's Tower)最引人注目，据说是以喀山汗国末代王后的名字命名。

1996，2001

自然遗产

火山地形生态

俄罗斯亚洲区

堪察加火山群

Volcanoes of Kamchatka

堪察加属于全球火山活动最频繁的地区，拥有高密度且喷发形式多样的活火山群，火山与冰川的交互作用形成了壮丽的地景奇观。而堪察加半岛及其外海生物物种也相当丰富，有棕熊、蓝鲸、海獭、斯特拉海雕等，当地海域也是世界上鲑鱼种类最多的地区。

©UNESCO/Guy Debonnet

1998

自然遗产

高山生态

俄罗斯亚洲区

阿尔泰山保护区

Golden Mountains of Altai

阿尔泰山脉跨越中国、蒙古、哈萨克斯坦及俄罗斯国境，海拔1000—3000米，绵延约2000千米，是构成西西伯利亚地理生态区的主要山脉，也是两大主要河流鄂毕河(Ob)与额尔齐斯河(Irtysh)的源头。

本世界遗产的范围涵盖三个部分：阿尔泰自然保护区(Altaisky Zapovednik)以及傣勒茨克叶湖(Lake Teletskoye)周边缓冲区；卡顿斯基自然保护区(Katunsky Zapovednik)以及贝露克哈山(Mount Belukha)周边缓冲区；乌科克高原(Ukok Plateau)。这些地区拥有最完整的高山植被、丰富的林木资源，并且栖息着雪豹等濒临灭绝的保育类动物，此外还是黄金、宝石、有色金属及稀有金属的产地。自古以来，阿尔泰山脉就以矿产丰富著称，事实上“阿尔泰”在蒙古语里就是“金山”之意。

2003

文化遗产

防御工事

俄罗斯亚洲区

杰尔宾特古城及堡垒

Citadel, Ancient City and Fortress Buildings of Derbent

杰尔宾特位于里海西岸，是俄罗斯联邦达吉斯坦共和国(Republic of Dagestan)境内的一座大城。这个拥有超过5000年历史的古老城市，从公元前1世纪开始就掌控了欧洲与中东地区之间的交通要道，直到19世纪都保有重要的战略地位。当地由波斯萨珊王朝建于公元5世纪的防御设施，也被沿用了超过14个世纪之久。

由于地理位置特殊，这座要塞古城就建在从塔巴萨兰山脉(Tabasaran Mountains)一直延伸到里海岸边的两道平行石墙之间，以便获得坚固的屏障，而这两道石墙也成为杰尔宾特市的最大特色。

除了石墙之外，沿着石墙矗立的数十座高塔以及坐落于山上的堡垒，也是杰尔宾特军事防御系统的一部分。

2004 极地生态 自然遗产

俄罗斯亚洲区

弗兰格尔岛自然保护区

Natural System of Wrangel Island Reserve

弗兰格尔岛位于北极圈内，由于第四纪冰川期时未被冰雪覆盖，所以演化出其他北极冻原远远不及的丰富的生物多样性。本岛拥有世界上族群数目最多的海象和北极熊的巢穴，也是灰鲸迁徙的主要觅食地和100多种候鸟的最北端筑巢地。

2010 自然遗产 极地生态

俄罗斯亚洲区

普托拉纳高原 Putorana Plateau

普托拉纳高原位于北极圈以北约100千米处，是一座位于中央西伯利亚高原西北边缘的玄武岩高原。它的位置正好与普托兰斯基州自然保护区(Putoransky State Nature Reserve)重叠，此区的最高峰是一座海拔高度达1700米的喀门山(Mount Kamen)。

这处被列为世界遗产的高原，为一个完整的亚北极和北极的生态系统提供居住地。它们生存于遗世独立的山脉中，其中包括原始针叶林、森林寒带草原、苔原、北极荒野生态体系，以及冷水湖和河流系统。驯鹿的主要迁移路线也穿越此区，这是一种特殊、大规模且越来越罕见的大自然现象。

2014 文化遗产 古城

俄罗斯欧洲区

博尔格尔历史及考古建筑群

Bolgar Historical and Archaeological Complex

博尔格尔位于鞑靼斯坦共和国(Tatarstan)首府喀山以南的伏尔加河岸边，遗产包括中世纪的博尔格尔古城。根据考古显示，这里从7世纪开始就已有人类文明的足迹，13世纪时是蒙古金帐汗国的第一个首都。博尔格尔代表的是几个世纪以来欧亚历史文化的转变，而遗址也提供了明显的证据，显示这里历史的延续性和文化的多元性。

2003 湖泊×盆地生态 自然遗产

俄罗斯亚洲区

乌布苏湖盆地

Uvs Nuur Basin

乌布苏湖盆地位于西伯利亚和中亚之间，是中亚最北边的封闭型盆地。

乌布苏湖是个面积广大、水浅的咸水湖，是许多过境水鸟及海鸟的必经之地。囊括湖泊、沙漠、山脉与干草原，加上独特的气候与水文条件，孕育出丰富多样的生物种类，更是许多稀有物种如沙鼠、跳鼠、雪豹、盘羊(argali)的庇护所。

*与蒙古并列

2017 生态景观 自然遗产

俄罗斯亚洲区

达斡尔景观

Landscapes of Dauria

这块达斡尔草原区，范围囊括俄罗斯西伯利亚向东延伸至与蒙古、中国东北接壤的边境。在干、湿气候接续循环下，孕育了丰富多元的物种与生态。区内的草原、森林、湖泊、湿地，成为白枕鹤、大鸨等稀有珍禽以及数百万濒危候鸟的栖息地，此外，此处也是黄羊迁徙的必经之地。

*与蒙古并列

圣马力诺
San Marino

1　0　0　Total 1

圣马力诺为亚平宁半岛东北部的小国家，全境被意大利国土包围，面积仅61平方千米，人口约3万，是世界上共和立宪制最悠久的国度，从公元1600年开始，至今已有400多年历史。同名的首都圣马力诺市被列为世界遗产。

2008

文化遗产

历史城区

圣马力诺历史中心与蒂塔诺山

San Marino Historic Centre and Mount Titano

圣马力诺为位于亚平宁山脉(Apennine Mountains)间的小山国，坐落于海拔739米的蒂塔诺山(Monte Titano)上，为世界上面积第五小的国家。

相传公元301年，基督徒马力诺为了躲避罗马帝国迫害，逃到蒂塔诺山建立了一个小社区，也就是圣马力诺的起源。这个欧洲最古老的共和国，虽然最后只能以城邦国家的形式保存下来，却代表了民主政体发展中一个重要的阶段。圣马力诺宣称为世界上共和立宪制最悠久的国度，从公元1600年立宪以来，已有400多年历史。

圣马力诺共有9个自治市，但游客们都会跳过沿路经过的城镇，直接抵达坐落于蒂塔诺山西侧山坡的圣马力诺城(Città di San Marino)。其历史中心年代可以上溯到13世纪，区内拥有修建了防御高塔与城堡的城墙、14世纪和16世纪的修道院、18世纪的蒂塔诺剧院，以及19世纪新古典主义的长方形会堂，说明了这处历史中心几个世纪以来依然运行不辍。

高山屏障使圣马力诺逃过了工业时代对都市的冲击，没有受到太大的影响。加上占据地势之险，圣马力诺成为一座坚固堡垒。虽然历经欧洲战火，但时至今日还保留了欧洲中古时期的原始样貌。

圣马力诺国旗和国徽中有三座高塔，指的就是古阿伊塔堡垒(Castello della Guaita)、阙斯塔堡垒(Castello della Cesta)和蒙塔雷堡垒(Castello della Montale)这三座防御工事，分别由北而南依序排列。至于国旗中的蓝白双色条纹，蓝色代表亚得里亚海，白色则象征皑皑白雪。三座堡垒都具有无敌的辽阔视野，天气好时，可以远眺蔚蓝迷人的亚得里亚海，脚底则是纵横阡陌的田园景致，而峭壁上的城堡，像是童话故事中与世无争的美好国度，完美停留在中世纪的时光步调中。

塞尔维亚Serbia

5 0 0 Total 5

塞尔维亚位于巴尔干半岛中北部，85%的塞尔维亚人虔诚信奉东正教，中世纪以来留下的珍贵遗产，都是这些宗教建筑。

*史特奇中世纪墓碑墓地Stećci Medieval Tombstones Graveyards
详见波斯尼亚和黑塞哥维那(P.104)

©National Tourism Organisation of Serbia/B.Jovanovic

斯图德尼察修道院

Studenica Monastery

1986 文化遗产 修道院×拜占庭

斯图德尼察修道院由塞尔维亚共和国创始人斯特凡・纳曼亚(Stefan Nemanja)大公退位后不久创建。修道院创建于12世纪晚期，大公随即隐居其中。他的历代子孙多次扩建修道院并让它成为皇家陵墓，因此斯图德尼察修道院成为该国最大且最富有的东正教修道院。

斯图德尼察修道院的两大主要结构为融合罗马与拜占庭风格的圣母教堂(Church of the Virgin)，以及外观呈现八角形圆顶的国王教堂(Church of the King)。这两个同样以白色大理石建造的纪念建筑，因为收藏大量13—14世纪的拜占庭壁画而具有极高的艺术价值。

©National Tourism Organisation of Serbia/B.Jovanovic

贾姆济格勒－罗慕利亚纳的加莱里乌斯皇宫

Gamzigrad-Romuliana, Palace of Galerius

2007 文化遗产 古罗马

贾姆济格勒位于多瑙河南岸，在这座塞尔维亚著名的水疗度假胜地近郊，保存了一处名为菲利斯・罗慕利亚纳(Felix Romuliana)的重要的罗马晚期遗迹。早年数量众多的塔楼，使得历史学家认为这里是处罗马军营，直到1953年才确认该遗址为皇宫。

加莱里乌斯皇帝以他母亲的名字“Romula”替这处结合了神庙、宫殿、浴室和凯旋门的建筑命名。皇宫兴建于289年，除被当作奢华别墅使用外，还具有敬神与宣扬皇帝功绩的用途，因此这处集纪念活动与举行仪式等功能于一身的建筑群显得更加独特。

斯塔里拉斯和索波查尼修道院

1979 文化遗产 修道院×拜占庭

Stari Ras and Sopoćani

斯塔里拉斯是塞尔维亚中世纪王国拉斯卡(Raška)的首都，坐落于昔日王国中心，创立于公元8—10世纪，几个世纪以来扮演着重要的角色。今日的斯塔里拉斯近郊仍保留着令人印象深刻的中世纪古迹，包括城墙、教堂以及修道院，其中创立于8世纪的佩特洛瓦(Petrova)教堂是巴尔干半岛上古老的教堂之一。

同样坐落于拉斯卡地区的索波查尼修道院，兴建于13世纪下半叶，它是西方和拜占庭世界间相互联系的象征。内部精致的彩绘壁画被誉为最漂亮的塞尔维亚中世纪艺术，例如位于主殿西墙的《安眠圣母》壁画。

©National Tourism Organisation of Serbia/B.Jovanovic

科索沃的中世纪古迹

2004 濒危文化遗产 教堂×拜占庭

Medieval Monuments in Kosovo

位于巴尔干半岛东南方、塞尔维亚南部的科索沃地区，自从1999年科索沃战争后便纷争不断。受联合国的保护，它于2008年单方面宣布独立，然而塞尔维亚不愿放弃该地区主权，因此在政局不稳定且难以保护的情况下，当地的中世纪古迹于2006年被列入濒危遗产。

这些中世纪古迹由四座融合拜占庭与仿罗马建筑风格的东正教教堂组成。它们的内部装饰发展于13—17世纪，风格独特的巴尔干壁画，对日后巴尔干半岛的艺术发展产生了深远的影响。

©UNESCO/Yvon Fruneau

斯洛伐克Slovakia

文化遗产 5 自然遗产 2 复合遗产 0 Total 7

斯洛伐克与捷克原本是一个国家，1992年联邦共和国解体，斯洛伐克共和国正式成立。斯洛伐克曾经为奥匈帝国的一部分，现今的布拉迪斯拉发就是当时的帝国首都。

*阿格泰列克及斯洛伐克喀斯特洞窟群Caves of Aggtelek Karst and Slovak Karst详见匈牙利(P.177)

*喀尔巴阡山脉与欧洲其他地区的原始山毛榉森林Ancient and Primeval Beech Forests of the Carpathians and Other Regions of Europe详见德国(P.162)

©www.slovakia.travel/Alexander Vojček

弗尔科里涅斯 Vlkolínec

1993 文化遗产 人文聚落景观×木屋

弗尔科里涅斯是斯洛伐克中部的一个山间小村，村内有45间纯朴可爱的中欧传统木造房舍。这些木屋大都为两到三房的格局，外观一致，所有木造外墙都以黏土包覆，再漆成白色或蓝色，每户也以较窄的一侧朝向街道，此外还有庭院以及农用房舍。其中编号第16、17号的木屋，现在已经开放为民俗博物馆，游客来到这里可以看到传统的日常生活及工作用具。

1993 文化遗产 城堡 × 历史城区

斯皮什城堡及相关文化遗产

Levoča, Spišský Hrad and the Associated Cultural Monuments

以石灰岩建造的斯皮什城堡，原型可上溯至罗马帝国晚期，当时就已经有军事防御功能的堡垒存在。

公元11世纪时，曾在现址兴建了一座高塔，但随后被毁。直到12世纪，当时为防鞑靼人攻打而兴建城堡，尔后经过多位匈牙利国王增建，至1464年转手给经营制铁业的扎波尔斯基(Zapolsky)家族，此后便一直在贵族手上流转。

最后承接的恰基(Csaky)家族，因为城堡坐落于高山，生活不便，于1663年放弃城堡转移他处生活。直到1945年，由当时的捷克斯洛伐克联邦政府接手，城堡正式成为文化古迹建筑被保存。

原本遗产范围只有斯皮什城堡，2009年位于勒弗查城镇历史中心、建于13—14世纪的防御工事也被纳入保护范围。

©www.slovakia.travel/Alexander Vojček

符号说明 登录时间 遗产内容 遗产类型 文化遗产 自然遗产 综合遗产 濒危文化遗产 濒危自然遗产 濒危综合遗产

1993 文化遗产 城镇

班斯卡－什佳夫尼察历史城镇及周边工业遗迹

Historic Town of Banská Štiavnica and the Technical Monuments in its Vicinity

班斯卡－什佳夫尼察位于斯洛伐克中部，它不仅是该国最古老的矿镇，也见证了人类文明与科学的发展。

在青铜时代和铁器时代，这个矿藏丰富的小镇就已经有人类定居，到了中世纪晚期，这里成为匈牙利帝国重要的金矿与银矿产地，经济开始蓬勃发展。15—16世纪，镇上筑起防御用的城堡，抵挡土耳其人的入侵，许多建筑被改造成充满文艺复兴风格的豪华“宫殿”，著名的地标三一广场(Trinity Square)也在这段时期建造完成。

1627年，班斯卡－什佳夫尼察成为欧洲最早利用火药采矿的地点，除了革命性的采矿技术以外，当地的水利系统及设施直到19世纪都居于世界领先地位。

©www.slovakia.travel/Alexander Vojček

©www.slovakia.travel/Ján Lacika

2000 文化遗产 城镇

巴尔代约夫镇保护区

Bardejov Town Conservation Reserve

巴尔代约夫镇坐落于斯洛伐克东北部的贝斯基德山脉(Beskyd Mountains)，该镇不仅完整保存了中世纪的建筑风貌，同时也见证了当地的都市化进程。

人类在此地居住的历史，最早可以回溯到旧石器时代。中世纪期间，这里成为喀尔巴阡山地区主要贸易路线上的重要城镇，经济日渐繁荣，因此镇区周围筑起许多防御工事，许多重要的建筑物开始在镇里出现，包括修道院、教堂、酿酒厂、砖厂等。

18世纪初，大批犹太人来此定居后，在巴尔代约夫镇西北部近郊建立了犹太住宅区，并且建造了一座精美的犹太会堂，成为该镇的特色之一。

©www.slovakia.travel/Alexander Vojček

©www.slovakia.travel/Alexander Vojček

2008 文化遗产 教堂

喀尔巴阡山区斯洛伐克境内的木造教堂

Wooden Churches of the Slovak Part of the Carpathian Mountain Area

坐落于斯洛伐克境内、名列世界遗产的喀尔巴阡山区木造教堂共有八座，分别兴建于16—18世纪间，并各自分布于不同的地点。其中包括两座罗马天主教堂、三座新教教堂以及三座分散的希腊东正教教堂，外加一座钟塔。

由于宗教习惯不同，这些宗教建筑彼此间展现各异其趣的外部式样与内部空间，反映出宗教建筑于不同时期的流派与发展，以及特殊的文化与地理环境对其产生的显著影响。

斯洛文尼亚Slovenia

2 2 0 Total 4

斯洛文尼亚处于斯拉夫、日耳曼、意大利拉丁三种不同文化的交界处，尽管曾经是南斯拉夫的一员，但事实上不论就地貌还是人民特质而言，都更接近奥地利。而身为"喀斯特"这个地理名词发源地的斯洛文尼亚，溶洞景观自然榜上有名。

* 阿尔卑斯山区史前干栏式民居Prehistoric Pile Dwellings around the Alps详见奥地利(P.93)
* 喀尔巴阡山脉与欧洲其他地区的原始山毛榉森林Ancient and Primeval Beech Forests of the Carpathians and Other Regions of Europe详见德国(P.162)

2012

文化遗产

矿业景观 × 水银

水银遗产——阿尔马登与伊德里亚

Heritage of Mercury: Almadén and Idrija

这个世界遗产由西班牙的阿尔马登镇以及斯洛文尼亚的伊德里亚镇共同拥有，它们分别为全世界第一大以及第二大的汞矿产地。前者的开采历史可回溯到公元前7世纪，后者则始自公元1490年，两者皆持续开采到21世纪。

阿尔马登镇位于伊比利亚半岛中南部的雷阿尔城省(Ciudad Real)，自古就是著名的汞矿产地，过去2000年来的产量高达25万吨。该镇的文化遗产除了可呈现古今采矿历史的建筑，例如雷塔马尔城堡(Retamar Castle)，还包括一些宗教建筑以及传统房屋。

世界第二大的汞矿产地伊德里亚镇，位于斯洛文尼亚西部的葛利希卡地区(Goriška)，其文化遗产包括水银商店及基础设施、矿工宿舍、矿工戏院等。

尽管这两大汞矿场因为受到大环境的影响已经关闭停产，但它们完整保存了人们沿用了千百年的汞矿提炼程序和技术，也见证了欧洲与美洲之间的汞矿贸易以及矿业演进史，具有极高的文化价值。

* 与西班牙并列

符号说明 登录时间 遗产内容 遗产类型 文化遗产 自然遗产 综合遗产 濒危文化遗产 濒危自然遗产 濒危综合遗产

©Regijski Park Škocjanske Jame

1986

自然遗产

喀斯特地形

什科茨扬溶洞 Škocjan Caves

作为研究喀斯特地形绝佳范例的什科茨扬溶洞，位于斯洛文尼亚西南方的区域。这处拥有多座瀑布且深度长达200米的石灰岩洞穴里，延伸着一条6千米长的地下步道以及多处崩塌的溶蚀洞。

什科茨扬溶洞就像世界上大多数伟大的喀斯特地形一样，都有一段奇特的形成过程。大约在250万年前的更新世(Pleistocene)，雷卡河(Reka)从东南方的山脚下发源，在地面平稳地走了55千米之后，来到以石灰岩为主的喀斯特地区。当河水溶解石灰岩、深切河床形成一条长4千米的峡谷之后，到了“Velika Dolina”(斯洛文尼亚语意为“大峡谷”)附近，便仿佛遇上一堵高墙，突然消失在地表。成为伏流后，又走了34千米，进入意大利境内，接近亚得里亚海时又流出地表，名为提玛弗河(Timmavo)。

早在公元前3000年前洞穴内就出现人类身影，到了公元前2世纪，什科茨扬溶洞开始有文字记录。17世纪时，斯洛文尼亚伟大的科学家瓦瓦索(J. V. Valvasor)勘探了雷卡河盆地、坑洞以及其地下伏流，而真正有系统的勘探，要到19世纪之后。至于观光发展起步甚晚，直到20世纪才有游客，远远不及波斯托伊纳溶洞。

目前整个景区由什科茨扬溶洞地区公园(Škocjan Caves Regional Park)管辖，全部涵盖在世界遗产的范围，游客可以参观3千米左右的洞穴美景。

西班牙Spain

41 4 2 Total 47

西班牙共有47项世界遗产，除了4 处自然遗产、2处综合遗产，历史古迹占了绝大部分。从史前岩洞壁画、古罗马遗址到摩尔及西班牙帝国时代的建筑与古城都有，就连建筑大师高迪的现代主义建筑也在列。

* 比利牛斯山之珀杜峰Pyrénées - Mont Perdu详见法国(P.141)
* 科阿峡谷和席尔加·维德史前岩石艺术遗址Prehistoric Rock Art Sites in the Côa Valley and Siega Verde详见葡萄牙(P. 231)
* 水银遗产——阿尔马登与伊德里亚Heritage of Mercury: Almadén and Idrija详见斯洛文尼亚(P.254)
* 喀尔巴阡山脉与欧洲其他地区的原始山毛榉森林Ancient and Primeval Beech Forests of the Carpathians and Other Regions of Europe详见德国(P.162)

昆卡古城 Historic Walled Town of Cuenca

1986

文化遗产

古城

昆卡位于胡卡尔河(Río Júcar)和威尔卡河(Río Huecar)两河谷间的陡峭山脊上，位于马德里以东约130千米，市内景点主要集中于昆卡山边，其中又以大教堂、悬壁屋(Casas Colgadas)以及鹅卵石街道，最吸引游客。

新市区建于胡卡尔平原上，至于旧城区“上城”，依然维持着中世纪的风貌，特别是由河谷冲刷而成的悬崖峭壁，更让它彰显出昔日军事要塞的磅礴气势。而在当地形成特别景观的悬壁屋，也是因为这样独特的天然条件，给人一种随时可能塌陷的刺激感。

从圣安东尼(San Anton)桥旁的光辉圣母教堂(Nuestra Señora de la Luz)开始漫游丘陵，可登高遥望美景。如果从主广场(Plaza Mayor)往西走，会发现一座与昆卡形成强烈对比的建筑——科学博物馆(Museo de las Ciencias)，馆内以高科技的视听媒体呈现科学的神奇之旅。耸立于科学博物馆旁的，还有另一座昆卡的市标蒙嘉纳塔(Torre Mangana)，它是昔日摩尔人兴建的瞭望台，也是眺望美景的好去处。

马德里埃斯科里亚尔修道院

Monastery and Site of the Escurial, Madrid

1984

文化遗产

宫殿
×
修道院

既是皇宫又是修道院，埃斯科里亚尔是西班牙国势鼎盛时，国王菲利浦二世投注毕生心血完成的伟大建筑。它兼具美术馆、图书馆、陵寝和教堂的功能，曾经是伊比利亚半岛的政治、经济、文化中心，内部收藏的美术品在价值和数量上都令人惊叹。

埃斯科里亚尔是一座体积异常庞大的建筑，房间多达4500间，庭院总计16座，特别是位于中心的主教堂圆顶，可以说是建筑工事与装饰上的巅峰之作。

外观简朴的埃斯科里亚尔皇宫，以黄灰色配上刚硬的线条，打破了过去的建筑形式，此风格之后影响伊比利亚半岛的建筑几乎长达一个世纪。正因为冷冰冰的外观反而更加凸显内部装潢的华丽，菲利浦二世为了完成此巨作，几乎动用了当时西班牙和意大利所有有名的艺术家。

布尔戈斯大教堂 Burgos Cathedral

1984

文化遗产

教堂
×
哥特式

布尔戈斯就处在“朝圣之路”上。11世纪时，它曾是里昂王国的都城，之后长期被遗忘，因而完整保留了中世纪风貌。

宏伟的大教堂于公元1221年由国王菲利浦三世亲自奠基，这座献给圣母的哥特式圣殿，是西班牙继塞哥维亚和托莱多之后第三大的教堂，历经整整三个世纪的时间才完成今日大小尖塔并点缀着大量花格窗的优雅面貌。

由于大教堂历经漫长的建筑时间，多次换手的建筑师们也在外观上留下各自的“签名”。13世纪的首任法国设计师，将巴黎与兰斯大教堂的法国哥特式风格，展现于布尔戈斯大教堂的主立面上，由三层结构建架而成，两旁耸立着方形的塔楼。到了15世纪，受德国影响的继任设计师则替它们增添了高耸的尖塔。如今，这处尖拱状的主要入口上方，分层叠置着玫瑰窗、窗柱间分立雕像的双尖拱窗，以及位于顶端的圣母雕像。

十字型的教堂内部，容纳了多达15间的礼拜堂，其中又以统领礼拜堂(Capilla del Condestable)最为出色，装饰着繁复的银匠式雕刻。八角形的屋顶上开着星芒状的花窗，一处处小尖顶向下延伸，形成了镶嵌彩绘玻璃与雕像的大壁龛，底层则是由狮子、盾牌、盔甲构成的徽章。该礼拜堂的外观也不逊色，由武装骑士和天使雕像、花格窗以及尖塔点缀而成。

1984

文化遗产

历史城区

科尔多瓦历史中心

Historic Centre of Córdoba

科尔多瓦曾经是罗马帝国统治下的西班牙首都。公元6—8世纪，西哥特人曾占领此地。两百多年后，摩尔人联合受天主教迫害的犹太人，一举拿下了科尔多瓦而成为主人，在10世纪时，伊斯兰教政权的势力发展到了巅峰。阿布杜勒－拉曼三世(Abd-al-Rahman III)和哈坎二世(Hakam II)统治期间，科尔多瓦成为当时欧洲最进步且富裕的城市，拥有一座阿拉伯大学和300多座清真寺。

在旧城区里，伊斯兰建筑遗迹、荒废的中庭和阳台垂吊下来的鲜艳花朵，让科尔多瓦成为一座浪漫迷人的城市。不慌不忙的游客和享受闲情逸致的居民，漫步在狭窄的街道和曲折的巷弄间。这里，可见证三个世纪以来混合伊斯兰教、犹太教和天主教风格的建筑遗迹。

从清真寺中的拱门与壁龛，可以欣赏到摩尔人统治下发展出的伊斯兰艺术；犹太区则保留了伊比利亚半岛罕见的犹太教堂；至于兴建于14世纪时的皮亚纳宫(Palacio de Viana)，则为西班牙16—17世纪的黄金时期埋下伏笔。

1984，1994

文化遗产

宫殿×城堡

格拉纳达的阿尔汗布拉宫与阿尔拜辛区

Alhambra, Generalife and Albayzín, Granada

格拉纳达最重要的遗迹便是举世闻名的阿拉伯建筑杰作“阿尔汗布拉宫”。这座西班牙末代伊斯兰教王宫，不论历史还是建筑本身，都堪称举足轻重。

阿尔汗布拉宫的名称来自阿拉伯语，意思是“红色的城堡”，或许是因为宫殿的大型红色城墙和高塔，在莎碧卡山丘(La Sabica)的围绕下显得特别醒目。它在13世纪时原本只是座摩尔式碉堡，后来演变成今日集碉堡、王宫和小城于一身的庞大建筑群。

约14世纪时，在两位摩尔国王的努力下，才开始兴建王宫。穆罕默德五世执政时，除了将王宫兴建完毕，还修筑了美丽的狮子宫殿。

1474年，天主教势力大增，终于在1492年歼灭伊斯兰教势力，完成了以天主教统一西班牙的夙愿。于是阿尔汗布拉宫落入天主教徒手中，因而陆续增建教堂、修道院和要塞。不过，18—19世纪初，阿尔汗布拉宫逐渐荒废。直到1870年，这里才被西班牙政府列为纪念性建筑，努力修复后阿尔汗布拉宫才有今日的美丽面貌，让世人得以重见这座精心雕琢的摩尔宫殿。

列入世界遗产范围的还有阿尔拜辛区，密密麻麻的白色房舍，相比阿尔汗布拉宫沿山壁而建，伊斯兰教式的建筑、中庭、门饰、阿拉伯茶室、清真寺、公共澡堂等，犹如一块块大大小小的积木插满整座山头，串联其间的巷弄蜿蜒狭窄，仿若一整座大型迷宫，让人有种迷失在阿拉伯世界里的错觉。

1984，
2005

文化遗产

新艺术
建筑

高迪的建筑作品

Works of Antoni Gaudí

高迪一生留下17件建筑精品，其中就有7件荣登世界遗产之列，分别是奎尔宫、奎尔公园、米拉之家、巴特洛之家、文生之家、奎尔纺织村及教堂、神圣家族教堂。

奎尔宫(Palacio Güell)建于1886—1891年，是高迪为奎尔公爵设计的宅邸，1969年就已被西班牙政府列为国家级古迹。这座豪宅几乎花光了奎尔公爵的所有财产，但也让高迪从此声名大噪。

奎尔公园(Parque Güell)为高迪最具童话趣味的作品。大师以高低起伏的地形为基础，搭配蘑菇、糖果屋和七彩大蜥蜴，营造出五彩缤纷的童话世界。

米拉之家(Casa Milà)是高迪在巴塞罗那所设计的最后一栋建筑，为大师成熟之作。内部革命性的创新设计，被誉为西班牙现代主义代表性建筑。

巴特洛之家(Casa Batlló)虽非高迪所建，但却是经其彻底翻修过的。立面以海蓝色马赛克拼贴出“海洋”主题，象征加泰罗尼亚人与海为伍、冒险犯难、追寻自由和乐观进取的精神，强烈的民族情感不言而喻。

文生之家(Casa Vicens)这栋花花绿绿的瓷砖制造商宅邸，是高迪初试啼声之作。那种见到童话屋般的愉悦，让人打心底佩服高迪的大胆和创意。

奎尔纺织村及教堂(Cripta de la Colonia Güell)的造镇计划中，高迪虽然仅完成小教堂地下室，但它却是高迪最常被研究的作品，原因就在于，高迪精巧地计算出每个拱的承重量。

神圣家族教堂(La Sagrada Familia)这座1882年即动工的教堂，是大师投注43年心力、壮志未酬的旷世巨作，迄今工程仍在进行中。其灵感来自蒙特塞拉特圣石山，除“复活立面”外，皆出自大师之手。

CASA BATLLÓ
GAUDÍ
BARCELONA

1985，
2007

文化遗产

历史城区

阿维拉旧城及城墙外的教堂

Old Town of Ávila with its Extra-Muros Churches

阿维拉坐落于海拔1131米的山上，是全西班牙最高的地区首府，也因此四季气候凉爽。阿维拉位于马德里的西北方，是建于岩山顶端平台上的一座旧城，四周围绕着厚实的城墙，使它赢得“石头城”的封号。城墙保存得相当完整，如果沿着旧城外围走上一遭，可以欣赏捍卫这座城市的塔楼与多道作为出入口的城门，维持着浓厚的中世纪气氛。

阿维拉的中古世纪城墙建造年代约在11—12世纪，是古罗马人与伊斯兰教徒留下来的防御工事，共有8座城门及多达88座的城塔，其中又以文森门和阿卡萨门最令人印象深刻。

此外，城内还有座建造之初就嵌在城墙上的大教堂，形成另一座坚固的防御堡垒。旧城外西北处有座瞭望台，可将壮观的城堡景色尽收眼底。

符号说明 登录时间 遗产内容 遗产类型 文化遗产 自然遗产 综合遗产 濒危文化遗产 濒危自然遗产 濒危综合遗产

1985
历史城区
×
古罗马
文化遗产

塞哥维亚旧城及水道桥 Old Town of Segovia and its Aqueduct

塞哥维亚位于马德里西北方95千米处，坐落于海拔1000多米的高地上，这座被两条河流环绕的古老城市，仿佛耸立于岩壁上。

塞哥维亚的名称源自伊比利亚半岛的凯尔特人，首批居民将它命名为"Segobriga"，意思是"胜利之城"。而它优越的战略位置，更是它打中世纪以来便备受君王青睐的原因，因此城内处处可见昔日的皇宫建筑，以及可远溯自罗马时代的古老城墙和水道桥(Acueducto Romano)，堪称西班牙境内规模最庞大的古罗马遗迹。渡槽全长894米，由163根拱形柱组合而成。

塞哥维亚是15世纪时卡斯蒂利亚王国的重要城市。西班牙史上著名的女王伊莎贝拉于1474年在此加冕成为卡斯蒂利亚女王，而她所居住的阿卡萨城堡，据说是今日迪士尼电影《白雪公主》中城堡的灵感来源。

阿尔塔米拉岩洞和西班牙北部的旧石器时代岩画

1985

文化遗产

旧石器时代遗址 × 史前岩画

Cave of Altamira and Paleolithic Cave Art of Northern Spain

这些史前岩洞壁画位于坎塔布利亚(Cantabria)自治区的桑提亚纳德玛尔(Santillana del Mar)附近。17个画有史前岩洞壁画的洞窟一字排开，构成了这座“史前西斯廷大教堂”(西斯廷大教堂以米开朗琪罗所绘的壁画著称于世)。这些壁画为旧石器时代岩洞艺术的极致之作，年代约为公元前35000年到公元前11000年。

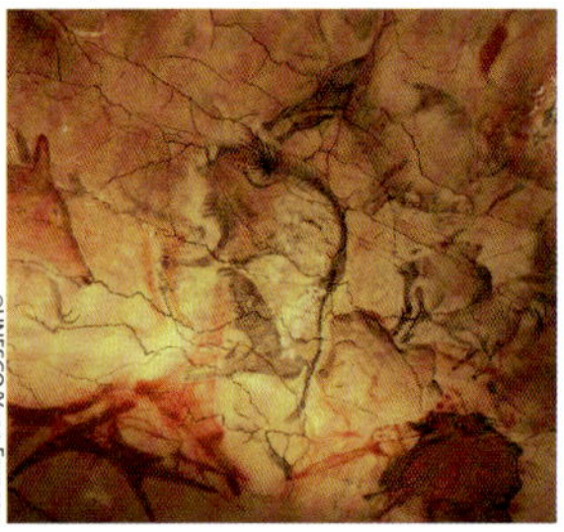

史前艺术家们运用赭石、红、黄、黑等有限的颜色，采用写实、粗犷、重彩的手法，勾勒出简单的风景和栩栩如生的动物画像。壁画保存情况良好，具有极高的历史与艺术价值。

阿斯图里亚斯王国的纪念性建筑

1985，1998

文化遗产

历史建筑

Monuments of Oviedo and the Kingdom of the Asturias

公元8世纪中叶，由西哥特人建立的基督教小王国——阿斯图里亚斯王国，在西班牙北部创建奥维耶多城，794年时毁于摩尔人之手。阿方索二世决定重建，并迁都于此。

9世纪时，由于宗教圣物转存至此，奥维耶多一跃成为与圣地亚哥齐名的圣地，宗教建筑纷纷出现，连带催生出一种创新的“前仿罗马式”(pre-Romanesque)建筑风格，深深影响了日后伊比利亚半岛上的宗教建筑形式。建于842—850年间、如今依然屹立的圣玛利亚(Santa María del Naranco)和圣米盖尔(San Miguel de Lillo)教堂为前仿罗马式教堂的经典之作。除众多古老教堂外，当代的丰卡拉达(Foncalada)水利建筑同样著名。

乌韦达－巴埃萨的文艺复兴建筑群

2003

文化遗产

文艺复兴式建筑

Renaissance Monumental Ensembles of Úbeda and Baeza

这两座位于西班牙南部的小城，其形成年代可追溯至9世纪摩尔人统治时代，以及13世纪基督教王国重掌西班牙政权时期。

16世纪文艺复兴时期，乌韦达与巴埃萨的城市建设出现重大发展。在由意大利传入的人文主义思潮影响下，西班牙政府开始有计划、有步骤地建设这两座小城市，此一做法也被沿用于日后拉丁美洲的殖民城市建设上。

特拉蒙塔那山区文化景观

2011

文化遗产

文化景观

Cultural Landscape of the Serra de Tramuntana

特拉蒙塔那山脉矗立于地中海马约卡岛(Majorca)西北部，与海岸线平行，山势陡峭险峻。数千年来，当地居民利用极为有限的自然资源，在一片崇山峻岭中发展出农耕文化，改变土地的容貌，并且营造出今日充满独特田园风光的山区文化景观。

公元10世纪初，马约卡岛被摩尔人占领，摩尔人运用阿拉伯世界精良的水利技术，在此修建相互连通的灌溉渠道和集水设施，发展出繁复的水利系统，而这套系统至今仍被当地居民使用。

13世纪这里成为基督教王国的领土后，居民开始引进基督教世界的农耕技术以及土地管理制度，在一小块一小块的石墙梯田上细心栽种橄榄树、柑橘树等作物，并且建造农舍、灯塔、教堂，逐渐形成现今的样貌，同时也使得这块占地307.45平方千米的世界遗产区域，成为伊斯兰文化与基督教文化互相交会的绝佳见证。

安特克拉石墓

2016

文化遗产

史前巨石文明 × 陵墓坟冢

Antequera Dolmens Site

这处石墓遗址位于西班牙南部安达卢西亚的心脏地带，包括蒙加(Menga)和维拉(Viera)、艾尔罗梅拉尔的地下圆形坟墓(Tholos of El Romeral)，以及两处自然形成的山形墓冢：埃纳莫拉多斯山(Peña de los Enamorados)和埃尔托卡尔山(El Torcal)。

这些都建于新石器时代到铜器时代，石墓(Dolmens)为史前时代巨石文明的表现方式，也是殡葬遗址形态之一。外观形状多以数块大巨石放置地上，一边往外倾，地面巨石群上方承大型石板以为顶，其架构留置的空间则用作墓室。这三处石墓是欧洲重要的史前建筑及巨石文明范例之一。

哈里发阿尔扎哈拉古城

2018

文化遗产

古城遗址

The Caliphate City of Medina Azahara

哈里发阿尔扎哈拉古城建于10世纪中叶，为倭马亚王朝(Umayyad Dynasty)时期的科尔多瓦哈里发所在地。此处曾繁盛一时，历经数十年的风光岁月，而后内战兴起，在战争期间它被废弃，在1009—1010年哈里发的统治结束了。

阿尔扎哈拉古城被遗忘了近千年，直到20世纪初期被发现才重见天日。这座城市具有道路、桥梁、供水系统、建筑物等基础设施，它提供了深入了解已消失的安达卢斯西方伊斯兰辉煌文明的机会。

1986 文化遗产 摩德哈尔式建筑

阿拉贡的摩德哈尔式建筑

Mudejar Architecture of Aragon

阿拉贡自治区位于西班牙东北部，摩德哈尔(Mudejar)系指在基督教政权重掌西班牙后，改信天主教的摩尔人及安达卢西亚的穆斯林，亦指在12—17世纪间风行于阿拉贡与卡斯蒂利亚、深受摩尔风格影响的装饰艺术及建筑风格，同时也反映出当代欧洲的艺术潮流，特别是哥特式建筑。

摩德哈尔式建筑(尤其是钟楼)的砖块和釉面瓷砖运用极为精巧且富创意。建于12世纪末的特鲁埃尔(Teruel)圣玛利亚大教堂，以及建于13世纪初的圣马丁大教堂为其经典之作。

托莱多古城 Historic City of Toledo

1986

文化遗产

历史城区

托莱多距离马德里不过70千米，在马德里之前曾经是西班牙的首都。坐落于七座山丘上，三面环河、后拥城墙，优越的地理位置使它成为一处防御要冲，因此托莱多一路以来都在历史上扮演着重要的角色。

托莱多发迹得很早，罗马时期时已经成为罗马外省的行政和经济中心，因而获得重视。之后又陆续成为西哥特人和摩尔人统治下的首都，伊斯兰教政权让托莱多的发展达到高峰，而它当然也是西班牙天主教国王和伊斯兰哈里发之间争夺的对象。

漫长的历史让托莱多拥有无数珍贵的遗产，特别是融合了伊斯兰教、天主教和犹太教的混血文化，使它拥有了“三个文化城”的美誉。

卡塞雷斯旧城 Old Town of Cáceres

1986

文化遗产

历史城区

卡塞雷斯这座公元前25年罗马人以“Norba Caesarina”命名建立的古城，长期以来一直被摩尔人占领。1229年，阿方索九世赶走摩尔人，把这座城赏赐给卡塞雷斯骑士团，因而造就了无数游侠骑士的逸闻。也是在此时期，卡塞雷斯拥有一处非常庞大的犹太区。到了15世纪，伊莎贝拉女王结束长年内战，将犹太人驱逐出境，然而这座古城至今仍保留不少当时珍贵的遗迹。

大航海时代让卡塞雷斯复苏，由于地处白银之路上，它扮演着运送美洲黄金与白银前往西班牙各地的中继站角色，因而迅速致富。于是许多富商、贵族纷纷在此兴建豪宅，形成了今日旧城内府邸林立的特色。

再加上从伊斯兰政权统治时期开始，高塔建筑蔚为风气，直到今日小小的旧城区中，依旧保留了多达30座的高塔。或许正因为如此，白鹳也特别喜欢在此筑巢，往往抬头就能看到盘旋飞翔或栖息鸟巢的白鹳。卡塞雷斯几乎不曾被烽火波及，让它得以保存完好的中世纪气质。

加拉霍艾国家公园 Garajonay National Park

1986 自然遗产 岛屿 × 森林生态

加拉霍艾国家公园位于大西洋加那利群岛中的戈梅拉(Gomera)岛中央，占地39.84平方千米，70%为珍稀的月桂树所覆盖，月桂树数量居全球之冠。盛行西风带来大量水汽，岛上流水淙淙、植被茂密，植物种类多达450种，其中34种为特有种。至于特有动物则有“Rabiche”和“Turqué”两种罕见的鸽子。

此外，由于加那利群岛系由火山喷发所形成的，因而加拉霍艾国家公园里不时可见裸露于地表的凝固黑色火山岩流，嶙峋峥嵘，增添了不少奇趣。

符号说明	登录时间	遗产内容	遗产类型	文化遗产	自然遗产	综合遗产	濒危文化遗产	濒危自然遗产	濒危综合遗产

1987
文化遗产

教堂 × 宫殿 × 摩德哈尔式建筑 × 殖民历史档案

塞维利亚大教堂、阿卡萨城堡及西印度群岛档案馆

Cathedral, Alcázar and Archivo de Indias in Seville

塞维利亚曾贵为摩尔王朝首都，至今仍留有不少摩德哈尔式建筑珍品。大教堂与王宫为两大游客朝圣地点。

塞维利亚大教堂是全世界第三大的教堂，仅次于罗马的圣彼得大教堂和伦敦的圣保罗大教堂。历经一个世纪兴建的大教堂原本为哥特式风格，中央圆顶坍塌之后，建筑风格转为文艺复兴式，加上由昔日清真寺唤拜塔改建而成的摩尔式希拉达塔，以及穆斯林入内祈祷前净身的橘子庭院(Patio de los Naranjos)，整座教堂融合了多种风格。

塞维利亚王宫与格拉纳达阿尔汗布拉宫，并列为西班牙最具代表性的伊斯兰教王宫。其部分楼层现在仍被西班牙王室使用。

至于阿卡萨城堡，原本仅是一座防御性的堡垒，始建于公元913年，到了12世纪，阿尔摩哈德王朝(Almohads)将它扩建为坚固的要塞。目前所看到的宫殿是公元1364年由佩德罗一世(Pedro I)下令修建的具有摩德哈尔风格的佩德罗一世宫殿(Palacioi Pedro I)。在天主教政权收复西班牙之后，塞维利亚成为西班牙诸王非常喜爱的居住地之一，时间长达四个世纪，也是西班牙境内保存完善的摩德哈尔式建筑范例之一。

而西印度群岛档案馆坐落在塞维利亚的古代商人交易所(Lonja)里，珍藏了许多西班牙殖民美洲的档案。

1988 文化遗产 历史城区

萨拉曼卡旧城 Old City of Salamanca

萨拉曼卡是一座既古老又年轻的城市，位于马德里以西200千米，历史悠久。早在古罗马人殖民西班牙以前，瓦凯伊人(Vaccaei)已在此创立城市，后来因为白银之路的开发，这处位居枢纽地位的城市也揭开了繁荣的序幕。其历史可以回溯至公元1世纪的罗马桥(Puente Romano)，便是昔日白银之路的一段。

在伊斯兰教与天主教政权不断争夺的年代，萨拉曼卡成为两者之间的战场，直到10世纪时才回到天主教的怀抱，并逐渐重新建设、规划这座城市。

公元1218年时，天主教国王阿方索九世(Alfonso IX of León)创立了萨拉曼卡大学，从此改写了这座城市的命运。这座小镇因而一跃成为欧洲的学术中心。这座大学至今仍是西班牙最重要的大学，也因此吸引许多慕名而来的海外学生到此求学、定居。

除了浓厚的学术气息之外，萨拉曼卡也被称为“西班牙最美丽的城市”。原因在于市内有大量以砂岩打造的建筑，每当阳光照射便散发出金色的光辉，特别是大量装饰丘里格拉式雕刻的主广场。

1991 文化遗产 修道院

波夫莱特修道院 Poblet Monastery

这座距离巴塞罗那约2小时车程的修道院，是西班牙比较大的修道院之一。始建于12世纪，建筑形式介于罗马式与哥特式之间，直到13世纪才完工。19世纪时曾遭受法军掠夺破坏，但因结构坚固，且拥有防御性城墙，因而修复后至今样貌几乎没有改变。朴实庞大的修道院建筑和皇室陵寝非常壮观。

由于这座修道院一直都有王室和贵族支持、捐助，所以自1196年起，加泰罗尼亚王室成员都选择长眠于此，波夫莱特修道院也被指定为皇室陵寝。主祭坛前的十字穿廊上，有两座仿佛空桥的雕刻，正是1950年由雕刻家马列斯(Frederic Mares)重建的皇帝陵寝。

符号说明 登录时间 遗产内容 遗产类型 文化遗产 自然遗产 综合遗产 濒危文化遗产 濒危自然遗产 濒危综合遗产

1993

文化遗产

宗教遗产
×
基督教

圣地亚哥朝圣之路

Route of Santiago de Compostela

9世纪时，在西班牙西北部，有位牧羊人宣称见到一道光芒指向山上，于是主教下令搜山，结果发现一具石棺，主教遂宣布是使徒圣地亚哥在此显圣，那座山即日后的圣地亚哥城。

从此，有无数的朝圣者从法国的松坡(Somport)起程，越过比利牛斯山，前往圣地亚哥朝圣。全程长达840千米，如今在这条路上仍留有1800多栋古建筑，不论是宗教性还是非宗教性建筑，皆具有很高的历史价值。中世纪时，在促进伊比利亚半岛与欧洲其他地区的文化交流方面，这条“朝圣之路”扮演过极为重要的角色，因而欧洲议会(Council of Europe)在1987年宣布将其列为欧洲第一条文化之路。

1993

文化遗产

古罗马

梅里达考古遗址

Archaeological Ensemble of Mérida

在古罗马时代，梅里达被称为“Emeritus Augustus”，意思是“奥古斯都军队中的单身汉们”。它是奥古斯都大帝的女婿艾格列帕(Agrippa)创立于公元前25年的殖民地，主要为了保护瓜迪亚纳河(Río Guadiana)上的桥梁与通道而修建，但同时也让无依无靠的士兵退休后可以在此养老，而它今日的名称便是从旧名衍生而来。

梅里达是昔日白银之路的终点，同时也是罗马卢西塔尼亚行省的首府，受重视的情况可见一斑，因此远在古罗马时期便已繁荣兴盛。城内出现大量公共建筑，例如神庙、剧场、水道桥、民居、坟场等，而它保留下来的罗马遗迹，不仅是西班牙境内最重要的，同时也是最丰富的，也因此使梅里达赢得“西班牙的小罗马”的美誉。

罗马人对于这座城市的建设有着极大的功劳，因此即使在西罗马帝国垮台后，梅里达依旧在西哥特、伊斯兰政权甚至天主教统治时期扮演着重要的角色。阿拉伯人不但将罗马建筑重新利用，并且加以扩建，阿卡萨城堡就是其中一例。

1993

文化遗产

修道院

瓜达卢佩的圣玛利亚皇家修道院

Royal Monastery of Santa María de Guadalupe

瓜达卢佩坐落于卡塞雷斯省埃斯特雷马杜拉(Extremadura)自治地区西北，始建于13世纪。当初是因为牧羊人在瓜达卢佩河畔偶然挖出一尊圣母像，于是人们建了一座小教堂来供奉。

公元1340年，基督教军队在萨拉多河(Rio Salado)战役大获全胜。阿方索六世认为系受圣母庇护之故，因此将这座小教堂封为皇家修道院，之后历经四个世纪不断扩建，纳入不同时期的建筑风格。

这座气势恢宏的宗教建筑瑰宝还与1492年的两件历史大事有关：一是西班牙重回基督教政权之手，二是哥伦布发现新大陆。于是修道院中著名的圣母像成为多数新大陆基督教化的象征。

©UNESCO/Yvon Fruneau

符号说明 登录时间 遗产内容 遗产类型 文化遗产 自然遗产 综合遗产 濒危文化遗产 濒危自然遗产 濒危综合遗产

1994
自然遗产
河口生态

多尼亚纳国家公园

Doñana National Park

这座位于安达卢西亚省的国家公园，不仅名列世界遗产，也是拉姆萨湿地公约(Ramsar Convention)列管的世界重要水鸟栖息保育地，涵盖瓜达基维尔(Guadalquivir)河注入大西洋河口右岸、面积达540多平方千米的辽阔湿地，遍布潟湖、沼泽、固定及移动土丘、灌木丛林。

有5种濒绝鸟类栖息于此，每年还有多达50万只水鸟来此过冬。1998年，由于有毒废料外泄，污染瓜达基维尔河支流，一度造成生态灾难。

©UNESCO/Yvon Fruneau

1986
文化遗产
地中海贸易纪念性建筑
×
哥特式建筑

巴伦西亚丝绸交易中心

La Lonja de la Seda de Valencia

这座气宇不凡的建筑，是缘于鼎盛的丝绸商贸，于1483年2月5日落成启用，其后历经改建，成就今日的规模。屋内正厅宽21.39米，长35.6米，高17.4米。矗立在厅内的八根石柱呈螺旋状，象征着扭缠的船绳和丝绢。巨硕的立柱自大理石地板耸立至拱顶，许多举足轻重的经贸契约就是在这拱顶下落笔签订。

这幢见证历史的古建筑，无疑是晚期哥特式建筑的完美杰作，每个细节都呈现创意与实用的结合，例如自外墙伸出的28座出水口，仿自传说中的魔怪，造型极尽夸张，导水功能亦是无懈可击。

1997
文化遗产
新艺术建筑

巴塞罗那的加泰罗尼亚音乐宫与圣保罗医院

Palau de la Música Catalana and Hospital de Sant Pau, Barcelona

这座音乐厅与圣保罗医院(圣十字医院的前身)同为加泰罗尼亚新艺术建筑大师蒙塔内尔(Lluis Domènech i Montaner)的代表作。蒙塔内尔与高迪及普意居(Josep Puig i Cadafalch)被并称为“加泰罗尼亚新艺术建筑三杰”，其作品强调“师法自然”，惯以动植物作为装饰元素。在建材使用上，除沿用红砖、马赛克和彩色玻璃外，他也开发出了不少新技术，例如音乐厅即由巨大的钢架结构组成，因而室内光线充足、空间开阔。

圣保罗医院就像座洋溢摩尔风情、花团锦簇的花园，园中坐落着26栋马赛克城堡般的医院建筑。一进门，映入眼帘的是大厅内美丽的壁画。这座绝美的花园医院，其前身是历史悠久的圣十字医院。在20世纪初改建之前，只是一栋贫民区中的老旧医院，而高迪就是在此结束其精彩的一生。

©UNESCO/Yvon Fruneau

1997 文化遗产 修道院

圣米兰的尤索和素索修道院

San Millán Yuso and Suso Monasteries

自公元6世纪中叶圣米兰(St. Millán)在此地建立修道院社区起，这里逐渐成为基督教徒的朝圣地。圣米兰素索修道院就是为了纪念圣米兰而建的，为仿罗马式建筑。第一部以卡斯蒂利亚语(Castilian，即现代西班牙语)所撰写的文学作品即诞生于此，这里因而被认为是现代西班牙语的发源地。

16世纪初期，在旧修道院下方新盖了一座圣米兰尤索修道院，至今仍然持续宗教活动。

1998 文化遗产 岩画艺术

伊比利亚半岛地中海盆地岩画艺术

Rock Art of the Mediterranean Basin on the Iberian Peninsula

伊比利亚半岛东部的地中海盆地有不少史前文化遗迹。自阿尔塔米拉(Altamira)岩洞旧石器时代壁画于1879年被发现后，在阿拉贡(Aragón)、安达卢西亚(Andalusia)、卡斯蒂利亚－拉曼查(Castille-La Mancha)、加泰罗尼亚(Catalonia)、穆尔希亚(Murcia)与巴伦西亚(Valencia)地区又陆续发现了大规模的石器时代壁画群。

这些壁画生动地记录下人类文明从采集、狩猎到种植作物、驯养动物的重要转折历程。考古学家按年代及艺术风格，将其分为三大类：旧石器时代壁画，年代约在公元前4万年至公元前1万年，主题多为鹿、野牛等动物，也有抽象符号及人的手印；地中海沿岸壁画，约公元前6000年至公元前4000年，已开始出现人的形象，描绘狩猎、种植、舞蹈、战争等景象；简图式壁画，约公元前4000年至公元前1000年，画面简单却充满活力，且抽象符号大量出现，被认为是艺术抽象化的重要起步。

1998 文化遗产 大学×历史城区

埃纳雷斯堡大学与旧城区

University and Historic Precinct of Alcalá de Henares

埃纳雷斯堡大学距离马德里30千米，为世界第一座经规划而设立的大学城。公元1499年，红衣大主教西奈罗斯(Cisneros)在此创立圣伊德丰索高等学院(Colegio Mayor de San Ildefonso)，享誉欧洲达数个世纪。在欧洲，大学多以它为范本。

1836 年，伊莎贝拉二世将大学迁往马德里，直到1977年才复校。

此地也是“上帝之城”(Civitas Dei)的原型，西班牙传教士将此一理想化的市镇模式传入美洲。再者，它也是西班牙大文豪塞万提斯(Cervantes)的故乡，包括《堂吉诃德》在内等巨作，对现代西班牙语与西班牙文学影响深远。

©UNESCO/Nathalie Valanchon

1997 文化遗产 古罗马

拉斯梅德拉斯 Las Médulas

公元1世纪，在西班牙西北部的拉斯梅德拉斯地区，罗马帝国统治者开始利用水利来开采、淘洗金银。经过两个世纪的开采后，罗马人撤走了，留下一片废墟。从此，当地不曾出现过工业活动，因而完整保留此一独特的古代技术遗迹。

如今，在当地陡峭的山坡和开阔土地上，仍处处可见当时留下来的矿井和水渠，部分水渠转为灌溉之用。

2000 文化遗产 人类化石遗址

阿塔皮尔卡考古遗址

Archaeological Site of Atapuerca

位于布尔戈斯以东15千米处，当地洞窟群中保存着大量早期欧洲人类化石，年代从100多万年前跨越至基督教纪元初始，为研究远古时代人类体态特征及生活方式提供了珍贵的原始资料。

2008年初，考古学家在此挖掘出一块120万年前的人类下颚骨碎片，是迄今在该遗址出土的最古老的化石，有可能是尼安德特人和智人最后的共同祖先。

1999
综合遗产
海洋 × 海岸生态 × 防御工事

伊维萨岛

Ibiza, Biodiversity and Culture

伊维萨岛是海洋与海岸生态系统互动的极佳例子。这里生长着大片浓密的波西多尼亚海草(Posidonia Seagrass)，为地中海特有物种，蕴含和支撑着海洋生物的多样性。

岛上还完好保留不少年代久远的历史遗迹，萨卡勒塔(Sa Caleta)古代民居及普奇·德·莫林古墓群(Puig des Molins)的出土，证明此岛曾在早期(特别是在腓尼基及迦太基时期)地中海海上贸易中扮演过重要角色。

坚固的上城(Alta Vila)是文艺复兴时期要塞建筑的经典之作，甚至影响到了日后西班牙殖民帝国在新大陆的要塞设计。

©ibiza.travel/Xescu prats

1999
文化遗产
古城

拉古纳的圣克斯托瓦尔城

San Cristóbal de La Laguna

古城坐落于加那利群岛中的特内里费(Tenerife)岛上，1723年之前为该岛的首府。1496年，阿隆索·费尔南德斯·德·鲁格(Alonso Fernández de Lugo)征服岛上最后土著势力，之后即在此建城。但此处未经规划，城区杂乱无章，此即“高城”(Upper Town)。

鲁格于是决定另辟“低城”(Lower Town)，完全按照当时风行于欧洲的几何形城市规划，街道宽敞，公共空间开阔，城市布局至今没有太大改变，其中不乏年代可追溯至16—18世纪精美绝伦的教堂、公共建筑及私人宅第。此外，这座古城还是西班牙首座不设防的殖民城市，成为日后许多美洲殖民城市的设计典范。

2000
文化遗产
教堂 × 仿罗马式

博伊峡谷的仿罗马式教堂

Catalan Romanesque Churches of the Vall de Boí

为崇山峻岭所环抱的博伊峡谷，位于西班牙东北部加泰罗尼亚自治区内的比利牛斯山区。峡谷内散落着八个小村庄，每个村庄都拥有一座保存状况良好的仿罗马式教堂，其中，圣克莱门特(Sant Climent de Taüll)和圣玛利亚(Santa Maria de Taüll)教堂尤为经典，内有大量精美的中世纪壁画。

而所谓“仿罗马式建筑”，系指融合罗马、拜占庭及早期基督教建筑风格与工艺的建筑形式，盛行于11世纪中叶至12世纪末，其特色为厚实的墙壁、高大的塔楼及圆拱形穹顶。

2000 文化遗产 古罗马

塔拉戈的考古遗址

Archaeological Ensemble of Tárraco

坐落于一座岩石山丘上、拥抱地中海碧海蓝天的塔拉戈，位于巴塞罗那的南方，它是今日黄金海岸的中心，也是昔日罗马人征服伊比利亚半岛的基地。公元前218年，罗马往南攻打驻守于西班牙的迦太基统帅汉尼拔，从那时开始，这座城市就在罗马历史中拥有举足轻重的地位。

随着时间发展，这座罗马时期被称为塔拉戈(Tárraco)的城市，不仅陆续发展出城墙，还演变成罗马帝国的度假胜地，成千上万人聚集，神庙等建筑如雨后春笋般出现于城市四周。从它今日保存下来的城墙、塔楼、圆形剧场、竞技场……不难看出昔日盛极一时的景象。

2000 文化遗产 农业景观 × 椰枣

埃尔切的帕梅拉尔

Palmeral of Elche

位于西班牙东南部的埃尔切是一座沿海城市，创建于10世纪末阿拉伯人统治伊比利亚半岛时期。该城的帕梅拉尔是个具有北非特色的农业区，“帕梅拉尔”意指种满椰枣的地方。当地的灌溉系统极为完善，因而得以在贫瘠的土地上创造出农业奇迹。

其实，当地种植椰枣的历史由来已久，早在公元前500多年就开始了。腓尼基人和罗马人曾在此殖民，如今是欧洲仅存的阿拉伯式农业区，中世纪时由摩尔人建造的灌溉系统依然持续运作中。

2000 文化遗产 古罗马

卢戈的罗马古城墙

Roman Walls of Lugo

卢戈位于西班牙北部、米尼奥(Minho)河上游的支流畔，在公元前19年为罗马帝国所征服。当时此地为一处名为卢卡斯·奥古斯汀(Lucus Augusti)的罗马军营，由于当地盛产黄金，且位于布拉加(Bracara)通往加斯图里加(Asturica)的大道上，因而逐渐转型为一座小型但却重要的城镇。

为了加强防御能力，以巨大的片岩砌成长2000米、高约10米的城墙，为罗马帝国晚期典型的防御工事。

符号说明 登录时间 遗产内容 | 遗产类型 文化遗产 自然遗产 综合遗产 濒危文化遗产 濒危自然遗产 濒危综合遗产

圣地亚哥古城

Santiago de Compostela (Old Town)

1985

文化遗产

历史城区
×
宗教遗产
×
基督教

圣地亚哥，和罗马、耶路撒冷并列为天主教世界的三大朝圣地，位于西班牙西北部，是长达800千米的朝圣之路的终点。数个世纪以来，成千上万的朝圣者，从法国翻越比利牛斯山脉，沿途经潘普罗纳(Pamplona)、布尔戈斯(Burgos)和莱昂 (León)，跋山涉水，历经千辛万苦，才终于来到其精神的最后依归。

圣地亚哥全名为“Santiago de Compostela”，关于它的名称由来有个传说。据说耶稣12门徒之一的圣雅各，死后遗体从耶路撒冷被运往西班牙，并于此地下葬，后来一位牧羊人因为星星的指引而发现了这里，因此将它命名为“星星之野的圣地亚哥”。“Compostela”源自拉丁文中的“campus”和“stellae”，这两个词分别象征“原野”与“星星”。不仅如此，之后圣雅各还骑着白马手持长剑出现在圣地亚哥，替众人指点迷津，而在他的精神指引下，加利西亚人最终得以击退摩尔人！这位圣人目前仍长眠于圣地亚哥的大教堂里。

圣地亚哥城里的建筑从仿罗马式、哥特式到巴洛克式，各种风格汇集一处，堪称世界上经典的城区之一，城里最古老的建筑都在大教堂和圣雅各坟冢周围。

阿兰胡埃斯文化景观

Aranjuez Cultural Landscape

2001

文化遗产

文化景观

阿兰胡埃斯文化景观融合了自然与人类活动关系、弯曲的河道与几何形景观设计、田园风光与都市景观、森林环境与富丽堂皇的建筑之间的复杂关系。

三百多年来，由于西班牙王室投注了相当多的心血，阿兰胡埃斯文化景观因而呈现人文主义与中央集权的色彩，同时还可见到18世纪法国巴洛克风格的花园，以及启蒙运动时期伴随着种植植物和饲养牲畜而发展起来的城市生活方式。

维斯盖亚桥 Vizcaya Bridge

2006

文化遗产

工业革命遗产
×
桥梁

维斯盖亚桥跨立于毕尔巴鄂西侧的伊拜萨巴(Ibaizabal)河口，它是由巴斯克建筑师阿贝尔托·帕拉西奥(Alberto de Palacio)设计的，于1893年完工。

这座45米高的大桥跨度160米，融合了19世纪使用钢铁的传统，并运用了稍后出现的轻量化钢索技术。它是世界上第一座装有吊舱、供行人与汽车过河的高空拉索桥，也是工业革命时期杰出的钢铁建筑之一。

这座功能与美感兼具的金属大桥曾毁于西班牙内战期间，之后采用部分新技术重建，于1941年恢复通行。

©UNESCO/Niamh Burke

泰德国家公园

Teide National Park

2007

自然遗产

火山景观
生态

这座占地达189.9平方千米的国家公园位于特内利费(Tenerife)岛中央，此岛是加那利群岛中面积最大的一座。

其存在为海洋岛屿演化的地质过程提供了证据。园区内的泰德峰是一座活火山，海拔3718米，为西班牙第一高峰。若从大西洋底算起，泰德峰更高达7500米，是世界第三高的火山结构体。巨大的垂直落差和火山活动，使得这里的生态系统自成一格。

埃库莱斯塔 Tower of Hercules

2009

文化遗产

古罗马

在西班牙西北部、距离拉科鲁尼亚2.4千米的一座半岛上，耸立着一座高达55米的建筑——埃库莱斯塔。它俯视北大西洋超过1900年，是至今仍在使用的古罗马时期灯塔，也是当今世上最古老的灯塔。

其名称来自希腊罗马神话中的埃库莱斯。公元2世纪时兴建于一座57米高的巨岩上，埃库莱斯塔打落成以来就是一座灯塔和地标，结构由下往上共分三层。于1791年时经过翻修，目前是西班牙第二高的灯塔。灯塔的下方还有一座作品年代可上溯至铁器时代的雕刻公园，以及一片伊斯兰教墓园。

瑞典Sweden

13 1 1 Total 15

早期瑞典地区是维京人活跃的地方，基督教在9世纪时传入瑞典，奠定了今日瑞典的生活文化基础，这从入选的世界遗产中可以看出些许端倪。而国土狭长的瑞典，北极圈内的拉普人和南方的农业景观则呈现出截然不同的风貌。

*高海岸/瓦尔肯群岛High Coast / Kvarken Archipelago 详见芬兰(P.127)
*斯特鲁维地质测量点Struve Geodetic Arc详见白俄罗斯(P.97)

©imagebank.sweden.se/Ola Ericson

德罗特宁霍尔摩宫

1991 文化遗产 宫殿×园林

Royal Domain of Drottningholm

德罗特宁霍尔摩宫又称皇后岛宫，奶油色的法式建筑倒映水中，十分优雅细致。岛上有座17世纪的宫殿建筑，还有欧洲最古老的剧院，以及巴洛克式花园和中式亭阁。

皇后岛宫最初是国王约翰三世为王后卡特琳娜所建的宫殿，17世纪经大幅改建，由泰森父子花了15年的时间为皇室设计宫殿装潢，展现17世纪60年代瑞典巴洛克形式的风华。

长久以来，这里一直是皇室女眷的住所。1744年瑞典王储阿道夫·弗雷德里克迎娶普鲁士王妃路易莎·乌尔丽卡时，将这座宫殿送给王妃当作结婚礼物。这位普鲁士王妃则创造了皇后岛宫的艺术黄金时期，她邀请了多位学者到宫里为收藏品归类、编号，并成立乌尔丽卡图书馆(Ulrika Library)，对当时的科学、艺术影响深远，图书馆目前仍保存完好并开放参观。

宫殿前有座小型法式几何花园，花园里的埃库莱斯(Hercules)铜像是出自荷兰文艺复兴大师艾德里安·德·弗里斯(Adrian de Vries)之手，也是从丹麦腓特烈城堡抢来的战利品。

建于1766年的巴洛克剧院是古斯塔夫三世为了纪念母亲路易莎王后所设立，也是目前仍上演剧码的最古老剧院。古斯塔夫三世在1792年被暗杀后，剧院的使用便渐趋稀微。1922年剧院重新整理时，许多设计精巧的机关才又重新被发现，例如可迅速变换的背景道具，至今仍使用无虞。

中国亭阁(Kina Slott)建于1769年，是国王阿道夫·弗雷德里克送给普鲁士王后路易莎的礼物。外观是洛可可式建筑，在许多细节上加入东方的龙等装饰，是当时最流行的建筑方式，里面收藏的全是当时由东印度公司运送来的东方艺术品。

比尔卡和霍夫加登

1993 文化遗产 维京人遗址

Birka and Hovgården

比尔卡考古遗址位于斯德哥尔摩附近梅拉伦湖(Mälar)中的比约克岛(Björkö)上，经过考古勘探后，证实在9—10世纪之间就有人居住。霍夫加登则位于邻近的阿德尔斯岛(Adelsö)上。

这两个考古遗址在维京时期的贸易网络里占有重要位置，对于后来斯堪的纳维亚历史的发展有举足轻重的影响。另外，比尔卡同时也是瑞典第一个基督教聚会的地方，由圣安斯加尔(St. Ansgar)于831年所建立。

©imagebank.sweden.se/Ola Ericson

符号说明 登录时间 遗产内容 遗产类型 文化遗产 自然遗产 综合遗产 濒危文化遗产 濒危自然遗产 濒危综合遗产

恩格尔斯堡铁矿工厂

Engelsberg Ironworks

1993
文化遗产
工业景观 × 炼铁

恩格尔斯堡铁矿工厂位于瑞典南部的恩格尔斯堡村(Ängelsberg)，它在1681年由佩尔·拉尔松·伊伦赫厄克(Per Larsson Gyllenhöök)兴建，并且在18世纪发展成世界上数一数二的现代化炼铁厂。

厂区内共有50多座年代及功能各异的建筑物，包括一栋两层楼的庄园宅邸(1750年)、园丁住所(1790年)、熔炼场(1778—1779年)、石板谷仓(1872年)以及酿酒厂、工人房舍、办公室等，完整保存了1870年最后一次改建后的样貌。

19世纪60年代，瑞典开始引进贝塞麦转炉炼钢法(Bessemer)及平炉炼钢法，恩格尔斯堡铁矿工厂只能借助增加熔炉容量以及延长营业时间勉强维持生存。到了1919年，该厂终因生产不敷成本而正式歇业。

塔努姆远古岩刻遗迹

Rock Carvings in Tanum

1994
文化遗产
岩画艺术 × 青铜时代

塔努姆远古岩刻遗迹位于瑞典布胡斯省(Bohuslän)北部，这些由青铜时代居民流传下来的艺术创作，都刻凿在当地因高山冰帽北移而裸露出来的花岗岩岩床上。

布胡斯省目前已知至少有1500幅岩刻画，其中不少都密集分布在塔努姆斯海德镇(Tanumshede)，有360多处岩刻地点。从18世纪末期以来一直持续进行的考古研究显示，这些原始象征图像描绘的内容涵盖了动物、树木、人类及身体部位、武器、船只、轮式载具等13个类别，并且反映了现实与超自然两种层面。由于具有杰出的艺术水准以及多元生动的景象组合，本区比欧洲甚至全世界其他的岩刻遗址都还要独特。

斯科斯累格加登公墓

Skogskyrkogården

1994
文化遗产
陵墓坟冢

1917—1920年，两位瑞典的年轻建筑师艾瑞克·贡纳·阿斯普朗德(Erik Gunnar Asplund)与西格德·莱韦伦兹(Sigurd Lewerentz)运用独特的设计概念，巧妙地融合地形、植栽和建筑元素，联手打造了位于斯德哥尔摩市南部恩魁亚德达伦区(Enskededalen)的斯科斯累格加登公墓。墓园内的其他重要建筑还包括建于1920年的林地教堂(Woodland Chapel)，以及后来增建的复活教堂(Chapel of Resurrection)。

这座建在一片砾石松林里的宁静公墓，在充分发挥应有的功能之余，完整保存了原始的自然景观。它不仅体现了从浪漫民族主义到实用主义的建筑演进史，对全世界的墓园设计也产生了深远的影响。

©imagebank.sweden.se/Cecilia Larsson Lantz

拉普人地区 Laponian Area

1996
综合遗产
人文聚落景观 × 极地

瑞典北部已进入北极圈地区，这里是拉普人(Laponian)的家乡。拉普人是北欧民族之一，自称萨米人。他们完好保存了祖先传统的生活方式，随着季节迁徙，活动范围广泛，是全世界少数仍随季节迁徙的原住民族群之一。

过去每年夏天，拉普人会赶着大群的驯鹿，穿过自然保护地区向山上移动。如今工业的发展以及全球气候变迁，不仅改变了极地的水流路线，也影响了拉普人的生活。

©imagebank.sweden.se/Staffan Widstrand

©imagebank.sweden.se/Staffan Widstrand

©imagebank.sweden.se/Lola Akinmade Åkerström

吕勒奥的加默尔斯塔德教会村庄

Church Village of Gammelstad, Luleå

1996
文化遗产
教堂 × 聚落

加默尔斯塔德村位于瑞典北方波的尼亚湾(Gulf of Bothnia)旁的吕勒奥，当地遗留了424间木造房子，被认定为北斯堪的纳维亚地区保存最完善的教会村庄。

这400多栋房子围绕着以石头打造的15世纪教堂，这些木屋过去只在周日或宗教节庆时，提供给因为居住地太远而无法在节日当天返家的信徒暂住。

1995

文化遗产

汉萨同盟城市

汉萨同盟城市维斯比

Hanseatic Town of Visby

维斯比位于瑞典东南方的哥得兰岛(Gotland)上，在12—13世纪时，是波罗的海附近从事商业往来相当活跃的城镇。1288年以石灰岩建造的长达3.6米的城墙，现在仍几近完整地围绕着维斯比，不仅在瑞典难得一见，也是北欧地区保留最完整的中世纪城墙。

当时这座城墙并不是为了对付外侮而建，主要是因为内战频繁，小镇的领导者刻意将小镇围起来，隔绝战乱。18世纪时，由于瑞典国王下令，凡以石头盖屋子的家庭可以减少课税，为了节税，镇上便以石头屋居多。尔后，为了保存古迹，瑞典政府规定维斯比旧城内房子可买卖，但想重新为外墙漆上不同颜色或者改建，都要向政府报备，由相关单位核准才能施工。因此，维斯比才保住镇上具有中世纪特色的石造房屋和独特的城镇景致。

哥得兰岛上有100多间教堂，在旧城里也有不少教会建筑，除了坐落在制高点的圣玛利亚大教堂，主广场旁的圣凯瑟琳教堂原建于1233年，为瑞典第一座方济会修道院，现今只剩下石造的外墙供游客参观。

1998

文化遗产

战争×军事遗产

卡尔斯克鲁纳军港

Naval Port of Karlskrona

卡尔斯克鲁纳是17世纪瑞典南部的重要海事防御地。当时的瑞典已是欧洲的强权国，为继续扩展领地，也为保卫当时的瑞典南部地区，就是现在芬兰、爱沙尼亚、拉脱维亚和部分德国北部城镇一带，因而在卡尔斯克鲁纳建立了一座海军基地。当时所建的军港大厦、造船厂和防御设施都被完整地保留下来，让世人得以了解三百多年前欧洲的军事规划。

2000

文化遗产

农业景观

厄兰岛南部的农业景观

Agricultural Landscape of Southern Öland

厄兰岛位于波罗的海，岛的南部是一片巨大的石灰岩高原，人们在此居住已有5000多年历史，其自然景观几千年来并未有任何改变。人们和自然共存，就连耕种方式也顺应地质状况的限制，从史前到今日，几乎都没有改变。因此该陆块独特的地质状态和沿岸景观未受到破坏，是全球人类居住地中相当罕见的情况。

符号说明 登录时间 遗产内容 遗产类型 文化遗产 自然遗产 综合遗产 濒危文化遗产 濒危自然遗产 濒危综合遗产

赫尔辛兰的华饰农舍

2012

文化遗产

人文聚落景观 × 农舍

Decorated Farmhouses of Hälsingland

本处世界遗产包含位于瑞典东部的七处木造华饰农舍，其中六处位于赫尔辛兰省，一处位于邻近的达拉那省(Dalarna Province)。它们是赫尔辛兰地区现存1000多座木造建筑中的一部分。

这七处建于18、19世纪的木造农舍，充分展现了当地自中世纪一直延续下来的林业传统以及建筑文化。它们全部以木材制成，大多为二层楼或者三层楼构造，而且拥有优美的门廊以及可多达11扇的成排窗户。由于占地宽广、房间数量众多，因此这些农舍通常可供两三代家庭成员居住。不仅如此，它们还有独立的房间专门用来举办节庆活动。

赫尔辛兰华饰农舍的另一项重要特色，就在于室内的墙壁、天花板和家具皆以色彩鲜艳、花样丰富的绘画作为装饰，并且融合了当地民间艺术以及乡村士绅们所青睐的巴洛克与洛可可艺术风格，除了彰显农舍主人对住宅美观的重视，更反映了他们的财富以及社会地位。

瓦尔贝里广播站 Varberg Radio Station

2004

文化遗产

工业景观 × 电台

瓦尔贝里广播站位于南瑞典的格林顿(Grimeton)，建于1922—1924年间，架有当时可跨越大西洋的无线通信系统。目前广播站还保有六个127米高的钢架电塔天线系统，还有短波发射机和天线，以及由瑞典建筑师卡尔·阿克布拉德(Carl Åkerblad)所设计的广播大厦。虽然目前广播站不再使用，但所有设备仍保存得相当完好。

法伦大铜山矿区 Mining Area of the Great Copper Mountain in Falun

2001

文化遗产

矿业景观 × 铜矿

没有人知道这里最早的开矿历史，但根据地质学家的估算，约自11世纪就开始了铜矿的开采，可算是世界较早的矿产区之一。17世纪时瑞典成为欧洲强国，当时法伦的铜矿产量，几乎占世界铜总产量的70%。

2001年法伦铜矿区入选世界遗产，目前列入世界文化遗产的区域包括了矿山周围的五个地区，其特殊的红木屋、沟渠与水坝，都与这座矿山息息相关。

法伦铜矿历史上最重要的事件是1687年6月25日所发生的矿坑塌陷，形成了今日所见的惊人的大型坑洞，原因是长久以来的挖掘工作未曾好好规划，稍不小心就会导致木结构塌陷。但是这件意外后，开采活动仍持续了的近300年之久，直到1982年才正式结束。

乌克兰Ukraine

文化遗产 6 自然遗产 1 综合遗产 0 Total 7

乌克兰国土面积广达60.37万平方千米，为欧洲仅次于俄罗斯的第二大国，1991年宣布独立，基辅(Kiev)为其首都及最大城市。由于乌克兰人信仰东正教，建筑、文学、音乐都呈现出浓浓的东正教风格，从入列的几处世界遗产也可以看出这些影响。

* 斯特鲁维地质测量点Struve Geodetic Arc详见白俄罗斯(P.97)
* 波兰和乌克兰的喀尔巴阡地区木造教堂Wooden Tserkvas of the Carpathian Region in Poland and Ukraine详见波兰(P.226)
* 喀尔巴阡山脉与欧洲其他地区的原始山毛榉森林Ancient and Primeval Beech Forests of the Carpathians and Other Regions of Europe详见德国(P.162)

基辅：圣索菲亚教堂与洞窟修道院

1990，2005 | 文化遗产 | 教堂×修道院

Kiev: Saint-Sophia Cathedral and Related Monastic Buildings, Kiev-Pechersk Lavra

公元988年，为了和拜占庭皇室联姻，基辅大公圣弗拉迪米尔(St. Vladimir)受洗为基督徒，使得基督教成为基辅大公国的国教，也让“野蛮落后的斯拉夫人”从此跻身基督教文明世界。动工于1037年的圣索菲亚教堂是基辅天主教公国首都的象征，拥有5座主殿、5座后殿和13座圆顶，周围环绕着来自三边的双重走廊，室内装饰着11世纪开始的镶嵌壁画。1015年以洞窟修道院之姿开放的基辅佩彻尔斯克修道院，从创立之初便是东欧重要的东正教中心，到了17—19世纪时更肩负起将东正教传遍俄罗斯的重大责任。

布科维纳与达尔马提亚大主教府

2011 | 文化遗产 | 宫殿

Residence of Bukovinian and Dalmatian Metropolitans

位于乌克兰布科维纳地区的首府切尔诺夫策市(Chernivtsi)，是在布科维纳与达尔马提亚大主教埃夫汉尼・海克曼(Yevheniy Hakman)提议下，由捷克建筑师约瑟夫・赫拉夫卡(Josef Hlávka)设计兴建，1864年开始动工，1882年完工，目前是国立切尔诺夫策大学(Chernivtsi National University)所在地。

构成元素包括正中央的大主教宅邸、位于正门左侧拥有穹顶造型的东正教神学院及三圣教堂、位于正门右侧的钟塔和小礼拜堂，以及花园和造景庭院。此外，赫拉夫卡还利用色彩鲜艳的上釉瓷砖为结构复杂的屋顶作装饰。

利沃夫历史中心建筑群

1998 | 文化遗产 | 历史城区

L'viv—the Ensemble of the Historic Centre

这座乌克兰西部的主要城市起源于公元1256年的哈利奇－沃利尼亚公国(principality of Halych-Volhynia)，当时的大公鲁塞尼亚哈雷斯基(Daniil Halytskiy of the Ruthenian)以他儿子的名字为这座城市命名。适中的地理位置让利沃夫迅速发展，却也被不同国家争夺，曾经被波兰、奥地利、苏联等国统治，同时也吸引各族人民到此定居，使得利沃夫融合了多国的文化与宗教等特色。从今日的旧城中，仍能看见东欧与德国、意大利在建筑和艺术传统上的交融。

陶瑞克－切森尼斯古城遗址及其农地

2013 | 文化遗产 | 古希腊×罗马×早期基督教中世纪考古遗址

Ancient City of Tauric Chersonese and its Chora

陶瑞克－切森尼斯古城位于黑海北岸、克里米亚半岛西南端，由来自希腊的多利安人(Dorian Greeks)于公元前5世纪所建立，被誉为“乌克兰的庞贝”。目前遗址主要包括被分成六大部分的城区，以及数百块被分割成方形的农地。直到15世纪之前，当地都还种植葡萄并出口葡萄酒。根据考古发现，遗址所涵盖的年代极长，有石器时代、铜器时代、早期基督教时代的建筑，也有罗马和中世纪的城塔、供水系统等，以及保存完好、被墙完整分割的葡萄园田地。

符号说明：登录时间　遗产内容　遗产类型：文化遗产　自然遗产　综合遗产　濒危文化遗产　濒危自然遗产　濒危综合遗产

瑞士Switzerland

9 3 0 Total 12

在瑞士的世界遗产中，从其文化遗产保存的完整程度可见历史古迹对于瑞士的重要性。此外，拉绍德封与勒洛克的钟表城镇，对于以钟表精细工业享誉国际的瑞士来说，也是实至名归。至于瑞士的自然遗产，最为人所熟知的当然非少女峰莫属。

* 阿尔卑斯山区史前干栏式民居Prehistoric Pile Dwellings around the Alps详见奥地利(P.93)

©MySwitzerland.com

米施泰尔的圣约翰修道院

1983 文化遗产 修道院

Benedictine Convent of St. John at Müstair

位于瑞士和意大利边境的米施泰尔圣约翰修道院，拥有保存得相当完整的壁画，这些壁画可追溯到公元800年左右的卡洛林时代。

壁画于19世纪修道院进行修缮作业时才被发现，内容以描述基督耶稣的生平故事为主，其中《最后的审判》是年代最为悠久的作品。目前修道院的一部分已被改建为博物馆，开放供游人参观。

伯尔尼古城 Old City of Berne

1983 文化遗产 古城

登高眺望伯尔尼古城风景时，完全看不到任何一座现代建筑掺杂其中，清一色的中世纪街景，完整封存了伯尔尼辉煌的历史面貌。

这座于1191年由柴林根公爵(Duke of Zähringen)所建的城市，自中世纪晚期开始，就是阿尔卑斯北部最大、最具影响力的城市。城市的象征——熊，是源于建城者捕获到的第一只动物，而伯尔尼这个名字也是熊的意思，至今熊已成为广受市民喜爱的吉祥物。

长达6千米的旧城区，在翠绿的阿勒河(Aare)环绕下，更是古意盎然。漫步在旧城区内，会遇到12座具有历史价值的喷泉，每座喷泉都有其独特典故，也将旧城区点缀得十分可爱。而昔日商家为遮蔽风雨而建的拱形骑楼，现在则成了市民与游客散步购物的好去处。

1983

文化遗产

修道院

圣加伦修道院

Convent of St. Gall

自公元8世纪到19世纪，最初由卡洛林王朝所建的圣加伦修道院一直是欧洲重要的修道院之一，其附属的图书馆更拥有世界上最丰富、最古老的馆藏，例如画在羊皮纸上的建筑手稿，是目前已知年代最久远的。

在1755年至1768年，该修道院被重建成巴洛克式的风格。圣加伦修道院的教堂和图书馆反映了12个世纪以来的人类活动，是世界上相当珍贵的文化遗产。

2000

文化遗产

防御工事

贝林佐纳的三座防御城堡及城墙

Three Castles, Defensive Wall and Ramparts of the Market-Town of Bellinzona

中世纪时，贝林佐纳是连接意大利与瑞士南部阿尔卑斯区域的交通要塞，因此带动了老城区的商业繁荣。这个有历史的小城，遍布中世纪富有传奇色彩的城堡与城墙，城堡群是罗马时期的军事要地，蜿蜒在贝林佐纳老城中心及近郊山头，数百年来保卫着贝林佐纳的边境，而这也是瑞士现存唯一的中世纪堡垒。

在米兰大公国的统治时期，为了掌握南北出入交通，公爵们陆续扩建山丘上的大城堡(Castelgrande)，并在13世纪与15世纪，先后增建了蒙特贝罗城堡(Castello di Motebello)与科尔巴洛城堡(Castello di Sasso Corbaro)，以及包围住贝林佐纳城区的城墙。

虽然最后提契诺地区仍不敌骁勇善战的瑞士军队，被划归进入瑞士版图，但这处城堡群在历史上的意义是不能抹灭的。2000年时，大城堡、蒙特贝罗城堡、科尔巴洛城堡及其所属城墙，一起被纳入世界文化遗产的行列。

欧洲

瑞士

2001，2007

自然遗产

高山 × 冰川景观 生态

瑞士阿尔卑斯山的少女峰和阿莱奇冰川

Swiss Alps Jungfrau-Aletsch

海拔超过4000米的少女峰(Jungfrau)、僧侣峰(Mönch)与艾格峰(Eiger)，在阿尔卑斯山的中心地带连成一片白雪皑皑的壮丽山色。尽管上山览胜的游客日益拥挤，但在壮阔而神秘的大自然面前，伟大的人类也变得渺小起来。

位于少女峰登山铁道终点站的少女峰车站，本身就是一个有趣的高山娱乐中心，还可以走出车站，来一趟冰上健行，体验各式高山运动。标高3454米的少女峰车站，是欧洲最高的火车站，也因此赢得了“欧洲屋脊”(Top of Europe)的美誉。这个欧洲屋脊不仅是一座车站，它还集结了餐厅、商店、瞭望台、冰宫、邮局于一身，也因为位处高海拔，更是科学观测的重要基地，包括空气污染监测、大气平流层微波辐射测量、臭氧层与温室效应的研究、天文观测等。车站在少女峰、僧侣峰及艾格峰的环绕下，其壮丽山色是吸引全球游客不远千里而来的主因，还可以远眺阿莱奇冰川(Aletschgletscher)。

与少女峰一同被列为世界遗产的，还有全欧洲最大的阿莱奇冰川。冰川总长达23千米，面积超过120平方千米，从少女峰南侧一直延伸到罗讷谷地(Rhone Valley)，堪称上帝在阿尔卑斯山最经典的杰作。

2003，2010

自然遗产

生物化石遗址

圣乔治山 Monte San Giorgio

©MySwitzerland.com

瑞士意语区南部的圣乔治山，拥有三叠纪中期(约2.3亿—2.45亿年前)完整而丰富的海洋生物化石，作为古时爬虫类、鱼类、鹦鹉螺、甲壳纲动物等生物曾在此生存的证据。

又因为这个潟湖靠近陆地，化石中还包含了许多陆地上的物种，诸如爬虫类、昆虫及植物等，记录了这一地区远古时期的地理环境，形成非常珍贵的化石宝库。

这座遗产在2003年被提名时，原本只是瑞士独有，2010年又把范围扩及意大利境内，成为横跨两国的世界遗产。

* 与意大利并列

符号说明 登录时间 遗产内容 遗产类型 文化遗产 自然遗产 综合遗产 濒危文化遗产 濒危自然遗产 濒危综合遗产

©MySwitzerland.com

2007 文化遗产 农业景观 × 葡萄园

拉沃葡萄园梯田 Lavaux, Vineyard Terraces

日内瓦湖区的沃州(Vaud)是瑞士第二大葡萄酒产地，这一带共有26个葡萄园区。这处沿着日内瓦湖北岸种植的拉沃葡萄园梯田，种植历史据称可追溯至罗马军队占领时期，也有人说最早是从中世纪的传教士开始酿酒，而目前在斜坡上将近30千米长的种植区域，则确认是始于11世纪。

联合国教科文组织在2007年宣布将拉沃葡萄园梯田列为世界文化遗产，理由是居民顺应外在的地理环境，花费近千年的时间，逐步了解并转而利用地方资源，最终生产出经济价值高的作物，是人类与环境互动演化的最佳验证。

2008

文化遗产

铁道

阿尔布拉－贝尔尼纳的雷蒂亚阿尔卑斯山铁道

Rhaetian Railway in the Albula / Bernina Landscapes

兴建于20世纪初叶的阿尔布拉－贝尔尼纳铁道，标志着瑞士建筑学、工程学与环境概念的高度成就。这一段铁路总长约128千米，一共穿越55个隧道与狭廊，以及196座桥梁与高架道路，让原本隔绝于崎岖山麓中的孤立区域，其相互间的交通往来从此变得便利起来。

贝尔尼纳铁路至今仍是穿越阿尔卑斯山区的铁道中海拔最高的一座，同时也是世界同类型铁路中高低落差较大的路线之一，是人类运用现代技术克服山岳险阻的最佳范例。阿尔布拉－贝尔尼纳铁道更难能可贵的地方在于，它虽然破除了地形上的障碍，却没有破坏原本壮丽的自然景观，反而和谐地与整个环境融合在一起，共同构成一幅令人悠然神往的画面。

*与意大利并列

©MySwitzerland.com

2008

自然遗产

地质结构

瑞士的萨多纳地质结构

Swiss Tectonic Arena Sardona

瑞士的萨多纳地质结构位于国土偏东北的区域，涵盖山地范围广达328.5平方千米，其中包括七座海拔在3000米以上的山峰。萨多纳地质结构最重要的价值，在于它展现了因大陆板块碰撞而引发的剧烈造山运动地质结构，这一带有许多暴露的地层断面，清楚地呈现地壳构造的推挤过程，原本位于深处的古老岩层被推挤进表层的年轻岩层之中，而这里特殊的地形正好可以让地质学家们透过三维的角度来研究此一现象。

这样的特征在格劳鲁斯地区(Glarus)特别明显，也使此区域从18世纪以来便是地球科学的研究重地。

©MySwitzerland.com

符号说明 登录时间 遗产内容 遗产类型 文化遗产 自然遗产 综合遗产 濒危文化遗产 濒危自然遗产 濒危综合遗产

2009

文化遗产

工业景观 × 城市规划

拉绍德封与勒洛克的钟表城镇

La Chaux-de-Fonds / Le Locle, Watchmaking Town Planning

钟表制造是瑞士最引以为傲的产业，而位于瑞士偏远地带的侏罗山脉(Jura)则是瑞士钟表的大本营。拉绍德封与勒洛克这两座相邻的城镇由于土壤贫瘠，因此从17世纪开始便致力于钟表工业。

在19世纪初的一场大火之后，拉绍德封与勒洛克依钟表制造的需求重新规划，整座城市由平行延伸的屋舍构成，从空中看就像一套整齐划一的琴谱一样，其住宅与工坊交互混合，充分反映出钟表制造的理性需求。马克思在其著名的《资本论》中曾描述拉绍德封是一座“巨大的工业城市”。

如今拉绍德封与勒洛克已成为单一制造业城市的最佳典范，不但保存完整，同时还顺应了时势的变迁，直到现在都还维持着良好且蓬勃的运作。

©MySwitzerland.com

©MySwitzerland.com

2016

现代建筑

文化遗产

柯布西耶的建筑作品——对现代主义运动的卓越贡献

The Architectural Work of Le Corbusier, an Outstanding Contribution to the Modern Movement

柯布西耶(1887—1965)是20世纪伟大的建筑师之一，瑞士裔法国人，他致力让居住在都市拥挤空间的人能有更舒适的生活环境，是功能主义建筑的泰斗，被誉为现代建筑的开拓者，瑞士法郎的10元纸币上就是柯布西耶的肖像。

2016年世界遗产大会把柯布西耶的17座建筑作品纳入世界遗产，横跨欧、亚、美三大洲，分布在比利时、法国、德国、瑞士、印度、日本、阿根廷7个国家。这些建筑充分展现了一种新的建筑语言，与过去的建筑完完全全产生一个断点，也反映出20世纪的现代主义运动的解决方式，是以发明新的技术来回应社会的需求，而且是全球性的。

在瑞士，入选的建筑是科绍(Corseaux)的日内瓦湖小别墅(Petite villa au bord du lac Léman)，以及日内瓦的克拉泰公寓(Immeuble Clarté)。

*与比利时、阿根廷、法国、德国、印度、日本并列

英国

The United Kingdom of Great Britain and Northern Ireland

26 4 1 Total 31

从遗产名单上分析，不难看出英国海权殖民时代所遗留的大批丰富遗产，包括象征英国皇室风华的城堡花园、海权扩张时扮演重要角色的港口、工业革命时期留下的工厂城市以及海外殖民地，尽管当年的雄风不再，却也是英国扭转人类历史的极佳见证。

戈尔罕洞穴

2016

文化遗产

考古洞穴遗址×尼安德特人

Gorham's Cave Complex

这处遗产不在英国本土，而是远在西班牙南边、扼守地中海出口的英属地直布罗陀。在直布罗陀山陡峭的石灰岩壁东侧，有四座考古洞穴。证据显示，10万年前尼安德特人(Neanderthal)曾经在此活动。

尼安德特人以猎取鸟和小的哺乳动物为生，并在洞穴里留下岩画等装饰。在科学研究上，这处洞穴遗址为尼安德特人和人类进化的争论提供了相当大的助益。

史前巨石阵、埃夫伯里和相关遗址

1986

文化遗产

史前巨石文明

Stonehenge, Avebury and Associated Sites

关于史前巨石阵的存在，原因众说纷纭，穿凿附会的传说也很精彩，包括外星人入侵、巨人族突然僵化为巨石、魔法师梅林使用魔法从爱尔兰将巨石运来，以及信奉德鲁伊教(Druid)的凯尔特人(Celts)所建立的神殿等，不过这些说法都无法满足科学家的好奇心，他们纷纷提出各种假设和学说，然而却从未有个定论。唯一可以确定的是，这些庞大石块是蓝砂岩，来自距离此地300多千米远的威尔士(Wales)。但是这又衍生出另一个问题：这些石头是如何被搬到此地的?

一般估计史前巨石阵大约于4000多年前出现。这些石头有的高达6米，重量有几十吨重。姑且不论直立的石头，还有部分巨石横叠于两块巨石之上，不禁令人好奇到底是谁、当时有何工具和技术能办到，而这些也是今日科学家们努力想解开的谜团。

史前巨石阵的另一个让学者着迷的课题是关于它的作用，有人认为它是纪念坟冢、宗教圣地……不过目前被多数人认同的说法是天文仪。20世纪60年代，一名美国科学家提出了巨石阵是早期民族的天文仪这个说法。乍看之下毫无规则的巨石，其实有一定的规则，由光线的移动可观察天体的运行，可作为观测天象之用，特别是每到夏至那天，升起的太阳会和巨石阵中的巨石排成一线。

在巨石阵外围、靠近入口的地方，有一颗高约5米的“脚跟石”(Heel Stone)，微微内倾、指着巨石围成的圆圈，面向着东北方，每年夏至时，太阳都会从它的上方升起。

符号说明 登录时间 遗产内容 遗产类型 文化遗产 自然遗产 综合遗产 濒危文化遗产 濒危自然遗产 濒危综合遗产

1986 文化遗产 城堡 × 教堂

达勒姆城堡与大教堂 Durham Castle and Cathedral

达勒姆大教堂建于公元11世纪末到12世纪初之间，教堂内收藏有两位圣者的圣骨遗物，是早期本笃会的重要圣物，也是英格兰最大最宏伟的诺曼式建筑。

城堡外观呈八角形，是古诺曼人的要塞，也是当地主教的住所，与大教堂一样，是英国最早被列入世界遗产的古迹。达勒姆城本身很小，三面被威尔河(River Wear)围绕着。城中还有达勒姆大学，是英国继牛津、剑桥之后，名列第三的大学。

©VisitBritain

铁桥峡谷 Ironbridge Gorge

1986

文化遗产

工业景观 × 桥梁

铁桥峡谷是工业革命的象征。在铁桥峡谷附近，有个建于1708年的库尔布鲁克戴尔(Coalbrookdale)熔炉，以纪念此地焦炭的发现。1777—1779年间，英国在此修建了世界第一座以钢铁铸造的桥，从此结束了建造桥梁只能用木石材料的时代。

桥身横跨塞文河(Severn River)，外观为半圆形桥拱，跨度30.6米，拱肋共5根，各铸成两个半根。这座桥在钢铁建筑技术的发展史上，有着不容忽视的影响。

©VisitBritain

“巨人之路”与海岸堤道 Giant's Causeway and Causeway Coast

1986

自然遗产

火山地形 × 玄武岩石柱

“巨人之路”与海岸堤道位于北爱尔兰的安特里姆高原(Antrim plateau)海岸边。4万多根六角形的黑色巨大玄武岩石柱从峭壁延伸到大海，形成了这条传说中的“巨人之路”。当地的凯尔特人有了特殊的灵感，联想出巨人从海洋直通苏格兰的传说。关于此区地质研究已经有300多年了，对地球科学发展贡献良多，后来确认是由于五六亿年前第三纪时的火山作用形成的。

沿着海岸悬崖的山脚，4万多根玄武岩石柱不规则地排列起来，绵延6000多米，气势磅礴，蔚为奇观。这种石柱多为六边形，也有四边、五边和八边形，石柱高者达12米，矮者也有6米多，高低参差、错落有致。从峭壁延伸至海底，数千年如一日地屹立在大海之滨，形成了这一道通向大海的巨大的天然阶梯，是罕见的自然奇观，被人们想象成巨人走在其上，因此被称为“巨人之路”。

©Tourism Ireland

斯塔德利皇家公园和喷泉修道院遗址 Studley Royal Park including the Ruins of Fountains Abbey

1986

文化遗产

园林 × 修道院

斯塔德利皇家公园和喷泉修道院遗址，位于英国约克郡北部，建于公元1716—1781年。斯塔德利皇家公园是维护原建筑风格良好的园林建筑，也是英国熙笃会教团的古建筑之一。

斯塔德利皇家公园包括人造湖、水塘、雕塑、塔、寺庙、新哥特式风格的皇宫等，另有一处全英国景观最美的乔治时代风格的花园。喷泉修道院则是1132年由13名僧侣建立，每年都会吸引许多游客前来参观，面积广大，环境自然，整体环绕在绿色的公园之中。

©VisitBritain

圣基尔达岛 St. Kilda

1986，2004，2015

综合遗产

火山地形 生态 × 青铜时代考古遗址

圣基尔达岛位于苏格兰外海赫布里底群岛西岸，是大西洋北部的群岛。最大岛是赫塔岛(Hirta)，其悬崖是全英国最长的，1930年起成为无人居住的小岛。

圣基尔达岛是片火山群岛，包含四座小岛，是欧洲多种珍贵濒危雀鸟的栖息地。圣基尔达岛考古保存良好，其中包括青铜时代的一些遗址，根据考证，当地最原始的文化大约持续了2000年，是英国唯一名列自然与文化的综合遗产。

符号说明 登录时间 遗产内容 遗产类型 文化遗产 自然遗产 综合遗产 濒危文化遗产 濒危自然遗产 濒危综合遗产

1986

文化遗产

城堡
×
防御工事

圭内斯郡的爱德华国王城堡和城墙

Castles and Town Walls of King Edward in Gwynedd

英国国王爱德华一世(1272—1307)在位期间在威尔士北部所完成的一系列中小型城堡，包括波马利斯(Beaumaris)、卡那封(Caernarfon)、康威(Conwy)和哈尔雷克(Harlech)等，都是外形壮观并保存良好的城堡。

卡那封和康威两地是有计划建设的两个保卫镇，是中世纪军事防御的卓越例子。波马利斯和哈尔雷克则是由圣乔治的詹姆斯(James of St. George)——当时最了不起的军事工程师所建。

康威城堡是英格兰国王爱德华一世征服威尔士后所建的象征性堡垒，也是目前欧洲保存较好的中古世纪军事城堡之一。建筑于康威河边狭长形的岩石高地上，从地理位置的选择到整体的设计都能看出城堡优异的防卫功能。八座圆形高塔与厚实的石头城墙像是从坚固的岩石中拔地升起，构成长形的堡垒，东西各一个外城门，用来阻挡敌人及过滤进入城堡的人。内部又分为内外两个区域：外区有大厅、厨房、马厩及监狱塔，监狱塔地下层是以前的黑牢；内区(Inner Ward)则是皇室成员生活起居的地方，包含国王、皇后寝室及小礼拜堂。两个区域间有城墙阻隔，只留小门通道，且所有房间彼此互不相通，即是考虑到就算部分区域被敌军攻破，其他房间还是可以独立抵挡，并阻碍敌军进攻的速度。令人惊讶的是，在那个没有起重机的年代，这座固若金汤的石头堡垒和1200米长、9米高、有21个防卫塔的康威城墙，不到五年就完工了！

1987 文化遗产 宫殿

布莱尼姆宫 Blenheim Palace

布莱尼姆宫位于牛津附近，坐落在一座浪漫的公园里。1704年，约翰·丘吉尔(John Churchill)在对法国和巴伐利亚的战争中赢得胜利，于是英格兰封他为马尔堡(Marlborough)地区的首任公爵，并为他盖了布莱尼姆宫。整座建筑从1705年开始兴建，直到1722年落成，其建筑样式是18世纪英格兰典型的王侯住宅。

©UNESCO/Ron Van Oers

©VisitBritain

1987 文化遗产 古罗马

巴斯城 City of Bath

巴斯城是伦敦西方的古老城镇，也是英国南部非常热门的旅游景点。相传公元前860年左右，一位叫布拉杜德(Bladud)的王子因患麻风病被放逐至此，看到猪在热泥中打滚治病，他如法炮制后居然痊愈了。后来他登基为国王，于是兴建了巴斯这个城市。

公元1世纪罗马人入侵英国，便在巴斯温泉附近广建浴池，以及献给水和智慧女神苏莉丝·密涅瓦(Sulis Minerva)的神庙，使得巴斯这座温泉之乡发展得日益成熟。18世纪安妮女王造访巴斯后，逐渐成为流行的温泉度假胜地。

现今巴斯建筑物多为18—19世纪所建，唯一存留的古罗马遗迹位于地面下6米。最著名的是博物馆中的几个2000年前的浴池遗迹，如露天大浴池、泉水涌出的国王浴池(King's Bath)等，以及水和智慧女神苏莉丝·密涅瓦的镀铜神像。

1988 文化遗产 教堂

坎特伯雷大教堂、圣奥古斯丁教堂和圣马丁教堂 Canterbury Cathedral, St. Augustine's Abbey, and St. Martin's Church

建于公元597年的坎特伯雷大教堂是英国最古老的教堂，不过旧的教堂在公元1067年时被大火烧毁，荡然无存，现今的教堂为公元1070—1174年所建，最古老的部分是地窖。许多人都认为坎特伯雷大教堂具有神奇的魔力，它是坎特伯雷最显著的地标，不论是亨利八世的宗教迫害还是第二次世界大战时希特勒的猛烈炮火，都没有对此教堂造成巨大的伤害。

除了大教堂，圣奥古斯丁教堂(St. Augustine's Abbey)是另一处同时被列入世界遗产的地点，也是英国古老的教堂之一。公元597年罗马教皇(Gregory I)派遣圣奥古斯丁(St. Augustine)到英国宣扬天主教，在坎特国王的允诺下，圣奥古斯丁得以于皇宫城墙外建一座教堂，供教徒敬拜之用。三间由木材、燧石、砖块及瓦片组成的撒克逊式(Saxon)小教堂，就成为此地最早的建筑。

1987

文化遗产

宫殿×教堂

威斯敏斯特宫、大教堂和圣玛格丽特教堂

Westminster Palace, Westminster Abbey and Saint Margaret's Church

威斯敏斯特宫就是英国的国会大厦(House of Parliament)，金碧辉煌端踞泰晤士河畔，是泰晤士河畔最明显的地标。国会大厦建于19世纪40年代，是新哥特式建筑的代表作，更是大不列颠民主的象征。位于国会大厦高塔上，又被昵称为“大笨钟”的大本钟(Big Ben)，重达14吨、每整点敲响一次，自1859年迄今每天提供精准的报时。

英国皇室重要的正式活动几乎都在威斯敏斯特大教堂举行，其中最重要的当然是君主登基大典。从爱德华一世(1066年)迄今，除了爱德华五世和爱德华八世之外，英国所有国王和女王都是在此地加冕，死后也多半长眠于此，威斯敏斯特大教堂忠实地记录了英国皇族每一页兴衰起落历史。威斯敏斯特大教堂内有许多皇室陵墓，其中在主祭坛后方一座三层楼高的墓，就是爱德华一世的陵寝，往后走可以看到亨利七世的礼拜堂，曾被评为“基督教会中最美丽的礼拜堂”。

在威斯敏斯特大教堂入口处左侧的白色哥特式教堂就是圣玛格丽特教堂(Saint Margaret's Church)，是英国贵族加冕之处，现在则是伦敦上流社会热门的结婚场所。

欧洲

英国

1987，2008

文化遗产

古罗马

罗马帝国边界

Frontiers of the Roman Empire

这条罗马边界指的是公元2世纪左右罗马帝国的边界线。这条线从大西洋沿岸的大不列颠岛北部，穿过欧洲大陆直达黑海，再从黑海到红海穿过北非抵达大西洋沿岸，全长5000千米。

这座世界遗产与德国境内的城墙遗址并列，英国部分指的是公元122年由罗马皇帝哈德良(Hadrian)下令建造的，全长118千米，因而命名为哈德良长城，为罗马帝国最北疆界。2008年，世界遗产委员会又扩展英国的安东尼长城作为该遗产项目的一部分。

*与德国并列

©VisitBritain

©UNESCO/Ron Van Oers

1988

自然遗产

珊瑚礁岛屿生态

英国大洋洲属地

亨德森岛 Henderson Island

亨德森岛位于太平洋，是皮特凯恩(Pitcairn)群岛中最大的岛，也是南太平洋中最为偏远的岛。

皮特凯恩群岛包括四座岛。亨德森岛位于东北部，是一座覆盖于火山之上、升高于海平面之上的环状珊瑚礁岛，占地面积37平方千米。岛表面有礁石与石灰岩交错，由于地形较高，故尚未受到人类破坏，生态环境保存良好。与世隔绝的环境为环状珊瑚岛生态系统研究者提供了完美的范例。

1995

文化遗产

城镇 × 城堡

爱丁堡的旧城和新城

Old and New Towns of Edinburgh

自15世纪以来就是苏格兰首府的爱丁堡，往往是观光客步入苏格兰的第一站，这里也因为一年一度的爱丁堡艺术节而有“北方的雅典”之称。气度宽广的它就如同忠实的史学家，用建筑记录历史，以王子街(Princes St.)为划分点，往北是以乔治王时期建筑闻名的新城，往南爬上山丘则是中世纪遗留下来的旧镇。老城最著名的就是古堡，而建于18世纪的新城以完整的都市规划与设计影响近代欧洲甚多，新旧交融，形成独特的文化景观。

爱丁堡城堡位于死火山的花岗岩顶上，在市中心各角落都可以看到。此城堡在6世纪时成为皇室堡垒，而1093年玛格丽特女王逝于此地，此后这里成为重要的皇家住所和国家行政中心。这项传统延续至中世纪，一直到16世纪初荷里路德宫(Palace of Holyroodhouse)落成，取代爱丁堡城堡成为皇室的主要住所，不过爱丁堡城堡依然是苏格兰的重要象征。

英国非洲属地

1995，2004

自然遗产

火山岛屿生态

戈夫岛野生动植物保护区

Gough and Inaccessible Islands

戈夫岛野生动植物保护区为位于南大西洋上的群岛，此保护区是世界上受到较少破坏的岛屿及海洋生态系统之一，也是多种珍贵动植物的居所，后又扩展至戈夫岛附近一些难以接近的岛屿。

戈夫岛是第三纪火山岛，大多数海岸线为500—1000米高的峭壁，没有可庇护的港口，唯一的着陆点为东海岸。多山与峭壁，成为世界上最重要的海鸟栖息地。有12种原生植物，而人迹罕见的诸岛有2种特有种鸟类、8种特有植物，以及10种以上原生的无脊椎动物。

©UNESCO/Ron Van Oers

符号说明 登录时间 遗产内容 遗产类型 文化遗产 自然遗产 综合遗产 濒危文化遗产 濒危自然遗产 濒危综合遗产

1988
文化遗产
城塔

伦敦塔 Tower of London

由大大小小约20座塔楼组成的伦敦塔，不但是伦敦这座城市的缩影，也是英国皇室的简史！

白塔兴建于昔日罗马城伦迪尼乌姆(Londinium)的要塞上，如今位于伦敦塔中央，是首座出现的建筑。公元1066年，法国诺曼底的“征服者威廉”(William the Conqueror)带领大军入侵并正式入主不列颠，也将诺曼式建筑带进伦敦。落成于1078年的白塔不但是他的皇宫，同时也是对盎格鲁－撒克逊人宣告：伦敦已由新统治阶级接手。威廉一改过去木造建筑的方式，从法国运来大量巨石筑塔，而白塔也是少数躲过伦敦15世纪大火的诺曼式建筑之一。

伦敦塔经过多次扩建，最主要的工程集中于12—13世纪，于“狮心王”理查(Richard the Lionheart)、亨利三世以及爱德华一世任内。到了13世纪末，伦敦塔已勾勒出今日的大致轮廓：数座附属建筑围绕着白塔，并兴建内、外两圈围墙和护城河。

伦敦塔最初虽被当作皇宫使用，然而随着历史的发展，它曾经多次转换或并行用途，像用作碉堡、铸币厂、军械库、军营、刑场，甚至皇家动物园。

不过伦敦塔最为人所熟知的用途，其实是监狱。从公元1100年开始，这里就开始监押犯人，到了16—17世纪时，这里成了最声名狼藉的监狱。

所有的传说都成为伦敦塔的卖点，各个塔中安排的展览大多采用互动方式，并借助高科技视听器材，脱离了说教式的历史陈述，让游客在参观的同时充满趣味。

1997
文化遗产
海权时代遗产

格林尼治海岸地区

Maritime Greenwich

格林尼治在1997年名列世界遗产时，是以其“航海主题”被纳入的。海权时代纵横地球的大英帝国，皇家海军必以这个位于伦敦泰晤士河东方的门户为启航点，因此造就了格林尼治珍贵的航海相关遗产。

以整个格林尼治公园为主体，包含旧皇家海军学院(Old Royal Naval College)、旧皇家天文台(Old Royal Observatory)、国家海事博物馆(National Maritime Museum)、皇后之屋(Queen's House)、格林尼治码头(Greenwich Pie)在内的整片区域，都属于世界遗产的范围。

总体说来，格林尼治的建筑和城市布局，具体而细微地展现了大英帝国17和18世纪在艺术和科学上的成就，对欧洲的建筑样式来说，是一次重要的进展，同时，建筑也能成功地与自然和人文景观取得和谐一致。

格林尼治公园占地0.74平方千米，是全伦敦面积最大、最古老的皇家花园。整座公园由一条林荫大道、一座玫瑰园、一片开阔空地及无数漫步小径所构成。公园倚着一片小丘，从旧皇家天文台制高点往远方眺望，国家海事博物馆、旧皇家海军学院、泰晤士河、千禧巨蛋，甚至伦敦市中心，都可以一览无余。

打造格林尼治宏伟建筑景观的，都是英国历史上著名的建筑师，包括设计皇后之屋的琼斯(Inigo Jones)，以及设计皇家海军学院及皇家天文台的列恩(Christopher Wren)，后者也是伦敦圣保罗大教堂的设计者。

2000 文化遗产 工业 × 矿业景观

布莱纳文工业景观 Blaenavon Industrial Landscape

布莱纳文位于英国威尔士南部地区，在19世纪时，这里是世界上主要的煤和铁的生产地之一。与采矿相关的一切，煤、矿砂、采矿场、铁路系统、熔炉、工人宿舍，以及社区的公共建设等，至今仍然保留完整，清晰可见。

2000 文化遗产 殖民城市 × 古城 × 防御工事

英国美洲属地

百慕大群岛上的圣乔治历史古城与相关要塞

Historic Town of St. George and Related Fortifications, Bermuda

百慕大群岛位于北大西洋西部，由7个主岛及150个小岛与暗礁群组成，是大英帝国中最早的殖民地。

1957年英国军队最后撤出该群岛，1968年百慕大群岛获得内部自治权。而圣乔治古城位于百慕大群岛北部圣乔治岛的南岸，始建于1612年，是该岛的首府，至今仍保持着英国殖民城市风貌。著名古迹有建于17世纪初的圣彼得教堂，以及几座海防要塞，是17—20世纪英国军事防御工程的重要标志。

2001 文化遗产 工业景观

德文特河谷工业区

Derwent Valley Mills

德文特河谷位于英格兰中部，遍布着18、19世纪具有历史价值的棉花纺织工厂。最大的厂房是由理查·阿克莱特(Richard Arkwright)所创建的一所大规模的马森工厂(Masson Mill)，至1991年停止运作，厂房现改为纺织博物馆与购物中心。

在南面是建于1771年的克劳姆弗德水利工厂(Cromford Mill)，是第一座以水力为动力的工厂。在斯特拉特(Strutt)的北部工厂(North Mill)，现在是德文特河谷游客中心，为铁框建筑结构，对后来全世界的高楼大厦的建筑结构都产生过影响。

1999 文化遗产 新石器时代遗址 × 陵墓坟冢

奥克尼新石器时代遗址

Heart of Neolithic Orkney

奥克尼为新石器时代的遗址，有一个大型墓室梅斯豪古墓(Maes Howe)，是欧洲规模庞大、保存完整的古代石墓之一，还有两处举行仪式的石圈——斯坦内斯(Stenness)与布罗德加(Ring of Brodgar)，以及斯卡拉布雷(Skara Brae)村落，另有大量尚未挖掘区域，也是遗址的一部分。

此建筑群呈现了史前文化景观，同时也栩栩如生地展现了5000多年前苏格兰群岛北部的生活状况。而最新的考古资料显示，遗物分布的年代约为新石器时代早期与晚期，以及青铜时代早期。

符号说明 登录时间 遗产内容 遗产类型 文化遗产 自然遗产 综合遗产 濒危文化遗产 濒危自然遗产 濒危综合遗产

2001 文化遗产 工业景观

新拉纳克村 New Lanark

仿佛山中的乌托邦，新拉纳克村是英国保存最完好的18世纪村落，位于苏格兰。除了保留旧的棉织工厂以外，新拉纳克的工厂一直营运至1968年，后被列为保护区，由基金会管理。

新拉纳克村保留了整个社区的旧面貌，发展为旅游景点后，增设酒店，并以活泼的方式呈现当时的社区、工厂和学校。在19世纪初，社会主义理想者罗伯特·欧文(Robert Owen)以此为基地，创造出工业社会的理想社区。这种社区模型对当时与现在的社会都有很深的影响。

2001 自然遗产 动物化石遗址

多塞特和德文东海岸的峭壁地形 Dorset and East Devon Coast

绵延在多塞特和德文东海岸的峭壁地形乃中生代岩石构造地形，展现了1.85亿年以来地球的地质发展历史。

该地区是极为重要的化石区域，沿海提供了三叠纪、侏罗纪和白垩纪年代的特有岩层，连续跨越中生代时期，也是世界上重要的化石现场，包括脊椎动物、无脊椎动物等生物的化石，都被保存得很好，为中生代时期留下不同的考古证据，也为近300年来地球科学研究提供了极为重要的依据。这里的地理景观非常独特，优质的海岸地形特征有“侏罗纪海岸”的称号。

欧洲 英国

2001 文化遗产 工业景观

索尔泰尔城镇 Saltaire

索尔泰尔城镇是英国西约克郡早期工业时期居民的立足点，由实业家索尔泰尔创建，是保留完好的19世纪下半叶工业城镇。

l851—1876年之间，索尔泰尔在此创建了一个拥有22条街道、77所房舍和45所救济院的典范城镇，1853年又建成一座大纺织厂，被认为是当地的乌托邦。纺织厂、公共建筑和工人住宅，建筑品质高超，完整地保留着原始风貌，重现维多利亚时代的风范。

2003 文化遗产 植物园

皇家植物园——邱园
Royal Botanic Gardens, Kew

位于伦敦西南郊的邱园，2003年入选为世界遗产。这座创建于1759年的历史性的植物园，建筑上代表着18—20世纪之间英国庭园造景艺术的典范，而园内各个温室所栽植的植物原生种，更遍及全球五大洲，象征大英帝国在海权巅峰时代的荣光。

邱园坐落在泰晤士河南岸，园内数量庞大以及多样性的植物，意味着不同季节的邱园会展现不同的风貌。不论是户外的广场还是室内的花房，数千种植物依据各自的生物时钟循环开花、结果、生长、休眠。一年365天，总会碰上某些植物的盛开时刻。

邱园里的建筑最具地标性，一定得参观的有棕榈屋、大温室、威尔士公主温室，其他还有十层楼高、八角形结构的中国宝塔(The Pagoda)、日本庭院、邱宫(Kew Palace)等。

邱园不只是一座全世界最优秀的展示性植物园，在植物的学术研究上，更是执世界之牛耳。举凡辨别、分类植物，研究植物的结构、化学性质、基因，搜集和保存濒临绝种的物种，邱园都做出了极大的贡献。

符号说明 登录时间 遗产内容 | 遗产类型 文化遗产 自然遗产 综合遗产 濒危文化遗产 濒危自然遗产 濒危综合遗产

利物浦海上商城

2004

濒危文化遗产

海权时代遗产

Liverpool – Maritime Mercantile City

利物浦因海上贸易而得以快速发展，至今港口仍在该市占有重要地位。

利物浦城市的起源可以追溯到13世纪，但在16世纪中期以前，利物浦都只是一个500人的小镇，随着18世纪与爱尔兰、欧洲其他国家及西印度群岛贸易的增加，利物浦才逐渐发展起来。1715年，这里建立英国第一个围绕式船坞，奴隶贸易的利润及工业革命时期的进出口发展，为利物浦奠定了英国最兴旺和最大海港的美誉。直到19世纪末，40%的世界贸易都会通过利物浦船坞。但20世纪的利物浦在港口环境的改变和战争的破坏下，制造业与贸易急速凋零，走入城市的黑暗时期。

利物浦历经半个世纪的衰败后，靠着古迹再生与文化行销的力量再度展现魅力。利物浦拥有六处历史中心与港区，见证了18、19世纪全球贸易。不论是码头兴建技术、运输系统，还是港口管理，都是相当进步的，这些在大英帝国殖民发展中是很重要的。

©VisitBritain

康沃尔与西德文郡的矿区景观

2006

文化遗产

矿业遗产×铜×锡

Cornwall and West Devon Mining Landscape

英国西南部的康沃尔郡，由于受墨西哥暖流的影响，气候温暖，被称为英国最美的海滩，而多塞特及德文东海岸地理景观十分独特，有“侏罗纪海岸”的称号。

在地理上德文郡和相邻的康沃尔郡，因为康比恩锡矿特殊的地理断层，而有达特穆尔(Dartmoor)及埃克斯穆尔(Exmoor)两个国家公园。德文郡有很多海岸度假区及一些历史古城，气候温和。矿区遗址是18—19世纪时的矿产技术中心，对当时的工业革命产生了非常深远的影响。

©VisitBritain

水道桥与运河

2009

文化遗产

水利工程

Pontcysyllte Aqueduct and Canal

英国最长且最高的水道桥朋特西斯特水道桥，位于威尔士的东北部，出自建筑师泰尔福德(Thomas Telford)之手，落成于1805年。

这一座水道桥长307米、宽3.4米，锻铁制造、强化壁板的桥拱虽轻却坚固，以每段16米宽的跨距跨越了各种地形，而长达18千米的运河，甚至省略了水闸设计。各项大胆且出色的建筑技巧，让这座结合土木工程与金属建材的建筑和河道，成为工业革命时期的民间工程杰作，甚至影响了日后全球无数的工程计划。

2015 文化遗产 桥梁

福斯桥 The Forth Bridge

横跨于苏格兰爱丁堡以西福斯湾上的福斯桥，完工于1890年，是当时全世界跨度最长(541米)的单悬臂桁架桥，主要负担铁路运输的重任。

在当时，这座桥使用了先进的工程设计原理和施工方法，不论在工业美学还是建材和规模上，都具有创新的意义。在那个铁道在长途运输上扮演重要角色的年代，福斯桥代表了一个时代重要的里程碑。

2017 文化遗产 山湖景观

英格兰湖区 The English Lake District

位于英格兰北部西侧的湖区，每年有将近1800万名旅客前往欣赏造物主的妙手神奇。全英格兰最大的湖泊、最高的山峦、最深的河谷都位于湖区国家公园中，这些都是历经一万多年的地质变动所形成的种种巧夺天工的自然雕琢。

坎布里亚山脉(Cumbrian Mountains)横贯湖区，把湖区粗分为南、北、西三大区块。北区的最大城镇为凯立克(Keswick)，南部则以温德米尔(Windermere)为主要门户，整个湖区的各个大小城镇都有公路相互联结，往来便利。

湖区孕育出不少文学家、艺术家，最为世人熟知的就是描绘彼得兔与一群好朋友的毕翠克丝·波特(Beatrix Potter)，另一位威廉·华兹华斯(Wordsworth)则是英国最有名的浪漫主义诗人。

符号说明 登录时间 遗产内容 遗产类型 文化遗产 自然遗产 综合遗产 濒危文化遗产 濒危自然遗产 濒危综合遗产

亚洲

阿富汗Afghanistan

2 0 0 Total 2

自古以来，阿富汗就位于中亚丝路的要道上，东西文明在此碰撞交流，但不少古代文明遗产受到严重损坏，于是联合国紧急将两座分别属于伊斯兰和佛教文明的宝藏列为濒危文化遗产。

贾姆尖塔遗址

2002

濒危文化遗产

清真寺

Minaret and Archaeological Remains of Jam

尖塔(或称宣礼塔)是清真寺建筑的必备元素，每天广播五次以召唤信众一起祈祷。位于阿富汗古尔省的贾姆尖塔，塔高65米，是全球第二高的宣礼塔，建于12世纪，刻有繁复花纹的砖瓦塔身和蓝色瓷砖拼贴的塔顶经文，细致精美且保存完善，足以代表该地区的建筑和艺术成就，而其孤立于两山之间的陡峭河谷，更增添一股神圣的魅力。

巴米扬山谷文化景观和考古遗址

2003

濒危文化遗产

佛教遗址

Cultural Landscape and Archaeological Remains of the Bamiyan Valley

巴米扬石窟与中国敦煌石窟、印度石窟并称为三大佛教艺术圣地。巴米扬山谷位于兴都库什山脉，除了已毁的两尊高达53米和38米的大佛像，山壁另有上千座人工斧凿的洞穴，内有壁画、佛像，有如神龛一般，其融合多元文化展现出来的犍陀罗(Gandhara)特色，充分说明公元1至13世纪古代巴克特里亚文化(Bakhtria，或大夏文化)的艺术和宗教发展历程。

©UNESCO/Katy Anis

阿塞拜疆Azerbaijan

2 0 0 Total 2

阿塞拜疆是高加索地区面积最大的国家，就位于西亚和东欧的十字路口上，拥有古老的历史和丰富的文化遗产。原本是一个独立国家，于1922年并入苏联，到1991年苏联解体才又恢复独立。其首都和最大城为巴库(Baku)。

巴库城墙和少女塔、希尔凡王宫

2000

文化遗产

古城×宫殿

Walled City of Baku with the Shirvanshah's Palace and Maiden Tower

©UNESCO/G. Gonzalez-Brigas

巴库古城自旧石器时代就有人迹，6世纪之后始有史籍记载，接下来的数百年间，受到祆教、萨珊王朝、阿拉伯、波斯、希尔凡、奥斯曼和俄罗斯等政权统治，巴库迄今仍然看得到这些文化延续的影子。

巴库分为市区和内城。内城保留了大部分12世纪打造的防御城墙。同被列为文化遗产的，还有少女塔和希尔凡王宫：前者改建自公元前7至前6世纪的建筑，同样落成于12世纪；后者则建于15世纪，是阿塞拜疆建筑史上的一大珍宝。

戈布斯坦洞窟艺术文化景观

2007

文化遗产

洞窟岩画艺术

Gobustan Rock Art Cultural Landscape

戈布斯坦位于阿塞拜疆中部的半沙漠，其洞窟艺术文化景观主要分布在三处多石的岩区，占地广达5.37平方千米。

包括时间横跨4万年的6000多幅岩窟雕刻，以及曾有人类居住的洞穴、墓地等遗址，皆可以证明从冰川时期之后的旧石器时代至中世纪这段时间，这里确实存在人类的密集活动。此处也是戈布斯坦保护区的一部分。

©UNESCO/Liz Wade

符号说明：登录时间 遗产内容　遗产类型：文化遗产 自然遗产 综合遗产 濒危文化遗产 濒危自然遗产 濒危综合遗产

亚美尼亚Armenia

3 0 0 Total 3

亚美尼亚位于东欧和西亚交界的高加索南部地区，全境多高山。亚美尼亚的历史起源甚早，早在公元4世纪，亚美尼亚王国就接受了基督信仰，是全世界最早将基督教奉为国教的国家，三座被列入的世界遗产全数是教堂和修道院。

哈格帕特和萨纳修道院

1996，2000
文化遗产
修道院

Monasteries of Haghpat and Sanahin

位于亚美尼亚北部平原的哈格帕特修道院，俯瞰亚美尼亚境内最长的戴贝河，隔着戴贝河支流与萨纳修道院相望。

这两座修道院不仅是宗教场所，在中世纪也扮演着重要的教育角色，独特的建筑外观融合了外来的拜占庭教会建筑和当地的高加索传统屋舍，其历史可追溯至10至13世纪的基乌里克王朝(Kiurikian dynasty)，是亚美尼亚宗教建筑最极致的艺术表现。

格加尔德修道院和上哈札特谷地

2000
文化遗产
修道院

Monastery of Geghard and the Upper Azat Valley

格加尔德修道院的范围包括多座教堂和墓地，历史最早可追溯至公元4世纪，其独特的石雕建筑形式是列入文化遗产的主要原因，有的直接在岩壁上打造出整座教堂，包括里头的梁柱和房间，全都是就地取材，也有的只是稍大的洞穴。

这些工程大部分在哈札特谷地入口处的数座高耸岩壁上进行，充分展现亚美尼亚中世纪建筑的高超技术。

埃奇米阿津教堂群和兹瓦尔特诺茨考古遗址

2000
文化遗产
教堂

Cathedral and Churches of Echmiatsin and the Archaeological Site of Zvartnots

埃奇米阿津是亚美尼亚的宗教中心，兹瓦尔特诺茨考古遗址则位于几千米之外。前者拥有全世界最古老的主教堂，另有三间小教堂；后者的主教堂则在公元930年的地震中毁损，仅残留酒窖和教堂部分遗址和地基。

这几处教堂有着共同的十字形架构，两长廊的交叉处为圆形拱顶，此一概念对该地区的建筑和艺术发展有着深远的影响。

巴林Bahrain

2 0 0 Total 2

巴林由30多个岛组成，其中以巴林岛为最大岛，并有堤道、桥梁与沙特阿拉伯和卡塔尔相连。虽然是一个岛国，巴林所蕴藏的地下水资源和石油很丰富，相较于周边的阿拉伯国家，巴林是中东地区经济最自由的国家。

2005

文化遗产

古堡

×

殖民文化

×

考古遗址

巴林古堡：古代迪尔姆首都及港口

Qal'at al-Bahrain: Ancient Harbour and Capital of Dilmun

巴林虽然是一个岛国，但历史开启得相当早，早在公元前3000年，就已经以迪尔姆(Dilmun)出现在美索不达米亚文明(Mesopotamia)的文献中。在阿拉伯半岛，鲜少国家拥有具有代表性的古代文明，巴林则不同，从迪尔姆文明考古遗址里，挖掘出不少漂亮的玛瑙、玉器、陶器，以及真人骨骸。

而巴林古堡这座保存完整的堡垒，外观与葡萄牙人于16世纪在波斯湾地区所打造的防御工事没有太大差别，然而巴林古堡的历史价值并不止于此，考古学家在堡垒下方挖掘发现，整座遗址其实可以追溯到公元前2300年，而这里就是当年迪尔姆的首都及港口，社会组织相当复杂，里面包含了民居、公共建筑、商业区、宗教圣地及军事设施等。

符号说明 登录时间 遗产内容

遗产类型 文化遗产 自然遗产 综合遗产 濒危文化遗产 濒危自然遗产 濒危综合遗产

采珠业：岛屿经济的见证

Pearling, Testimony of an Island Economy

2012 文化遗产 渔牧景观

这条3.5千米长、位于巴林穆哈拉格岛(Murharraq)上的采珠路径，范围涵盖17栋建筑物、3座海上珍珠养殖场、部分海岸地带以及岛屿南端的卡拉布马希尔要塞(Qal' at Bu Mahir)。它不仅是全世界最后一个完整保存波斯湾传统采珠文化的场址，更充分见证了波斯湾居民过去如何与自然环境互动，以及如何运用传统海洋资源创造财富。

巴林的采珠业在19世纪50年代到20世纪30年代达到巅峰，成为该国最重要的产业，当时珍珠的珍贵程度甚至超过钻石。到了20世纪30年代初期，由于日本养殖珍珠大举进入珍珠市场，加上石油业的兴起，巴林的采珠业遭受到严重的冲击，几乎无法生存，直到2000年才又重新出现。不过目前养殖珍珠的买卖遭到禁止，采珠人已经相当少见。

孟加拉国

Bangladesh

2 1 0 Total 3

孟加拉国位于恒河、布拉马普特拉河(雅鲁藏布江下游)的入海口，这两条世界名川都在孟加拉留下深远影响，包括入海口的三角洲被列为自然遗产，两河交汇处的巴凯尔哈德古城，在孟加拉国历史上也曾扮演重要角色。

巴凯尔哈德清真古城

Historic Mosque City of Bagerhat

1985 文化遗产 清真寺

15世纪时，土耳其将领乌鲁格卡强翰(Ulugh Khan Jahan)在巴凯尔哈德城郊打造了这座古城，曾被称为卡利法塔拜德(Khalifatabad)的巴凯尔哈德古城，位于恒河(Ganges)和布拉马普特拉河(Brahmaputra)交汇处。古城里有多座清真寺和早期的伊斯兰纪念碑等，多数为砖造，并运用大量技术工法。

©UNESCO/Jeremy Harley

巴哈尔布尔的毗诃罗遗址

Ruins of the Buddhist Vihara at Paharpur

1985 文化遗产 佛教遗址

毗诃罗遗址里的松玛浦拉・玛哈威拉(Somapura Mahavira)，又被称为大寺院，直至12世纪，这里一直是当地著名的知识中心，也是孟加拉国的大乘佛教自7世纪之后崛起的证明。

这座大寺院代表独一无二的艺术成就，其架构完美地配合其在宗教上的功用，建筑采用简洁和谐的线条和大量的雕刻装饰，对其他佛教建筑产生重大的影响，甚至远至柬埔寨地区。

孙德尔本斯国家公园

The Sundarbans

1997 自然遗产 河口三角洲生态

占地1400平方千米的孙德尔本斯红树林，位于孟加拉湾的恒河(Ganges)、布拉马普特拉河(Brahmaputra)和梅格纳河(Meghna)三河汇流处的三角洲，是全世界面积较大的红树林之一。这片红树林的隔壁，就是在1987年列入世界遗产的印度孙德尔本斯国家公园。

这里遍地是漫流的小支流、泥地，以及长有耐盐分的红树林的小岛，孕育出丰富的动植物生态，包括260种鸟类、孟加拉虎和一些濒临绝种的动物，如河口鳄、印度锦蛇等。

柬埔寨Cambodia

3 0 0 Total 3

柬埔寨这个近代命途多舛的国家，因为吴哥窟而成为世界非常受欢迎的旅游国度之一。吴哥在9—12世纪时，曾是中南半岛最强大的帝国，留下不少佛教和印度教的伟大建筑，入选的世界遗产有两座都是这个时代留下来的宝藏。

2017

文化遗产

寺庙遗址

古伊奢那跋摩考古遗址：三波坡雷古寺庙区

Temple Zone of Sambor Prei Kuk, Archaeological Site of Ancient Ishanapura

三波坡雷古位于距离暹粒150千米的磅同省，是6世纪末、7世纪初真腊王国首都的寺庙遗址，主要供奉湿婆神，由伊奢那跋摩一世所建，遗址分布的范围广约25平方千米，中央有3处主要建筑群，分别是三波寺、狮庙、依波寺，城墙都呈现方形，建筑大部分的建材是砖头和砂岩。

建筑具有和吴哥时期类似的艺术特征，门楣、回廊、石狮等都是吴哥时期常见的元素，可以明显分辨吴哥的建筑艺术是从中发展出来的。八角形的塔庙和砖墙上的雕刻是较为特别的，在其他遗迹中并不常见。已被列入世界遗产的三波坡雷古受到文物保护部门的重视，会得到更多的资源以作维护，可以想见此处将成为柬埔寨另一处受欢迎的景点。

2008

文化遗产

印度教遗产

柏威夏神庙

Temple of Preah Vihear

地处泰、柬边界丛林里的柏威夏神庙，占地约4.6平方千米，虽然在1962年国际法庭已将神庙判归柬埔寨，但由于通往神庙的阶梯位于泰国境内，两国对其主权归属仍有争议，2008年底双方甚至派军队对峙。

柏威夏神庙建于公元11世纪上半叶，祀奉印度教的湿婆神，沿着将近800米的轴线，散布着由步道和阶梯串联的多间神庙。神庙的建筑和石雕尤其令人惊叹，顺应所在的自然环境，同时考量到宗教功能，完美打造出这座印度神庙，而且拜地处偏远之赐，柏威夏神庙部分保留相当完整。

符号说明 登录时间 遗产内容 遗产类型 文化遗产 自然遗产 综合遗产 濒危文化遗产 濒危自然遗产 濒危综合遗产

1992
文化遗产
印度教遗产

吴哥遗址 Angkor

吴哥是昔日高棉吴哥王朝的首都，吴哥王朝的国王们竭尽所能地建造庙宇，今天留存在柬埔寨西北丛林中占地广达5000平方千米的神殿遗迹，气势与质量均无与伦比。

吴哥人民的生活缺乏史书记载，因而吴哥窟的浮雕及中国使节周达观的《真腊风物志》成了珍贵资料。吴哥遗址经常被认为是由法国人所发现，这种说法是针对欧洲人而言；高棉人一直知道它的存在，而且视其为信仰的殿堂。吴哥在遭逢弃置迁都时，百姓也随之搬迁，曾经辉煌的吴哥城被丛林所湮没，后来的居民不敢接近这处虎豹经常出没的神秘之地，直到1863年法国自然学家亨利・穆奥(Henri Mouhot)的笔记在巴黎与伦敦同时出版，才激起西方世界对吴哥的向往。

吴哥曾是9—12世纪时中南半岛最伟大的帝国，经过完美计算的建筑，均衡对称，有着绝美的形体及无与伦比的规模，加上精密的水利工程网、大型的都市规划与建设，以及无所不在的细致雕刻，展现出理性、信仰与权力所交织而成的极致作品。

目前联合国世界遗产组织所管理的“吴哥考古保护区”，集中于暹粒市北方6—25千米处，占地400多平方千米，其中包括吴哥寺、大吴哥城、巴扬寺、塔普伦寺等数十个重要古迹，另外还包括位置较偏僻的女皇宫、罗洛斯遗址、科巴斯宾水底浮雕等。

中国China

36 13 4 Total 53

中国世界遗产的数量全球排名第二，共53座，直追意大利的54座。地大物博的中国，共有36座文化遗产、13座自然遗产、4座综合遗产，相较于其他遗产数量庞大的国家，中国可以说类型既多样化又平均。

1987

文化遗产

旧石器时代遗址 × 人类化石

周口店北京人遗址

Peking Man Site at Zhoukoudian

北京周口店猿人遗址是有关远古时期亚洲大陆人类社会一个罕见的历史证据，而且证明了北京人在旧石器时代已经懂得用火，把人类用火的历史提前了几十万年。

周口店遗址博物馆成立于1971年，馆内展示龙骨山立体模型、各种岩石标本、北京猿人头盖骨化石模型、古人类用火遗迹及工具、他们居住的洞穴与生活场所复原模型、当时考古发掘出来的各类化石与挖掘器具等。

北京猿人的年代距今约70万年，也是在周口店一处天然石灰岩洞中被挖掘出来。在北京猿人遗址曾发现近200件人类化石(代表40个以上的猿人个体)、上万件石器、数层灰烬和近200种动物化石，这是迄今世界上同一时期遗址材料中，最丰富、最全面也是最具代表性的猿人遗址。

2010

文化遗产

中国文明(儒释道)精神象征

河南登封“天地之中”历史建筑群

Historic Monuments of Dengfeng, in the “Centre of Heaven and Earth”

嵩山在中国“五岳”之中名列“中岳”，而在这座海拔1500米名山的山脚下，就在河南省登封市不远处，方圆约40平方千米的区域，共有8处历史建筑被列为世界遗产，其中包括周公测景台和观星台、嵩岳寺塔、太室阙和中岳庙、少室阙、启母阙、嵩阳书院、会善寺、少林寺建筑群(包括常住院、塔林和初祖庵)，时代横跨汉、魏、唐、宋、元、明、清，上下两千年，是中国古代宗教祭祀、科学、技艺和教育的各类型建筑的杰出典范。

自古以来中国人的宇宙观便以天地的中心自居，而中国的中心就位于中原地区的郑州登封一带，不少王朝建都于此。这里不但是国家礼制、天文观测中心，更是儒释道文化流派荟萃之地，因而留下不少珍贵历史建筑。

其中少室阙、启母阙是中国古代国家祭祀礼制建筑典范。少林寺建筑结构自山门到千佛殿共七进，红墙飞檐，翠柏蓊郁。少林寺塔林位于少林寺以西大约300米处，保存着自公元791年至1803年以来的砖石墓塔，共计240多座，因塔数目众多、散布如林，所以称为“塔林”，是研究中国古代砖石建筑艺术的宝库。

符号说明 登录时间 遗产内容

遗产类型 文化遗产 自然遗产 综合遗产 濒危文化遗产 濒危自然遗产 濒危综合遗产

1987，2004

文化遗产

宫殿 × 木造建筑

北京和沈阳的明清故宫

Imperial Palaces of the Ming and Qing Dynasties in Beijing and Shenyang

北京故宫的宫殿建筑是中国现存最大最完整的木造古建筑群，体现中国封建伦理及伦理五常的规制。不但建筑技艺杰出，更是珍稀文物的陈列宝库。

北京故宫是现在一般对明清两代皇宫的称呼，原名紫禁城，明清两代总共有24位皇帝住在这里。1914年设古物陈列所，开放故宫前半部，1925年改为故宫博物院，正式开放。

紫禁城虽是在元大都皇宫的基础上建造的，但后者实际在使用和建筑观念上，和汉族的需求相去甚远，因此紫禁城在明成祖永乐皇帝的规划下奠基、彻底改建，光备料就花了十多年的时间，更重要的是中轴线往东南方移动了，因为两朝龙脉各不同。

北京故宫于永乐十八年(公元1420年)终告建成，至今已有500多年历史，东西宽750米，南北长960米，占地72万平方米，建筑面积16万平方米，有房屋9000多间。故宫周边由一条宽52米、深6米的护城河环绕，护城河内则是周长3千米的城墙，墙高近10米，底宽8.62米。城墙上开有四门，南有午门，北有神武门，东有东华门，西有西华门；城墙四角还矗立着四座角楼，造型别致，玲珑剔透。

北京故宫布局严谨，从功能上看，前朝后寝，就是前为处理政务的“大内正”、后为生活空间的“三宫六院”，主要建筑都在中轴线上，再左右对称地展开，并主从分明。从礼制上来说，则是左太庙、右祖庙。而位于沈阳的故宫则始建于1625年，共有114座建筑，也被纳入世界遗产范围。

1987
文化遗产
陵墓坟冢

秦始皇陵及兵马俑

Mausoleum of the First Qin Emperor

秦始皇陵墓工程前后历时39年，征用70万民工打造阿房宫和陵园。陵区面积超乎想象，高耸的陵冢、巨硕的寝殿雄踞于陵园南北侧，震惊寰宇的陪葬兵马俑坑，就位于距陵冢1.5千米处。公元前206年，项羽攻占关中时火烧秦宫和陵园，火海绵延三百多里，连兵马俑也惨遭劫掠坍塌。

自从兵马俑出土后，陕西省组织考古队勘查挖掘，自三处兵马俑坑中掘出8000多件陶俑、陶马及数万件兵器。其中一号坑是战车、步兵混编的主力军阵，军容严整，造型各异，展现秦军兵阵及卓越工艺。二号坑由四个小阵组合成一曲尺形大阵，战车、骑兵、弩兵混编，进可攻、退可守，体现秦军无懈可击的军事编制。三号坑依出土武士俑排列方式，推断为统帅所在的指挥中心，因未遭火焚，陶俑出土时保留原敷彩绘，颜色鲜艳。

这支地下部队，军阵严整，塑像工艺超群，兵器异乎寻常地锋利，20世纪才研发的铬化防锈技术，秦人在2000多年前已经熟练使用。秦人超越今人智慧之谜，还留在兵马俑坑里待解。

©藏羚羊

1987
文化遗产
洞穴壁画艺术
×
佛教遗产

莫高窟 Mogao Caves

莫高窟艺术文物囊括了壁画、彩塑、建筑、绢画、经文、染织，展现纵横数千年的社会、政治、经济、宗教景况，忠实记载了丰富的古代文化。

莫高窟位于敦煌鸣沙山东麓的断崖上，面对九危山。据传，公元366年(东晋太和元年)，云游四方的乐僔和尚至此惊见九危山现出金光，认为是佛陀显现，便决定在此开窟修行。

九危山发光的奇景，其实是所含矿物的反射光，这片炫若佛光的光芒，吸引佛门信徒、达官贵人接踵捐资凿窟，自北魏至唐初武则天，已开凿1000余窟，安史之乱后，吐蕃、西夏陆续凿窟。至明代嘉峪关修成，敦煌成了关外之地，加上海运兴起，丝路没落，莫高窟逐渐湮没在风沙中。

清光绪二十六年(公元1900年)，栖身莫高窟的道士王圆箓清理流沙时，发现第16窟北壁后有个封闭小室，里面藏有数以万计的经卷、手稿，但逢满清末年国势衰败，以致自1905年到1924年，让英、法、日、俄、美等国盗走上万卷经卷、千余幅绢画，流散国外的艺术真品震惊全球，催生出“敦煌学”，但莫高窟却因此留下残缺的佛像、洞窟。

莫高窟南北长1600多米，上下叠层如蜂巢。现存800多处洞窟，具护卫价值的仅剩492处，即便如此，论建筑、论彩塑、论壁画、论绢本，莫高窟依然是世界之最。

符号说明	登录时间	遗产内容	遗产类型	文化遗产	自然遗产	综合遗产	濒危文化遗产	濒危自然遗产	濒危综合遗产

1987
文化遗产
防御工事

万里长城 The Great Wall

长城最早修筑于公元前700多年，历经2000多年的改朝换代，至清代依然修建不休，总长度达2万多千米。

万里长城东起辽宁省的鸭绿江，西至新疆天山之麓，且横跨辽宁、河北、天津、北京、内蒙古、山西、陕西、宁夏、甘肃、新疆等省、市和自治区。其中鸭绿江到山海关一段因为施工较简单，毁坏严重，不过仍有迹可寻。从山海关至嘉峪关一段因施工品质较佳，所以大部分皆保存完好。

万里长城是由城墙、敌楼、关城、墩堡、营城、卫所和烽火台组成的防卫军事工事，整套防卫体系有严谨的指挥系统，配合重兵防守，形成荒漠上令人生畏的边关重镇。

烽火台是整套系统中最令人印象深刻的。烽火台是一座独立据守的碉堡，建筑于长城沿线的险要之处，如视野较为开阔的冈峦上或峰回路转之处。一般每距5至10里筑一台，每个台上设有5个烽火墩，供燃放烟火以示警、传递军情用。

万里长城之所以傲世，因为它不仅是宇航员从外太空望向地球时所见的伟大工程，还是中华民族大一统的象征，地球和平的象征。

黄山 Mount Huangshan

1990

综合遗产

高山生态景观 × 中国文学艺术的象征

安徽省大地锦绣多姿，屹立于安徽省南部的黄山，不但是中国群山中壮观的山水典范，境内群峰矗立，怪石、奇松、云海、温泉、冬雪五大绝景，也造就了缥缈梦幻的美景。不论是云雨雾晴，还是四季轮替，黄山“天开图画”的美景都称霸中国全境的群山。

古人称赞黄山具有“泰岱之雄伟、华山之险峻、衡岳之烟云、匡庐之飞瀑、雁荡之巧石、峨眉之清秀”，为“集天下奇景于一体”之山。无怪乎徐霞客有“登黄山，天下无山，观止矣”，后人更引申出了“五岳归来不看山，黄山归来不看岳”，让黄山傲视群雄，与黄河、长江、长城并称成为中国的象征。

黄山占地总面积约1200平方千米，目前约有160平方千米开发为风景区，分为前山及后山景区。前山险、后山峻，景区内集中国名山风光美之大成，有36大峰、36小峰，并有2湖、3瀑、16泉、24溪相映生辉，有植物近1500种、动物500多种，丰富的自然生态，更添黄山魅力。

©臧玲羊

泰山 Mount Taishan

1987

综合遗产

高山景观 × 佛道教遗产 × 政权(皇权)象征

泰山因其气势磅礴，向来有“登泰山而小天下”之美誉。泰山的传奇并非来自高度，最高峰玉皇峰海拔也只有1532.7米，只是相较于山东平原而显高峻，加上山脉底座绵延1000多米，古人东望只见高山横阻，山顶终年云雾缭绕，仿若仙人居所。

古代君王视登泰山举行封禅大典为昭告天下、政权合理化的方式。皇帝登上神山，答谢天帝的“授命”之恩。如今已无封天禅地之需，但泰山的宗教地位依然突出，以佛、道教为主。玉皇顶上就是一座碧霞祠，终年烟火袅袅。

历代文人在造访泰山之余，也在泰山留下许多书画创作，众多的摩崖石刻就是最好的艺术体现，成为后世游览的乐趣。

符号说明：登录时间 遗产内容 遗产类型：文化遗产 自然遗产 综合遗产 濒危文化遗产 濒危自然遗产 濒危综合遗产

1992
喀斯特地形
自然遗产

黄龙风景名胜区

Huanglong Scenic and Historic Interest Area

黄龙自然保护区位于四川省松潘县东北方，青藏高原东缘，平均海拔达3100米。境内拥有中国地理位置最东边的冰川，同时以多样的生态圈著称，尤以石灰岩地形所造就的彩池、滩流、瀑布等特殊景致闻名。

黄龙因“黄龙沟”而得名。黄龙沟属于喀斯特地形，也就是石灰岩地形。由于石灰岩体渗出含有大量碳酸钙的岩溶水，若流淌的水受阻碍而滞流，水中的碳酸钙质便开始附着、堆积，结晶形成石灰华。日久堆积成梯田状相连的堤埂，俯瞰宛若一条金色巨龙横卧在山中，因而名为“黄龙沟”。

黄龙彩池的埂堤裸露、隆起，池形呈圆弧状相连相扣，池水清浅见底，池底沉淀着褐黄色结晶，并滋生许多水藻，经过阳光折射，呈现出黄绿、青绿、金黄等色彩，衬以周围的林木，构成一幅仙境般的美景，被誉为“人间瑶池”。“黄龙瀑布”也是绝景之一，因为溶岩水在陡坡和断层上，不断沉积形成流纹状的碳酸钙结晶，颜色呈褐黄或土黄。

©藏羚羊

1992
自然遗产
喀斯特地形

九寨沟风景名胜区

Jiuzhaigou Valley Scenic and Historic Interest Area

九寨沟具有高原石灰华湖群、滩流特殊风貌，融翠湖、叠瀑、森林、雪峰于一处，并拥有近3000种植物、170种动物、141种鸟类，展现原始自然的野趣。坐落在四川省西北部岷山山脉南段，隶属于阿坝藏族羌族自治州，总面积约720平方千米，海拔从2000多米拉抬至4700多米，遍布雪岭和彩池，风光独特旖旎。

九寨沟风景区呈Y字形，由树正沟、日则沟、则查洼沟三条沟组成，总长度近60千米，由于沟内分布9座藏族村寨，因而得名“九寨沟”。

九寨沟自古即拥有“翠海”美称，沟内景观最大特色，就是分布有百余个当地人称为“海子”的高山湖泊。此地湖泊属高山梯湖，湖水源自雪山融雪，经石灰岩质透析后注入湖泊，水质澄净，透明度可达30米以上。

由于石灰岩质山体不断渗出饱含碳酸钙的山泉，持续附着、堆积在朽木上，日积月累，令湖中的朽木结满黄褐色、乳白色、青蓝色的石灰华，加上湖内蕴藏丰富的藻类植物，在阳光的照映下，可见到清澈见底的水中，透露出乳白色的石灰华、黄绿色的水藻和枝丫交错的朽木，五彩缤纷，好像无数明珠镶嵌在九寨沟内，闪动着晶莹剔透的光芒，使九寨沟成为远近闻名的仙境。

1992

自然遗产

奇岩景观×喀斯特地形

武陵源风景名胜区

Wulingyuan Scenic and Historic Interest Area

武陵源风景区位于湖南省，是张家界市辖区的核心，范围包括张家界国家森林公园、索溪峪自然保护区、天子山自然保护区和杨家界风景区，总面积达397平方千米。3000多座造型特异的石英砂岩柱山峰，以及地下丰富的岩溶景观是最大特色。

武陵源的地质属泥盆纪沉积岩，经过河谷侵蚀堆积、剥蚀构造等作用而形成集合险峻、陡峭、挺拔、雄奇、阴柔等景观的山形地貌，无论就科学或美学角度来看，都极具价值。著名的石英砂岩柱山峰中，有243座海拔高于1000米。

这些砂岩柱峰林，充满独特的造型和线条，更展现狂野、俊秀、幽深之美，仿如中国泼墨山水画中的奇峰怪石，而被视为电影《阿凡达》的灵感来源。索溪峪河谷北边和天子山东南部的溶洞景观都属于湘西型岩溶地貌，处处可见诡谲的钟乳石柱、石瀑、石笋、石花。

1994

道教遗产

文化遗产

武当山古建筑群

Ancient Building Complex in the Wudang Mountains

湖北武当山的山坡及谷地，罗列了许多道教建筑，这些道观最早建立于公元7世纪，到了明代更形成道教建筑群，这些建筑代表着中国元、明、清三朝(14—17世纪) 的艺术成就。

传说真武大帝修仙得道后到了武当山，看上这块福地，与无量佛斗智斗法得胜，赢得了居留权，成为各道观供奉的主神。看过武侠小说的人想必对武当山这座道教第一名山不陌生，在此修炼的名人如唐代的吕纯阳、五代的陈抟、宋代的寂然子，以及传说中武当派的宗师张三丰。

武当山北接秦岭、南连巴山，绵延800余里，景点包括72峰、36岩、24涧、11洞、3潭、9泉……要一一尽览并不容易。但不能错过的便是登“金顶”，其次是“南岩”和“紫霄宫”，以及位处山下的“玉虚宫”。

符号说明 登录时间 遗产内容 遗产类型 文化遗产 自然遗产 综合遗产 濒危文化遗产 濒危自然遗产 濒危综合遗产

1994，2000，2001

文化遗产

宫殿 × 佛教遗产

拉萨布达拉宫（含大昭寺、罗布林卡）

Historic Ensemble of the Potala Palace, Lhasa

西藏自治区拉萨市内的三座庙宇——布达拉宫、罗布林卡、大昭寺被列入世界遗产的名单中，其中，布达拉宫是三座建筑物中最重要的一个。

布达拉宫最早于7世纪由松赞干布迎娶文成公主时所建，布达拉宫建成之后曾一度毁于战火，直到1645年时，五世达赖喇嘛重建布达拉宫，工程耗费八年的时间，完成后成为达赖的冬宫，之后经历三个世纪多次增补扩建，才有今日完美的规模。

这座建于拉萨市中心海拔3700米高的红山顶上的庞大建筑，基本上分成两个部分：白宫和红宫。白宫是历代达赖喇嘛的寝宫，1653年五世达赖喇嘛在此接受清朝顺治皇帝册封，从此白宫成了历世达赖喇嘛举行重大宗教、政治仪式的地方；而红宫则容纳达赖喇嘛的灵塔及各种佛堂，这里同时也保存了完整的藏传佛教经典。

布达拉宫曾长期作为西藏政教合一的统治中心，与西藏历史上重要的人物有着十分密切的关系，因而有着重大的历史意义和宗教意义。

除了布达拉宫之外，被八角街环绕的大昭寺是香火最鼎盛的一座庙宇。至于历世达赖喇嘛的夏宫罗布林卡，则是建于18世纪的一座广大园林，这里最热闹的活动是每年的雪顿节。

1994

文化遗产

园林建筑

承德避暑山庄及其周边庙宇

Mountain Resort and its Outlying Temples, Chengde

避暑山庄建于中国清朝的“康乾盛世”，集造园艺术和建筑艺术之大成，成为古代帝王宫苑与皇家寺庙完美融合的典型范例。它同时也是清朝的第二个政治中心，清代皇帝曾在此处理军政要务，并接见外国和边疆使节。

承德避暑山庄的兴建历时89年，占地5.64平方千米，约为北京颐和园的两倍、北海的八倍，是中国现存最大的皇家园林。清朝皇帝每年依例必须赴塞外木兰围猎，由于路程遥远，皇帝不仅要避暑，还需要有场所处理政务，因此从康熙开始，在这段路程之间陆续修建行宫。其中热河行宫因位处中段，风光优美，特别受到青睐。康熙五十年，康熙在内午朝门题了“避暑山庄”，从此得名。

山庄内部分为宫殿区和苑景区：宫殿区是皇帝处理朝政及日常起居之所；苑景区则为皇帝游豫宴乐之所。可惜著名的72景部分已不存在，目前所留多是后人翻修仿古建成。

曲阜的孔府、孔庙、孔林

1994

文化遗产

中国文化象征 × 宫殿 × 园林 × 陵墓坟冢

Temple and Cemetery of Confucius and the Kong Family Mansion in Qufu

孔子诞生和活动的地方，位于春秋时代的鲁国，也就是现今山东省曲阜。孔子虽生平不得志，但其死后，历代帝王莫不尊儒学为正统思想，连带着曲阜受帝王及名人文士的仰慕，其中又以孔庙、孔府和孔林为甚，即所谓的“三孔”。

孔庙原是孔子的故宅，三间平民宅邸经历代君王的扩建，形成三路九进、规模宏大的宅邸。祭祀孔子的大成殿建筑精美，足以和故宫的太和殿媲美，也是民间建筑中唯一具有皇家规格的例子。除了建筑之外，历代文学家、艺术家造访频繁，还留下很多书法石碑作品，总共有两千多块碑碣，几乎各代各流派的作品都可在此找到，尤其珍贵的是大量的汉画石刻。

位于孔庙东侧的孔府，又名衍圣公府，也是三路布局、九进院落，但整体氛围因灰瓦而低调得多。因历代君王对孔子后代多加封赏，待遇一如皇亲国戚，所以孔府兼有官府和民居的特色，前半官衙、后半内宅，空间布局巧妙，是明清建筑及园林规划的杰作之一。

位于曲阜北门外的孔林，则是孔子及孔氏家族的墓地，占地面积约2平方千米，是全世界最大、最长久，也是保存最完整的家族墓地。由于历代重修之故，孔林提供了历代丧葬风俗演变的考据，千年林木的生态也是孔林的珍贵之处。

庐山 Lushan National Park

1996

文化遗产

中国文明(儒释道)精神象征

庐山居长江中游南岸、位于鄱阳湖之滨，有山险又有水秀，中外各大宗教汇集一山。宋代理学大师朱熹，也选择在此重建中国四大书院之首的白鹿洞书院。

庐山的文化表现在于集合儒释道的特长，各家重要学者纷纷在庐山留下重要著述，这些思想在庐山上交融后，顺着长江向外传播。西方宗教进入中国后，也进驻庐山，基督教、天主教、伊斯兰教盘踞在山间，互通交流，五教和平相处一山的景况，世上难见。

当然，庐山的秀丽景观也为人称道。传说茶圣陆羽称庐山谷帘泉为“天下第一泉”；落差达155米的三叠泉瀑布，飞瀑成双。山上的美景在清末民初吸引了各国使节富商来庐山建造别墅，总计有600多栋，包括蒋介石送给宋美龄的避暑山庄“美庐”，许多近代风云际会的盛事都发自美庐。

1996

综合遗产

佛教遗产

峨眉山与乐山大佛景区

Mount Emei Scenic Area, including Leshan Giant Buddha Scenic Area

四川峨眉山和山西五台山、浙江普陀山、安徽九华山并称为中国“四大佛教名山”，地位崇高，庙宇众多。乐山大佛高达71米，为全球最大的石雕坐佛。

峨眉山传说为普贤菩萨修行的道场，以岩山、云海、日出、佛光、猴群等景观闻名遐迩，有“峨眉天下秀”之誉，举世无双。主要景点囊括了报国寺、伏虎寺、万年寺、清音阁、洗象池、金顶等。

乐山大佛位于青衣江、大渡河、岷江汇流处，据说因为江水汹涌常发生船难，唐玄宗遂在凌云寺高僧海通和尚提议下，于唐开元元年(公元713年)造佛，直到唐朝贞元十九年(公元803年)才完成。佛像高达71米，头部直径10米，上雕1021个发髻，肩膀宽度约28米，最特别的是脚背长约11米、宽8.5米，可容纳100人同坐。

1997

文化遗产

古城

平遥古城 Ancient City of Ping Yao

明太祖为了抵御北方蒙古兵的进犯，洪武三年(公元1370年)在平遥修建一座城池；之后，山西商人崛起，平遥跃居为全国的金融中心，城内商家林立，豪宅大院鳞次栉比。由于整座古城保存良好，因而被评为中国汉民族地区保留最完整的古城。

整座城墙有3000个垛口、72个敌楼，寓意着孔子的3000弟子与72位贤人。平遥城的街道布局，严谨方正，两两对称。南大街俗称明清街，是平遥最热闹的街道。中国第一家票号“日升昌”，便是坐落于西大街上，明清时期这里聚集了逾20家的票号、数十家的商号。

平遥城内的明清四合宅院共计有3797座，在大街上的宅院有部分改装成客栈，前院为饭馆，后院则为住宿的旅馆。

位于平遥古城西南方6千米处的双林寺，以悬塑、彩塑与唐槐最为有名，大小塑像有2050尊，被西方学者评为“东方艺术的宝库”，与平遥古城一同列入世界遗产。

苏州古典园林

1997

文化遗产

园林

Classical Gardens of Suzhou

苏州古典园林融合了深远的文化、无为的哲学、与自然融合的美学观，造就了一座座极为优雅而充满中国文人雅士品味的艺术杰作。

苏州四大名园中，拙政园是苏州最大、最著名的庭园，建于明代正德年间(公元1509—1513年)，总体布局是以水池为中心，所有建筑皆临着水而建，形成全园各个景点既独立又依附的关系，并且营造出许多诗意般的境界。

“留园”建于明朝中叶(公元1522年)，虽然面积只有拙政园的一半，但如何透过花窗达到以小见大，产生窗外有景、景中套景的功效，正是留园最大的特色。

“狮子林”建于元朝至正二年(公元1342年)，它是由太湖石堆叠的石林洞壑，一入其中，如入迷宫般，看似小格局的石林区，明明出口的亭台水榭就在咫尺，但是就是走不出来，而从不同洞壑中望出的林园景色，也各异其趣。

建于南宋的“网师园”，则是四大园林中面积最小、最精巧的一座。整个庭院布局紧凑精细、曲折幽深。

©藏羚羊

丽江古城 Old Town of Lijiang

1997

文化遗产

古城

丽江古城位于崎岖不平的高山上，一直保存着古朴自然的原貌。其民居建筑融合了几个世纪以来不同民族的文化特色，丽江先民以智慧设计出精密又复杂的水利供应系统，至今仍能运作。

丽江古城海拔2400米，面积约7.279平方千米，建于宋末元初，距今已有800多年的历史。明朝称大研厢，因其位居丽江坝子中心，四周青山围绕，仿如一块碧玉巨砚，“砚”意同“研”，清朝称大研里，民国后称大研镇，因此丽江古城又称大研古城。

它在过去是南方丝绸之路和茶马古道途经的重镇，几百年来，一直是个人潮如织、热闹喧嚣的贸易集散地。但这种繁华从来不减它一分古典优雅的气质。河流穿街绕巷、贯布全城，主街傍河、小巷临渠，无处不是水声潺潺、垂柳依依；以五花石面铺成的街道曲折有致，与白墙黛瓦、高低错落的“三坊一照壁”民居建筑，形成一种古朴的美感。

“小桥、流水、古树、人家”，显然成了丽江古城最好的写照。它兼有水乡之容、山城之貌，景致幽雅迷人，更胜江南，因此不但有“高原姑苏”的美誉，人们也喜欢以“东方的威尼斯”来形容它。

1998

文化遗产

园林

北京颐和园

Summer Palace, an Imperial Garden in Beijing

颐和园是中国皇家园林的登峰造极之作，集合了北方(四合院)、杭州西湖(昆明湖)、西藏(万寿山喇嘛庙)、江南水乡(苏州街)等各种风格于一处，堪称是世界最精妙的皇家园林。

颐和园原是皇家的行宫，乾隆皇帝将其改建为清漪园，不过被英法联军焚毁。1888年慈禧挪用海军经费重建，并改名为颐和园，但又遭八国联军破坏。这座命运多舛的庭园，最后在1903年重新修复，恢复昔日光彩，面积广达2.9平方千米，根据地形和地点，设有精致的亭、台、楼、阁，巧妙的构思至今仍让中外景观设计家拍案叫绝。

游览颐和园可分成三区域：一为宫廷朝政区，以仁寿殿为中心，前朝后寝，后即为慈禧寝室的乐寿堂，是慈禧暗掌朝政之处，在晚清末年，其重要性远远超过紫禁城；二为万寿山，又可分成前山和后山，以佛香阁为中心的中轴线各建筑及长廊都集中在前山，是颐和园建筑的精华所在，后山以汉藏式样的喇嘛庙群和充满江南趣味的苏州街为主；第三区以昆明湖为主，万寿山美景倒映湖面上，苍郁碧绿相得益彰。

1998

文化遗产

政权(皇权)象征

北京天坛

Temple of Heaven: an Imperial Sacrificial Altar in Beijing

天坛在被列入世界遗产时，联合国教科文组织的评语是：中国延续2000多年的封建统治，天坛的规划和设计思想，象征着它的合理性。天坛不但是中国建筑的代表之作，其人文内涵也不容忽视。

天人对话、人间和自然的关系，一直是中国人思想的主轴，敬天祭祖、阴阳五行成为中国人仪式举止最大的依据，历数千年不变，而能真正物化中国人对上苍祈愿和对先祖怀思的哲学思想者，莫过于天坛。

天坛是明清两朝皇帝祭天、求雨和祈祷丰年的皇家祭坛，始建于明永乐十八年(公元1420年)，是中国现存最大的古代祭祀性建筑群。目前天坛的总体建筑完成于乾隆时代，由圜丘、祈谷两坛组成，总面积2.73平方千米，是北京故宫的4倍。乾隆时扩建了圜丘，台基改用汉白玉石，原本为明朝风格的上蓝、中黄、下绿大享殿瓦色，全数改成蓝琉璃瓦，并更名“祈年殿”。

天坛的风貌因此更为大气恢宏，配合周遭古柏参天、祭典时燔柴炉升起的松柏烟雾，天神仿若降临人世，接受天子的谢恩及请求，其神秘的艺术性和诱发神授威权情感的效果，可以说是举世无双。

1999

综合遗产

丹霞地貌
×
生物
多样性
×
中国文明
(儒释道)精
神象征

武夷山

Mount Wuyi

武夷山历史上在地质、生物、人文方面均有突出价值。在自然方面碧水丹山的武夷山呈现古老的丹霞地貌，因为丰富的林相，而保有许多中国特有的动植物。在文化方面从汉武帝起即在此祭祀山神武夷君，宋代理学家们如胡安国、朱熹长期在此讲学，山区内书院林立，文化内涵丰富。

九曲溪是武夷山最美的风景线，乘坐竹筏，在溪水带领下武夷山奇秀深幽的景色迎面而来，一边听着艄公讲述传奇，一边欣赏大自然的鬼斧神工，最是快意。

六曲的天游峰是武夷山第一胜地，抬头望，危峰耸立；船过五曲，别错过朱熹讲学的紫阳书院；四曲巨岩对立，卧龙潭深不见底；三曲小藏峰的峭壁上有著名的古越人悬棺葬洞穴，既神秘又教人惊奇；二曲的玉女峰是九曲溪中最优美的身影，“插花临水一奇峰，玉骨冰肌处女容”，美女照镜，令人无限遐想。

符号说明 登录时间 遗产内容 遗产类型 文化遗产 自然遗产 综合遗产 濒危文化遗产 濒危自然遗产 濒危综合遗产

1999

文化遗产

石刻艺术

大足石刻 Dazu Rock Carvings

大足石刻集儒释道造像之大成，为中国石刻艺术的代表性作品，也是公元9世纪末至13世纪中叶，世界石刻艺术的最辉煌的成就。

大足石刻位于重庆市西北方约170千米处，共有10万多尊的石刻佛像，散布在70多处地点，主要集中在宝顶山和北山这两地。宝顶山佛像群宏大庄严，充分利用山势地形，在岩壁上雕出一组组生动的佛经故事，刻工精巧绝伦。

大足石刻的精华，便是宝顶山大佛湾的佛像群。这里的佛像雕刻主要完成于南宋时期(公元1174—1252年间)，由虔心信佛的赵智凤发愿出资，集合当时著名工匠齐力完成，龛窟之间的巧妙相连，与岩形结构运用融合之精确，在中国古代的石窟营建中是绝无仅有的。

2000

文化遗产

古村落

安徽古村落——西递和宏村 Ancient Villages in Southern Anhui—Xidi and Hongcun

自16世纪开始，徽商鼎盛，造就了徽派古民居建筑。粉墙、黛瓦、马头墙的民居，祠堂、牌坊、门楼搭配花样繁复的石雕、木雕、砖雕艺术，安徽黟县的古村落处处展现了最精雕细琢的一面。其中宏村、西递，不仅是皖南极具历史考据价值的遗产之一，也被专家誉为“东方古建筑的艺术宝库”。

宏村在规划设计上，非常强调风水与水系，规划建造了堪称“中华一绝”的牛形村落和人工水系。宏村现保有明清古民居约158幢，保存较完好的有137幢，其中以“承志堂”最为富丽堂皇，可谓皖南古民居之最。

西递村民居建筑多为木质、砖墙结构，徽派“三雕”丰富。两条清溪从村旁流过，99条高墙深巷，让外人仿若置身迷宫。目前有明清古民居300余幢，保存完好的有124幢，祠堂3幢，及明代胡文光刺史坊1座。

2000，2003，2004

文化遗产

陵墓坟冢

明清皇陵 Imperial Tombs of the Ming and Qing Dynasties

2000年《世界遗产名录》所公布的明清皇家陵寝包括湖北的明显陵及河北的清东陵、清西陵。2003年新增了明孝陵和明十三陵。2004年又新增了“盛京三陵”。

明显陵位于湖北钟祥市的纯德山，是明世宗嘉靖皇帝父母的合葬陵，面积约1.83平方千米。以精美的建筑纹饰著名，如隆恩殿前的云龙丹陛石、散水螭首及回廊栏杆上的雕刻。

清东陵位于河北遵化市，建于顺治十八年(公元1661年)。由15处园寝组成，以顺治的孝陵为中心，其余帝后依辈分在东西侧以扇形排列，包括康熙、乾隆、咸丰、同治、慈禧等人的陵寝，共计葬入161人。

清西陵位于河北易县永宁山下，传说雍正是改了父亲康熙的遗诏才当上皇帝，因此不敢葬于父亲旁边，而另选陵址建西陵。乾隆时又规定父子不葬一地，从此清帝便在东、西两陵建墓。清西陵共计帝陵4座(雍正、嘉庆、道光及光绪)，后陵3座，妃园寝3座，王公及公主园寝4座，共计葬入76人。

位于南京的明孝陵是明太祖朱元璋和皇后马氏合葬的陵寝，这座地位尊崇的陵园位于南京市紫金山玩珠峰下，是中国古代较大的帝王陵寝之一。

明十三陵位于北京昌平区天寿山下，是历代明朝皇帝的长眠之处，其中以明成祖的长陵和明神宗的定陵最为出名。

2000

文化遗产

石刻艺术 × 佛教遗产

龙门石窟 Longmen Grottoes

龙门石窟的石窟雕刻作品，可以说是北魏至唐代佛教文化的代表，高度展现中国石窟艺术精华，并且成为宗教、服饰、医药、建筑、美术、书法、音乐等方面的文物史料，尤其重要的是龙门石窟呈现独特的创造性，在亚洲地区扮演一个非常重要文化发展的角色，堪称“大型石刻艺术博物馆”。

龙门石窟开凿于北朝北魏孝文帝由平城迁都洛阳时(公元493年)，其营建历经北朝中后期、隋、唐等朝代，直到清代结束，前后延续1400多年。

龙门石窟分布于伊水东西畔的峭壁，南北长约1千米，现存窟龛2345个，历代造像题记和碑刻2800余块，佛塔80余座，造像约11万尊，其中最大佛像高达17.14米，最小者则有2厘米，当中最壮观的一个石窟便是奉先寺。整个奉先寺的雕塑群堪称一个完美的艺术整体，共有11尊雕像，配置是正面5座，两旁各分立3座佛像，宽敞而对称的布局方式十分精彩。

©河南旅游局

符号说明 登录时间 遗产内容 遗产类型 文化遗产 自然遗产 综合遗产 濒危文化遗产 濒危自然遗产 濒危综合遗产

2001

文化遗产

石刻艺术
×
佛教遗产

云冈石窟 Yungang Grottoes

云冈石窟与敦煌莫高窟、洛阳龙门石窟并列为中国“三大石窟”。始建于北魏时期的云冈石窟，绵延1千米长，共有大小石窟53个、佛雕51000多尊，论气势、论艺术成就，都堪称世界级的艺术宝库。

云冈石窟的开凿，不仅是宗教因素，事实上是政治需要。从北魏道武帝迁都至平城(现在的大同)开始，便将佛教定为国教；直到北魏太武帝采取“兴道灭佛”的政策后，佛教便面临了空前的浩劫。但随着太武帝染上怪病而离奇病故，大家都认为这是毁佛的报应，使得即位的文成帝不得不立即恢复佛法，并且广建寺庙、奖掖佛学，云冈石窟便是在这样的背景之下诞生。

亚洲

中国

©藏羚羊

2003 自然遗产 峡谷景观 × 生物多样性

云南“三江并流”保护区

Three Parallel Rivers of Yunnan Protected Areas

©藏羚羊

“三江并流”所指的三江，由西而东依次是怒江、澜沧江、金沙江，三条大江以平行的方式穿越云南西北部，并行奔流170多千米，而且最窄处的直线距离仅有19千米，不仅在中国是独一无二的自然景观，在世界上也属罕见。而会造成此一独特现象，横断山脉是关键。

云南西北高原是青藏高原的南缘，但地壳变动、板块挤压等诸多因素，导致山脉呈现南北走向，而不是青藏高原的东西走向，并形成几条海拔4000至5000米的平行山脉，由西至东分别为高黎贡山、怒山、云岭、大雪山、沙鲁里山，而三条大江即是穿越山脉间的纵谷，并切割出平均海拔2000米以上的河谷，构成山高谷深的壮丽景观。

2005 殖民城市 × 葡萄牙 文化遗产

澳门历史中心区 Historic Centre of Macao

澳门的老城区，黑白的街砖与建筑上的装饰和色彩，迷人而优雅，和印度的果亚同是亚洲两处因为弥漫着葡式风情而获选为世界遗产的城市。

澳门历史中心区有中国完好保存的最古老的西洋建筑，有远东最古老的灯塔，有文艺复兴时期的教堂，有融合西洋工艺的中式大宅，更多的是体现中西方文化完美融合、交汇激荡、多元共存的小街、老巷、广场，澳门历史中心区见证了西方文化与东方文化碰撞后完美共存的融合场面，行走于此，仿佛看到百年来的前尘往事，亲身回到了历史场景中。

2005年澳门被划入世界遗产的建筑包括：大三巴牌坊、圣安多尼教堂、旧城墙遗址、三街会馆(关帝庙)、议事亭前地、仁慈堂大楼、基督教坟场、大炮台、玫瑰堂、大堂、哪吒庙、东方基金会会址、东望洋炮台(包括圣母雪地殿教堂和灯塔)、卢家大屋、何东图书馆、郑家大屋、圣若瑟修院及圣堂、圣老楞佐教堂、妈阁庙、岗顶前地、亚婆井前地、港务局大楼、岗顶剧院、民政总署大楼、圣奥斯定教堂等。

2004 文化遗产 陵墓坟冢

高句丽王城及陵墓群

Capital Cities and Tombs of the Ancient Koguryo Kingdom

从公元前37年至公元668年，高句丽王国辖下的领土包括中国东北部和朝鲜半岛北部。公元3年，王都建于今吉林省集安市。位于长白山脚下的现址，残留的高句丽建筑遗迹包括五女山城、国内城、丸都山城三座城市，以及40座古墓，其中有14座王陵、26座贵族墓葬。

青城山—都江堰

Mount Qingcheng and the Dujiangyan Irrigation System

2000
文化遗产
水利工程 × 道教遗产

都江堰是公元前256年左右，为防治岷江泛滥所建设的水利工程，由当时担任蜀郡太守的李冰和儿子李二郎接续完成。都江堰具有泄洪和灌溉等功能，基本工程包括鱼嘴、飞沙堰、宝瓶口三部分。鱼嘴是分水堤，飞沙堰是泄洪堤，宝瓶口是引水口。

当年李冰以竹笼装满卵石，放入岷江江心作为分水堤，将岷江分成内江和外江，内江的水经由宝瓶口进入成都平原灌溉，历经两千多年，迄今仍是灌溉成都平原的大功臣。

青城山为道教“天师”张道陵修道处，被奉为中国道教“四大名山”之一。环境幽邃曲深，有“青城天下幽”之誉，与“峨眉天下秀”“三峡天下险”“剑门天下雄”并称四川“四大绝景”。景区全境分为前山和后山，前山有道教宫观十余座，后山由飞泉、五龙、神仙、红岩四条沟壑，迤逦出奇险峭壁、峡谷飞瀑、深潭水濂、深邃岩穴等五十多处自然奇景。

四川大熊猫栖息地

Sichuan Giant Panda Sanctuaries—Wolong, Mt. Siguniang and Jiajin Mountains

2006
自然遗产
动物保护区 × 大熊猫

人见人爱的熊猫目前在中国大陆只存活在四川、甘肃、陕西交界的山区，总数不过1000只左右，大多分布在四川境内，因此四川以熊猫故乡自居，设置了卧龙等7处保护区，以挽救熊猫濒临绝种的危机。

卧龙自然保护区位于汶川县西南部，地处四川盆地和青藏高原的交错地带，地形复杂，海拔高度落差达5000米，气候温润多雨，森林覆盖率高，成为孕育动植物的温床，多达4000多种植物和450种动物，都生长在这片广达2平方千米的保护区内。

熊猫属哺乳纲、食肉目、熊科、大熊猫亚科，它不但是“熊”家族一员，而且也不是只吃箭竹，水果、牛奶、鸡蛋它都吃，尤其偏爱烤肉。虽然熊猫不偏食，但因受孕率不高，幼仔存活率低，所以濒临绝种，因此，卧龙自然保护区成立研究中心，协助熊猫繁殖及哺育幼仔。

殷墟 Yin Xu

2006
文化遗产
青铜时代遗址

殷墟位于河南安阳市西北方约2千米处，是中国商朝后期都城遗址，其范围包括北部的洹河两岸地区，东西约6千米，南北约4千米。公元前14世纪，商王盘庚迁都到殷(即现在的小屯村)，并在此建立中国历史上第一座国都。之后一直延续到商朝灭亡，历时273年，殷一直是商代后期的政治、经济、文化、军事中心。

自清光绪二十五年(公元1899年)，经过考古挖掘当时的宫殿区遗迹和殷王族陵墓，出土甲骨、青铜器、石器、骨器和玉器等珍贵文物，而考古学家还从小屯村出土的龟甲兽骨中，发现了迄今为止中国最古老的文字“甲骨文”，以及世界上最大、重量达875公斤的后母戊大方鼎青铜器。

开平碉楼和村落

Kaiping Diaolou and Villages

2007
文化遗产
防御型村镇

建于民国初年的开平碉楼与村落，为了防洪水、御盗匪的多楼层建筑，深受19世纪晚期至20世纪早期移民东南亚、澳大利亚和北美等地区的开平华侨影响，光是一个屋顶，就既有拜占庭式圆顶，也有哥特式尖顶等，被誉为融合所在地和西方风格的杰出之作。

世界遗产收录的四组碉楼群，其中有20栋是代表之作。碉楼分为三种：一是由几户人家共同搭建的社区公用塔，可用作临时庇护所；其次是有钱人自己兴建，同时作为防卫堡垒和居家；最后是瞭望塔。

2008

文化遗产

防御型建筑

福建土楼 Fujian Tulou

土楼的外观是那样威严而不可一世地拒人于外，然而走进土楼的内部，却又是另一种截然不同的亲切面貌。土楼内的空间设计完全是以“人”为主体，小巧玲珑的隔间、环周连通的长廊、居中向心的祖堂、用途多元的天井，就像是一圈自成一体的小村落、四面合围的桃花源。可以说，土楼的外在面对的是敌人，而内在面对的是家人。

其实土楼的前身就是堡垒。早在唐初陈元光开漳之时，汉人为与当地原住民抗争，在山头上建立了许多山寨，而漳州的山头多呈圆形，自然而然山寨便建成圆形的土堡。后来原住民逐渐与汉人融合，山寨因失去了其必要性而荒废，但这种圆形的防御建筑形式却保留了下来。

土楼之所以称为土楼，就是因为具备保护整个宗族的能力，但这种防御力并不是从一开始就如此无懈可击。千百年来，土楼塌了又建，建了又塌，人们从每一次的坍塌教训中汲取经验，慢慢地改良进步，终于发展出固若金汤的完美形式。

符号说明 登录时间 遗产内容 遗产类型 文化遗产 自然遗产 综合遗产 濒危文化遗产 濒危自然遗产 濒危综合遗产

2007，2014 自然遗产 喀斯特地形

中国南方喀斯特地貌

South China Karst

中国南方喀斯特地貌横跨了云南、贵州、广西、四川等省份，是世界上热带和亚热带潮湿气候喀斯特地貌的典型代表。

喀斯特地貌又名岩溶地貌，是水溶蚀岩石后的结果——将地表侵蚀成溶沟、峰丛、槽谷、洼地、泉湖，还在地表下造就石钟乳、石笋、石花、石幔、伏流。中国南方喀斯特地貌面积广阔，其中最知名的代表是云南石林、贵州荔波以及重庆武隆。

©藏羚羊

2008 自然遗产 奇岩地貌×森林

三清山国家公园

Mount Sanqingshan National Park

三清山有着“天下第一仙峰，世上无双福地”的美名，位于江西省东北部，占地229.5平方千米，境内有48处花岗岩山和89座花岗岩柱，多座山峰外观形似动物或人物，主峰玉京峰海拔1819.9米，拥有独特且丰富的植被。

因玉京、玉华、玉虚三座山峰，犹如道教玉清、上清、太清三仙而得名。事实上，三清山在道教历史中也占有一席之地，据称是东晋葛洪炼丹之处。

©藏羚羊

©藏羚羊

2009 文化遗产 佛教遗产

五台山 Mount Wutai

因五座平缓的山顶得名的五台山，位于山西省东北部，是“世界五大佛教圣地”之一，与峨眉、普陀、九华三座山合称中国“佛教四大名山”。五台山因寺庙数量最多、占地最广，而居多座佛教名山之首。

境内的佛寺代表了中国佛教建筑的上千年发展，包括建于公元857年的佛光寺，其内的东大殿是现存最完整且最高的唐代木造建筑，内有多尊真人大小的泥塑佛像，另有明代修建的殊像寺，墙面壁画融合平面的山水绘画和半立体的500尊罗汉像。

2010

自然遗产

丹霞地貌

中国丹霞地貌 China Danxia

“丹霞地貌”这个地理名词源自中国，主要是针对西太平洋大陆与海盆边缘地区，原本由红色砂岩及砾岩所组成的沉积层因为地壳抬升，经过流水切割、侵蚀、风化等作用，形成的一连串壮观的红色崖壁、塔峰、峡谷、瀑布、沟壑等景观，而全世界就以中国分布最广也最多，目前已有780余处。因为地形崎岖，开发不易，所以广大的亚热带阔叶林得以安然保存，同时也成为许多野生动植物的栖息地，目前约有400种珍稀物种正遭受威胁。

而列入世界遗产的，共有福建泰宁、湖南崀山、广东丹霞山、江西龙虎山(包括龟峰)、浙江江郎山、贵州赤水六处。

至于丹霞这个名称，最初是从广东丹霞山来的，这里的山主要由红色砂砾构成，因此远望有如彩霞片片，“色如渥丹，灿若明霞”，因而得名。别名“中国红石公园”的丹霞山风景区，占地292平方千米，具有雄、奇、秀、险、幽、奥、旷等特点，从隋唐开始就以奇险秀丽的风景著称，由于境中众山皆奇，且不只山奇，还有崖奇、洞奇、桥奇，因此而有“桂林山水甲天下，尚有广东一丹霞”之说。

符号说明 登录时间 遗产内容 遗产类型 文化遗产 自然遗产 综合遗产 濒危文化遗产 濒危自然遗产 濒危综合遗产

2011
文化遗产
湖泊人文景观 × 园林

杭州西湖文化景观
West Lake Cultural Landscape of Hangzhou

西湖文化景观以秀丽的湖光山色与丰富的名胜古迹闻名于世。它坐落于浙江杭州西部，总面积约33.23平方千米，被孤山、白堤、苏堤、杨公堤分隔成外西湖、西里湖(或后西湖、后湖)、北里湖(或里西湖)、小南湖(或南湖)以及岳湖五大部分，其中以外西湖占地最广。

杭州西湖景观拥有一千多年的历史，它的基本样貌在五代及宋代大致成形，历代的建设与整治，更使它变得越来越丰富、完善。这里的自然山水、“三面云山一面城”的空间特色、“两堤三岛”的格局、“西湖十景”题名景观、历史古迹和特色植物，都使杭州西湖景观在中国的历史文化及风景名胜上，具有重要的价值与地位，同时也是它名列世界遗产的重要因素。

人们来到此地，不仅可以欣赏如诗如画的山水景观，还有堤道、小岛、桥梁、寺庙以及亭台楼阁可以造访，一发思古之幽情。

这个充满人文气息的著名湖区，不仅将中国古典的园林之美展露无遗，也对中国的诗词文学、绘画艺术，以及日本、韩国的园林设计产生深远的影响，可以说是文化景观的杰出范例。

2012
文化遗产
古城遗址

元上都遗址 Site of Xanadu

元上都位于长城的北方，内蒙古自治区境内，占地250多平方千米。公元1256年，忽必烈命令属下在此建立开平王府，1263年升为上都，1267年改为陪都及避暑行宫。

根据专家的考证研究，元上都可分为外城、内城及宫城三重结构：外城是手工业及商业区；内城分布着佛教寺院、道观及官署；位于正中央偏北处的宫城，则矗立着城墙、城门以及多座规模宏伟的宫殿楼阁。除此以外，内城和宫城内也保留了中轴线以及棋盘式街道，呈现严谨且清晰可见的对称格局。

元上都是中国元代都城中历史最悠久、格局独特、保存最为完整的一个，它也是中国北方游牧民族最大的草原都城遗址。遗址内的宫殿、墓地、寺院、游牧民族帐篷以及水利工程设施，都展现了重要的历史与文化价值。由于位于中原农耕区与北方游牧区的交会处，因此它也见证了游牧与农耕两种文明的冲突与融合。

2012
自然遗产
动物化石遗址

云南澄江化石遗址
Chengjiang Fossil Site

澄江化石遗址位于云南省昆明市附近的丘陵地，由40多处化石遗址组成，核心区面积5.12平方千米，是中国大陆第一个化石类自然遗产。

这里完整保存了寒武纪初期的海洋古生物化石群，包括无脊椎与脊椎动物等众多物种的软硬组织构造。从1984年大陆古生物学家在此发现生物化石以来，本遗址至少被发掘出16个生物门类，包括为数众多的谜样物种，而且有196种生物被列入文献中，其中包括海绵动物、刺胞动物、身长2米的奇虾、长着磷质网状骨片的微网虫，以及可能是脊椎动物始祖的云南虫。来自此地的沉积物，也提供了目前已知最古老的脊索动物门化石证据。

澄江化石遗址不仅见证了5亿3000万年前，造成几乎现今所有的动物门全部涌现的“寒武纪大爆发事件”(Cambrian explosion)，让人类得以了解寒武纪早期的生物群落架构，也为地球早期海洋生态体系的形成留下了珍贵的记录。

2013 农业景观 × 稻米梯田 文化遗产

红河哈尼梯田文化景观

Cultural Landscape of Honghe Hani Rice Terraces

红河州是以哈尼族为主的自治州，位于云南南部，与越南接壤。

地形以红河为界，以东属滇东高原区，以西为哀牢山区。滚滚红河水、巍巍哀牢山，让这里不但拥有云南第一洞“阿庐古洞”，在元阳县一带，更形成宽广绵延的绿色梯田，是人类与大自然共同激荡出的美丽杰作。

横卧在红河州南部的哀牢山，让新平、墨江、元江、元阳和绿春等几个县境内，尽是峰峦连绵起伏的地形，由于平地极少，居住在此的哈尼族人民，在世世代代的开垦下，造就了一片千层万叠的梯田，其中气势最壮观的，当数元阳梯田。

面积约17万亩的元阳梯田，从海拔100多米的红河岸边，一直延伸至2000多米的山腰间，坡坡相连、岭岭相接，居高俯视，绿油油的梯田盘绕在山间，一派优美的田园景致，煞是迷人。有时山间云雾缭绕，烟雾随风弥漫，百里梯田若隐若现，景致如诗如画，更教人留恋不已。

哈尼族文化又被称作“梯田文化”，在民间还流传一句俗谚：“梯田是小伙子的脸！”因为哈尼族人判断一个男子好不好，不是看长相，而是看他梯田修得如何。

2013 高山生态 自然遗产

新疆天山 Xinjiang Tianshan

天山是中亚地区最长的山脉，横跨中国、哈萨克斯坦、吉尔吉斯斯坦和乌兹别克斯坦，全长2500千米，平均海拔超过5000米，也是世界上最大的独立纬向山系。最高峰是托木尔峰，海拔7443米，汗腾格里峰海拔6995米，博格达峰海拔5445米，这些高峰都在中国境内，而这座世界遗产的范围也划定在中国新疆境内。

天山山脉有其独特的自然地理和绝美景色，海拔超过5000米的高山上覆盖着终年不化的冰川，并有苍翠原始森林、草原、湖泊及高山融雪形成的清澈河流。新疆的三条大河——锡尔河、楚河和伊犁河，都发源于天山山脉的高大雪峰。天山山脉是准噶尔盆地和塔里木盆地的天然地理分界。

其中位于乌鲁木齐市以东的博格达峰，峰上积雪终年不化，又称为“雪海”，而位于山腰的天池，海拔1980米，水质清澈洁净，湖的周围层峦叠翠，云杉如海，雪山、冰川、草地、森林等景观并存，相互辉映。

这座世界遗产范围甚至延伸到天山南边的塔克拉玛干沙漠，为世界第二大沙漠，有“死亡之海”之称。

符号说明 登录时间 遗产内容 遗产类型 文化遗产 自然遗产 综合遗产 濒危文化遗产 濒危自然遗产 濒危综合遗产

2014

文化遗产

水利工程 × 运河

大运河 The Grand Canal

大运河北起北京，南抵浙江，从公元前5世纪开始兴建，但直到公元7世纪的隋朝才真正成为联系中国南北的一条大航道，也可以说是工业革命之前，人类历史上最大、范围最广的水利工程。

它是中国古代内陆交通的主要干道，同时把南方的稻米运送到北方，到了13世纪时，水道绵延2000多千米，串联黄河、淮河、长江等东西向主动脉，对中国经济繁荣起了极大的推动作用。

大运河包括了京杭大运河、浙东大运河和隋唐大运河。京杭大运河连通浙东运河，北起北京，南至浙江宁波，途经天津、河北、山东、安徽、江苏。隋唐大运河则以洛阳为中心，北到北京，南到杭州，途经河北、山东、河南、安徽、江苏、浙江。虽然隋唐大运河后来淤积严重，但直到今天，对区域的交通运输仍起到一定作用。

©藏羚羊

2014

丝路遗产

文化遗产

丝绸之路：长安—天山走廊路网

Silk Roads: the Routes Network of Chang'an-Tianshan Corridor

这条纳入世界遗产范围的丝路路线约5000千米，以当年汉、唐的首都长安和洛阳为起点，到中亚地区的七河地区(Zhetysu)，即七条流向巴尔喀什湖的河流流域(伊犁河、卡拉塔尔河、阿克苏河、列普瑟河、阿亚古兹河及现在已经消失的两条河)，也就是今天哈萨克斯坦和吉尔吉斯斯坦境内。

这条丝路路线形成于公元前2世纪到公元1世纪之间，直到16世纪商贾都还往来频繁，透过贸易、宗教、科学、技术、文化、艺术的交流，串联各种不同文明。目前共有33处古迹被纳入世界遗产的范围，包括古代王国的宫殿和都城遗址、商旅客栈、佛教石窟、古道、驿站、隘口、烽火台、部分长城段、防御工事、墓冢和寺庙、清真寺等。

* 与哈萨克斯坦、吉尔吉斯斯坦并列

亚洲

中国

土司遗址 Tusi Sites

2015

文化遗产

少数民族文化景观

土司制度是古代中国针对西南部少数民族地区的民族政策，时间大约是13世纪到20世纪初，也就是元、明、清时期。

针对少数民族而生的土司体系，其主要目的是为了统一国家行政管理，让少数民族得以保留他们的习俗和生活方式，相对也使得中央政权更加稳固。

纳入世界遗产的土司遗址主要有三处，分别是湖南永顺土司城遗址、湖北恩施唐崖土司城遗址，以及贵州遵义海龙屯遗址，也是对这种治理方式留下特殊的见证。

©藏羚羊

©藏羚羊

湖北神农架 Hubei Shennongjia

2016

自然遗产

森林 × 生物多样性

位于中国湖北省西北部神农溪上游的神农架，相传因华夏始祖炎帝神农氏在此搭架采药，亲尝百草而得名。主要由两个部分构成，分别是西边的神农顶和巴东，以及东边的老君山。

神农架的山区占了全境的85%，森林覆盖率达到69.5%，属于秦岭山系大巴山脉东段的神农架山脉。这里仍保有中国中部地区完整的原始森林，并成为许多稀有动物的栖息地，例如中国大蝾螈、四川金丝猴、云豹、花豹、亚洲黑熊等。

湖北神农架也是中国三大生物多样性中心之一，而在植物研究历史上，这里的作用也相当突出，在19、20世纪时，不少国际研究学者都到此探险研究、收集标本。

左江花山岩画艺术文化景观 Zuojiang Huashan Rock Art Cultural Landscape

2016

岩画艺术

文化遗产

花山岩画位于广西壮族自治区南部左江流域，主要分布在宁明、龙州、崇左、扶绥、大新等壮族聚居的地区，这几个地方位于江河转弯处，有宽大、平整、垂直的石壁，壮族的祖先骆越人就在岩壁上留下这些壁画，总共有79处，其中又以宁明县明江花山崖壁画规模最大、最壮观。

纳入世界遗产保护的岩画有38处，主要描绘骆越人的生活和祭祀场景，年代可追溯到公元前5世纪到公元2世纪。这里地处喀斯特地形区，有河流，有平原，一些岩画所描绘的仪式中，出现了一度在中国南方相当盛行的青铜鼓文化。

符号说明：登录时间 遗产内容

遗产类型：文化遗产 自然遗产 综合遗产 濒危文化遗产 濒危自然遗产 濒危综合遗产

2017 生态景观 自然遗产

青海可可西里 Qinghai Hoh Xil

青海可可西里位于青藏高原东北部，是中国面积最大、海拔最高、野生动物资源最丰富的自然保护区，也是世界上原始生态环境保存完好的区域之一。可可西里平均海拔达4500米以上，遍布高山、草原，年平均气温为4.4℃—10℃，最低气温达-46℃，自然条件严酷，人类无法长期居住，有“世界第三极”之称。也正因为此处的地理与气候状况严苛，高原野生动物的生存得到了维护，孕育出了独特的多样性生物，这处保护区内所有的草食哺乳类及超过三分之一的植物种类都是当地独有。可可西里不仅守护了高原独有濒临绝种的藏羚羊，也保护了雪豹、棕熊等珍稀的食肉类动物。

2018 自然遗产 动植物生态

梵净山

Fanjingshan

梵净山位于贵州省东北部的铜仁市，主峰凤凰山海拔2572米，属武陵山脉，总面积567平方千米。梵净山层峦叠嶂、溪流纵横，森林覆盖率达95%以上，因全境山形复杂、环境多变，因此为多样性生物提供了适当的生长环境，根据调查，区内现有4395种植物及2767种动物，仅森林就拥有珙桐林、铁杉林、水青冈林、黄杨林等44个不同类型的林区，不仅有亚热带地区面积最大的原始山毛榉，且原始森林中栖息着多种濒临灭绝的珍稀动物，包括黔金丝猴、藏酋猴、云豹、苏门羚、黑熊、中国大鲵、林麝、长尾雉等，其中黔金丝猴被誉为“地球的独生子”，仅存八百多只，是重点保护的珍稀动物。

2017
文化遗产
建筑文化

鼓浪屿：历史国际社区

Kulangsu, a Historic International Settlement

鼓浪屿与厦门岛相距约500米，因西南隅有处海滨礁穴受海浪冲击，发出像擂鼓一样的声音，因而得名。清末五口通商之后，鼓浪屿成为租界的所在地，曾有13国领事馆设立于此，因此岛上建筑充满了异国风情。20世纪20年代，又有许多归国的华侨富豪在此兴建私人别墅，使得鼓浪屿随处可见中西合璧的趣味，展现了传统的闽南风格、西方古典复兴式及殖民时期的拱廊样式，最具特色的，就是融合20世纪初现代主义与装饰艺术的新式“厦门装饰风格”。当时住在岛上的大都是富裕家庭，他们有充分的时间和财力发展艺术上的喜好，于是在这周长不满4千米的小岛上，竟拥有超过350架钢琴，堪称全中国钢琴最密集的地方，一时之间，“鼓浪琴声”“音乐之岛”的美名便不胫而走。

格鲁吉亚Georgia

3 0 0 Total 3

格鲁吉亚和亚美尼亚、阿塞拜疆一样，都是高加索地区的一员，就在西亚和东欧的十字路口上。格鲁吉亚历史悠久，在古希腊时期，格鲁吉亚已是一个独立的王国，公元4世纪时，接受了基督信仰，因此留下不少珍贵的宗教遗产。

1994，2017
修道院
文化遗产

巴格拉特教堂及格拉特修道院

Bagrati Cathedral and Gelati Monastery

11世纪至13世纪是格鲁吉亚经济成长的黄金时期，建于1106年的格拉特修道院，就是这段建筑辉煌时期的代表作。格拉特修道院拥有大型石块门面、比例平衡的外观、装饰性盲拱、精美的马赛克和壁画，它除了是中世纪重要的东正教修道院之一，其附属的学院在古代格鲁吉亚的文化发展中，更发挥了重要的影响力。

1994
教堂
文化遗产

姆茨赫塔纪念古迹群

Historical Monuments of Mtskheta

姆茨赫塔是格鲁吉亚王国在公元前3世纪至公元5世纪时的首都，格鲁吉亚在317年接受基督教洗礼后，此处就成为希腊东正教和罗马教会的总部所在。

境内的古教堂群，建筑手法承袭自格鲁吉亚古王国，展现出高水准的艺术和文化成就，是高加索地区中世纪宗教建筑的杰作。

1996
人文聚落景观
文化遗产

上斯瓦涅季地区

Upper Svaneti

高加索地区的上斯瓦涅季地区，位于格鲁吉亚的西北隅，受惠于偏远的地理位置，地处山林之间的中世纪城镇和塔屋景致，得以完整地保存下来。

查扎辛小镇迄今仍有200多座难得一见的塔屋，多数建于9至12世纪，当地的斯瓦人向来以骁勇善战著称，塔屋平日供人居住，一旦外敌入侵，马上可以转作防御站。

符号说明 登录时间 遗产内容 遗产类型 文化遗产 自然遗产 综合遗产 濒危文化遗产 濒危自然遗产 濒危综合遗产

印度India

29 7 1 Total 37

印度37处有形的世界遗产中，一类是悠久历史所遗留大批祖先们的智慧遗迹，另一类是印度次大陆地大物博所形成的丰富自然生态。走一趟印度世界遗产，便仿佛阅读一次活生生的印度5000年历史。

1986

文化遗产

神庙

×

宫殿

×

印度教遗产

亨比建筑群

Group of Monuments at Hampi

亨比是南印度最后一个王朝维贾扬纳加帝国(Vijayanagar)的最后一个首都，公元14到16世纪之间，王室在这个乱石林立的都城立起许多达罗毗荼式(Dravidian)寺庙和宫殿。然而在1565年遭到伊斯兰联军洗劫，时间长达6个月，帝国灭亡，但此后这里仍为重要的宗教和旅游中心。

1983

城堡 × 宫殿 × 伊斯兰教遗产 × 莫卧儿帝国

文化遗产

阿格拉堡 Agra Fort

阿格拉从1526年巴伯尔大帝建国开始，就成为莫卧儿帝国首都，尤其在阿克巴大帝、贾汗季与沙贾汗三位莫卧儿帝国君王统治期间，阿格拉更成为繁荣的国都。

阿格拉堡原本是洛提王朝(Lodis)的碉堡，1565年被阿克巴大帝攻克后，莫卧儿帝国的政府机关自德里迁到阿格拉，这里才逐渐转变成皇宫。

阿格拉堡周围环绕着护城河以及长约2.5千米、高21米的城墙。阿克巴采用红砂岩修建阿格拉堡，并加入大理石和错综复杂的装饰元素。一直到他的孙子沙贾汗执政时，阿格拉堡才有现今的规模。

有别于阿克巴大帝，沙贾汗比较偏爱白色大理石材的建筑，并在大理石上镶嵌黄金或是宝石装饰，因此他将阿格拉堡早期的建筑拆除，重新兴建以大理石为主的宫殿。大致来说，阿格拉堡内的建筑混合了印度教和伊斯兰教的元素，像是堡内明明象征伊斯兰教的图案，却反而以龙、大象和鸟等动物取代伊斯兰教的书法字体。

阿格拉堡临亚穆纳河河畔而建，从这里就能欣赏到泰姬陵的风采。讽刺的是，沙贾汗年老时被儿子欧朗杰伯(Aurangzeb)软禁于阿格拉堡的塔楼中，仅能远距离窥视泰姬陵来思念爱妻。1857年莫卧儿帝国与英属东印度公司在此交战，莫卧儿帝国战败，自此印度便开始沦为英国的殖民地。

阿旃陀石窟 Ajanta Caves

1983

文化遗产

洞穴壁画 × 石刻艺术 × 佛教遗产

阿旃陀石窟属于佛教石窟，30座石窟分散在马蹄形峡谷中，营建约在公元前200年到公元650年间，然而阿旃陀石窟在公元8世纪后就荒废了，一直到1819年被英国士兵狩猎老虎时意外发现，而这段长达10世纪之久的遗弃，也让阿旃陀石窟精致的佛教艺术得以保存，后来为印度重要佛教石窟代表之一。

阿旃陀石窟类别分为两种。一种是支提(Chaitya)，为印度佛教建筑的一种形式，泛指佛殿、塔庙、祠堂。支提通常呈现U字形，长方形前殿两侧排列有八角形的柱林，柱子则分隔出中殿和侧廊，半圆形后殿中央安置小型圆塔。天花板则是仿木结构的肋拱形状。

另一种是毗诃罗(Vihara)，指出家僧人集体居住静修的僧院、学园、僧房。毗诃罗通常是一个大厅周遭区分为多个小厅，大厅中央则竖立有大型的佛像。阿旃陀石窟有5个石窟为支提，另外25个石窟则为毗诃罗。

精致且丰富的阿旃陀石窟壁画是印度古代壁画的主要代表作，同时也是这里的精华。这些壁画创作于公元前2世纪到公元5世纪间，壁画内容多以描述佛祖的生平与前世的佛陀本生故事(Jataka tales)和笈多王朝时期生动的人民生活与街景。

埃洛拉石窟 Ellora Caves

1983

文化遗产

洞穴壁画 × 石刻艺术 × 佛教 × 印度教 × 耆那教遗产

与阿旃陀石窟并列为印度石窟艺术代表作的埃洛拉石窟，同样也位于奥兰卡巴(Aurangabad)附近，不过开凿年代比阿旃陀石窟来得晚，34座石窟区分为佛教、印度教、耆那教三种。埃洛拉石窟开凿在南北走向的新月形、长达2千米的玄武石岩壁上，由于岩壁的坡度不像阿旃陀石窟那么陡峭，因此位于埃洛拉的石窟群都拥有宽广的前庭。

埃洛拉石窟包含有12座佛教石窟(公元600—800年)、17座印度教石窟(公元600—900年)和5座耆那教石窟(公元800—1000年)。从这些石窟中不仅可以得知在遮卢迦王朝(Chalukya)和拉什特拉库塔王朝(Rashtrakuta)统治德干地区期间，印度教蓬勃发展、佛教逐渐衰落与耆那教崛起，同时它们也代表着当时包容各种宗教的社会状况。

考古学家把这34座石窟从南向北依次编号，南端第1—12窟为佛教石窟，中间第13—29窟为印度教石窟，北侧第30—34窟为耆那教石窟。就建筑艺术层面来看，埃洛拉石窟以精致的雕刻闻名，这些石雕虽然分属为三个不同宗教，但在风格上都受到印度教艺术的影响。

而真正让埃洛拉石窟声名远播的原因，是祭拜印度教湿婆神的凯拉萨神庙——以七千多名劳工费时150年时间开凿出的、全世界最大的巨石雕刻神庙。

符号说明	登录时间	遗产内容

遗产类型	文化遗产	自然遗产	综合遗产	濒危文化遗产	濒危自然遗产	濒危综合遗产

1983

文化遗产

陵墓坟冢
×
伊斯兰教遗产
×
莫卧儿帝国

泰姬陵 Taj Mahal

印度诗人泰戈尔(Tagore)曾经形容泰姬陵是“永恒之脸上的一滴泪珠”(a teardrop on the face of eternity)。这座白色的大理石陵墓，每天随不同的光线改变着颜色，宛如进入一场梦境。

泰姬陵位于亚穆纳河畔，是莫卧儿第五代皇帝沙贾汗(Shah Jahan)为爱妻艾珠曼德(Arjumand)所兴建的陵墓。沙贾汗昵称艾珠曼德为“慕塔芝·玛哈”(Mumtaz Mahal)，意思是“宫殿中最心爱的人”，而泰姬陵的名称“Taj Mahal”则源自“慕塔芝·玛哈”，拥有“宫殿之冠”的含义。

慕塔芝·玛哈皇后陪伴沙贾汗19年，总共生下了14名儿女。公元1630年，慕塔芝·玛哈于第14次生产时难产而死，临终前要求沙贾汗终身不得再娶，并为她建造一座人人都可瞻仰的美丽陵墓。

泰姬陵于公元1631年开始兴建，共动用了印度和中亚等地工匠约2万名、费时22年才建造完成，其样式融合印度、波斯、中亚伊斯兰教等风格。

根据历史记载，泰姬陵的建筑原料来自印度全境和亚洲其他地区。白色大理石来自拉贾斯坦邦，碧玉来自旁遮普邦，玉和水晶来自中国，土耳其玉来自西藏，琉璃来自阿富汗，蓝宝石来自斯里兰卡……使用超过1000头大象搬运建材。

泰姬陵的建筑概念，来自平衡、对称，并且与数字“4”有关。在伊斯兰教信仰中，“4”是非常神圣的数字，所以4座小圆塔、4支尖塔和四角形庭园，都是平和与神圣的象征。

1984

文化遗产

神庙
×
印度教遗产

默哈伯利布勒姆建筑群

Group of Monuments at Mahabalipuram

默哈伯利布勒姆曾经是一座港口城市，由7世纪的帕拉瓦(Pallava)国王所建，整座遗址就坐落在孟加拉湾的海岸边，呈椭圆形分布。岩石雕刻的洞穴圣堂、巨石构成的神坛、战车形式的神殿，以及巨大的露天石雕，都是帕拉瓦艺术风格的代表。至今在周遭许多雕刻工作室，都还能听到铁锤、凿子敲打的声音，石雕的传统已经延续了上千年。

其中五部战车神庙(Five Rathas)是7世纪帕拉瓦建筑艺术的最佳典范，以巨石块雕成的寺庙来象征五位英雄人物的战车，战车分别以古印度圣典《摩诃婆罗多》(*Mahabharata*)中五位兄弟及他们共同的妻子德劳帕蒂(Draupadi)来命名。

海岸神庙(Shore Temple)面对着孟加拉湾，孤独地挺立在一块岬角上，尽管经过长年海风、海浪的风化、侵蚀，依然完好地保存了下来。庙本身不大，但形态优雅，代表了帕拉瓦艺术的最终杰作。

阿周那的苦修(Arjuna's Penance)是默哈伯利布勒姆最著名的岩石雕刻。浮雕刻在一块巨大的石块上，这片天然的垂直石板高12米，长30米，上面刻着大象、蛇、猴子、神祇、半兽神，描绘的是《薄伽梵歌》(*Bhagavadgita*)中印度圣河恒河从天而降，诸神、兽见证阿周那苦修的寓言故事。

1986

文化遗产

教堂 × 修道院 × 殖民城市 × 葡萄牙

果阿教堂与修道院

Churches and Convents of Goa

葡萄牙人殖民印度时期，今天的果阿旧城便是当年的首都，所留下的大批教堂和修道院，于1986年被列为世界遗产。

整体说来，这些纪念性建筑从朴素的文艺复兴风格，到华丽的巴洛克风格，甚至更矫饰的葡萄牙曼努埃尔式(Manueline)等风格都有。

今天来到果阿旧城，一片衰落的景象，很难让人与繁华的过往联想到一起。这座曾经足以与里斯本匹敌的城市，在16世纪的黄金年代，吸引一批接着一批的传教士、军人、商人前来，人口甚至超越当年的里斯本和伦敦。直到18世纪中叶，由于接连的瘟疫以及曼多维河(Mandovi)淤积，总督把首府迁往位于南边的帕纳吉(Panaji)之后，果阿旧城便从此一蹶不振，唯有遗留下来的伟大建筑供人凭吊。

说起果阿旧城，不能不提到圣方济·沙勿略(St. Francis Xavier)，他终其一生在葡萄牙的东方殖民地传教(卒于1552年12月3日)，并使3万人改信基督，据说他死后遗体不腐，成为神迹。1622年，他被封为圣者，其坟冢位于著名的圣耶稣教堂(Basilica of Bom Jesus)内，每10年他的遗体便会公开展示。如今他是果阿的守护神，每逢12月3日他的祭日前后，果阿旧城便万人空巷。

1985

自然遗产

野生动物

马纳斯野生动物保护区

Manas Wildlife Sanctuary

©Indiatourism

马纳斯野生动物保护区位于喜马拉雅山脚下、阿萨姆邦境内的缓丘上。这片林木茂密的丘陵，到处是冲积草原及热带雨林，保护区里栖息着各种濒危动物，包括孟加拉虎、亚洲象、印度犀牛、侏儒猪等。

不过也因为生态脆弱及受到人为侵扰，1992年曾被列入濒危世界遗产名单，近年因保护良好，2011年又将其从濒危名单中剔除。

1984

文化遗产

神庙 × 印度教遗产

科纳拉克的太阳神庙

Sun Temple at Konarak

科纳拉克的太阳神庙是印度诸多巨型建筑奇迹之一，位于印度东部的奥立沙邦(Orissa)，是为了敬奉太阳神苏利耶(Surya)的神庙，而整座庙宇本身就是一辆战车，以12对轮子载着太阳神横越天空。

神庙于13世纪由那罗辛诃(Narasimhadeva)国王所建，以其华丽的雕刻著称，神与鬼、国王与平民、大象与马，以及数十对各种情色姿势的夫妻，都栩栩如生地雕刻在墙壁上，也是印度最著名的婆罗门圣殿。

符号说明 登录时间 遗产内容 遗产类型 文化遗产 自然遗产 综合遗产 濒危文化遗产 濒危自然遗产 濒危综合遗产

1986

文化遗产

城堡
×
宫殿
×
伊斯兰教遗产
×
莫卧儿帝国

法塔赫布尔·西格里城

Fatehpur Sikri

又称为“胜利之城”的法塔赫布尔·西格里城，是阿克巴大帝于1571—1585年间精心规划的新都，用来纪念伊斯兰教苏菲教派圣者沙利姆·奇斯蒂(Salim Chishti)。

以红砂岩建造的法塔赫布尔·西格里没有堡垒保护，然而整体设计却非常奇特，充分表达出阿克巴大帝的人道主义精神。尽管阿克巴大帝信奉伊斯兰教，不过仍致力于融合各宗教所长，同时也创制具有哲学系统的新宗教——汀伊拉希(Din-I-lahi)。他在政治上、行政事务上甚至个人风格上都融入印度教，使得被莫卧儿帝国征服的人民能信服于他。只不过这里作为莫卧儿帝国的首都只有10年(也有记载14年)，因为始终无法解决缺水的问题，阿克巴大帝一声令下又迁回旧都，之后这里就遭到遗弃。

法塔赫布尔·西格里城拥有6千米的城墙、7座城门，城内有皇宫、公众大厅、土耳其苏丹宫、社交天井、流动凉水池、后宫、陵墓和清真寺。由于当时动用了来自印度各地的工匠与建筑人员，因此在伊斯兰建筑中还可以看到融合了印度教与耆那教装置艺术的独特建筑。

1986

文化遗产

神庙
×
印度教遗产

克久拉霍寺庙群

Khajuraho Group of Monuments

克久拉霍在10—13世纪时是昌德拉(Chandella)王朝的首都。在克久拉霍的全盛时期，印度教寺庙多达80多座；到了13世纪伊斯兰教势力入侵，14世纪时印度完全被穆斯林统治。由于伊斯兰教否定偶像崇拜，所以这里的印度教寺庙全部被摧毁，从此克久拉霍被世人遗忘长达5世纪之久。

克久拉霍寺庙上的性爱雕刻，其实无关色情，纯粹是一种艺术或宗教形式罢了。尽管世人对于这些雕刻的主题和动机提出许多不同见解，但是没有人可以否认，克久拉霍的寺庙雕刻，无论形状、线条、姿态和表情，都是精彩绝伦的艺术创作。

寺庙样式属于典型的北印度寺庙风格，特色就是中央的圆锥形屋顶(Shikara)。早期印度寺庙只有一个山形圆顶，代表神祇所居住的山峰，后来有些寺庙开始出现多重圆顶。印度教寺庙里面供奉神像的地方，称为“胎房”(garbha-grihya)。其中湿婆神庙供奉湿婆灵甘，毗湿奴神庙供奉毗湿奴神像或各种化身，戴维女神庙有的供奉女神各种化身，有的则是无形的象征。

克久拉霍的寺庙虽以描绘性事驰名，但是从寺庙的建造技巧和装饰风格来看，都堪称早期印度工匠最伟大的艺术成就。

1985

自然遗产

野生动物

加济兰加国家公园

Kaziranga National Park

加济兰加国家公园位于阿萨姆邦的心脏地带，也是印度东部地区仅存少数未被人类惊扰的地方。这里栖息着世界上族群数量最多的印度独角犀牛、老虎、豹、大象、熊、亚洲野牛、长臂猿等哺乳动物，以及三百多种野鸟。

整个国家公园占地430平方千米，位于布拉马普特拉河(Brahmaputra)畔，拥有大片草原、沼泽及森林。

1985

自然遗产

野鸟

盖奥拉德奥国家公园

Keoladeo National Park

盖奥拉德奥国家公园位于阿格拉西方50千米处，在拉贾斯坦邦(Rajasthan)境内，过去是印度王室猎野雁的保护区。每到冬天，就会有大批的水鸟从西伯利亚、阿富汗、中国及中亚地区南下。据统计，至少有364种鸟类聚集在此，包括罕见的西伯利亚鹤。

1987

神庙 × 印度教遗产

文化遗产

朱罗神庙 Great Living Chola Temples

公元9—13世纪是朱罗王朝(Chola Empire)的强盛时期，曾经统治大半个印度半岛，创造出许多朱罗式建筑，尤其是供人们居住生活的神庙。今天被列为世界遗产的主要有三处：一是坦贾武尔(Thanjavur)的布里哈迪锡瓦拉寺(Brihadishwara Temple)，二是甘盖孔达科里斯瓦拉姆(Gangaikondacholisvaram)的布里哈迪斯瓦拉寺(Brihadisvara Temple)，三是达拉苏拉姆(Darasuram)的艾拉瓦得斯瓦拉寺(Airavatesvara Temple)。其中又以坦贾武尔的神庙最著名。这些神庙都十足展现了朱罗王朝建筑、雕刻和铸造铜器的高超工艺技术。

坦贾武尔的布里哈迪锡瓦拉寺是朱罗建筑形式的最佳典范。寺庙本身是一座湿婆神庙，完成于1010年，由拉贾拉贾·朱罗一世(Rajaraja Chola I)所建。当年盖这座神庙颇有宣誓国威的作用，象征着朱罗王朝无可匹敌。在寺庙地下室刻着一些铭文，上头记载了朱罗王朝的历史、社会及政权状况。

1987 神庙 × 印度教遗产 文化遗产

帕塔达卡尔建筑群

Group of Monuments at Pattadakal

帕塔达卡尔是印度西南部卡纳塔克邦(Karnataka)的一座古城。公元7—8世纪是该城最昌盛的时期，时值查路克亚王朝(Chalukya dynasty)，大多数的寺庙都是在此时期建造的。

其中最著名的是洛克什瓦利(Lokeshwari)和韦鲁帕克沙(Virupaksha)寺庙，这些建筑充分展现了“折中”与“融合”，印度南部和北部的建筑特色非常和谐地交融在同一座建筑里。

1987 河口三角洲 × 红树林 × 野生动物 自然遗产

孙德尔本斯国家公园

Sundarbans National Park

孙德尔本斯是位于印度与孟加拉国之间的一处国家公园，涵盖水域和陆地面积约一万平方千米，其中印度境内的面积超过一半。

国家公园建于1973年，以保护恒河三角洲的红树种植区及当地野生动物为主要任务。这里生长着全世界面积最大的红树林，此外，许多濒临绝种的物种也受到特别保护，例如老虎、水栖哺乳动物、野鸟和爬虫。

1987 洞穴壁画 × 石刻艺术 × 印度教遗产 文化遗产

象岛石窟 Elephanta Caves

象岛石窟位于孟买以东约10千米的阿拉伯海上，是一座位于岛上最高处的印度中世纪印度教石窟。整座石窟凿空山岩而建，虽然面积小，但在印度宗教上却具有重要的地位。

象岛石窟又被称为埃勒凡塔石窟，历史上对它的记录不多，仅知道石窟是在公元450—750年佛教衰落、印度教兴起期间开凿，在当时被称作石窟宫殿(Gharapuri)，一直到16世纪葡萄牙人殖民印度时，象岛石窟才被挖掘出来，并且以岛上南方登陆点的一尊大象石雕命名，不过因大象石雕年代久远并遭人为和气候等因素破坏，现在的石雕是在19世纪时重建的。

石窟的雕刻风格偏向笈多古典主义，在石窟门廊两侧与窟内的天然岩壁上，共有9幅巨型浮雕，石窟内有大量以湿婆神(Shiva，印度三大神中的破坏神)为主的浮雕和塑像，描述着湿婆神的神话故事，因此这里也是一座湿婆神庙。

1988，2005 自然遗产 野生动物 × 植物

楠达德维与花之谷国家公园

Nanda Devi and Valley of Flowers National Parks

花之谷国家公园位于喜马拉雅西部山区，因高山野花和优美的自然景致而享有盛名，此外，这里也栖息着珍贵的亚洲黑熊、雪豹、棕熊。相对来说，楠达德维国家公园则是崎岖不平的荒野。这两种不同的地貌，长达一个世纪以来都受到植物学家和登山客的高度赞赏。

1993

文化遗产

陵墓坟冢 × 伊斯兰教遗产 × 莫卧儿帝国

胡马雍陵墓
Humayun's Tomb

混合红色砂岩和黑、白大理石的胡马雍大帝陵墓，不仅是德里第一座莫卧儿陵墓，也是印度第一座带有花园的陵墓。

胡马雍大帝是莫卧儿帝国的第二任皇帝，他是巴伯尔的儿子，在1530年时继承了父亲的印度领地。胡马雍大帝的陵墓于他身亡9年后，由波斯妻子，同时也是阿克巴大帝的亲生母亲哈吉碧岗(Haji Begum)，于1565年下令兴建，据说她花了150万卢比兴建这座陵墓。日后几位莫卧儿皇家成员也埋葬于此，除了哈吉碧岗之外，也包含沙贵汁最喜爱的儿子达拉希克(Dara Shikoh)，以及莫卧儿最后一任皇帝巴哈杜儿汗二世(Bahadur Shah II)。在巴哈杜儿汗二世于1857年遭英国人俘虏以前，这里一度成为他的避难所。

胡马雍大帝陵墓是早期莫卧儿风格的建筑物，后来阿格拉的泰姬陵就是以此为范本加以设计而成。此陵墓可以从多方面看出具有浓厚的波斯建筑元素：一是设计有三面高大的拱门；二是高耸醒目的中央圆顶，以及多彩的瓷砖，而高达38米的双层圆顶，更是头一遭在印度出现。尽管如此，陵墓建筑本身仍旧采用印度建筑样式，只是外观采取简单的色调设计，并在拱门内部的墙上嵌入波斯文。

1989

文化遗产

佛塔 × 佛教遗产

桑吉佛教建筑
Buddhist Monuments at Sanchi

桑吉佛教建筑的建造历史悠久，最早始于公元前3世纪孔雀王朝，全力护持佛教的阿育王在此竖立了一根铭刻其法敕的石柱，并建造一座小砖塔。之后的巽加王朝将小塔扩建为壮观的大塔，二塔、三塔也陆续盖起。

公元前1世纪，以极致工艺成就著称的案达罗王朝，在大塔东西南北立起四座精雕细琢的塔门。佛塔周围亦陆续建造起许多僧院石寺。从各王朝不断扩建的情形来看，桑吉一直都是印度中部的佛教重镇。直到伊斯兰教入侵印度，佛教衰落，桑吉遂被世人遗忘。

桑吉的主要遗迹包括最为壮丽高耸的大塔、朴实无华的二塔，以及发现藏有佛陀两位大弟子舍利佛和目犍连舍利的三塔，附近尚有许多石造寺院，以及一根断成两截的阿育王石柱，大小遗迹共51处。大多数的游人一入桑吉，目光必定被大塔四方的雄伟塔门所吸引。其上一幅幅栩栩如生、活泼灵动的佛教雕刻，正是桑吉之所以成为当今最受瞩目佛教文明宝藏的主因。

符号说明 登录时间 遗产内容 遗产类型 文化遗产 自然遗产 综合遗产 濒危文化遗产 濒危自然遗产 濒危综合遗产

1999，2005，2008

文化遗产

铁道

印度的高山铁道

Mountain Railways of India

印度高山铁道被列入世界遗产的有三处：一是大吉岭喜马拉雅(Darjeeling Himalayan)铁道，二是塔米尔纳德邦尼尔格里(Nilgiri)高山铁道，三是卡奥卡－西姆拉(Kalka Shimla)铁道。

其中塔米尔纳德的铁道原本计划在1854年兴建，然而由于山区施工困难，延宕到1891年才动工，并于1908年竣工。这段铁道从海拔326米上升到2203米，至今仍然在运作中，代表一个世纪前的铁道技术，而在英国殖民时代，对印度人口的流动和社会经济都有极大意义。

大吉岭的高山蒸汽小火车从1881年营运至今，在中国青藏铁路开通前，它也是世界上海拔最高的铁路。窄轨、体型较小的蒸汽小火车依照着百年前的机制与模样运行，铁轨沿着山坡成Z字形兴建，在群山中绵延百里。

1993

文化遗产

高塔建筑 × 伊斯兰教遗产

顾特卜高塔建筑群

Qutb Minar and its Monuments

拥有全印度最高石塔的顾特卜高塔建筑群，最初建于1199年，由印度首位伊斯兰教统治者兴建，它不但是印度德里苏丹国的伊斯兰建筑，同时也是早期阿富汗建筑的典范。

顾特卜高塔为奴隶王朝(Slave Dynasty)德里苏丹国的创立者顾特卜－乌德－汀・艾巴克(Qutb-ud-din Aibak)所建，是一座用来纪念1192年阿富汗伊斯兰教征服印度教拉吉普特王国的胜利之塔。顾特卜将王国建立在拉吉普特王朝的旧址上，该国于1206年成为印度第一个以伊斯兰教立国的王国。

高塔标志着伊斯兰教的统治地位，塔上的铭文宣称要让真主的影子投射到东方和西方，不过，当顾特卜去世时，高塔仅建了第一层，后来由他的女婿伊尔图特米什(Iltutmish)接手，另外增加了以红砂石建造的三层楼。此三层楼外壁带有半圆形与三角形凸壁相间的凹槽纵沟，然而接任者菲鲁兹・沙・图格鲁克(Firoz Shah Tughluq)却以白色大理石混合红砂石增建了第4、5层，使它呈现平滑的圆筒形。

整个顾特卜高塔共分5层，塔高72.5米，塔基直径约14.3米，塔顶直径约2.5米。虽然说顾特卜高塔是印度伊斯兰艺术的最早范例，不过修建此塔的却是当地的印度工匠。环绕塔壁的横条浮雕，既装饰着阿拉伯图纹和《古兰经》铭文，也点缀着印度传统工艺的藤蔓图案和花彩垂饰，融合了波斯与印度的艺术风格。

2002

文化遗产

佛寺 × 佛教遗产

菩提伽耶的摩诃菩提佛寺

Mahabodhi Temple Complex at Bodh Gaya

凡是来到菩提伽耶的人，第一眼总会被高耸雄伟的摩诃菩提寺所震慑，而不论走到哪里，它总是无法忽视的地标。佛陀成正觉之后的250多年，也就是公元前3世纪，阿育王在菩提树下安放了一块金刚座并建造一座正觉塔，后来经锡兰王、缅甸王的重修、整建，以及穆斯林、火灾、洪水的毁坏，塔寺毁了又盖，盖了又毁，直到19世纪70年代，考古挖掘才让它重见天日。

远看摩诃菩提寺，似乎只有一座高耸的正觉塔，其实整座寺院腹地庞大，布局繁复。这其中包括七周圣地、佛陀足印、阿育王石栏楯、菩提树、金刚座、龙王池、阿育王石柱，以及大大小小的佛塔、圣殿和各式各样的钟、浮雕和佛像。

而瞩目焦点便是菩提树和七周圣地。当年玄奘曾跪在菩提树下，热泪盈眶，感叹未能生在佛陀时代。

今天所见的菩提树，已非当年佛陀打坐悟道的原树，原树跟摩诃菩提寺一样命运多舛，不断与外道、伊斯兰教对抗，遭到焚毁与砍伐。今日所见则是从斯里兰卡带回菩提子长大而成的满庭荫树。据说这菩提子也是当初佛陀时代被人携往斯里兰卡开枝散叶所繁衍的后代。

2004

文化遗产

车站 × 殖民遗产（英国）

维多利亚火车站

Chhatrapati Shivaji Terminus (formerly Victoria Terminus)

听起来就十分英式的维多利亚火车站，是全印度最能代表维多利亚哥特式风格的建筑，外观装饰无数精细的雕刻，仿佛一座宫殿伫立在忙碌的孟买街头。如果说，泰姬陵是最能代表莫卧儿王朝的建筑物，那么维多利亚火车站就是英国统治印度时期的代表性建筑。

该火车站于1998年时已将官方名称更改为“Chhatrapati Shivaji Terminus”，不过当地仍然习惯称它为“VT”(Victoria Terminus)。这座火车站由当年印度半岛火车总局局长弗雷德里克·史蒂文斯(Frederick Stevens)设计，他号召大量当地艺术系学生和工匠帮忙，于1887年完工。印度写下历史的首班列车，正是从维多利亚火车站发车。

这是一座殖民式建筑才有的综合性建筑体，它集结了维多利亚、印度、伊斯兰等建筑元素于一身。丰富且复杂的雕饰在建筑的柱子、圆顶、尖塔、飞扶壁、塔楼、彩绘玻璃窗上随处可见，其中包含有孔雀、猴子、狮子、蛇和常在哥特式建筑上出现的兽类。中央的圆顶高达4米，大门口两侧分别有狮子和老虎的石雕，代表着印度和英国相互尊重。

符号说明 登录时间 遗产内容 | 遗产类型 文化遗产 自然遗产 综合遗产 濒危文化遗产 濒危自然遗产 濒危综合遗产

2007
文化遗产
城堡 × 宫殿 × 伊斯兰教遗产 × 莫卧儿帝国

红堡 Red Fort Complex

红堡坐落在亚穆纳河西岸，是旧德里主要建筑遗迹之一。红堡又称为拉尔·奎拉城堡(Lal Qila)，是莫卧儿帝国第五代君主沙贾汗从阿格拉迁都德里，于1639—1648年所建，样式与阿格拉堡十分类似，都采用红色砂岩为建材。不过沙贾汗却未能在此执政，因为他儿子奥朗杰伯(Aurangzeb)将其罢黜，并软禁于阿格拉堡内。

红堡虽然是在莫卧儿帝国强盛时期所建，但只有奥朗杰伯一位君王在此执政过。红堡四周环绕着红砂岩城墙与护城河，城墙高度从18至33米不等，长达2.41千米。

拉合尔城门(Lahori Gate)是它的主要入口，位于西墙的正中央。堡内建筑物包括公众大厅、私人大厅、明珠清真寺、彩色宫殿、哈斯玛哈勒宫、皇家浴池和喷泉花园等。

2003
文化遗产
岩画艺术 × 石器时代

比莫贝卡特石窟

Rock Shelters of Bhimbetka

比莫贝卡特石窟位于印度中央高原南缘的凡迪扬山(Vindhyan Mountains)山脚下，这里有许多巨大厚重的砂岩裸露出来，岩石之上则是茂密的森林，其中五处自然形成的岩石洞穴里有许多壁画，时代可以追溯到中石器时代。直到今天，与遗址邻近的21个村落所呈现的文化风貌，与壁画中所绘的画面十分接近。

2004
文化遗产
印度教遗产

尚庞－巴瓦加德考古公园

Champaner-Pavagadh Archaeological Park

这座考古公园里集中了大量保存完整的文化遗迹。远从石器、青铜时代，到早期印度都城的一座山丘堡垒，再到16世纪古加拉特邦(Gujarat)的首都都城遗迹，记录年代之长，实属罕见。

考古公园里的遗迹还包括8—14世纪的防御工事、宫殿、宗教性建筑、民居院落、农业灌溉系统等。其中巴瓦加德山丘上的卡利卡玛塔寺(Kalikamata)是其中最重要的一座神坛，一年到头都吸引不少朝圣者前来。

2010

文化遗产

天文台

简塔·曼塔天文台

Jantar Mantar

印度斋浦尔的简塔·曼塔天文台，堪称全世界最大的石造天文台，是杰·辛格二世(Raja Sawai Jai Singh II)于1728—1734年所建。

这位非常热衷天文学的大君，在兴建天文台之前，先将天文学家送到法国和葡萄牙等欧洲国家学习相关知识，他本人更参考印度、希腊以及伊斯兰占星术，融合各家所长后，在印度各地兴建多达5座的天文台，除斋浦尔外，还包括德里、瓦拉那西、乌迦因(Ujjain)以及马图拉(Mathura)，其中又以斋浦尔天文台的观测仪种类最多，保存也最为完整。

斋浦尔的简塔·曼塔天文台曾经于1901年整修过，目前共有16种造型精巧的天文观测仪，尽管在望远镜发明后，简塔·曼塔天文台逐渐失去它的功用，然而其观测仪至今依旧相当准确。

2013

文化遗产

城堡 × 宫殿

拉贾斯坦山丘城堡 Hill Forts of Rajasthan

拉贾斯坦邦原本有23个大小公国，所以境内屹立着许多精雕细琢的皇宫、古堡和寺庙。印度独立后，这些公国联合组成地方政府，被正式命名为“拉贾斯坦”，意思就是“诸王侯之地”。

目前被纳入世界遗产的堡垒有6座，分别是吉多尔格尔堡、贡珀尔格尔堡、伦塔波尔堡、杰伊瑟尔梅尔堡、琥珀堡以及加戈隆堡，大致呈圆周状绵延20千米。

符号说明 登录时间 遗产内容 遗产类型 文化遗产 自然遗产 综合遗产 濒危文化遗产 濒危自然遗产 濒危综合遗产

2012 森林 × 生物多样性 自然遗产

西高止山脉 Western Ghats

位于印度德干高原西部边缘的西高止山脉，由北往南延伸约1600千米，海拔平均1200米，它是阿拉伯海沿岸平原与德干高原的地理分界。不过根据地球物理学家的研究，它应该不是真正的高山，而是在德干高原边缘形成的断层陡坡。

西高止山脉拥有葱郁的常绿林、壮丽的瀑布和湍急的河流，其山地森林生态系统不仅发挥了调节热带气候的作用，也孕育了十分丰富而独特的物种。在此栖息的生物包括5000种以上的开花植物、508种鸟类、179种两栖动物以及139种哺乳动物，其中至少还有325种生物被列入全球濒危名单，这也使它成为全世界八大生物多样性热点地区之一。尽管如此，数十年来由于当地农业的扩展，原始森林遭到污染及破坏，面积大幅缩减，因此许多生物面临了极大的生存危机，需要加强保护。

2014 自然遗产 森林 × 生物多样性

大喜马拉雅国家公园保护区 Great Himalayan National Park Conservation Area

©Indiatourism

©Indiatourism

这座国家公园位于喜马拉雅山西侧，以高山草原和河滨森林为主。这些高山溪流主要来自高山冰川和融雪，而且为无数的下游河川提供主要水源。

这片面积广大的国家公园是喜马拉雅山脉生物多样性的热点地区，森林形态就多达25种，而所树息的动物不少正遭受濒临绝种的威胁。

©Indiatourism

2014 文化遗产 水利工程

帕坦的皇后梯井 Rani-ki-Vav (the Queen's Stepwell) at Patan, Gujarat

这座皇后梯井位于古加拉特邦(Gujarat)沙拉斯瓦提河(Saraswati River)河畔，原本是为了纪念11世纪一位国王。在印度，梯井是一种储存地下水源的独特形式，从公元前3000年就有了。

帕坦的这座梯井是玛鲁古加拉(Maru-Gurjara)建筑形式的代表，表现出当时高超的工匠技术，其复杂度、细节和比例，都掌握得十分完美。

2016 佛教遗产 文化遗产

那烂陀寺考古遗址

Archaeological Site of Nalanda Mahavihara (Nalanda University) at Nalanda, Bihar

佛教史上赫赫有名的那烂陀大学(Nalanda)，位于印度北部的比哈尔邦。它在公元7世纪时，不仅是世界早期的大学之一，更是世界的佛教修学中心，全盛时期教师达2000人，来自亚洲各地的学生逾万，藏书则有九百余万卷。玄奘曾在此待过五年，他既是学生，也是老师。

只可惜到了12世纪，因宗教战争遭到破坏，曾在历史上大放光彩的那烂陀寺如今只剩砖瓦遗迹供人凭吊。

那烂陀寺遗迹公园主要分成东西两区。僧院主要分布在东区，依告示牌显示，这些遗迹包括了宿舍、浴室、厨房、图书馆、贮水池等。西区则以佛塔、寺庙为主，最壮观的是分为三层的舍利佛塔，爬上平台，可以环视整座遗迹全景，而舍利塔四周则林立着许多纪念塔。

遗迹公园附近还有那烂陀博物馆、那烂陀佛法修学中心(Nava Nalanda Mahavihara)，以及玄奘纪念馆。

2016 综合遗产 高山生态×佛教人文景观

干城章嘉国家公园

Khangchendzonga National Park

干城章嘉位于印度东北方的锡金(Sikkim)，是喜马拉雅山脉的心脏地带，国家公园里的地形复杂，有平原、谷地、湖泊、冰川、原始森林覆盖的高山，以及海拔8586米的世界第三高、印度最高峰干城章嘉峰(Mount Khangchendzonga)。“干城章嘉”的字面意思是“五座巨大的白雪宝藏”，从它有五个峰顶而来。

自古以来，锡金人便视干城章嘉为神山，并崇拜这里的山峰、湖泊、河流、洞穴等自然景观，进而发展出许许多多的神话故事及圣地，而长久以来，锡金人笃信佛教，这小山国的人文景观都与佛教信仰息息相关。

2016 文化遗产 现代建筑

柯布西耶的建筑作品——对现代主义运动的卓越贡献

The Architectural Work of Le Corbusier, an Outstanding Contribution to the Modern Movement

柯布西耶(1887—1965)是20世纪伟大的建筑师之一，瑞士裔法国人。他致力让居住在都市拥挤空间的人能有更舒适的生活环境，是功能主义建筑的泰斗，被誉为现代建筑的开拓者，瑞士法郎的10元纸币上就是柯布西耶的肖像。

2016年世界遗产大会把柯布西耶的17座建筑作品纳入世界遗产，横跨欧、亚、美三大洲，分布在比利时、法国、德国、瑞士、印度、日本、阿根廷7个国家。这些建筑充分展现了一种新的建筑语言，与过去的建筑完完全全产生一个断点，也反映出20世纪的现代主义运动的解决方式，是以发明新的技术来回应社会的需求，而且是全球性的。其中印度入选的是位于昌迪加尔(Chandigarh)的议会大厦(Complexe du Capitole)。

*与比利时、阿根廷、法国、德国、日本、瑞士并列

2017 文化遗产 古城遗址

艾哈迈达巴德历史城区

Historic City of Ahmadabad

有环城高墙护卫的艾哈迈达巴德古城，是苏丹艾哈迈德·沙阿一世(Sultan Ahmad Shah I)于1411年沿着萨巴尔马蒂河(Sabarmati River)河畔所建，他随后便立此地为古吉拉特邦(Gujarat)的新首府。1487年，艾哈迈德·沙阿一世的孙子马哈穆德·贝加达(Mahmud Begada)展开扩建工程，筑起周长约10千米的高墙，以及12道城门、189座棱堡、6000多个城垛，固若金汤，并展现苏丹统治时期的建筑特色。其中最具代表性的建筑有跋陀罗城塞(Bhadra citadel)、古墓、清真寺、印度教寺庙、耆那教寺院、公共水井等，展现艾哈迈达巴德长达6个世纪的兴盛繁荣。

符号说明 登录时间 遗产内容 | 遗产类型 文化遗产 自然遗产 综合遗产 濒危文化遗产 濒危自然遗产 濒危综合遗产

2018
现代城市建筑文化
文化遗产

孟买的维多利亚和装饰艺术建筑群

Victorian and Art Deco Ensemble of Mumbai

已成为全球性贸易中心的孟买，在19世纪下半叶曾大刀阔斧地实施城市规划，环绕着椭圆广场的建筑群就是改造的成果。这项计划分为两个阶段：第一阶段为19世纪80年代建造了一批维多利亚新哥特式风格的建筑；第二阶段为20世纪初进行后湾区填海计划，打造了装饰艺术住宅及商业场所。维多利亚式的设计融合了适应当地气候的印度元素，如阳台；而装饰艺术风格的住宅和电影院也有明显的印度设计，创造了独特的印度装饰风格。这两个阶段的建筑，诠释了孟买在19世纪至20世纪所经历的现代化进程。

印度尼西亚 Indonesia

4 4 0 Total 8

印度尼西亚这个幅员辽阔的万岛之国，入选的世界遗产充分反映其多元面貌，从古老的早期人类化石遗址，到佛教、印度教的伟大建筑，再到热带原始雨林以及对研究生物演化极有助益的大蜥蜴，还有巴厘岛的水稻灌溉系统，全都在名单之列。

婆罗浮屠寺庙建筑群

Borobudur Temple Compounds

1991 文化遗产 佛教遗产

婆罗浮屠为世界最大的佛教遗迹，约建于公元8世纪后半到9世纪之间，由统治爪哇的莎兰达(Sailendra)王朝的三位国王，先后分为三个阶段(由下而上)，花了50—75年时间完成整个建筑。

婆罗浮屠长宽各123米，高32.5米，上下9层呈金字塔形，本身即是佛教密宗曼荼罗图像的立体化。在1814年被发现之前，它孑然隐没于丛林及火山灰中近千年之久，至今仍保有一股神秘气质。

在最底层石壁上的浮雕内所刻画的就是人们日常生活写照，譬如饮酒作乐的场景、展现母子亲情的画面，也有些贪婪的丑陋面孔。原本还包括诸如战争杀戮、仇怨妒忌等，阐述无常人生之喜悲爱恨等情节，约100幅，而今只剩下不到10幅。

同样以人为主题，在基层之上第一层回廊中的壁雕，则以古代印度悉达多太子，也就是释迦牟尼佛一生的故事，来昭显人的另类潜能。此层回廊中计有120幅壁雕，浓缩了佛经故事中的精彩片段。

参访者必须从设计在东方的入口步入回廊，由左侧开始，以顺时针方向行进。自第一层的佛传浮雕开始，一直绕到第四层回廊时，汇入眼帘的便已完全脱离凡人的国度，呈现的是《华严经・普贤行愿品》中提及的“大庄严重阁”里数以千计的众菩萨。按佛教的灵魂净化论，这些菩萨全是从凡夫一路走来的，而这便是婆罗浮屠曼荼罗式建筑所欲揭示的，由人间走向佛陀境界，人类臻于真理的途径。

©Ministry of Culture & Tourism, Republic of Indonesia

巴兰班南寺庙群

Prambanan Temple Compounds

1991 文化遗产 印度教遗产

巴兰班南寺庙群是印度尼西亚境内最大、最美丽的印度教庙宇。三座主庙分别供奉印度教的湿婆(毁灭之神)、毗湿奴(秩序之神)及梵天(创造之神)三位主神，主庙前建有小庙宇分别供奉主神的坐骑，包括湿婆的神牛(Nandi)、毗湿奴的金翅鸟(Garuda)和梵天的孔雀。巴兰班南于2006年在爪哇地震中受损，所幸建筑整体大致完好。

符号说明：登录时间 遗产内容 | 遗产类型：文化遗产 自然遗产 综合遗产 濒危文化遗产 濒危自然遗产 濒危综合遗产

科莫多国家公园

Komodo National Park

1991
自然遗产
野生动物 × 科莫多龙

科莫多国家公园位于巴厘岛东边海面，全境约750平方千米，由多座火山岛组成，沿岸是白沙滩、珊瑚礁、碧蓝海洋，内陆则是遍布多刺灌木丛、干燥草原的崎岖山坡，在独特的自然景观里，栖息着5700多只大蜥蜴。

这些蜥蜴因外表和好斗的行为模式，而被称为“科莫多龙”。在印度尼西亚离岛生长的全球独一无二的科莫多龙，是科学家的最爱，尤其是在研究生物演化理论方面。

©Ministry of Culture & Tourism, Republic of Indonesia

©Ministry of Culture & Tourism, Republic of Indonesia

乌戎库隆国家公园

Ujung Kulon National Park

1991
自然遗产
火山地形 × 雨林 × 野生动物

巽他陆棚上的爪哇岛最西隅，就是乌戎库隆国家公园，范围包括乌戎库隆半岛和一些离岛，以及克拉卡托亚(Krakatoa)自然保护区，后者的克拉卡托火山曾在1883年爆发，当时造成大约3万人丧生。因此，对于内陆火山的研究，该国家公园也相当重要。

除了自然美景和独特的地理环境，乌戎库隆国家公园还拥有爪哇平原里最大的低地雨林，在这里可以发现多种濒临绝种的动植物，其中，包括处境最危险的爪哇犀牛。

桑吉兰早期人类遗址

Sangiran Early Man Site

1996
文化遗产
旧石器时代遗址 × 人类化石

1936年至1941年在爪哇岛中部进行的考古挖掘工作中，占地约48平方千米的桑吉兰一地，挖出了第一具早期人类化石，随后，巨猿人——又称为直立人的爪哇猿人等50具化石陆续出土，几乎占去全球发现的早期人类化石的一半。

这也证明，桑吉兰早在150万年前就有人类居住，因此该遗址是科学家想要了解人类演化的重要地点。

©Ministry of Culture & Tourism, Republic of Indonesia

洛伦茨国家公园 Lorentz National Park

1999
自然遗产
热带海洋生态 × 低地湿地 × 生物化石

位于新几内亚岛西边印度尼西亚境内的洛伦茨国家公园，占地达23500平方千米，是东南亚最大的保护区，也是全球唯一的既有积雪覆盖的山地，也有热带海洋，还包括广袤的低地湿地的保护区。以地理横切面来看，这里拥有相当完整且多元的生态环境。

此外，从介于两处滑动的大陆板块之间的洛伦茨国家公园可以观察到复杂的地层运作，如持续的造山运动以及冰川蚀刻作用。这里还曾经挖掘到化石，所提供的新几内亚地区生物演化的相关证据，包括数量颇多的特有物种，以及生物的高度多元化。

2004 濒危自然遗产 热带雨林生态

苏门答腊热带雨林

Tropical Rainforest Heritage of Sumatra

苏门答腊热带雨林占地25000平方千米，包括古农列尤择(Gunung Leuser)、克瑞辛西巴特(Kerinci Seblat)，以及布吉巴瑞杉西拉坦(Bukit Barisan Selatan)三座国家公园，境内拥有最需要长期保护的多元且独特的苏门答腊生态环境，包括多种濒临绝种的动植物。这个保护区同时提供苏门答腊岛的生物地理演化历程的证据，2011年被纳入濒危名单。

保护区内有上万种植物，包括17个原生种，另有200多种哺乳动物，以及580种鸟。鸟类中465种是留鸟，21种是原生鸟。在哺乳动物中，22种是亚洲特有品种，15种是印度尼西亚原生种，包括苏门答腊猩猩。

2012 文化遗产 农业景观 × 水稻

巴厘岛的文化景观：体现“三界和谐”哲学思想的苏巴克水稻灌溉系统

Cultural Landscape of Bali Province: the Subak System as a Manifestation of the Tri Hita Karana Philosophy

巴厘岛得天独厚拥有的无数河流和小溪，常年灌溉这块土地，让粮食不会匮乏。据文献记录，巴厘岛早在9世纪，就挖掘出复杂的水源渠道，让稻田适时获得充分灌溉，而这种繁复的灌溉系统，当地称之为“苏巴克”(Subak)。

苏巴克不是由国王主导，而是由农民们通过自发性的开会讨论协调而成。由于稻米被视为神的恩典，稻田的收成时间也与当地水庙举办大型祭典的周期不谋而合，于是农民们便依此共同决定河渠的开挖，以及灌溉的时程，再交由寺庙管理水坝水闸的开放和关闭时间，以公平、合理的方式，让所有农民都可以获得水资源。待寺庙举办祭典之际，百姓也同时欢庆丰收，感谢神的恩赐。

苏巴克这个存在于巴厘岛上独特的稻作农业文化，是岛民千年来对“三界和谐”(Tri Hita Karana)哲学的一种崇拜，事实上，岛上无论是有形或无形的事物，几乎都源于这种想法——只要让人与神、人与人、人与自然间，维持一种和谐均衡的关系，必会获得幸福与快乐。

巴厘岛以5处水稻梯田与水庙入选为世界遗产，包括水神庙(Pura Ulun Danu Batur)、巴杜湖(Lake Batur)、帕克努萨分水岭(Pakerisan Watershed)、克特安格巴特克努区域(Catur Angga Batukaru)、塔曼阿尤寺(Pura Taman Ayun)。这些稻田即由水庙靠着苏巴克完美运作农业灌溉，让这个崎岖的火山岛，面对不断增加的人口，仍能不使用化肥和农药，仅以传统的方式，就能供应粮食的需求，也让巴厘岛成为印度尼西亚诸群岛中，生产稻作最多的地方。

符号说明 登录时间 遗产内容 遗产类型 文化遗产 自然遗产 综合遗产 濒危文化遗产 濒危自然遗产 濒危综合遗产

伊拉克Iraq

4 0 1 Total 5

位于肥沃月湾核心地带的伊拉克，是美索不达米亚文明的发源地，从苏美尔、亚述、巴比伦到伊斯兰文明，五座文化遗产都是跨越数千年的古文明遗址，可惜近代命运多舛的伊拉克，也让这些古代遗产岌岌可危。

哈特拉古城 Hatra

1985
濒危文化遗产
古城遗址

坐落于巴格达东北方290千米处的哈特拉，是公元前3世纪时希律希底帝国(Seleucid Empire)创立的亚述城市，到了帕提亚王国(Parthian Empire)时期，因为位居丝路上的重要位置，一跃成为重要的宗教和贸易中心。

这座要塞城市因为拥有两道厚实的城墙，得以成功抵御公元2世纪时罗马人的多次入侵。在它8米高的外墙和6米高的内墙中间，有着20—30米宽的壕沟。城内占地面积广阔、拥有拱顶与廊柱的太阳神(Shamash)神庙，融合希腊、罗马风格且洋溢东方风情，是帕提亚式建筑风格的最佳写照。

©UNESCO/Véronique Dauge

亚述古城Ashur (Qal'at Sherqat)

2003
濒危文化遗产
古城遗址

兴起于美索不达米亚的亚述王国于公元前14—前9世纪时，选择了这座位于底格里斯河西岸的城市当作首都，并以该帝国最伟大的神祇兼守护神亚述神为它命名。

这座亚述帝国的宗教中心以及皇室陵墓所在地，发迹于公元前3000年以前，历经多番兴衰的亚述古城展现了从苏美尔人到帕提亚王国一路以来的建设，虽然公元前7世纪时毁于巴比伦人之手，却于公元1—2世纪帕提亚王国统治之时再度复苏，最后终在公元2世纪时遭到萨珊王朝的彻底摧毁。2003年当地一项水坝建设计划使它恐有遭淹没的危机，因而它被列为濒危遗产。

萨迈拉考古城 Samarra Archaeological City

2007
濒危文化遗产
古城遗址

在底格里斯河的东岸、距离巴格达125千米的地方，保留现今唯一一座依旧维持原本城市规划、建筑与艺术的伊斯兰首都萨迈拉考。

古城历史上溯到公元836—892年间，见证了当时最强大、领土横跨突尼斯到中亚的伊斯兰帝国阿巴斯王朝(Abbasid Caliphate)的兴盛，城内的建筑、街道规划以及马赛克拼贴等建筑装饰，展现了该王朝建筑卓越的时期，其创新的建筑艺术日后更传到了伊斯兰以外的区域。

古城内两座大清真寺和著名的通天塔(Spiral Minaret)以及伊斯兰世界中最大的宫殿群，是该遗址最大的特色。

阿尔比尔堡垒 Erbil Citadel

2014
文化遗产
防御工事

阿尔比尔堡垒是一座位于卵形土墩上的防御型聚落，因为历代居民在同一个区域内不断往上重建他们的家园，形成今天所看到的卵形形状，而19世纪所盖的连续高墙，传达了一个坚不可摧的堡垒视觉印象，也主宰了整座阿尔比尔城。

整座堡垒实际上呈现一个特殊的扇形，大约形成于奥斯曼土耳其晚期。而历史记载和考古证据显示，阿尔比尔的历史可回溯到公元前5000年，到了亚述时代，则是重要的政治和宗教中心。

伊拉克南方沼泽地：生物多样性的庇护所及美索不达米亚古城遗迹景观

The Ahwar of Southern Iraq: Refuge of Biodiversity and the Relict Landscape of the Mesopotamian Cities

2016
综合遗产
生物多样性
×
古城遗址

这座遗产就位于底格里斯河和幼发拉底河两河合流处的三角洲上，共有7个地方纳入世界遗产范围，包括3处考古遗址和4处沼泽地。3处考古遗址分别为乌鲁克(Uruk)、乌尔(Ur)和埃利都(Eridu)，都是公元前4000—前3000年苏美尔人时代的城市和聚落。

此处也是伊拉克最著名的沼泽湿地，气候炎热而干燥，也是世界上较大的内陆三角洲之一，因此结合了文化与自然，为一座综合遗产。

伊朗Iran

22 1 0 Total 23

伊朗这个古代波斯的根据地，留下的文化遗产横跨数千年，从公元前6世纪的波斯帝国，到后来崛起的伊斯兰文明，都在这块高原上大放异彩，仅是入选的文化遗产就高达20座，涵盖了陵墓、清真寺、市集、宫殿、神殿、修道院、民居、灌溉系统和园林。

乔加赞比尔神殿遗址

Tchogha Zanbil

1979 文化遗产 神殿遗址

乔加赞比尔神殿遗址是一片位于伊朗胡齐斯坦(Khuzestan)行政区的古伊勒姆建筑群，也是现今少数存在于美索不达米亚地区以外的古庙塔(Ziggurats)之一。该遗址原是公元前1250年的伊勒姆王国(Kingdom of Elam)圣城，用来荣耀伟大的苏美尔神(Sumerian God)因苏斯纳克(Inshushinak)，四周环绕着三座巨大的高墙，内部以一座兴建于方形神殿上方且节节高升的古庙塔为中心。神殿群中央有11座献给其他神祇的神殿，外部则坐落着皇宫和陵墓。

伊斯法罕皇家广场

Meidan Emam, Esfahan

1979 文化遗产 伊斯兰教遗产 × 清真寺 × 宫殿

17世纪初，阿拔斯一世(Shah Abbas I the Great)创建了这座位于今日伊斯法罕市中心的皇家广场，四周围绕着无数落成于萨菲王朝(Safavid era)时期的古迹，包括完美呈现波斯伊斯兰建筑结构的皇家清真寺(Shah Mosque)、希克斯洛特夫拉清真寺(Sheykh Lotfollah)、盖塞尔伊耶希门廊(Portico of Qaysariyyeh)，以及提姆瑞德宫(Timurid)等。建筑间彼此以两层楼高的拱廊相连接，形成一座长500米、宽160米的长方形广场，反映出当时波斯社会的文化水准与生活方式。

巴姆城及其文化景观

Bam and its Cultural Landscape

2004 濒危文化遗产 古城 × 防御城市

巴姆城位于伊朗东南部克尔曼省(Kerman Province)巴姆区，最初历史回溯到阿契美尼德时期，位居丝绸之路上的交通要冲，使得这座运用当时特有建筑技术建成的防御城市，融合多种风格且独具特色。巴姆城外围绕着长达3千米的城墙，城内以历史超过两千年的城堡为中心，除民房外还有一座千年清真寺和祆教圣殿，而坐落于沙漠地带的它因为灌溉渠道的建立得以种植果树，因而有“沙漠绿洲”的美誉。2003年底里氏6.3级的大地震，摧毁了巴姆城内将近80%的景观，使得“全球最大的土坯建筑群”成为濒危遗产。

波斯坎儿井

The Persian Qanat

2016 文化遗产 水利工程

在伊朗的干旱地区，许多耕地和聚落都靠着古老的坎儿井来维持生计，即从山谷顶端的冲积岩含水层取水，然后通过重力原理及地底隧道传送用水。纳入世界遗产的坎儿井共有11处，还包括工人的休息区、贮水设施以及水车。而传统的社区管理系统仍然在运行，让水资源可以平均分配。此水利系统见证了干旱的沙漠地区文化传统和文明的发展。

塔赫特苏莱曼

Takht-e Soleyman

2003 古城遗址 × 古波斯 文化遗产

地理位置上几乎与今日伊朗西北部的塔卡巴镇(Takab)重叠，塔赫特苏莱曼这处坐落于火山地带山谷中，修筑防御措施的皇室建筑群，是传说中“所罗门王的宝座”。拥有多座圣殿和神殿，其中包括历史回溯至萨珊王朝(Sassanid Empire，224—651年)，公元6—7世纪萨菲时期兴建、供奉阿娜西提女神的神殿遗址，及于13世纪蒙古帝国时期部分重建的祆教圣殿等，见证了古代信仰的存在以及相关宗教仪式。

©UNESCO/F. Bandarin

帕萨尔加德 Pasargadae

2004 文化遗产 古城遗址 × 古波斯

这处距离波斯波利斯43千米、位于帕斯(Pars)的古迹，是阿契美尼德王朝的首座都城，同时也是波斯帝国的发源地。公元前6世纪中叶，居鲁士二世(Cyrus II the Great)创立了帕萨尔加德，它是范围涵盖了地中海东部、埃及，到印度河流域大帝国的西亚多元文化之都，古迹群广达1.6平方千米，包括居鲁士二世的陵墓、坐落于附近山丘顶端的塔勒塔克(Toll-e Takht)要塞以及皇宫和花园，展现了阿契美尼德王朝早期的艺术与建筑特色，更代表了该时期的文明，特别是其皇宫与花园，更为之后的西亚建筑奠定基础。

苏丹尼耶城 Soltaniyeh

2005 伊斯兰教遗产 × 古城 文化遗产

位于德黑兰西北方约240千米、桑姜行政区(Zanjan Province)的苏丹尼耶城，名称原意为“苏丹之城”，14世纪时为蒙古王朝的首都。在众多的古迹中，以奥力叶图陵墓(Mausoleum of Oljaytu)最为出色，八角形的建筑建于1302—1312年间，上方有一座50米高、覆盖着优雅的土耳其蓝陶片的圆顶，四周围绕着8座细长的宣礼塔。这座陵墓是伊朗现存最古老的双层圆顶建筑。

符号说明：登录时间 遗产内容 遗产类型：文化遗产 自然遗产 综合遗产 濒危文化遗产 濒危自然遗产 濒危综合遗产

比索通 Bisotun

2006 文化遗产 古波斯考古遗址

比索通在昔日连接伊朗高原和美索不达米亚的贸易道路上，保存了年代横跨米底亚(Median)、阿契美尼德、萨珊以及蒙古王朝等时期的重要考古遗迹，其中最引人注目的是一幅出自大流士一世时期的浅浮雕，落成于他登基时的公元前521年。该浮雕在距离地面50米高的巨岩上，描绘大流士接见恳求者的场景，大流士的上方飞翔着振翅天使，浮雕四周围绕着多达1200行的铭文，分别以苏美尔、巴比伦和古波斯三种文字陈述其丰功伟业，是波斯帝国境内碑铭艺术与书写发展的最佳见证。

亚美尼亚修道院群

Armenian Monastic Ensembles of Iran

2008 文化遗产 修道院

亚美尼亚修道院群坐落于伊朗西北部亚美尼亚文化主要发展区的边界，形成当地以及阿塞拜疆等地主要的宗教传播中心，由圣达太修道院(St. Thaddeus)、圣斯泰帕诺斯修道院(St. Stepanos)以及佐佐尔礼拜堂(Dzordzor)组成，它们是亚美尼亚基督教与其他宗教文化交流的最佳证明，特别是与拜占庭、东正教、波斯以及伊斯兰教之间的相互影响。

舒什塔尔古代水利系统

Shushtar, Historical Hydraulic System

2009 文化遗产 水利工程 × 古波斯

与乔加赞比尔神殿遗址同位于胡齐斯坦行政区的防御性城市舒什塔尔，是座位于克鲁恩河(Karoun)畔的岛城，在萨珊王朝时成为夏季首府。该城早在公元前好几个世纪就是甘蔗和主要庄稼的生产区，这一切都得归功于公元前5世纪大流士一世时代的水利系统，该项杰出工程借由一道高耸的崖壁让水流倾泄至盆地后，下流至平原，再以一系列地道与水车引渠，不但提供农作物的灌溉更供应整个城市的用水，贯穿城内的渠道同时形成一道护城河。

贡巴德·卡武斯塔

Gonbad-e Qābus

2012 文化遗产 陵墓坟冢

公元1006年，齐雅尔王朝(Ziyarid Dynasty)的统治者卡武斯·伊本·弗许吉尔(Qābus Ibn Voshmgir)下令在现今伊朗东北部格列斯坦省约尔扬(Jorjan)古城废墟附近，动工兴建一座高53米、直径17米、包含1.618黄金比例的正十边形锥顶砖塔，作为陵墓之用。这座巨大的建筑杰作以复杂的几何结构组成，锥顶内部有厚厚灰泥制成的蜂窝拱，展现出最早期的穆迦纳斯(muqarnas)装饰风格 。卡武斯塔不仅反映了公元10世纪穆斯林世界的数学、科学及建筑水准，为伊朗、安纳托利亚及中亚地区的墓塔建筑创立典范，也见证了中亚游牧民族与古伊朗文明在建筑方面的交流。

伊斯法罕的聚礼清真寺

Masjed-e Jāmé of Isfahan

2012 文化遗产 伊斯兰教遗产 × 清真寺

位于伊斯法罕的聚礼清真寺，是伊朗现今最古老的聚礼清真寺，它从公元841年开始兴建，经过历代王朝长达12个世纪的重建、增建及整修，成为后来中亚各地清真寺的设计蓝本。公元1086年，塞尔柱(Seljuq)王朝的知名宰相尼珊·阿穆鲁克(Nizam al-Mulk)在清真寺南侧增建了一座砖造圆顶厅堂，隔年，阿穆鲁克的对手在清真寺北侧也增建一座圆顶厅堂。人们今日在这座清真寺中见到的四门厅(four iwans)，也是出现在塞尔柱王朝统治时期的创新元素。

大布里士历史市集建筑

Tabriz Historical Bazaar Complex

2010 文化遗产 丝路遗产

位于伊朗第四大城大布里士市中心的历史市集，是一座由金饰珠宝、地毯、鞋子等大小主题市集串联而成的建筑迷宫，也是中东地区古老的市集之一。回溯其历史，早在13世纪时，位于丝路上的重要商业中心大布里士及其市集早就声名远播，当时它是东阿塞拜疆省(East Azarbaijan Province)的首府，尽管在16世纪时失去其首府地位，不过繁荣景象一直持续到18世纪末，才因奥斯曼土耳其帝国的扩张而逐渐没落。

随着时代发展，大布里士出现许多新的购物商场，然而历史市集依旧是当地、甚至伊朗西北部的经济中心。这座完整融合伊朗传统商业与文化系统的市集建筑，如今也是重要宗教活动的举办场所。

©UNESCO/Mohammad Tajik

波斯园林 The Persian Garden

2011 文化遗产 园林 × 古波斯

本文化遗产涵盖了位于伊朗多个省份境内、各个不同时期建造完成的9座园林建筑。它们反映了自公元前6世纪居鲁士大帝时期以来，波斯人为了适应气候状况所发展出来的多样化园林设计风格。它的主要设计理念是凸显波斯人对伊甸园的想象，以及琐罗亚斯德教所重视的四大元素——天、地、水、植物，因此每座波斯园林都具备这四大部分。由于伊朗的气候干热，因此水与树在波斯园林的设计及维护上扮演了最重要的角色，水池、沟渠以及喷泉可以提供灌溉及装饰功能，葱绿的树木则能提供遮阳效果。除此之外，穹顶建筑、凉亭回廊以及高耸墙垣，也都是波斯园林的特征。

法尔斯地区的萨珊王朝考古遗址

Sassanid Archaeological Landscape of Fars Region

2018 文化遗产 波斯帝国王朝

这处文化遗产共包括八个考古遗址，分布于法尔斯省(Fars Province)东南部的菲鲁扎巴德(Firuzabad)、比沙普尔(Bishapur)和萨尔维斯坦(Sarvestan)三个区域内。这些防御工事、宫殿和城市规划，可以覆盖整个萨珊王朝时期(公元224—658年)。其中包括由王朝创建者阿尔达希尔·帕帕坎(Ardashir Papakan)建造的首都，以及继任者沙普尔一世(Shapur I)建立的城市。考古遗址透露了阿契美尼德(Achaemenid)、帕提亚(Parthian)和罗马艺术的文化，对伊斯兰时期的建筑和艺术风格产生了显著的影响。

1979

古城遗址
×
古波斯

文化遗产

波斯波利斯古城 Persepolis

波斯波利斯曾经是波斯帝国的权力中心，雄立着当时西亚最大的宫殿。波斯波利斯于公元前518年时因为大流士一世(Darius I)的雄心，一跃成为阿契美尼德帝国(Achaemenid Empire)的首都，占地135 000平方米，位于一块13米高半天然、半人工的平台上，多位君王历经七十多年建造，展现了多种风格。

2010

文化遗产

伊斯兰教遗产
×
陵墓建筑群

阿尔达比勒的谢赫萨菲·丁圣园和圣殿建筑群

Sheikh Safi al-Din Khānegāh and Shrine Ensemble in Ardabil

阿尔达比勒是一座位于伊朗西北方的历史城市，工艺方面因丝织和地毯著称，古迹上则以谢赫萨菲·丁圣园和圣殿建筑群而闻名。谢赫萨菲·丁(1252—1334)是苏菲派大师谢赫尔扎希德·吉拉尼(Sheikh Zahed Gilani)的女婿，他将传承自岳父手中的扎希德(Zahediyeh)教团，改创为以他为名的萨菲教团(Safaviyeh)，该教团也是后来16世纪崛起的萨菲王朝的前身。

萨菲·丁圣殿原本是他的儿子萨拉丁(Sadraddin)为他兴建的陵墓，不过随着萨菲王朝的发展，于16—18世纪之间扩充，因而形成今日融合博物馆、清真寺、学校、医院、厨房等多功能的建筑群。圣祠以8道门区分为7个部分，分别象征苏菲主义的8种态度与7个神秘阶段，装饰大量传统工艺的外观与内部，构成了这片罕见的中世纪伊斯兰建筑群。

©UNESCO/Mohammad Tajik

2017

文化遗产

古城遗址

亚兹德历史城区

Historic City of Yazd

亚兹德历史城区位于伊朗高原的中心，距离伊斯法罕东南方约有270千米，曾为丝路上的重要驿站，历经千年保存良好，古城的居民世代都在沙漠环境中居住，运用独特的坎儿井导引地下水到城中，展现了人类利用有限的资源，在沙漠中生存的明例。亚兹德古城的土制建筑并未受到战乱或天灾的摧残，城内的传统街区、房屋、坎儿井、市集、土耳其浴室、清真寺、犹太教堂、琐罗亚斯德教寺庙等建筑，以及杜拉塔阿巴德(Dolat-abad)花园都完好地保存下来。

2015

文化遗产

人文聚落景观

梅曼德文化景观

Cultural Landscape of Maymand

梅曼德位于伊朗中央山区南端的谷地里，是一个自给自足、处于半干旱地带的村落，村民都是半游牧的农牧民。其聚落历史非常悠久，居民所居住的洞穴显示，其开凿年代最早可以追溯到12 000年前，据统计，目前有600余位村民。春天和秋天的时候，他们在山区放牧，并住在临时搭设的聚落里；冬天时，他们住在谷地下方的洞穴里，这些洞穴有300多座。这种随季节而移动住家所呈现的文化景观，是这类生活形态的一个绝佳范例。

2015

文化遗产

考古遗址

苏萨遗址 Susa

苏萨遗址位于伊朗西南部的下萨格罗斯山区(Zagros Mountains)，主要包括夏佛河(Shavur River)东岸的一系列考古土墩，以及河对岸的阿德希尔宫(Ardeshir's Palace)，建筑遗迹可归类为行政机构、住宅和宫殿。苏萨遗址的考古土层显示，其延续的年代非常惊人，大约从公元前5000年(根据发掘出土的彩陶文化定年)到公元13世纪(为蒙古大军所灭)，有6000余年之久。苏萨曾是埃兰王国(Elamite)、波斯、帕提亚(Parthian)的重要都城，其遗址为古老的文化留下特殊的见证，举世闻名的《汉穆拉比法典》就是从这里出土。

2016

沙漠
×
雅丹地貌

自然遗产

鲁特沙漠 Lut Desert

鲁特沙漠位于伊朗的东南部，名列全球第二十五大荒漠，每年6月到10月之间，这处亚热带干旱地带就会吹起强劲的风，不但带起沉积物，还造成大规模的风沙侵蚀，因此，此处形成如同中国新疆的风蚀雅丹地貌(aeolian yardang landforms)，并有巨大的波纹脊。此外，这里还有石砾沙漠和沙丘，是一处可以明显观察某种地质形成过程的绝佳范例。

2013

文化遗产

宫殿

戈勒斯坦皇宫 Golestan Palace

奢华的戈勒斯坦皇宫是伊朗卡扎尔王朝时代(Qajar era)的建筑杰作，成功融合了古代波斯和西方的建筑与雕刻艺术。戈勒斯坦为“玫瑰花园”之意，这座被高墙围起来的宫殿，是伊朗首都德黑兰古老的建筑之一。1779年卡扎尔家族取得政权后，把伊朗的首都迁到德黑兰，并修筑了这座宫殿。宫殿中有花园，有水池，有荫树，建筑上则有满满的装饰艺术。戈勒斯坦皇宫代表了一种融合了传统波斯艺术、工艺以及18世纪建筑技巧的新风格，至今仍是伊朗艺术家和建筑师创作的灵感来源之地，对于伊朗建筑与艺术的发展有极大影响。

2014

铜器时代考古遗址

文化遗产

沙赫里梭克塔遗址

Shahr-i Sokhta

沙赫里梭克塔的意思就是“被焚之城”。遗址残存的铜器时代泥砖显示，这里是伊朗东部地区第一个有复杂社会组织的城市，从公元前3200年到公元前1800年为止，历经四个主要时期，并在城里发展出几个不同的区块，包括纪念性建筑物、住宅区、墓葬区，以及生产制造区。

以色列Israel

9 0 0 Total 9

除了耶路撒冷是由约旦提请之外，以色列共有9座文化遗产入选，从远古的人类演化到史前聚落，再到《圣经》故事中出现的聚落遗址，还有20世纪以色列建国之后才出现的现代化运动，历史纵深长达数万年。

马萨达 Masada

2001

文化遗产

古城遗址

遗世耸立于约旦沙漠西侧尽头的一座岩石峭壁上，俯视着死海的绝美景观。马萨达这座起伏不平的天然要塞，由东朝西逐渐从450米的高度减缓为100米，使得它难以攻克。

名称源自希腊文的“堡垒”，这座犹太人眼中的圣城起源已不可考，只知道公元前40年时希律王(Herod the Great)为了躲避帕提亚国王的追杀而在此避难并进行大规模的建设。公元66年时，马萨达爆发第一次犹太人和罗马人的战争，围城的罗马人在这座高城的四周筑城，兴建营地、防御建筑与攻击斜坡，这些完整的罗马围城工事至今依旧可见。

2001

文化遗产

古城 × 奥斯曼土耳其

阿卡古城 Old City of Acre

早期地处前往地中海东部沿岸地区的关键位置，使得坐落在以色列的北部、海法湾(Haifa Bay)北方一处低矮海角上的阿卡古城，从腓尼基时代开始就已陆续出现无数聚落。

中世纪时期阿卡古城成为耶路撒冷十字军王朝的首都。这些年代可回溯到12—13世纪十字军时期的城镇遗址，几乎被完整地保留了下来；后来18—19世纪时奥斯曼土耳其帝国统治该城并将它建设成典型伊斯兰教都城，构成了今日城市非常特殊的层次景观——堡垒、清真寺、商旅客栈以及浴池等典型伊斯兰建筑要素，错落于中世纪的结构间。

©The Israel Ministry of Tourism

©The Israel Ministry of Tourism

2003

文化遗产

现代建筑

特拉维夫白城——现代化运动

White City of Tel-Aviv — the Modern Movement

苏伊士运河开通，使得位于特拉维夫南边的雅法(Yafa)房价高涨，因而一群犹太人移居并于1909年创立了特拉维夫。20世纪30年代，留欧的以色列学生带回了当时最流行的现代主义，于是大量兴建布局不对称、简洁且注重功能性的建筑。这座年轻且蓬勃发展的城市，成为世界上聚集很多国际风格建筑的区域之一。

这些建筑普遍不高、占地面积小且涂上灰泥，因此该城被称为“白城”，长方形的城区东南西北各以拜擎路(Begin Road)和古罗街(Gvirol Street)、爱伦比街(Allenby)、地中海边、雅孔河(Yarkon River)为界，共有多达4000幢左右的房子。

2005 文化遗产 史前遗址 × 铁器时代

《圣经》史前聚落遗迹——米吉多、夏琐、基色圣地

Biblical Tels—Megiddo, Hazor, Beer Sheba

地中海地区特别是黎巴嫩、叙利亚、以色列以及土耳其东部比较平坦的地区，以拥有大量史前聚落遗迹为特色，其中光是在以色列的米吉多、夏琐以及基色，就有超过200个聚落遗迹，且大多与《圣经》中提到的城市或地点有着密切的关联。

这三处遗迹同时也是展现铁器时代地中海东部沿岸地区聚落以及供应密集城市社区的地下集水系统的最佳范例，它们见证了数千年以前已然存在的中央集权，以及重要商贸道路的控制与兴盛的农业活动。

©The Israel Ministry of Tourism

2008

文化遗产

宗教圣地
×
巴哈伊教

海法和西加利利的巴哈伊圣地

Bahá'í Holy Places in Haifa and the Western Galilee

19世纪中期，流亡波斯的巴胡勒(Bahá'u'lláh)创立了又名“大同教”的巴哈伊教，目前估计在全世界200多个国家和地区拥有多达600万名信徒，该教希望借由世人的努力达到各大宗教的统一。

因为洋溢着巴哈伊信仰浓厚的精神寓意以及强烈的朝圣传统，海法和西加利利的巴哈伊圣地获选为世界文化遗产，其中两座与创办人相关的宗教建筑——阿克的巴胡勒圣殿(Shrine of Bahá'u'lláh)以及海法的巴勃圣殿(Shrine of the Báb)建筑群最为重要，它们的附属建筑分别位于海法和西加利利境内的七个地方。

符号说明 登录时间 遗产内容 遗产类型 文化遗产 自然遗产 综合遗产 濒危文化遗产 濒危自然遗产 濒危综合遗产

2012
文化遗产
旧石器时代遗址

迦密山的人类进化遗址

Sites of Human Evolution at Mount Carmel: The Nahal Me'arot / Wadi el-Mughara Caves

迦密山人类进化遗址位于迦密山脉的西侧，范围涵盖塔本(Tabun)、贾玛尔(Jamal)、埃尔瓦德(el-Wad)以及斯库尔(Skhul)这四个相邻的洞穴区及其台地，总面积为0.54平方千米。

本遗址历经了距今50万年前的阿舍利文化(Acheulian culture)以及后来的莫斯特文化(Mousterian culture)和纳图夫文化(Natufian culture)，并且拥有地中海地区至今保存最完整的化石礁，它不仅为人类演进史上的关键时期提供了珍贵的见证，也为人类墓葬、早期石头建筑以及从渔猎采集生活转向农耕畜牧生活，留下了真实的记录。

本遗址的考古研究工作从1928年以来一直持续进行，出土的化石遗迹显示，尼安德特人和解剖学意义上的现代人都曾经在这里生活，因此本遗址是了解尼安德特人的消失、智人的进化以及西南亚早期人类生活的重要地点。

©The Israel Ministry of Tourism

2005
文化遗产
沙漠绿洲
×
贸易路线

熏香之路——内盖夫沙漠城镇

Incense Route—Desert Cities in the Negev

昔日骆驼商旅穿梭于阿拉伯半岛和西奈半岛间，为南非、阿拉伯和地中海地区居民送达焚香和香料，而这条长度超过2000千米的熏香之路，其中大约有100千米贯穿以色列的内盖夫地区。

在此段横越以色列沙漠地带的区域里，阿弗达特(Avdat)、哈鲁札(Haluza)、曼希特(Mamshit)以及希夫塔(Shivta)四座纳巴顿人(Nabatean)创立的城市，直接连接熏香之路和香料之路上的地中海口岸，从它们的堡垒、灌溉系统、城市建设以及农耕景观遗迹中，不难发现公元前3世纪到公元2世纪时，它们如何靠着乳香和没药贸易的丰厚利润获得蓬勃的发展。

©The Israel Ministry of Tourism

2014
文化遗产
聚落景观
×
考古遗址

犹大低地的马沙和巴塔-古夫林洞穴

Caves of Maresha and Bet-Guvrin in the Judean Lowlands as a Microcosm of the Land of the Caves

犹大指的是古代以色列的南部山区地带，从《圣经》记载到罗马帝国时期，直至现今的通称，在这个区域有两座古代城镇——马沙和巴塔-古夫林，其地底是厚且均匀的松软白垩土层，在这里，共分布了约3500座地底洞穴，也是重要的考古遗址。

这一带位于美索不达米亚和埃及之间贸易路线的十字路口，而这些洞穴正好见证了从公元前8世纪起，到十字军东征年代，上下超过2000年的文化发展。洞穴的功能非常多元，有的是贮水池，有的是浴室，有的养鸽子，有的作为宗教仪式之用，离城镇较远的地方则有墓穴，有些较大的洞穴甚至有拱顶及柱子支撑。

2015
文化遗产
陵墓坟冢

贝特沙瑞姆的墓地——犹太复兴的标志

Necropolis of Bet She'arim: A Landmark of Jewish Renewal

这处墓地主要包括了一系列的地下墓穴，其年代可上溯至公元2世纪，可以说是从犹太人第二次反抗罗马人统治失败之后，耶路撒冷之外最主要的犹太人墓葬地。

这处墓地位于海法的东南边，墓穴里有希腊文、阿拉姆语(Aramaic)、希腊文和帕米拉语(Palmyrene)的铭文。同时也见证了犹太族长拉比犹大(Rabbi Judah)于公元134年所领导的犹太复兴。

日本Japan

18 4 0 Total 22

日本共有18处文化遗产以及4处自然遗产，类型分布平均。文化遗产方面，有一大半为佛教及日本神道教相关遗址，其余则为古城、传统村落、矿业遗产、原爆纪念遗址；自然遗产则涵盖原始榉木林、杉木林及人迹罕至的岛屿生态。

白神山地 Shirakami-Sanchi

1993

自然遗产

森林 × 山毛榉

有“自然宝库”之称的白神山地，是跨越日本青森县西南方和秋田县西北侧大约13万亩山林地带的总称。这片人烟稀少的森林有8000年的历史，其中位于中央地带的约170平方千米山毛榉原生林被收录为世界自然遗产。

这片丝毫未遭受人为破坏的原始森林造就了独特的生态环境，并且保存了500余种稀有植物与动物，其中包含了日本特有的保育动物羚羊、猕猴、黑啄木鸟、金雕等，还有多达2000多种的珍贵昆虫。而其中最受瞩目的就是这片原生的山毛榉林，阔叶的山毛榉除了可抵挡大雨外，其根部具有良好的吸水性与保土性，让白神山地可以维持良好的水土。

©梅野ひろみ/OVTB

小笠原诸岛 Ogasawara Islands

2011

自然遗产

岛屿 × 海洋生态

小笠原诸岛的行政区虽然属于东京都，但实际上却远在东京都1000千米外的海上，由30个大大小小的岛屿组成，以父岛和母岛为中心隔海相连，知名的硫磺岛与日本领土最东边的南鸟岛也在其中。1972年小笠原群岛的一部分岛屿被指定为国立公园，1980年被国家指定为小笠原诸岛鸟兽保护区，至2011年获选为世界遗产。其中位于父岛列屿西南部的南岛以喀斯特地形与周边海域常见的鲸豚吸引了许多来此探访生态的游客。

正因为远离尘嚣，岛上的生物独特且稀有，让这里有“东洋科隆”的美名。兄岛的干性低木林与母岛石门地区的湿性高木林属于宝贵森林资源，而群岛上的珍稀物种，如小笠原吸蜜鸟(Apalopteron familiare)、黑足信天翁(Diomedea nigripes)、无人野牡丹(Melastoma tetramerum)等多不胜数。小笠原群岛特有的珍稀动植物在岛屿上独自进化，即使是拥有相同起源的生物，也因生存环境的不同使遗传基因变得丰富多样，可谓大自然的宝库。

符号说明：登录时间 遗产内容

遗产类型：文化遗产 自然遗产 综合遗产 濒危文化遗产 濒危自然遗产 濒危综合遗产

法隆寺地区佛教建筑

Buddhist Monuments in the Horyu-ji Area

1993

文化遗产

佛寺 × 木造建筑

法隆寺是日本第一个获选为世界遗产的国宝级文物，包括了48座佛寺建筑，是日本历史最悠久的木造建筑，已有上千年历史。除了建筑方面的价值，法隆寺兴建的年代也正是佛教初传入日本的关键时刻，法隆寺的肇建者圣德太子，积极支持佛教，对佛教日后在日本的发展有着重大影响。事实上，法隆寺的寺名，蕴含期望佛法兴隆的含意。

法隆寺分为东院与西院，东院最主要的建筑为梦殿，传说是圣德太子的居所，西院的观览重点则有中门、金塔与五重塔。这几座木建筑乃仿效中国唐朝，无论在风格、技法与结构上，都充满恢宏沉稳的大唐气势，这种年代的建筑在中国境内都已少见，由此可知法隆寺的难能可贵。西院的金堂与五重塔，相邻而立，古朴雄浑。金堂与五重塔后方的大讲堂，开阔的七间格局，简雅幽静。

金堂、五重塔以及大讲堂内部，都有佛教壁画与众多的佛像壁龛。法隆寺也是供僧侣住的寺院。

亚洲

日本

姬路城 Himeji-jo

1993

文化遗产

古城

位于日本山阳地区姬山之上的姬路城，由于它的外观都是白色的，因此拥有“白鹭城”的美称，春天粉樱装点，更衬托名城的高贵。

现在所看到的姬路城是池田辉政所建，建于公元1601年。姬路城最早的建城历史其实可追溯到公元1346年的镰仓幕府时代。战国时期丰臣秀吉又再加筑了三层，姬路城的样貌渐渐勾勒出来。丰臣秀吉死后，德川家康于关原之战中夺得政权，姬路城的城主也换成德川家的女婿池田辉政。池田辉政在任内继续扩大修筑姬路城，如今壮观的天守阁建筑群于焉成形。

第二次世界大战时，许多日本历史建筑都毁于战火，姬路城却逃过一劫，主体未受损坏。1956—1964年间日本政府曾大肆维修姬路城，将天守阁从内部解体修护并复原完成。

三个小天守巩护着巍峨的大天守，这种连立式天守的样式只有在姬路城才看得到，美丽的白壁与唐破风、千鸟破风式屋檐，加上装饰于其上的鱼状“鯱瓦”，更见姬路城建筑之美。

屋久岛 Yakushima

1993

自然遗产

岛屿 × 森林生态

位于九州本岛以南60千米的屋久岛，自然景观丰富，约有1/5的面积获选为世界自然遗产。最值得一看的就是岛中央海拔1936米的宫之浦岳的屋久杉原生林，成为许多热爱自然文化的人最期待前往的地方。

岛中央的宫之浦岳是九州最高峰，又有“海上阿尔卑斯”之称。从海面上吹来的温暖潮湿的风，使得屋久岛的高山长年降雨，孕育出丰富的植物景观，从亚寒带到亚热带都可见到，最特别的就属屋久杉原生林内的绳文杉。

屋久杉原生林是屋久岛最重要的自然景观，大面积的杉木都有数千年的历史，而绳文杉则是其中最具代表性也是最著名的杉木，根据推断已有7200多年的历史，因年代接近绳文时期而命名。

广岛原爆遗址

Hiroshima Peace Memorial (Genbaku Dome)

1996

文化遗产

战争遗产

原爆遗址是广岛市最重要的地标。事实上，横跨于广岛市重要水道元安川与太田川汇流处、相生桥畔的原爆遗址是一处废墟，原本是建于1915年4月的3—5层楼建筑，由当时知名的捷克籍建筑师简・勒泽尔设计，建筑采用巴洛克样式，融合分离主义派的细部装饰混合而成。

1945年8月6日上午8:15，人类史上第一颗原子弹在距离原爆圆顶160米的爆心地投下，受到原子弹爆炸的冲击，所有的窗户瞬间炸裂，当时在馆内办公的30名职员无一幸存，建筑却奇迹般地保留了下来。这栋被炸空的圆顶屋是原爆时少数存留的建筑之一，时时刻刻提醒着原爆威力与战争的可怕。

符号说明：登录时间　遗产内容　遗产类型：文化遗产　自然遗产　综合遗产　濒危文化遗产　濒危自然遗产　濒危综合遗产

1994

文化遗产

佛寺 × 神社 × 木造建筑 × 古城

古京都历史建筑群

Historic Monuments of Ancient Kyoto (Kyoto, Uji and Otsu Cities)

京都是日本的千年古都，众多保存完善的木造建筑，以及由特殊宗教文化背景所造就的庭院景观，都是世界艺术文化的宝藏。被列入世界文化遗产的京都古建筑包括了贺茂别雷神社(上贺茂神社)、贺茂御祖神社(下鸭神社)、教王护国寺(东寺)、清水寺、比叡山延历寺、醍醐寺、仁和寺、平等院、宇治上神社、高山寺、西芳寺(苔寺)、天龙寺、鹿苑寺(金阁寺)、慈照寺(银阁寺)、龙安寺、本愿寺(西本愿寺)与二条城。

其中最有知名度的是金阁寺，因为三岛由纪夫同名小说而声名大噪，金碧辉煌的楼阁，周边龙安寺的枯山水庭园以及仁和寺的樱花，都是游览京都必游之地。

这17处文化遗产紧扣着京都1200年的发展历史。上贺茂神社出现在日本最古老的史书《日本书纪》，那是在公元8世纪左右；而二条城却是17世纪的产物，日本历史的一大转折"大政奉还"(政权由幕府将军交还天皇手上)就发生在二条城，从那一刻(公元1868年)起，京都也失去日本首都的地位。

除了年代纵横了上千年，京都文化遗产的另一特色是建筑。醍醐寺的五重塔，建于公元952年，是京都境内最古老的建筑；平等院的凤凰堂则是京都最盛期平安文化的代表性建筑物。

1995

文化遗产

人文聚落景观

白川乡合掌造聚落

Historic Villages of Shirakawa-go and Gokayama

在白山山脉中，传统的村落拥有一种特殊的居住形式，这就是合掌造村落。村民以养蚕和生产蚕丝、绢丝制品维持生活，社会结构以每个大家庭为中心，形成一个互助合作的村落，只有这种团结一致的生活形态，才有可能动员全村力量修筑“合掌造”这种特殊的房舍。“合掌造”的名称，得自厚厚稻草建成的高尖屋顶，造型宛如两手合成的正三角形。

随着工业社会发展，村落人口流失，合掌造村落逐渐消失，仅存荻町等3个较完整的合掌村，直到20世纪50年代，村民开始修复传统合掌造建筑，后来又因德国建筑学家的一本《日本美的再发现》而声名大噪，书中称合掌造是“极合乎逻辑的珍贵日本平民建筑”。这种特殊的生活形式才又再度受重视。

一栋好的合掌造要能挡得住年年的强风大雪，要靠好的木材、茅草和专业的好手，可惜这些都越来越少了，因此现存的完整合掌造，更显弥足珍贵。

符号说明 登录时间 遗产内容 遗产类型 文化遗产 自然遗产 综合遗产 濒危文化遗产 濒危自然遗产 濒危综合遗产

亚洲

日本

1996

文化遗产

神社
×
木造建筑

严岛神社 Itsukushima Shinto Shrine

严岛神社、背后的弥山及部分周围海域都被列入世界遗产保护范围，占宫岛全岛面积约14%。现在的宫岛仍是神的领地，有许多信徒游客到此参拜，而严岛神社不但是宫岛地标，也是日本神道与自然结合的代表之一。

宫岛的起源和严岛神社息息相关，传说宫岛是神的岛屿，推古天皇于公元593年即位之时，在宫岛开始兴建严岛神社。之后，担任安艺守的平清盛，也就是历史上著名的平家贵族，以平安时代豪华神殿的形式，为神社逐步进行扩建整修。

最令人印象深刻的，莫过于屹立于海上的大鸟居，因为古时船只多从海上来，进入神社参拜前必须先在鸟居外暂停，象征性取得神的同意才可进入。被列入“日本三景”的大鸟居，朱红色的木造建筑达数层楼高，左右两根主柱以百年以上的神木支撑，并在屋翼东侧及西侧，分别以金漆绘上太阳及月亮。不论以壮观度还是以精致度而论，大鸟居毋庸置疑堪称世界奇景，尤其是近距离靠近的时候，它巨大沉静的美，着实令人震撼。立于浅滩上的大鸟居由于潮汐变化影响，涨潮时在海水中，必须搭乘游览船才能一赏大鸟居近貌，退潮时露出完整的底座，可以直接徒步在沙滩上，走到大鸟居触摸雄伟的文化遗产。

1998 佛寺×神社×木造建筑

文化遗产

奈良古建筑群

Historic Monuments of Ancient Nara

奈良是日本第一个首都，虽然定都奈良只有短短七十多年，却留下相当可观的古迹遗产。古都奈良文化遗产共有8处：东大寺、春日大社、春日山原始林、兴福寺、元兴寺、药师寺、唐招提寺与平城宫迹。这8个地方浓缩了奈良时代的文化精华，历久弥新。

奈良时代是日本文化的转捩点，“大化革新”就是在这个时期。日本从中国学习模仿了所有的典章制度，甚至包括了文字。列入世界遗产的唐招提寺，正是来自中国的高僧鉴真和尚所创立的道场。

在文化史上，奈良时代又被称为天平文化，这是一种宁乐纯朴的古风，建筑物线条简明、气势雄伟，东大寺的大佛殿、唐招提寺的金堂，都是代表性的奈良时代建筑。而奈良时代最大的特色则在佛教，东大寺、药师寺、兴福寺等诸多佛寺，都是天皇以国家财政力量资助修建的，佛教之兴盛可见一斑。

符号说明：登录时间 遗产内容 遗产类型：文化遗产 自然遗产 综合遗产 濒危文化遗产 濒危自然遗产 濒危综合遗产

1999
文化遗产
佛寺 × 神社 × 木造建筑

日光神社及寺庙

Shrines and Temples of Nikko

日光被列入文化遗产，有两个重要原因：第一，日光地区的佛教寺庙及神道教神社，都是江户建筑风格的巅峰之作；第二，作为日本的山岳信仰中心，日光的宗教建筑和四周的山林环境，维持既和谐又具哲学思想的布局，是人与神、人与自然和平相处的极佳典范。

日光地区的宗教建筑，以东照宫、轮王寺和二荒山神社为主，合称日光“二社一寺”。特别是东照宫，最能展现江户建筑和雕刻工艺的奇迹。日式与中式并用的东照宫，雕刻细节和架构以天台宗《法华经》中神佛融合思想为基础，于是，扇形分布的东照宫呈现神社建筑和佛教建筑合一的特色。模样可爱，甚至代表日光的“三猿”，就在神厩舍正立面的木雕上。“三猿”的寓意幽默，代表中国哲学里的“非礼勿视、非礼勿听、非礼勿言”。

起建二荒山神社的是开基日光的修行僧胜道上人，

祭祀男体山的主神，所以二荒山神社的奥宫位于男体山山顶。轮王寺则是日光地区最古老的寺庙，寺龄超过1200年，供奉的是日光三山的守护神。

2000
文化遗产
古城 × 木造建筑

琉球王国遗迹群

Gusuku Sites and Related Properties of the Kingdom of Ryukyu

这个包含多座建筑的遗产记录着古琉球王朝从12到17世纪约五百多年的历史。位于中国台湾和日本之间的琉球，最初不是统一的国家，有山南、中山、山北三国并立，又称为“三山时期”，于1426年由尚巴志统一成为琉球王国，以首里城为首都，曾向中国的明、清两朝和日本的萨摩藩、江户幕府朝贡。1879年，日本吞并琉球王朝，琉球国灭亡，大部分国土改设为冲绳县。

列入世界遗产的建筑包括今归仁城、座喜味城、胜连城、中城、首里城、玉陵、识名园、园比屋武御岳石门、斋场御岳。其中大部分属于三山时期的城堡都已毁损，仅首里城在第二次世界大战结束后被完整重建，可从中窥见当时的社会结构，尤其是深受中国文化影响的建筑方式和礼教制度。

首里城以中国的紫禁城为范本，正殿为琉球王国最大的建筑物，也称为百浦添御殿，意为“支配着百个海浦的重要建筑物”。正殿参照北京故宫的太和殿与首尔景福宫的勤政殿，加上琉球独有的形式建造，拥有两层屋顶，并多用龙为建筑物及工艺、装饰品，凸显其地位最崇高、最伟大之意。根据记载，正殿过去曾四度被烧毁又复建。

2004
文化遗产
圣地

纪伊山脉圣地和朝圣路线以及周围的文化景观

Sacred Sites and Pilgrimage Routes in the Kii Mountain Range

日本的神道信仰从敬畏大自然而起，神秘的森林山岳便是神的居所。在佛教传入日本、扎根于纪伊山脉前，纪伊山脉诸山包括高野山、熊野山、大峰山都是神祇的领地，而修行者不顾危险深入此一边境之地，使此地成为修验道的大本营。熊野三山，包括熊野本宫大社、熊野速玉大社及熊野那智大社，为修验道及神道信仰者的精神中心，即使在日本佛教化后，这些神社借着“神佛习合(融合)”更广为大众接受。

公元817年遣唐僧空海自中国学得密宗返国后，在纪伊山脉中心的高野山修行设寺，此后金刚峰寺、坛上伽蓝、奥之院等成为日本天皇及贵族的礼拜中心，势力鼎盛。

创立真言宗的空海，曾借山岳修行者的指点而有与神灵沟通的神秘经验，这是他决意前往中国学习藏密的主因。因此真言宗与纪伊山的原始信仰相濡以沫，加上真言宗强调实践，因此信者莫不发愿前往熊野三山、高野山朝圣，贵如后白河天皇之尊一生朝圣的“熊野诣”次数高达34次。更难得的是“熊野诣”在日本的平安时代(794—1185年)可以说是全民运动。

北海道知床半岛 Shiretoko

2005

自然遗产

岛屿 × 海洋生态

有“日本最后秘境”之称的知床半岛，突出于北海道东北方的鄂霍次克海和太平洋之间，因为保有原始纯净的自然环境，以及珍贵且多样的动植物景观被登录为世界自然遗产。

知床半岛上横亘着罗臼岳、知床岳等标高一千多米的高山，全境布满高山和海岬，因而成为棕熊、虾夷鹿、大岛猫头鹰等野生动物的天堂。半岛上除了拥有高山、湖泊、原始森林、海蚀断崖等天然景观，还有天然涌出的温泉泉源；同时，知床半岛也是地球上纬度最低的海水结冰之地，寒冬时可看到壮观的流冰，甚至还曾出现过奇幻的极光现象。

知床五湖的自然生态丰富，时常可以看到虾夷鹿群在湖畔觅食的情景，另外，最引人注目的就是棕熊的出没。

至于知床半岛的流冰，可以说是大自然的奇迹，因为知床的纬度跟温暖的法国地中海沿岸及意大利北部差不多，照理是不会有流冰。发源于蒙古高原东部的阿穆尔河(即中国的黑龙江)，全长4350千米，也是知床流冰产生的源头。阿穆尔河的大量淡水流入鄂霍次克海后使海水中的盐分浓度变低，加上周围海上有大小列岛包围，外来的海水不易进入，成为半闭锁海域。因盐分浓度低，这里的海水就容易结冰。

2007

文化遗产

矿业景观 × 银矿

岛根县石见银山遗址

Iwami Ginzan Silver Mine and its Cultural Landscape

位于本州西南方的岛根县石见银山，因为16世纪开始大量开采银矿，促进了日本与东亚其他国家及欧洲之间的贸易与文化往来，因而获选为亚洲第一个矿业景观的世界遗产。

17世纪时，石见银山的银矿开发达到高峰，当时每年得以生产38吨的银矿，产量是日本之最、全世界第三名，于是整个区域迅速发展，在今日广达4.42平方千米的遗址上，聚落、要塞、冶炼作坊、矿道、运输银矿的港口城市等，展现了与采矿活动相关的特色土地运用。19世纪时石见银山因为银矿匮乏而封闭，如今掩荫于茂密的树林间。

©社团法人岛根县观光连盟

2011

文化遗产

佛寺 × 园林 × 佛教遗产

平泉——象征佛教净地的佛寺、庭园及相关遗址

Hiraizumi—Temples, Gardens and Archaeological Sites Representing the Buddhist Pure Land

12世纪时，日本地图上最大的三个都市，就是九州的博多、关西的京都，以及位于东北的平泉。统治着平泉的藤原家族，在这里打造出以和平为梦、佛教思想为基的人间净土。平泉的建筑和文化风格独特，与同时代的京都、奈良等不同，也是武士时代开始之前最后的贵族统治遗迹，后世称为平泉文化。

被列入世界遗产的平泉遗迹群中，名气最大的就属中尊寺和毛越寺。沿着高大杉林夹道的月见坂进入中尊寺境内，大小寺院错落其间。在全盛时期，这里共有40余间寺殿和300座以上的僧堂，之后受战火波及，藤原时代留存至今的建筑，仅有金色堂一处，珍贵的佛教文物与佛像则收藏在博物馆“赞衡藏”之中。

金色堂建于1124年，整座堂宇全由金箔包覆，梁柱细部则为南海夜光贝细工雕饰，以阿弥陀佛为中心的数座佛像立于堂间，金碧辉煌又万分细腻，早在成为世界遗产前就已是日本国宝。

中尊寺以建筑闻名，而相距不远的毛越寺，则因为庭园而受到瞩目。由藤原二代至三代所建的寺庙时代晚于中尊寺，同样因为战火，主要伽蓝仅留柱头遗迹，相对地，同样建于12世纪的净土式庭园却极其完整。庭园暗含了借景、隐喻等与京都庭园相似的日式美学，但规模之大是京都远不能及的。

2013

文化遗产

圣地

富士山——神圣之地和艺术泉源

Fujisan, Sacred Place and Source of Artistic Inspiration

富士山以文化遗产入列，可不是单指这座对称锥体本身，其文化景观成为深入日本人精神生活的登顶新路径。

自古以来，日本的自然崇拜便十分盛行，多次喷发的富士火山是神灵的化身，人们将恐惧敬畏之心化为实际行动，为了镇住火山活动而建立了浅间神社，之后修验道进入山中修行，更将人文信仰与富士山做了紧密结合。

在世界遗产委员会的认证下，遗产包含山顶信仰遗迹群、四大登山道、五湖地区、富士山本宫浅间大社及周边分社、历史住宅、忍野八海、胎内树型、白丝瀑布、人穴富士讲遗迹及三保松原等25处，除了观光中心五湖地区外，过去罕为人知的景点亦纷纷入列。考察这些据点过去在山岳信仰中的地位，古往今来激发骚人墨客无数的艺术创作，足见其以“富士山——神圣之地和艺术的泉源”登录文化遗产名册的缘由。

©富士山协会

©富士山协会

符号说明 登录时间 遗产内容 遗产类型 文化遗产 自然遗产 综合遗产 濒危文化遗产 濒危自然遗产 濒危综合遗产

©富士山协会

2014 文化遗产 工业景观

富冈纺纱厂

Tomioka Silk Mill and Related Sites

富冈纺纱厂位于东京西北边的群马县富冈，是日本第一座机械化纺纱厂，属于明治时期的工业遗产。这座工厂于明治五年(1872年)开工，而当年的缫丝所和蚕茧仓库，到今天都还完整保留下来，象征着日本现代化和工业革新的一个里程碑。而包括工厂初期的7栋主要建筑物、1座贮水槽和1处排水沟都被纳入世界遗产范围。

这里可以看到当年生产生丝的四个阶段，包括从法国引进技术之后设立的官营模范工厂、一个生产茧的实验农场、一个培育养蚕知识的学校、一个贮存蚕卵的冷藏设施。

当时引进的纺纱机械也考虑到日本气候等条件，后来被普遍用到日本其他的纺纱工厂，而富冈纺纱厂的女工又将纺纱技术传播到日本各地，后来日本生产的生丝在世界占据领先地位，并出口到欧洲和美国。

符号说明 登录时间 遗产内容 遗产类型 文化遗产 自然遗产 综合遗产 濒危文化遗产 濒危自然遗产 濒危综合遗产

2015

文化遗产

工业景观

日本明治维新时期工业革命遗址：钢铁、造船和煤矿

Sites of Japan's Meiji Industrial Revolution: Iron and Steel, Shipbuilding and Coal Mining

在抗议声中，世界遗产委员会还是通过了日本明治维新时期工业革命遗址这座颇具争议性的世界遗产，遗产共包含了23个地点，分布在山口、福冈、佐贺、长崎、熊本、鹿儿岛、岩手、静冈8个县中的11个市，大多数位于九州，年代约在1850—1910年。

这23处遗产有造船厂、炼铁厂、反射炉、机械工厂、纺织所技师馆、煤窑、铁矿山、海军遗址、煤矿坑、港口等。

联合国教科文组织通过这座世界遗产的理由为："这是西方工业化成功传播至非西方国家的先例，并且在1853—1910年短短50多年间，迅速实现了工业化，具有一定的历史价值。"

2017

文化遗产

宗教文化

宗像市的圣岛冲之岛与其相关遗址

Sacred Island of Okinoshima and Associated Sites in the Munakata Region

这项文化遗产包括了冲之岛上4座遗产(宗像大社冲津宫、小屋岛、御门柱、天狗岩)、大岛上2座遗产(宗像大社冲津宫遥拜所、宗像大社中津宫)、九州本岛2座遗产(宗像大社边津宫、新原/奴山古坟群)。其中，位于九州岛西岸60千米外的冲之岛，面积仅0.97平方千米，但为"宗像三女神"信仰中田心姬神的御体所在，地位神圣，岛上仅有冲津宫的神职人员。迄今禁止女性进入，男性也只有在每年5月27日接受净身仪式后才能登岛。岛上留有4世纪至9世纪往来航海者祭祀的大量祭品，其中约八万件被指定为国宝，这些祭品为日本与朝鲜半岛、亚洲大陆甚至远至波斯(伊朗)地区的交流提供了见证。

2016

文化遗产

现代建筑

柯布西耶的建筑作品——对现代主义运动的卓越贡献

The Architectural Work of Le Corbusier, an Outstanding Contribution to the Modern Movement

柯布西耶(1887—1965)是20世纪伟大的建筑师之一，瑞士裔法国人，他致力让居住在都市拥挤空间的人能有更舒适的生活环境，是功能主义建筑的泰斗，被誉为现代建筑的开拓者，瑞士法郎的10元纸币上就是柯布西耶的肖像。

2016年世界遗产大会把柯布西耶的17座建筑作品纳入世界遗产，横跨欧、亚、美三大洲，分布在比利时、法国、德国、瑞士、印度、日本、阿根廷7个国家。这些建筑充分展现了一种新的建筑语言，与过去的建筑完完全全产生一个断点，也反映出20世纪的现代主义运动的解决方式，是以发明新的技术来回应社会的需求，而且是全球性的。

在日本东京的日本国立西洋美术馆，由柯布西耶以"可无限扩充的美术馆"为概念所设计。其成立之初，是为了收藏日本大企业家川崎造船的社长松方幸次郎的300余件收藏品。从1959年开馆至今，馆藏已增加至4500余件，是日本唯一以西洋美术为收藏主题的国立美术馆。美术馆的收藏以中世纪末期到20世纪的美术作品为主，其中又以法国艺术家作品最多。

*与比利时、阿根廷、法国、德国、印度、瑞士并列

2018

文化遗产

基督教文化

长崎地区隐藏的基督教遗址

Hidden Christian Sites in the Nagasaki Region

这项遗址位于日本九州岛西北部的长崎县和熊本县，共包含12处遗址，由1637年岛原之乱的"原城遗址"(位于长崎县南岛原市)、保存渔村独有信仰形态的"天草之崎津聚落"(位于熊本县天草市)、日本国内现存最古老的教会"大浦天主堂"(位于长崎市)、信仰集中地平户圣地与聚落(位于长崎县平户市)等组成。

相关历史可追溯至17世纪至19世纪，当时日本江户幕府禁止传播基督教信仰，但长崎县和熊本县地区存在着传统宗教信仰和基督教共生的情形，基督徒就在超过两个世纪的禁教期间，在小村庄秘密传播着基督教的信仰，留存下现今可见的遗址。

耶路撒冷Jerusalem

1 0 0 Total 1

由于耶路撒冷的地位实在太特殊，也极具政治及宗教敏感性，因此当年耶路撒冷被提名为世界遗产时，尽管位于以色列国土境内，却是由邻国约旦所提出的，并且单独挂名为耶路撒冷，不属于任何国家。

1981

濒危文化遗产

宗教圣地

耶路撒冷古城及其城墙

Old City of Jerusalem and its Walls

耶路撒冷——犹太教、基督教、伊斯兰教三大宗教共同的圣城，巍巍城墙，层层堆叠出3000年的复杂历史恩仇。千百年来，虔诚信徒从四面八方而来，穿过城门，沿着朝圣之路接踵在曲折狭窄的古老巷弄，迈向属于各自的宗教圣地，行他们一生最神圣的一次朝拜。

经过重重严苛的安检，来到老城中心的神殿山(Temple Mount)，鎏金圆顶、外墙缀满蓝色马赛克和《古兰经》经文的岩石圆顶清真寺(Dome of the Rock)傲踞在神殿山正中央，是耶路撒冷老城最闪亮的精神地标，成列的柏树、开阔的广场、巨石铺设的地面，与周边阴暗狭窄的巷弄大异其趣。神殿山原本是犹太人的圣地，也就是传说中，亚伯拉罕(Abraham)将儿子以撒(Isaac)献祭给

上帝之处，因此所罗门王(King Solomon)早在3000年前就在此起造了犹太人的第一座圣殿，然而自从公元7世纪被穆斯林征服，并宣称先知穆罕默德在此升天之后，神殿山便与麦加(Mecca)、麦地那(Medina)齐名，名列伊斯兰世界“三大圣地”之一。如今，这里由约旦管辖，空气中传出来的声响，是叫拜塔的高亢诵经声，能入内朝拜的尽是覆头巾、罩面纱的穆斯林。

走下神殿山，穿过层层拱门和迷宫般的窄巷，再过一层安检，来到西墙(Western Wall，或哭墙)，对犹太教徒而言，世界上再也没有其他地方比这里更为神圣了。黑衣黑帽、蓄着蜷曲鬓发的犹太教徒各个面墙，或低头读经，或立定沉思，有时进入冥思忘我境界，便不自主地摆身吟唱，或亲吻石墙。两千多年前，希律王(Herod the Great)在神殿山打造了犹太人的第二座圣殿，西墙则是用来支撑圣殿外围的一堵高墙，然而圣殿于公元70年被罗马人所毁，西墙是圣殿仅存的残迹。近2000年来，这里便成了一座巨大的户外犹太圣堂，也是犹太教徒的至圣之地。

出了西墙管制区，沿着“受难之路”(Via Dolorosa)穿街过巷来到圣墓教堂(Church of the Holy Sepulchre)。《圣经》记载，耶稣一生最后的七天都在耶路撒冷度过，而“受难之路”到圣墓教堂这一段约600米的路程，回溯着耶稣生前的数个小时：从背着十字架、三次跌倒，在髑髅地被钉死在十字架上，到最后被卸下圣体、安葬在圣墓教堂里。如今，来自世界各地的朝圣者络绎于途，沿着“苦路十四站”等圣迹，或默念，或祈祷，有的跪拜亲吻“涂膏礼之石”(Stone of unction)，有的在圣墓排队等候数小时，就为了进到墓室点上一根蜡烛。这里正是基督世界的至圣之地，多少基督徒穷毕生之力，都要前来亲历基督生前所走过的路。

约旦Jordan

4 0 1 Total 5

约旦是中东地区少数能与以色列和平相处的国家，由于地处沙漠，石油资源也不丰富，旅游业成为该国重要产业，闻名遐迩的佩特拉古城不但名列世界遗产，也是该国首屈一指的观光胜地，其余四座世界遗产，都是古文明和基督教相关遗址。

佩特拉古城 Petra

1985

文化遗产

古城遗址

传说中绝美的粉红石头城佩特拉，地处往来阿拉伯世界、埃及和地中海交通的十字路口，加上狭窄山谷所形成的天然通道，易守难攻，是中世纪绝佳的交通要塞城市。

根据考古发现，佩特拉自新石器时代起就有人烟，而文化最为璀璨的时期，是公元前200年左右，阿拉伯那巴游牧民族(Nabatacans)选择于此建城。自此以后，佩特拉便在经济和宗教上扮演重要的角色。一直到罗马帝国的全盛时期，佩特拉还是中东地

©The Jordan Tourism Board

符号说明 登录时间 遗产内容 遗产类型 文化遗产 自然遗产 综合遗产 濒危文化遗产 濒危自然遗产 濒危综合遗产

区的重要城市。其名声远播，甚至中国都知道有个玫瑰般的石头城。13世纪左右，佩特拉由于莫名的原因消失于沙尘之中，直到1912年才被发现。经过整理后，1980年起这座城市正式与世人见面。

而史蒂文·斯皮尔伯格所导演的《夺宝奇兵之圣战奇兵》电影在此开拍，更掀起一阵佩特拉热潮。

进入佩特拉首先看到陵墓区，这些陵墓也都是从红色砂岩里开凿出来。经过红粉波浪状的古河道，两旁尽是高耸的山壁，粉红色岩壁上树立着大型人像，雄伟的神殿建筑在阳光照射下显出粉色、红色、橘色，变化无穷的色彩，令人着迷。再往前走是希腊式的圆形剧场，从这里更可了解佩特拉建筑融合了中亚与希腊地中海形式的建筑风格。出土文物则来自世界各地，显示出其欧亚十字路口的重要地位。

©The Jordan Tourism Board

©The Jordan Tourism Board

古塞尔·阿姆拉城堡 Quseir Amra

1985

文化遗产

城堡遗址

距离约旦首都安曼(Amman)大约85千米的古塞尔·阿姆拉，因为公元8世纪时伍麦叶王朝的哈里发瓦利德一世(Walid I)兴建的沙漠城堡而闻名，这处具备防御工事的夏宫，是早期伊斯兰艺术和建筑的代表。

随着岁月的摧毁，昔日占地广大的城堡复合式建筑，如今只剩下一座宫殿和地基遗址，不过宫殿顶棚保留着多幅精致壁画，透过壁画得以一窥当时的宫廷生活，比如哈里发沉迷在池畔聆听音乐和诗歌朗诵，以及举办化装宴会等逸乐活动场景，此外，在浴室的上方还可以看见描绘裸女、狩猎以及黄道十二宫的图案。

©The Jordan Tourism Board

©The Jordan Tourism Board

乌姆赖萨斯考古遗址

Um er-Rasas (Kastrom Mefa'a)

2004

文化遗产

古罗马遗址

原本是一处罗马军营，公元5世纪开始，乌姆赖萨斯发展成为一座城镇，而后历经长时间的发展，这块遗址上出现了罗马、拜占庭以及早期的伊斯兰文明。

今日这座遗址绝大部分尚未出土，不过已然展现于世人眼前的军营和16座教堂，足以一窥文明交融的情景。其中最重要的发现，是落成于公元785年的圣史蒂芬教堂(Church of Saint Stephen)保存完善的镶嵌地板，描绘狩猎、钓鱼以及当时此区重要城市的场景，而僧人们遗世修行的两座方形高塔，在中东世界闻名遐迩。

瓦迪拉姆保护区

Wadi Rum Protected Area

2011

综合遗产

沙漠景观 × 考古遗址

瓦迪拉姆在阿拉伯语中意指“酒红色山谷”，它位于约旦南部，占地将近742平方千米，是一片穿凿砂岩与花岗岩岩层而形成的砂质谷地，又有“月亮谷”之称。由于历经数百万年的地壳变动、岩层活动以及风化侵蚀过程，因此本区拥有相当多样化的沙漠景观，包括沙地、峡谷、拱门、峭壁、巨型滑坡、洞穴等。

从考古遗迹来研判，人类在此活动已经有12000年的历史，这里出土的壁画、石刻及碑文，也为人类思想的发展以及早期的字母演变提供了珍贵的线索。瓦迪拉姆保护区不仅见证了从新石器时代到纳巴泰时期的古文明发展，也为阿拉伯半岛的畜牧业、农业及都市活动描绘了清晰的轮廓。

20世纪初，英国上校劳伦斯(T. E. Lawrence)以此为基地，集结阿拉伯部族共同反抗土耳其人的统治，这个大起义事件后来被拍成电影《阿拉伯的劳伦斯》，瓦迪拉姆也因为这位传奇人物的故事，成为举世知名的旅游景点。

©The Jordan Tourism Board

©The Jordan Tourism Board

耶稣受洗之地：约旦河外的伯大尼

Baptism Site “Bethany Beyond the Jordan” (Al-Maghtas)

2015

文化遗产

《圣经》考古遗址 × 基督教圣地

这处《圣经》考古遗址位于约旦河东岸、死海北方9千米处，大致可以分为两处：一处为以利亚山丘(Elijah's Hill)，另一处为靠近河岸边的施洗约翰教堂。由于此处环境原始而自然，据信，拿撒勒的耶稣在这里接受了约翰的洗礼。

这里还留有古罗马和拜占庭时代的遗迹，包括教堂、礼拜堂、僧院、浸礼池，以及隐修士的洞穴等。这里也是基督徒经常前来朝圣的圣地。

哈萨克斯坦Kazakhstan

文化遗产 3　自然遗产 2　综合遗产 0　Total 5

哈萨克斯坦于1991年苏联解体后独立，是中亚地区最大的国家，更是全世界最大的内陆国。由于占据了整片中亚大草原，不论人文还是自然都与草原息息相关。入选的世界遗产，除了一座宗教圣地之外，都反映了草原文化和自然景观。

★丝绸之路：长安—天山走廊路网Silk Roads: the Routes Network of Chang'an-Tianshan Corridor详见中国(P.331)

霍贾·艾哈迈德·亚维陵墓

Mausoleum of Khoja Ahmed Yasawi

2003

文化遗产

陵墓坟冢

哈萨克斯坦从公元12世纪开始，就是伊斯兰苏菲教派的朝圣重地。原因是一位苏菲教派圣人霍贾·艾哈迈德·亚维曾在这里定居，并在63岁之后为了追悼死于该年的伊斯兰教先知穆罕默德，而住在地窖当中。

两百年后(约公元1389年到公元1405年)，帖木儿(Timur)还为亚维建造了一座硕大陵寝，且该陵寝也印在哈萨克斯坦的钞票上，由此可见亚维对哈萨克人的重要性。

这座建筑其实并未完成，当时来自波斯的建筑师试验性地打造了这座陵墓，不论造型还是结构都是创举，随后建筑师就把这种建筑形态用在帖木儿帝国的首都萨马尔罕，进而发展成为所谓的帖木儿式建筑。这座陵墓不仅首开先例，而且是最大、保存最好的一座帖木儿时期建筑。

泰姆格里岩画及考古景观

Petroglyphs within the Archaeological Landscape of Tamgaly

2004

文化遗产

岩画艺术 × 考古遗址

就在哈萨克斯坦最大城市阿拉木图(Alamty)北边60千米处，伊犁河翠绿河谷边的山壁上，散布了约5000处岩画。

伊犁河畔一直是中亚草原民族最重要的游牧根据地，从岩画的图案不难看出这点，例如岩画中出现了猎人追逐鹿的图案，时间可以追溯到公元前2000年，此时为狩猎时代。随着时间演进，岩画内容也有所不同，游牧生活的马和羊变成了主角，直到20世纪初为止。其中还有佛陀的图像，这可以看出公元8世纪时，佛教经由丝路传入中国的轨迹。

此外在岩画附近，也发现了大批的古代墓地、石棺及石堆，年代大约是铜器时代中晚期，其中有密集的雕刻，据考证应该是祭坛，作为宗教祭祀之用。

符号说明：登录时间　遗产内容

遗产类型：文化遗产　自然遗产　综合遗产　濒危文化遗产　濒危自然遗产　濒危综合遗产

2008

自然遗产

自然保护区

萨雅克——哈萨克斯坦北部草原与湖群

Saryarka—Steppe and Lakes of Northern Kazakhstan

萨雅克——哈萨克斯坦北部草原与湖群属于哈萨克斯坦高地(Kazakh Uplands)的一部分，境内包括了诺准(Naurzum)和库加辛(Korgalzhyn)两座国家自然保护区，占地广达4500平方千米。

保护区内的湿地是非洲、欧洲和南亚候鸟的重要中途栖息地，多达1500万只的鸟类把这里当成它们的聚食场，其中包括濒临绝种的西伯利亚白鹤(Siberian white crane)、达尔马提亚鹈鹕(Dalmatian pelican)以及帕拉斯鱼鹰 (Pallas's fish eagle)等。这里同时也是野生动植物的家，在占地200平方千米的大草原上经常可以看见狼、土拨鼠和即将消失的赛加羚羊(Saiga antelope)，以及稀有的草原植物。

2016

自然遗产

高山生态

天山西部 Western Tien-Shan

2013年，天山山脉的东部，也就是位于中国新疆境内的天山被列为世界遗产，三年后，山脉的西部也被纳入，不过不是和前者并列，而是单独成为自然遗产，并由哈萨克斯坦、吉尔吉斯斯坦、乌兹别克斯坦三国共有。

天山是中亚地区最长的山脉，横跨中国新疆、哈萨克斯坦、吉尔吉斯斯坦和乌兹别克斯坦，东西绵延2500千米，平均海拔超过5000米，也是世界上数一数二大的山体。天山西部不如东部多座高峰都在海拔7000米以上，这里海拔约从700米到4503米，山区景观多变，森林和植物族群丰富多样，也是世界上许多水果作物的原生地。

*与吉尔吉斯斯坦、乌兹别克斯坦并列

朝鲜Democratic People's Republic of Korea

2 0 0 Total 2

朝鲜入选的高句丽古墓群于2004年和中国的“高句丽王城及陵墓群”一起被提名，不过由于范围和内容并不完全一样，因此分属独立的两座世界遗产，而非并列。2013年又新增一座文化遗产，也是高句丽时代的遗产。

2004

文化遗产

陵墓坟冢

高句丽古墓群

Complex of Koguryo Tombs

高句丽国建立于公元前37年，灭亡于公元668年，历经26位君王的统治，并且从公元5世纪进入全盛期，疆域横跨中国东北、朝鲜大部分以及韩国北部地区。现今分布于平壤及邻近省份的古墓群，是高句丽国晚期的历史遗迹，也是当时高句丽文化、墓葬习俗、日常生活及信仰的最佳见证。

在目前出土于中国东北及朝鲜半岛的1万多座高句丽王陵及古坟中，共有90座绘有壁画，其中一半位于此遗址，包括平壤的东明王陵与真坡里古坟群、南浦的江西三墓和水山里古坟，以及黄海南道的安岳1、2、3号坟等。

这些为了帝王、皇后及皇室成员精心建造的石砌陵墓，拥有单墓室、双墓室或多墓室的格局，具体展现了优异的工程技术。更重要的是，墓壁上还绘有彩色壁画，勾勒出高句丽时期的食衣住行、人物肖像、宗教仪式以及墓葬习俗，为古老的高句丽文化提供丰富的考证史料。

2013

文化遗产

古城建筑

×

儒释道遗产

开城历史建筑

Historic Monuments and Sites in Kaesong

开城又名松都、松岳、开京、松京，是朝鲜黄海北道的城市，从公元10到14世纪为高丽时代的古都，现为朝鲜的边境城市，也是一个工业特区。

由于是高丽时代的古都，留下许多历史建筑，目前共有12处历史建筑被纳入世界遗产，包括宫殿、墓冢、防御城墙和城门、瞻星台、学校、寺院等，它们共同体现了该城历史上关键时代的政治、文化、哲学和精神价值观。而在高丽王朝的统治下，显现出当年从佛教转变到新儒家的文化精神和政治价值，而儒、释、道的思想也反映在建筑的布局和规划上。

韩国
Republic of Korea

12 1 0 Total 13

踏上韩国的土地，会发现在这个看似现代化的国度中，仍旧保存着源远流长的历史、独特的传统和优美的古迹。包括了史前的巨石文化、地理的天然奇景、佛教和儒教的文化遗产等，颇有助于了解韩国成长、发展的轨迹。

宗庙 Jongmyo Shrine

1995

文化遗产

政权(皇权)象征

宗庙是祭祀朝鲜时代历代皇帝和皇妃神位的地方，以正殿为主，还包括永宁殿、典祀厅、功臣堂等。正殿是祭祀以初代太祖李成桂为首的19位皇帝和30位皇后或王妃。永宁殿则是祭祀其他皇帝、皇后和王族的地方。

宗庙至今仍保存完整的王朝仪式，在每年5月的第一个周日，李氏的后裔会在此举办宗庙大祭，每位参加者都会穿上传统的衣服，在庄严的雅乐中按着旧规进行仪式。宗庙另有一大特色即是园内林木扶疏，加上建筑物少，更能感觉环境的清幽。

海印寺大藏经版木及版库

Haeinsa Temple Janggyeong Panjeon, the Depositories for the Tripitaka Koreana Woodblocks

1995

文化遗产

佛教遗产

海印寺位于韩国东南部庆尚南道伽耶山的西南山麓。寺庙本身建于韩国佛教发展最盛的新罗时代，但真正获选为世界文化遗产，是因为寺内完整保存了自高丽时代遗留至今的八万块大藏经版木。

高丽时代末期，当时在位的高宗为了不让佛教信仰在蒙古国的入侵下消失殆尽，花了12年的时间(1237—1248年)，以木片制作了八万块大藏经版，完整的经文记载成为目前极宝贵的佛教研究文献。寺庙内共有两座藏经殿，木造的殿内结构没有任何华丽雕刻，却能避免因气候造成藏经版腐蚀的损伤，完整地将藏经版保存数百年之久。

©韩国观光公社

符号说明 登录时间 遗产内容 遗产类型 文化遗产 自然遗产 综合遗产 濒危文化遗产 濒危自然遗产 濒危综合遗产

佛国寺与石窟庵

Seokguram Grotto and Bulguksa Temple

1995

文化遗产

佛教遗产

石窟庵与佛国寺是韩国佛教艺术的登峰造极之作。结束三国分裂状态统一全韩国的新罗时代(676—935年)，定都于庆州，此时国泰民安，文化和艺术都有非凡的成就，特别是佛教文化更在此时达到兴盛。欣赏庆州的佛教文化，当以石窟庵与佛国寺最为经典。

佛国寺建于庆尚北道东南吐含山上，不过万历朝鲜战争时，大部分的木造建筑都毁于战火中，其后经过数次的整修才恢复今日的面貌。由于重建时都是以当年的石坛或础石来建造，而多宝塔、释迦塔等石造建筑也维持创建时的姿态，就文化与艺术价值来说，实为登峰造极之作。

石窟庵位于佛国寺东边，与佛国寺遥遥相对。两寺据文献记载都是由金大成所兴盖，约建于新罗时代的751年，但两者风格却大异其趣。石窟庵欣赏的是释迦如来坐像，佛国寺则是观赏寺庙建筑美与石塔。

石窟庵的释迦如来佛像安详地端坐在人工挖凿的石窟内，高3.26米，坐在以莲花纹刻成的八角台座上，膝盖上自然垂放的右手，食指轻轻放置在中指之上，稳如泰山之姿中可稍见律动感，并有降魔之意。眉高，双眼半开间仍可见瞳孔，端正的鼻梁和嘴巴、额头处并镶有金刚钻，表情祥和而优美。石窟庵的释迦如来佛像为韩国一级国宝，佛像颈部的三道柔和线条、僧衣覆盖左肩的薄纱状、胸膛与双足衣服的美丽线条，皆为雕刻艺术的最高杰作。

昌德宫建筑群

Changdeokgung Palace Complex

1997

文化遗产

宫殿×园林

公元14世纪，李氏朝鲜王朝以汉城(今首尔)为都，于统治的500年间创建了别具特色的宫殿，其中以昌德宫最为引人入胜。昌德宫建于李氏朝鲜第3代国王太宗时(公元1405年)，为景福宫的离宫。

随地形变化搭建的昌德宫，总面积广达40多万平方米，古意盎然的宫殿建筑和传统造景的秘苑，都有说不出的特殊韵味，为李氏朝鲜王朝时期，保存最为完整的一座宫殿。

除建筑美外，与自然调和的秘苑，也是它荣登世界遗产的主因。仔细欣赏昌德宫，不论是宫殿建筑还是秘苑所深藏的内涵，融合很多中国思想，像是秘苑中的四方形莲花池，中间则有一圆形造景，四方用来表示地，圆则是天，表示天地调和、在小格局中创造大宇宙之意。

目前开放参观分为宫殿与后苑两部分，后苑一定要跟随导览人员才能入内。后苑种植多达160种的树木，松树、银杏、枫叶等随着四季变迁改变颜色，有些树龄比宫殿还久远，景致相当优美。韩剧《屋塔房王世子》里多次提及的芙蓉池，就在后苑里。

庆州历史区

Gyeongju Historic Areas

2000

文化遗产

陵墓坟冢

庆州在公元前1世纪到公元935年之间，以作为新罗王朝首都而繁盛一时。尽管后来新罗王朝灭亡，但随处点缀的史迹和建筑群则让它赢得“无围墙博物馆”的美名，估计整个城镇就有超过400处文化遗产。

拥有千年历史的庆州，最引人注目的即是到处点缀的古坟群，行走其间常可看到在绿地中突起的冢墓。这些古墓和王陵有许多尚未被发掘，同时庆州政府为了保护这些景观，严格限制周遭房屋的高度不准超过这些古坟群，这也让庆州处处飘散着谜样的古典美。

庆州的史迹景点集中，加上城镇大小适宜，许多旅客喜欢骑脚踏车去感悟庆州历史的古韵，到古坟公园看看天马冢，到东亚最早的瞻星台、有庆州金氏发祥传说的鸡林，或是可遥想当年宫殿歌舞升平繁荣景象的雁鸭池等地，感受千年的古韵之美。

1997

文化遗产

防御工事

水原华城 Hwaseong Fortress

朝鲜第22代王正祖李祘为了杜绝朝廷保守派掌控都城资源的弊端，有了迁都的打算，1794年元月开始在水原动工兴建华城，两年又九个月后竣工。

华城是连绵5.7千米的心形城墙，被圈入的面积达1.3平方千米。华城的建造，在韩国史上具有许多重大的意义，包括最早并用花岗岩石材与黑砖块、最早运用起重机等机械，不但有效地减轻了百姓的痛苦，也大幅缩短工期、节约经费。

华城的不同角落里，有角楼、将台、炮楼、弩台、敌台、空心墩等，各具不同的功能，尤其空心墩是从中国辽东学来，把砖砌成圆形、中空的墩台，士兵可以进入里面对外射枪，御敌功能强大，也是韩国建筑史上的创举。

2000

文化遗产

陵墓坟冢

高敞、和顺、江华的古墓遗址

©韩国观光公社

Gochang, Hwasun and Ganghwa Dolmen Sites

由于墓葬也是研究人类活动的重要根据，联合国教科文组织认定其保存价值，遂于2000年将这三地的石室古墓列入世界文化遗产之列。

支石墓是史前时代石墓形式之一，和顺石墓最大特色是密集地聚集596个石墓。除了石墓，在附近也找到了工作石室，借由石室来得知当时建造石墓的方法及过程。全罗北道高敞郡是韩国最大规模的支石墓遗迹，位于仁川市江华郡也有北方式的支石墓群，透过这些遗址可了解两三千年前人们的生活方式及智慧。

2007

自然遗产

火山地形景观

济州火山岛和熔岩洞

Jeju Volcanic Island and Lava Tubes

济州岛上被规划为世界自然遗产的区域包括城山日出峰、拒文岳熔岩洞窟、汉拿山自然保护区，三处都是火山活动所成的独特地质景观。

城山日出峰形成于10万年前的海底火山爆发，海拔182米的顶端有着直径600米、深90米的火山口，远看犹如皇冠，是当地欣赏日出的最佳地点。汉拿山为海拔1950米的休眠火山，位于济州岛中央，周边有许多不同大小的寄生火山，顶端则是直径1720米的天然湖白鹿潭。

由寄生火山喷发后所产生的拒文岳熔岩洞窟，被联合国教科文组织认为是罕见完整的熔岩洞窟系，其中总长13 422米的熔岩管状隧道万丈窟最具代表性，洞穴内有壮观的钟乳石和石笋，目前只开放1000米让游客参观。

2009

文化遗产

陵墓坟冢

朝鲜王朝皇陵

The Royal Tombs of the Joseon Dynasty

韩国朝鲜王朝兴起于14世纪末，将儒家思想设为国家正统思想，创立韩国书写文字，可以说是韩国帝王统治的盛世。朝鲜王朝一共留下72位君王和后妃以及未能登基就逝世的储君陵墓，分散在18个地区，多集中于京畿道或首尔一带。

每座陵墓位置一律有山为背、南边面向水源，除了陵墓本身，还设有T形木造神龛、警卫亭等，周边围绕着动物或人形石雕，整个布局风水方位，保护着祖灵和墓地。

2014 文化遗产 防御工事

南汉山城 Namhansanseong

南汉山城位于首尔东南方约25千米处，朝鲜王朝时代被设计来作为紧急之用的临时首都。这里的海拔约500米，城墙全长约12.3千米，由僧侣士兵建造并负责守卫，城内部广阔平坦，水资源也很丰富，约可容纳数千至上万人。

城墙建造历史最早可以推算到公元7世纪，后来历代经过数次重建翻修，17世纪初时，曾经抵御中国清朝的攻打。城墙建筑风格明显受到中国和日本的影响，后来又有西方大炮进驻，使该城成功守护了朝鲜的自主与独立地位。

符号说明 登录时间 遗产内容 遗产类型 文化遗产 自然遗产 综合遗产 濒危文化遗产 濒危自然遗产 濒危综合遗产

2010

文化遗产

人文聚落景观

韩国历史村落：河回村与良洞村

Historic Villages of Korea: Hahoe and Yangdong

建于14—15世纪间的河回与良洞，被认为是最足以代表韩国历史宗族村落的小镇。它们同位于庆尚北道，分别坐落于安东市以及庆州市东北方16千米处。

四周群山环绕，面对着河流与开阔的农地，它们的布局和地理特色，反映出早期朝鲜王朝贵族统治下的儒家文化。如此的田园风光和山色美景，伴随着首领家族的宅邸，以及大量木头结构的宗族成员房舍、凉亭、书斋和常见成簇的泥土墙草顶平房，形成一幅非常动人的景致，为人们的心灵提供养分。环绕河回村与良洞村的群山、绿树与溪流，以及从凉亭眺望而出的景观，早在17—18世纪时已成为韩国诗人笔下经常描绘的题材。

2015

文化遗产

考古遗址

百济历史区 Baekje Historic Areas

百济(又称南扶余，公元前18—公元660年)是古代朝鲜半岛西南部的国家，在朝鲜半岛上曾经与高句丽、新罗三足鼎立，并称为朝鲜三国时代。其国力最强盛的时候，国土涵盖朝鲜半岛西半部绝大部分，最北到平壤，曾是海上强国，但在公元660年，被新罗和中国唐朝联军所灭。

本遗产涵盖了年代从公元475—660年的考古遗址，包括公山城、武宁王陵、熊津、北汉山城、扶余官北里遗迹与扶苏山城、定林寺、扶余陵山里古坟群、扶余城墙、弥勒寺等。其文化、宗教、艺术明显受到中国、日本及朝鲜本身的影响。

2018

文化遗产

佛教寺庙

山寺——韩国佛教名山寺庙

Sansa, Buddhist Mountain Monasteries in Korea

“山寺”指的是朝鲜半岛南部各地位于山间的佛教寺庙，这项文化遗产由法住寺、通度寺、浮石寺、大兴寺、凤停寺、麻谷寺、仙岩寺七处寺庙组成，其中，报恩郡俗离山上的法住寺是韩国“五大寺刹”之一，又称“小金刚”。这几处寺庙建于7世纪至9世纪，空间布局展现了韩国寺庙建筑共有的要素：开放式庭院、两侧的佛殿、亭、讲经堂和宿舍，包括了独特的结构、神龛。这些山间的寺庙是神圣的地方，迄今依然是民众信仰和日常宗教活动的中心。

吉尔吉斯斯坦 Kyrgyzstan

2 1 0 Total 3

吉尔吉斯斯坦是1991年苏联解体后独立出来的中亚国家，境内多高山，东边与中国为界，境内70%居民说吉尔吉斯语，也是中亚的草原游牧民族之一，历史起源甚早，是中亚丝路必经的要道。

★丝绸之路：长安—天山走廊路网Silk Roads: the Routes Network of Chang'an-Tianshan Corridor详见中国(P.331)
★天山西部Western Tien-Shan详见哈萨克斯坦(P.383)

2009

文化遗产

圣地

苏莱曼图圣山

Sulaiman-Too Sacred Mountain

苏莱曼图圣山坐落在吉尔吉斯斯坦南方费尔干纳谷地的高处，五座山峰相连，形成该国第二大城奥什(Osh)的屏障，也是中亚丝路的交会口、过去旅者和商队的地标。

受到伊斯兰教信仰的影响，数千年以来，苏莱曼图圣山一直是中亚地区人们朝拜的圣地，信众相信在苏莱曼图圣山祭拜，可治愈头痛、背痛和不孕等症状，目前有17处朝圣地仍有信众前往祭拜，且各据点都有步道联结。

山中另有两座16世纪重建的清真寺和许多史前洞穴壁画，其中有101处以人和动物形体为主的壁画，一并被标注为世界遗产。

老挝Lao People's Democratic Republic

2 0 0 Total 2

老挝是中南半岛唯一的内陆国，约于公元13世纪中叶，泰国清迈的兰纳王朝范围涵盖了今天老挝的琅勃拉邦及万象在内，因此寺庙建筑和泰国有很多的相似之处。森林资源极其丰富，绵延其中的湄公河成为这个没有铁路系统的国家的交通要道。

琅勃拉邦古城 Town of Luang Prabang

1995

文化遗产

古城
×
殖民城市
×
法国

琅勃拉邦是老挝的历史古都，也是最耀眼的观光地点，有丰富的庙宇等古建筑，在法国殖民时期，这里还是法国人钟情的避暑胜地，遗留下66栋法国殖民时期建筑，东西文化激荡出别具一格的风情。

琅勃拉邦位于老挝的北部，是湄公河畔的港口，老挝的第二大城。约在公元8—13世纪，一支少数民族的部落就选择这处湄公河和它的支流南康河(Nam Khan)的交汇点作为都城，而老挝的第一个王朝，也就是由高棉支持的法昂(Fa Ngum)所建立的澜沧王国，亦于1353年定国都于此，当时名为孟沙瓦(Muang Sawa)。但在法昂国王以后，由于接受高棉贵族所赠称为“琅勃拉邦”(Pha Bang)的大卧佛，因此此地就改名为琅勃拉邦，意为大佛或圣佛。从此琅勃拉邦一直为澜沧王国的首都，直到16世纪将首都迁往万象为止。

符号说明 登录时间 遗产内容 遗产类型 文化遗产 自然遗产 综合遗产 濒危文化遗产 濒危自然遗产 濒危综合遗产

2001

文化遗产

印度教遗产×人文聚落景观

占巴塞文化景观——瓦普神庙遗址与古代聚落

Vat Phou and Associated Ancient Settlements within the Champasak Cultural Landscape

从占巴塞文化遗址推断，其应为中国古书记载的真腊国，年代远早于千年前一统中南半岛大部分地区的吴哥王朝。瓦普神庙建筑群和聚落遗址，以及周边留存丰富的雕刻艺术，都清楚显示当时印度教对中南半岛信仰的影响。

位于普高山上的瓦普神庙里，原本供奉的神祇就是印度教的湿婆神，即便目前在正殿是佛教释迦牟尼佛像，仍可从庙宇周边的印度教雕刻略知一二，甚至聚落里寺庙、神龛和水池的位置，都是从印度教的教义和观点表现人和自然之间的关系。被纳入世界遗产的范围，不只有瓦普神庙，从河岸到山顶拉出一条轴线，约10千米内，还包括湄公河岸两座城市以及普高山。

黎巴嫩Lebanon

5 0 0 Total 5

黎巴嫩位于地中海海盆和阿拉伯半岛的重要十字路口，地理和历史因素，使得它成为一个多元种族、宗教和文化的国家，其入选的5座文化遗产，从7000年前的古代遗址到众多古城，都说明了黎巴嫩地理位置的重要性。

1984

文化遗产

古城遗址

安杰尔 Anjar

距今约有1300多年历史的安杰尔古城位于黎巴嫩中部查哈里(Zahle)，最初是乌麦耶王朝(Umayyad)瓦利德一世国王的避暑地点，是1948年发现的8世纪古迹遗址。乌麦耶王朝延续了约一百年的盛世(660—750年)，最大的功绩就是将帝国领土从现在的西班牙经北非扩张至中东地区，而安杰尔因为位居中央地理位置，成为当时贸易重镇。现在的古城遗址留有20米长的大道，以及600家并排商店的遗迹。

1984

文化遗产

古城遗址×古罗马

提尔城 Tyre

提尔城过去是主控海权的重要城市，积极向外扩张殖民地以及稳定发展的紫染织品产业，引来巴比伦国王和亚历山大大帝远征至此。提尔城辉煌的过去，目前可在镇上两处考古遗址窥探一二，多半是古罗马时期遗留下来的竞技场、巨大的三弯拱门、占地广大的墓地、露天浴池、建筑廊柱和古街道等。

1984

文化遗产

古城遗址×古罗马

巴勒贝克 Baalbek

巴勒贝克原本是腓尼基时代祭拜太阳神的地方，城市名中的“Baal”意指“太阳神”，到希腊时期被称为太阳之城。城市发展始于古罗马全盛时期，目前遗留下来的建筑遗迹，包括圆柱神殿以及繁复的石雕，都彰显了古罗马黄金时期的建筑技法，黎巴嫩官方甚至称其为“全球拥有最多古罗马建筑遗址，且保存最完整的地方”。

巴勒贝克最重要的遗址就是宙斯神庙、酒神庙、维纳斯神庙三座神殿，其中酒神庙是中东地区保存最完整的古罗马神殿建筑。

1984

文化遗产

古城遗址

比布鲁斯 Byblos

比布鲁斯可以说是黎巴嫩历史的缩影，历史学家相信，这座城市的历史至少可回溯至7000年前，从一座沿海渔村发展而来。

比布鲁斯曾经是第一座和埃及有贸易往来的腓尼基城市，现在城镇里仍留有石器时代的住屋残迹、腓尼基时期一位国王的地下坟墓、古罗马时期喷泉遗迹和城堡遗址等。有些历史文物被埋在地底多年，一直到19世纪末至20世纪之间，才被考古学家发现。

1998

文化遗产

圣地

加迪沙圣谷和神山森林

Ouadi Qadisha (the Holy Valley) and the Forest of the Cedars of God (Horsh Arz el-Rab)

加迪沙河谷位居黎巴嫩最高峰库尔内特萨乌达山(Qornet Es-Saouda)，不仅拥有葱郁的西洋杉林，也是世界上最早有基督教修士隐居的地方。

现在仍留有许多嵌在崖壁上的小教堂、石窟以及一些隐士住所，这些建筑上的壁画可追溯至公元12至13世纪，而周边的杉木林应该就是当时修士们修筑居所的材料。

马来西亚Malaysia

2 2 0 Total 4

不像其他古文明国度拥有数千年的历史，马来西亚一开始以其丰富的生态林相入选两座自然遗产，但进入21世纪之后，马六甲海峡上的两座殖民历史城市获得青睐，晚近更是以发现非洲大陆以外最古老的人类历史遗迹而举世瞩目。

基纳巴卢山公园 Kinabalu Park

2000

自然遗产

高山

×

热带雨林生态

基纳巴卢山位于马来西亚沙巴州，标高约4101米，面积754平方千米，也被称为“神山”，是东南亚的最高峰。这座于150万年前所形成的神山，由于地壳在长时间不断的冷却和凝结之后，向上隆升而形成花岗岩层，再加上受到暴雨和冰川的侵蚀影响，这座新的山岳显现出独特的地质面貌。

特殊的地质条件和自然环境，使神山呈现出多彩多姿的景致。此地以热带雨林生态闻名遐迩，尤其生长在国家公园保护区内无数奇特的繁茂植物，像世界最大朵花红色大王花，以及橡树、杜鹃花、猪笼草和矮灌木等，尤其这里还是赏鸟和观赏松鼠、蜥蜴等动物成长的最佳场所。

符号说明：登录时间 遗产内容

遗产类型：文化遗产 自然遗产 综合遗产 濒危文化遗产 濒危自然遗产 濒危综合遗产

2000

自然遗产

喀斯特地形

穆鲁山国家公园

Gunung Mulu National Park

穆鲁山国家公园是世界上广大而壮观的天然钟乳石地洞之一。马来西亚的钟乳岩层的地区分布广袤，几乎包括了婆罗洲的北砂劳越大部分地区，而目前共发现了26个地下洞穴及长达159千米的通道，仅占总数的30%。目前，已开放可安全参观的有6个，包括"砂劳越岩洞(Sarawak Cave)"，被誉为世界最大的洞内自然厅堂，长600米，宽450米，高100米，据说可停放40架波音747飞机。

所有的钟乳石风貌并非只在岩洞内呈现，露出于外的钟乳石层的尖峰有的比树还高，甚至高达45米，这就是全球罕见的石灰刀石林(Pinnacles)。

考古学家推测，在150万年前冰川时期穆鲁山国家公园就已形成，一望无际的山景与植被仍然保留着美丽而丰富的原始色彩。园内目前发现有两万种动植物，包括穆鲁山山脚下生长许多香料植物，在泥炭沼泽周边也发现多种灌木类植物，石灰岩地貌半山腰部分，生长最多的是苔类，山顶上则满布着高山植物。目前为止，在穆鲁山发现约有1500种花卉，包含170种兰花、10种瓶状叶植物，还包括多不胜数的蕨类植物等，也陆续发现许多珍贵而未知的动植物。

2008 文化遗产 殖民城市 × 英国 × 荷兰

马六甲海峡的历史城市：马六甲和乔治城

Melaka and George Town, Historic Cities of the Straits of Malacca

1786年，英国法兰西斯·莱特上校来到槟城岛，他将进驻屯垦的东北角以英王乔治三世(George III)命名，这就是乔治城的由来。乔治城是槟城州的首府，也是政治经济发展的中心，有趣的是，乔治城保有丰富的华人移民文化，许多重要的古迹与街道都分布在市中心，因此拥有一个地道洋名的它，事实上却非常中国化。

而马六甲城扼守马六甲海峡的战略地位，也吸引西方国家如葡萄牙、荷兰、英国的注意，西方大国的进驻虽让马六甲历经多次的殖民事件，但也留下了不少相关的遗迹，现今的马六甲处处可见当年的时光轨迹，街道与建筑乃至于饮食文化都是活的历史教材，为全世界的游客娓娓诉说属于马六甲的故事。

2012 文化遗产 考古遗址 × 旧石器时代 × 新石器时代 × 青铜时代

玲珑谷考古遗址 Archaeological Heritage of the Lenggong Valley

本遗址位于马来西亚霹雳州北部的玲珑谷，范围涵盖两区，共四处考古场址。这里的洞穴及露天考古场址记录了距今1000年到183万年前的人类活动，时间横跨旧石器时代、新石器时代及青铜时代，是非洲大陆以外最古老的人类历史遗迹。

1991年，考古学家在玲珑谷古浓轮都洞(Gua Gunung Runtuh)挖掘文物时，意外发现了保存极为完整的“霹雳人”(Perak Man)骨骸，证明马来半岛在1万多年前已经有人类居住。2009年，考古学家宣布他们在玲珑谷武吉布农(Bukit Bunuh)一处由陨石撞击而成的冲击凝灰角砾岩(suevite)岩层中，发现了一个用石英岩凿成的手斧，时间可回溯到183万年前，这项举世瞩目的新发现，立刻使玲珑谷成为东南亚地区最古老的旧石器时代遗址。其他存在于玲珑谷的珍贵考古遗迹，还包括石窟壁画、珠宝、陶器、石器、武器以及工具打造场等。

蒙古Mongolia

3 2 0 Total 5

13世纪时，成吉思汗成立蒙古汗国，金戈铁马震撼欧亚，成为全球历史上最大版图的大帝国；而后忽必烈建立元朝，强势的国力却因藏传佛教席卷草原逐渐衰微。

★乌布苏湖盆地Uvs Nuur Basin详见俄罗斯(P.248)
★达斡尔景观Landscapes of Dauria详见俄罗斯(P.248)

蒙古阿尔泰山岩画群

2011 文化遗产 岩画艺术

Petroglyphic Complexes of the Mongolian Altai

本遗址包含三处由古老游牧民族流传下来的岩画群，它们皆位于蒙古阿尔泰山脉的巴颜乌勒兹省(Bayan-Ulgii)，总面积约113平方千米。

阿尔泰山最早期的岩画反映了更新世晚期到全新世初期(大约距今6000年到11000年前)的人类生活状况，当时此区仍有一部分是森林，人们多半在山谷打猎觅食。中期的岩画则呈现此地在全新世中期(大约距今4000年到6000年前)已经变成山地草原，人们过着以放牧为主的生活。最晚期的岩画大约出现于公元前1000年的斯基泰时期(Scythian periods)，它们呈现了当时人们从放牧过渡到骑马游牧的生活方式。

阿尔泰山岩画的主题多半是狩猎、放牧、舞蹈、宗教仪式以及牲畜或野生动物形象。它们有些出现在水草丰美的山谷河流旁，有些刻在林间巨石上，有些则绘制于悬崖峭壁或石窟壁面，而且附近通常都有游牧民族赖以维生的狩猎场或放牧场。这些分布集中的岩画遗迹，充分反映了12000多年来人类文化的发展，也生动描绘出人类与环境之间的互动关系。

大不儿罕合勒敦山及其圣地景观

2015 文化遗产 圣地

Great Burkhan Khaldun Mountain and its Surrounding Sacred Landscape

大不儿罕合勒敦山位于蒙古东北部的肯特(Khentii)山脉中部，这里有辽阔的中亚草原以及西伯利亚针叶林，据传是成吉思汗的出生地，以及下葬的地方，被蒙古人视为最神圣的圣山。此外，这里的山脉、河流不少地方都被视为圣地，到处都可以看到萨满教的石墩，以及佛教的经幡。1992年，蒙古将大不儿罕合勒敦山方圆12000平方千米的地方设立为保护区。

鄂尔浑河谷文化景观

2004 文化遗产 人文聚落景观×河谷

Orkhon Valley Cultural Landscape

鄂尔浑河是蒙古最长的河流，河岸草沃水丰的辽阔牧地，是喂养游牧民族的生命之河，也是蒙古国发展中心，目前仍有游牧民族在河谷周边的牧地放牧。

13至14世纪，蒙古国的首都卡尔哈林(Kharkhorum)就在此河谷地区，维吾尔族也曾在此设立都城。此外，考古学家也发现不少6世纪的遗迹群，以及融合当地文化的佛教寺庙等，并从中发现过去游牧民族的信仰、贸易等社会活动，以及欧亚文化交会变换的蛛丝马迹，证实了鄂尔浑河谷在中亚地区中有着一定的历史地位。

尼泊尔Nepal

2 2 0 Total 4

尼泊尔境内拥有两处自然遗产和两处文化遗产，虽然数量不多，然而跨越的范围却相当辽阔，其中加德满都谷地就包括了七座皇宫与寺庙。另外，位于喜马拉雅山区的萨嘉玛塔国家公园，正是世界最高峰珠穆朗玛峰的所在地。

奇特旺皇家国家公园

Royal Chitwan National Park

1984

自然遗产

动植物生态

喜马拉雅山脚下的奇特旺皇家国家公园，是少数未遭人为破坏的生态区。境内除了丰富多元的植物生态，还拥有最后几只独角犀牛和孟加拉虎。

奇特旺皇家国家公园位于尼泊尔南边，原是皇室专用狩猎场，1961年才开放给一般旅客，1973年成为尼泊尔第一个国家公园，动植物受到完善的保护。

在奇特旺有三件必做的事：一是骑大象、看独角犀牛；二是坐独木舟赏鸟、找鳄鱼；三是跟着导游认识植物。总归就是看生态。932平方千米的境内，有独角犀牛、野猪、孟加拉虎、野象等超过50种哺乳动物，以及翠鸟、老鹰、夜鹭、犀鸟等525种鸟。当地导游表示，在2、3月时比较容易看到老虎和一些罕见动物。

符号说明 登录时间 遗产内容 遗产类型 文化遗产 自然遗产 综合遗产 濒危文化遗产 濒危自然遗产 濒危综合遗产

亚洲

尼泊尔

1979

文化遗产

文化景观 × 印度教遗产

加德满都谷地 Kathmandu Valley

处于中国和印度两大古文明的交会处，加德满都谷地20千米的范围内就有7处宗教古迹群，其中包括3个古皇宫所在地，共有将近130间庙宇、浴池、花园、佛塔等，充分展现富丽精细的尼泊尔工艺，以及融合印度教和佛教信仰的具体诠释。

谷地里的文化遗产集中在三大古都——加德满都、帕坦(Patan)和巴克塔布(Bhaktapur)，皆是古皇宫所在，建于马拉(Malla)王朝，约公元12—17世纪间，结构上相当类似。

皇宫前的广场一律叫作杜儿巴广场(Durbar Square)，三座广场皆名列文化遗产。由于尼泊尔人将国王视为保护神毗湿奴的转世，广场上必定有一间御用的印度庙，由一位活女神库玛莉(Kumari)驻守，还有一座黄金门。

加德满都位于谷地西边，是尼泊尔首都，同时是全国的政治、经济、文化和商业中心。市中心广场最外围的御用印度庙德古塔蕾珠庙(Degu Taleju Temple)有500多年历史，是现存同类型的庙中最早、最大，且最漂亮的，因皇室仍在这间庙祭拜，外人不得进入，另有著名的性庙、猴门等。

帕坦位于谷地南部边陲，距加德满都约8千米，当地人民旧时以建庙为生，加德满都几乎所有的庙都是出自帕坦人之手，当然自家的庙更得好好设计，“精致艺术之城”的封号由此而来。

巴克塔布是3个古都中维护得最好的，亦以精工木雕出名，杜儿巴广场上有军人驻守在黄金门和活女神庙门口，当地的活女神库玛莉是最有名的，木雕最极致的表现为达塔特拉亚(Dattatraya)巷子里的孔雀窗，据称由于木头材质特别硬，在300多年后的今天，仍可看出根根清楚的孔雀翎毛及繁复的装饰雕花。不过2015年4月大地震后，许多古迹都受到或多或少的损伤。

1979 自然遗产 高山景观生态

萨嘉玛塔国家公园(圣母峰) Sagarmatha National Park

萨嘉玛塔国家公园其实就是一般所称的喜马拉雅山区，全境1148平方千米，涵盖尼泊尔境内2845米以上的山区到圣母峰(即珠穆朗玛峰)之间的范围。平均海拔3000米以上，6000米以上的高山也比比可见，世界最高的圣母峰就在此列。萨嘉玛塔国家公园以独特的高山景观和文化生态，被认可为世界遗产。

萨嘉玛塔国家公园位于加德满都的东北方，尼泊尔和中国西藏自治区的交界处。西藏人称之为珠穆朗玛，尼泊尔人称它是萨嘉玛塔，意思是地平面之顶(Top of The Surface)，其他山名则多用印度众神的名字，或是藏文，或是跟雪巴人有关的名字。这里是登山者的最后挑战，旅客要不是为了生态观察或学术研究，就是打算健行直攻圣母峰。沿途可见冰川和罕见的高山动植物，植物有银蕨、杜松、桦树等，动物则有喜马拉雅黑熊、狼、山猫、雪豹。

符号说明 登录时间 遗产内容 遗产类型 文化遗产 自然遗产 综合遗产 濒危文化遗产 濒危自然遗产 濒危综合遗产

佛陀出生地蓝毗尼

1997 文化遗产 佛教圣地

Lumbini, the Birthplace of the Lord Buddha

佛陀的出生地蓝毗尼坐落在喜马拉雅山脉脚下，目前规划成一座园区，园区分为三部分：一是佛陀母亲摩耶夫人庙(Mayadevi Temple)，二是阿育王石柱，三则为水池和菩提树。相传摩耶夫人因夜梦白象由右侧腋下进入，感而受孕，遂生佛陀。园中布局，似乎是尽量在还原当年的种种传说故事。

摩耶夫人庙供奉着一块模糊不清、由黑岩雕刻的摩耶夫人产子像，隐约可以看出摩耶夫人高举右手、扶着树枝的姿态。摩耶夫人庙后方的树是她当年产子的地点，水池则是佛陀出生后净身的水池，尽管这些都已非当年的树与水池。倒是庙另一侧竖立的阿育王石柱，铭文上说，阿育王登基后的第二十一年，亲自到佛陀降生地参拜并立柱。

圣人出世总有圣迹异象，例如佛陀一出生便行走七步，步步生莲，一手指天，一手指地，并说："天上天下，唯我独尊。"虽为穿凿之说，却总能满足后人对圣者崇拜的心理，并为圣地带来更多传奇色彩。

缅甸Myanmar

1 0 0 Total 1

缅甸这个中南半岛国土面积最大的国家，境内古迹无数，却直到2014年才有第一座古迹入列世界遗产，而且不在一般人所熟知的仰光、浦甘、曼德勒等这些拥有无数佛塔、寺庙的城市，而是比这些现存古迹年代更早的骠王国所留下来的考古遗址。

骠国古城 Pyu Ancient Cities

2014 文化遗产 古城遗址

在缅甸这块广大的土地上，由骠族所建立的骠国(Pyu Kingdoms)，可以说是最早出现在缅甸而有历史记载的古国文明，其年代约从公元前200年到公元900年，超过1000年的辉煌历史，分部在伊洛瓦底江流域(Ayeyarwady)。中国《新唐书》中《骠国传》就提到，骠国有18个属国、9个城镇、298个部落。

被纳入世界遗产的分别是罕林(Halin)、毗湿奴(Beikthano)、室利差旦罗(Sri Ksetra)这三座用石砖打造、外围有城墙和护城河的古城遗址，分立在伊洛瓦底江盆地干涸区域的灌溉田间。

遗址经过考古勘探后，可以发现宫殿、堡垒、墓冢、手工艺工作坊，以及砖砌佛塔、部分城墙和水利设施，有些部分目前还在使用中，显示当时的农业是相当有组织的，而且小乘佛教早已传入，其创造的文化，为后来浦甘王朝奠定了深厚基础。

阿曼Oman

5 0 0 Total 5

位于阿拉伯半岛东南部海岸的阿曼，控制着波斯湾重要的出入口霍尔木兹海峡，从17世纪就建立起独立的王国。由于位于沙漠地带，水源和雨水直接影响聚落的发展，从入选的5座文化遗产可以看出水在阿拉伯半岛扮演的重要角色。

巴赫拉城堡 Bahla Fort

1987 文化遗产 防御工事

巴赫拉是阿曼最古老的村落，以制陶产业闻名。矗立在山丘上的巴赫拉堡，最早修建年代可追溯至公元830年，历经三次增建修整才成为现在的规模。

后人认为城堡防御系统架设最完整的应是在12—15世纪的巴奴聂罕时期(Banu Nebhan)，采用未窑烧过的砖块堆砌出三角锥式的堡垒，以及绵延近15千米的城墙，坚固宏伟的架构不仅显示当时发展成熟的建筑技术，也见证了统治者的强盛势力。

©UNESCO/Véronique Dauge

阿夫拉贾灌溉系统 Aflaj Irrigation Systems of Oman

2006 文化遗产 水利工程

阿曼属于热带沙漠气候，耕种灌溉无法只依靠自然雨量，阿夫拉贾灌溉引水系统便应运而生。阿夫拉贾是以人工挖出渠道，依照地势的落差，将山区水源引进输送至耕地。

这种灌溉系统历史可追溯至公元500年，甚至考古学证明公元前2500年就已存在，即便现在已有先进的水利设施，至今仍有3000多组阿夫拉贾灌溉系统在农村地区继续使用中。列入世界遗产的灌溉系统共有五组代表，入选地区包括达西里亚区(Dakhiliya)、沙奇亚(Sharqiya)与巴提奈(Batinah)。

巴特、库特姆和艾因考古遗址 Archaeological Sites of Bat, Al-Khutm and Al-Ayn

1988 文化遗产 考古遗址×青铜时代

阿曼境内相当重要的考古遗址就是位于依柏力(Ibri)的巴特、库特姆和艾因，附近分布着数量庞大的坟墓群，以及完整的史前聚落遗迹，据推断应为公元前3000年的青铜器时代。在艾因附近村庄的山脊上，就有20座以石块堆叠出约3.6米高、如倒扣蜂窝形状的墓地，并留有很窄的入口缝隙，使用目的不可考。

©UNESCO/Marc Carbonare

乳香之路 Land of Frankincense

2000 文化遗产 沙漠绿洲×贸易路线

每年6至8月的季风，为阿曼南部的朵法尔区(Dhofar)带来丰沛的雨量，先天条件比阿曼其他地区更适合植物生长，乳香木的栽植也多半由此而来。

在朵法尔区的巴利得(Al-Blaid)、霍尔罗里(Khuwr Rori)、斯西鲁(Shasr)、瓦迪杜卡(Wadi Dooka)等古城里的旧坑道和洞穴，以及古老文件中所发现的制作乳香的遗迹，都证明了当地曾长期为中世纪乳香贩售的重要交易点。

©UNESCO/Francesco Bandarin

卡尔哈特古城 Ancient City of Qalhat

2018 文化遗产 古城遗址

卡尔哈特古城位于阿曼的东海岸，遗址包括了被内城墙和外城墙围住的古城，以及城墙外的区域。在霍尔木兹王朝(Hormuz Princes)统治期间，卡尔哈特在11世纪至15世纪时期，发展成为阿拉伯东海岸的主要港口，它为阿拉伯东海岸、东非、印度、中国和东南亚之间的贸易联系，提供了独特的考古证明。

符号说明：登录时间 遗产内容 遗产类型：文化遗产 自然遗产 综合遗产 濒危文化遗产 濒危自然遗产 濒危综合遗产

巴勒斯坦Palestine

3 0 0 Total 3

2012年年底联合国大会正式通过巴勒斯坦成为观察员国，而在此之前半年，联合国教科文组织已将巴勒斯坦境内举世闻名的伯利恒列为世界遗产，而且因其所在地动荡不安被列为濒危文化遗产，足见对其保护刻不容缓。

2014
濒危文化遗产
农业景观 × 葡萄 × 橄榄

耶路撒冷南部巴蒂尔的橄榄和葡萄文化景观

Palestine: Land of Olives and Vines—Cultural Landscape of Southern Jerusalem, Battir

巴蒂尔(Battir)丘陵位于耶路撒冷西南部数千米，大约位于那布鲁斯(Nablus)和希伯仑(Hebron)之间的中央高地，这里包含了一系列的农耕谷地，有石头砌成的梯田，靠着灌溉系统种植着葡萄和橄榄树，以供应市场所需。

在这样的山区进行农耕，得抽取地下水并透过灌溉渠道网进行浇灌，传统上，水资源的分配就控制在邻近的巴蒂尔村。

©UNESCO/Federico Busonero

©UNESCO/Federico Busonero

2012
濒危文化遗产
教堂 × 基督教圣地

耶稣诞生地：伯利恒主诞堂及朝圣之路

Birthplace of Jesus: Church of the Nativity and the Pilgrimage Route, Bethlehem

主诞堂坐落于今日的伯利恒马槽广场，是全世界仍在使用中的最古老的一座教堂。公元326年，罗马帝国君士坦丁大帝的母亲海伦娜依据2世纪基督教历史的考证，下令在耶稣降生的马槽石穴上方兴建主诞堂，333年落成。然而后来因为受到战乱、地震以及政权交替的冲击，主诞堂又历经多次的维修与扩建。

公元529年，信奉犹太教的撒玛利亚人(Samaritan)不满拜占庭帝国查士丁尼大帝压迫异教徒，发动大规模起义，导致主诞堂在暴动中遭到烧毁。公元565年，查士丁尼大帝下令原地重建，并且保留教堂最初使用的马赛克地板。到了耶路撒冷王国时期，统治该地的十字军也对教堂进行整修与扩建，逐渐形成今日的样貌。

人们来到这里除了能看到罗马天主教、希腊东正教、方济会以及亚美尼亚教会的修道院，还可以一睹著名的谦卑之门、钟楼、露台花园以及朝圣之路。不过这座拥有约1700年历史的教堂，由于支撑屋顶的木梁已经腐朽，出现漏水情况，因此内部的建筑结构及收藏画作正面临威胁，亟待修复。

2017
濒危文化遗产
古城遗址

希伯仑/哈利勒古城 Hebron/Al-Khalil Old Town

希伯仑位于巴勒斯坦西岸地区，海拔约930米，距离耶路撒冷南方约30千米，这座古城是以种族、宗教、职业等族群作为区域划分的依据，充斥着曲折的街道、古老的石屋和市集，建筑风格和室内装饰都相当独特。希伯仑最知名的历史遗迹为麦比拉洞(Cave of Machpelah)，此处遗迹与亚伯拉罕有关，因此同时被犹太教、伊斯兰教及基督教视为圣地。

对犹太人而言，麦比拉洞是先知亚伯拉罕、其子以撒、其孙雅各、其妻撒拉、利百加(以撒之妻)和利亚(雅各之妻)之墓地，因此犹太人又称此处为“族长圣墓”，并与耶路撒冷、采法特(Safed/Zefat)、堤比里亚(Tiberias)同列为犹太教的“四大圣城”，而穆斯林称此处为“易卜拉欣清真寺”(Al-Ibrahimi)，显现此处亦为穆斯林推崇的圣地。

巴基斯坦Pakistan

6 0 0 Total 6

与印度同样坐落于印度半岛的巴基斯坦，如今虽与印度分立成两个不同国家，然而就其历史发展脉络，二者可谓如出一辙。从五千年前的印度河古文明，到佛教文明，再到以伊斯兰文明为主的莫卧儿王朝，这些重要的文化遗产都是那个时代留下的资产。

摩亨佐达罗考古遗址

Archaeological Ruins at Moenjodaro

1980

文化遗产

考古遗址 × 印度河谷文明

摩亨佐达罗位于印度河西岸，距离巴基斯坦的卡拉奇约580千米，根据考古遗址往前推算，这座城市约建于公元前3000年前，现存遗迹则清楚说明了早期缜密的城市规划，包括以未经窑烧的砖筑墙，城市笔直交错的主干道，以及排水系统、地窖仓库、拥有艺廊的议事厅等，就连住屋的架构也经过设计，在地震来袭时会往外崩塌，以减轻人身伤害。

在遗址附近有一座博物馆，收藏旧城里挖掘出来的日常用品、武器、雕像、玩具等，开放大众参观。

©UNESCO/Karim Hendili

塔克特·依·巴依佛教遗址和萨尔·依·巴赫洛遗址

Buddhist Ruins of Takht-i-Bahi and Neighbouring City Remains at Sahr-i-Bahlol

1980

文化遗产

佛教遗产 × 防御工事

在塔克特·依·巴依山顶的僧庙是巴基斯坦最完整的佛教建筑，居高临下的位置可以眺望白夏瓦平原(Peshawar)，也因为在山上，僧庙才能躲过多次战火，完整地保存下来。

这座在公元2—3世纪间兴建的僧庙格局为矩形，规划相当完整，包括佛塔、寺庙、舍利塔、天井等，在僧庙遗址中也发现许多雕刻和证明佛教和印度教徒都曾经在此留下足迹的钱币。此外，邻近地区还有一座构筑了防御工事的萨尔·依·巴赫洛古城，约建于同一个时期。

塔克西拉 Taxila

1980

文化遗产

文化遗产 × 丝路

要想同时看见孔雀王朝阿育王和希腊亚历山大大帝的足迹，全世界非塔克西拉莫属。位居欧亚丝路的中继站，塔克西拉已有2500多年历史，一直是佛教的教育和文化中心，犍陀罗艺术也是塔克西拉重要的遗产之一。而在遗址外的博物馆里，陈列着西方脸孔的雕塑，或是带着希腊风格的佛像，都是东西文化在此交会的最佳证明。

©UNESCO/Alexandra Sayn-Wittgenstein

拉合尔古堡和夏利玛尔花园

Fort and Shalamar Gardens in Lahore

1981

文化遗产

古堡 × 园林 × 伊斯兰教遗产

拉合尔古堡和印度红堡同样出自莫卧儿帝国沙贾汗(Shah Jahan)之手，堡垒和清真寺以大理石为建材，加上精细的马赛克与镀金装饰。而同时在拉合尔周边建造的夏利玛尔花园，格调高雅，配有一幢拥有三座露台的庄园，并以瀑布、池塘造景。

这两处同时在1981年被列入世界遗产，也在2000年因维护不当被提为濒危世界文化遗产，后来经过不断修复，在2012年从濒危名单中解除。

符号说明：登录时间 遗产内容

遗产类型：文化遗产 自然遗产 综合遗产 濒危文化遗产 濒危自然遗产 濒危综合遗产

1981 文化遗产 陵墓坟冢 × 伊斯兰教遗产

特达历史建筑 Historical Monuments of Thatta

特达位于喀拉蚩东方98千米印度河西岸，临阿拉伯海。历经四朝伊斯兰教帝国统治，在城市中留下许多伊斯兰建筑和遗迹，其中又以莫卧儿王朝修建的数量最多。在特达的麦克里山上有号称世界最大的陵墓群，占地约15.5平方千米，历代国王、王后、学者长眠于此，从陵墓和墓碑雕刻样式，即可判别其朝代，而莫卧儿时期多采用大理石或花岗岩为主要石材，雕刻精细繁复，在陵墓群中相当醒目。

其中规模最大的就是死于1644年的塔克汗(Isa Khan Tarkhan)为自己建的墓地，他在生前就请建筑师修墓，想法和沙贾汗建泰姬陵如出一辙，工程完成后，便将建筑师的双手砍断，以保证自己的灵寝是世界上独一无二的。

©UNESCO/Alexandra Sayn-Wittgenstein

1997 文化遗产 防御工事

罗赫达斯要塞 Rohtas Fort

公元1540—1541年间，谢尔沙苏里(Sher Shah Suri)打败莫卧儿大军后，便着手兴建罗赫达斯堡，历经10年完成，造就旁遮普省最宏伟的历史建筑。

城堡混合土耳其、印度传统建筑和艺术样式，厚实的城墙蜿蜒将近5千米，周边设置的防御系统都按战略布局，并利用天然沟壑以及1千米的河岸当作护城河，坚固的城基不仅熬过攻击，也避过暴风等天然灾害，可以说是中亚地区保存相当精细且完整的伊斯兰教堡垒。

菲律宾Philippines

3 3 0 Total 6

从菲律宾入选的世界遗产中不难发现，文化遗产反映其原住民及殖民历史，自然遗产则显现其独特的岛屿生态。文化遗产中有两座是西班牙殖民时代产物，一座为原住民为生计留下的美丽地理景观；两座自然遗产则都是世界级的珊瑚礁及喀斯特地形景观。

菲律宾的巴洛克式教堂建筑群

Baroque Churches of the Philippines

1993

文化遗产

教堂×殖民遗产

菲律宾被列入世界文化遗产的巴洛克式教堂共有四座，包括老沃的圣奥古斯汀教堂(San Agustin)或称抱威教堂(Paoay Church)、马尼拉(Manila)的圣洁的圣母教堂(Immaculate Conception)，以及分别位于米亚高(Miag-ao)的圣汤玛斯教堂(Norte Santo Tomas)和圣玛利亚(Santa Maria)的圣母教堂(La Asuncion)。

巴洛克教堂群建于16世纪西班牙殖民时期，由菲律宾和中国工匠以巴洛克风格为蓝图重新诠释，打造出风格独具的殖民时代历史建筑。其中外形如金字塔般的抱威教堂乍看之下与澳门的大三巴教堂有点类似，然而它不只是个门楼，民众现今仍可以走进宽广的教堂里礼拜、祈祷。

这座教堂虽然已有400年之久，雄伟华丽的巴洛克建筑造型，不因年代久远而消逝，尽管外墙已斑驳褪色，却更添浓烈的古意。特别的是，这座教堂没有地基，也不用钢筋水泥，完全以甘蔗汁炼成的糖浆、红砖、泥浆、礁石、石灰等建筑材料建成，现在人们从教堂外露的柱子当中，还可以看到这些原始的建材。

图巴塔哈珊瑚礁海洋公园

Tubbataha Reef Marine Park

1993

自然遗产

海洋生态

菲律宾巴拉旺一直都是世界知名潜水地点，位于巴拉旺(Palawan)的图巴塔哈珊瑚礁海洋公园是最佳例证。面积约1300平方千米，图巴塔哈珊瑚礁海洋公园由两座环状珊瑚礁岛系统组成，南北各有一座。海底生物种类多且密集，海底原始珊瑚礁垂直100米形成完整的生态圈及天然屏障，北端珊瑚礁小岛则是鸟类和海龟的最佳栖息地。

©UNESCO/Ron Van Oers

符号说明 登录时间 遗产内容 遗产类型 文化遗产 自然遗产 综合遗产 濒危文化遗产 濒危自然遗产 濒危综合遗产

1995

自然遗产

农业景观 × 稻米

菲律宾水稻梯田

Rice Terraces of the Philippine Cordilleras

位于吕宋岛中北部的巴拿威(Banaue)梯田，是一个山区的纯朴小镇，有着世界级的独特风光，一亩一亩渐次而上的梯田，和谐地融入大自然的山林绿水中，如同通往天国的阶梯。

居住在此的怡芙高族(Ifugao)住民，为了适应崎岖不平、耕地稀少的艰难环境，将一块块的石头沿着山坡筑成挡土墙，修建成可耕种的田地。经过数千年的开垦，开辟出200平方千米的梯田，以胼手胝足的精神征服了大自然。

每年的4月是巴拿威梯田最美丽的季节，田里刚刚插上翠绿的新秧，一阶阶的鲜绿方块，镶嵌在青山翠谷中。走在蜿蜒的田埂上，看着农忙的妇人，迎着山区午后的微风，四周没有嘈杂喧嚣的喇叭噪声，耳边是虫鸣鸟叫伴着淙淙的流水声，就像是处遗世独立的世外桃源。

这处人间仙境，也有其潜在的忧虑。年轻人不断外流，年老者逐渐凋零，人口的减少，造成梯田日渐荒芜。加上环境的破坏，巴拿威地区遭受迁徙到此的大蚯蚓侵袭，大蚯蚓为了寻找食物，松动土壤，每逢暴雨时，被松动的梯田就容易坍崩。联合国教科文组织曾于2001年将巴拿威梯田列入濒危遗产，2012年又因保护得宜而从名单中解除。

1999

文化遗产

殖民城市 × 西班牙

维甘古城 Historic Town of Vigan

维甘地名据传源自闽南话的“美岸”，是早期中国闽南一带的移民，以母语对当地美丽海岸所发出的赞叹。建于16世纪的维甘城之所以被纳入世界遗产之列，主要因为它是菲律宾少数保有完整西班牙建筑遗迹的城镇。走在城镇中，不难从木窗拱门、廊柱雕刻中感受浓浓的南欧风情，古街上两三层高的楼房已被政府立法保护，也因为强制维护，维甘古城得以呈现出东南亚少见的欧式风情。

维甘城建于1572年，当时是花了100多年才陆续建成的，维甘目前约有100多户人家，街道巷弄纵贯其间，两旁二三层楼的木屋为西班牙传统式民居，为了保持古迹的完整，当地政府下令只能修整内部，外观万万不能改动；至今维甘古城不但保有浓浓的欧式风格，更带有古老的味道，像是灰白的墙面、拱形木制窗门、植物藤蔓式的栏杆，虽略见斑驳，却掩不住古朴的风情。

维甘的主要街道为古董街，其长约500多米，两旁鳞次栉比的商家，贩卖原木家具、竹藤、陶艺品和织布，这些都是很具特色的民俗工艺品。尤其是陶器，是维甘主要的传统工艺，过去他们常做成大型的陶缸，装盛盐、酒、米等民生用品。

2014 自然遗产 生物多样性

汉密吉伊坦山脉野生动物保护区

Mount Hamiguitan Range Wildlife Sanctuary

汉密吉伊坦山脉位于菲律宾民答那峨岛“东民答那峨生物多样性走廊”(Eastern Mindanao Biodiversity Corridor)的东南部，山脉沿着普加达(Pujada)半岛，呈南北走向，海拔从75米到1637米，不但植物种类丰富，也是许多特有种动物的栖息地。

随着海拔高度不同，这里就仿佛各种水生和陆生动植物的展示场，复杂而多变，包括许多遭受威胁的地区性动植物，其中有8种，全世界只生存在汉密吉伊坦山，例如菲律宾鹰(Philippine eagle)和菲律宾鹦鹉(Philippine cockatoo)。

1999 自然遗产 喀斯特地形

普林塞萨地下河国家公园

Puerto-Princesa Subterranean River National Park

普林塞萨地下河国家公园位于菲律宾西南部被称为“最后处女地”的巴拉旺(Palawan)省。普林塞萨地下河国家公园拥有一条长达8.5千米的水道，穿过东南亚常见的喀斯特景观地形，由山通向海洋。虽然渠道较低的部分容易受到潮汐影响，但完整的生态系统，以及周边茂密的森林，造就了相当完整的生物保护区。

©UNESCO/Ron Van Oers

卡塔尔Qatar

1 0 0 Total 1

卡塔尔是阿拉伯半岛上的半岛国家，三面环波斯湾，一面与沙特阿拉伯接壤，国土面积仅1.15万平方千米，国土虽小，但石油和天然气蕴藏丰富。2013年终于有了第一座世界遗产，这座考古遗址保留了未发现石油之前的城市样貌。

2013 文化遗产 古城遗址

祖巴拉考古遗址

Al Zubarah Archaeological Site

坐落于波斯湾的祖巴拉，在18世纪末19世纪初时，因为珍珠贸易而致富，这座被高墙围起来的海岸城市由科威特商人所建，其地理位置优越，正好位于霍尔木兹海峡和波斯湾西部的中继站，贸易网络覆盖印度洋、阿拉伯和西亚等地方，可惜1811年遭到摧毁，接着整座城就被遗弃了。

此后百余年，从沙漠吹来的风掩埋了整座城，但是也把当年的宫殿、清真寺、街道、庭院大宅、渔人小屋，还有港口、双层的防御城墙、水道、墓园等都完好保存下来。目前考古挖掘仅进行一小部分，其城市形态完整保存了波斯湾国家未发现石油之前，一座珍珠贸易城市的样貌。

符号说明 登录时间 遗产内容 遗产类型 文化遗产 自然遗产 综合遗产 濒危文化遗产 濒危自然遗产 濒危综合遗产

新加坡Singapore

1 0 0 Total 1

2015年7月，新加坡植物园被正式列入世界文化遗产名录，这是新加坡第一座世界文化遗产，也是名录中首座热带花园。当然这不只是一座热带植物园，因为是英国殖民时所设立，也象征着殖民时代的遗产。

©新加坡旅游局

©新加坡旅游局

©新加坡旅游局

©新加坡旅游局

2015
文化遗产

植物园 × 殖民遗产

新加坡植物园 Singapore Botanic Gardens

新加坡植物园的建立概念起源于1822年，当时莱佛士爵士(Sir Stamford Raffles)在福康宁山打造了一座植物学实验园(Botanical and Experimental Garden)，用以研究具有潜在经济价值的作物，于1829年关闭。

1859年，占地0.74 平方千米的新加坡植物园成立，这里不仅仅是一座英式殖民热带植物园，也是植物研究单位，这里的园长曾在19世纪80年代成功种植橡胶树，并将种植方式推广至马来西亚。如今，新加坡植物园更是当代重要的科学研究机构，在植物保育和教育方面皆不遗余力。

园内散落着天然原始森林和热带花园，是寻找绿意的最佳散步去处。其中，国家兰花园(National Orchid Garden)更是植物园里的焦点，全东南亚共有约2500种兰花，在这里培育的就超过500种。最特别的是新加坡国花“卓锦万黛兰”，1893年由卓锦小姐(Miss Joaquim)在花园内发现，属于原生种，因此在1981年获选为国花。

沙特阿拉伯Saudi Arabia

5 0 0 Total 5

地处沙漠的沙特阿拉伯直到2008年才有第一座世界遗产，目前共有5座入列。这些遗产显示了沙特阿拉伯早在万年前就有人类居住，而且开发历史甚早，更是国际贸易和穆斯林朝圣的中心。

哈萨绿洲——演变的文化景观

2018 文化遗产 植物园 × 殖民遗产

Al-Ahsa Oasis, an Evolving Cultural Landscape

哈萨绿洲位于阿拉伯半岛东部，拥有250万棵枣椰树，是沙特阿拉伯面积最大的绿洲，这处文化遗产包括花园、运河、水井、泉水、排水湖、历史建筑、城市建筑和考古遗址，现存的清真寺、运河、水井等，展现了从新石器时代到现代，持续有人类定居在波斯湾的遗迹，这一处大型绿洲不但是一个独特的地理景观，也是人类与环境互动的最佳证明。

石谷考古遗址

2008 文化遗产 古城遗址

Al-Hijr Archaeological Site (Madâin Sâlih)

石谷考古遗址又名哈格拉(Hegra)，是沙特阿拉伯第一处世界遗产。这是与约旦佩特拉同一个时代的纳巴泰(Nabataean)文明所遗留的坟墓群。

这些直接在砂岩上开凿而出的墓，约建于公元前1世纪到公元1世纪之间，共计有111座，其中94座有保存良好的精美花纹雕刻，其建筑与艺术融合了亚述、埃及、腓尼基等文化特色，见证了纳巴泰文明当时处于国际贸易中心的地理特色。同时该地也有规划良好、至今仍可使用的水道设施，以及约50座历史比纳巴泰文明还早、绘有壁画的洞穴。

迪伊雅的阿图赖夫区堡垒

2010 文化遗产 古城遗址

At-Turaif District in ad-Dir'iyah

迪伊雅是一座位于沙特阿拉伯首都利雅得(Riyadh)西北郊的小镇，坐落在阿拉伯半岛的中央，它是沙特皇室家族的发源地，在1744—1818年间曾为沙特王朝的首座首都。

迪伊雅由今日沙特皇室家族祖先创立于15世纪，具有阿拉伯半岛中央独特的那吉(Najd)建筑风格。18世纪—19世纪初期，它的政治与宗教地位大幅提升，使得阿图赖夫区的堡垒不但成为沙特家族暂时的权力中心，同时也是诞生自伊斯兰内部宗教改革的瓦哈比教派(Wahhabi)的延伸，该教派提倡苦行与圣战，是一个排除异己的极端教派。阿图赖夫古城区包括多座宫殿遗址，以及一座兴建于迪伊雅绿洲边缘的城市聚落。

吉达历史区——通往麦加的门户

2014 文化遗产 历史城区

Historic Jeddah, the Gate to Makkah

吉达的历史城区位于红海的东海岸，从7世纪开始，这里就是通往印度洋的主要港口，并运送货物到麦加。同时，从海路过来前往麦加朝圣的穆斯林，也会从这里上岸。

此一双重的角色，使得吉达发展成一个多元文化中心，同时有许多独特的传统建筑，包括由商人精英于19世纪晚期所建造的塔屋，以及用红海珊瑚礁岩所盖的传统房子，而这些工艺技术都是受到这条贸易路线影响而发展出来的。

黑尔地区的岩画艺术

2015 文化遗产 岩画艺术

Rock Art in the Hail Region of Saudi Arabia

这处岩画位于沙漠地带，主要由两部分组成。过去在乌姆辛曼山(Umm Sinman)脚下，原本有一座湖泊，供应大纳佛德沙漠(Great Narfoud Desert)南部地区人民和牲口的饮用水源，可惜湖泊的水早已干涸。阿拉伯的祖先们便在此处的岩石上留下画作和铭文，从岩画判断，其历史可以追溯到1万年前。

©UNESCO/Veronique Dauge

符号说明：登录时间　遗产内容　遗产类型：文化遗产　自然遗产　综合遗产　濒危文化遗产　濒危自然遗产　濒危综合遗产

斯里兰卡Sri Lanka

6 2 0 Total 8

位于印度东南方的斯里兰卡，因为佛陀曾经到来并且留下了一个脚印，便从此奠定了佛教立国的根基，虔诚的信仰历经数千年不变。保留王朝风韵的历史古城、穿梭着橘色袈裟和尚的寺庙佛塔、随山丘连绵起伏的茶园、跨越时空的殖民建筑，使整座岛国散发着独特之美。

波隆纳鲁沃古城

Ancient City of Polonnaruwa

1982

文化遗产

古城遗址

长5千米、宽3千米、占地1.22平方千米的波隆纳鲁沃，浓缩了斯里兰卡最精华且保留最完整的历史遗迹。

这个位于中北部干燥地区的古城，是僧伽罗王朝统治下的第二个首都，因为拥有数量众多的贮水池，因此早在公元3世纪时就成为当地的农业经济中心，所以即使在阿努拉德普勒王朝时期，波隆纳鲁沃已然备受重视且开始兴建皇宫。

由于阿努拉德普勒长期以来饱受印度人的侵扰，因此无论战略位置还是经济效益都比阿努拉德普勒城更出色的波隆纳鲁沃，终于在公元933年成为僧伽罗王朝的首都。今日保留下来的建筑大多兴建于帕拉克拉马一世(Parakramabahu I)统治时期。波隆纳鲁沃一直扮演着首都的角色，直到13世纪末国王布瓦内卡二世(Bhuvanekabahu II)迁都到库鲁内格勒为止。如今遗址大致可分为古城区、北部区以及南部区三个部分。

1982

文化遗产

古城遗址

锡吉里耶古城

Ancient City of Sigiriya

锡吉里耶古城遗址位于花岗岩山峰峰顶狮子岩上。狮子岩是一块陡峭的巨岩，犹如独自从天而降，落在四周裸露的干燥地区。锡吉里耶古城是传说中斯里兰卡中世纪最“短命”的首都，流传着一则皇室人伦悲剧的故事。

据说公元5世纪中叶统治阿努拉德普勒的国王达图塞纳有两个儿子，一个是母亲出身卑微的迦叶波，另一个则是后来皇后所生的嫡子莫加兰。为了避免达图塞纳将王位传给莫加兰，迦叶波联合了国王的侄子，同时也是军队统领的弥迦罗进行篡位。

尽管得到王权，迦叶波却担心逃到印度的莫加兰回来报仇，于是命令手下寻找一处难以攻破的地方另建皇宫，狮子岩因而从一处和尚隐居之所发迹成为一座皇城。

迦叶波效法丰饶之神俱比罗(Kubera)传说中的住所，在狮子岩高达200米的顶部兴建了一座宫殿，并且在岩脚下建立了一座崭新的城市，而这一浩大的工程据说只花了七年的时间。不过就在宫殿落成的六年之后，莫加兰率领坦米尔大军前来，尽管有着厚实城墙的保护，迦叶波还是勇气过人地骑着大象从这块高大的岩石上一跃而下，一马当先领军在下方低地迎战敌人。不幸的是，他的大象受惊乱窜，使得部队里的士兵以为他想撤退而后退，于是面对被俘虏的处境，迦叶波自杀身亡。后来莫加兰将狮子岩重新交回和尚手中，直到12世纪中叶这个地方被放弃为止。

符号说明 登录时间 遗产内容 遗产类型 文化遗产 自然遗产 综合遗产 濒危文化遗产 濒危自然遗产 濒危综合遗产

1982 文化遗产 古城 × 佛教圣地

阿努拉德普勒圣城 Sacred City of Anuradhapura

辉煌了1000年，这个斯里兰卡最重要的古城，曾经是僧伽罗人举足轻重的政治、经济中心，却于公元993年因为抵挡不住印度朱罗王朝的连番进攻，逐步变为了废墟。

古城创立于斯里兰卡第四位国王盘陀迦阿巴耶(Pandukabhaya)之手，这位造反的贵族于公元前380年，在他叔叔阿努拉德(Anuradha)的宫殿上建立了一座新的首都，取名为阿努拉德普勒，当时他只享有掌管附近区域的有限政权。然而到了天爱帝须王(Devanampiya Tissa)统治时期，正值佛教传入斯里兰卡，国王将这座城市打造成为佛教朝圣和学习中心。

不过真正让这座古城攀上高峰的是统一斯里兰卡的杜都格姆努(Dutugemunu)，这位传奇英雄大刀阔斧地建设阿努拉德普勒，他为了庆祝胜利兴建的两座佛塔至今仍是阿努拉德普勒最具代表性的象征。如今，阿努拉德普勒依旧拥有数十座大大小小的佛塔。

加勒古镇及堡垒

Old Town of Galle and its Fortifications

1988

文化遗产

殖民城市 × 葡萄牙 × 荷兰 × 英国

加勒位于斯里兰卡的南端，据说正是所罗门王获取金银财宝的地方，也就是《圣经》中所提到的他施(Tarshish)。因为自然形成的优良海港，以及卓越的海上战略位置，加勒自古以来就是航海大国的必争之地。

历经葡萄牙、荷兰以及英国人的统治，今日的加勒留下了各色充满殖民风情的建筑，也因为这份迥异于斯里兰卡其他城市的异国风情，这座古意盎然的小镇近年来火速翻红，一间间精品饭店、艺廊和精致的手工艺品店纷纷出现在加勒城墙环绕的古城中。区内的老房舍经过整修，保存了旧有的灵魂却展现更动人的面貌，也难怪世界各地的旅客纷纷被吸引前来，人人手持地图随意走逛，感受这座城中之城独特的浪漫魅力。

康提圣城 Sacred City of Kandy

1988

文化遗产

古城 × 佛教圣地

康提坐落于斯里兰卡正中央一个海拔500米的山丘上，是僧伽罗王朝统治下的最后一个首都，历经葡萄牙人和荷兰人的挑衅，1815年时这个古王国再也不堪列强的长期侵扰，终于向英国人投降，正式宣布整个国家沦陷为欧洲人手中的殖民地。

四周环绕起伏山丘的康提，在葡萄牙人抵达斯里兰卡的16世纪末，成为僧伽罗第三个主要王朝的首都。在这处拥有明媚风光和凉爽宜人气候的地方，康提逐渐发展成为全国的文化、政治、宗教中心，虽然欧洲列强步步逼近，让这座城市逐渐孤立，不过却也让它依旧发展出非常独特的文化，例如节奏感强烈的双面鼓和华丽的服饰配件交织而成的康提舞，便是当地不可错过的特色之一。

除此之外，这座城市一直都是佛教徒心中的圣地，佛牙寺以及它每年七八月间举行的佛牙节庆典(Esala Perahera)，是佛教徒甚至所有人一生都想经历一次的特殊体验。

辛哈拉加森林保护区

Sinharaja Forest Reserve

1988　自然遗产　森林 × 热带雨林 × 生物多样性

辛哈拉加森林保护区是斯里兰卡最大的热带雨林保护区，面积88.64平方千米。

海拔约由150米至1150米，所孕育的生物物种繁多，其中约60%的动植物都是世界独一无二的特有种，其中又以鸟类、蝴蝶、哺乳类和两栖类动物最具特色，同时也隶属于世界25个“生物多样性热点”之一。

2010 自然遗产 高地生态×生物多样性

斯里兰卡的中央高地

Central Highlands of Sri Lanka

位于斯里兰卡的中南部，这处高地范围包括邻近亚当山(Adam's Peak，因佛陀神圣脚印闻名)的山顶荒野保护区(Peak Wilderness Protected Area)、距离知名茶乡努瓦拉·艾莉亚(Nuwara Eliya)32千米的荷顿高地国家公园(Horton Plains National Park)，以及位于康提(Kandy)东北方的克纳科勒斯保护森林(Knuckles Conservation Forest)。

这些位于中央高地的高山森林，生长于海拔高度超过2500米的地方，里头生长着一系列独特的动物与植物，包括西部紫脸龄猴(the westernpurple-faced langur)、荷顿高地灰脊懒猴(the Horton Plains slender loris)，以及斯里兰卡豹等许多濒危品种，因而被认定为一处拥有生物多样性的热门地点。

1991 文化遗产 佛教圣地

丹布勒黄金寺庙 Golden Temple of Dambulla

位于通往狮子岩、波隆纳鲁沃以及阿努拉德普勒等古迹城市组成的“文化金三角”的主要道路上，丹布勒这座农业小镇却因为令人印象深刻的洞穴寺庙而闻名于世。许多前往康提或“文化金三角”的旅客，总不忘在此稍做停留，看看这处名列世界遗产的人造奇景。

而堪称僧伽罗佛教艺术结晶的皇家岩庙，吸引无数信徒前来朝圣，其中特别是日本人和泰国人，他们大量的捐献让岩庙得以在山脚下新建另一座上方端坐着金身大佛的“金庙”。佛教徒前来丹布勒的洞穴寺庙朝圣已历经22个世纪，共有5处圣所，也是斯里兰卡保存最好的洞穴寺庙群，其中佛教壁画面积超过2100平方米，是最重要的佛教艺术，另外还有157尊雕像。

叙利亚Syrian Arab Republic

6 0 0 Total 6

叙利亚这个中东举足轻重的国度，近年来内战不断，自古以来一直是东西方文化交会之地，到处都是历史悠久的世界级古迹，从古埃及、亚述、希泰、古希腊、古罗马、阿拉伯帝国，到奥斯曼土耳其时代，无不在历史舞台上扮演举足轻重角色。但也因为战乱关系，目前所有遗产都被列入濒危名单。

大马士革古城

1979 古城 × 基督教和伊斯兰教圣地 濒危文化遗产

Ancient City of Damascus

首建于公元前3世纪的大马士革，是中东地区的知名古城之一，市区里留下众多文物。位于古城西北角的堡垒区、建于罗马时期的Via Recta大道、奥马雅清真寺(Umayyads)等，共计125个不同时期的历史遗迹。奥马雅清真寺最早的建筑体是公元前1世纪由亚述人所建，几番改建成古罗马时期的朱比特神庙、基督教神殿，最后成为伊斯兰教的清真寺。另外，这里供奉有施洗约翰的头颅，所以在基督教和伊斯兰教教徒心中，都具有极其崇高的地位。

布斯拉古城 Ancient City of Bosra

1980 濒危文化遗产 古城 × 古罗马

布斯拉的历史十分悠久，在埃及法老图特摩斯三世(Tutmoses III)的碑文里就曾提及这座城市，那已是公元前14世纪的事了。在公元前2世纪左右，成为纳巴泰文明之城。到了古罗马时期，布斯拉成为阿拉比(Arabia)行省的首都，地位日益重要。公元268年起，布斯拉更成为拜占庭帝国里管理33个教区的主教区，但在632年被阿拉伯帝国占领，自此成为伊斯兰教徒前往麦加朝圣的重要驿站。古罗马剧场保存十分完善，这剧场的外围在伊斯兰教统治时期被改成城堡，以抵御欧洲十字军之征讨，因而形成特殊的型制。

叙利亚北部古村落群

2011 濒危文化遗产 古代聚落遗址

Ancient Villages of Northern Syria

叙利亚北部古村落群包含分布于八个考古园区内的四十多座村落，总面积122.9平方千米，大部分建于公元1—7世纪，在8—10世纪期间遭废弃。这些坐落在石灰岩高地上的古村落群，完整保存了近古时代与拜占庭时期的城墙、神殿、民宅、澡堂及公共建筑，包括色吉拉镇(Serjilla)的拜占庭遗址、巴拉镇(Al-Bara)的金字塔墓、巴克哈村(Baqirha)的古罗马神殿、卡布洛兹教堂(Qalb Loze Basilica)以及高柱修士圣西门教堂(Church of Saint Simeon Stylites)。除此之外，还有古罗马时期的农业规划痕迹及水利设施，展现出早期居民对农耕技术的掌握。

巴尔米拉遗址 Site of Palmyra

1980 古城 × 古罗马 濒危文化遗产

巴尔米拉是经过古罗马帝国的经营而兴盛的城市，后来出现了集美貌与智慧于一身的赞诺比女王(Queen Zanobia)。她赶走古罗马统治者，统一叙利亚，势力远达埃及和小亚细亚，掌握欧亚交通的控制权。

赞诺比女王在巴尔米拉的建设，至今清晰可见。在占地6平方千米的遗址里，包括巴尔沙明神庙(Baal-Shamin Temple)、贝尔神庙(Bel Temple)、剧场、公共浴室等兼具古希腊、古罗马和波斯当地文化特色的建筑。

阿勒颇古城

1986 古城 濒危文化遗产

Ancient City of Aleppo

阿勒颇是叙利亚第二大城，为世界上居住历史较为久远的城市之一。因为处于东西方贸易交会处，阿勒颇在公元前2世纪即出现在世界历史上，先后被希泰、亚述、希腊、罗马、阿拉伯帝国、蒙古、埃及马穆鲁克(Mamelukes)、奥斯曼土耳其所统治。现存的城堡建于13世纪，大清真寺建于更早的12世纪，还有神学院、皇宫、土耳其浴场等古迹，但有些古迹的保存状况不佳。

武士堡和萨拉丁城堡

2006 濒危文化遗产 防御城堡

Crac des Chevaliers and Qal'at Salah El-Din

这两座城堡可以说是11—13世纪东西方十字军征战时期的军事代表作，显示东西双方虽然互为敌对，却在建筑等文化方面相互交流与影响。武士堡位于荷姆斯市西方约65千米处，是欧洲骑士团在1142年为了控制叙利亚与地中海沿岸的交通而建，防卫设施十分完整，也是现今留存最完好的中世纪城堡。萨拉丁城堡的保存状况虽然没那么好，但几经重建，融合了拜占庭、法兰克人以及12世纪伊斯兰教阿育比(Ayyubid)王朝的特色，呈现另一种风格。

©UNESCO/Jean-Pierre Heim

符号说明 登录时间 遗产内容 遗产类型 文化遗产 自然遗产 综合遗产 濒危文化遗产 濒危自然遗产 濒危综合遗产

泰国Thailand

3 2 0 Total 5

泰国共有三座文化遗产、两座自然遗产。素可泰和大城这两座古王朝遗址，也是泰国相当热门的景区，是容易亲近的世界遗产；班清遗址则是东南亚古文明的大发现。至于两座自然遗产都彰显泰国仍保留大片原始森林和自然生态。

1991

古城遗址 × 佛教遗产

文化遗产

素可泰遗址 Historic Town of Sukhothai and Associated Historic Towns

13—14世纪时，素可泰是王朝首都。素可泰王朝是泰国历史上第一个纯粹以佛教立国的王朝，蓝坎亨王时期奠定了泰文字母，他也是第一位留下纪念碑文的君王，与中国打开交流之门，并引进印度、锡兰的文化与艺术，尤以弘扬小乘佛教的锡兰宗派为主，也因为佛教的兴盛，成就了丰富的佛教艺术，此时所制作的行走佛就是经典之作。即便引进外来文化，但并未因此阻断素可泰独立发展自己的特色，玛哈泰寺里莲花苞状的塔尖便是一例。

素可泰这座广纳佛教艺术的古城南北长1810米，东西宽1400米，联合国教科文组织和相关单位修复了城内21座寺庙和城外5千米范围内超过70座佛像或寺庙。

此外，素可泰至今每年仍维持传统仪式，并在古城前举行放水灯的活动。传统节庆水灯节(Loi Krathong)据传是源于素可泰王朝的某位皇后为了让受水患之苦的民众有一个寄托与依归而想出来的仪式。

1991

文化遗产

古城遗址 × 佛教遗产

大城遗址 Historic City of Ayutthaya

大城(Ayutthaya，亦译作艾尤塔雅)是继素可泰之后崛起的王朝。1350年，拉玛提波迪(Ramathipadi)登基，宣告新朝代的开始。由于大城位于农业生产中心，周边尽是稻田和河川，加上地理位置佳，靠着农产品以及工艺品进出，为当时的王朝带进不少财富。

从现在的大城遗址其实不难理解当时的富庶荣景，佛殿融合了邻国各种形式的建筑，再加上泰式的特色而发展出自己的风格。虽然城市中心在一场泰缅征战中被严重焚毁，但仍能从目前存留的遗址细部了解当时建筑特色，包括混合式的锡兰塔、繁复装饰的金佛、加重镶嵌与雕刻的方窗框、圆顶高棉塔等。

2007年，因为长时间开放观光，加上连年水患，大城被联合国教科文组织列入观察名单，若再不好好保护，可能从世界遗产中除名。

符号说明 登录时间 遗产内容 | 遗产类型 文化遗产 自然遗产 综合遗产 濒危文化遗产 濒危自然遗产 濒危综合遗产

1992

文化遗产

史前考古遗址

班清遗址

Ban Chiang Archaeological Site

班清遗址的发现引发了对早期东亚古文明唯一起源在中国的说法的冲击性讨论。遗址被发现于1966年，距离乌东他尼府(Udon Thani)约50千米。经过多年的考古研究得知，这批在泰国东北部发现的陶器和工具可追溯至公元前3500年，学者们经由这些器皿当中的遗留物和梨窝形饰纹，可推论当时人们已有高度的文明发展，包括懂得种稻及畜牧。

而且这些出土文物和同时期中国或印度的文物毫无关联，这对于研究人类文明发展来说，有着极其重大的意义。目前泰国政府在附近设立了班清国立博物馆(Ban Chiang National Museum)，并于馆内展示考古学家所挖掘的文物。

1991 自然遗产 森林 × 野生动物

通艾－会－卡肯野生动物保护区

Thungyai-Huai Kha Khaeng Wildlife Sanctuaries

整个通艾－会－卡肯野生动物保护区范围跨越三个省份，入选为世界自然遗产是因为其除了拥有热带森林区之外，同时涵盖了干燥常青森林、山地森林、大草原、混杂的落叶森林和常绿乔木森林等，几乎涵盖所有东南亚地区会出现的森林形态。

由于林相变化多，也成为野生动物的最佳栖息地。整座保护区有大型哺乳类动物，包括野生大象、老虎、水牛、豹、亚洲野生狗等，还有大型鸟类和陆地脊椎动物，是难得拥有完整且多样生态的保护区。一般来说，生态保护区不能开放供大众进出，泰国政府特别规划出三条生态学习路线，供旅客亲炙原始森林的样貌。

2005 自然遗产 森林 × 野生动物

栋巴耶延山－考艾山森林区

Dong Phayayen-Khao Yai Forest Complex

整个栋巴耶延山－考艾山国家公园跨越6个省份，拥有泰国东北部最大面积的森林。被教科文组织所认定的栋巴耶延山－考艾山森林区东起柬埔寨边境的栋巴耶延山国家公园，向西延伸至考艾山国家公园，东西跨度230千米。

该区生长着约2500种植物，栖息着约800种野生动物，其中有112种哺乳动物、392种鸟类以及200种两栖爬虫类生物，其中还有不少是稀有种或是受到环境威胁最大、亟须被保护的动物种类，而整个热带森林区相当适宜这类生物栖息居住，完整且丰富的自然生态，是入选为世界自然遗产的最大原因。

在国家公园里有规划健行步道，并可进行赏鸟、赏蝶，以及观察野生老虎和大象生态、泛舟、露营等活动。

©泰国观光局

塔吉克斯坦Tajikistan

文化遗产 1 自然遗产 1 综合遗产 0 Total 2

塔吉克斯坦是位于中亚的内陆国家，分别与阿富汗、乌兹别克斯坦、吉尔吉斯斯坦和中国接壤，在1991年苏联解体后独立，相较于其他中亚国家都有显赫的丝路城市古迹留存后世。塔吉克斯坦入选的世界遗产，是5000年前的中亚聚落发展证据，以及帕米尔高原。

2010 文化遗产 古代聚落遗址

萨拉子目古城的原型城市遗址

Proto-Urban Site of Sarazm

名称原意为“土地开始的地方”的萨拉子目，坐落于塔吉克斯坦的西北方，其古城遗迹邻近札拉夫善山谷(Zarafshan Valley)，在5000年以前，曾是中亚最大的冶金中心，出口贸易热络，直到公元前2000年时因印度－伊朗人(Indo-Iranians)的到来才遭废弃。考古遗址见证了公元前4000—前3000年间中亚的聚落发展，展现了此区最初都市化的成果。该古城坐落于群山起伏的区域，适合游牧民族发展畜牧业；大量的山谷有益于定居者耕种。古城也是中亚与伊朗高原甚至远达印度洋等地区存在着文化交流与贸易关系的见证。

2013 自然遗产 高山生态 × 冰川

塔吉克斯坦国家公园(帕米尔山区)

Tajik National Park (Mountains of the Pamirs)

塔吉克斯坦国家公园位于塔吉克斯坦的东部，面积广达25000平方千米，这里位于“帕米尔山结”(Pamir Knot)的中心，也是欧亚大陆诸多山脉交会处的最高点。这里共有1085条冰川，也是地球上除了两极之外，长度最长的山谷冰川，还有170条河流、400座湖泊。国家公园里生长着丰富的西南亚和中亚植物区系植被物种，也是珍稀濒危鸟类和哺乳动物的庇护所，例如马可波罗盘羊、雪豹、西伯利亚野山羊等。由于境内经常发生强震，少有人类定居，所以生态很少受到人类聚落的影响，更为科学家提供了研究地壳板块构造的机会。

土耳其Turkey

16 0 2 Total 18

土耳其的世界遗产多半和它数千年累积的文明有关，不论是伊斯兰教、基督教，还是希泰帝国、吕西亚人遗址、爱琴海文明、希腊化遗迹，都榜上有名。而最著名的卡帕多西亚、棉花堡两大自然奇景，也都因为自然景观上保有丰富的人类文明而被列为综合遗产。

1985 文化遗产 伊斯兰建筑

土耳其亚洲区

迪夫里伊大清真寺和医院

Great Mosque and Hospital of Divriği

安纳托利亚高原的中部地区于公元11世纪初被突厥人征服，1228年至1229年期间，土耳其苏丹埃米尔·艾哈迈德·沙哈(Emir Ahmet Shah)在迪夫里伊这个地方盖了一座大清真寺，与它相连的则是一座医院。

清真寺有一间祈祷室、两个穹顶，其穹顶建筑的高超技法及出入口繁复的雕刻，相较于内部墙壁的素雅，恰成对比。土耳其清真寺何其多，这座入榜甚早，足见其在伊斯兰建筑史上的意义。

1985

文化遗产

历史城区 × 拜占庭 × 奥斯曼

土耳其欧洲区

伊斯坦布尔历史区

Historic Areas of Istanbul

伊斯坦布尔是唯一被基督教及伊斯兰教先后选为首都的城市，也是唯一同时坐拥亚洲区和欧洲区的国都。数千年来铺天盖地进入的帝国势力，使伊斯坦布尔的文化、建筑、宗教乃至生活习俗，随之产生惊天动地的变更和融合。今日尽管它已成为容纳1200万人口的国际大城，但那起伏的清真寺圆顶、挑战天际的高楼、五彩斑斓的香料，以及那复杂的血统、迥异的语言，犹让伊斯坦布尔宛如罩着面纱的神秘女郎，令人心醉神驰、流连忘返。

被马尔马拉海、黄金角及博斯普鲁斯海峡三面水域包围的伊斯坦布尔，不但是世界上唯一一座跨于欧亚大陆上的城市，更是拜占庭、奥斯曼两大帝国的首都，它曾是全世界政治、宗教及艺术中心长达2000年之久，在这样的千年古都中，小亚细亚文明、拜占庭遗迹、奥斯曼文化并存，随处一转身皆是叹为观止的清真寺，其中基督与阿拉和平相处的清真寺更是奇观中的奇观。

伊斯坦布尔历史城区位于欧洲区，最令人惊艳的文化遗产包括：拜占庭帝国君士坦丁大帝时代的赛马场、公元6世纪的建筑巨作圣索菲亚教堂（现为清真寺），以及奥斯曼建筑苏雷曼尼亚清真寺，它们分别见证了伊斯坦布尔重要的历史和文化传承。

符号说明 登录时间 遗产内容 | 遗产类型 文化遗产 自然遗产 综合遗产 濒危文化遗产 濒危自然遗产 濒危综合遗产

©TURSAB

2011　文化遗产　伊斯兰建筑

土耳其欧洲区

塞里米耶清真寺及其社会性建筑群

Selimiye Mosque and its Social Complex

塞里米耶清真寺建筑群坐落于土耳其西北部的埃迪尔内(Edirne)，这座城市曾经是奥斯曼土耳其帝国时期的首都。1569年到1575年间，塞里姆二世(Selim II)委托当时最知名的建筑师锡南(Sinan)建造这个清真寺建筑群，它不仅是锡南最杰出的代表作，更是奥斯曼时期清真寺建筑群(külliye，土耳其语，音译库里耶)的极致表现。

锡南运用一系列的建筑手法，为这座清真寺塑造出朴实庄严的外观。这些建筑手法包括使用单柱廊与双柱廊、以8根大柱支撑一个直径31.5米的中央穹顶及周围4个半圆穹顶，并且竖立4座细直高耸呈铅笔状的宣礼塔。

除此之外，清真寺的内墙也以出产自巅峰时期的伊兹尼(Iznik)瓷砖作为装饰，这些瓷砖充满层次感，色彩十分丰富，包括鲜红色、紫色、蓝色及橄榄绿，呈现出无可超越的艺术形式。清真寺的周边建筑群还包括伊斯兰学校、有顶市场、钟楼、外庭院以及图书馆。

1985

综合遗产

火山地形
×
岩石景观
×
人文聚落景观

土耳其亚洲区

格雷梅国家公园及卡帕多西亚岩石区

Göreme National Park and the Rock Sites of Cappadocia

6000万年前，位于卡帕多西亚东西方两座逾3000米的埃尔吉耶斯(Erciyes)及哈山(Hasan)火山大爆发，火山灰覆盖了整片卡帕多西亚地区。岩浆冷却后，人类的足迹就跟着踏上这块土地。风化及雨水的冲刷，刻出大地的线条，软土泥沙流逝，坚硬的玄武岩及石灰华突兀地挺立，或形成山谷，或磨出平滑洁白的石头波浪，更留下传奇的仙人烟囱以及基督徒利用高岩巨石避难的洞穴社区。

卡帕多西亚最明确的历史是公元前1200年，希泰人在火山怪石区首先建立了强大的帝国，卡帕多西亚自此陆续出现在各国历史中，东西文明在此冲击。波斯人正式给它“Cappadocia”之名，意为“美丽的马乡”，因为这里进贡了最健壮的马和金、银艺匠；消灭波斯的亚历山大大帝和他的属下，将“美丽的马乡”势力扩张，希腊化文明因此主宰整个地区，希腊人也大量移民至此。

从基督教萌芽起，卡帕多西亚就是最虔诚之地，不但有多位圣徒、圣者出身此地，教堂、修道院、隐士修行所布满整个区域，先知施洗者约翰等人更在此留下足迹，即使是信奉伊斯兰教的突厥人在11世纪占领安纳托利亚高原后，这两大宗教也随着先来后到的住民们和平相处。基督徒和穆斯林一起利用奇岩怪石，凿出洞穴住家、洞穴教会，一大片巨石甚至就是一个洞穴社区。巨石内错综复杂，厅室无数，最大洞穴社区可容纳600人。

洞穴社区易守难攻，地下城更是叹为观止。不知从何时起，卡帕多西亚所有地上的活动，包括豢养牲畜、酿酒、生活、教育，全都转进地下，而抵御阿拉伯军队的基督徒更巧妙地利用了地下城：窄而复杂的通道只容一人进出，垂直开口的通气孔、循环系统可以让最底层和最上层的空气一样清新，而利用杠杆原理推动的两吨重圆石门，更是地下城特有的安全装置……许许多多未解的秘密让地下城成为卡帕多西亚的传奇之一。

2018 石阵遗址 文化遗产

土耳其亚洲区

哥贝克力石阵

Göbekli Tepe

哥贝克力石阵位于安纳托利亚东南部，呈现巨大的圆形和矩形巨石结构，考古学家推论为围墙，是在公元前9600年至前8200年之间的前陶器新石器时代，由当时的狩猎采集者所建。

这些巨石很可能与仪式有关，也有可能是陪葬品。柱子呈T形，造型特殊，上面刻着动物的图像，这让后世人们可了解11500年前，在上美索不达米亚(Upper Mesopotamia)区域生活的方式和信仰。

1986 文化遗产 古城遗址 × 希泰帝国

土耳其亚洲区

哈图沙：希泰帝国首都 Hattusha: the Hittite Capital

希泰在早期的安纳托利亚历史里，扮演着极重要的角色，是古代世界里足堪与古埃及匹敌的王朝帝国，双方曾兵戎多年，并签订和平条约，其相对应的埃及国王，正是史上鼎鼎有名的拉姆西斯二世。

哈图沙正是希泰帝国的首都，如今被列为世界遗产的除了哈图沙城墙遗址之外，还包括附近亚兹里卡亚(Yazilikaya)这个宗教圣地的岩石雕刻。哈图沙曾经是一个非常迷人的城市，城墙绵延达7千米，今天的遗址里，最引人瞩目的就是面向西南方的狮子门，门两边刻着两头狮子，用来保卫整座城，并象征着远离灾厄。此外，一般人总以为狮身人面像只存在于古埃及，其实希泰帝国也有不同样貌的狮身人面像，如今完好保存在伊斯坦布尔的博物馆里。

1988

古城遗址 × 陵墓坟冢 × 吕西亚文明

文化遗产

土耳其亚洲区

桑索斯－莱顿遗址

Xanthos-Letoon

在土耳其这片广袤的土地上，曾经出现的古文明何其多，除了希泰帝国、希腊文化、波斯帝国、罗马帝国之外，还有一支古代民族称为吕西亚(Lycia)，为安纳托利亚民族的一支，在土耳其的地中海海岸西部地区留下不少遗址，文化深受希腊、罗马影响。其中桑索斯是当时的首都之一以及最宏伟的城市，今天吕西亚人遗留给后代的，大多数都是那些雕刻在岩壁上的坟墓和石棺。

1987

文化遗产

陵墓 × 神殿 × 科马吉尼王国

土耳其亚洲区

内姆鲁特山考古遗址 Nemrut Dağ

坐落在安纳托利亚高原东南侧的内姆鲁特，以矗立在峰顶的人头巨像著称。

内姆鲁特是公元前1世纪科马吉尼王国(Commagene Kingdom)国王安提奥克斯一世(Antiochus I)所建的陵寝以及神殿。科马吉尼王国面积极小、势力微薄，只能夹在赛留卡斯(Seleucid)帝国和帕提亚(Parthians)王国之间寻求生存的空间。但安提奥克斯一世过了一段安逸的日子后就显露自负的本色，不仅沉溺在自比天神的妄想中，还支持帕提亚反抗罗马，终于招致罗马大军阵压，自取灭亡。内姆鲁特这片宏伟的建筑，反而成了讥讽安提奥克斯一世国运短如昙花一现的证据。

尽管安提奥克斯一世无能，但他留给后世的这座建筑却是惊天动地。在1881年之前，这处古迹早被世人遗忘了近2000年，直到一位名叫卡尔・塞斯特的德国工程师探勘安纳托利亚东部的交通运输，才在遥远的山顶上发现这处惊人的古迹。

当初安提奥克斯一世所下令建造的，是一处结合了陵墓和神殿的圣地，中间以碎石堆建高50米的锥形小山，就是安提奥克斯一世的坟丘，东、西、北三侧辟出平台，各有一座神殿，三神殿型制一模一样，自左至右的巨石像分别是狮子、老鹰、安提奥克斯一世、命运女神提基、众神之王宙斯、太阳神阿波罗、大力神赫克力士，然后再各有一座老鹰、狮子。每一座头像都高2米，头像下的台阶则是一整排的浮雕，上面刻着希腊和波斯的神祇。

符号说明 登录时间 遗产内容 遗产类型 文化遗产 自然遗产 综合遗产 濒危文化遗产 濒危自然遗产 濒危综合遗产

1988 综合遗产 喀斯特地形 × 古城遗址 × 希腊化时期

土耳其亚洲区

希拉波利斯和帕姆卡莱

Hierapolis-Pamukkale

帕姆卡莱就是一般人所熟知的棉花堡，土耳其语的“Pamuk”意指“棉花”，“kale”是城堡的意思。这也是土耳其境内，除了卡帕多西亚之外，知名度最高的自然奇景。

每年总有上百万游客前来争相目睹这个状似棉花城堡的白色岩石瀑布，因此形成了这个以棉花堡为核心的景区。自古以来，棉花堡除了自然景观，也以温泉闻名，前来沐浴疗养的游客络绎不绝，自然而然形成庞大聚落及城市。希拉波利斯(Hierapolis)与棉花堡的石灰棚紧紧相连，占地广阔的神殿、剧场、大道、城门、市场、浴场及墓地遗迹，虽然曾两度经历地震毁灭，却无损其结合大自然与古文明所展现的伟大风华。

1994 文化遗产 古城 × 奥斯曼

土耳其亚洲区

番红花城 City of Safranbolu

自13世纪开始，番红花城就是东西方贸易商旅必经的驿站，到了17世纪时，黑海地区繁盛的商贸使番红花城迈入名利双收的巅峰期。富豪广建华宅凸显身份，这些运用砖木打造的奥斯曼宅邸，通过岁月、天候的考验留存至今，成为番红花城最抢眼的特色，并使番红花城于1994年跻身世界遗产之林。

位于山谷中的番红花城就像是停驻在另一个时空的古镇，空气中弥漫着浓重的奥斯曼气味，整座番红花城就是一座生机盎然的博物馆，那些刻画在民宅门窗上的细节，以及沿袭百年的生活形态，窄街巷弄间处处彰显番红花城的特色。

符号说明 登录时间 遗产内容 遗产类型 文化遗产 自然遗产 综合遗产 濒危文化遗产 濒危自然遗产 濒危综合遗产

1998
文化遗产
爱琴海文明

土耳其亚洲区

特洛伊遗址 Archaeological Site of Troy

世人熟知特洛伊是因希腊神话中的“木马计”，但对考古学家来说，目前是一片荒芜之地的特洛伊，对了解欧洲文明的源起以及荷马长篇史诗《伊利亚特》对西洋文明两千多年的深远影响，有着极大的贡献。

长久以来，特洛伊是否真实存在，一直都是历史悬案，直到1871年德籍业余考古学家谢里曼(Heinrich Schliemann)在达达尼尔海峡南方发现了特洛伊遗址，终于使神话得到实质根据，也许希腊诸神是文学的产物，但从这个举世闻名的考古区中出土的各种物件，则是小亚细亚文明与地中海文明接触、交融的重要证明，同时也证明了公元前13—前12世纪爱琴海文明消长的趋势。

出土的特洛伊遗址深达9层，各个文化层清楚显示每个时代不同的发展。最底层的年代可溯及公元前3000年，第1层到第5层(约前3000—前1700年)与铜器时代晚期文化较类似；第6层(前1700—前1250年)或第7层(前1250—前1000年)的年代接近特洛伊战争时期，因为此时开始呈现印欧民族的文化表征，即与迈锡尼(Mycenae)相关的文物；第8层(前700—前85年)为希腊时期的建筑，最上层(前85—500年)则是罗马帝国时期的遗迹，现在还保留明显建筑样貌的，就属这个时期。

2012

文化遗产

新石器时代遗址

土耳其亚洲区

加泰土丘的新石器时代遗址

Neolithic Site of Çatalhöyük

加泰土丘位于安纳托利亚高原南部，今日孔亚市(Konya)的东南方，占地0.37平方千米。它是目前全世界最大、保存最完整的新石器时代遗址，年代可回溯至公元前7400年到公元前5200年左右。

在土耳其语里，“Çatalhöyük”意指分叉的山丘，也就表示加泰土丘是由东西两座土丘所组成的。位于东边地势较高的土丘，时间可回溯到公元前7400年到前6200年间，这里不仅保存了丰富的原始文物如壁画、牛头浮雕和陶土雕像，还能看到户户相连的泥砖屋，它们都是以旧屋为基础一再新建而成的，有些屋子甚至增建了18层之多。此外，泥砖屋之间并没有街道，屋顶就是人们通行的地方，而且发展到晚期，屋顶上还出现社区居民共用的烤箱。

位于西边的土丘则呈现了公元前6200年到前5200年间青铜时代早期的文化演进史。

加泰土丘见证了人类进入定居生活后社会组织及文化的发展。从出土的考古物件来看，虽然狩猎仍是当地居民的主要谋生方式，但他们已经开始种植作物并且饲养牛羊，而且居民数量据估计有5000—8000人，繁荣状况可见一斑。

符号说明 登录时间 遗产内容 遗产类型 文化遗产 自然遗产 综合遗产 濒危文化遗产 濒危自然遗产 濒危综合遗产

2014
奥斯曼 × 伊斯兰建筑
文化遗产

土耳其亚洲区

布尔萨和库玛立克兹克：奥斯曼帝国的诞生

Bursa and Cumalıkızık: the Birth of the Ottoman Empire

布尔萨是奥斯曼文化的发源地。穆罕默德二世还没拿下伊斯坦布尔之前，于公元1326年从塞尔柱帝国夺下布尔萨，并设为奥斯曼帝国的第一个首都。

曾经是丝路上重要贸易城市，布尔萨因此发展出养蚕、制丝产业。直到今天，每年夏天仍能看到邻近村民挑着蚕茧前来市集交易，因此布尔萨的纺织工业也特别发达。

布尔萨还有“三多”：清真寺多、坟墓多、澡堂多。清真寺多，因为这里是奥斯曼文化中心，伊斯兰教信仰坚笃，全城清真寺超过125座；坟墓多，因为奥斯曼崛起于布尔萨，先皇帝陵特别多，就像中国的西安一样；澡堂多，因为布尔萨是个温泉之乡，据估计，全布尔萨的土耳其浴室超过3000座。

纳入世界遗产范围的点包括回廊式建筑的“罕”(Han，也是商旅客栈的意思)、伊斯兰宗教建筑群、苏丹欧罕加济(Orhan Ghazi)的陵墓等。另外邻近村落库玛立克兹克(Cumalıkızık)也被纳入保护范围。

2014

文化遗产

古城遗址 × 希腊化时期

土耳其亚洲区

佩加蒙及其多层次文化景观

Pergamon and its Multi-Layered Cultural Landscape

小亚细亚最重要的一次大规模文化运动是由马其顿的亚历山大大帝带来的希腊化运动。亚历山大大帝死后，帝国分裂，他的几名将领瓜分天下，但希腊化运动并没有停止，反而更融合各地的文化特质，而带来了希腊化时代最具代表性的佩加蒙风格——主要指各种年龄、阶层、职业的人物都可以成为雕塑的主题。

亚历山大部下菲勒塔鲁斯(Philetarus)继承了佩加蒙这一带的领土，而曾经显赫一时的佩加蒙王朝，在欧迈尼斯一世(Eumenes I，菲勒塔鲁斯的侄子)时达到巅峰，是爱琴海北边的文化、商业和医药中心，足以和南边的以弗所(Efesus)分庭抗礼，享有“雅典第二”的称号。其遗址就位于今天的贝尔加马(Bergama)小镇，主要遗址分成南边的医神神殿(Asclepion)和北边的卫城(Acropolis)两大部分。

2015 文化遗产 古城堡垒

土耳其亚洲区

迪亚巴克堡垒和赫弗塞尔花园文化景观

©TURSAB

Diyarbakır Fortress and Hevsel Gardens Cultural Landscape

迪亚巴克位于两河流域之一底格里斯河(Tigres River)上游的断崖上，其固若金汤的堡垒，从希腊化时期、罗马、萨珊王朝(Sassanid)、拜占庭、奥斯曼到现在，一直是这个地区最重要的文化景观。

堡垒环绕整个阿米达(Amida)山丘，城墙长达5.8千米，无数的城塔、城门、桥墩，63块不同时期的铭文，以及引底格里斯河河水灌溉的赫弗塞尔花园(Hevsel Gardens)，都被纳入世界遗产范围。

符号说明 登录时间 遗产内容 遗产类型 文化遗产 自然遗产 综合遗产 濒危文化遗产 濒危自然遗产 濒危综合遗产

2015
文化遗产
古城遗址
×
古希腊
罗马

土耳其亚洲区

以弗所 Ephesus

爱琴海畔的以弗所，一直是游客造访土耳其的热门地点之一，面积广阔的古城遗迹，保存至今已有两千余年的历史。

公元前9世纪已有以弗所存在的记载。在历经公元前6世纪波斯人的入侵后，希腊亚历山大大帝将其收复，开始这座城市的基础建设。亚历山大大帝去世后，后继者将城市移往波波山(Bülbül)与帕拿尔山(Panayır)的山谷间，这也是今日以弗所城所在地。经过希腊文明洗礼后，罗马帝国几位帝王对以弗所城喜爱有加，纷纷为城市建设加料，以弗所城的繁华兴盛到达巅峰。

以弗所古城遗址于20世纪初陆续被挖掘出土，断垣残壁随处可见，只有少数定点保留原貌。据史料记载，公元17年时一次大地震严重摧毁以弗所城，当时罗马人展开修护工作；不过后来的基督教文明兴起，以弗所城作为信仰多神的希腊古都，逐渐被弃置变成废墟，甚至不少建材遭到拆解移作其他建筑使用。不过整体而言，它仍然是地中海东部地区保存最完整的古代城市，一年到头游客络绎不绝。

此外，附近的圣母玛利亚之家(Meryemana Evi)、名列古代七大奇迹之一的阿尔特米斯神殿遗址(Artemis Tapinağı)也都被纳入范围。

2016

文化遗产

古城遗址
×
亚美尼亚王国

土耳其亚洲区

阿尼考古遗址

Archaeological Site of Ani

阿尼古城位于土耳其与亚美尼亚的边界，一片地势险峻的开阔平地，三边都被深长的山谷与沟壑包围，易守难攻。它在9世纪时成为亚美尼亚王国的首都，因为处于战略及贸易重地，迅速地发展起来。到了11世纪阿尼已经成为世界上繁华的都城之一，美丽的教堂、修道院、宫殿、城堡，一座接一座，全盛时期城里有20万居民，可媲美当时的君士坦丁堡、巴格达、开罗等国际大城，被称为“一千零一座教堂之城”。

而今放眼望去，只有野草、满地的瓦砾与像是被轰炸后残余的断壁，是名副其实的“鬼城”。经过蒙古、波斯、奥斯曼帝国的劫掠、占领，以及近代土耳其与亚美尼亚的冲突与争端，这座城市几乎已被夷为平地。考古及维修的工作也进行得非常粗糙，许多重建都使原貌尽失。

虽然如此，少数几座留存的教堂中，仍能看到完美的等边六角形、尖顶三角锥、盾形的廊檐格局、明暗相间的石墙堆砌、精致的几何雕刻等亚美尼亚典型的建筑风格，在苍茫的大地中供人们想象曾经存在的伟大文明。

符号说明 登录时间 遗产内容

遗产类型 文化遗产 自然遗产 综合遗产 濒危文化遗产 濒危自然遗产 濒危综合遗产

2017 文化遗产 古城遗址

土耳其亚洲区

阿芙洛迪西亚斯 Aphrodisias

建于希腊和罗马时期的古城阿芙洛迪西亚斯，是以希腊神话中象征着爱与美的女神阿芙洛迪特“Aphrodite”之名所命名的，阿芙洛迪特即为罗马神话中的“爱神”维纳斯。这座古城曾是小亚细亚地区的艺术文化及商贸中心，称霸一时，在罗马时代达到了全盛时期。由于阿芙洛迪西亚斯处于地震带，历经多次天灾，现存建筑多半已残败不全，留存的遗迹中较具规模的有保有希腊立柱的入口塔门及阿芙洛迪特神殿、长达262米的运动竞技场、可容万名观众的剧场、哈德良浴场、具有多功能用途的议事厅等。以现代眼光来评鉴，这里的工艺水准、大理石建材用料都较其他城市优越，审美观念、生活水平也高于同期的古城，由现存的遗迹犹可一窥阿芙洛迪西亚斯当年繁荣富庶的盛况。

土库曼斯坦 Turkmenistan

文化遗产 3 自然遗产 0 综合遗产 0 Total 3

土库曼斯坦全国面积里有五分之四是沙漠，古城遗址几乎都已成废墟，所以必须带着七分想象，才能从黄沙片片的土丘中缅怀昔日的光荣。土库曼斯坦是中亚最接近古波斯的国家，丝路上的沙漠绿洲所发展起来的文明，受到波斯的影响极大。

梅尔夫历史和文化公园

State Historical and Cultural Park "Ancient Merv"

1999 文化遗产 丝路×沙漠绿洲

梅尔夫遗址是昔日中亚丝路上最重要的中继站，也是目前保存最佳的绿洲城市。南北丝路在此分开，越过天山后，再度会合。在这片绿洲上有着人类四千多年来所创造的文物。梅尔夫遗址最壮观的是塞尔柱王朝的苏丹沙贾陵墓(Mausoleum of Sultan Sanjar)，大约建于1140年。此陵墓外壁厚达5米，地基深约6米，建筑技术高超。基斯卡拉(Kyz-Kala)城堡遗迹则是一大一小屹立在沙漠之中，从仅存的城墙和中庭构造，可以看出昔日的规模。

库尼亚－乌尔根奇

Kunya-Urgench

2005 文化遗产 清真建筑群

库尼亚－乌尔根奇位于土库曼斯坦西北方，临阿姆河(Amu Daria River)，自公元前4世纪的波斯帝国起，就是重要城市。库尼亚－乌尔根奇现存遗迹群为11—16世纪的清真寺、碉堡、驿站、陵寝以及高达60米的宣礼塔。这些建筑见证了伟大的建筑及工艺成就，其影响远至伊朗、阿富汗，甚至16世纪的印度莫卧儿王朝。

尼萨的帕提亚堡垒

Parthian Fortresses of Nisa

2007 文化遗产 古城遗址

尼萨是帕提亚帝国(Parthian Empire，又称安息王朝)最重要的城市。帕提亚帝国称霸于公元前3世纪至3世纪的中亚地区，尼萨是当时重要的交通和贸易中心，也阻隔了罗马帝国的东侵。目前尚有许多未开挖的遗址，考古学者将遗产分为新、旧两区块，发现目前出土的建筑都有精美的装饰，风格融合了中亚与地中海文化，对考古与文化融合研究具有重要意义。

乌兹别克斯坦 Uzbekistan

文化遗产 4 自然遗产 1 综合遗产 0 Total 5

位于中亚心脏地带的乌兹别克斯坦，自古以来便是大丝路上八方人马交会之所在，中世纪时，又是叱咤一时的帖木儿帝国的核心。其入选的四座文化遗产，都是大丝路时代的历史名城，留下一座座壮观的中亚伊斯兰建筑。

★天山西部Western Tien-Shan详见哈萨克斯坦(P.383)

希瓦的伊钦内城 Itchan Kala

1990 文化遗产 丝路×沙漠绿洲×伊斯兰建筑

希瓦的伊钦内城就是基瓦(Khiva)绿洲的内城，古代丝路发达时，这里是穿越沙漠前往波斯之前的最后一个商旅落脚处。目前保存了最完好的典型中亚伊斯兰建筑，例如珠玛清真寺(Djuma Mosque)以及诸多陵墓和伊斯兰学校。

布哈拉历史中心

Historic Centre of Bukhara

1993 文化遗产 丝路×伊斯兰建筑

布哈拉是位于中亚古丝路上的商业重镇，城内屹立着城堡、清真寺和市集，主要参观重点是亚克城堡(Ark)，里面包括有广场和监狱博物馆等。在布哈拉旧城内，还有乌鲁别克宗教学校、米利阿拉伯宗教学校和圆顶市集。

沙赫里萨布兹历史中心

Historic Centre of Shakhrisyabz

2000 濒危文化遗产 伊斯兰建筑

这里以众多且精美的帖木儿王朝建筑而闻名。帖木儿王朝是元朝察合台汗国的后裔，兴盛于15—16世纪。帖木儿以撒马尔罕为首都，但对于自己的出生地沙赫里萨布兹情有独钟，大兴土木，使沙赫里萨布兹成为中世纪时中亚地区最重要的政治文化中心。帖木儿和其父亲与两个儿子的陵墓全都在此。而帖木儿之孙乌鲁别克(Ulugh Beg)在此兴建的"蓝顶清真寺"，更是乌兹别克斯坦最大的圆顶建筑。

撒马尔罕城文化中心

Samarkand—Crossroads of Cultures

2001 文化遗产 丝路×伊斯兰建筑

撒马尔罕是帖木儿帝国的首都，公元1220年被成吉思汗所掠夺，14—15世纪之间，被帖木儿(Timour)建设为中亚丝路的重要城市。主要参观重点是雷吉斯坦(Registan)广场，站在广场上可以看到三座宗教学院，外观颇似伊斯兰清真寺，屹立着一根巨大尖塔。这些建筑物的圆顶呈靛青色，在阳光之下散发出璀璨光芒。

符号说明：登录时间 遗产内容　遗产类型：文化遗产 自然遗产 综合遗产 濒危文化遗产 濒危自然遗产 濒危综合遗产

阿拉伯联合酋长国
The United Arab Emirates

1 0 0 Total 1

阿拉伯联合酋长国这个20世纪下半叶因石油而崛起的国家，1971年脱离英国独立，由阿布扎比(Abu Dhabi)、迪拜(Dubai)、沙迦(Sharjah)、阿治曼(Ajman)、乌姆盖万(Umm Al-Quwain)、富查伊拉(Fujairah)和哈伊马角(Ras Al Khaimah)7 个酋长国成立联邦国家。

2011

文化遗产

新石器时代至铁器时代遗址 × 沙漠绿洲

艾茵文化遗址：哈菲特、西里、比达-宾特-沙特及绿洲地区
Cultural Sites of Al Ain (Hafit, Hili, Bidaa Bint Saud and Oases Areas)

本遗址包含阿布扎比邦艾茵市周边地区的一系列史前文化遗迹，总面积约50平方千米，它是人类自新石器时代开始在沙漠绿洲地区发展定居生活的杰出范例。

艾茵文化遗址保存了许多青铜时代和铁器时代的文化遗迹，例如位于哈菲特山(Hafit)、西里绿洲(Hili)等地的环形石墓群(可回溯到公元前2500年)、水井、用土坯建造而成的住宅、塔楼、宫殿、行政中心等建筑物，以及一种名为阿夫拉吉(aflaj)的地下水灌溉系统。这种源自铁器时代的古老灌溉系统会将地下水抽取出来，浇灌农田及棕榈树，对于当地绿洲的形成与维护有极为重要的功用，后来它也被广泛运用到其他中东国家以及中国、印度等地。

本区的墓葬群及建筑遗迹不仅是人类从狩猎与采集文化过渡到定居文化的重要见证，也反映了青铜时代到铁器时代阿拉伯半岛东部地区的文明发展。

越南Vietnam

5 2 1 Total 8

越南共有8处地点列入世界遗产，包括美景举世闻名的下龙湾、有着帝都气势的前朝皇城顺化、温婉的中古时期古镇会安、雄霸一时的占婆帝国美山遗址、以喀斯特地形见长的丰雅洞国家公园、象征李朝辉煌年代的河内升龙皇城的中心区域等。

顺化建筑群

1993

文化遗产

皇城×宫殿×陵墓

Complex of Hue Monuments

顺化是越南最后的独立王朝“阮氏王朝”的首都，也是文化和宗教重镇。气势恢宏的顺化京城兴建于1805年，对称的格局和型制与北京皇城相似，但装饰其间的镶瓷艺术，又表现了越南的文化特色。

流贯市区的香河，连接了京城与郊区的佛学重镇天姥寺，以及沿岸的阮氏王朝历代皇帝之陵墓。皇陵多半是皇帝生前为自己所建，因而表现了皇帝本身的文化品位，其中以明命、嗣德和启定皇陵最具代表性。这些皇城建筑、寺庙与皇陵，全在世界遗产的保护之列。

顺化皇城里的传统建筑，多半以铁木为材料，屋顶和屋檐上饰有神气昂扬的龙形雕刻，并以破碎的陶瓷镶饰，色彩鲜艳动人。可惜的是，这些建筑在第二次世界大战和越南内战时，遭到严重的破坏，一度形如废墟。幸好在1993年被联合国列入世界遗产，提供经济和复建技术的支援，顺化皇城逐步恢复昔日丰姿。虽然复建工作仍在进行中，皇城的恢宏气势和精美艺术已令人十分震撼。

符号说明 登录时间 遗产内容 遗产类型 文化遗产 自然遗产 综合遗产 濒危文化遗产 濒危自然遗产 濒危综合遗产

1994
自然遗产
喀斯特地形

下龙湾 Halong Bay

下龙湾面积广达1553平方千米，包含约3000座石灰岩岛屿。这种石灰岩地形是由中国东南的板块延伸而出，经过亿万年溶蚀、堆积，加上海水入侵，形成壮丽非凡的景观，也就是所谓的喀斯特地形。

传说下龙湾是天上神龙下凡，协助越南人民对抗外敌，吐出龙珠攻击敌军，最后敌军被击退，掉落海上的龙珠变为目前看到的星罗棋布的石灰岩岛，神龙功成后潜藏于海底。另有说法，有只母龙以其长身，护住下龙湾，使人民不受巨浪侵扰，因此下龙湾东北侧的海域便名为拜子龙湾。不论哪个传说，都代表了下龙湾在当地居民心目中神圣的地位。拜子龙湾也在世界遗产的保护范围内，同时受保护的还有卡巴岛(Dao Cat Ba)和岛上的国家公园。

下龙湾一连串的多重形状岛屿就像人间天堂，尤其当舢板船穿梭其间时，更会令人产生时空倒错的感觉。若想亲身体验自然的神奇，当然要搭船去亲近深幽的洞穴和高耸的奇石怪岩。这里的许多岛屿都是中空的，内有溶洞，溶洞里的钟乳石、石笋、石柱，构成一幅幅怪诞奇异的画面。

1999

文化遗产

古镇

会安古镇 Hoi An Ancient Town

如画般的会安古镇位于秋盘河(Thu Bon River)北面，是16—18世纪时东南亚重要的国际港之一。在它的全盛时期，这里云集着来自荷兰、葡萄牙、中国、日本、印度以及其他国家的商船，其中又以中国、日本的商船最多。

当时中国和日本的商船带来了锦缎、纸张、毛笔等，而从会安购回木材、香料、犀牛角、象牙。海洋航运必须乘着季风，因此中国商船多半在10月—次年4月乘着东北季风由中国南下，直到6—9月的西南季风时才北返，中间有段空档，这些商人就在此定居下来，因此会安也成了最早出现旅越华侨的城市。

由于中日商人日益增多，会安也开始有了中国区和日本区，日本区以日本桥为起点。但是18世纪末起日本实行海禁政策，使得中国区的范围扩张到日本区，所以现今会安城里可见到许多中式会馆和古宅邸。

直到19世纪后期，连接会安和大海的秋盘河淤积，港口因而向北移到今天的岘港，会安自此没落。直到1999年被列入世界文化遗产，世人的眼光才再度回到这个曾经风云一时的海港。

漫步在会安老街，民家、会馆、寺庙、市场、码头等各种不同式样的建筑，沿着老街鳞次栉比，一家紧接着另一家，为中古时期象征东方的城市提供一个最佳例证。

符号说明 登录时间 遗产内容 遗产类型 文化遗产 自然遗产 综合遗产 濒危文化遗产 濒危自然遗产 濒危综合遗产

1999

文化遗产

印度教
×
佛教遗产

美山圣地 My Son Sanctuary

美山圣地是曾经繁盛一时的占婆(Champa)帝国的宗教中心，这个曾在4—12 世纪雄霸越南中部的帝国，留下许多令人惊异的大型宗教建筑，其中又以美山圣地的规模最大，堪与柬埔寨的吴哥窟(Angkor Wat)比拟，可惜的是经过近代频繁又无情的战争洗礼，遗迹更加残破。

占婆帝国以海上贸易为主要经济来源，骁勇善战，最早以婆罗门教为国教，因此美山圣地里的建筑属于印度式，崇奉的也都是印度神祇。10世纪左右，宗教重心转为佛教，因此也有少数佛教遗迹。占婆帝国的重心受北边大越族的压制而往南迁移，最后消失在芽庄和潘朗(Phan Rang)一带，成为越南42个少数民族之一，徒留巨大遗迹见证曾经的辉煌历史。

2003 自然遗产 喀斯特地形 × 森林

丰芽－格邦国家公园 Phong Nha-Ke Bang National Park

丰芽－格邦国家公园位于越南国土最窄之处(东西向长度仅42千米)，最西端与老挝接壤，总面积达75万多平方千米，分别位于丰芽和格邦两个地区。

在这广袤的地区，有着丰富的森林资源、各式洞穴和历史遗迹，其中丰芽以喀斯特地形知名，而格邦以丰富的林相著称。丰芽地区的复杂喀斯特地质系统，由4亿年前的古生代演化至今，所发现的罕见地理景观包括地下伏流、梯形洞穴、悬洞、树枝状洞穴等多种，已足够让科学家兴奋不已，而全区共有300多个洞穴，总长度达70千米，目前只有20多个经过仔细探勘，显示仍有极大的研究空间。其中的丰芽洞是目前观光客可前往的景点，洞中有洞，景色奇妙，必须搭船进入。

河内升龙皇城的中心区域

2010

文化遗产

皇城

Central Sector of the Imperial Citadel of Thang Long - Hanoi

河内旧名“升龙”，据说因李太祖看见红河上出现蛟龙而得名。公元1010年时，前朝权臣李公蕴利用内乱自立为王，他将李朝首都设在“升龙”，并开始在此兴建皇城，从此展开了它历经三个世纪身为国都的辉煌年代。

升龙皇城兴建于一座年代可回溯到公元7世纪的中国堡垒遗迹上，当时为了取得这片土地，特意将水从河内红河三角洲排干。该皇城是大越(Dai Viet)独立的象征，直到13世纪一直都是区域政治权力中心。皇城大部分的结构于19世纪时遭到摧毁，其建筑遗迹和位于黄耀街(Hoang Dieu)18号的考古遗址，反映出东南亚、特别是红河河谷下游受到北方中国和南方古占婆王国(Champa Kingdom)间交相影响所产生的独特文化。

胡朝时期城堡

2011

文化遗产

防御工事 × 城堡

Citadel of the Hồ Dynasty

胡朝城堡坐落于越南的清化省(Thanh Hóa)，是一座根据风水原则规划的要塞，于14世纪时由定都于此的胡朝统治者所兴建，以厚重的石块为建材，平均每块石头长2米，宽1米，高0.7米。城堡外观呈现矩形，东西长约884米，南北宽约870米，共拥有四道城门，其中以南门为正面，不过如今除城门外，大部分的建筑都已毁坏。

城堡代表着东南亚皇城的新风格，因为它见证了14世纪末新儒家思想在越南及东南亚其他地区发扬光大，而在人类建筑历史中具备阶段性的重要价值，故被列为世界遗产。

长安名胜群

2014

综合遗产

喀斯特地形 × 古城

Trang An Landscape Complex

长安名胜群位于宁平省，靠近红河三角洲，一座座陡峭的山谷林立，景致优美之外，并拥有特殊的喀斯特地貌。

人们从里面的洞穴中，发现早在3万年前，就已有人类在此活动的遗迹，再加上地理位置重要，在10—11世纪的越南王朝都曾建都于此，名为“华闾”，也是越南著名的古都。因此，长安名胜群被列为自然、文化双遗产，其范围内的三谷及华闾古都，一直以来都是当地著名的观光胜地，如今更是游人如织。

也门Yemen

3 1 0 Total 4

也门坐落于阿拉伯半岛的西南角，与沙特阿拉伯和阿曼为邻，毗邻红海、亚丁湾和阿拉伯海，是阿拉伯半岛上第一个女性拥有投票权的国家。三座入选世界遗产的古城都呈现独特的建筑风貌，但因战乱都被列入濒危名单，至于自然遗产，距离也门本土还有354千米之遥。

希巴姆古城

1982

濒危文化遗产

古城 × 泥砖建筑

Old Walled City of Shibam

由军事堡垒所防卫着的希巴姆古城，是16世纪都市建筑的经典之作。城里有五百多座5—9层楼高的泥砖建筑，甚至有高达40米者，是世界上最大的泥砖建筑。这些矗立在沙漠的山崖上的建筑，又有“沙漠里的曼哈顿”之称。

扎比德古城

1993

濒危文化遗产

古城

Historic Town of Zabid

扎比德位于亚丁通往麦加的朝圣路线上，地理位置重要，是齐亚德王朝(Zyadite，818—1018年)的首都，在13—15世纪，扎比德更因伊斯兰大学而闻名于阿拉伯和穆斯林世界。现在扎比德古城的城墙依然存在，只是大部分的建筑都年久失修，加上人口密集，被列入濒危遗产之列。

萨那古城 Old City of Sana'a

1986

濒危文化遗产

古城 × 泥砖建筑

具有2500多年历史的萨那古城，外围仍留有高6—9米的厚实泥砖打造的城墙，城里有着一大片高楼，全都是由泥砖兴筑而成，高楼建筑的外观有着精美壁画与雕刻，加上彩绘的玻璃，十分具有特色。

萨那古城从公元7—8世纪伊斯兰教扩张势力开始，就具有相当重要的地位，其城里仍留存有103座清真寺、14座土耳其浴堂、6000座泥砖高楼，其中大清真寺(Jami' al-Kabir)是现存古老的清真寺之一。

索科特拉群岛

2008

自然遗产

岛屿生态

Socotra Archipelago

位于印度洋西北方、靠近亚丁湾的索科特拉群岛，海岸线长250千米，包含4个大岛和2个小岛。被列入世界自然遗产的主要原因是这里有许多为适应当地酷热、干旱的地理环境而产生的特殊动植物种类，例如群岛上37%的植物、90%的蜥蜴、95%的蜗牛，都是世上独一无二的特有种。

符号说明：登录时间　遗产内容　遗产类型：文化遗产　自然遗产　综合遗产　濒危文化遗产　濒危自然遗产　濒危综合遗产

非洲

阿尔及利亚Algeria

6 0 1 Total 7

位于北非，毗邻地中海的阿尔及利亚，共有7座世界遗产，几乎都在最初几批被提名的行列，足见这些珍贵遗产很早就被看见。尽管在非洲，但历史与环地中海国家相近，腓尼基人、罗马人、汪达尔人、拜占庭人、阿拉伯人、土耳其人先后都留下足迹。

杰米拉 Djémila

1982 文化遗产 古罗马

杰米拉原名库伊库尔(Cuicul)，海拔约900米，是古罗马人在公元1世纪时建立的，原为军队驻防之用，后来逐渐发展成农产品交易重镇。

该城在3世纪卡拉卡拉大帝(Caracalla)统治下达到鼎盛，5—6世纪时随着罗马帝国的衰亡而没落，后来阿拉伯人统治此地，将之更名为杰米拉(优美之意)。这片保存得相当完整的北非古罗马遗址，包含了广场、神殿、长方形会堂、凯旋门、街道、住屋以及因地形限制而建于城外的大型圆形剧场。

姆扎卜山谷古城镇 M'Zab Valley

1982 文化遗产 人文聚落景观

姆扎卜山谷位于阿尔及利亚首都阿尔及尔南方500千米的撒哈拉沙漠北部，绵延约10千米长。公元10世纪时，伊巴底人(Ibadites，伊斯兰教分支)为了避免遭到迫害和掳掠，从瓦格拉镇(Ouargla)逃到此处，并在接下来的36年内建造了5座以清真寺为中心的墙垛型城镇。

这里的建筑物都以古法兴建，不但简朴实用，而且极符合本土的地理环境与生活方式，也成为许多近代建筑家取材的灵感来源。

贝尼·哈迈德山上城堡 Al Qal'a of Beni Hammad

1980 文化遗产 城堡

位于阿尔及利亚首都阿尔及尔东南方225千米，坐落于山峦高地间的贝尼·哈迈德，是公元1007年哈迈德王朝(Hammadid empire)为执政所建立的第一座堡垒型首都，也是当时阿拉伯世界的手工业及商业重镇。

1152年，积极扩张北非版图的阿尔摩哈德王朝(Almohad dynasty)夺得政权，致使这座城市被摧毁，不过有许多建筑物幸存下来，其中最著名的就是清真寺，其祷告室共有13条通道和8间隔间。

©UNESCO/Yvon Fruneau

©UNESCO/Francis Tack

符号说明 登录时间 遗产内容 遗产类型 文化遗产 自然遗产 综合遗产 濒危文化遗产 濒危自然遗产 濒危综合遗产

©UNESCO/Hana Aouak

提帕萨 Tipasa

1982 文化遗产 古罗马

位于地中海沿岸阿尔及尔西方68千米的提帕萨，原是公元前7世纪腓尼基人所建的贸易驿站，公元2世纪时成为罗马帝国的军事殖民地，接着又先后被拜占庭帝国和阿拉伯人占领，因此是一座融合多元文化风貌的海滨古城。“提帕萨”一词便来自阿拉伯语“提法塞德”(Tefassed)，意指严重受损。

这片古罗马遗址主要分为陵墓区和考古区两大部分，重要的建筑物遗迹包括了教堂、公共澡堂、斗兽场、露天剧场以及喷泉公园。

阿杰尔的塔西利 Tassili n'Ajjer

1982 综合遗产 史前岩画 × 岩石景观

位于阿尔及利亚东南方撒哈拉高原的塔西利，拥有世界上最重要的史前壁画群，超过15000幅岩画与岩刻遗迹，记录了公元前6000年到1世纪期间撒哈拉边陲地带的气候变迁、动物迁徙和人类生活方式的演变。

本区大多属于砂岩地质，因此石林遍布，虽然气候干燥，但受到高原地形以及砂岩保水性较佳的影响，这里也有植物零星生长，其中包括较罕见的地中海柏树。

提姆加德 Timgad

1982 文化遗产 古罗马

公元100年，罗马帝国的图拉真大帝(Trajan)为了防止柏柏人(Berbers)入侵，便在奥拉斯山(Aures Mountains)北麓建立殖民地提姆加德，作为军事防御之用。

这座遗址采用罗马帝国典型的棋盘式设计，代表性建筑物包括12米高的图拉真大帝凯旋门、可容纳3500人的半圆形剧场、4座公共澡堂、1座图书馆以及长方形会堂。提姆加德在5世纪时遭到外族劫掠，后来又被拜占庭军队攻占，成为一座基督教大城，7世纪时，柏柏人将它摧毁殆尽，直到1881年才被挖掘出土。

阿尔及尔的卡斯巴赫古城 Kasbah of Algiers

1992 文化遗产 古城

始建于公元前6世纪的卡斯巴赫，是一座依傍陡峭山丘、可眺望港口和地中海的麦地那(伊斯兰式古城)。

由于先后受到腓尼基人、罗马人、汪达尔人、拜占庭人、阿拉伯人、土耳其人和法国人的统治，因此现今所看到包括堡垒、清真寺、土耳其宫殿和传统民房在内的历史古迹，充分融合了罗马、拜占庭、土耳其军事建筑以及阿拉伯的建筑风格。

©UNESCO/Hana Aouak

安哥拉Angola

1 0 0 Total 1

2017年新加入世界遗产行列的安哥拉，位于非洲西南部，西濒大西洋，原属葡萄牙殖民地，直至1975年11月才结束葡萄牙五百多年的统治宣告独立。安哥拉经济以农业为主，矿产亦相当丰富，有潜力成为富裕的国家。

姆班扎刚果：前刚果王国的首都遗址 Mbanza Kongo, Vestiges of the Capital of the Former Kingdom of Kongo

2017 文化遗产 古城遗址

姆班扎刚果位于安哥拉西北部，在14世纪至19世纪是非洲南部最大宪政国——刚果王国的首都，16世纪一度是富有的非洲城市之一，中心区域有古时的皇邸、法庭、皇族陵墓。葡萄牙人于15世纪抵达后，采用欧洲样式增建了石制建筑，在撒哈拉以南的非洲国家中，姆班扎刚果充分展现外来的葡萄牙人及基督教对非洲造成的巨变。

贝宁Benin

1 1 0 Total 2

贝宁位于西非，临几内亚湾，大多数的人口都集中在南部的海岸区，曾被法国殖民，官方语言为法语。历史上，这里曾经出现一个强大的王国，那就是公元17—19世纪之间的达荷美(Dahomey)王国，唯一入选的一座世界文化遗产便是此时期的王宫。

★W－阿尔利－彭贾里保护区W-Arly-Pendjari Complex详见尼日尔(P.479)

阿波美王宫 Royal Palaces of Abomey

1985 文化遗产 宫殿

自公元1625年达荷美人在贝宁南部建立阿波美王朝，到1900年为止，这个位于西非的经济强国总共经历了12位国王的统治。除了阿卡巴国王(King Akaba)在别处兴建宫殿之外，其他历任国王都将自己的王宫建在首都的皇家园林内，因此形成一个就地取材的完整建筑群。遗址中除了保存许多的公共设施、壁画、雕塑，还有大量精美的陶制浮雕，为这个已消失的古王国提供了历史的见证。

布基纳法索Burkina Faso

1 1 0 Total 2

布基纳法索是西非的内陆国，1984年之前原名为上沃尔特共和国(Republic of Upper Volta)。过去曾被法国殖民，直到1960年才独立。1万多年前，便有人类在此活动。在欧洲人来到非洲之前，这里已经有兴盛的黄金贸易。

★W－阿尔利－彭贾里保护区W-Arly-Pendjari Complex详见尼日尔(P.479)

洛罗派尼遗址 The Ruins of Loropéni

2009 文化遗产 人文聚落景观遗址

位于科特迪瓦、加纳和多哥之间的洛罗派尼遗址，占地11130平方米，是一处约有1000年历史的石砌废墟。这里是洛比地区(Lobi)的10座堡垒中保留得最为完整的遗址，同时也是见证了撒哈拉沙漠黄金贸易鼎盛期的百道石墙群的一部分。

洛罗派尼遗址过去曾被洛朗(Lohron)或库兰戈(Koulango)族人占领，成为黄金提炼和交易的重镇，并在14—17世纪达到鼎盛，目前人们对这块土地所知不多，仍有待进一步的挖掘。

博茨瓦纳Botswana

1 1 0 Total 2

博茨瓦纳是非洲南部的内陆国，于1966年独立。境内地形十分平坦，但有70%的土地为喀拉哈里沙漠。从入选的文化遗产中看得出来，人类在几万年前便已在此区域活动。另一座入选的自然遗产则是河口三角洲湿地生态。

措迪洛山岩画 Tsodilo

2001 文化遗产 史前岩画艺术

位于喀拉哈里(Kalahara)沙漠境内的措迪洛山，总共有4500幅以上的岩壁绘画保存于面积仅10平方千米的区域中，是世界上岩画艺术最密集的地方，因此也素有“沙漠的卢浮宫”之称。

这片遗址包含了四座岩丘(男人丘、女人丘、孩子丘和一座不知名的小山丘)，其中以女人丘的岩画遗迹最为丰富，内容多半是孤立的动物轮廓和几何图形，有些甚至可以追溯到24000年前，这些岩画充分展现了闪族人的文化艺术和精神信仰。

奥卡万戈三角洲 Okavango Delta

2014 自然遗产 河口三角洲生态

奥卡万戈三角洲位于博茨瓦纳西北边，主要包括永久性的沼泽地和季节性的泛滥平原两大部分，这是世界上少数的内陆河口三角洲，自己形成一个湿地体系，而没有流向海洋。

奥卡万戈三角洲最大的特色，就是每年旱季时，奥卡万戈河就开始泛滥，当地动植物也随之进入周而复始的生物循环周期。一般来说，气候、水文及生物都是交互作用的，但在这里，却不是在雨季泛滥，是一个相当独特的案例。

而奥卡万戈三角洲也是许多濒危大型哺乳动物的家，例如猎豹、白犀牛、黑犀牛、非洲野狗和狮子。

符号说明 登录时间 遗产内容 遗产类型 文化遗产 自然遗产 综合遗产 濒危文化遗产 濒危自然遗产 濒危综合遗产

佛得角Cape Verde

1 0 0 Total 1

佛得角是西非外海的岛国，距离非洲大陆尚有570千米之遥，是由10座岛屿构成的群岛国家，总面积约4033平方千米。由于是欧洲人来到非洲最早的殖民地，所遗留下来的古迹不仅见证了历史，更显弥足珍贵。

2009

文化遗产

殖民城市 × 葡萄牙

西达德维哈——大里贝拉历史中心旧城

Cidade Velha, Historic Centre of Ribeira Grande

原名“大里贝拉”，后于18世纪末期更名“西达德维哈”(Cidade Velha，意为旧城)，是佛得角最古老的欧洲人殖民地，同时也是该国早期的首府所在地。

公元1462年，葡萄牙航海家诺利(António da Noli)在发现西非的圣地亚哥岛(Santiago)之后，就把该城命名为大里贝拉(葡萄牙语意指大河)。由于当时黑奴买卖盛行，这里后来也成为葡萄牙帝国的贸易重镇。西达德维哈最著名的古迹，包括一座兴建于1495年全世界最古老的殖民地教堂、皇家堡垒以及矗立着华丽大理石柱的皮洛里广场(Pillory Square)。

喀麦隆Cameroon

0 2 0 Total 2

位于西非的喀麦隆由于地理和文化的多样性，浓缩了非洲的精髓，而有“缩小版的非洲”之称。以自然环境来说，就包含了海滩、沙漠、高山、雨林和稀树草原，其自然生态丰富，两座入选世界遗产的都属于自然遗产，也是大自然的宝库。

2012

自然遗产

热带雨林 × 湿地 × 野生动物

桑加跨三国保护区

Sangha Trinational

桑加跨三国保护区占地约7500平方千米，位于刚果盆地西北部的刚果(布)、喀麦隆及中非共和国交界处，并且由三个国家的国家公园共同串联而成。这块保护区是这三国的官方与民间人士为了保育世界第二大雨林区，共同努力十多年所取得的成果。

本区位于人迹罕至的赤道非洲地带，大部分的自然环境都保存完整，尚未受到人为破坏。多雨潮湿的热带雨林与湿地孕育着大量动植物，其中包括尼罗河鳄鱼、巨型虎鱼、鹦鹉等。天然森林空地不仅是大象、濒临绝种的大猩猩与黑猩猩聚集及栖息的处所，其他为数众多的大型哺乳动物如森林水牛、大丛林猪、紫羚等，也经常在此处活动。

桑加跨三国保护区目前由联合国教科文组织世界遗产中心、国际野生物保育协会(WCS)、世界自然基金会(WWF)等组织以及欧洲数国政府及人民，长期提供资金与技术上的协助。刚果(布)、喀麦隆和中非共和国三个国家也共组巡守队，严禁人们在保护区内从事非法狩猎、捕鱼或走私象牙的行为。

*与中非共和国、刚果(布)并列

1987

自然遗产

雨林 × 野生动物

贾河野生动物保护区

Dja Faunal Reserve

位于喀麦隆南部高原地带的贾河野生动物保护区，占地5269平方千米，由于三面都被天然疆界贾河所围绕，90%的区域未受外界干扰，因此是非洲较大且保护得最完整的雨林之一。

贾河动物保护区以生物多样性为特点，总共有超过1500种已知植物、107种哺乳动物以及320种鸟类栖息在此处，其中还包括5种濒危动物。

中非共和国Central African Republic

文化遗产 1 自然遗产 1 综合遗产 0 Total 2

中非共和国是位于非洲心脏地带的内陆国，多数国土被非洲稀树草原所覆盖。过去曾经是法国殖民地，1960年才独立。尽管拥有丰富的矿藏和可耕地，包括铀、石油、黄金、钻石和木材、水力，却仍是世界上最贫穷的国家之一。

★桑加跨三国保护区Sangha Trinational详见喀麦隆(P.445)

马诺沃－贡达圣弗洛里斯国家公园

Manovo-Gounda St. Floris National Park

1988

濒危自然遗产

野生动物

马诺沃－贡达圣弗洛里斯国家公园位于中非共和国巴明吉－班戈兰省(Bamingui-Bangoran)，东方邻近乍得边界处，面积广达17400平方千米，由三条河流流域、泛滥平原、草原及湿地所组成。

此国家公园拥有非洲中西部最辽阔的稀树草原，也是57种哺乳类动物、320种鸟类的栖息地，其中包括濒临绝种的黑犀牛和非洲象，以及同样因非法盗猎而数量锐减的花豹、鳄鱼、狮子和鬣狗。

刚果(布)Congo (Brazzaville)

文化遗产 0 自然遗产 1 综合遗产 0 Total 1

刚果(布)过去属于法国殖民"赤道非洲"的"法属刚果"，于1960年独立。唯一的一座世界遗产，就是与喀麦隆、中非共和国三国并列的桑加跨三国保护区(Sangha Trinational)。

★桑加跨三国保护区Sangha Trinational详见喀麦隆(P.445)

乍得Chad

文化遗产 0 自然遗产 1 综合遗产 1 Total 2

乍得是中非地区的内陆国，北部是沙漠，中部有条干旱带，南部地区土地较肥沃。乍得湖区是该国最大、非洲第二大湿地，其国名便是来自乍得湖。和邻近国家一样，过去是法国殖民地，于1960年取得独立地位。

乌尼昂加湖群 Lakes of Ounianga

2012

自然遗产

湖泊生态

景致优美、充满鲜明色彩的乌尼昂加湖群，是乍得第一个名列世界遗产的保护区，它位于撒哈拉沙漠的超干燥地带"恩内迪区"(Ennedi region)，由18座互相连接的湖泊组成，总面积约630平方千米。这片湖群是永久湖泊存在于沙漠型地理环境的绝佳例证。

不到一万年前，这里原本是一大片湖泊，但后来逐渐分成两个相隔40千米，由咸水湖、超咸水湖和淡水湖组成的湖群。这两大湖群分别是乌尼昂加克比尔湖群(Ounianga Kebir)以及乌尼昂加塞里尔湖群(Ounianga Serir)，由于有地下水供应水源，因此除了季节造成的微幅变化之外，水位大致都能保持稳定。

乌尼昂加克比尔湖群由4座湖泊组成，覆盖面积最大的是约安湖(Yoan)，占地3.58平方千米，深27米，但因为盐度极高，所以只有藻类和微生物能够生存。乌尼昂加塞里尔湖群由14座以沙丘相隔的湖泊组成。这些湖泊表面有一半都漂浮着芦苇，因此湖水的蒸发程度较少；广达4.36平方千米的泰利湖(Lake Teli)是该湖群中覆盖面积最大的湖泊，但水深不到10米。

恩奈蒂断层地块：自然与文化景观

Ennedi Massif: Natural and Cultural Landscape

2016

综合遗产

奇岩景观×岩画艺术

此断层地块位于乍得的东北方，地质为砂岩，由于受到水和风的侵蚀，切穿一片广大高原，形成了峡谷与山谷，并有悬崖、岩石拱门、岩锥等天然景观。

在巨大的峡谷里，永久存在的水流在恩奈蒂断层地块的生态中扮演了极为重要的角色，不论是对动物、对植物，还是对人。数千年来，人类在岩洞、在峡谷、在屏障处留下了数千幅岩画，是撒哈拉地区较大的岩画艺术群之一。

科特迪瓦Côte d'Ivoire

1 3 0 Total 4

从其国名便知这里过去也是法国殖民地，和邻近国家一样都于1960年独立。原本的三座自然遗产，都面临了人类和政局的威胁，其中两座被列为濒危世界遗产，最新增加的文化遗产大巴萨姆，是法国殖民城市的典型范例。

1981 野生动物 濒危自然遗产

宁巴山自然保护区

Mount Nimba Strict Nature Reserve

分布于科特迪瓦、几内亚与利比里亚交界处的宁巴山自然保护区，山坡上有茂密的树林，山脚有辽阔的草原，动植物生态极为丰富，目前已知有逾500种新发现的动物，最引人瞩目的就是宁巴山高位栖息地特有的宁巴山胎生蟾蜍(Nimbaphrynoides occidentalis)，其他重要的哺乳类动物还包括花豹、非洲侏儒獭鼩，以及把石头当工具用的黑猩猩。

由于1992年几内亚政府允许本地开采铁矿，又有大量难民涌进几内亚，因此本保护区在1992年被列为濒危世界遗产。

*与几内亚并列

©UNESCO/Guy Debonnet

1982 热带雨林×野生动物 自然遗产

塔伊国家公园

Taï National Park

占地3200平方千米，位于科特迪瓦与利比里亚交界处的塔伊国家公园，是西非最后一块原始的热带雨林。

这里的动植物极为丰富，特有物种超过150种，而在几内亚雨林出现的54种哺乳类动物当中，就有47种栖息于此，其中包括侏儒河马等5种濒危物种；有些过去一度被认为已经灭绝的植物，如魔芋属(Amorphallus staudtii)，也在此区再度被人发现。

1983 自然遗产 野生动物

科莫埃国家公园

Comoé National Park

科莫埃国家公园是西非最大的野生保护区之一，占地11500平方千米，由于流经此处的科莫埃河(Comoé River)造就了稀树草原、廊道森林、河岸草地、茂密雨林等多样化的栖息地环境，因此这里的动植物相当丰富，除了有西非的多种兀鹫和鹳，还有11种猴子、17种肉食性动物、21种大型草食性动物、10种鹭以及濒临绝种的3种非洲鳄。受到科特迪瓦政局不稳、盗猎以及草食性动物大量啃食的影响，本区在2003年被列入濒危遗产。

2012 殖民城市×法国 文化遗产

历史城镇大巴萨姆

Historic Town of Grand-Bassam

历史城镇大巴萨姆位于科莫埃河进入几内亚湾的河口处。1880年到1960年，法国人在此地建立殖民首都，尽管规模不大，但其格局反映了当时的城镇规划概念，分为商业区、行政区、欧洲人居住区以及非洲人居住区。现今仅存的建筑物也反映出法国的殖民建筑风格，拥有木制百叶窗、宽大的阳台及柱廊，因此使得大巴萨姆成为法国殖民城市的范例。与其一同纳入世界遗产保护范围内的，还包括紧邻在旁、保存了非洲原住民传统文化的渔村“恩济马”(N'zima)。

1960年，科特迪瓦脱离法国独立，大巴萨姆成为该国最早的首都以及最重要的海港、商业中心及司法中心。它不仅见证了欧洲人与非洲人之间错综复杂的社会关系，也见证了科特迪瓦独立建国的历程。不过时至今日，大巴萨姆的古老殖民建筑因为无人使用且年久失修，正面临结构损毁的危险。

刚果(金) Congo (Kinshasa)

0 5 0 Total 5

刚果(金)是非洲面积第二大的国家，过去名为“扎伊尔”(Zaire)，从其入选的5座自然遗产来看，这个国家拥有世界上少有的丰富自然生态，可惜1998年爆发了“非洲的世界大战”，灾难性的内战使所有自然遗产都被列为濒危遗产。

卡胡兹－比加国家公园

1980 高山森林×热带雨林×野生动物 濒危自然遗产

Kahuzi-Biega National Park

位于刚果(金)东部，成立于1970年的卡胡兹－比加国家公园，其名称取自卡胡兹和比加两座死火山。由于境内自然景观的海拔差异悬殊，除了高山森林，还有广大的原始热带雨林，因此动植物种类繁多。

这里是世上少数仅存的山地大猩猩(数量约250只)栖息地及研究基地，也是著名动物保育者黛安·佛西(Dian Fossey)最早研究大猩猩的地点。受到内战不断、大批难民涌入，以及盗猎、森林大火等因素的影响，卡胡兹－比加国家公园于1997年被列为濒危自然遗产。

加兰巴国家公园

1980 野生动物×白犀牛 濒危自然遗产

Garamba National Park

成立于1938年的加兰巴国家公园，位于刚果(金)东北部，占地4920平方千米。境内除了有广阔的热带稀树草原、高原及林地，沿河还有零星散布的廊道森林及沼泽湿地。

本地是世界上唯一仅存的白犀牛栖息地，由于盗猎行为猖獗，白犀牛的数量已经从20世纪60年代的1000只，锐减到不足30只，这也使得它继1984年之后，再度于1996年被列入濒危遗产。

©UNESCO/Guy Debonnet

维龙加国家公园

1979 生态多样性×野生动物 濒危自然遗产

Virunga National Park

占地8000平方千米的维龙加国家公园，成立于1925年，是非洲第一座国家公园。这里包括了赤道雨林、沼泽地、草原、熔岩平原乃至海拔超过5000米的鲁文佐里山(Rwenzori Mountains)在内的地形景观，因此动植物种类相当丰富。它不仅是山地大猩猩重要的栖息地及研究基地，更拥有世界上最庞大的河马群，数量有两万多头。

受到卢旺达难民涌入、林地大幅缩减以及缺乏妥善管理的影响，维龙加国家公园于1994年被列为濒危自然遗产。

萨隆加国家公园

1984 热带雨林×野生动物 濒危自然遗产

Salonga National Park

1970年成立的萨隆加国家公园，位于刚果河(Zaire River，亦称扎伊尔河)流域中心地带，面积广达36000平方千米，是非洲最大、世界第二大的热带雨林保护区，物种相当多样化，其中包括濒临绝种的特有动物：长尾猴、红疣猴、非洲象、非洲细吻鳄及巴诺布猿(矮黑猩猩)。

由于野生动物交易盛行，导致盗猎情形严重，再加上武装冲突频繁，萨隆加国家公园于1999年被列入濒危自然遗产，接受联合国基金会(UNF)保育计划的援助。

霍加皮野生动物保护区

1996 野生动物 濒危自然遗产

Okapi Wildlife Reserve

占据刚果(金)东北部伊图里森林(Ituri Forest)五分之一面积，将近14000平方千米的霍加皮野生动物保护区，属于非洲最大水系刚果河流域的一部分。这里除了拥有各式各样的植物，动物种类也相当繁多，包括13种以上的类人灵长类动物、濒临绝种的非洲象以及5000只野生霍加皮鹿(全球估计有30000只)。

由于1997年初内战蔓延，又有盗猎者和淘金者非法入侵，导致保护区遭到破坏，因此在入选世界遗产的隔年，本区就被列入濒危自然遗产。

符号说明 登录时间 遗产内容 遗产类型 文化遗产 自然遗产 综合遗产 濒危文化遗产 濒危自然遗产 濒危综合遗产

埃及Egypt

6 1 0 Total 7

埃及的世界遗产以陵墓群与金字塔区居多。圣卡特琳娜地区、阿布米奈城皆因名列宗教圣地而入选；2005年入选的鲸鱼峡谷，地处西南沙漠区，发现了最早出现的械齿鲸——人们已知的原始鲸类之一，是埃及唯一的世界自然遗产。

阿布米奈城 Abu Mena

1979

濒危文化遗产

基督教遗产

阿布米奈是早期基督教圣城，位于亚历山卓的南部，建于3世纪，城内有教堂、洗礼池、长方形教堂、街道、修道院、民房和工场等，但都建在基督教殉教者米奈斯(Menas)的坟墓上。米奈斯死于公元296年。

圣米奈斯修道院是主要景点，教堂是埃及科普特教徒于1959年兴建的。所有建筑房顶部都装饰着十字架，墙上有上帝传播福音的壁画，教堂内有两具科普特主教的棺木，并有与人身等高的雕像陈列，墙上有多幅基督教油画。另有一个放置圣米奈斯遗骨的小教堂，是虔诚的科普特教徒朝圣地。

此遗址在1979年被评为世界文化遗产，但因为整个城市地面下沉，故于2001年被纳入世界濒危遗产名录。此遗址是亚历山大时代留下来的唯一历史古迹。

孟斐斯及金字塔群

Memphis and its Necropolis: Pyramid Fields from Giza to Dahshur

1979

文化遗产

陵墓坟冢 × 古埃及

孟斐斯(Memphis)是古埃及旧王国时期的首都，在公元前3100年前就已经是一个繁华的大都会，在希腊哲学家希罗多德的描述下，孟斐斯的热闹与进步，大概不下于今日之纽约。当时，首次一统上下埃及的法老王曼尼斯(Menes)定都于此，其盛况可以从沙卡拉陵墓区的气派和金字塔的壮观来判定。

从吉萨到沙卡拉的金字塔地区，周遭的大小金字塔约有80余座，不过，最完美、最引人注目的当属吉萨的这3座，其建筑的技巧迄今无人能解，以现在的工程技术，依然无法复制出建于公元前2600多年前的金字塔。

吉萨最高的胡夫金字塔(The Pyramid of Khufu)，高达139.75米，估计共由250万块切割的石灰石堆叠而成，每一块石头重2—70吨，法国拿破仑看到时也大吃一惊。他估计如果用这些石头建造一座高约1米的石墙的话，其长度应该可以环绕法国3圈。在金字塔前的狮身人面兽是法老王的象征，狮身比喻法老王的身体敏捷强壮如同万兽之王，而人面则象征法老至高无上的智慧。

而沙卡拉这个区域在古埃及旧王国时期就是墓地区域，从公元前3000年至希腊托勒密王朝统治时期为止，这个区域在沙漠中慢慢延展了7千米，这个区域内残存的祭祀神殿、金字塔、坟墓等建筑几乎是无可匹敌的人类遗产。不过，这一片建筑却淹没在沙漠之中，直到20世纪才慢慢被发现。其中，最著名的是各个不同建筑时期的金字塔，包括阶梯金字塔、弯曲金字塔，还有世界上第一座真正成功的金字塔——红色金字塔。

1979

文化遗产

陵墓坟冢 × 神殿 × 古埃及

底比斯古城及陵墓群

Ancient Thebes with its Necropolis

细读埃及的文明史，确实没有一处古都能如底比斯(Thebes)这般气势恢宏，并留予后世数量如此庞大的无价遗产。从数千年前的宫廷纷争，到近代震惊全球的考古发现，底比斯始终是众所瞩目的焦点。这座余威犹存的古都，阿拉伯文译为“路克索”。

两千多年前，这里是新王国时期的首都，在这之前，埃及饱受异族统治之苦，于是上任的图特摩斯三世(Tuthmosis III)开始加强战备，并主动出征宣扬国威。他的目的达成了，埃及的势力扩及叙利亚、努比亚、利比亚，借辉煌的战绩获得黄金、白银、象牙、香料等贡品，这些财富变化成了一座座华丽的神殿和陵墓，缔造出一处空前的繁华之都。

底比斯的地理位置相当优越，都城跨越尼罗河两岸，沿岸尽是宽广的平原。古埃及人依据大自然日升日落的定律，衍生出死亡与复活循环不息的信仰，继而形成日出的东方代表重生、繁衍，日落的西方代表死亡、衰退的观念，因而膜拜阿蒙(Amun)的神殿遍及东岸，而富丽堂皇的皇家陵墓则建于西岸，这些都成了底比斯古城今日的观光资源。

当年古希腊诗人荷马(Homer)曾形容底比斯为“百门之城”，这“门”指的是神殿的塔门，底比斯的规模由此可见一斑，今日的古城风华依旧，与开罗、吉萨分庭抗礼。

1979
历史城区
×
伊斯兰文化
文化遗产

开罗历史区 Historic Cairo

公元969年法蒂玛家族(Fatima)崛起，开启法密德王朝(Fatimids，唐朝称“绿衣大食”)，征服埃及，建都于现在的开罗(意为征服者、胜利)，一直到马穆鲁克王朝(Mamluk Dynasty，亦称奴隶王朝，1250—1517年)结束。为期五百余年的时间，开罗一直都是伊斯兰世界的中心，掌控着东地中海的贸易大权，创造了开罗最繁盛的时期，人口密集，生活富庶，清真寺比邻而建，数量惊人，当时曾被称为“千塔之城”。

目前伊斯兰区仍号称有800座以上的清真寺。伊斯兰区范围辽阔，北起征服之门(Bab el Futuh)，南到大城堡(Qal'et El-Gabal)，登高环伺，放眼尽是尖塔、寺院。为数众多的寺院在时间的摧残之下，显得苍老颓圮，在国际组织的协助之下，有些重要的寺院已开始修复工作，但碍于经费有限，进行得相当迟缓。

1979

文化遗产

神殿 × 古埃及

阿布辛拜勒至菲莱的努比亚遗址

Nubian Monuments from Abu Simbel to Philae

所谓的努比亚地区系指从埃及最南之城——阿斯旺的尼罗河畔，到南部的苏丹喀土木(Khartoum)地区，过去属于库斯王国。在许多出土的壁画与雕刻中，努比亚人被描述成商人或雇佣兵，其实努比亚拥有自己独特的文化、建筑、语言，且保存完整，即使在纳塞尔水库建立之后，世居于该地的努比亚人被迫迁居到阿斯旺、柯欧普或是苏丹南部，仍坚守着传统。

阿布辛拜勒以拉姆西斯二世建立的两座神庙闻名全球，一座是自己祭祀太阳神拉神 (Ra-Harakhty)、阿蒙神(Amun)、佩特神(Ptah)的“拉姆西斯二世神殿”，一座是妻子纳法塔莉(Nafertari)祭祀哈特女神(Hathor)的“纳法塔莉神殿”。神殿完成于公元前1290—前1224年之间，迄今已超过3000年的历史，现在，神殿外那4尊拉姆西斯二世的石像，已经成为继金字塔之后，最有资格代表埃及的标志。

3000年前的神殿完整重现已是创举，但1964年的神殿大迁移更是一项奇迹。由于兴建阿斯旺水坝将使尼罗河水位提高，造成包括拉姆西斯、菲莱神殿等14个遗迹淹没于水中，因此，埃及政府向联合国教科文组织寻求协助，将拉姆西斯神殿从原址(距离阿斯旺280千米处)，迁移到纳塞尔水库边的阿布辛拜勒。

菲莱神殿也是当初抢救古迹行动中的受惠者之一，过去位于距离现址550米的毕佳岛(Biga Island)，对于古埃及人而言，毕佳岛是一个神圣的地方，他们深信毕佳岛是宇宙间最初被创造的一堆土。

符号说明 登录时间 遗产内容 遗产类型 文化遗产 自然遗产 综合遗产 濒危文化遗产 濒危自然遗产 濒危综合遗产

2005

自然遗产

动物化石

鲸鱼峡谷

Wadi al-Hitan (Whale Valley)

在埃及西部沙漠的一处鲸鱼化石谷，有许多罕见的和已绝种的鲸鱼化石。这些化石代表生物演化中的一个重要阶段，生动地刻画了这些鲸鱼在进化过程中的生命形态。这些化石的数量、集中度和质量使此地成为一个有吸引力和被保护的独特风景区。

此区目前发现最早出现的鲸类为古鲸亚目中的械齿鲸，是人们已知的原始鲸类之一，虽然属于鲸鱼的一种，但其外貌特征却和大海蛇相似，进化后后面的肢体已经没有了，显示了现代鲸鱼的身形，但保留了头骨和牙齿结构的原始主干。鲸鱼峡谷位于沙漠深处，从法尤姆再往西，方圆几十千米的地域内，有座明显地标——加伦湖。

2002

文化遗产

修道院×教堂

圣卡特琳娜地区 Saint Catherine Area

圣卡特琳娜修道院位于《圣经》所记载的摩西接受上帝十诫的西奈山脚下。这是世界现存的古老修道院之一，院内珍藏着早期基督教手稿及圣像，其建筑可以说是拜占庭早期建筑的最佳范例。而整个圣卡特琳娜地区不但有许多进行中的考古活动，也是犹太教、基督教、伊斯兰教三大宗教的圣地。

修道院最早是4世纪时，由君士坦丁大帝(Constantine the Great)的母亲在这块《圣经》所提及的圣地建的一座小教堂，成了希腊东正教修士静心修行的庇护所。6世纪时，东罗马皇帝查士丁尼(Justinian)采花岗岩叠砌出坚实高耸的城墙，并将小教堂扩建成今日所见的规模，使修士们身心得到实质的保障。随后，修士们在后堂拱顶添置一幅《基督变容》马赛克图，教堂因而改名为“救世主基督变容教堂”，一直到圣卡特琳娜遗体被发现，教堂才再度更名。

圣卡特琳娜于公元294年诞生于亚历山大港，她因虔诚信奉基督教而遭处死。据传，天使将她的遗体移至西奈半岛的最高峰。3个世纪之后，一名修士发现了圣卡特琳娜完好如初的遗体，并运回修道院安置。圣卡特琳娜殉教事迹使修道院成为信徒朝圣的圣地，也因而有了更名之举。

而后修道院历经政权轮替，始终以其崇高的地位超脱政治的统辖。1966年庆祝成立1400周年，见证了千百年来东正教在埃及的传播痕迹。

厄立特里亚Eritrea

1 0 0 Total 1

2017年与安哥拉同时新加入世界遗产行列的厄立特里亚，位于非洲东部，濒临红海，1993年5月才脱离埃塞俄比亚的统治宣告独立，在政治局势、经济发展各方面都有待努力改进。

2017

文化遗产

城市建筑文化

阿斯马拉：非洲的现代主义城市

Asmara: a Modernist City of Africa

厄立特里亚的首都阿斯马拉位于东非高原最北端，人口约50万，海拔约2350米，有“云中之城”美誉。1890年意大利殖民者在此处建立军事基地，因此阿斯马拉有“小罗马”之称，而后逐渐发展成今日的小都城，享有“梦幻城市”(City of Dream)美名，游人常赞誉阿斯马拉是非洲极美的城市之一。

1935年之后，阿斯马拉开始大规模地兴建改造，纷纷建起现代的政府大楼、居民住宅、商业建筑、教堂、清真寺、犹太教会堂、电影院和饭店等，在20世纪初期，阿斯马拉是非洲极为突出的现代城市典范。

符号说明 登录时间 遗产内容 遗产类型 文化遗产 自然遗产 综合遗产 濒危文化遗产 濒危自然遗产 濒危综合遗产

埃塞俄比亚Ethiopia

8 1 0 Total 9

位于“非洲之角”的埃塞俄比亚是第一批拥有世界遗产的国家，9座世界遗产中除了一座为自然遗产之外，其余的文化遗产几乎都是人类历史上最珍贵的遗产，其中包括人类祖先“露西”，标示出人类起源之地。

1978

自然遗产

高山生态

瑟门国家公园

Simien National Park

成立于1969年的瑟门国家公园，境内涵盖了瑟门山以及非洲第四高峰——埃塞俄比亚最高峰达尚峰(Ras Dashan)，因此也是非洲的主要高地之一。

这里不仅有经历了千万年侵蚀的壮丽山谷以及高山草地，同时也是狮尾狒、埃塞俄比亚狼和特有动物北山羊的栖息地。由于本土动物的数量日益稀少，此区曾经在1996年被列入濒危自然遗产目录。

©UNESCO/Guy Debonnet

©UNESCO/Guy Debonnet

拉利贝拉的石刻教堂群

Rock-Hewn Churches, Lalibela

12世纪末—13世纪初，埃塞俄比亚第七任国王拉利贝拉按照神谕，以数十年的时间将当时的首都，也就是今日的拉利贝拉，打造成非洲的“新耶路撒冷”。

这座位于北部岩石高原的圣城，最有名的就是11座位于巨大石坑内以整块岩石开凿而成的石刻教堂，其中包括世界最大的石刻教堂“耶稣基督教堂”(Bete Medhane Alem)，以及呈十字架造型的圣乔治教堂(Bet Giyorgis)。

©UNESCO/Francesco Bandarin

©UNESCO/Francesco Bandarin

©UNESCO/Francesco Bandarin

贡德尔地区的法西尔·盖比城堡及古建筑

Fasil Ghebbi, Gondar Region

法西尔·盖比是埃塞俄比亚在17—18世纪间的京城所在地，这座位于该国西北部贡德尔地区的堡垒城，是由法西利达斯国王(Emperor Fasilides)所建立起来的。

古城被900米长的城墙环绕，其内有宫殿、教堂、修道院等融合努比亚、阿拉伯及巴洛克风格的公共及私人建筑群。而在这些建筑群中，最具代表性的是位于古城南端、带有欧洲古堡风情的法西尔·盖比城堡(Fasilides castle)。

符号说明	登录时间	遗产内容	遗产类型	文化遗产	自然遗产	综合遗产	濒危文化遗产	濒危自然遗产	濒危综合遗产

©UNESCO/Francesco Bandarin

阿克苏姆 Aksum

1980 文化遗产 古城

位于埃塞俄比亚北部高原的阿克苏姆城，是阿克苏姆王国(公元前4世纪到公元10世纪)最初定都之处，也是阿克苏姆文明的发源地，当时跟古希腊、埃及和亚洲之间都有热络的贸易往来。

阿克苏姆不仅以方尖碑、巨大石柱、皇室陵墓、古堡等珍贵的建筑遗迹闻名，据传失落已久的约柜(摆放摩西十诫的圣柜)，就放置在城内的锡安圣母玛利亚教堂(Chruch of Our Lady Mary of Zion)，也就是历任埃塞俄比亚国王加冕的地点。

©UNESCO/Francesco Bandarin

阿瓦什下游河谷考古遗址

Lower Valley of the Awash

1980 文化遗产 人类化石

阿瓦什河是埃塞俄比亚的主要河流，其谷地是非洲大陆重要的古生物学遗址之一，这里发现的远古人类化石最早可追溯到四百万年前，其中包括1974年在阿法尔(Afar)出土，以52块人类骨骼化石重组而成的人类祖先"露西"(Lucy)，据估计该遗骸已经存在了320万年。这些化石不仅为人类进化史提供了强大的证据，也重新塑造了我们对人类历史的认知。

奥莫下游河谷史前文化遗址

Lower Valley of the Omo

1980 人类化石 文化遗产

位于埃塞俄比亚南部，邻近图尔卡纳湖(Lake Turkana)的奥莫下游河谷，是世界上著名的史前遗址，考古学家已在奥莫河河岸挖掘出更新世到上新世之间(距今两百万年前)的人类化石碎片。

此外，这里也有许多奥杜韦石器时代的工具出土，证明奥莫下游河谷是目前已知人类古老的露营地之一。

蒂亚 Tiya

1980 文化遗产 史前巨石

蒂亚位于埃塞俄比亚首都阿迪斯阿贝巴(Addis Ababa)南部的索多(Soddo)地区，是当地约160处考古遗址当中重要的遗址之一，这里矗立着36座高2—3米的神秘巨石，其中有32座石碑刻满象征性的符号，但大部分符号都令人费解。除了石碑之外，该遗址还埋有数具战士骨骸，根据碳元素的测定，其年代介于12—14世纪；尽管如此，这批史前时代的埃塞俄比亚古文明遗迹，年代尚有待进一步的考证。

历史要塞城——哈拉尔

Harar Jugol, the Fortified Historic Town

2006 古城 文化遗产

位于埃塞俄比亚东部高原，四周环绕着沙漠与稀树草原的古老要塞城哈拉尔，自古就是非洲和伊斯兰世界之间的贸易中心。这座素有"伊斯兰世界第四圣城"之称的古城，总共建有82座清真寺(其中3座年代可以回溯到公元10世纪)以及102处圣祠，建筑风格融合了非洲与伊斯兰文化，也因此造就了哈拉尔城独特的都市风貌。

孔索文化景观

Konso Cultural Landscape

2011 文化遗产 人文聚落景观

孔索文化景观位于埃塞俄比亚西南部海拔1200—2000米的孔索高原，占地230平方千米。此区最大的地理特色是层叠绵延的梯田，以及堆砌在村落周围、最高可达5米的防御性石墙。

由于地理位置偏远，孔索族人四百多年来一直过着与世隔绝的生活，几乎没有任何改变。他们组成紧密联结的聚落，克服干旱贫瘠的自然环境，在梯田上种植小米、高粱、玉米、棉花等作物，还会饲养牛、羊来维持生计。这不仅展现了多样化的农业技术，同时也能在邻近地区遇到粮食短缺的问题时，及时提供物资上的援助。

除此之外，孔索族人也发展出独特且充满活力的宗教与文化传统，例如在丧葬仪式中加入繁复的歌曲及舞蹈，以及为英勇杀敌或捕猎猛兽的死者竖立一种刻有人形特征、名叫"瓦加"(waga)的纪念性木制雕像。

几内亚Guinea

0 1 0 Total 1

西非的几内亚过去称为法属几内亚，曾是法国的殖民地，全国1000万人口分属24个部族，85%信奉伊斯兰教，经济多半倚赖农业和矿业，是全世界矾土第二大出产国，同时也产黄金和钻石。唯一的自然遗产与科特迪瓦并列。

★宁巴山自然保护区Mount Nimba Strict Nature Reserve详见科特迪瓦(P.447)

加蓬Gabon

0 0 1 Total 1

加蓬位于中非西海岸的赤道上，和许多非洲国家一样曾被法国殖民，并独立于1960年。由于人口不稠密，同时产石油，加上外国的投资，因此在非洲富庶程度名列前茅，唯一的世界遗产是座结合自然生态和人类史前遗迹的综合遗产。

洛佩－奥坎德国家公园生态系统和文化遗迹景观

2007

综合遗产

生物多样性
×
史前岩画

Ecosystem and Relict Cultural Landscape of Lopé-Okanda

成立于2002年的洛佩－奥坎德国家公园，大部分被茂密的雨林覆盖，但北部尚保留了中非地区唯一残留自冰川时期(距今15000年)的稀树草原，充分展现热带雨林与草原生态系统共存的特色，同时孕育出多样化的物种。

除此之外，在该遗址出土的新石器时代与铁器时代遗迹，以及1800幅精美岩画，也为班图人(Bantu)及其他西非民族的迁徙生活历史，提供了非凡的见证。

©UNESCO/Christopher Morris Wilks

符号说明 登录时间 遗产内容 遗产类型 文化遗产 自然遗产 综合遗产 濒危文化遗产 濒危自然遗产 濒危综合遗产

冈比亚Gambia

2 0 0 Total 2

冈比亚位于西非的最西端，也是非洲大陆本土上面积最小的国家。冈比亚和其他西非国家有共同的命运，分享了一样的“奴隶贸易史”，于1965年独立，由于土壤肥沃且靠海，人民多以农耕和捕鱼为业。

詹姆斯岛及其相关遗址

2003 文化遗产 殖民遗产

James Island and Related Sites

詹姆斯岛(James Island)位于冈比亚河(Gambia River)河口沿岸，处于早期欧洲通往非洲大陆的重要路线，这里经历了荷兰、英国与法国的殖民统治，也见证了西非黑奴买卖的兴废。

岛上的詹姆斯要塞原是17世纪英国人买卖象牙与黄金的贸易据点，后来成为黑奴买卖中心，随着英国在19世纪初废除黑奴交易，该要塞也逐渐变成废墟，目前大小只剩原本的六分之一左右。

塞内冈比亚石圈

2006 文化遗产 圣地景观

Stone Circles of Senegambia

塞内冈比亚石圈由四个主要散布于冈比亚东北部及塞内加尔中部的圆形石阵组成(超过15000块立石、1000个石圈)，范围广达39000平方千米。遗址中的每个石圈都包含10到24块不等的立石，大部分矗立于公元8世纪，不过其下的墓冢历史更久远，最早可追溯到公元前3世纪，最晚是公元16世纪。这片典型的石阵遗址，无论在规模、一致性以及彼此之间复杂的几何关系上，都属全世界难得一见的杰作。

*与塞内加尔并列

加纳Ghana

2 0 0 Total 2

西非的加纳在欧洲人前来殖民之前，原本属于阿散蒂王国的领地，由于盛产黄金，一直是非洲较富有的地方，而有“黄金海岸”之称。1957年率先从英国的殖民中独立，取名为加纳，因为古代这里曾出现一个加纳帝国。

沃尔特及大阿克拉等中西部地区的要塞和城堡

1979 文化遗产 殖民城市

Forts and Castles, Volta, Greater Accra, Central and Western Regions

加纳凯塔镇(Keta)与贝吟镇(Beyin)之间的沿岸地区，分布着11处欧式要塞及城堡，约建于1482年到1786年，其中葡萄牙人于1482年在此地兴建的艾尔米纳城堡(Elmina Castle)，是目前已知最早建于热带地区的欧洲建筑物。此处原本是葡萄牙人在大航海探险时期建立的贸易据点，后来陆续受到荷兰、英国等国家的殖民统治，因此建筑物充满欧洲风格。

阿散蒂传统建筑

1980 文化遗产 人文聚落景观

Asante Traditional Buildings

17世纪时，奥塞・图图酋长(Osei Tutu)于今日加纳的库马西市(Kumasi)建立了阿散蒂王国，该王国于18世纪达到鼎盛期。目前保留于库马西市东北部的阿散蒂传统建筑，是该文明所留下的最后遗址，也是研究阿散蒂社会与历史的珍贵材料。由于这些建筑物是当地居民以泥土、木材和麦秆搭建而成，难以抵挡气候及时间的侵蚀，因此已经有残破的迹象。

莱索托Lesotho

0 0 1 Total 1

莱索托王国位于非洲南部，全境被南非所包围，也是全世界面积最大的国中之国，边境线长909千米，面积30355平方千米。由于地处高原，又有“天空王国”之称，1966年脱离英国而独立。

马洛提－德拉肯斯堡公园

2000，2013 综合遗产 奇岩景观 × 史前岩画

Maloti-Drakensberg Park

在南非，祖鲁人称之为乌卡兰巴(uKhahlamba，意指“长矛屏障”)、荷兰人称之为龙山的德拉肯斯堡山脉，拥有高耸的玄武岩扶壁、砂岩墙、高海拔草原，以及陡峭峡谷，景色壮丽，而那些多样化的栖息地，也孕育了当地许多特有及濒危的物种，尤其是鸟类和植物。

不仅如此，本区还可见旧石器时代早期、中期和晚期的人类居留遗迹，并保有4000年前桑族人(San)创作的岩画，是撒哈拉沙漠以南规模最大、最密集的岩画群。

这座遗产于2000年被提报时，原本只有南非境内的德拉肯斯堡公园，2013年，范围再扩充至邻国莱索托的赛拉提贝国家公园(Sehlathebe National Park)。

*与南非并列

肯尼亚Kenya

4 3 0 Total 7

除了占全境面积8%、有成千上万只野生动物的国家公园，肯尼亚92%的土地还拥有另一面：西部的维多利亚湖附近，有着惊人的巨石群；拉穆小镇是当年郑和下西洋的停靠站；南部蒙巴萨是百年商港，淹埋着斯瓦希里人的皇宫遗迹和黑奴的血泪史。

图尔卡纳湖国家公园

Lake Turkana National Parks

1997

濒危自然遗产

沙漠湖泊 × 动物化石

位于肯尼亚最北端的图尔卡纳湖一区，境内包括湖中的中岛国家公园(Central Island National Park)、南岛国家公园(South Island National Park)，以及东北岸的西比罗伊(Sibiloi National Park)三个国家公园。在1997年以独特的动植物生态登录联合国教科文组织的世界遗产，为东非地堑湖群中位置最北、面积最大的湖泊，也是肯尼亚第一大湖、全球最大的沙漠湖泊，湖岸线比肯尼亚的海岸线还长。

1888年两名奥地利人发现此处，以奥国大公之名为它取名为鲁道夫湖(Lake Rudolf)，后因湖水颜色，有人称它为翡翠海(Jade Sea)，20世纪70年代更名为图尔卡纳湖，取自湖岸的部落民族名。

肯尼亚被称为“人类的摇篮”，科学家判断非洲是人类的起源地，就是因为考古学家在图尔卡纳湖岸挖掘出一副300万年前的直立人骸骨化石，现址设立了一座博物馆，藏有丰富的哺乳动物、软体动物等化石，对了解古生物环境相当重要。

除了化石，图尔卡纳湖是候鸟的中途休息站，也是河马、毒蛇和上万只尼罗河鳄鱼的栖息地。不过，由于气候干燥，仅靠雨水维持的图尔卡纳湖，水平面每年下降约30厘米，万年前的湖面比现在高150米。

符号说明 登录时间 遗产内容 | 遗产类型 文化遗产 自然遗产 综合遗产 濒危文化遗产 濒危自然遗产 濒危综合遗产

1997

自然遗产

高山生态 × 冰川地形

肯尼亚山国家公园

Mount Kenya National Park/Natural Forest

肯尼亚山海拔5199米，为非洲第二高山。虽然高度比不上坦桑尼亚和肯尼亚边境的非洲第一高山乞力马扎罗山，但论山势的险峻，肯尼亚山可是排行第一名。

肯尼亚山是座死火山，最近一次爆发的时间是在260万年到310万年前，当时的肯尼亚山高达6500米，山形类似现在的乞力马扎罗山，北边迄今仍看得到许多火山锥和火山口。

今日的险峻山势，是百万年来受冰川侵蚀所造成的。山上如今仍有12座冰川，但皆处于迅速消退中，从围绕山顶四周的4座次高山峰下方，可以看到深U形的凹陷，即为冰川山谷。

肯尼亚山被划归在世界自然遗产里的范围，包括3200米以上的山坡、715平方千米的国家公园和周边约1420平方千米的森林保护区，内有20座小湖，为东部非洲惊人的地理景观之一，其中，高地植物的演化和生态，更是生态进化史上一个绝佳的范例。

这一区域的林地，植被丰富，地貌多元，从低海拔的森林往上到荒原，再到高山林地，可以发现11种肯尼亚山特有植物和150种地区植物。

这里也是重要的动物栖息地，比如在中海拔的湿地上，就有一大片为狒狒聚集地，其他动物还包括大象、犀牛、非洲水牛等。

2001

文化遗产

古城

拉穆古城 Lamu Old Town

这座东非最古老但保存最完善的斯瓦希里小镇，在2001年被联合国教科文组织认可具有文化遗产价值，其理由有三：一是拉穆的建筑和都市结构，不但融合欧洲、阿拉伯、印度等形式，还运用斯瓦希里的建筑技巧，创造出独特的外貌；二是这座东非海港的兴衰，与百年来非洲班图人、阿拉伯人、波斯人、印度人和欧洲人的海权优势及互动息息相关；三是其担任伊斯兰和斯瓦希里文化的教育中心，具有重要的宗教地位。

拉穆是斯瓦希里文化的重镇。斯瓦希里(Swahili)是阿拉伯文的“海岸”一意，斯瓦希里语结合了班图语和阿拉伯语，通用于东部非洲，北至坦桑尼亚，南至莫桑比克以及东部非洲沿海一带，也是肯尼亚的官方语言。

拉穆推估约建于公元12世纪，由当地班图人和外来的商人合力打造，商人有的来自阿拉伯半岛，有的来自波斯湾和远东地区。这个新兴城镇担任起内陆和海洋运输的中间人角色，对外输出象牙、木材，对内运进衣服、陶瓷、香料等工业制品，很快在13世纪时于东非海岸的独立城邦中崛起。

建镇初期是从一个个石造小社区开始，包括议会和清真寺，皆在目前拉穆的北方，该区的西方为原市场所在，随后才发展至南方，即现今港口的北方。现在的拉穆规模则是在18世纪建成，迄今没有变过。

符号说明 登录时间 遗产内容 遗产类型 文化遗产 自然遗产 综合遗产 濒危文化遗产 濒危自然遗产 濒危综合遗产

2008

文化遗产

防御性村落×圣地

米吉肯达卡亚圣林

Sacred Mijikenda Kaya Forests

米吉肯达圣林分布于肯尼亚沿岸平原及丘陵地带，由11块各自独立、绵延200多千米的林地所组成，当中包含不计其数名为“卡亚”(kaya)的防御性村落。

“卡亚”约在16世纪时就已经存在，到了20世纪40年代遭到废弃，不过现在仍被人们视为祖先居住的圣地。本遗址由于展现了当地独特的传统文化，并且跟现存的传统文化有直接关联，因此被列为世界遗产。

2011

文化遗产

殖民遗产×防御堡垒

蒙巴萨的耶稣堡

Fort Jesus, Mombasa

1593年，葡萄牙国王腓力一世(Philip I of Portugal，同时也是西班牙国王腓力二世)下令在蒙巴萨镇南端建立耶稣堡，为蒙巴萨港提供军事上的保护。这座堡垒由建筑师乔凡尼·巴蒂斯塔·凯拉提(Giovanni Battista Cairati)负责设计，包括护城河及其腹地在内，占地共23600平方米，从空中看下来是个人形。

耶稣堡是第一座在欧洲境外兴建的欧式防炮堡垒，它的设计形式、完美的比例、气势雄伟的城墙以及五座棱堡，都充分反映出文艺复兴时期的军事建筑理论。

蒙巴萨的耶稣堡是16世纪葡萄牙军事要塞中，保存得最完整也最杰出的例子。它代表西方文明在掌控印度洋贸易路线上，成功踏出了第一步，也见证了非洲、阿拉伯、土耳其、波斯和欧洲为了取得港口掌控权，先后在此地留下的文化与影响，因此具有划时代的意义。

2018

文化遗产

石墙建筑

西穆里奇定居点考古遗址 Thimlich Ohinga Archaeological Site

“Ohinga”为“定居”的意思，这处古石墙建筑位于肯尼亚西南部维多利亚湖西北部46千米处，此石墙建筑可能建于16世纪，这一带的石墙定居区曾用于居住和牲畜饲养，西穆里奇是其中规模最大、保存最好的，也是维多利亚湖盆地最早出现大型石墙建筑的案例。石墙并未使用任何砂浆或水泥，而由大大小小整齐排列的石头堆垒而成，高度约1.5米到4.5米，平均厚度为1米。西穆里奇记录了16世纪到17世纪维多利亚湖流域迁徙和定居的重要事件，并证明了社区组织的存在。

非洲

肯尼亚

2011

自然遗产

湖泊
×
生物多样性

肯尼亚东非大裂谷湖泊系统

Kenya Lake System in the Great Rift Valley

东非大裂谷湖泊系统涵盖三座互相连接的湖泊，它们分别是柏格利亚湖(Bogoria)、纳库鲁湖(Nakuru)以及埃尔门泰塔湖(Elementaita)。

这个风景绝佳、水位相对较浅的湖泊系统，不仅拥有极为丰富的地理景观，诸如瀑布、间歇泉、开放水域、沼泽以及广阔的草地，更重要的是，这里孕育了世界上最多样化、密度最高的鸟类，其中包括100多种候鸟以及13种全球濒危鸟类。

此区一年到头都有多达400万只小红鹤在三座湖泊之间迁徙觅食，为数众多的白鹈鹕也将此区当作主要的筑巢和繁衍基地。除此之外，黑犀牛、罗斯柴尔德长颈鹿、扭角林羚、猎豹、鬣狗等许多大型哺乳动物，也都在湖泊区周围地带活动栖息，因此使得这个地区在动植物群落、生态演化以及湖泊系统的发展上，具有极高的研究价值。

利比亚Libya

5 0 0 Total 5

利比亚的5座文化遗产，有3座反映了环地中海文明的历史，另2座则是撒哈拉沙漠的遗迹和古城，但都因动乱而被列入濒危名单。

©UNESCO/G. Boccardi

1982 濒危文化遗产 腓尼基×古罗马

大莱普提斯考古遗址
Archaeological Site of Leptis Magna

大莱普提斯考古遗址是地中海地区保存最好也最宏伟的古罗马遗址，虽然腓尼基人早在公元前1100年就建立起这座城市，但一直到了公元193年，刚登基的罗马皇帝塞维鲁(Severus)决定大力建设自己的家乡，这里才进入繁华期，并且成为当时非洲的第三大城市。本遗址包括公共建筑、港口、市场、商店、浴池、竞技场、剧场等令人赞叹的建筑景观。

1982 濒危文化遗产 古希腊

昔兰尼考古遗址 Archaeological Site of Cyrene

昔兰尼建于公元前7世纪，是锡拉岛希腊人的殖民地，在公元365年发生一场大地震之前，这里一直是当地最重要的希腊城市，也见证了地中海地区的荣景。

在昔兰尼考古遗址中，最古老也最著名的古迹就是可追溯到公元前7世纪的阿波罗神庙，其他古老的建筑物还包括狄密特神庙，以及部分尚未出土的宙斯神庙，在昔兰尼及阿波罗尼亚港(Apollonia)之间，则有一片绵延10千米的古墓群。

©UNESCO/G. Boccardi

符号说明：登录时间 遗产内容 | 遗产类型：文化遗产 自然遗产 综合遗产 濒危文化遗产 濒危自然遗产 濒危综合遗产

1982
腓尼基 × 古罗马
濒危文化遗产

塞卜拉泰考古遗址

Archaeological Site of Sabratha

位于利比亚西北角的塞卜拉泰，原本是公元前5世纪腓尼基人建立的贸易站，公元2世纪初，这里被罗马帝国的图拉真大帝升格为殖民城市，并在塞维鲁大帝在位时进入鼎盛期。

本遗址最古老的建筑是公元前7世纪所建的滨海码头，其他重要的遗迹则包括罗马帝国以及拜占庭帝国的碉堡、神殿、喷泉、广场、剧院与教堂。

1985
濒危文化遗产
史前岩画

塔德拉尔特·阿卡库斯岩画遗址

Rock-Art Sites of Tadrart Acacus

本遗址位于利比亚西部与阿尔及利亚交界的多山地区，属于撒哈拉沙漠的一部分。这里的石窟藏有许多公元前12000年到公元100年之间遗留下来的壁画与雕刻，其中包括长颈鹿、大象、骆驼等动物图案以及人们日常生活的景象，充分反映了当地人们的生活习俗和自然环境的变迁。

1986
古镇
濒危文化遗产

加达梅斯古镇

Old Town of Ghadamès

加达梅斯古镇位于利比亚西部的绿洲之上，自古就有“沙漠珍珠”的称号，同时也是撒哈拉沙漠古老的城市之一。本遗产为人类传统聚居形态立下了典范，其建筑物每一层都各有功用：底部的楼层用于贮物，中间则设置阴凉的廊道，顶楼还有供妇女使用的露天平台。由于先后经历过罗马帝国和阿拉伯人的统治，因此这座古镇也充满独特的风情。

马达加斯加

Madagascar

1 2 0 Total 3

马达加斯加为非洲外海印度洋上的岛国，是世界第四大岛。8800万年前从印度次大陆分裂出来，因此不少物种在岛上独立演化，是生物多样性最热门的地方，岛上90%以上的野生动植物在世界其他地方看不到，其中两座自然遗产便是这些稀有动植物的家。

1990
自然遗产
喀斯特地形 × 森林 × 生物多样性

钦基·贝马拉哈自然保护区

Tsingy de Bemaraha Strict Nature Reserve

钦基·贝马拉哈自然保护区邻近马达加斯加岛西部海岸，由于属于石灰岩地质，因此数百万年来的雨水侵蚀，也造就出这里有如斧劈刀削般的喀斯特地形。

本保护区除了拥有独特的石灰岩针状石林、深裂险峻的峡谷及水道，那些未遭破坏的原始森林、湖泊和红树林，也是稀有濒危的狐猴以及鸟类的栖息地。

2001
文化遗产
王城

安布希曼加皇家山丘

Royal Hill of Ambohimanga

安布希曼加皇家山丘是18世纪末安卓里纳姆波伊尼麦利那国王(Andrianampoinimerina)执政时的居住地，由于建有王城、皇家陵寝以及祭祀建筑群，地势高峻，防御坚固，因此又被称作“圣城”。

本遗产不仅在建筑风格、建材及布局方式上，充分展现了16世纪以来马达加斯加人的社会及政治结构，从宗教祭祀上的代表性意义来看，这里也跟当地人民的民族认同有着密不可分的关系。

2007
濒危自然遗产
雨林 × 野生动物

阿钦安阿纳雨林

Rainforests of the Atsinanana

阿钦安阿纳雨林位于马达加斯加岛东部，范围涵盖6座国家公园，是世界上许多稀有及濒危物种的重要栖息地。

6000万年前，马达加斯加岛与大陆分离，动植物在孤立封闭的环境下自我演化，也因此造就出丰富的生物多样性。以阿钦安阿纳雨林来说，有高达80%—90%的物种属于当地特有，而且马达加斯加岛上123种陆生哺乳动物就有78种出现在本区，其中包括72种濒危动物，狐猴至少就有25种。

马拉维Malawi

1 1 0 Total 2

马拉维为非洲东南部的内陆国，享有“非洲温暖之心”(The Warm Heart of Africa)的别称，过去曾是英国殖民地，于1964年独立，名列世界上不发达国家之一，经济以农业为主。东非大裂谷从北而南贯穿全国，并以马拉维湖为东边国界。

冲戈尼岩石艺术区

Chongoni Rock-Art Area

2006 文化遗产 岩画艺术

位于马拉维中部高原树林丛生的花岗岩山岗上的冲戈尼岩石艺术区，拥有中非地区127处最精华的岩画遗址。它不仅反映了罕见的农民岩画传统，也呈现出旧石器时代便在此聚居的渔猎民族巴特瓦人(Batwa)的绘画艺术。

除此之外，以农耕为生的切瓦人(Chewa)也从铁器时代晚期开始在此创作岩画，一直延续到20世纪。岩画中的象征符号多半描述女性生活，而遗址本身也跟仪式与庆典密切相关。

©UNESCO/Lazare Eloundou Assomo

马拉维湖国家公园

Lake Malawi National Park

1984 湖泊生态 自然遗产

马拉维湖国家公园位于马拉维湖南端，拥有天然原始的生态环境，动植物资源相当丰富，由于孕育了数百种当地特有的淡水鱼，对生物演化的研究工作有极大的贡献，因此这里也是该国唯一以保护鱼类及水生栖息地为目的而成立的国家公园。除此之外，数量庞大的河马以及白鹈鹕，也是该国家公园弥足珍贵的自然遗产。

©UNESCO/Lazare Eloundou Assomo

毛里塔尼亚 Mauritania

1 1 0 Total 2

古代的时候，这里曾是柏柏人建立的毛里塔尼亚王国，到了罗马时代，成为罗马帝国的一个行省。这里土地平旷，有四分之三的土地为沙漠，尽管天然资源丰富，却也是非洲贫穷的国家之一。过去沙漠上的绿洲古镇如今被纳为世界遗产。

阿尔金岩礁国家公园

Banc d'Arguin National Park

1989 自然遗产 海洋生态

阿尔金岩礁国家公园位于毛里塔尼亚西部沿岸，由沙丘、滨海沼泽、小岛及浅水湾组成，占地12000平方千米。

这里虽然有贫瘠的沙漠地形，但海洋地带生态丰富，不仅是西非主要的候鸟繁殖场，有红鹤、宽嘴鹬和燕鸥等数量繁多的鸟类栖息，同时也是具有经济价值的渔场，不过受到近年大量捕捞的影响，食鱼鸟类不断减少，本区也面临生态上的威胁。

瓦丹、欣盖提、提希特及瓦拉塔古镇

Ancient Ksour of Ouadane, Chinguetti, Tichitt and Oualata

1996 文化遗产 古镇×人文聚落景观

这四座古镇建于公元11—12世纪，位于物产丰饶的山谷边缘及撒哈拉沙漠的贸易路线上，因此不仅是当时的商业重镇，各自享有繁华富庶的光景，同时也是伊斯兰文化的传播中心。

这些城镇都以一座附正方形尖塔的清真寺为中心，街道狭小，防御性佳，住屋也以灰泥石块建成，并设有天井，不仅符合沙漠防护和气候上的需要，也充分反映出撒哈拉西部游牧人民的传统生活形态。

符号说明：登录时间 遗产内容 遗产类型：文化遗产 自然遗产 综合遗产 濒危文化遗产 濒危自然遗产 濒危综合遗产

©UNESCO/Francesco Bandarin

马里Mali

3 0 1 Total 4

马里是西非的内陆国，在欧洲人来到非洲之前，马里曾经是加纳(Ghana)帝国、马里(Mali)帝国、桑海(Songhai)帝国的领地，撒哈拉的贸易中心就位于此，在其黄金年代，数学、天文、文学、艺术达到巅峰，曾经是世界上非常富庶的地方之一。

邦贾加拉陡崖(多贡人地区)

Cliff of Bandiagara (Land of the Dogons)

1989

综合遗产

岩石景观 × 人文聚落景观

位于马里中部的邦贾加拉陡崖，是一道长达200千米，由西南往东北延伸的砂质断崖，令人叹为观止。

14世纪时，多贡人将原本以峭壁为居的泰勒姆人(Tellem)赶走，建立自己的村落，并且一直居住至今。这片岩壁地带除了有多贡人的各式传统建筑(房舍、谷仓、祭坛、集会处)，也依旧看得到泰勒姆人的建筑遗迹，因此无论在地质学、考古学以及民族学上，都有其重要性。

©UNESCO/A. Wolf

杰内古城 Old Towns of Djenné

1988

古城 × 泥造建筑

濒危文化遗产

杰内是马里中部尼日尔河内陆三角洲上的一座古城，从公元前200年左右就开始有人居住，后来发展成撒哈拉沙漠的黄金交易中心，15—16世纪时，该城进入最辉煌繁华的时期，并且在传播伊斯兰文化上扮演着重要角色。

杰内古城素以泥砖建筑著称，总共有2000座古老建筑被完整保留下来，其中最知名的景观就是1907年兴建的“杰内大清真寺”(Great Mosque of Djenné)。

廷布克图 Timbuktu

1988

古城 × 泥造建筑

濒危文化遗产

廷布克图最早建立于公元10世纪，15—16世纪时，这里是伊斯兰世界规模最大的学府桑可雷大学(Sankore University)以及其他伊斯兰学校的所在地，不仅拥有学术及信仰上的崇高地位，也是伊斯兰教在非洲的传播中心。

廷布克图拥有三座历史悠久的泥造清真寺，分别是西迪·亚细亚(Sidi Yahiya)、金葛雷·柏尔(Djingaray Ber)与桑可雷(Sankore)，这些风格独特的建筑物虽然持续进行整修，但仍然受到沙漠化的威胁。

阿斯基亚陵墓

Tomb of Askia

2004

陵墓坟冢 × 泥造建筑

濒危文化遗产

阿斯基亚陵墓建于公元15世纪末，据说是桑海帝国(Songhai)国王阿斯基亚·穆罕默德一世(Askia Mohammad I)的埋葬地。其建筑群包含一座金字塔形坟墓、两座清真寺、一座公墓以及一座户外集会场，是西非泥造建筑的代表。阿斯基亚陵墓由于见证了桑海帝国的繁盛，并且反映出西非半沙漠区(Sahel)独特的传统建筑形式，因此被列为世界文化遗产。

毛里求斯Mauritius

2 0 0 Total 2

毛里求斯原是一座没有人类的岛屿，一页殖民沧桑，在短短四百年间，让物种天堂转变成一座民族熔炉。公元1598年荷兰人踏上这座岛屿之前，这里是鸟类的天堂，荷兰人走后，法国、英国人接续来追梦，遗留的两座文化遗产都是殖民时代的产物。

©UNESCO/Jasmina Sopova

阿普拉瓦西·加特地区

2006

文化遗产

殖民遗产

Aapravasi Ghat

阿普拉瓦西·加特地区位于毛里求斯首都路易港(Port Louis)，占地1640平方米，是欧洲人首度以契约方式引进外国劳工之处，也见证了历史上的重大变革。

19世纪，大英帝国废除奴隶制度，决定用外国(印度为主)的契约工取代非洲奴隶，毛里求斯岛便成为第一个实施新政策的地点。1834年到1920年，这里有数十万印度契约工入境，准备到当地农场工作，或者转往澳大利亚、非洲大陆及加勒比海，也因此造就出独特的移民文化。

莫纳山文化景观

2008

文化遗产

殖民遗产

Le Morne Cultural Landscape

坐落于毛里求斯西南部半岛上的莫纳山，海拔约556米，地势险峻、森林茂密，从18世纪到19世纪初，这里就一直是奴隶逃亡藏身之地。

1835年，一支警备探险队进入莫纳山，准备传达奴隶制度废除的命令，但遗憾的是，逃奴们误解探险队的来意，一个个跳下断崖自杀，从此以后，这座山便成为毛里求斯人纪念奴隶制度废除的著名地点。

摩洛哥Morocco

9 0 0 Total 9

摩洛哥是北非最西边的国家，9座世界遗产全数为文化遗产，包括充满浓浓伊斯兰风情的古城、沙漠绿洲、罗马时代的遗迹、葡萄牙殖民城市，以及阿拉伯古城融合法国城市规划的现代城市……这些文化遗产在全非洲可谓独树一帜。

非斯旧城 Medina of Fez

1981

文化遗产

历史城区 × 伊斯兰文化

非斯从12世纪起就已是鼎盛的城市，而旧城区里的大学也是世上最古老的一座。尤其在13—15世纪时的马里尼德(Merenid)朝代，取代马拉喀什(Marrakesh)成为首都，带领摩洛哥进入黄金时期。

从阿拉伯人横扫北非的领域后，非斯一直是伊斯兰文化重镇，而伊斯兰的代表颜色为绿色，因此绿色就成为非斯的象征色，从城墙到大门都可清楚地观察到这一特色。而每个朝代都在这个摩洛哥最古老的皇城，遗留了一些象征性的建筑，就连摩洛哥独立也是起源于此。虽然摩洛哥已在1912年迁都至拉巴特，非斯仍是摩洛哥最重要的宗教和文化中心。

非斯旧城区里的巷弄高达5000多条，其中的清真寺、市集、工艺工作室、皮革染料场和一般人民的生活，活像一座户外博物馆，走一趟这里，就能领略到摩洛哥的万种风情。

1996 文化遗产 古城 × 伊斯兰 × 欧洲风格

梅克内斯古城

Historic City of Menknès

梅克内斯位于摩洛哥北部，原是一座防御性城镇，到了17世纪，阿拉维特王朝(Alaouite dynasty)第二任统治者穆雷・伊斯梅尔(Moulay Ismail)将首都迁移过来，这里便发展成一座雄伟的西班牙－摩尔式城市，至今仍保存得相当完整。本地建筑物的最大特色在于高耸的外墙和巨大的门，充分展现了伊斯兰与欧洲风格之间的完美融合。

遗迹广场是连接旧城和皇宫的地方，从这里开始，穆雷・伊斯梅尔兴建厚实的城墙将自己的领地包围住。面对广场的正前方便是赫赫有名的胜利大门(Bab Mansour el Aleuj)，这是进入皇宫的主要大门，其字意是指“改信伊斯兰教的基督徒胜利”。

穆雷・伊斯梅尔陵墓不只是个陵寝，同时也是唯一开放给非伊斯兰教徒参观的清真寺。这间美丽的陵墓最初建于17世纪，在18世纪和20世纪时重新整修过，而穆雷・伊斯梅尔的太太和儿子也葬在这里。

符号说明 登录时间 遗产内容 遗产类型 文化遗产 自然遗产 综合遗产 濒危文化遗产 濒危自然遗产 濒危综合遗产

1997 文化遗产 古罗马

沃卢比利斯考古遗址

Archaeological Site of Volubilis

沃卢比利斯建于公元前3世纪，是毛里塔尼亚－廷吉他纳省(Mauretania Tingitana)的行政中心，也是罗马帝国西部边境上一个重要的殖民城市。这里土壤肥沃，物产丰饶，不仅繁荣富庶，还建有许多优美精致的建筑物。1755年，沃卢比利斯曾经遭到里斯本大地震的损毁，1914年起，考古学家开始通过出土的遗迹和文物，逐渐拼凑出这座罗马古城的原始面貌。

1985 历史城区 × 伊斯兰文化 文化遗产

马拉喀什旧城

Medina of Marrakesh

马拉喀什于1070年建城，是摩洛哥的第二大城市，曾经贵为皇城，现存完整的城墙约有10米高，全长将近16千米，计有20个城门及200座塔楼。红色的城墙从中世纪建城以来就不曾改变，黄昏时整个城墙都变成红色，是最美的时刻。它护卫着皇宫与人民的生活，墙内的市区仍保存多彩多姿的传统风格。

迦玛艾尔芬纳广场(Djemeaael-Fna)位于旧城区的中央，也是最热闹的商业交易中心。其中著名的地标则非古图比亚清真寺(Koutoubia Mosque)莫属，说它是北非最具代表性的艺术建筑亦不为过。

萨丁安墓园(Saadian Tombs)则是历代国王安息之处，建于15世纪，有着完美的安达卢西亚风格，四周为壁砖，竖立着大理石圆柱。巴西亚皇宫(El Bahia Palace)是摩洛哥少数对外开放而且保存完好的皇宫之一，有花园、中庭、华丽的房间、喷泉，每个房间都被精心设计过。

1987 防御型村落 文化遗产

阿伊特·本·哈杜村

Ksar of Ait-Ben-Haddou

阿伊特·本·哈杜村是一座位于摩洛哥南部撒哈拉沙漠经商路线上的防御性村庄，以传统的围墙土制建筑为特色。本村的建筑群最早可以追溯到900年前，除了高耸的围墙之外，四周还有箭塔可以帮助抵御外敌，充分展现了典型的北非建筑风格。值得一提的是，这里还是多部好莱坞经典电影取景之处，《阿拉伯的劳伦斯》便是其中之一。

1997 历史城区 文化遗产

得土安旧城

Medina of Tétouan(Titawin)

位于摩洛哥北部的得土安(柏柏语意指眼睛)，最早建于公元前3世纪。15世纪时，来自西班牙安达卢西亚的摩尔人，继马里尼德人(Marinid)之后重建该城，并且首度筑起城墙、大兴房舍。本城的建筑和艺术别具一格，展现出浓厚的安达卢西亚风情，至今仍然保存得相当完整。

©UNESCO/Leila Maziz

2001 文化遗产 历史城区 × 防御型城市

索维拉旧城(原摩加多尔市) Medina of Essaouira (Mogador)

索维拉是摩洛哥西部大西洋沿岸的一座港口城市，根据考古研究，这里从史前时代就有人类居住。现今的索维拉城是由摩洛哥国王穆罕默德三世于18世纪所建，为的是增加与欧洲强权之间的贸易来往，由于当初奉命规划索维拉城的是一名法国工程师西尔多·科纳特(Théodore Cornut)，因此这里的建筑充满欧洲风格，也成为北非要塞海港的典型代表。

2004 文化遗产 殖民城市 × 葡萄牙 × 防御工事

马扎甘的葡萄牙城 Portuguese City of Mazagan (El Jadida)

马扎甘位于摩洛哥卡萨布兰卡市(Casablanca)西南90千米处，现为贾迪达市的一部分。葡萄牙人曾在公元1502到1769年占领这里，并且修筑军事要塞，因此城墙和堡垒都保有早期文艺复兴时期的建筑风格，其他遗留至今的设施还包括水塔以及建于16世纪的晚期哥特式建筑圣母升天教堂(Church of the Assumption)。本城是葡萄牙人在西非建立的早期殖民地之一，因此见证了欧洲与摩洛哥文明的交流与融合。

拉巴特：现代都市与历史城市共享的遗产

2012

文化遗产

古城 × 现代都市规划

Rabat, Modern Capital and Historic City: a Shared Heritage

拉巴特是摩洛哥的首都及第三大城，位于布雷格雷格河(Bou Regreg River)与大西洋交汇处，它也是西方现代主义跟阿拉伯传统的汇集点。

12世纪中叶，摩洛哥穆瓦希德王朝(Almohad)的首任君王为了对西班牙发动攻击，开始在此建立军事堡垒。12世纪晚期，第三位君主将都城迁到拉巴特，并且兴建哈桑清真寺(Hassan Mosque)以及穆瓦希德城墙与城门，而这些建筑也成为现今拉巴特旧城仅存的历史古迹。

1912年摩洛哥沦为法国“保护国”，法国在拉巴特建立了王室与行政区、住宅和商业开发区以及试验花园(Jardins d'Essais)，堪称20世纪全非洲最浩大、最具野心，或许也是最完整的城市建设计划。这个经过精心设计的城市，不仅展现了对早期阿拉伯传统的尊重，而且拥有许多功能明确、富有建筑美学并且融合公共空间概念的现代化广场与建筑。

©UNESCO/Veronique Dauge

纳米比亚Namibia

文化遗产 1　自然遗产 1　混合遗产 0　Total 2

位于非洲西南部的纳米比亚，是一极度干燥之地，很早便有人类在此活动，第一次世界大战之前是德国的殖民地，之后被并入南非，直到1990年才从南非独立出来。由于纳米比亚沙漠的关系，也是世界上人口密度最低的国家之一。

特威菲尔泉岩画 Twyfelfontein

2007

文化遗产

岩画艺术

特威菲尔泉是世界上最大的岩刻艺术集中地，这里的岩画创作已有两千年的历史，数量超过2000幅，其中包括犀牛、大象、鸵鸟与长颈鹿等动物图像，人类及动物足迹，以及最著名的一幅描绘人类化为野兽的“狮人”(Lion Man)。本遗址除了岩画以外，还包括六处岩石住所，内部可见人类以红赭土作画的痕迹，而这也为非洲南部渔猎采集部落的生活习俗，留下了完整的见证。

©UNESCO/Thomas Dowson

纳米比亚沙漠 Namib Sand Sea

2013

自然遗产

沙漠生态 × 景观

纳米比亚沙漠是世界上唯一的海岸沙漠，而且广大的沙丘都受到雾的影响。这片沙海纵贯纳米比亚西部沿海，长约1300千米，宽80—130千米，主要由两种沙丘系统组成：下半部是古老且半凝固状态的沙，上面则覆盖着较年轻而活跃的沙丘。

这些沙丘的沙，是从数千公里之外的内陆被河流、洋流和风带过来的，在沙海里，有砾石平原、海岸平地、岩石山丘等，此外还有海岸礁湖、暂时性的河流，形成了极为美丽的特殊景观。而雾就是水分的主要来源，也由此形成一个极为特殊的生态系，这里的无脊椎动物、爬虫类和哺乳类动物，也随着这里不断变换的栖息地环境而改变。

莫桑比克 Mozambique

1 0 0 Total 1

在欧洲人来到莫桑比克之前，这个区域先后住着班图人(Bantu)和斯瓦希里人(Swahili)，直到航海家达·伽马(Vasco da Gama)于1498年发现这里，随后在1505年成为葡萄牙人的殖民地。1975年莫桑比克独立，入选的莫桑比克岛便是殖民时代遗产。

©UNESCO/Eloundou Assomo, Lazare

©UNESCO/Eloundou Assomo, Lazare

莫桑比克岛 Island of Mozambique

1991 文化遗产 殖民城市×葡萄牙

莫桑比克岛位于莫桑比克北部，岛上有座坚固的石堡——莫桑比克城。16世纪初，葡萄牙人在这里建立海港及海军基地，并且兴建了南半球最古老的一栋欧洲建筑物——巴鲁亚特圣母教堂(Chapel of Nossa Senhora de Baluarte)。

由于该城自始至终都采用相同的技术、建材(石头或棕榈叶)以及装饰原则，因此风格呈现出惊人的一致，也营造出独特的城市风貌。

尼日利亚Nigeria

2 0 0 Total 2

尼日利亚因为尼日尔河(Niger River)贯穿全国而得名，19世纪下半叶和20世纪初被英国殖民，并在1960年独立，但内战不断。尼日利亚是非洲人口最稠密的国家，石油是国家主要收入来源。

奥孙－奥索博神圣树林 Osun-Osogbo Sacred Grove

2005 文化遗产 圣地景观

奥孙－奥索博神圣树林位于尼日利亚南部奥索博市(Osogbo)郊外，是当地优鲁巴人(Yoruba)的城镇走向都市化之后，唯一残存下来的原始神圣树林。本地保留了许多敬拜奥孙神及其他神祇的神殿、雕塑及艺术作品，目前仍是优鲁巴人心中的精神象征。

苏库尔文化景观 Sukur Cultural Landscape

1999 文化遗产 人文聚落景观

苏库尔文化景观位于尼日利亚东北部的曼达拉山脉(Mandara Mountains)，境内拥有一座居高临下的酋长宫殿和村落、大批梯田、神圣图腾以及曾经繁华一时的铁器工业遗迹。由于独特的景观反映了人类的土地利用形式及社会原貌，并且见证了数百年来人类丰富的精神与物质文明，因此在1999年被列为世界遗产。

符号说明：登录时间 遗产内容 | 遗产类型：文化遗产 自然遗产 综合遗产 濒危文化遗产 濒危自然遗产 濒危综合遗产

尼日尔Niger

1　2　0　Total 3

尼日尔是西非面积最大的内陆国，1960年从法国的殖民中独立。80%的土地被撒哈拉沙漠所覆盖，多数居民都集中在西部和南部。就算在非沙漠地带，由于受到连年干旱、不断沙漠化威胁，以及政治不稳定影响，国家发展始终落后。

阿伊尔和泰内雷自然保护区

1991
濒危
自然遗产
多样性的
地理景观
×
动植物

Aïr and Ténéré Natural Reserves

阿伊尔和泰内雷自然保护区涵盖了阿伊尔山脉东半部及泰内雷沙漠西部区域，是世界第四大、非洲第二大自然保护区，面积约有77360平方千米，不过真正的保护范围只有其中的六分之一。

本保护区包括阿伊尔火山断层，以及一小部分拥有植被的萨赫勒区，动植物种类多样，目前已知有350多种植物。由于受到武力冲突的威胁，本区在1991年被列为世界遗产，并在隔年列入濒危名单。

W－阿尔利－彭贾里保护区

1996
2017
自然遗产
森林
×
稀树草原
交界
的生态

W-Arly-Pendjari Complex

W国家公园位于尼日尔河流域，属于稀树草原与森林之间的过渡带，植物种类繁多，动物数量庞大，具有重要的生态意义。除此，还反映了新石器时代以来，人类和自然资源之间的密切关系，因此是极具保护价值的珍贵遗产。

阿尔利国家公园位于布基纳法索东南部，占地约760平方千米；彭贾里国家公园位于贝宁西北部，成立于1961年，占地约2755平方千米。这些国家公园中生长了草原、灌木丛带、木原、廊道森林等各式植披，并为许多濒临绝种的野生物种提供庇护，包含西非最庞大的大象群、西非海牛、印度豹、猎豹、羚羊、水牛、河马、狒狒、鳄鱼、狮子和三百多种雀鸟。

*与贝宁、布基纳法索并列

阿加德兹历史中心

2013
文化遗产
城市历史
中心
×
泥造建筑

Historic Centre of Agadez

阿加德兹是尼日尔北部阿伊尔省(Aïr)的首府，就位于撒哈拉沙漠南部的边缘，素有“沙漠门户”之称，15—16世纪时，阿伊尔苏丹建都于此，游牧民族图瓦雷格族(Touareg)也定居于此，之后便逐渐发展起来。

阿加德兹历史中心过去位于商队贸易路线的十字路口，大致可以分成11个不规则状的区域，区域内包括了泥巴盖的住宅以及宗教性建筑，例如以泥砖打造、拥有27米高的宣礼塔，也是目前世界上最高的泥造清真寺。在城里，古老的文化、商业和手工艺传统都还保存完好。

塞内加尔Senegal

5　2　0　Total 7

塞内加尔的国名取自塞内加尔河(Sénégal River)，是其北边和东边的界河。17—18世纪时，河岸地区设立了许多贸易站，分属不同殖民国家，例如圣路易岛即为法属西非的首府。全国7座世界遗产中有两座为殖民时代城市。

★塞内冈比亚石圈 Stone Circles of Senegambia详见冈比亚(P.461)

戈雷岛 Island of Gorée

1978
文化遗产
殖民遗产
×
葡萄牙
×
荷兰
×
英国
×
法国

戈雷岛位于塞内加尔首都达喀尔(Dakar)对岸，相距不到3千米，现在是达喀尔市面积最小、人口最少的行政区。

15世纪中叶到19世纪，这里陆续被葡萄牙、荷兰、英国和法国占领，是欧洲人早期在非洲建立的殖民地之一，也是重要的奴隶贸易中心。岛上可见殖民者兴建的堡垒、炮台以及18世纪晚期建立的“奴隶屋”，充分呈现出文明与野蛮之间的残酷对比，以及独特的历史价值。

尼奥科洛－科巴国家公园

1981
濒危
自然遗产
生物
多样性
×
野生动物

Niokolo-Koba National Park

1954年成立的尼奥科洛－科巴国家公园，位于塞内加尔东南部冈比亚河(Gambia River)沿岸，面积9130平方千米。

该国家公园涵盖了全国将近80%的长廊林，并有大片稀树草原和湿地，因此生态环境丰富，不仅拥有1500种以上的植物，也栖息了黑猩猩、狮子、豹、大象、鸟类、两栖及爬虫类等500多种动物，其中包括全世界体型最大的羚羊——巨大角斑羚。

圣路易岛 Island of Saint-Louis

2000

殖民城市
×
法国

文化遗产

圣路易岛是塞内加尔西北部的港口城市，也是塞国自1673年到1960年宣布独立前的首府所在地，1920年到1957年间，这里同时也是相邻殖民地毛里塔尼亚的首府，在西非地区的文化、经济和建筑艺术上扮演着重要的角色。

圣路易岛建于17世纪法国殖民时期，拥有正规的都市规划以及风格独特的殖民地建筑，是一座极具代表性的殖民城市，因此在2000年被列为世界遗产。

©UNESCO/Jim Williams

朱杰国家鸟类保护区

Djoudj National Bird Sanctuary

1981

野鸟保护区

自然遗产

朱杰国家鸟类保护区位于塞内加尔河三角洲上，占地160平方千米，境内的一座大湖连同周边的河流、池塘及水潭，是许多候鸟飞过撒哈拉沙漠后最先到达的淡水栖息地，因此具有极重要的鸟类保育价值。本区拥有将近400种、150万只鸟，较常见的包括红鹤、鹈鹕、紫鹭、非洲琵鹭、大白鹭和鸬鹚。

萨卢姆三角洲 Saloum Delta

2011

文化遗产

考古遗址

萨卢姆三角洲位于塞内加尔首都达喀尔(Dakar)南方约200千米的萨卢姆河入海口，境内遍布200多个以半咸水水道互相联结的大小岛屿，占地约5000平方千米。

这个由红树林、森林、淤泥滩以及蜿蜒水道所构成的广大区域，孕育了相当丰富的物种，因此数百年来一直是当地人民赖以维生的处所。他们在此捕鱼、采集贝类，与环境建立良好的互动关系，发展出自然永续的生活形态。

除了拥有生态丰富的自然环境，萨卢姆三角洲还蕴藏了相当独特且值得重视的文化遗产。这里总共有218座人工贝冢，有些长达数百米，而且最早可回溯到2000年前，保存得相当完好。考古学家还在其中28座古老圆冢中，发现做工精良的人工制品，这不仅为萨卢姆三角洲各时期的人类文化发展提供了重要根据，同时也见证了西非海岸的聚落历史。

巴萨里、富拉、贝迪克的文化景观

Bassari Country: Bassari, Fula and Bedik Cultural Landscapes

2012

文化遗产

人文聚落景观

本文化景观位于塞内加尔东南部，总面积503平方千米，范围涵盖三个呈现不同生物形态的地理区：巴萨里－萨勒马塔区(Bassari–Salémata area)、富拉－丁德费洛区(Fula–Dindéfello area)以及贝迪克－班达法西区(Bedik–Bandafassi area)。

11—19世纪期间，原住民来到巴萨里、富拉与贝迪克三个地区，在几乎与世隔绝、自然资源却极为丰富的环境中，发展出属于自己的独特文化。巴萨里区的地理景观以水稻梯田为主，村庄、农舍与考古遗址散布其间，贝迪克区的景观则以分布集中的尖顶茅屋为主要特色。

整体来说，本区是一处保存完好的多元文化景观，蕴藏了许多原始而又生动的地域文化。这些文化不仅见证了当地居民与自然环境之间的互动关系、农牧形态、土地使用模式，也反映了他们的社会规范、日常仪式以及信仰习俗，呈现出人类在受到自然条件制约之下所发展出来的生存机制。

符号说明：登录时间 遗产内容 | 遗产类型：文化遗产 自然遗产 综合遗产 濒危文化遗产 濒危自然遗产 濒危综合遗产

塞舌尔Seychelles

0 2 0 Total 2

塞舌尔是印度洋上的群岛国家，由115座岛屿组成，就在马达加斯加岛东北方，距离非洲大陆有1500千米，人口86000多人，是非洲人口最少的国家。历史上，英、法两国都掌控过塞舌尔，直到1976年这里才获得独立。

阿尔达布拉环礁 Aldabra Atoll

1982
自然遗产
海洋生态 × 环礁

阿尔达布拉环礁位于邻近非洲东岸和马达加斯加岛的印度洋上，由四座大珊瑚岛组成，是世界第二大环礁，由于地理环境与世隔绝，较无人为干扰，因此得以保留原始的风貌。

本环礁的动植物繁多，最著名的就是阿尔达布拉象龟，而这里也是全世界象龟数量最多之处，其他知名动物还包括绿蠵龟、双髻鲨、鬼蝠魟，以及印度洋唯一仅存无飞行能力的鸟——阿尔达布拉秧鸡。

玛依谷自然保护区

Vallée de Mai Nature Reserve

1983
自然遗产
自然保护区 × 海椰子

位于塞舌尔普拉兰岛(Praslin)中心地带的玛依谷自然保护区，境内有大片由当地特有棕榈树形成的棕榈林。在这些棕榈树中，最知名的是以巨大种子称霸植物界的海椰子(Coco de Mer)，过去人们对它的繁殖方式所知不多，因此一度以为这种树生长于海底。

这种奇特的植物，全世界只能在普拉兰玛依谷及周边的棕榈林中见到其踪迹。来到玛依谷，高高的海椰子直钻天际，巨大的扇形棕榈叶遮天翳日，近0.2平方千米的谷地中密布着7000株珍贵的海椰子。从几个数字，可以看出它的独特：生长缓慢，一年只长一片叶子，直到25年后才抽出树干；树干平均高度25—34米，树叶长7—10米，叶宽4—5米，是地球上最高大的棕榈树，寿命可达1000年。雌雄分立，雄株花朵状如男性生殖器，可达1米长；雌株果实直径约50厘米，可重达30公斤，去掉果壳的种子状如女性生殖器，也是现今植物王国中，体积最为庞大的种子，目前最高纪录为17.6公斤。

这一连串数据之外，海椰子的发现还有一段传奇史。更早之前，海椰子又名为马尔代夫椰子，原因是几个世纪之前，马尔代夫的渔夫发现海上漂过来、已经中空腐烂的巨大海椰子壳，然而这么大的椰子在当地并未生长，一度误以为是从海底冒出来，因此有海椰子的名称。直到18世纪塞舌尔群岛被航海家发现，海椰子的谜底才终于揭晓，它不但生长在岛屿内陆的山谷里，而且果实太重无法漂浮在海面上，这也足以解释，为什么全世界仅有两座岛屿找得到海椰子的踪迹。除了海椰子以外，本区还有许多哺乳类、甲壳类、爬虫类以及鸟类，其中包括稀有的黑鹦鹉(Coracopsis nigra barklyi)，也就是该国国鸟。

南非South Africa

5 4 1 Total 10

南非的10处世界遗产中有5处文化遗产、4处自然遗产、1处综合遗产，分布平均且类型广泛。从史前洞穴、史前岩画、古王国遗址到象征人权的政治监狱都在文化遗产之列；自然遗产则有湿地、植物园以及世界最大的陨石坑。

★马洛提－德拉肯斯堡公园Maloti-Drakensberg Park详见莱索托(P.461)

罗本岛 Robben Island

1999

文化遗产

人权遗产

曾是囚禁政治犯大本营的罗本岛，在南非政治开放后，象征着人权之伸张而被列入世界遗产。距南非大陆7千米，大西洋海水冰冷，又有鲨鱼，即使没有高耸的围篱，犯人也绝对逃不出此岛，因此，来到岛上的人都是"VIP"(Very Important Prisoner，非常重要的犯人)，尤其是种族隔离政策时起身反抗的政治犯，其中，最出名的就是在此关了18年的曼德拉(Nelson Rolihlahla Mandela)，以及泛非洲议会(Pan Africanist Congress)的领袖罗伯特・索布维(Robert Sobukwe)。

南非的猿人化石遗址

Fossil Hominid Sites of South Africa

1999

文化遗产

猿人化石遗址

被称为人类摇篮的史特克芳登(Sterkfontein)洞穴并非浪得虚名，在此洞穴内发现的化石数量之多、种类之丰富足以让所有人咋舌。除了史特克芳登洞穴，还有斯瓦特克朗(Swartkrans)、克罗姆德莱(Kromdraai)等洞穴也被纳入遗产范围。

1936年，罗伯特(Robert Broom)博士在此发现了第一个类人猿的头骨，之后的挖掘陆续发现大约350万年前到150万年前的化石，约有500具头骨、腭骨、牙齿和躯骸出土，是猿人发展的重要史证。此外，还有数千具动物化石，超过300片各种植物化石，以及超过9000件石头工具，其中包含地球上最早的人造器物，其出土物丰富的程度令人惊叹。

符号说明	登录时间	遗产内容	遗产类型	文化遗产	自然遗产	综合遗产	濒危文化遗产	濒危自然遗产	濒危综合遗产

2003

文化遗产

考古遗址

马蓬古布韦文化景观

Mapungubwe Cultural Landscape

马蓬古布韦文化景观位于南非北部边境，曾一度是称霸非洲大陆的马蓬古布韦王国(1075—1220年)的首都，这里保存了相当完整的皇宫遗迹及石砌建筑，而从各个建筑物的位置分布上，也可以看出当时阶级分明的社会和政治结构。

©UNESCO/Francesco Bandarin

1932年，该遗址被一位当地居民发现，于是一连串考古工作就此展开，目前已出土的文物包括陶器、玻璃珠、金饰、象牙艺品等，年代介于10世纪到13世纪。

©UNESCO/Francesco Bandarin

1999

生物多样性

自然遗产

伊西玛加利索湿地公园 iSimangaliso Wetland Park

伊西玛加利索湿地公园原名为圣卢西亚湿地公园，曾经被当作狩猎场，于1971年连同海龟栖息的海滩共同成为生态保护区。保护区内地形多样，包括珊瑚礁、沙滩、海岸沙丘、湖泊、沼泽等，多种地理环境成为尼罗河鳄鱼、河马、羚羊、长颈鹿、大象等动物的家。

最热门的旅游行程即搭乘游览船绕湖一周，途中会见到半隐没于水中的鳄鱼及河马，还有为数众多的各种鸟类，运气好的话，可以碰见其他到水边喝水的大型动物。夏天夜晚，圣卢西亚最热门的活动是到黄金海滩边观察海龟生蛋和小海龟回归大海。白天，在海岸线的高处，则有机会看到迁徙中的鲸鱼身影。

2004 植物生态

自然遗产

开普植物生态保护区

Cape Floral Region Protected Areas

南非除了狮子、老虎、钻石以外，多样的植物生态也是当地特色之一。开普植物生态区是由8个散落的保护区所组成，孕育着8600多种物种，其中68%是世界上其他地方没有的特有品种，堪称是自然基因的宝库，总占地面积为5530平方千米。

位于开普敦东南方90千米的卡格堡自然保护区(Kogelberg Nature Reserve)，是开普植物生态区中最受游客欢迎的观光景点。保护区内山脉横亘，峡谷深切，原始的风情美不胜收。除了自然美景之外，最吸引人的是这里多样化及独特性的植物生态。区内大约有150种特有的植物，有些还是濒临绝种的稀有物种。这里也是观赏南非国花“帝王花”(King Protea)的最佳去处。帝王花种类多样，花朵鲜艳，繁殖力强，山林溪涧都可看到它的芳踪。

2005

自然遗产

陨石坑 × 生物演化证据

弗里德堡陨石坑 Vredefort Dome

弗里德堡陨石坑位于南非约翰内斯堡西南方的费里德堡城，是目前世界上最大、第二古老的陨石坑，直径250—300千米。人们原以为这是火山喷发形成的火山口，但20世纪90年代中期，科学家们发现它是20多亿年前一颗小行星撞击地球后形成的陨石坑，而那次撞击不仅是地球上已知规模最大的能量释放，造成了生物演化史的改变，也为地球的地质史提供了极重要的证据。

一般由火山熔岩形成的花岗岩，岩石纹理结构完整，色呈灰白偏淡，但弗里德堡陨石坑的花岗岩纹理破碎断裂，岩石色泽焦黑，更含有外太空的矿物质。研究显示，约20亿年前，一颗直径达10千米的陨石，由外太空撞击地球，相当于同时引爆1000枚原子弹，顿时将70立方千米的岩石化成尘埃，整个地球都可以感受到剧烈的摇晃，就像是一场世界末日的大地震。虽然经过长时间的风化侵蚀，撞击痕迹渐渐缩小，但仍不难想象当时撞击的力道之强。

©UNESCO/Francesco Bandarin

2007

文化遗产

人文聚落景观

理查斯维德文化和植物景观 Richtersveld Cultural and Botanical Landscape

理查斯维德位于南非开普敦北部的多山沙漠中，地理环境以崎岖峡谷、陡峭高山以及对比强烈的景观为特色，并且生长着许多奇特的植物，包括有“半人树”之称的棒槌树。

这里是半游牧民族纳玛人(Nama)的居住地，也是唯一看得到纳玛人传统可携式小屋“haru oms”的地方。理查斯维德文化和植物景观目前由纳玛人和其他族群共同拥有，并且由他们全权负责境内的管理工作。

2017

文化遗产

古文明文化

蔻玛尼文化景观 Khomani Cultural Landscape

蔻玛尼文化景观位于南非边境处，毗邻博茨瓦纳与纳米比亚，这片广袤的沙漠保存了蔻玛尼萨人(Khomani San)从石器时代繁衍至今的实证。蔻玛尼萨人在严苛的沙漠环境中发展出一套独特的植物学知识、文化习俗。蔻玛尼文化景观见证了当地长存的生活方式与数千年来的演化过程。

2018

自然遗产

山脉

巴伯顿·玛空瓦山脉 Barberton Makhonjwa Mountains

巴伯顿·玛空瓦山脉位于南非东北部，面积占巴伯顿绿岩带(Barberton Greenstone Belt)的40%，拥有全球最古老的地质结构。巴伯顿·玛空瓦山脉保存了完好的火山岩和沉积岩，历史推断具有32.5亿年至36亿年，当时的地球刚开始形成第一块原始的陆地。巴伯顿·玛空瓦山脉地貌特征具有流星撞击形成的角砾岩，这是3.8亿年至4.6亿年前大轰炸时的陨石撞击所形成的。

苏丹Sudan

2 1 0 Total 3

自远古以来，苏丹便与古埃及的历史相互交织，长长的尼罗河不但穿越整个埃及，也把苏丹分成东西两半，入选的两座文化遗产都是古埃及时代库什王朝的遗址。

©UNESCO/Ron Van Oers

©UNESCO/Ron Van Oers

博尔戈山和纳巴塔地区的遗址

2003

文化遗产

陵墓 × 神殿 × 宫殿 × 古埃及

Gebel Barkal and the Sites of the Napatan Region

本区由尼罗河谷内的5处考古遗址组成，绵延长度超过60千米，它们是兴盛于库什(Kush)第二王国时期的纳帕坦文化(Napatan，公元前900—前270年)与梅洛伊提克文化(Meroitic，公元前270—350年)留下来的历史见证。

本区的遗迹包括陵墓(金字塔式与非金字塔式)、神殿、住宅和宫殿，长久以来与民间传说和宗教信仰有着相当密切的关系，山脚下最大的一座神殿——阿蒙神殿，至今仍是当地人民心目中的圣地。

©UNESCO/Ron Van Oers

©UNESCO/Ron Van Oers

麦罗埃岛考古遗址

2011

文化遗产

陵墓 × 神殿 × 古埃及

Archaeological Sites of the Island of Meroe

麦罗埃岛考古遗址位于苏丹首都喀土穆(Khartoum)东北方200千米处，尼罗河与阿特巴拉河(Atbara River)之间的半荒漠地带，总面积约23.5平方千米。公元前8世纪到公元4世纪期间，埃及第25个王朝库什王朝(Kingdom of Kush)在此建立都城，而从公元前3世纪开始，这里也成为大多数皇室陵墓的所在地。

本考古遗址由库什皇城及陵墓区、纳加神殿(Naqa)以及狮子神殿(Musawwarat es Sufra)三大部分组成，它们完整保存了库什王朝的历史遗迹，其中包括金字塔、神庙、宫殿、民宅、大型水利设施及工业区等。这些遗迹为尼罗河中部及北部河谷地带长达1000多年的政治、宗教、社会、艺术及科技发展，提供了丰富的考证史料。

©UNESCO/Ron Van Oers

由于库什王朝国力强大，曾经一度将疆域扩展到地中海以及非洲心脏地带，因此麦罗埃岛考古遗址也见证了埃及与其他地区在宗教、艺术、建筑以及语言方面的交流。

桑加内卜国家海洋公园与顿戈纳卜湾–穆卡瓦岛国家海洋公园

2016

自然遗产

海洋生态 × 海洋动物

Sanganeb Marine National Park and Dungonab Bay – Mukkawar Island Marine National Park

此遗产主要由两个区域组成：桑加内卜(Sanganeb)是红海中央一处孤立的珊瑚礁，而且是唯一的一座环礁，距离苏丹本土的海岸有25千米；另一处是顿戈纳卜湾(Dungonab Bay)和穆卡瓦岛(Mukkawar Island)，位于苏丹港北方约125千米，这里有高度复杂的珊瑚礁系统、红树林、海草床、海滩及小岛。这两处自然遗产是海鸟、海洋哺乳动物、鲨鱼、海龟、魟鱼等动物的栖息地，顿戈纳卜湾更栖息着相当数量的儒艮。

突尼斯Tunisia

7 1 0 Total 8

突尼斯是北非面积最小的国家，但国力却不容小觑，2011年的一场“茉莉花革命”，在阿拉伯世界掀起巨大波澜。这里原本就是古代迦太基文明的发源地，之后罗马、汪达尔、拜占庭帝国及阿拉伯人的统治都留下可观的文化遗产。

杰姆的古罗马竞技场

1979 文化遗产 古罗马

Amphitheatre of El Jem

杰姆位于突尼斯中部，是典型的伊斯兰城市，却拥有一座公元4世纪初所建的古罗马竞技场。古代腓尼基人曾经在杰姆建立城市，后来古罗马皇帝哈德良(Hadrian)又将此地建设为富庶之都。公元234年，古罗马行政总督戈地安(Gordian)在此称帝，但是没多久即宣告失败。虽然现在人民的生活已完全看不出古罗马文化的影响，但却留有不少气势宏伟的古罗马建筑。杰姆的古罗马竞技场是其中保存状况最好的一座。

伊其克乌尔国家公园

1980 自然遗产 湿地生态

Ichkeul National Park

1980年成立的伊其克乌尔国家公园，位于突尼斯北部，范围涵盖伊其克乌尔湖及其周围湿地。伊其克乌尔湖链状分布于非洲北部海岸，是此区淡水湖中硕果仅存的一个，这里不仅是数以万计的候鸟停歇休息的重要中继站，为数众多的鸭、鹅、鹳及红鹤等水禽也在这里越冬并繁殖后代。

迦太基遗址

1979 腓尼基 × 古罗马遗址 文化遗产

Site of Carthage

迦太基遗址多半已被罗马时期的建筑所掩盖，而今天所见的迦太基遗址，是从数米深的地层中所挖掘出来，只留断壁残垣，因此只能在博物馆内看到腓尼基人在地中海一带的文化、工艺、生活、宗教信仰和丧葬礼仪等相关文物，以及迦太基人于罗马时期制作的马赛克镶嵌画。

科克瓦尼布尼城及其陵园

1985 文化遗产 腓尼基遗址

Punic Town of Kerkuane and its Necropolis

科克瓦尼布尼遗址于1957年出土，没有大型的公共集会堂或剧场等，但却遗留下来许多迦太基中产阶级的住宅痕迹。迦太基人的住屋，建有排水系统、围墙、客厅和私人浴室。由此可知古代的迦太基人比罗马人更重视家庭生活。而且装饰性的马赛克地板，也与罗马建筑的豪华气派截然不同，风格较为朴实。

如今在科克瓦尼布尼遗址所看到的多半是断瓦残垣，想要了解真正“腓尼基人的迦太基”可以去突尼斯巴杜(Bardo)博物馆，在那里可以看到昔日强大海权帝国的生活状况。

苏塞旧城

1988 历史城区 × 伊斯兰 文化遗产

Medina of Sousse

苏塞是腓尼基人于公元前11世纪建立的城市，陆续经历罗马、汪达尔、拜占庭帝国及阿拉伯人的统治，并且成为艾格莱卜王朝(Aghlabid Dynasty，公元800年—909年)重要的贸易中心和军事港口。

苏塞是伊斯兰世界早期城市建筑的代表，城内建有城堡、护城墙、阿拉伯区(包含大清真寺)、伊斯兰教修道院以及传统的里巴特(Ribat，一种兼具防御和宗教功能的建筑物)，也是海岸防御系统的一部分。

凯鲁万 Kairouan

1988 文化遗产 古城 × 伊斯兰

凯鲁万是座典型的宗教城市，建于公元7世纪，在9世纪时成为该地区的政治中心，一直到12世纪，政治中心才转移至突尼斯城。最吸引人的是城区内的伊斯兰建筑，其中又以阿奎巴大清真寺(Great Mosque Oqba)最为著名，以大理石和褐黄色的斑岩为建材，中央有广阔的天井，周围尽是美丽的拱形门廊。清真寺北侧有一座三层金字塔式尖塔，南边是祈祷厅，里面有一系列大理石柱，支撑着雪松木拱门。

在凯鲁万还有一座纪念伊斯兰教圣人西迪·萨希伯(Sidi Sahib)的建筑，建于17世纪，外观类似清真寺，布满精致的彩瓷图案。

杜加 Dougga / Thugga

1997 古罗马遗址 文化遗产

杜加是突尼斯北部的一处古罗马遗址，原为柏柏人的要塞村庄，公元2世纪晚期被罗马帝国统治，后来经历汪达尔王国与拜占庭帝国的占领，并且在阿拉伯人统治期间步入衰落。本遗址的建筑包括神殿、公共澡堂和一座建于公元168年、保存良好的剧院，充分展现了这座古罗马小城的传统风貌。

1979

文化遗产

历史城区

突尼斯旧城 Medina of Tunis

突尼斯市是突尼斯的首都，融合非洲、欧洲和伊斯兰风情。旧城(Medina)包括伊斯兰清真寺、古城门和传统市集。在12—16世纪，突尼斯市被公认为伊斯兰世界最富庶的城市。目前旧城里保存了约700件古迹，包括宫殿、清真寺、陵寝等，诉说着该城辉煌的过去。

在北非或中东，各大城市的旧城称为“Medina”，大部分旧城里照例会有个传统市集，北非语称为“速客”(Souk)，是突尼斯人的生活重心。商店麇集的市集里叫卖声此起彼落，空气中弥漫着香料味，时间一到，大清真寺传来震耳欲聋的叫拜声，十足浓厚的伊斯兰色彩，登高望远，这座老城就如马赛克般炫丽。

旧城最突出的建筑物是大清真寺，站在远处就可看到清真寺的尖塔，在阳光下闪耀着。这里既可体验当地的庶民风情，也是购买异国风情纪念品的好地方。

符号说明 登录时间 遗产内容 遗产类型 文化遗产 自然遗产 综合遗产 濒危文化遗产 濒危自然遗产 濒危综合遗产

أبناء رشيد بن غربال
11 سوق الترك تونس
الهاتف : 174 563 71 (216)
الفاكس : 248 570 71 (216)

坦桑尼亚Tanzania

3 3 1 Total 7

1964年坦桑尼亚独立建国时，是由坦噶尼喀(Tanganyika)和桑给巴尔(Zanzibar)两个地区所组成。七座世界遗产中有三座为自然遗产，其中包括非洲第一高峰以及非洲最大火山口，还有密度极高的野生动物群，都被视为世界自然奇观。

塞伦盖提国家公园

Serengeti National Park

1981

自然遗产

野生动物

1951年正式成立的塞伦盖提国家公园，占地将近15000平方千米，是非洲数一数二的野生动物保护区。本区具有重要的生态价值，不仅孕育着为数众多的动物群落，如狮子、豹、大象、犀牛和水牛，每年还会上演有蹄哺乳类动物随季节逐水草而居的景象，其中最令人叹为观止的，就是上百万只瞪羚以及数十万只斑马进行大迁徙的壮观画面。

基尔瓦基斯瓦尼遗址和松戈姆纳拉遗址

Ruins of Kilwa Kisiwani and Ruins of Songo Mnara

1981

文化遗产

古代海上贸易遗产

基尔瓦基斯瓦尼和松戈姆纳拉是两座紧邻坦桑尼亚海岸的小岛，从公元4世纪起便是重要的贸易港口，在此进行交易的商品包括津巴布韦的黄金和铁矿，坦桑尼亚的象牙和奴隶，亚洲的香料、织品、珠宝和瓷器等。

对两处遗址的考古研究开始于20世纪50年代，著名的观光景点有大清真寺和姆库提尼宫殿(Mkutini Palace)。受到雨水侵蚀以及植物生长破坏的影响，这两处遗址2004年被列为濒危文化遗产，经修复后，又从濒危名单中解除。

©UNESCO/Ron Van Oers

塞卢斯自然保护区

Selous Game Reserve

1982

野生动物

濒危自然遗产

塞卢斯自然保护区位于坦桑尼亚南部，占地50000平方千米，是世界上较大的动物保护区之一。本区的野生动物种类繁多，大象、鳄鱼、黑犀牛、河马和非洲豺犬的数量高居非洲国家公园之冠，不仅如此，本区的植被也相当多样化，包括了林荫草地、落叶林地、茂密的灌木丛以及森林，有2000多种植物。

乞力马扎罗山国家公园

Kilimanjaro National Park

1987

高山生态 × 火山景观 × 冰川

自然遗产

非洲的第一高峰乞力马扎罗山，高5895米，是一座由基博(Kibo)、希拉(Shira)与马文济(Mawenzi)三座火山组成，并且矗立于辽阔热带稀树草原上的休眠火山。

1973年，该山高于林线(2700米)的部分被划为国家公园，1977年正式对外开放。过去，乞力马扎罗山的顶峰终年积雪，厚达100米以上，并且有冰川往下延伸，但现在冰川已经大幅后退，情况令人担忧。

符号说明 登录时间 遗产内容 遗产类型 文化遗产 自然遗产 综合遗产 濒危文化遗产 濒危自然遗产 濒危综合遗产

2000

海上贸易城市

文化遗产

桑给巴尔石头城

Stone Town of Zanzibar

石头城位于坦桑尼亚离岛桑给巴尔岛西岸，是桑给巴尔市的旧城区及文化中心。桑给巴尔市曾是欧洲探险家和殖民者的基地，也是印度洋地区的贸易重镇。

今日城内的建筑物多半建于19世纪，它们融合了阿拉伯、波斯、印度、欧洲和非洲建筑风格，相当独特且精致，但由于以当地的珊瑚礁岩作为建材，虽易于砌建，但也容易遭到风化破坏，因此普遍需要整修。

1979

综合遗产

火山景观×猿人化石遗址

恩戈罗恩戈罗自然保护区

Ngorongoro Conservation Area

1959年成立的恩戈罗恩戈罗自然保护区，面积广达8288平方千米，境内重要的地理景观包括非洲最大的火山口“恩戈罗恩戈罗火山口”，以及活火山“欧铎尼尤兰加”(Oldonyo Lenga)。

这里除了有密度极高的野生动物群，也有珍贵的人类遗迹。根据化石考证，原始人类于300万年前出现在附近的欧杜维峡谷(Olduvai Gorge)。同样相距不远的雷托利遗址(Laetoli Site)，也保存了早期原始人类的足迹，年代可回溯到360万年前。

2006

岩画艺术

文化遗产

孔多阿岩画遗址

Kondoa Rock-Art Sites

孔多阿岩画遗址是东非大峡谷(Great Rift Valley)马塞悬崖(Masai escarpment)上的一系列岩洞，数量超过150处，范围广达2336平方千米。

本遗址的岩画至少有1500年的历史，描绘的内容包括人类、动物和狩猎情景，它们不仅系统性地记录了人类从采集渔猎生活进化到农耕生活的过程，其中几处的岩画也被认为反映出居民的精神信仰、祭祀仪式和宇宙观。

乌干达Uganda

1 2 0 Total 3

乌干达是东非的内陆国，绵长的尼罗河便从这里发源。境内两座国家公园都被列为自然遗产，足见其自然环境的独特。乌干达的国名来自被英国殖民之前，统治这里的布干达王国(Buganda Kingdom)，其王陵也被列为文化遗产。

©UNESCO/Ron Van Oers

©UNESCO/Lazare Eloundou Assom

2001

濒危文化遗产

陵墓坟冢

卡苏比的布干达王陵

Tombs of Buganda Kings at Kasubi

本遗址位于乌干达首都坎帕拉(Kampala)的卡苏比山丘，境内有许多农田，而且当地人仍然采用传统的耕作方式。位于山顶中心地带的是布干达王国(Buganda Kingdom)四位已故国王的陵墓。它原本是王宫，1884年后成为皇家墓地。这座圆顶建筑主要以茅草、芦苇及篱笆条建成，不仅充分展现了布干达人的生活样貌，也具有文化传统及宗教信仰上的崇高意义。

1994

自然遗产

生物多样性 × 野生动物

布温迪国家公园

Bwindi Impenetrable National Park

布温迪国家公园位于乌干达西南部的平原与山地交接处，其丛林、高地森林与低地森林的面积约331平方千米，而且仅能以徒步的方式到达。布温迪森林是非洲动植物较丰富的生态系统之一，动植物种类繁多，境内除了有超过160种树木、100种蕨类、120种哺乳动物、300多种鸟类，还是山地大猩猩等濒危物种的庇护所。

1994

自然遗产

高山生态景观

鲁文佐里国家公园

Rwenzori Mountains National Park

鲁文佐里国家公园坐落于乌干达西部的鲁文佐里山脉，占地将近1000平方千米。鲁文佐里山脉是非洲美丽的高山之一，境内不仅有非洲第三高峰玛格丽塔峰(Margherita Peak)、为数众多的冰川、瀑布和湖泊，更有独特而丰富的植物生态。由于本区从1997年到2001年被反叛军占领，导致无法顺利进行保护工作，因此曾在1999年到2004年被列为濒危遗产。

符号说明	登录时间	遗产内容

遗产类型	文化遗产	自然遗产	综合遗产	濒危文化遗产	濒危自然遗产	濒危综合遗产

多哥Togo

1 0 0 Total 1

位于西非沿海地带的多哥，16—18世纪是欧洲殖民国家交易黑奴的主要地方，因而有“奴隶海岸”之称，殖民关系在德国、法国之间轮转，直到1960年取得独立地位。

2004 文化遗产 人文聚落景观

古帕玛库景观

Koutammakou, the Land of the Batammariba

古帕玛库景观涵盖了多哥东北部以及贝宁部分区域，属于巴塔马利巴人的居住地。

本区的最大特色就是巴塔马利巴人的传统泥造塔屋(Takienta)。这些塔屋通常有两层楼高，有些屋顶呈球状，有的平顶，有的则是茅草搭成的锥形顶。它们不仅充分反映了当地的社会结构，同时也是多哥的象征。其他珍贵的遗产还包括当地的农田与森林，以及居民与周遭环境之间和谐的互动关系。

©UNESCO/T. Joffroy, CRATerre-EAG

津巴布韦 Zimbabwe

3 2 0 Total 5

相较非洲其他国家，津巴布韦是独立比较晚的被殖民国，直到1980年才从英国独立出来。津巴布韦境内最为人熟知的便是维多利亚瀑布。此外，曾经在这块土地上出现的莫诺莫塔帕王国、托瓦王国，以及石器时代的岩画遗址，都被纳入世界遗产保护范围。

★维多利亚瀑布Mosi-oa-Tunya / Victoria Falls详见赞比亚(P.494)

1986 文化遗产 人文聚落景观遗址

大津巴布韦遗址

Great Zimbabwe National Monument

大津巴布韦位于马斯温哥省(Masvingo)东南部，始建于11世纪，除了是古代非洲南部莫诺莫塔帕王国(Monomotapa Empire)的首都，也是见证11—15世纪绍纳的班图文明(Bantu civilization of the Shona)的重要地区。

本遗址大致可分为山丘建筑群、卫城与山谷建筑群三部分，前两者以干砌石造建筑为特色，后者则保有许多土造及泥砖建筑物(daga)残留下来的土冢。

1986 文化遗产 人文聚落景观遗址

卡米遗址

Khami Ruins National Monument

卡米遗址位于津巴布韦中西部，1450—1683年曾是托瓦王国(Kingdom of Torwa)的首都，境内包括一座皇城以及由一位现代传教士矗立的基督教十字架。

本址建筑沿袭了大津巴布韦的传统风格，但由于花岗岩开采不易，因此改用较为因地制宜的新式技法。一些出土的中国与欧洲文物显示，这座大致保存完好的古城曾经有过繁荣兴盛的贸易活动，但19世纪遭到恩德贝勒人(Ndebele)入侵之后，就逐渐成为一片废墟。

2003 文化遗产 岩画艺术

马托波山 Matobo Hills

马托波山位于津巴布韦南部，占地3100平方千米，是20亿年前熔岩涌出地表后凝固形成的花岗岩丘陵，其中一部分在1926年被规划为马托波国家公园，而且至今仍是当地居民的信仰和生活重心。

马托波山共有100多处岩画遗址，是非洲南部岩画艺术最集中的地区，这些岩画对于了解石器时代的游牧社会以及后来的农业社会，都有非常珍贵的价值，也跟当地的宗教传统息息相关。

1984 野生动物 自然遗产

马纳潭国家公园、萨皮与切沃雷猎游区

Mana Pools National Park, Sapi and Chewore Safari Areas

本址位于赞比西河(Zambezi)沿岸，范围涵盖赞比西河中段支流所形成的四座永久性水潭(Mana，即绍纳语中的数字四)以及萨皮与切沃雷猎游区，占地将近6800平方千米。

由于土壤肥沃、物种繁多，这里不仅拥有密度惊人的野生动物群，包括大象、水牛、美洲豹和印度豹，同时也是尼罗河鳄以及鸟类的重要聚集地。

赞比亚Zambia

0 1 0 Total 1

赞比亚是非洲南部的内陆国，隔着赞比西河与津巴布韦相邻，两国共同拥有的维多利亚瀑布，是一座奇景级的世界遗产。欧洲人来到赞比亚之前，这里属于班图人的领地，18世纪之后成为英国殖民地，1964年取得独立地位。

1989

自然遗产

瀑布景观

维多利亚瀑布

Mosi-oa-Tunya / Victoria Falls

维多利亚瀑布是非洲南部世界级的景点，瀑布有五分之四的面积在津巴布韦境内，五分之一位于赞比亚。

在维多利亚雨林自然保护区内，瀑布终年水流不断，高达100多米的落差激起丰沛的水汽，使得瀑布周围形成特殊的雨林地貌。猴子、狒狒是平常易见的动物，还有非洲大角羚、斑马、野猪、水牛出没。

津巴布韦和赞比亚以赞比西桥中线为界，这座建于1905年的百年铁桥，横跨赞比西河(Zambezi)，是眺望赞比西峡谷的最佳位置。瀑布扬起的水汽，随着不同的风向及风力，在空中挂起阵阵的水幕，阳光照射下，水珠折射、反射而成的彩虹忽隐忽现，时左时右。跨过桥中线即进入津巴布韦。

赞比亚境内最佳的赏瀑地点是刀刃桥(Knife Edge Bridge)，仅容两个人错身而过的细窄桥身，博得刀刃桥的昵称。天气晴朗时，可在刀刃桥上看到难得一见的全虹，这不是一般的半圆形彩虹，如同圆规画出的彩虹，如梦似幻浮现在半空中。阳光强时，还可以看到和第一道形成同心圆的第二道彩虹——霓。

除此之外，这里还可观赏到月光彩虹的奇景。每到满月夜晚，皎洁的月光在水雾折射下形成难得一见的彩虹。月光为原始的雨林点亮了灯，月光彩虹浮在水汽中，不禁令人赞叹造物主之神奇。

*与津巴布韦并列

符号说明 登录时间 遗产内容 遗产类型 文化遗产 自然遗产 综合遗产 濒危文化遗产 濒危自然遗产 濒危综合遗产

美洲

阿根廷Argentina

6 5 0 Total 11

地大物博的阿根廷，是世界面积第八大的国家，更是说西班牙语的第一大国。11处世界遗产中，自然遗产包括了冰川、瀑布、海洋生物保护区、三叠纪化石，文化遗产则有史前岩画以及基督教传入南美的见证。

冰川国家公园

1981 冰川 自然遗产

Los Glaciares

位于阿根廷南部的冰川国家公园，是南美洲最具代表性的冰川。不规则的冰川山峰头角峥嵘，其中最长的是佩里托·莫雷诺(Perito Moreno)冰川，长20—30千米，一座座冰山不断挤压，每日仅往前移动数厘米之距离。而园区里的3条冰川汇流于阿根廷湖(Lake Argentina)，高数十米的白色冰山在此爆破、断裂，形成轰隆隆如雷般的巨鸣，蔚为奇观。

瓜拉尼人耶稣会传教区

1984 教堂 × 基督教遗产 文化遗产

Jesuit Missions of the Guaranis

16—18世纪时，耶稣会神父为了向瓜拉尼人宣传教义，在现今巴西、阿根廷、巴拉圭及乌拉圭的边界建立许多据点。现在被列入遗产的耶稣教会及社区建筑共有5处：4处是位于阿根廷的圣伊格纳西奥·米尼村(San Ignacio Mini)、圣安娜村(Santa Ana)、罗雷托圣母村(Nuestra Señora de Loreto)、圣母玛利亚埃尔马约尔村(Santa Maria la Mayor)，1处是位于巴西的圣米格尔·杜斯米索纳斯村(Sao Miguel das Missoes)。这些耶稣会神父来自欧洲不同地点，因而留下的建筑，各自具有不同特色。

*与巴西并列

伊沙瓜拉斯托–塔拉姆佩雅自然公园

2000 动物化石 自然遗产

Ischigualasto / Talampaya Natural Parks

这两个自然公园位于阿根廷中部，属于同一个地质特色，只是因为位于阿根廷的两个省份，而有不同的名称。地质中富含恐龙、两栖类、哺乳类始祖和古代植物等生物化石，也是世界上唯一具有连续而完整三叠纪化石的地点，使其成为史前研究的重要基地。

伊瓜苏国家公园

1984 瀑布 自然遗产

Iguaçu National Park

伊瓜苏瀑布位于巴西、阿根廷和巴拉圭三国的交界，平日由270条以上的瀑布从80米高处倾泻而下，每年10月到次年3月雨季间更暴涨到350条以上。让人最震慑心弦的为巴西和阿根廷领土交界的“魔鬼咽喉”(Garganta del Diablo)，一道U字形150米的平台被700米宽的洪流瀑布所环绕，人们可以感受世界最大瀑布从天而降的壮阔气势。巴西与巴拉圭合建了伊泰普水电站(Itaipu)，长度达8千米，供应巴拉圭八成及巴西四分之一的电力。

洛斯马诺斯岩画

1999 史前岩画 文化遗产

Cueva de las Manos, Río Pinturas

在阿根廷巴塔哥尼亚高原里的平图拉斯，有个绘有许多彩色手印、骆马等动物以及狩猎情景的洞穴，据估计至少有9500年的历史。洞里的绘画是人类始祖利用动物骨头将颜料吹喷于墙面上所形成，有红、黑、黄、靛青等颜色，颜料可能是以当地矿石和骆马油混合而成。

瓦尔德斯半岛

1999 海洋生态 自然遗产

Península Valdés

瓦尔德斯半岛位于玛德琳港(Puerto Madryn)北方17千米处，面积广达 3600 平方千米，海岸线逾 400千米。这里最知名的生物是濒临绝种的南方露脊鲸(Southern Right Whale)，它们在每年6—12月会到此生育下一代。另外，这里有象鼻海豹(Elephant Seal)、雌雄体型差异极大的南方海狮(Southern Sea Lions)，以及杀人鲸(Orca)，都是重量级的海洋保育动物。

科尔多瓦的耶稣会教区与庄园

2000 基督教遗产 文化遗产

Jesuit Block and Estancias of Córdoba

科尔多瓦是耶稣会教士聚集的地区，1604—1767年间，教士们在此兴建教会和住所，甚至还有大学及许多农业灌溉设施。其中最知名的有5所庄园，分别是阿尔塔·格拉西亚(Alta Gracia)、圣卡塔琳娜(Santa Catalina)、耶稣·玛利亚(Jesus Maria)、坎德拉利亚(Candelaria)和卡罗亚(Caroya)，庄园里的建筑显示了耶稣会教士的成就，也显示了那个时代的社会文化特色。

2003
人类活动
×
贸易路线
文化遗产

克夫拉达·德乌马瓦卡
Quebrada de Humahuaca

克夫拉达·德乌马瓦卡在过去一万多年的历史里，一直是往来安第斯高原和阿根廷平原之间的交通要道。它沿格兰德河谷(Rio Grande)延伸，长约150千米，众多的古道和遗迹显示了人类在此所经历的史前渔猎时期、印第安原住民文化时期、印加帝国统治、西班牙殖民以及阿根廷建国的历史——阿根廷追求独立时，许多重要的战役便发生在此。

2014
古印加遗产
文化遗产

印加路网
Qhapaq Ñan, Andean Road System

这处遗产是指印加帝国时期的交通、贸易以及防御的道路系统，长度超过30 000千米。这些道路从海平面的海岸线，到海拔6000米的安第斯山雪峰，也连接了热带雨林、肥沃谷地以及严酷的沙漠。目前这项遗产共标出273个地点，横跨阿根廷、玻利维亚、智利、哥伦比亚、厄瓜多尔、秘鲁等国家，距离长达6000千米，凸显印加帝国在政治、社会、建筑上的高度成就。

*与玻利维亚、智利、哥伦比亚、厄瓜多尔、秘鲁并列

2016
现代建筑
文化遗产

柯布西耶的建筑作品——对现代主义运动的卓越贡献
The Architectural Work of Le Corbusier, an Outstanding Contribution to the Modern Movement

柯布西耶(1887—1965)是20世纪伟大的建筑师之一，瑞士裔法国人，他致力让居住在都市拥挤空间的人能有更舒适的生活环境，是功能主义建筑的泰斗，被誉为现代建筑的开拓者，瑞士法郎的10元纸币上就是柯布西耶的肖像。柯布西耶有17座建筑作品纳入世界遗产，分布在比利时、法国、德国、瑞士、印度、日本、阿根廷7个国家。在阿根廷，入选的是拉普拉塔(La Plata)的库鲁特却特博士宅邸(Maison du docteur Curutchet)。

*与比利时、法国、德国、印度、日本、瑞士并列

2017
动植物物种
自然遗产

卢斯阿莱尔塞斯国家公园
Los Alerces National Park

卢斯阿莱尔塞斯国家公园位于巴塔哥尼亚(Patagonia)北部的安第斯山脉，成立于1937年5月11日，面积约2630平方千米，历经连续的冰川活动，形成了冰碛石、冰斗、冰川等奇景，植被主要为温带森林。此处国家公园保护了巴塔哥尼亚仅存的原始森林，以及许多濒危的特有动植物物种。

巴巴多斯Barbados

1　0　0　Total 1

巴巴多斯是加勒比海上小安的列斯群岛上的岛国，岛屿长34千米，宽23千米，面积仅431平方千米，人口约28万，其中8万人集中在首都布里奇敦。最早在15世纪时被西班牙探险家发现，后成为英国殖民地，于1966年独立。

©Barbados Tourism

©Barbados Tourism

2011
文化遗产
殖民城市
×
英国
×
西班牙
×
荷兰
×
防御工事

布里奇敦及其军事要塞
Historic Bridgetown and its Garrison

巴巴多斯的首府布里奇敦及其军事要塞，从17世纪开始成为大英帝国扩张美洲殖民地以及发展军事与贸易网络的枢纽，这里不仅是当时加勒比海地区白糖及奴隶的集散中心，同时也扮演了为大英帝国传播文化、科学及科技知识的重要角色。

本区完整保存了17—19世纪的古老殖民建筑。布里奇敦内的古老街道采用了蛇形布局，充满中世纪英国风格，也与同一区内承袭自西班牙与荷兰的井字形规划大异其趣。具有保卫布里奇敦及其港口功能的圣安军事要塞(St. Ann's Garrison)，是大英帝国在18—19世纪期间，于加勒比海一带最早建立且规划最完善的海军及陆军驻防基地。除此以外，国会大厦、圣玛丽教堂、皇后公园、海豚喷泉、英雄广场等建筑，也是本区著名的历史古迹。

©Barbados Tourism

安提瓜和巴布达
Antigua and Barbuda

1 0 0 Total 1

安提瓜和巴布达是中美洲的岛国，正好位于加勒比海东部和大西洋的交界处，人口将近9万，多数为非洲黑人后裔。国土441.6平方千米，由数座岛屿组成，最大岛为安提瓜岛，巴布达岛次之，首都及最大港为圣约翰。

2016

文化遗产

殖民遗产

安提瓜海军船坞及相关考古遗址

Antigua Naval Dockyard and Related Archaeological Sites

这座于2016年才通过的世界遗产，是由一栋栋格鲁吉亚式(Georgian-style)的海军建筑所组成，并被一道围墙所环绕。所谓的格鲁吉亚式建筑，是指1720年至1840年之间，在英国及其殖民的地区所出现的建筑风格，大约从乔治一世到乔治四世的年代。

船坞坐落在安提瓜岛上，由于这里海湾窄、海水深并被高地包围起来，是个避免暴风侵袭的天然屏障，极适合作为修船的基地。18世纪时，英国海军运用非洲黑奴的劳力来建设这座基地。当时欧洲强权都在角逐加勒比海东部地区的控制权，其目的主要是用来维护种植甘蔗的利益。

伯利兹Belize

0 1 0 Total 1

伯利兹是中美洲唯一以英语为官方语言的国家，也是中美洲人口密度最低的国家。伯利兹有丰富的陆地和海洋生物，由于其生态多样化，在“中美洲生物走廊”扮演了关键性角色，被列为自然遗产的伯利兹堡礁保护区，更是加勒比海的重要宝藏。

1996

自然遗产

海洋生态 × 珊瑚礁

伯利兹堡礁保护区 Belize Barrier Reef Reserve System

伯利兹的沿海具有庞大的珊瑚礁群，绵延有300千米长，是面积仅次于澳大利亚大堡礁的珊瑚礁地形，包括环礁、砂岛、红树林、潟湖、河口三角洲等特殊地形，也是海龟、海牛、美洲咸水鳄等众多濒临绝种生物的栖息地。因红树林被过度砍伐，于2009年6月曾经被列入濒危遗产名单，直至2018年解除。

符号说明 登录时间 遗产内容 遗产类型 文化遗产 自然遗产 综合遗产 濒危文化遗产 濒危自然遗产 濒危综合遗产

玻利维亚Bolivia

6 1 0 Total 7

玻利维亚是位于南美洲中心地带的内陆国，欧洲人征服南美洲之前，这里属于印加帝国的领地。入选的6处文化遗产中，从欧洲人来之前的蒂瓦纳科文化、印加帝国，到被殖民后的耶稣会教堂、银矿遗产，道尽一页沧桑。

★印加路网Qhapaq Ñan, Andean Road System详见阿根廷(P.497)

波托西城

City of Potosí

1987 濒危文化遗产 矿业景观×银矿×锡矿

波托西城是玻利维亚波托西省的首府，海拔4090米，是世界上降水较少、海拔较高的城市之一。建于1546年的波托西城因银矿发迹，据估计，到1783年为止约有7000吨白银在此采出被送给西班牙皇室，波托西因此可以说是16世纪时全球最大工业城。

但经过长达300余年的挖掘后，银矿于19世纪开始枯竭，导致波托西衰落，还好随后又发现锡矿，使人潮又慢慢恢复。波托西的采矿设备以及用来采矿的水力设施、人造湖泊，和当时工人居住的房舍和社区等都保留得十分完好。

诺尔·肯普夫·梅卡多国家公园

Noel Kempff Mercado National Park

2000 自然遗产 生物多样性×野生动物

这是世界较大的国家公园之一，也是亚马孙河盆地里保留最完整的公园。全区海拔200—1000米，林相丰富多样，包括平原、湿地和常绿雨林，并孕育了极丰富的生态，是4000多种植物和600多种鸟类的栖息地，其中有些地区与世隔绝，因而是许多罕见和濒危生物的天堂，例如巨水獭、巨食蚁兽、稀有种的金刚鹦鹉、巨犰狳、粉红淡水海豚、鬃狼、草原鹿。根据《京都议定书》，这里是世界最大的二氧化碳封存实验基地。

奇基多斯的耶稣会传教区

Jesuit Missions of the Chiquitos

1990 文化遗产 教堂×基督教遗产

奇基多斯位于玻利维亚西南部的圣克鲁兹省(Santa Cruz)，因为耶稣会教士在此留下6座十分具有特色的教堂而闻名。

在1696—1760年间，由欧洲来此传教的耶稣会传教士，兴建了许多结合哥特式和原住民建筑特色的教堂，散落于玻利维亚和邻近的阿根廷、巴西和巴拉圭，但目前只有奇基多斯的6座教堂仍保存良好。

苏克雷古城 Historic City of Sucre

1991 文化遗产 殖民城市×西班牙

苏克雷古城兴建于1538年，因为临近波托西银矿场，气候环境又凉爽舒适，深受西班牙皇室和商人的喜爱，成为玻利维亚最早的首都。

城里有棋盘式的街道，现存许多庄园、修道院和教堂等建筑，有着浓厚的安达卢西亚风情，又融合了些许拉丁美洲文化的特色。这些殖民时期的建筑多半是白色，因而又有“白色城市”之称。

萨迈帕塔考古遗址

Fuerte de Samaipata

1998 文化遗产 人文聚落景观遗址

萨迈帕塔考古遗址是历经数千年不同民族文化的综合。占尼(Chane)族原住民是最早在这里居住的民族，印加帝国的势力也曾扩展至此，留下几座神庙。但这两个原住民族，最后都被瓜拿纳族所消灭，直到西班牙人来此殖民。在类似堡垒的丘陵上有许多谜样的巨石雕刻，过去应该是宗教中心，丘陵南侧是住宅区和政治中心。

蒂瓦纳科文化中心

Tiwanaku: Spiritual and Political Centre of the Tiwanaku Culture

2000 文化遗产 古印加遗产

在玻利维亚的的喀喀湖东南、首都拉巴斯西边72千米处，存在前印加时期最重要的古文明“蒂瓦纳科”(Tiwanaku，旧称Tiahuanaco)。

一般认为，蒂瓦纳科古文明源于公元前200年位于该地的农业中心，有的学者甚至声称源自公元前1600年。当时的蒂瓦纳科文明“养地”的技术十分高明，精密的灌溉系统不仅充分供给梯田上的作物水分，更在日夜温差扩大的季节里，平衡对植物生长十分重要的温度，尔后利用灌溉系统里的水塘养鱼，就连渠道的淤泥都用于堆肥，这样精密的技术在现代都难以达到，却在公元45年到1200年间，涵养出横跨60000平方千米的南安第斯古文明大国(涵盖今阿根廷、玻利维亚和秘鲁的国土)，鼎盛时首都的居民高达四万人。

如今在岁月的洪流中仍屹立不倒的遗迹大多是在公元600年到800年间建立的，环绕宫殿的巨石墙被称为“Kalasasaya”，著名的太阳门(Puerta del Sol)用来彰显印加民族最重要的太阳神，值得一提的是下凿式宫殿“Semisubterraneo”，墙上雕刻各式形貌的人头，有人说是进行医疗仪式的“治愈之屋”，有人说是代表世界上的各式人种。

巴西Brazil

14 7 0 Total 21

巴西是南美最大、世界第五大国，共有21处世界遗产，其中7处自然遗产，14处文化遗产。自然遗产把巴西的“大”展现得一览无余，其中包括众所周知的亚马孙盆地和伊瓜苏国家公园；文化遗产则多半把殖民城市的特性发挥得淋漓尽致。

★瓜拉尼人耶稣会传教区Jesuit Missions of the Guaranis详见阿根廷(P.496)

迪亚曼蒂纳城历史中心

1999 殖民城市 × 葡萄牙 文化遗产

Historic Centre of the Town of Diamantina

迪亚曼蒂纳城因附近的钻石矿区而被称为“钻石镇”，这里于18世纪开采出大量的矿石，也因此在崎岖的山丘里出现这座小镇。被列入世界遗产是因为这里的建筑以欧洲建筑为原型，却完美地与自然地形结合，而且与当地的自然景观不冲突。有几处建筑特色是在其他葡萄牙殖民城镇里少见的，例如以巨大灰石砌成的道路，以及用泥砖和木头为材质的房屋。

©Brazil Tourism

孔戈尼亚斯的仁慈耶稣圣殿

1985 教堂 × 巴洛克 × 洛可可 文化遗产

Sanctuary of Bom Jesus do Congonhas

位于孔戈尼亚斯的耶稣圣殿，以精美的雕刻艺术闻名。这些作品出自当时最有名的艺术家——阿雷贾迪纽(Aleijadinho)之手。阿雷贾迪纽是葡萄牙建筑师与黑奴的私生子，遗传了父亲的建筑与艺术天分，可惜后来得了癫疯病。

仁慈耶稣圣殿的建筑内部为意式洛可可风格；外观的台阶上雕有栩栩如生的十二使徒像；而7座圣堂里，则由阿雷贾迪纽雕制了耶稣被钉十字架前的苦路十四景，表情生动丰富而感人，堪称巴洛克艺术之经典。

1980
文化遗产
矿业景观 × 金矿

欧罗普雷图历史小镇

Historic Town of Ouro Preto

欧罗普雷图小镇是18世纪巴西淘金热的产物，镇名的葡萄牙文意思就是“黑金”，不但带来饰金的巴洛克式教堂，也造就了伟大的文艺创新，在诗、绘画、雕刻等方面都出现了代表性的人物与作品。

因为葡萄牙王室对开采出来的金矿课征20%的重税，1789年出现一次重大的争取独立事件，最后还是失败，领导者被五马分尸后葬于大广场。然而到了19世纪，金矿被淘尽后，黑金小镇也就风华落尽，徒留辉煌的建筑见证历史。

©Brazil Tourism

©Brazil Tourism

©Brazil Tourism

©Brazil Tourism

1982
文化遗产
殖民城市 × 葡萄牙

奥林达历史中心

Historic Centre of the Town of Olinda

奥林达是巴西东北殖民文化起源最重要的城市，据说当时被授权统治伯南布哥省的船长派烈拉(Duarte Coelho Pereira)驾船从海上来到此地寻找梦想中的城镇地点时，他望着美丽的奥林达脱口而出：“Oh linda situação para uma Vila(一个多么美丽的地方啊)！”而“Oh-linda”(美丽)即成为此处的地名。

在公元1630年到1654年扩张的荷兰势力曾经短暂地统治该处，另外在奥林达旁建立了如今时髦的大都市勒西菲(Recife)的初步规模，但是奥林达丰富的文化起源地位始终屹立不倒。奥林达是个傍山面海的美丽山城，茂密的植被从山城曼延入海。如今的奥林达始终充满着旺盛的艺术气息和典雅的殖民建筑，在16—17世纪建立的庄严教堂，保存了许多重要的展览品，十分值得一游。

1985 文化遗产 殖民城市 × 葡萄牙

巴伊亚州萨尔瓦多历史中心 Historic Centre of Salvador de Bahia

巴伊亚州萨尔瓦多是葡萄牙在巴西最早的殖民首府，也是美洲早期城市之一。城里的建筑融合欧、非、美洲的特色，尤其是灰泥墙上涂上鲜艳的色彩，使得整个城市显得色彩缤纷，其中最著名的建筑是大天主堂、圣法兰西修道院(Covents of St. Francis)、16世纪皇宫，以及众多巴洛克式的皇室建筑。这里也是美洲最早开始买卖奴隶的地方，主要是为了供应甘蔗田里的劳力所需。

©Brazil Tourism

©Brazil Tourism

©Brazil Tourism

©Brazil Tourism

1986 瀑布 自然遗产

伊瓜苏国家公园

Iguaçu National Park

1939年由巴西的飞行英雄杜蒙建议设置的巴西伊瓜苏国家公园，比阿根廷晚两年被划入世界自然遗产的范围，但面积要大得多，是阿根廷部分的3倍。不同于多数跨国的世界遗产都是一起并列，伊瓜苏国家公园则是巴西和阿根廷各自独立提报。其余关于伊瓜苏国家公园的介绍，详见阿根廷。

1991 文化遗产 史前岩画

卡皮瓦拉山国家公园

Serra da Capivara National Park

位于巴西东北部的卡皮瓦拉山国家公园，是因为该地区的岩洞里，有许多史前人类所绘的壁画遗迹而被列入世界遗产。卡皮瓦拉山国家公园占地将近1300平方千米，是史前时期人类聚居的地区，考古学家在此挖掘出许多小型农业和文物遗迹，只不过对其认识仍不多。洞穴里的壁画，有些历史估计有25000年以上，是南美重要的史前文化遗产之一。

2001 自然遗产 海洋 × 岛屿生态

大西洋群岛：费尔南多－迪诺罗尼亚群岛和罗卡斯环礁

Brazilian Atlantic Islands: Fernando de Noronha and Atol das Rocas Reserves

这两处位于巴西外海的群岛，因丰富的海洋生态而受到保护。由于南大西洋的海水中富含多种微小生物，形成的食物链供应鲔鱼、鲨鱼、海豚、海龟等大型海洋生物，尤其是拜亚海区的海豚数量，为世界之冠。同时这里也是多种龟(如玳瑁)的天堂，大批的鱼类也吸引种类繁多的热带海鸟群在此繁殖。另一特殊景象是由于海岸地形十分崎岖，因此在海水低潮时，外露的礁岩形成潟湖，宛若超大的水族箱。

2001 自然遗产 野生动物

赛拉多保护区：恰帕达·多斯·维亚德罗斯与艾玛斯国家公园

Cerrado Protected Areas: Chapada dos Veadeiros and Emas National Parks

赛拉多是个热带草原区，也是世界上最古老、生物种类最多的一个热带生态区，包括许多濒临绝种的生物，如鬃狼(Maned wolf)、水豚(Capybaras)、南美三趾鸵鸟(Rheas)等。

因为赛拉多位于南美洲的中央，数百万年来，这个地区在气候剧烈变动时成为许多生物的避难所，因此在气候变化日益严重的将来，赛拉多保护区的重要性不言而喻。

1987 文化遗产 都市设计规划

巴西利亚 Brasilia

兴建于1956年的巴西利亚，由卢西奥·科斯塔和其学生奥斯卡·尼迈尔设计，充满创新与想象力，可以说是前无古人，不愧为20世纪都市设计之典范，也成了世界遗产名单里年轻的一员。

从空中俯瞰巴西利亚市区，宛如一台飞机，象征着起飞与展望未来。以机首部分为政治中心，贯穿南北的大道为轴线，大道左右两侧为住宅区，各自成社区。除了令人赞叹的都市规划，城里的重大建筑都有特殊意义，例如呈H形的国会大厦，寓意为一切以“人”为本，处处展现无限的巧思。

©Brazil Tourism

©Brazil Tourism

1997 殖民城市×葡萄牙 文化遗产

圣路易斯历史中心 Historic Centre of São Luís

法国人最早于1612年开发了圣路易斯市，但他们还来不及有所建设就被葡萄牙人抢走并占领，在此留下大量葡萄牙式建筑群，包括大型公共建筑、气势恢宏的领主宅邸、大理石打造的公寓，以及用瓷砖画装饰的小房子。

这些充满葡萄牙特色的建筑，不但适用于当地的地理环境，也与周边自然景色完美结合，是入选为世界遗产的主要原因。

2000 自然遗产 生物多样性

亚马孙河中心保护区 Central Amazon Conservation Complex

这里是亚马孙盆地面积最大的保护区，也是全球物种最多样的地区。亚马孙河支流众多，养分含量较低的称为白水，较高的称为黑水，二者都会定期泛滥。前者形成瓦尔泽亚(Varzea)沼泽林系，后者形成伊加波(Igapo)沼泽林系，这些特殊地理环境提供多种生物的生存环境，因而生物种类多样性高居世界之冠，包括许多知名的濒临绝种生物，例如巨骨舌鱼(Arapaima fish)、亚马孙海牛(Amazonian manatee)、黑凯门鳄(Black caiman)，还有2种稀有的江豚。

1999 自然遗产 森林×生物多样性

大西洋东南沿岸森林保护区 Atlantic Forest South-East Reserves

这片广大的森林被分成25个保护区，是巴西最完整的大西洋沿岸森林，也是世上最后一片可展现大西洋沿岸陆地生物多样性与生物演化历史的地方。从森林密布的山区到湿地，以及海岸线外与世隔绝的小岛，提供许多当地特殊物种的生存环境，不但极具科学研究价值，也有着丰富的自然美景。

2000 自然遗产 湿地生态×野生动物

潘塔纳尔保护区 Pantanal Conservation Area

保护区位于巴西的西部，但只有一小部分被列入世界遗产。潘塔纳尔的葡萄牙文意思是指沼泽，因为这个地区在3—10月的雨季几乎都被水淹没。较珍贵的动物包括：美洲豹、短吻鳄、沼泽鹿、巨型食蚁兽、水豚和巨型海狸和鸟类等。同时这里也是湿地鸟类的天堂，常见的有鹭科、鹳科和雁鸭，以及色彩斑斓的鹦鹉，而其中的大鹳(Jabiru Stork)则是中南美洲体型最大的鸟类。

发现海岸大西洋沿岸热带雨林保护区

1999 自然遗产 雨林

Discovery Coast Atlantic Forest Reserves

保护区位于巴西海岸线的东北部，共有8个保护区。这里的纬度已达南纬24度，却仍有雨林生态，主要是因为位于信风带使当地的冬季雨水不断。在这片保护区里，树林和灌木林种类繁多，也孕育了多样的生物，包括许多当地的特有种，保护区不但为这些特有种保留生存空间，也有助于了解生物的演化过程。

圣克里斯多弗城的圣法兰西斯科广场

2010 文化遗产 广场×教堂

São Francisco Square in the Town of São Cristovão

位于巴西东北方塞尔希培州(Sergipe State)的圣克里斯多弗城，由葡萄牙人创立于16世纪，当时采用葡式城市规划范例，分为宗教、政治、文化中心所在的“上城”，以及海港、工厂与低收入户聚落的“下城”。它是巴西古老的四大城市之一，1855年迁府阿拉卡胡(Aracaju)以前，曾是该州的首府。

位于城中的圣法兰西斯科广场，是一处四周环绕着大量早期建筑的开放空间。圣法兰西斯科教堂与修道院(São Francisco Church and Convent)、怜悯教堂与圣屋(Church and Santa Casa da Misericórdia)以及落成于不同时期的房舍，组成了足以展现这座城市起源与历史的景观，其中特别是圣法兰西斯科教堂复合建筑，展现了典型的巴西东北部宗教建筑特色。

戈亚斯城历史中心

2001 文化遗产 矿业景观×金矿

Historic Centre of the Town of Goiás

戈亚斯位于巴西中部，18—19世纪因金矿而开始发迹，现在还可看到许多以金为装饰的老建筑。而戈亚斯的市区分布，展现了一个矿区小镇如何依据当地的地理、气候和文化现况，而发展成大都会的过程。市区里不论是公共建筑还是私人住宅，都因采用当地建材和建筑技术，显得和谐一致。

里约热内卢山海景观

2012 文化遗产 城市景观

Rio de Janeiro: Carioca Landscapes between the Mountain and the Sea

里约热内卢山海景观从蒂茹卡国家公园(Tijuca National Park)的山顶一路往下延伸到大海，这些丰富的自然资源不仅与人文景观巧妙交织，塑造出得天独厚的城市景观以及多彩多姿的户外生活文化，同时也成为众所皆知的音乐、园艺及城市规划灵感来源。

里约西部的基督山(Corcovado Mountain)是巴西最著名的景点。矗立在海拔700米山顶的耶稣基督巨像，连同基座在内，总高度为39.6米，它是法国雕塑家保罗・兰多斯基(Paul Landowski)在1931年雕塑完成的作品。

创建于1808年的里约植物园，是葡萄牙摄政王若昂六世(D. João VI)为了培育印度香料作物所成立的皇家园林，园中植物共有8000多种，包括许多稀有的品种。

其他一并被列入世界遗产的山海景观还包括：船帆点点的瓜纳巴拉湾(Guanabara Bay)、与基督山隔海相望且岩壁陡峭的面包山(Sugar Loaf)、经常举行马拉松和单车等体育赛事的佛朗明戈公园(Flamengo Park)，以及拥有美丽海滩风光、游客如织的科帕卡巴纳湾(Copacabana Bay)。

潘普拉现代建筑群

2016 文化遗产 现代建筑

Pampulha Modern Ensemble

潘普拉现代建筑群位于米纳斯吉拉斯州(Minas Gerais)首府美景市(Belo Horizonte)，这是20世纪40年代一项花园城市计划的一部分。建筑群本身是一个文化休闲中心，坐落在一座人工湖畔，同时包含了赌场、跳舞大厅、高尔夫游艇俱乐部，以及阿西斯的圣弗朗西斯科教堂(São Francisco de Assis church)。

建筑群由建筑师奥斯卡・尼迈尔(Oscar Niemeyer)和数位具有创意的艺术家共同设计，并利用混凝土的可塑性大胆尝试，从建筑样貌、景观设计到绘画、雕塑，都和谐地融合为一体。而这些现代建筑本身也反映出当地传统、气候及自然环境的影响。

瓦隆古码头考古遗址

2017 文化遗产 码头遗址

Valongo Wharf Archaeological Site

18世纪，大量非洲奴隶输入巴西，1811年瓦隆古码头建成，从非洲各地运来的数十万奴隶，从此直接登陆里约。瓦隆古码头考古遗址位于里约热内卢中心，并涵盖整个产经新闻广场，遗址包括数个考古层，最底层为石铺地板，是非洲奴隶踏上美洲大陆最重要的实迹。

符号说明：登录时间 遗产内容 | 遗产类型：文化遗产 自然遗产 综合遗产 濒危文化遗产 濒危自然遗产 濒危综合遗产

加拿大Canada

8 10 1 Total 19

在加拿大辽阔的土地上，蕴藏着数量惊人的考古发现，鱼化石、恐龙化石让加拿大成为世界研究古生物的重地。后来人类的足迹踏上北美大陆，无论是维京人、印第安人还是法国和英国移民，都在这块土地上留下痕迹，让后人了解北美洲的发展历史。

梅多斯国家历史公园

L'Anse aux Meadows National Historic Site

1978

文化遗产

人类聚落考古遗址

梅多斯国家历史公园位于纽芬兰岛的大北半岛(Great Northern Peninsula)顶端，早在5000年前就有人类活动，有些居住的时间较长，有些时间较短。11世纪时，北欧维京人(诺尔斯人)来到这里拓荒，留下在格陵兰岛以外唯一的维京人聚居遗迹，也成为最早发现北美大陆的欧洲人，比哥伦布还要早5个世纪。

20世纪60年代开始，考古人员在此地进行挖掘工作，他们发现了与格陵兰岛和冰岛的传统建筑十分类似的木结构泥草房舍。这些被挖掘出来的8间建筑物，有铁匠铺、木匠铺、修船区以及居住场所。根据出土的纺织器具来研判，当时这里也有女性居住。

©Canadian Tourism Commission/Asymetric/Jason Van Bruggen

纳汉尼国家公园

Nahanni National Park

1978

自然遗产

喀斯特地形 × 瀑布 × 野生动物

纳汉尼国家公园位于加拿大西北地区，范围涵盖麦肯锡山脉(Mackenzie Mountains)一部分及南纳汉尼河(South Nahanni River)大部分流域，总面积约4770平方千米。这里不仅拥有得天独厚的生态资源，也是传统原住民德内族(Dene)数千年来的居住地。

拜南纳汉尼河所赐，这座国家公园的地理景观相当多元，有分布密集的石灰岩溶洞、岩塔、4座深邃峡谷，还有位于国家公园的中心地带，比尼亚加拉瀑布高1倍的弗吉尼亚瀑布(Virginia Falls)。

纳汉尼国家公园也是许多动物的家园，包括狼、灰熊、林地驯鹿、多尔大角羊(Dall's sheep)等40种哺乳动物以及170种鸟类，都在此地栖息。

1979

自然遗产

恐龙化石

艾伯塔省恐龙公园

Dinosaur Provincial Park

1884年，地质学家约瑟夫·泰瑞尔(Joseph Tyrell)在此地发现了第一块恐龙化石，从此古生物学家们开始由四面八方涌入这片寸草不生的“恶地”，展开长达一个多世纪的寻宝之旅。

至今出土的恐龙物种多达35种，年代可追溯至7500万年前，难以想象的是，在当时这里竟是片滨海的亚热带丛林！完整出土的恐龙化石大都被展示在德兰赫勒的皇家泰瑞尔古生物博物馆中，现在的公园里仍能找到许多细碎的化石残骸，游客中心不但放映着和恐龙有关的影片，专业的解说员还会教你分辨化石和一般石头的不同。

公园内共有五条健行路线，你可以在“恶地”中感受天地荒野的苍茫，也可以运用在游客中心学到的技巧，找一找藏身在石堆中的恐龙化石。

符号说明 登录时间 遗产内容 遗产类型 文化遗产 自然遗产 综合遗产 濒危文化遗产 濒危自然遗产 濒危综合遗产

1979，1992，1994 冰川 自然遗产

塔琴希尼－阿尔塞克/克卢恩/兰格尔－圣伊莱亚斯国家公园和冰川湾国家公园

Kluane/Wrangell-St. Elias/Glacier Bay/Tatshenshini-Alsek

这座世界遗产面积广达98390多平方千米，涵盖了加拿大的育空地区与卑诗省，以及美国的阿拉斯加州。这两国壮丽的冰川与高山景观，拥有北极圈以外世界上最大的冰原，自然景观令人叹为观止，是许多灰熊、北美驯鹿以及白大角羊的栖息地。

*与美国并列

1981 原住民狩猎场 文化遗产

野牛跳崖处 Head-Smashed-In Buffalo Jump

野牛跳崖处位于艾伯塔省西南部，占地约40平方千米。它见证了北美原住民采行5000多年的传统谋生方式，是世界上重要的狩猎场址之一。

居住于加拿大北方大平原的黑脚族印第安人，数千年来都以猎捕美洲野牛为生，他们凭着对地形及野牛习性的了解，发展出多种狩猎技巧，最繁复的一种就是把野牛从山上围赶到悬崖边，使其坠下死亡，然后就地取用它们的皮毛、肉及角。

野牛跳崖处是这类悬崖中历史较悠久、保存也较完整的一座。19世纪，当地原住民与欧洲人接触，这座跳崖便不再被使用。1938年，美国自然历史博物馆首度在此进行考古挖掘工作；1968年，加拿大将它纳入国家历史古迹。

1981 人文聚落景观遗址 文化遗产

安东尼岛

SGaang Gwaii

安东尼岛位于加拿大西岸夏绿蒂女王群岛(Queen Charlotte Islands)最南端，这里的南斯丁斯村(Nan Sdins)，在19世纪末被遗弃。那里有许多房屋以及32根图腾和死亡之柱，展示了曾在北太平洋沿岸居住的海达人(Haida)过往的生活方式，有助于后人了解他们和陆地以及海洋的关系。

©Tourism British Columbia

©Tourism Alberta

1983 自然遗产 野生动物×三角洲湿地生态

伍德布法罗国家公园

Wood Buffalo National Park

1922年成立的伍德布法罗国家公园，位于艾伯塔省东北部以及西北地区南部，占地约45000平方千米，拥有超过5000头美洲森林野牛，是全世界最大的美洲森林野牛栖息地，同时也是目前唯一已知的美洲鹤筑巢地。

这座国家公园不仅孕育了40多种哺乳动物以及多达227种鸟类，堪称野生动物的大本营，而且具有四大地理景观，它们包括冰蚀高原、冰川平原、河流冲积低地，以及由皮斯河(Peace)、阿萨巴斯卡河(Athabasca)与伯屈河(Birch)共同形成的世界第一大淡水三角洲，其中皮斯－阿萨巴斯卡三角洲也是北美洲相当重要的水禽候鸟栖息地。

1984，1990

自然遗产

高山景观与生态 × 冰川

落基山脉国家公园群

Canadian Rocky Mountain Parks

冰川时期结束后，印第安人最先进入落基山区，从事季节性的渔猎采集。18世纪中期，皮毛商开始涉足此地，一方面建立据点买卖皮毛，另一方面也顺便探勘地形并绘制地图。19世纪中叶，皮毛生意没落，落基山成为传教士、拓荒者的新疆界，英国政府也派遣探测队入山，1857年至1860年间在此活动的派勒什探测队(Palliser Expedition)成员黑克特(James Hector)便是最先跨过朱砂、踢马等隘口的欧洲人。

淘金是拓荒时期冒险家的梦想，落基山中传说的金矿、银矿，后来证实都是美丽的谎言。金镇(Golden)靠着地利之便，尚有居民居住，而班夫附近的银镇至今只剩下荒烟蔓草。或许铁路才是落基山中的金矿，加拿大建国后，为了吸引卑诗地区加入加拿大联邦，以免资源被美国利用，第一任总理麦唐纳(John A. MacDonald)应允兴建横贯铁路，经过几番波折，委托加拿大太平洋铁路公司营建。此后，落基山的神秘面纱便一层层被揭开，雪山碧湖的美景也逐渐为人所知，正如太平洋铁路公司总裁范洪(William Cornelius Van Horne)所说："既然我们无法向世界输出落基山的美景，干脆就把游客从世界各地运进来。"

其实落基山国家公园群设立之初，并无意于保护山林与野生动物，多半只为商业利益着想，到了1930年，加拿大国会终于通过《国家公园法案》(*National Parks Act*)，确定国家公园的宗旨为生态保育，以裨益后代子孙。1985年，联合国教科文组织将班夫、杰士伯、幽鹤、库特尼四处相连的落基山国家公园列入世界自然遗产，希望全球人类世世代代，都能享受加拿大落基山的自然风光。

1985

文化遗产

殖民城市
×
法国
×
防御工事

魁北克历史区

Historic District of Québec

印第安语中的“魁北克”(Kebec)，也就是“河流变窄的地方”。被城墙环绕的魁北克市，居高临下面对圣劳伦斯河，是绝佳的防御点，因此自古以来就是兵家必争之地，曾有小说家将魁北克市比喻是“北美的直布罗陀”。从18世纪中叶开始，法国军队就开始在圣劳伦斯河旁的钻石岬(Cape Diamont)上建造防御工事。

城墙内是一般所称的上城(Upper Town / Haute Ville)，紧邻河边的墙外区是下城 (Lower Town / Basse Ville)，港边是旧港区，而出了西边的城墙就是新开发区。古时的上城是高级住宅区，大部分的将领和总督都居住于此，而下城则是一般百姓活动的商业区域，较有平民风格。现在的魁北克市人大多居于城外，甚至是对岸的李维市(Levi's)或圣安妮市(Ste. Anne)。

魁北克市是加拿大的历史起源地，每走一步几乎就是一栋古迹、一个故事，法军不只在此留下可歌可泣的捍卫

史诗，也留下魁北克人自傲的精神传统。城墙内的建筑散发着浓郁的法国风情，弯曲窄小的石板街道和高耸尖塔的石造教堂，让魁北克市和欧洲小镇无异。由于保留完整的城墙遗迹，魁北克市在1985年被列为世界遗产城市。

1995

自然遗产

冰川

沃特顿冰川国际和平公园

Waterton Glacier International Peace Park

沃特顿湖国家公园成立于1895年，面积达525平方千米，在1932年时与美国蒙大拿州的冰川国家公园合并为全世界第一座国际和平公园，也是代表着地球生态环境合作保育的重要指标。

公园内到处都是秀丽的美景，包括落基山脉的群山、一望无际的辽阔平原和散布于其间的湖泊。风、火、水共同雕琢出的险峻山岭，升起在翠绿的平原上，各种不同的生态体系在这里交会，而宁静的沃特顿湖以及链状般的冰川湖，为这座国家公园孕育出多样化的自然生态，更增添了人间仙境般的气息。

*与美国并列

符号说明 登录时间 遗产内容 | 遗产类型 文化遗产 自然遗产 综合遗产 濒危文化遗产 濒危自然遗产 濒危综合遗产

1987 冰川×峡湾 自然遗产

格罗莫讷国家公园
Gros Morne National Park

格罗莫讷国家公园位于纽芬兰的西海岸，动植物生态丰富，国家公园主体是一个险峻峡谷，是冰川时期地壳变动所造成，最高点为717米，峡湾最深处是165米，落差很大。最近的冰川运动形成壮丽景观，包括海岸低地、高山高原、峡湾、冰川峡谷、悬崖峭壁、瀑布、湖泊等。

©Canadian Tourism Commission

1995 殖民城市×英国 文化遗产

卢嫩堡古城 Old Town Lunenburg

卢嫩堡是北美洲英国殖民据点的典范，建于1753年，外观保存完整，具有完好的原始布局，城市整体结构呈矩形，模仿英国本土的城市规划结构。其中有些木头结构的房屋，历史可追溯到18世纪，几个世纪以来，被当地居民不遗余力地保护着。

1999 自然遗产 鱼化石遗址

米加沙国家公园
Miguasha National Park

米加沙国家公园位于魁北克东南部加斯普半岛(Gaspé Peninsula)南岸，当地保有三亿七千万年前的鱼化石，是世界上最能代表泥盆纪“鱼类时代”的著名古生物遗址。

1842年，地理学家亚伯拉罕·杰斯纳(Abraham Gesner)首次在当地发现重要的古化石遗迹，并且交由大英博物馆及皇家苏格兰博物馆收藏。1985年，加拿大魁北克政府收购这块土地，并且正式成立省级国家公园，至今已有超过5000种化石出土。其中最具代表性的就是为数众多且保存完好的鱼石螈化石，它们是最早演化出四足并且能呼吸空气的陆地脊椎动物。除此以外，科学家也在当地发现许多无脊椎动物以及70多种孢子化石，为地球科学研究提供了重要材料。

2007 文化遗产 水利工程

里多运河 Rideau Canal

完工于1832年的里多运河，是北美洲最古老且至今仍功能健全的运河系统。运河连接加拿大首都渥太华(Ottawa)和安大略湖畔的城市金斯顿(Kingston)，全长202千米，联结多个湖泊。当初是英国为了保护其殖民利益、抵御美国而建的军事设施，后来开放民居和贸易。目前受保护的地区包括运河的所有水域、水坝设施、桥梁、堡垒、闸门，以及相关的考古研究地点。

2012 文化遗产 人文聚落景观 × 农业景观

格朗普雷景观 Landscape of Grand Pré

“Grand Pré”在法文里意指“广大的草地”，这片由沼泽地以及考古遗址构成的乡村聚落景观，位于新斯科舍省米纳斯盆地南部。它不仅见证了从17世纪以来，法国移民后裔阿卡迪亚人(Acadians)在全世界海潮高度数一数二的沿海地带开垦土地、发展传统农耕技术的历史，同时也见证了从1755年到1763年法国与印第安人爆发战争期间，阿卡迪亚人遭到英国人驱逐出境的“大动荡时期”(Grand Dérangement)。

17世纪时，阿卡迪亚移民在此建立格朗普雷村与霍顿村(Hortonville)。为了发展农耕生活，他们采用了筑堤技术、一种名为“阿伯瓦托”(aboiteau)的木制引水闸道、一套完善的排水网络以及聚落管理系统，将紧邻海岸、面积辽阔的盐沼打造成了肥沃农田，而且这些技术与运作方式至今依然存在。

今天，格朗普雷景观已经被划设为一座国家公园，可供后人缅怀阿卡迪亚人及其被放逐事件。新斯科舍省最著名的酿酒厂以及加拿大Just Us咖啡公司总部，都坐落于镇上，也是吸引游客经常造访的地点。

2013 渔业景观 × 捕鲸 文化遗产

红海湾巴斯克捕鲸站 Red Bay Basque Whaling Station

红海湾巴斯克捕鲸站是16世纪巴斯克的水手捕捞、屠宰鲸鱼、取油及储藏的地方，后来成为欧洲主要的鲸鱼灯油来源地。到现在这里都还可以看到当时炼油的烤箱、制桶所、码头、暂时住宿区及一座公墓，而水底下则有废弃船只及被丢弃的鲸鱼骸骨，这些遗址都完整地描绘了当时捕鲸的情形。

2016 化石遗址 自然遗产

米斯塔肯角 Mistaken Point

这处动物化石遗址位于加拿大东岸纽芬兰岛(Newfoundland)的东南端，是崎岖海岸峭壁中一段17千米长的岬角。其地质年代可以追溯到五亿八千万年前的埃迪卡拉时期(Ediacaran Period)，也是目前所发现年代最古老的大量化石遗址。这些化石代表着地球生命史上的一个重要分水岭，那就是经过30亿年的演化之后，地球上的动物演变成大型且复杂的有机体。

符号说明 登录时间 遗产内容 遗产类型 文化遗产 自然遗产 综合遗产 濒危文化遗产 濒危自然遗产 濒危综合遗产

2008 自然遗产 动物化石遗址

乔金斯化石崖 Joggins Fossil Cliffs

乔金斯化石崖是一处富含石炭纪化石的地点，因为海潮不断侵蚀，更久远的地层不断露出地表，大量的石炭纪化石不断出土，揭示了3亿多年前古生物的演化历史。

乔金斯在19世纪中叶就名气响亮，因为在地质学之父莱尔爵士(Charles Lyell)所著《地质学原理》和达尔文的《物种起源》里，都曾提到这个地区。莱尔爵士的学生威廉·道森(William Dawson)曾在乔金斯做过深入的研究，并发现目前所知最早的爬虫类“华来氏蜥”(Hylonomus lyelli)。

2018 综合遗产 Anishinaabeg族传统生活及信仰

皮玛基奥温·阿奇 Pimachiowin Aki

皮玛基奥温·阿奇是北美阿尼什纳比(Anishinaabeg)族群祖居之地，在阿尼什纳比语中为“赋予生命的土地”的意思。整个区域坐拥湖泊、湿地、森林、河谷等天然景观，是一个未开发的化外天地。区域内阿尼什纳比族人遵循人与自然共生关系，利用复杂的水路网络，在广阔的森林与湖泊中狩猎、捕鱼维生。皮玛基奥温·阿奇入选世界遗产的主因，根据联合国教科文组织的说明是：皮玛基奥温·阿奇保有“Ji-ganawendamang Gidakiiminaan”(土地文化的传统)，其中包括了尊重造物主的恩赐、尊重一切形式的生活，并与他人保持和谐的关系。

智利Chile

6　0　0　Total 6

土地狭长的智利，东边是安第斯山脉，西边是浩瀚太平洋，领土还延伸至太平洋上的复活节岛，复活节岛便是智利最为人熟知的世界遗产。而智利北部沙漠区富含矿藏，6座世界遗产中就有两座是矿业遗产。此外，教堂、殖民城市都在世界遗产之列。

★印加路网Qhapaq Ñan, Andean Road System详见阿根廷(P.497)

2000
文化遗产
木造教堂

奇洛埃教堂 Churches of Chiloé

位于智利复杂海岸地形外的奇洛埃群岛，是个十分具有特色的地方，尤其是岛上的木造教堂，在南美其他地点都很少见。

当1608年第一批耶稣会教士到这里时，他们在岛上各处游历传教、兴建教堂。这些教堂都以木头为材质，充分展现欧洲与印第安文化融合的特色。19世纪耶稣会势力衰减，这些教堂转而成了方济会的教堂。目前在奇洛埃群岛约有60座木造教堂仍在使用中。

1995
文化遗产
巨石文明×南岛语族遗产

大洋洲

拉帕努伊国家公园（复活节岛） Rapa Nui National Park

一般相信，复活节岛岛民是南岛民族扩散后期的一支。来到岛上的岛民在公元10世纪开始狂热地雕刻巨石摩艾像，起源和理由都已不可考，在接下来的800年间，他们刻出一个个巨大的谜团。岛民深信，摩艾(Moai)拥有无上的法力(mana)，这些巨大的摩艾都是从圣山“走”出来，移动到属于他们自己的圣坛“Ahu”上。在这800年间，复活节岛文明到达顶峰，当时遍布岛上的摩艾据估计可能在千座以上，历经内战和两次大海啸后，如今岛上幸存的摩艾仅剩300余座，现存最大的高达21米，重170吨。

复活节岛首次出现在西方历史的记载里始于公元1722年，在复活节当天，来自荷兰的航海家登陆这座小岛，因此以“复活节”来命名该岛。当时的复活节岛已因为滥砍山林，陷入粮食与政争的危机而开始大幅凋零，人口数比起一个世纪前居民锐减了八成。岛民的信仰也从巨石摩艾转移到鸟人文化上，他们推翻酋长的统治，改以每年遴选通过考验的勇士担任王者。

如今的复活节岛，现居的当地住民叫它拉帕努伊(Rapa Nui)，意思是“世界的肚脐”。岛上三分之二的居民都以观光相关产业为生。终年晴朗少雨的好天气，展开青葱草原、巨大摩艾和深邃地穴的冒险地图，任凭充满活力的游人探险。

符号说明：登录时间　遗产内容　遗产类型：文化遗产　自然遗产　综合遗产　濒危文化遗产　濒危自然遗产　濒危综合遗产

©Chile Tourism

©Chile Tourism

©Chile Tourism

2003 文化遗产 殖民城市 × 西班牙

港口城瓦尔帕莱索的历史城区

Historic Quarter of the Seaport City of Valparaíso

瓦尔帕莱索是1542年由西班牙人为了与秘鲁贸易往来而兴建的城市，智利独立之后，该城成为南美洲最重要的港口。其都市规划可以说是19世纪拉丁美洲都市建筑的代表，市区可大致分为港口和高地两区，港口区的道路窄小蜿蜒，高地区则以殖民色彩的宅邸为特色。这里甚至还可见到早期的缆车，沟通港口和高地两区。

©UNESCO/Nuria Sanz

©UNESCO/F. Bandarin

2005 濒危文化遗产 矿业与工业景观 × 硝石 × 化学肥料

亨伯斯通与圣劳拉硝石厂区

Humberstone and Santa Laura Saltpeter Works

亨伯斯通与圣劳拉这两个硝石工业区位于环境恶劣的彭巴草原，包括了200多座工厂，自1880年起，为了开采硝石吸引了数以千计来自智利、秘鲁和玻利维亚的劳工来此工作，形成了独特的彭巴文化工业区。

这里所开采出的硝石被制成化学肥料，改变了全球的农业环境，也为智利带来巨大的财富。然而，因为这些工厂设备老旧，加上常受地震影响，这些器具设施的保存状况不佳，被列为濒危世界遗产。

2006 文化遗产 矿业景观 × 铜矿

塞维尔铜矿城 Sewell Mining Town

塞维尔建筑在安第斯山脉海拔约2000米的极端环境中，是1904年布莱登铜矿公司 (Braden Copper company)为了开采铜矿而兴建。城市里有教堂、赌场、电影院、医院和一般住宅区，建筑多半为木造，外观是鲜艳的红、黄、绿、蓝等颜色，鼎盛时期全镇约有15000人，直到1977年才完全被废弃。

游客必须由附近的最大城兰卡瓜(Rancagua)组团前往，因为这里地势太陡峭，只能搭火车前往，接着就是沿着楼梯不停地上下山坡，还可换上矿工的装备，进入矿坑体验。

哥伦比亚Colombia

6 2 1 Total 9

哥伦比亚是世界上仅次于墨西哥，说西班牙语人口最多的国家。9处世界遗产中，两座自然遗产，一在陆地，一在海中，都是珍贵的自然遗产。6处文化遗产则包含了殖民城市、古文明遗址，还有咖啡文化景观。

★印加路网Qhapaq Ñan, Andean Road System详见阿根廷(P.497)

圣奥古斯汀考古公园

San Agustín Archaeological Park

1995 史前巨石文明 文化遗产

从20世纪30年代起，这个地区被发现有许多雕有人物、动物和神像的石像，有的写实、有的抽象，展现高度的创造力和想象力。据考证该文明约在公元1—8世纪出现，可以说是哥伦比亚最重要的考古发现。目前人们对这些文物所代表的意义仍不清楚，只知那时的人类以渔猎为生，并有高明的制陶技巧。

©Colombia Tourism

卡塔赫纳港口、城堡和相关建筑群

Port, Fortresses and Group of Monuments, Cartagena

1984 文化遗产 殖民城市×西班牙×防御工事

哥伦比亚北部的卡塔赫纳，位于加勒比海岸，兴建于1533年，是西班牙当年在美洲最重要的城市。为了抵御英国、荷兰和法国人的入侵，西班牙人在此建设了南美最坚固的城堡。城堡内的老城建筑景观十分一致，可分为3区：圣·佩德罗区(San Pedro)以圣母堂和南西班牙式宫殿为特色；圣地亚哥(San Diego)是中产阶级住宅区；盖特塞马尼区(Gethsemani)则是古迹聚集之处。

铁拉登特罗国家考古公园

National Archaeological Park of Tierradentro

1995 文化遗产 陵墓坟冢×史前巨石文明

这个地区分布了许多墓葬穴遗址，显示这里曾有个富足且文化发达的古文明，年代约在公元6世纪至10世纪之间。

这些墓穴多半5—8米深，最深的有12米，墓穴里以红、黑颜料绘满了几何图形，同时墓穴里也发现一些巨大的人形雕刻，与另一座世界遗产圣奥古斯汀考古公园(San Agustín Archaeological Park)的巨石雕刻十分类似，只是两者之间的关联，以及其功能与文化内涵至今仍是谜。目前园区里设有博物馆展示出土文物。

洛斯卡蒂奥斯国家公园

Los Katíos National Park

1994 自然遗产 生物多样性

位于哥伦比亚西北方的洛斯卡蒂奥斯国家公园占地720平方千米，与巴拿马的达连国家公园(Darien National Park)相邻，这一带以沼泽和丛林之险恶地形著称。

洛斯卡蒂奥斯国家公园虽然占地不到全国1%，但其中的鸟种类占哥伦比亚全境的25%。不过，贯穿美洲大陆的泛美高速公路(Pan-American Highway)预计在洛斯卡蒂奥斯附近兴建，势必影响当地的生态。

圣克鲁斯－德蒙波斯历史中心

Historic Centre of Santa Cruz de Mompox

1995 文化遗产 殖民城市×西班牙

圣克鲁斯－德蒙波斯历史中心位于马格达莱纳河(Rio Magdalena)的河岸上，以保存良好的西班牙殖民时期建筑著称。西班牙人是为了将货物往上游运送至内陆，于1537年兴建该城，在16—19世纪，城区范围沿着河岸不断扩张。历史城区里的建筑和都市景观至今保存一致与和谐性，大部分的公共建筑仍维持当初的功能，让人得以一窥殖民时期的城市景观。

符号说明：登录时间 遗产内容 遗产类型：文化遗产 自然遗产 综合遗产 濒危文化遗产 濒危自然遗产 濒危综合遗产

2011 文化遗产 农业景观 × 咖啡

哥伦比亚咖啡文化景观

Coffee Cultural Landscape of Colombia

哥伦比亚咖啡文化景观位于科迪勒拉山系的中部地带，占地约1410平方千米，涵盖6处农业景观及18个城镇，由金迪奥省(Quindio)、卡尔达斯省(Caldas)及利萨拉尔达省(Risaralda)所组成的著名咖啡三角区，也包括在遗产范围内。

本区拥有百年历史的咖啡栽种文化，以及传统建筑、料理、音乐、神话传说等丰富的文化遗产。19世纪，安提奥基亚省(Antioquia)的先民到此区开垦，为了适应严峻的高山地理环境，农家们在倾斜将近45度角的坡地上，种植小块面积的咖啡田，并且通过人工的方式采收，逐渐创造出以咖啡为中心的经济体系与文化。

当地城镇就坐落于咖啡田上方相对平坦的山顶上，这些城镇的建筑物富有深受西班牙影响的安提奥基亚殖民风格，建筑物的墙体以混入禾秆的黏土以及经过压缩的甘蔗为材料，屋顶也以黏土瓦片铺成，这些建筑物至今在某些地区仍然可以见到。

©Colombia Tourism

©Colombia Tourism

©Colombia Tourism

2006 海洋生态 自然遗产

马尔佩洛岛动植物保护区

Malpelo Fauna and Flora Sanctuary

距离哥伦比亚海岸线506千米的马尔佩洛岛，以绝美的海底生态闻名，可以说是潜水客之天堂。其中最特别的是庞大的鲨鱼，例如长相奇特的双髻鲨(Hammerhead shark)和白眼鲛(Silky shark)。同时，这里也有多种大型石斑和梭鱼，不过，为了维持鲨鱼类的大型海洋生物之食物来源无虞，这里全区禁止捕鱼。

2018 综合遗产 岩画 × 动植物生态

奇里维克特国家公园——美洲豹的居所

Chiribiquete National Park—"The Maloca of the Jaguar"

奇里维克特27800多平方千米国家公园位于哥伦比亚南部的亚马孙雨林中，面积广达27800多平方千米，是哥伦比亚最大的国家公园。陡峭的砂岩高原“Tepuis”是公园的特色，“Tepuis”是印第安语，意为“桌面山脉”。在“Tepuis”底部周围60处岩棚石壁上，留有超过7.5万幅岩画，时间跨度自两万年前到现在。这些绘画描绘着狩猎、战斗、舞蹈和仪式场景，推论与美洲豹崇拜有关。美洲豹是力量和生育力的象征，此地被土著人视为圣地。

至于“Maloca”，原意指生活在亚马孙地区原住民的传统住屋，对于生活在南美大地上的美洲虎、南美貘、巨型水獭、吼猴来说，奇里维克特国家公园就是它们的“Maloca”。

哥斯达黎加
Costa Rica

1　3　0　Total 4

哥斯达黎加位于中美洲地峡，其国名的西班牙文原意是“富庶海岸”。哥斯达黎加陆地面积仅占全球0.25%，但生物种类却高达5%，全国有25%的土地被列为国家公园或保护区，从3座自然遗产中不难看出哥斯达黎加保护大自然之用心。

科科斯岛国家公园
Cocos Island National Park

1997

自然遗产

雨林 × 海洋生态

位于哥斯达黎加太平洋外海约550千米处的科科斯岛国家公园，是一座火山岛，也是东太平洋地区唯一具有雨林生态系统的地方。

科科斯岛地处于北回归线逆流的第一个陆地碰撞点，众多岛屿和洋流形成复杂的互动，使得此地区成为最佳的海洋地质观察室。这里同时也是长尾鲨、双髻鲨、白尾鲨、魟鱼、鲔鱼、海豚等大型海洋动物的最佳栖息地。

©UNESCO/Marjaana Kokkonen

塔拉曼卡山脉－拉阿米斯塔德保护区
Talamanca Range-La Amistad Reserves / La Amistad National Park

1983

自然遗产

生物多样性 × 野生动物

塔拉曼卡山脉－拉阿米斯塔德保护区位于哥斯达黎加和巴拿马的山区里，在密布的雨林底下，有着第四纪冰川(5万—250万年前)所留下的地形痕迹。保护区里至今仍然住着四个不同族群的印第安原住民。这里孕育着特殊的动植物生态体系，例如贝尔德貘、美洲狮、美洲豹等大型哺乳类动物，以及许多濒临绝种的鸟类。

＊与巴拿马并列

©UNESCO/Marc Patry

瓜纳卡斯特保护区
Area de Conservación Guanacaste

1999

自然遗产

生物多样性

瓜纳卡斯特保护区包括3个国家公园和1个野生动物保护海湾，2004年再把约150平方千米的圣艾伦那区(St. Elena)也纳入进来。这个重要的自然生态系统保留了生物多样性，包括从美洲中部一直延伸到墨西哥北部的大片热带旱林，以及延伸近20千米直到太平洋的红树林，是很多濒绝生物的栖息地，例如海水鳄、不吸血的大型食肉蝙蝠(False Vampire Bat)、榄蠵龟、革龟、美洲豹、红树林绿鹃(Mangrove Vireo)、红树林蜂鸟(Mangrove Hummingbird)、大鹳鸟(Jabiru Stork)等。

迪奎斯石球以及前哥伦比亚人部落
Precolumbian Chiefdom Settlements with Stone Spheres of the Diquís

2014

文化遗产

人文聚落景观遗址

这处遗产位于哥斯达黎加南部的迪奎斯三角洲，共有4处考古遗址，被视为是公元500年至1500年间，这个地区复杂社会、经济和政治体系的独特范例。这些遗址包括人造土丘、铺筑区、墓葬区，以及特殊的石球，这些石球直径为0.7—2.57米，至于石球如何打造、代表意义是什么、做什么用途，至今仍是个谜。从石球完美的造型、数量、大小、密度，到摆放的位置，都展现其独特性。还好这些考古遗址深埋在土层下好几个世纪，才得以保存完好，避免了被劫掠的命运。

古巴Cuba

7 2 0 Total 9

加勒比海上的岛国古巴，1492年时哥伦布在此登陆，随后成为西班牙殖民地，直到1898年美西战争后，归美国所有，接着在1902年独立。九处世界遗产中有两处为自然遗产，七处文化遗产中除一座与原住民相关外，其余都展现了强烈的殖民文化。

1982　文化遗产　殖民城市 × 西班牙 × 防御工事

哈瓦那旧城及防御工事 Old Havana and its Fortifications

哈瓦那是西班牙人于1519年所建立，17世纪时成为加勒比海的造船重镇，现在则是200多万人的居住地。旧城区(La Habana Vieja)是西班牙殖民时期的政治、经济、军事中心，所有超过200年以上的建筑都集中在这个区域。

整个旧城区像一座活的历史博物馆，这里的建筑融合了巴洛克和新古典主义的元素。除了保存18世纪西班牙殖民时期留下来的豪宅，市民的日常生活也在这里鲜活呈现。每过中午，旧城各角落都响起乐手们的现场演唱，哈瓦那仿佛从睡眠中苏醒。

整个旧城区以教堂广场(Plaza)、军事广场(Plaza de Armas)、圣方济广场(Plaza de San Francisco de Asis)、旧城广场(Plaza Vieja)为主。这些从西班牙殖民时代留下来的私人豪宅和修道院，在古巴革命之后都归为国有而被改为博物馆或餐厅，从20世纪90年代开始古巴政府积极推动观光活动，大部分建筑都开放给大众参观，其中最精彩的几栋建筑，包括旧城区地标哈瓦那大教堂在内都围绕在教堂广场的四周。

1988

文化遗产

农业景观 × 甘蔗 × 殖民遗产

特立尼达与因赫尼奥斯山谷

Trinidad and the Valley de los Ingenios

特立尼达是位于古巴中部靠加勒比海的小城镇，最早于1514年时，西班牙人迭戈·委拉斯开兹(Diego Velazquez)在这里建设农庄种植甘蔗，从此成为古巴最主要的甘蔗产区。直到19世纪，特立尼达不但成为蔗糖贸易中心，也是全古巴最富裕的西班牙地主居住的聚落。但随着农业发展，非洲黑奴的买卖也越来越频繁，特立尼达沦为最大的黑奴交易市场。为了纪念人类史上的蔗糖工业发展及人种间的不平等，特立尼达近郊的因赫尼奥斯山谷于1988年被列为世界文化遗产。

距离特立尼达旧城约12千米远的因赫尼奥斯山谷，是18世纪蔗园景观的见证，面积约270平方千米的广大土地被划分为70多处甘蔗园。为了运输甘蔗，还铺设了一条铁道穿过谷地中央，虽然蒸汽火车现在已经不再运行，但仍然可以看到简陋的火车站矗立在路边。

最受瞩目的是山谷中央一座高192米的钟塔，塔上的铜制大钟现在已经搬到地面上展示，但是游客仍然可以登上塔顶眺望整个谷地。这座塔是当时拥有甘蔗园的地主所建造的，目的是监控整个甘蔗园的作业与安全。当然，比较血腥的说法是，监视者如果发现偷懒或想逃跑的黑奴，可以从塔上直接射杀他们！这个特殊的建筑结构，可以让游客更加了解当时由地主私法管理地方的特殊社会结构。

2000

文化遗产

农业景观 × 咖啡

古巴东南部第一座咖啡农园考古园区

Archaeological Landscape of the First Coffee Plantations in the South-East of Cuba

在19—20世纪，咖啡对加勒比海及拉丁美洲地区的经济与社会有极大的贡献，位于马埃斯特拉(Sierra Maestra)山脚下的咖啡庄园遗址，为此留下一个独特的见证。其他类似的咖啡园区都已不复存在，而这座咖啡农园展现了人类如何在恶劣的地理条件下，以创意和现有素材打造农业文明。

2008

文化遗产

殖民城市 × 西班牙

卡马圭历史中心

Historic Centre of Camagüey

卡马圭是西班牙在古巴较早建设的7个城市之一，以牧牛和甘蔗种植为主要经济来源。观光客在卡马圭要不迷路都很难，街道弯弯曲曲，到处都有岔路和广场，一不小心就走到死巷。这种看似混乱的都市设计，与其他拉丁美洲建造于平原上的殖民城市大不相同，据说是为了防止海盗突袭。历史城区里保留了众多老建筑，多半以泥土为主要原料，这可追溯到西班牙南部安达卢西亚的传统；而门口的半露柱(Pilaster)则显示了卡马圭当地的建筑传统。

1997 防御工事 文化遗产

圣地亚哥的圣·佩德罗－德拉罗卡城堡

San Pedro de la Roca Castle, Santiago de Cuba

圣·佩德罗－德拉罗卡城堡距离古巴重要的海港圣地亚哥约12千米，是17世纪时为了护卫圣地亚哥而兴建。防御堡垒精巧地利用海岸地形，与海岸的岩岬融为一体。堡垒建筑呈现意大利文艺复兴时期之风格，是西班牙人在美洲所建防御设施的最佳典范，目前保留状态十分完整。

©Santiago de Cuba Tourism

1999 农业×聚落景观×烟草 文化遗产

比尼雅莱斯谷 Viñales Valley

比尼雅莱斯谷属于喀斯特溶蚀地形，土壤并不肥沃，但在谷地里许多原住民部落利用传承了千年的种植方式，在此种植烟草和谷类。同时，这些原住民也利用当地建材兴建屋舍和打造手工艺品，展现多元民族特色，因此比尼雅莱斯谷地是以特殊文化景观，而非自然景观，入选为世界遗产。

1999 海洋生态 自然遗产

格拉玛国家公园

Desembarco del Granma National Park

格拉玛这个名称是为了纪念卡斯特罗于1956年由墨西哥前往古巴号召起义成功，当时他所搭乘的船艇名为“格拉玛”号。格拉玛台地位于古巴东南方，是个持续隆起的海洋阶梯地形，同时也形成最壮观的西大西洋海岸崖壁。而深入西大西洋海底的海洋阶梯，也衍生出特殊的海洋生态系统。

2005 文化遗产 殖民城市×西班牙

西恩富戈斯都会历史中心

Urban Historic Centre of Cienfuegos

位于古巴南海岸中心的西恩富戈斯，以甘蔗、芒果、烟草和咖啡的贸易为主要经济来源。虽然法国人最早抵达西恩富戈斯，西班牙人却是最早规划建设这里的，这里也是拉丁美洲第一个运用现代化的概念来兴筑的都市。现在市中心有6座1819—1850年的建筑、327座1851—1900年的建筑，可以说是目前世界上最大规模新古典主义风格的建筑群，其中以市政厅、圣罗伦佐学校、主教会堂等最具特色。

2001 自然遗产 生物多样性×生物演化过程

阿里杰罗德胡波尔德国家公园

Alejandro de Humboldt National Park

这个国家公园是以德国科学家亚历山大·冯·洪堡(Alexander von Humboldt)命名，纪念他在此地的研究成果。这里的地质环境复杂程度高居加勒比海之冠，而且在中新世至更新世的冰川时期，是许多生物的避寒所，因而该地成为全球生态系统与物种非常多样的地区之一。

更特别的是这里许多地下岩石都有毒性，所以植物必须发展出一套系统使其足以在如此严苛环境下生存，因而发展出特有的新物种，是研究生物适应环境与演化的最佳地点。

多米尼加 Dominican Republic

文化遗产 1　自然遗产 0　综合遗产 0　Total 1

多米尼加位于加勒比海大安的列斯群岛上伊斯帕尼奥拉岛(Hispaniola)的东半部，为加勒比海仅次于古巴的第二大国。1492年哥伦布在此上岸，此处成为欧洲人来到美洲的一个永久殖民地，圣多明各城也是西班牙在新世界的第一个首都。

1990　殖民城市×西班牙　文化遗产

圣多明各殖民城市

Colonial City of Santo Domingo

首建于1498年的圣多明各，是拉丁美洲早期的殖民城市之一。在约3平方千米的老市区里，街道规划成格状，成为日后拉丁美洲城市建造的典范，在老城墙内有拉丁美洲最早的天主堂、修道院、医院、博物馆和大学，而且最早的法律条文也是在此颁布，圣多明各城因而极具象征意义。

©Dominican Tourism

符号说明：登录时间　遗产内容

遗产类型：文化遗产　自然遗产　综合遗产　濒危文化遗产　濒危自然遗产　濒危综合遗产

©Dominican Tourism

多米尼克Dominica

0 1 0 Total 1

多米尼克是加勒比海小安的列斯群岛(Lesser Antilles)上的岛国，总面积约750平方千米。多米尼克因为呈现未遭破坏的自然之美，因而享有“加勒比海自然之岛”的美称，是小安的列斯群岛最年轻的岛，因为火山活动频繁，该岛依然在不断成长中。

1997 自然遗产 火山地形景观

特鲁瓦·皮顿山国家公园

Morne Trois Pitons National Park

特鲁瓦·皮顿山国家公园是个火山地质国家公园，以海拔1342米的火山为瞩目地标，同时还有50个不停冒着泥浆的喷气孔和喷泉、1个景观十分荒凉的谷地、3座淡水湖，还有1处不断冒烟的沸腾湖。该地由于地质景观特别而被列入世界遗产，电影《神鬼奇航2：加勒比海盗》也在此取景。

萨尔瓦多 El Salvador

1 0 0 Total 1

萨尔瓦多是中美洲面积最小、人口最稠密的国家。在欧洲人还没来到美洲之前，萨尔瓦多住着不同部族的美洲原住民。其中最为知名的玛雅文明遗址，就是被火山爆发封存千余年的霍亚德塞伦(Joya de Cerén)，留下民众生活的考古证据。

1993 文化遗产 玛雅考古遗址

霍亚德塞伦考古遗址

Joya de Cerén Archaeological Site

同意大利庞贝城一样，因公元590年拉瓜那火山(Laguna Caldera)剧烈喷发，这里被火山灰深埋地底。不同的是，这里的玛雅村民有足够时间逃离死亡命运，只留下家具、器皿和盘里未及吃完的食物。考古学家们用石膏灌入火山灰堆积凝成的空洞里，发现农夫几个小时前才种下的木薯田，这个重大线索增进了对人类古代植物学的了解，让我们得以窥见前哥伦布时期，中美洲族群的农耕及日常生活。

厄瓜多尔Ecuador

3 2 0 Total 5

位于南美洲西北角的厄瓜多尔，其领土还包括位于南美大陆以西1000千米的加拉帕戈斯群岛。5座世界遗产中，最知名的便是促成达尔文《进化论》的加拉帕戈斯群岛。文化遗产中有两座是殖民城市，其中基多被认为是拉丁美洲保存最完好的殖民城市。

★印加路网Qhapaq Ñan, Andean Road System详见阿根廷(P.497)

1978 文化遗产 殖民城市×西班牙

基多古城 City of Quito

16世纪在印加城市废墟里建起来的厄瓜多尔首都基多，海拔2850米，市内有大小教堂、修道院共87座。其中，圣弗朗西斯科教堂(San Francisco)为巴洛克式建筑的杰作；孔帕尼亚耶稣大教堂(Church and Jesuit College of La Compañía)正面拱形大门上、四周墙壁以及天花板上镶嵌有精美的金叶图案。

1978 自然遗产 生物演化

加拉帕戈斯群岛

Galápagos Islands

加拉帕戈斯群岛位于东太平洋、赤道两侧，火山熔岩喷发和地壳隆起形成了19座岛屿，这里距离美洲大陆有1000千米之遥，三股洋流汇聚于附近海域，促成生物演化成地方特有种，鬣蜥蜴、巨型陆龟等特有生物，在1835年达尔文造访此地后，触发了他“物竞天择”的进化论学说。

1983 自然遗产 火山×冰川×雨林景观生态

桑盖国家公园

Sangay National Park

桑盖国家公园主要包括三种地形：高山冰川、山麓丘陵、冲积扇平原。许多瀑布自冰川切割出来的悬谷落下。丰沛的雨量和地形落差，形成湍急的河流奔向亚马孙河盆地。充足水源和湿气给热带平地覆满了浓密的雨林。遗世独立的环境让山貘和安第斯兀鹰在此安身立命。

1999 文化遗产 殖民城市×西班牙

昆卡的圣安娜历史中心

Historic Centre of Santa Ana de los Ríos de Cuenca

昆卡奠基于1557年，严谨的西班牙矩形布局，市容呈现当地与殖民文化完美的交融。保存的历史建筑物大多建于18世纪，那个年代因为出口奎宁(Quinine)、草帽而致富。蓝白穹顶的新大教堂是地标，建材采用当地与意大利进口的大理石，隔着卡尔德伦公园(Park Abdon Calderon)与旧大教堂相望。

符号说明 登录时间 遗产内容 遗产类型 文化遗产 自然遗产 综合遗产 濒危文化遗产 濒危自然遗产 濒危综合遗产

危地马拉 Guatemala

2 0 1 Total 3

欧洲人来到美洲之前，危地马拉是玛雅文明发光发热之所在，1519年成为西班牙殖民地，直到1821年才成为独立的国家。三座文化遗产中除了安提瓜为殖民城市之外，其余两座均为玛雅文明遗址，其中蒂卡尔的金字塔神庙更是中美洲的知名地标。

1979
文化遗产
殖民城市 × 西班牙

安提瓜危地马拉
Antigua Guatemala

“安提瓜”意思是“旧”，也就是旧的危地马拉，它曾是危地马拉殖民政府的首府，建于16世纪初，海拔1500米，由于位于地震带上，1773年的大地震重创了整座城镇，还好几座主要的地标性建筑物仍从废墟中保留下来。

经过两百多年的发展，这个城市的布局循着意大利文艺复兴式的棋盘街廓，建筑风格则受到西班牙摩德哈尔式(Spanish Mudéjar)建筑影响，呈现巴洛克式和壮丽的殖民时期教堂，吸引着来自世界各地游客的目光。

1981
文化遗产
玛雅遗址

基里瓜考古公园及玛雅遗迹
Archaeological Park and Ruins of Quirigua

公元8世纪时，基里瓜打败它的宗主国成为独立自主的城邦，自此开展一段繁荣发展时代，本地出产的红色砂岩，是绝佳的雕刻艺术素材，此地可以看到玛雅文明的石碑代表作。

从浅浮雕到三维立体浮雕，由点状刻纹象征神明变为具体形象化，还有马赛克状的象形文字。8世纪晚期进入全新的创作时代，蟾蜍、美洲豹、鳄鱼及猛禽这些神话生物都跃上石雕的兽形作品。

1979

综合遗产

玛雅遗址

蒂卡尔国家公园 Tikal National Park

和多数知名的玛雅遗迹最大的不同是，蒂卡尔隐身在危地马拉北部的皮坦(Petén)丛林之中，高耸的金字塔穿出浓密的雨林顶端，迎向太阳。

从钻木取火的证据推测，大约公元前700年，玛雅人就开始在附近定居；公元前200年，已经有复杂的建筑群从蒂卡尔北方的卫城竖立起来。到了公元250年左右，也就是美洲古典时期的早期，蒂卡尔已经是玛雅很重要的一座城市，不但人口众多，更是玛雅的信仰、文化、商业中心。

美洲古典时期中期，相当于公元6世纪，蒂卡尔更进一步发展为一座拥有10万人口、面积超过30平方千米的大城市。不过蒂卡尔随后却陷入衰败期，直到公元700年前后，俗称“巧克力王”的阿卡考(Ah Cacau)继承了王位，一举把蒂卡尔推向巅峰，不仅军事力量强大，更写下玛雅文明史上最辉煌的一页。今天蒂卡尔大广场(Great Plaza)附近多数遗址都是这个时期留下的，而阿卡考自己就葬在一号神庙底下。

然而公元10世纪，蒂卡尔和其他古典时期的玛雅城市一样，突然神秘地被弃置。16世纪西方大航海时代来临，西班牙传教士曾经简略提到这个地方的建筑，直到1848年，危地马拉政府派出探险队，才重新发掘这个古文明遗址。20世纪50年代，蒂卡尔的丛林中兴建了一座简易机场；20世纪80年代，从邻近城镇弗洛雷斯(Flores)通往蒂卡尔的道路修好，进入蒂卡尔更为便利；1979年，包含蒂卡尔玛雅遗址在内的蒂卡尔国家公园，被列入世界遗产的名单。

符号说明 登录时间 遗产内容 遗产类型 文化遗产 自然遗产 综合遗产 濒危文化遗产 濒危自然遗产 濒危综合遗产

海地Haiti

1 0 0 Total 1

海地位于加勒比海大安的列斯群岛上伊斯帕尼奥拉岛(Hispaniola)的西半部。不同于拉丁美洲多数国家为西班牙殖民地，海地在独立之前被法国殖民，在1802年独立的时候，是拉丁美洲第一个独立国家，也是世界上第一个由黑人主政的共和国。

1982 文化遗产 殖民遗产×法国

国家历史公园——堡垒、忘忧宫、拉米尔斯建筑群

National History Park—Citadel, Sans Souci, Ramiers

海地的国家历史公园里，标示着海地人19世纪初叶争取自由的一段历史。主要包含三个部分：一是位于拉米尔斯(Ramiers)的建筑群；二是忘忧宫(Sans Souci)，19世纪遭叛变的亨利国王以银色子弹于忘忧宫前自杀，其子10天后亦于此地被革命党人刺杀身亡，终结君主政权；三是堡垒，海地脱离法国统治宣布独立后，动用大批黑奴兴建军事基地，以抵御法国入侵，这是今日海地人自由的象征。

洪都拉斯Honduras

1 1 0 Total 2

今日的洪都拉斯过去受到西班牙殖民，有别于昔日的“英属洪都拉斯”——后来独立成为伯利兹。两座世界遗产中文化和自然各半，其中科潘的玛雅遗址也是美洲古典时期的代表城市；另一座自然遗产则标示着脆弱的生态，保育刻不容缓。

1982 热带雨林×原住民文化 濒危自然遗产

普拉塔诺河生物圈保护区

Río Plátano Biosphere Reserve

这个生物圈保护区的成立，主要为了保护沿普拉塔诺河这片中美洲剩余不多的热带雨林、濒临绝种的生物，还有生活在这片土地上的原住民，透过厘清土地的使用权，教导原住民合宜的农耕习惯等计划内容，来保存本区土地的承载力和生态体系。由于本区大部分环境欠缺文件记载，仍需要更深入的调查和记录。由于生态实在太脆弱，该区于2011年被列为濒危自然遗产。

1980 文化遗产 玛雅遗址

科潘的玛雅遗址 Maya Site of Copan

科潘为公元5世纪—9世纪玛雅古典时期文明的代表城市，不断的军事领地扩张让它在公元8世纪时达到鼎盛。

然而过度的人口集中、土地资源滥用使这里又似昙花一现般迅速凋落，再度被雨林、洪水埋没于荒烟蔓草间，连名称都不曾为后人传述，只留下壮丽的金字塔建筑群、精致的雕刻纪念碑、复杂的象形文字，述说着曾经光耀一时的功绩，带给世人无限的遐想。如今，考古学家在破译文字过程中，逐渐还原出精通数学、星象、献祭的玛雅人形象。

墨西哥Mexico

27 6 2 Total 35

墨西哥有35处世界遗产，数量为美洲之最，其中文化遗产27处，自然遗产6处，综合遗产2处。文化遗产大致分成三大类：一为前西班牙殖民时期的古文明城市，以玛雅文明为大宗；二为西班牙殖民城市，多为因矿产而致富；第三类则是20世纪之后才出现的现代建筑。

1987 海洋×热带森林生态 自然遗产

锡安卡安 Sian Ka'an

锡安卡安在玛雅语中意思是“天空之源”。这座保护区设立在犹加敦半岛，希望成为脆弱的热带生态平衡的典范，由科学家、技术人员、学生、渔夫、农夫、农业促进者和行政单位共同参与，结合本地与国际资源，执行切实可行的计划来落实环境政策，保护此区的珊瑚礁、海滩、礁湖、天然井、热带树林等天然景色，丰富的海陆生物，以及玛雅文明遗址，同时透过环境保护教育，让当地人的生活与自然生态旅游相辅相成。

2003 基督教遗产 文化遗产

克雷塔罗的谢拉戈达方济会修道院
Franciscan Missions in the Sierra Gorda of Querétaro

位于克雷塔罗谢拉戈达山区的这五个方济会修道院建立于18世纪中叶，见证了墨西哥内陆地区基督教化过程的最后阶段，成为往后教会继续前往美国加州、亚利桑那州、得州传教的重要参考。

他们在谢拉戈达山区里建立的教堂会所，富有传教者的创意和印第安华丽的风格，此地的印第安人在教堂里信教、受洗，除了保留自己的语言，也在教堂周边建立起他们的家园，全心全意奉献给教会。

符号说明 登录时间 遗产内容 遗产类型 文化遗产 自然遗产 综合遗产 濒危文化遗产 濒危自然遗产 濒危综合遗产

1987

文化遗产

殖民城市 × 西班牙 × 阿兹特克遗址

墨西哥市历史中心和霍奇米尔科

Historic Centre of Mexico City and Xochimilco

墨西哥市最早由墨西加人(Mexica)所建，后来成为阿兹特克人(Aztecs)的政治中心。阿兹特克人称之为“特诺奇提特兰”(Tenochtitlán)，意指“仙人掌果实之地”。他们与邻邦交易与通商，并运用极高的艺术天分来兴筑这个城市。到了15世纪时，市区人口已达20万，而且在城市及其周遭所建立的运河和水利工程，几乎和当时的欧洲同样进步。

然而，在1521年来自西班牙的征服者柯泰斯(Hernlán Cortés)，航海至此并消灭阿兹特克帝国，便在此兴建新西班牙的首都。阿兹特克神庙被毁，继之而起的是西方政治宗教的象征性建筑，如王宫或教堂。

旧城里的中央广场(Zócalo)曾经是特诺奇提特兰的权力与祭祀中心。阿兹特克神庙遗址(Templo Mayor)建于1375年，之后陆续扩建了好几次。在阿兹特克的神庙遗址上重建的墨西哥主教堂(Catedral Metropolitana)，则是美洲最大的教堂，塔高达67米，自1525年柯泰斯下令兴建到1813年，费时长达3个世纪才完工。这个漫长的兴建过程也同时反映到建筑的多样形态与内部设计，包含有古典的巴洛克、丘里格拉克(Churrigueresque)和新古典主义风格。

在墨西哥城以南28千米处的霍奇米尔科，仍可见到阿兹特克人所建的人造岛和运河，印证了阿兹特克人治理环境的智慧。

1987

文化遗产

殖民城市 × 西班牙

普埃布拉历史中心

Historic Centre of Puebla

普埃布拉是个完整保留西班牙殖民风格的城市，市区里有七十多间天主教堂、大主教宫，而且家家户户的墙上，都以花砖装饰，完美地融合欧洲与拉丁美洲的美感，混合着17世纪和18世纪的欧洲艺术和墨西哥多彩的活力。

公元1531年，西班牙移民因要在附近的宗教中心乔鲁拉(Choulula)建造教堂，而在普埃布拉定居下来，八年后这里发展成重要的天主教中心。

普埃布拉大教堂(Catedral Basilica de Puebla)位于中央广场(Zócalo)的南方，大部分的工程是在1649年胡安·德·帕莱福(Juan de Palafox)担任主教期间完成。内部的巴洛克豪华风格令人瞠目结舌，两座高约66米的高塔也是全墨西哥最高的教堂高塔。

另一座美丽的教堂是圣多明各教堂修道院(Iglesia de Santo Domingo)，附设的萝沙里欧礼拜堂(Capilla del Rosario)是游客到此膜拜的圣地。整座礼拜堂金碧辉煌，外墙全镶着纯金。

另外，由于本区的泥土让普埃布拉所生产的陶器十分有名，再加上西班牙人引进新的技术与材料，让这里成为一个陶瓷艺术中心与工厂集散地，到了18世纪，普埃布拉更成为墨西哥最重要的生产瓷砖和玻璃的地方。

1987

文化遗产

殖民城市
×
西班牙
×
萨波提克考古遗址

瓦哈卡历史中心和阿尔班山考古遗址

Historic Centre of Oaxaca and Archaeological Site of Monte Albán

瓦哈卡是典型的西班牙殖民城市，色彩缤纷，街上鹅黄、粉蓝、嫩绿的欧式风格房子，一字排开，十分亮丽。由于该地区地震频繁，因此房子都有抗震的设计。旧城区里兼具美观与实用性的建筑，与瓦哈卡西边郊外的阿尔班山一起被列入世界遗产。

阿尔班山是萨波提克文明(Zapotecs)的首都，也是美洲早期的重要城市之一。这地方的文明始于公元前6—前5世纪。萨波提克人于3—7世纪将阿尔班山带入巅峰时期，但没有人知道为何阿尔班山在公元8世纪时突然被遗弃。所遗留下来的建筑以石头为建材而且有厚墙，排水系统规划得十分完善。阿兹特克人则是在公元700—950年间抵达此地，并善加利用这些城市系统。

符号说明 登录时间 遗产内容 遗产类型 文化遗产 自然遗产 综合遗产 濒危文化遗产 濒危自然遗产 濒危综合遗产

1987
文化遗产
玛雅遗址

帕伦克古城和国家公园

Pre-Hispanic City and National Park of Palenque

帕伦克是墨西哥境内重要的玛雅文化遗迹。城内的神庙、宫殿、广场、民舍等倚坡而建，错落有序，形成雄伟壮观的古代建筑群。

最著名的建筑是王宫(El Palacio)，它高高矗立在梯形平台上，由13个具有地窖的房子、3个地下画廊和1个高塔组成4个庭院的宫殿。根据石碑记载，国王加冕的地点应该就在这里。外墙用岩石叠砌，内部装饰华丽，四周有壁画、浮雕和各类雕刻，做工精细，技艺高超。宫殿的正中心伫立了一座5层方形高塔，在玛雅文明的遗迹中从未有类似的建筑，其功能尚未有定论。

碑铭神庙可以说是帕伦克最高的建筑，是建有8层金字塔的建筑，在金字塔的顶端又有一中央阶梯，引领到平台上的3间神庙。碑铭神庙的主厅后墙嵌着两块灰色大石板，上面镌刻着620个玛雅象形文字，排得十分整齐，如同棋盘上的一颗颗棋子。这两块碑铭到底记录什么，至今考古学家仍未解开。这些象形文字是由图形和音符混合组成，初步研究可以猜测这些文字应是记录帕伦克和碑铭神庙的历史。

然而，到了10世纪时，帕伦克一下子就被遗弃了。位于雨林地带的文明城市，被与世隔绝的热带丛林淹没，一直到18世纪才重见天日。

1987

文化遗产

阿兹特克遗址

特奥蒂瓦坎古城

Pre-Hispanic City of Teotihuacan

位于墨西哥市东北边约40千米的特奥蒂瓦坎是知名的中美洲文明遗迹之一。城市最早奠基于公元前1世纪，及至4世纪时，庞大的影响力不亚于现今危地马拉的蒂卡尔，只不过这里的人不像玛雅人一样刻制纪念碑，使得考古学家对它的认识非常少。市区里的大型建筑，如日月金字塔、羽蛇神神庙，都兴筑于这时候。城市约在7世纪时开始没落，可能是因城市规模已超过可负荷的规模。

14世纪时城市已荒废，阿兹特克人利用原已规划好的市区和大型建筑，将此地重建成了阿兹特克帝国的宗教重镇。阿兹特克人相信这个荒废的城市是由神明所建，因此特命名为特奥蒂瓦坎，意思是“人成为神的地方”。很幸运地，西班牙人在16世纪时，并未发现特奥蒂瓦坎的金字塔遗迹，这里才能丝毫未损地保留原来的风貌。

特奥蒂瓦坎遗迹以宽40米、长约2000米的“死亡大道”为中轴，市区作格子状分割。太阳金字塔位于“死亡大道”的东边，底座222平方米，高度超过70米，建筑时间约为公元100年，由300万吨的石块、砖块所堆砌而成，完全没有利用任何金属工具或轮子。

阿兹特克人相信这座金字塔是献给太阳神的，而1971年时考古学家在金字塔的西边内部发现了一条长100 米的隧道通往底部的洞穴，在这里他们发现了藏有关于宗教的工艺品。因此学者推测有可能是在金字塔建造之前，居住于此的人便在这里祭祀太阳神。

符号说明 登录时间 遗产内容 遗产类型 文化遗产 自然遗产 综合遗产 濒危文化遗产 濒危自然遗产 濒危综合遗产

1988

文化遗产

玛雅遗址

奇琴伊察古城

Pre-Hispanic City of Chichen-Itza

奇琴伊察是犹加敦半岛重要的玛雅遗迹之一，所留下的壮观建筑显示人类卓越的智慧与才智。在千年的历史里，玛雅(Maya)、托尔特克(Toltec)、伊察(Iztec)等民族，纷纷在这些巨大的石造建筑里留下了印记。然而，奇琴伊察为何在14世纪时突然变成无人的荒城，至今仍旧是个谜。

奇琴伊察最重要的建筑，是名为库库尔坎(Kukulkan)的神庙，又称金字塔神庙(El Castillo)，占地3000余平方米，由塔身和台庙两部分组成。金字塔底座呈四方形，边长55.5米，塔身9层，向上逐层缩小至梯形平台。而从侧面看，每个侧面都有长长的阶梯通往顶部，每面阶梯各有91级台阶，在最上面的平台上还有一级台阶。四面阶梯一共364级台阶，加上上面的一级，不多不少，正好是太阳年一年365天的天数。另外，9层塔座的阶梯又分为18个部分，这正好又对应着玛雅历法中一年的月数。还有，金字塔每个侧面都排列了52片雕刻精美的石板，“52”这个数目恰巧是玛雅人的历法周期，因为他们坚信每52年，天国的神会回来一次。

另外，这个精心设计过的神庙，在每年的春分和秋分的日落时刻，北面一组台阶的边墙会在阳光照射下形成7段等腰三角形，连同底部雕刻的蛇头，宛若一条巨蟒从塔顶向大地游动，象征着羽蛇神在春分时苏醒，爬出庙宇，秋分日回去。每次，这个奇景持续整整3小时22分，分秒不差。

平台上建有方形台庙，台庙是玛雅人为供奉库库尔坎神，也就是为羽蛇神而修建的。玛雅人认为羽蛇神是天神和雨神的化身，可以保佑风调雨顺。

1988

殖民城市 × 西班牙 × 矿业景观 × 银矿

文化遗产

瓜纳华托古镇及其银矿 Historic Town of Guanajuato and Adjacent Mines

曾经供应着西班牙殖民时期四分之一银矿量的瓜纳华托，是墨西哥美丽的城市之一，位于起伏的山林中。市区里狭窄的石板街道、穿越山丘的山洞和一栋栋具有殖民时期风格的建筑，让游客眼睛为之一亮。

瓜纳华托建于16世纪初期，到18世纪时已发展成为世界上主要的银矿开采中心。银矿使该地人民生活富裕，因此市区的巴洛克式及新古典式建筑，都装点得十分漂亮。著名的孔帕尼亚教堂(La Compañía)和瓦伦西亚纳教堂(La Valenciana)更是拉丁美洲教堂的代表作。

然而在1765年时，西班牙国王卡洛斯三世(Carlos III)大量兴税，因而激怒了这些富有的银矿商人，于是1810年独立运动时，这些富商与矿工便联合起来对抗西班牙政府。因此现今在城市里，还会见到一些独立运动的纪念碑和军队碉堡。

HOTEL
SAN
EGO
HOTEL SAN DIEGO

1993 文化遗产 殖民城市 × 西班牙

萨卡特卡斯历史中心 Historic Centre of Zacatecas

萨卡特卡斯是个典型的殖民地风格城市，充满巴洛克风格的旧市区被列入世界遗产。这个昔日因为在16世纪时意外发现银矿而鼎盛的城市，周遭山丘里的6000吨银矿一下子就被采光了。虽然银矿业就此没落，不过在当地因银矿而发了财的富商赞助下，艺术风潮还是一窝蜂地涌进这里，大型的殖民风格宅邸、漂亮的公园分批建立，造就今日萨卡特卡斯的美丽城市风貌。

位于城市中心的大教堂是萨卡特卡斯的骄傲。以粉红色砂岩打造的教堂，大门上有3层繁复的浮雕，包含十二使徒、天使、装饰着花卉和水果的柱子。

1993 自然遗产 海洋生态

埃尔比斯卡伊诺鲸鱼保护区 Whale Sanctuary of El Vizcaino

埃尔比斯卡伊诺位于下加利福尼亚半岛，包含两个潟湖带，这里气候干燥，水分蒸发率高达98%，在这样的极端条件下，形成有趣的生态景象。海岸线上长满了红树林，灰鲸、蓝鲸、海狮、海豹、海象都到此区繁殖、避寒；四种濒临绝种的海龟也在这里繁衍后代。虽然成立保护区多年，但近来钻油工业和经济双重发展，日益繁忙的海上交通，不断威胁这里的生态，就连游客赏鲸的动力船也是压力来源之一。

1993 文化遗产 史前岩画

圣弗朗西斯科山脉岩画 Rock Paintings of the Sierra de San Francisco

气候干燥、遗世独立的条件，让圣弗朗西斯科山脉的这批岩画得以完好保存至今。岩画中部分人形高达两米，自古以来，人们相信这些画是出于“巨人们的竞赛”。

将近250处的画作群，内容充满神迹、攻防、动物，还有形形色色的抽象符号，规模之庞大全世界少有，构图精美、画幅完整、内容多样化、用色非凡，还有动物和人类形象的原创性，故被列入遗产加以保护。

符号说明 登录时间 遗产内容 遗产类型 文化遗产 自然遗产 综合遗产 濒危文化遗产 濒危自然遗产 濒危综合遗产

1992
文化遗产
中美洲古典时期城市遗址

艾尔塔津古城

El Tajin, Pre-Hispanic City

托托纳克语的“艾尔塔津”意即“雷声之地”，这个遗址主要面积不过1平方千米，独一无二的壁龛金字塔是最具特色的建筑。整座金字塔由365个壁龛组成，考古学家推测它有计日的功能，代表一年365天。

遗迹的南面发掘出数座球场，是当时广泛流行于中美洲的游戏运动场，根据现存于少数部落的玩法，推测球赛类似排球，主要以臀部去顶橡胶球，但版本会因时因地不同，古典时代晚期的石碑显示，球赛与人类献祭相联，在此区献祭的可能是输家队长。

1994
文化遗产
修道院

波波卡特佩特山坡上最早的16世纪修道院群

Earliest 16th-Century Monasteries on the Slopes of Popocatepetl

分属于方济会、多米尼克、圣奥古斯丁三大教团的修道院，散落在波波卡特佩特的山坡上，个个结构严谨，气势宏伟地俯瞰着山下的聚落。16世纪时，从欧洲来的传教士迅速改变印第安人的原有信仰，而这些修道院就是当时这个区域基督教的信仰中心。

修道院以礼拜堂为中心，饰以壁画和雕刻，大部分描绘着基督、圣母玛利亚、天使和其他圣者的故事，哥特式的庄严建筑，让人不禁兴起敬慕之心。

1991
文化遗产
殖民城市
×
西班牙

莫雷利亚历史中心

Historic Centre of Morelia

相当于18世纪末期都市大小的莫雷利亚旧城区，保存超过1000栋主要兴建于殖民时期的历史建筑物，最具代表性的有1774年巴洛克风格的大教堂、用本地建筑色彩与技巧诠释洛可可风格的圣地亚哥教堂，还有殖民时期建造、直到1910年才停用的古老输水道。这些建材多使用当地产的红色砂岩，莫雷利亚因而有“粉红石城”之称。

1996
文化遗产
玛雅遗址

乌斯马尔古城

Pre-Hispanic Town of Uxmal

乌斯马尔遗址保存完整，仍可以看出原来的布局，完全要归功于兴建时的用心，工匠仔细将石块切割平整后辅以灰浆堆叠砌上，不像大部分的玛雅建筑只是靠灰浆与石头的结合，故此地的遗址经过修复和强化之后，可以让游客爬上金字塔参观。

由于地形，水源取得不易，建筑设有储水设备，雨蛇神更是重要的装饰象征，“巫师金字塔”外形呈椭圆形，和其他矩形金字塔大不相同。此外，它还有个矮人一夜起楼的传说。

1998
文化遗产
殖民城市
×
西班牙

特拉科塔尔潘历史建筑区

Historic Monuments Zone of Tlacotalpan

特拉科塔尔潘离墨西哥湾不远，倚着河流，是一座兴建于16世纪的河港城市，也是西班牙殖民扩张时期的另一个成果。城市建筑融合西班牙和加勒比海人传统的样式，色彩丰富，至今仍保持城市当初兴建的模样，宽广的街道，成荫的树木栽植在公共空间和私人花园里。

1996
文化遗产
殖民城市
×
西班牙

克雷塔罗历史建筑区

Historic Monuments Zone of Querétaro

克雷塔罗巧妙结合印第安人聚落与西班牙殖民者住宅区，曲折的巷弄对上棋盘式整齐的街景，盘踞东西各一方，恰似对照组般地奇趣。

圣十字修道院是东城区最突出的建筑物，伴随着美洲印第安典型民居，修道院西侧广场周边环绕雕琢的巴洛克式建筑；西城区仿西班牙城市严谨布局，漂亮的教堂和公众建筑伫立其间，其中共和剧院(the Teatro de la República)承载许多历史上重要一刻，包括墨西哥国歌首次演奏、帝国末代皇帝受审及公告宪法等。

1998
文化遗产
聚落景观遗址

大卡萨斯的帕魁姆考古遗址

Archaeological Zone of Paquimé, Casas Grandes

西班牙展开殖民之后，人们突然自大卡萨斯地区这个文化商业据点撤离，留下庞大的采用就地晒制的泥砖建造而成的聚落，I字形的球场，石台，市集和精心设计的配水、储水、排水系统，除此之外，还有许多精致的铜铃、陶器、珍珠等工艺产品，这些产品被认为是来自于活跃的贸易活动。

它对北美洲文明发展研究具有重大意义，考古学家在此地还发掘出包覆着亚麻织品的木乃伊，以及一个以亚麻仔细包裹的含铁陨石。

1997

一座对应社会经济需求的建筑

文化遗产

瓜达拉哈拉卡巴那文化中心 Hospicio Cabañas, Guadalajara

位于瓜达拉哈拉的卡巴那文化中心原是救济孤儿、老人和残障贫苦人士的慈善中心，新古典风格的建筑为西班牙建筑师曼纽尔·托尔萨(Manuel Tolsá)于1805—1810年间所设计。建筑师在设计时，在设施方面就已考虑到幼童和残障不便者的需求，这在当年可说是难能可贵。

取名为“Cabañas”是为了纪念当时的主教胡安·鲁伊斯·德卡班纳斯（Don Juan Cruz Ruiz de Cabañas）在此收养并教育孤儿的功德。他的爱心也被后人延续了150年之久，在1980年时收养的孤儿人数高达3000人之多。这里最引人注目的是满布着壁画的礼拜堂，这是由墨西哥伟大的壁画家奥罗斯科(José Clemente Orozco)所绘，除了圆顶上，四面墙上还有53幅画。

符号说明 登录时间 遗产内容 遗产类型 文化遗产 自然遗产 综合遗产 濒危文化遗产 濒危自然遗产 濒危综合遗产

1999 中美洲古典时期城市遗址 文化遗产

霍奇卡尔科考古建筑区

Archaeological Monuments Zone of Xochicalco

霍奇卡尔科这座城市处于政治系统崩溃、文化频繁重组的时代。这个强化版的政教商业中心，主要公共建筑盖在斜坡的人工平台上，建筑形式和图像艺术与特奥蒂瓦坎(Teotihuacan)、玛雅、麦特拉钦卡(Matlatzinca)等文化相似，大羽蛇神殿便是其中代表。

观测太阳的天文台精巧设置，除了天文观测研究之外，还有宗教上的用途。可惜的是，公元9世纪时，这个城市被大火毁于一旦。

1999 文化遗产 防御城镇

坎佩切历史防御城镇

Historic Fortified Town of Campeche

坎佩切盖在如今几乎找不到任何遗迹的玛雅城市遗址上，西班牙征服者为了保护殖民势力，抵御来自加勒比海海盗的攻击，将这个棋盘式的城市用厚重的城墙围了起来。

这座长达2560米的不规则六角形城墙，联结当时八个防御工事，保护住在里头的西班牙人。城墙共有四个城门供人们来往城内外，今日主要的陆路城门，每周有三次声光秀，招徕观光客驻足欣赏。

2002 综合遗产 玛雅遗址

坎佩切的卡拉科姆鲁玛雅城

Ancient Maya City and Protected Tropical Forests of Calakmul, Campeche

壮丽的遗址深藏在丛林中，直到生物学家搭机飞越并给它取了玛雅名字“两个比邻的金字塔”，才开始揭露卡拉科姆鲁的神秘面纱。

散布的蛇首标记“肯”(Kan)显示，卡拉科姆鲁统治极大的区域，时间长达12个世纪，这里有总数最多的玛雅碑记，成双成对设置，只可惜石碑材质软弱，多半已经模糊无法解读了。壁画和陶器是此地的瑰宝，多幅有关“九石姑娘”(Lady Nine Stone)的壁画，鲜活了玛雅市集印象。

2005 自然遗产 物种演化

加利福尼亚湾的岛屿和保护区

Islands and Protected Areas of the Gulf of California

位于墨西哥加利福尼亚湾区的科提兹海(The Sea of Cortez)，涵盖244座岛屿，连同海岸地区，被称作“物种演化研究的天然实验室”。

地球海洋生成过程时时刻刻在这里上演，构造运动和火山作用所形成的特殊地形、清澈的海水、灿烂的阳光，交织出与众不同的景象。本区有695种维管束植物、891种鱼类(其中90种为地区特有种)，而全世界的海洋哺乳动物，这里的种类就占了39%，鲸鱼种类之多为世界第三位，相较于其他类似的生物地理条件，其重要性无可比拟。

2006 文化遗产 农业景观 × 龙舌兰

龙舌兰植物景观及特基拉古代工业设施

Agave Landscape and Ancient Industrial Facilities of Tequila

距离瓜达拉哈拉郊区50千米远的龙舌兰镇，是墨西哥“国酒”的产地。在这个美丽的河谷地带，制造龙舌兰酒已有2000年以上的历史，而近几十年来国际间对龙舌兰酒的喜爱，更使其成为墨西哥的象征，因此这片蓝色龙舌兰园和酿酒工厂，于2006年被列入世界遗产。

受保护的范围包括龙舌兰镇、阿连那(Arena)、阿玛提坦(Amatitan)这3个城镇。由于酿酒的技术融合了西班牙殖民前的传统发酵技术以及欧美引进的蒸馏科技，而该特色也反映在酒厂的建筑上，因此该地区的文化景观展现独一无二的特性。

小小的龙舌兰镇还保留一股宁静的殖民时期风味，可参观龙舌兰蒸馏厂和龙舌兰博物馆(Museo del Tequila)。参观行程从进入龙舌兰田地开始，观赏如何收割龙舌兰或锄草，还可亲自试砍粗厚的龙舌兰叶，之后再前往蒸馏厂逐一了解制造龙舌兰酒的过程。

2008
防御城镇
×
殖民建筑
文化遗产

圣米奎尔防御城镇和阿托托尼尔科的拿撒勒耶稣圣殿

Protective Town of San Miguel and the Sanctuary of Jesús Nazareno de Atotonilco

为保持西班牙于中美洲来往殖民地之间的内陆交通顺畅，西班牙殖民者于16世纪兴筑这座防御城镇，到了18世纪发展达到巅峰。

这两个多世纪期间，建筑风格正由巴洛克转为新古典主义，其所处的位置和担负的功能，使它扮演西班牙、克里奥尔(Creoles)、印第安文化融合的舞台，随处可见欧洲与拉丁美洲交互激荡出来的火花。距离圣米奎尔14千米的拿撒勒耶稣圣殿正是这股风潮下的代表作。

2010
文化遗产
史前考古洞穴

瓦哈卡州中央谷地的亚古尔与米特拉史前洞穴

Prehistoric Caves of Yagul and Mitla in the Central Valley of Oaxaca

瓦哈卡州有两处与萨波特克文明(Zapotec)有关的重要考古遗迹，它们坐落于特拉克卢拉山谷(Tlacolula valley)的北坡，保留了一系列史前洞穴与岩石避难所，写下游牧猎人群集后转为首批农民的考古与巨石艺术证据。

亚古尔的名称原意为“古树”，米特拉则为“长眠之地”。在这两处考古遗迹的洞穴中，发现了一万年以前的葫芦科种子，被认为是大陆上最早出现的农作物；同样出现于洞穴中的玉米穗轴碎片，据信是最早将玉米当成作物的历史证据。亚古尔与米特拉史前洞穴的文化景观，展现了人类与大自然之间的关联，将野生植物当成家用作物的起源，使得中美洲文明得以诞生、发展。

2013
自然遗产
火山
×
沙漠生态景观

厄尔比那喀提火山和德阿尔塔大沙漠生态保护区

El Pinacate and Gran Desierto de Altar Biosphere Reserve

这座遗产主要包括两大部分，一是厄尔比那喀提休眠火山的红色和黑色熔岩流，另一个部分则是分布在火山东西两侧的德阿尔塔大沙漠。那不断变换状态的沙丘，时而线条状，时而星芒状，时而呈现穹顶，有时还可堆积达200米，伴随着几处高650米的花岗岩地块，景观极富戏剧性。

这些沙丘就像浮现在沙海的岛屿，生长着多样性的植物和野生动物，其中包括一些地区性的淡水鱼，以及索诺兰叉角羚(Sonoran Pronghorn)。十座巨大、深且呈完美圆形的火山口，应该是不断喷发和崩坍所形成的，也增添这处景观的戏剧性之美。

黑脉金斑蝶生态保护区

2008 自然遗产 生态保护区 × 蝴蝶

Monarch Butterfly Biosphere Reserve

每年秋天，数亿只蝴蝶自北美各地飞到墨西哥市西北方大约100千米、约560平方千米的山区避冬，簇拥着

©UNESCO/Allen Putney

这片相对它们数量来说有些小的树林，以其斑斓的彩衣将树林装点得色彩缤纷，连树枝都被它们集体的重量压弯了。

这场蝴蝶的盛会，待到回暖的春天，便是散场时分。其中部分蝴蝶是要飞回加拿大东部的，长达八个月的迁徙路程，历经四个世代的交替，它们的后代又会再回到这个避寒之地，只是这条迁徙之路至今仍是个谜。

内陆皇家大道

2010 文化遗产 运输 × 文化传播路线

Camino Real de Tierra Adentro

又称为“白银之路”的内陆皇家大道，是一条长约2600千米，从墨西哥的墨西哥市一直向北延伸，经过美国得州直达新墨西哥州的圣胡安·普韦布罗市(San Juan Pueblo)的跨国贸易大道，该大道位于美国的路段，早在2000年时已被当地政府明确为国家历史路径。

这条大道沿途共经过55处景点和5座世界遗产，在1598—1882年近300年的时间里，主要用来运送从萨卡特卡斯(Zacatecas)、瓜纳华托(Guanajuato)、圣路易波托西(San Luis Potosí)等城镇出产的白银，以及从欧洲进口的水银。尽管这条大道发展的目的和巩固的原因离不开矿业，然而它同时也促进了西班牙人和美洲印第安人之间社会、文化以及宗教关系的创立。

雷维利亚希赫多群岛

2016 自然遗产 岛屿 × 海洋生态

Archipiélago de Revillagigedo

雷维利亚希赫多群岛位于东太平洋，由圣贝内迪克托、索科罗、罗卡帕蒂达和克拉里翁四座岛组成，群岛本身其实是海底山脉的一部分，也意味着这四座岛屿是海底火山的山峰，因火山爆发而浮出水面。这些岛屿是某些野生动物的关键栖息地，尤其对海鸟来说特别重要，岛屿四周水域则有相当数量的大型海洋生物，像是蝠魟、鲸鱼、鲨鱼、海豚等。

路易斯·巴拉甘的住家和工作室

2004 文化遗产 现代建筑

Luis Barragán House and Studio

©UNESCO/Alcira Sandoval-Ruiz

路易斯·巴拉甘(1902—1988)被誉为20世纪墨西哥最伟大的建筑师，以融合墨西哥当地建材与西班牙风格闻名。巴拉甘的建筑里充满对大自然的渴望，作品风格深受柯布西耶和包豪斯两大流派影响，自欧游学返回墨西哥后再添加现代主义元素。

他的家和工作室位于墨西哥市郊区，建于1948年，是第二次世界大战后的杰出巨作。这栋水泥建筑总面积1162平方米，共有三层楼及一座私人花园，融合现代、传统以及当地的艺术潮流和元素，成为全新的典范，对当代庭院、广场、景观设计产生重大影响。

© UNESCO/Alcira Sandoval-Ruiz

墨西哥国立自治大学城区校本部

2007 文化遗产 大学 × 现代建筑

Central University City Campus of the Universidad Nacional Autónoma de México (UNAM)

这所综合性大学兴建于1949—1952年，是由超过60位建筑师、工程师、艺术家通力合作所完成的20世纪现代主义独特作品。校区整合了都市生活、建筑学、工程学、景观设计、艺术，尤其是融入了墨西哥被殖民之前的传统元素，将社会和文化价值具体形象化，成为现代拉丁美洲的标志性建筑之一。

滕布里克水道桥

2015 文化遗产 水利工程

Aqueduct of Padre Tembleque Hydraulic System

这座建于16世纪的水道桥，位于墨西哥中央高原的墨西哥州和伊达尔戈州(Hidalgo)之间，整座水力系统包含了泉水、集水区、运河、分配槽，以及拱门水道桥。此桥为单层拱门，在此之前，世界上所出现的水道桥高度都不及这座。

当年是由方济会修士滕布里克(Padre Tembleque)兴起建造此水道桥，并获得地方原住民的协助。此项水利工程是一个结合了欧洲罗马传统和中美洲建筑技术的范例，因为其中使用到晒干的泥砖，那是中美洲传统的建材。

特瓦坎－奎卡特兰山谷：中美洲原始栖息地

2018 综合遗产 植物生态 × 古代农业

Tehuacán-Cuicatlán Valley: Originary Habitat of Mesoamerica

特瓦坎－奎卡特兰山谷位于中美洲，由萨波蒂特兰－奎卡特兰(Zapotitlán-Cuicatlán)、圣胡安·拉亚(San Juan Raya)和普隆(Purrón)三部分组成，属干旱、半干旱地区，拥有丰富多样的北美洲生物，此地尤其是仙人掌家族主要的生长地之一。仙人掌在全球都处于严重濒危状态，而特瓦坎－奎卡特兰山谷拥有全球最密集、最多样化的柱状仙人掌森林，还有丝兰和橡树，塑造了独特的景观。除此，考古遗迹还有由运河、水井、渡槽和水坝所组成的古老的水利系统，促进了农业发展。

巴拿马Panama

2 3 0 Total 5

巴拿马是中美洲最南端的国家，连接北美洲与南美洲。五座世界遗产中有三座是自然遗产，由于其地理位置特殊，南北两大洲的物种来到这里既遇到一个天然屏障，却也产生有趣交融，这三座自然遗产更显其独特；另两座文化遗产则是西班牙殖民城市。

★塔拉曼卡山脉－拉阿米斯塔德保护区Talamanca Range-La Amistad Reserves / La Amistad National Park详见哥斯达黎加(P.520)

1980
濒危文化遗产
防御工事×殖民遗产

巴拿马加勒比海沿岸防御工事：波托韦洛到圣洛伦索

Fortifications on the Caribbean Side of Panama: Portobelo-San Lorenzo

加勒比海岸的天然深水港波托韦洛，位于16—18世纪西班牙贸易舰队必经航线，也是重要的白银出口港。1668年，恶名昭彰的海盗亨利·摩根因恼恨这里的优良防御工事，攻破之后烧杀掳掠14天，全城财富几乎被搜刮殆尽。

1739年，英国打败西班牙占领此地。波托韦洛的经济受此重大打击从此一蹶不振，直到巴拿马运河开凿。这些防御工事一直从波托韦洛延伸到圣洛伦索要塞附近。

这些防御工事因为年久失修，加上市区无止境地开发扩张，2012年被列为濒危文化遗产。

©UNESCO/Jim Williams

1981
自然遗产
生物多样性

达连国家公园

Darien National Park

达连国家公园既是巴拿马，也是中美洲面积最大的国家公园，坐落于连接南北美洲的陆桥上。两大陆块的生物来到这里，虽遇活动界限，但也彼此交融。从沙滩、岩岸、红树林沼泽、低地至山地雨林，提供绝佳的生物栖息地，其间生长着奇异的野生植物，养育着大批野生动物，环境与生物交织出迷人的景象。

2005
自然遗产
生物演化×海洋生态

科伊瓦岛国家公园及海洋保护区

Coiba National Park and its Special Zone of Marine Protection

科伊瓦岛是中美洲太平洋沿岸最大的岛，原与大陆相连，海水上升后分离变成岛屿。岛上原和大陆同种的生物，经万年演化后，在外貌和行为上与大陆亲属歧异，形成地方特有亚种。

由于岛上巴拿马当局设置的恐怖监狱直到2004年才关闭，长期隔离未开发的环境恰成生物避难所，四周海域受惠于特殊的地理位置避开了冷风和厄尔尼诺现象，提供海洋新物种充分发展的空间。科伊瓦岛国家公园所保护的正是科伊瓦岛、周边38座小岛，以及奇里基湾(Gulf of Chiriqui)里的海洋生态。

1997
文化遗产
殖民城市×西班牙

巴拿马考古遗址与历史区

Archaeological Site of Panamá Viejo and Historic District of Panamá

巴拿马遗址为巴拿马城前身，建城以来虽历经无数次灾难，这个在太平洋沿岸输出黄金、白银的城市，仍然持续稳定发展。1671年，海盗亨利·摩根攻击劫掠此地，交战引发的大火造成数千人死亡，城市因而西迁重建。

新城承续旧城的规划兴建，至今保存完整的街道布局与建筑原貌，其中包括玻利瓦尔室(Salón Bolívar)这个推动泛美洲议会的历史现场。

©UNESCO/Jim Williams

©UNESCO/Jim Williams

符号说明 登录时间 遗产内容 遗产类型 文化遗产 自然遗产 综合遗产 濒危文化遗产 濒危自然遗产 濒危综合遗产

牙买加Jamaica

0 0 1 Total 1

牙买加是加勒比海上的岛国，位于古巴南方，是大安的列斯群岛的第三大岛屿，面积1万余平方千米，为加勒比海面积第四大岛国。1494年哥伦布来到这里，此后成为西班牙殖民地，名为圣地亚哥；1655年被英国占领，并更名为牙买加；1962年脱离英国独立。

蓝山与约翰克劳山脉

Blue and John Crow Mountains

2015

综合遗产

殖民遗产 × 人文聚落景观 × 生物多样性

蓝山与约翰克劳山脉位于牙买加东南部，是一处崎岖且森林茂密的山区，这里先后都成了泰诺原住民(Taino)和马龙黑奴(Maroon)的庇护所。他们为了反抗欧洲人的殖民统治，逃逸到这处孤立的山区，并开发出自己的山径网络、藏身处和聚落，形成了如今所称的南尼城镇遗产路线(Nanny Town Heritage Route)。特别是后来从非洲引进的马龙黑奴，森林提供了他们一切生存所需，发展出和大山之间的强大精神联系，并透过无形的文化来表现，例如宗教仪式、传统医药和舞蹈。

除此之外，这里也是加勒比海岛屿生物多样性的热点，生长着极高比例的地区特有种植物，例如地衣、苔藓和开花植物。

尼加拉瓜Nicaragua

2 0 0 Total 2

尼加拉瓜是中美洲地峡上面积最大的国家，全国主要分成三大区：太平洋低地、中部高地和加勒比海低地。被列为世界遗产的均为文化遗产，都是被西班牙殖民之后的产物，一处为被废弃的殖民城市，另一处为中美洲最大的教堂。

莱昂·别霍遗址

Ruins of León Viejo

2000

文化遗产

殖民城市遗址

莱昂·别霍是西班牙在美洲早期殖民城市之一，16世纪时，位于摩摩托波(Momotombo)火山脚下，一直饱受火山活动影响，1594—1610年期间地震频繁，居民放弃此城另迁他地。虽然此城湮灭，经过挖掘后又受风侵雨蚀而危殆，然而因其布局与同时期于拉丁美洲的城镇类似，成为其他考古遗址调查的最佳参考。

莱昂大教堂 León Cathedral

2011

文化遗产

教堂

莱昂大教堂位于莱昂省首府莱昂市，建于1747—1814年，在1860年接受天主教教宗庇护九世(Pope Pius IX)的祝圣，至今仍是中美洲最大的教堂。1762年，危地马拉建筑师迪耶哥·荷西(Diego José)对莱昂大教堂进行大幅度的修建，融入了哥特与文艺复兴时期的艺术元素，并且将西班牙式的矩形建筑格局跟当地的建筑比例结合在一起，使得莱昂大教堂呈现浓厚的折中主义风格。教堂内部装饰相当简单朴实，引进大量的自然采光，但圣殿的拱顶装饰得极为繁复华丽。

巴拉圭Paraguay

1 0 0 Total 1

巴拉圭是南美洲的内陆国，巴拉圭河贯穿而过，因位于南美的中心点，而有“南美心脏”之称。16世纪时成为西班牙殖民地，两百年后于1811年独立。唯一的一座世界遗产便是殖民时期，扮演原住民与殖民统治者调

巴拉那河北岸的耶稣会传教社区

Jesuit Missions of La Santísima Trinidad de Paraná and Jesús de Tavarangue

1993

文化遗产

基督教遗产

西班牙武力殖民南美洲，原住民既失去家园又陷入被奴役的地位，因而反叛、暴动与殖民者冲突不断，直到耶稣会介入，才稍加改善这样的关系。

耶稣会教徒传教之余，建立了大约三十个原住民自给自足的社区，传授知识、建立公众秩序，带动经济、社会发展，对于日后巴拉圭的发展有深远的影响。巴拉那是其中最大的一个；至于塔伐兰克，在耶稣会被驱离时，则仍在兴建中。

秘鲁Peru

文化遗产 8 自然遗产 2 综合遗产 2 Total 12

秘鲁曾是古印加帝国的中心，12处世界遗产中，不论是比印加文明更早的查文、昌昌、纳斯卡、卡罗尔－苏沛，还是代表印加的库斯科、马丘比丘，每处都是重量级遗产，说明了秘鲁在古文明历史中的不凡成就。

★印加路网Qhapaq Ñan, Andean Road System详见阿根廷(P.497)

©Arequipa Tourism

阿雷奇帕历史中心 Historical Centre of the City of Arequipa

2000 文化遗产 殖民城市×西班牙

阿雷奇帕原本属于印第安人的城镇，于地震中全毁，公元1540年西班牙人重建为现代的阿雷奇帕。城区周边火山密集环绕，选取当地白色的火山石作为建材，为该城赢得“白色之城”(La Ciudad Blanca)的称号。市区随处可见西班牙人、克里奥尔人(在殖民地出生的欧洲人后裔)和印第安工匠的巧思杰作，这些西班牙殖民美洲时期的建筑物至今仍保存完好。

库斯科城 City of Cuzco

1983 文化遗产 印加文明

库斯科是印加古文明的首都，考古学的证据显示，库斯科于公元1100年即开始兴建，在崎岖不平的山坡上用坚固的印加基底，建立出雄伟的红色山城，直到1534年西班牙的征服者弗朗西斯科·毕萨罗(Francisco Pizarro)俘虏印加王为止。为了宗教上的统治，许多印加宫殿被改建成教堂，最著名的就是改建成圣多明各(Santo Domingo)教堂的太阳神殿，在1650年和1950年的大地震中都变成断垣残壁，但是基底的太阳神殿却一砖一瓦毫发未伤。

马丘比丘历史保护区 Historic Sanctuary of Machu Picchu

1983 综合遗产 印加文明×生物多样性

印加人相信马丘比丘是由印加王九世于1440年左右所建造，位于库斯科西北方100千米处，环绕着乌鲁班巴(Urubamba)河，坐落在山岚缭绕的灵山华亚比丘(Huaya Picchu)旁，是印加文明保存最完整的圣地。马丘比丘以宗教仪式、贵族祭司住所和供养他们的平民区，架构出这个被认为是印加贵族感受古灵的圣地，西班牙征服者入侵后，因为马丘比丘不易被发现，这个美丽又神秘的城市得以在岁月中藏匿了将近400年的时间。

查文考古遗址 Chavin (Archaeological Site)

1985 文化遗产 查文文化遗址

公元前1500年至公元前300年的查文文化，夹缝生存于西部干涸的荒漠和东部潮湿多雨的亚马孙低地之间，这个位于南美安第斯山脉上的考古遗址，周围的土地适宜耕种和放牧，最早有组织的美洲驼队可能为查文人带来当地没有的物产，随着贸易往来，这个文化曾盛极一时。目前已发掘的遗址多为宗教祭祀中心，主要是一些阶梯状建筑和广场，并有纵横交错的长廊和大量兽形的装饰物。

瓦斯卡兰国家公园 Huascarán National Park

1985 自然遗产 高山生态

瓦斯卡兰国家公园地处世界最高热带山脉“布兰卡山脉”(Cordillera Blanca)，主峰瓦斯卡兰峰海拔6768米，园内处处可见高原、峡谷、冰川和众多海拔6000米以上的山峰，其中有663处冰川、296座湖泊、3条主要河流的41条支流，拥有超过779种植物、112种鸟类，并生长着独一无二的巨型开花植物莴氏普亚凤梨(Puyas Raimondi)，可长到10米高，生命周期长达40年，每株可开3000朵花并结出600万颗种子。

马奴国家公园 Manú National Park

1987 自然遗产 生物多样性

因为周边土地未曾人为开发，交通不便的马奴国家公园一直保持原始完整的生态环境，从亚马孙盆地的雨林到海拔4200米的高山草原，数个生态圈齐聚一起，成为世界上生物种类极复杂的公园之一，面积只有0.01平方千米的林地最多可以发现250种树木。这里也是赏鸟者心目中的天堂，超过1000种的鸟类以此地为家。不过，进入公园必须获得原住民或是研究单位的邀请，并不对外开放。

符号说明：登录时间 遗产内容　遗产类型：文化遗产 自然遗产 综合遗产 濒危文化遗产 濒危自然遗产 濒危综合遗产

1986 濒危文化遗产 古安第斯文明考古遗址

昌昌考古遗址 Chan Chan Archaeological Zone

昌昌是15世纪奇穆王国(Chimu Kingdom)盛世的首都，城市经过政治和社会阶层精密的考量规划，在市中心区以泥砖筑成围墙并划分成9个堡垒，每个堡垒均有庙宇、墓地、花园、储水池、安排对称的房间，据说应为贵族阶层的生活圈，其他的平民百姓则生活在堡垒区外。

遗址自被发掘之后，因其所使用的建材极易遭受自然因素侵蚀毁坏，故1986年登录为世界遗产同时，亦被列入濒危文化遗产名单，计划投入大量资源保护。

©UNESCO/Jim Williams

1988 文化遗产 殖民城市×西班牙

利马历史中心

Historic Centre of Lima

直到18世纪中叶，利马是西班牙殖民南美洲时期最重要的城市，因而有“国王之城”的称号。尽管遭到数次地震毁损，西班牙统治时期所留下的这批建筑，拥有超过1600个各式各样的阳台，它们的设计有如剧院的包厢，突出于建筑之外、道路之上。为了维持“利马的阳台”始终如新，市政府欢迎企业和个人认养，共同保存这个城市的特色。除此，大主教宫殿及圣弗朗西斯科女子修道院(Convent of San Francisco)，吸引着许多游客的目光。

1990 综合遗产 雨林生态×古安第斯文明考古遗址

阿比塞奥河国家公园

Río Abiseo National Park

阿比塞奥河国家公园设立于1983年，主要目的是保护安第斯山脉雨林的动植物。这个地区拥有许多绝无仅有的地方性物种，包括曾经一度被认为已经灭绝的黄尾毛猴(Yellow-tailed Woolly Monkey)。自1985年起，为了保护脆弱的自然环境和已发现的36处前哥伦布时代的考古遗址，至今不对游客开放。

1994 文化遗产 纳斯卡文明

纳斯卡和胡玛纳草原的线条与图腾

Lines and Geoglyphs of Nasca and Pampas de Jumana

科学家相信，纳斯卡线条是公元前200年到公元600年间纳斯卡文明的产物。纳斯卡文明和印加文明的起源相同，但纳斯卡文明比印加文明还要早上将近1500年的时间。散落在纳斯卡沙漠的大大小小千百个巨大图腾，一直到20世纪20年代，才被私人驾驶飞越纳斯卡沙漠的轻航机乘客所注意，他们看见地面上巨大的“远古印加图腾”。1930年在保罗(Paul Kosok)和助手玛丽亚(Maria Reiche)两位科学家为主的考察下，纳斯卡惊人的几何图形才为世人所注意。

2009 文化遗产 古安第斯文明考古遗址

圣城卡罗尔－苏沛

The Sacred City of Caral-Supe

位于苏沛谷地的卡罗尔－苏沛遗址，据推估已经有5000年的历史，近年来从遗址中发掘出许多新的考古证据，经过碳-14测定后，将该址所属的诺特奇可文明向前推进了数千年，在这个地理生存条件不佳，与世界六大古文明起源环境相去甚远，原本不被期待的秘鲁北部海岸，却出现了繁荣的大型古城，未来它或许能进一步解答安第斯文明的起源。

圣基茨和尼维斯 Saint Kitts and Nevis

1 0 0 Total 1

圣基茨和尼维斯位于西印度群岛，由圣基茨和尼维斯两座岛屿组成，不论面积还是人口，都是美洲最小的国家。这里是英国和法国在加勒比海最早的殖民地，而被称为“西印度群岛殖民地之母”，入选的文化遗产正说明了这段历史。

硫黄山堡垒国家公园

Brimstone Hill Fortress National Park

1999 文化遗产

防御工事 × 殖民遗产 × 英法

英法两国以加勒比海诸岛作为跳板，执行殖民侵略扩张政策，在岛上发展大规模的制糖业，带来巨大的财富，并在加勒比海各个岛上建立防御工事，硫黄山堡垒便是其中完好保存的典型范例。自1690年起，硫黄山堡垒工程断断续续进行了约100年，它述说了多重的意义：英国工程师出色的多边形军事堡垒设计、被卖到这里的黑奴血泪史、英法等国的殖民扩张全盛时期，以及美洲印第安人消失由非洲黑奴取而代之，成为加勒比海的新族群。

圣卢西亚 Saint Lucia

0 1 0 Total 1

圣卢西亚位于东加勒比海小安的列斯群岛，先后被法国和英国各殖民七次，政权轮转频繁，因而被称为“西印度群岛的海伦”。由于是火山喷发而形成的岛屿，比其他加勒比海的岛屿还要多山，皮通火山锥不但是地标，也名列世界自然遗产。

皮通火山锥生态区

Pitons Management Area

2004 自然遗产

火山景观 × 海洋生态

皮通火山锥主要由海中突起的两个火山锥体构成，一是770米的葛洛斯峰(Gros Piton)，另一座为743米的佩提峰(Petit Piton)，是航海人的陆地指标。这两座锥峰与附近面积约29平方千米的区域，见证火山喷发及地壳隐没带地形，包括火山口、温泉、硫黄气体、火山灰和轻石沉积、熔岩流等。海中珊瑚礁群覆盖率达60%，为168种有鳍鱼类、60种有刺细胞动物、8种软体动物、14种海绵、11种棘皮动物、15种节肢动物提供生长环境。

苏里南 Suriname

1 1 0 Total 2

苏里南位于南美洲北部，临大西洋，一开始被英国殖民，但在1667年被荷兰夺走，一直到1975年才独立，是南美洲面积最小的国家。两座世界遗产中，一座自然遗产，一座文化遗产，前者占苏里南12%的国土面积，后者则是典型的荷兰殖民城市。

苏里南中央自然保护区

Central Suriname Nature Reserve

2000 自然遗产

雨林 × 野生动物 × 生物多样性

苏里南中央自然保护区整合了原有的三座自然保护区，面积广达1.6万平方千米，约占苏里南12%的国土面积，涵盖苏里南最重要的河流戈贝纳美河(Coppename)上游。区内有热带雨林和稀树大草原。雨林里大部分树种有四五层楼高，最高可达四五十米，中层多为棕榈树，最底层为蕨类、苔藓和地衣。

大部分地方人迹罕至，故能保留原始生态体系，猩红色、红绿色和蓝金色金刚鹦鹉，数量稳定的美洲豹、南美大犰狳、大河獭徜徉其间。目前尚无完整详细的生态调查报告。

©UNESCO/Ron Van Oers

巴拉马利波历史城区

Historic Inner City of Paramaribo

2002 文化遗产

殖民城市 × 荷兰

荷兰人于17—18世纪登陆南美北部海岸，在苏里南河西岸的巴拉马利波建立了殖民小镇，极具特色的街道规划至今仍保持原貌。在荷兰的技术与当地的工艺建材逐渐融合过程中，城内的建筑创造出洋溢着欧洲风情和当地传统并适应南美环境的独特样式。

符号说明 登录时间 遗产内容 遗产类型 文化遗产 自然遗产 综合遗产 濒危文化遗产 濒危自然遗产 濒危综合遗产

美国The United States of America

10 12 1 Total 23

地大物博的美国共有23座世界遗产，其中12座为自然遗产，10座为文化遗产，1座综合遗产。与欧洲国家多半以文化遗产取胜不同，大山大水的美国，自然遗产几乎座座是经典，而文化遗产则大多是印第安人遗址及美国独立纪念。

★ 塔琴希尼－阿尔塞克/克卢恩/兰格尔－圣伊莱亚斯国家公园和冰川湾国家公园 Kluane /Wrangell-St. Elias / Glacier Bay / Tatshenshini-Alsek详见加拿大(P.507)

1978 文化遗产 人文聚落景观遗址 × 北美印第安

梅萨维德国家公园 Mesa Verde National Park

位于科罗拉多州西南方的梅萨维德，是由普柏洛(Puebloan)印第安人所留下的古文明遗迹，最著名的景观为成群的壁屋(Cliff Dwellings)，开凿于砂岩峡谷的崖壁上，目前留存的数量约有600座，建于12—13世纪。

除了奇特的壁屋景观外，这地区还留有上千座史前村落遗迹，估计最早的住屋建于公元550年左右，持续使用到13世纪末，成了考古学家研究早期北美印第安文化的重要地点。

1984 文化遗产 自由民主的象征

自由女神像 Statue of Liberty

自由女神雕像孤悬于曼哈顿外海的自由岛(Liberty Island)上，是1876年美国建国百周年时，法国送的生日礼物，历时10年才完工。女神像高46米，加上基座总高达93米，是美国新世界的门户象征。

1884年法国把雕像拆开，分装于214只木箱中，横越大西洋送抵曼哈顿，重新组装后，1886年10月28日自由女神站在高高的基座上，对着曼哈顿的高楼大厦，右手高举火炬，左手则持着一本法典，上面刻着美国独立纪念日——1776年7月4日。自由女神除了是全球自由民主的象征外，在多数好莱坞电影情节烘托下，也是光明灿烂美国梦的启程。

自由女神像是法国天才艺术家巴多第(Bartholdi)的作品，然而巴多第毕竟只是一位艺术家，面对这么大的一座雕像，如何克服结构力学方面的问题，却非他一人能完成，还好建造巴黎埃菲尔铁塔的法国工程师埃菲尔(Alexandre Gustave Eiffel)帮了大忙。由于雕像内部中空，外部庞大的表面积却要承受曼哈顿外海极大的风力，埃菲尔针对自由女神像所设计出的解决方法，不但克服了雕像本身结构支撑的问题，也为后来美国摩天大楼的设计者提供了开拓性的视野。

自由女神雕像的表面由300片铜板组成，厚度只有0.2厘米。在雕像的里面，埃菲尔设计了一座巨大的塔楼，塔楼中心由4支钢铁直柱组成，柱子之间则以水平和斜对角的横梁联结起来。在此之前，这样的结构设计以及金属材质只在桥梁工程中使用过。

1978

自然遗产

地热景观

黄石国家公园

Yellowstone National Park

横跨怀俄明州、蒙大拿州、爱达荷州的黄石国家公园，面积约8900平方千米。这一块地域辽阔的自然生态保育区，是美国境内重要的哺乳动物栖息地，拥有多种野生动植物和珍稀的地热地貌，于1872年获选为全球第一座国家公园。

黄石国家公园成立的宗旨在维护罕见的地热景观，园区内惊人的地形样貌，是数十万年前火山连续喷发形成的结果，最后一次的火山爆发约在64万年前，激烈喷泻的熔岩覆盖地表，热泉渗入岩层裂隙，极度的高温又迫使滚泉往上喷蹿，形成间歇泉、泥浆泉、喷气孔、温泉等超过10000种地热地形，占全球目前已知的半数。

诺瑞丝区(Norris)是园区中地热活跃的区域之一，因诺瑞丝区位于3个断层区块交会处，地震频繁，加上酸性热泉急速消融地底矿床，因此经常爆发新的间歇泉，而突发的地形局部运动，使间歇泉的运作更剧烈。

由诺瑞丝区北行约34千米，是另一处令人惊艳的景区“玛默斯温泉”(Mammoth Hot Springs)，此处以层层相叠的石灰华景观独步园区。这块区域在百万年前，是一片富含石灰岩的浩瀚汪洋，火山爆发促使地下热泉自岩层裂隙中涌出地表，溶解石灰岩中的碳酸钙，遇冷凝结的碳酸钙沉积成石灰华平台，高高低低的平台构成阶梯状的景观，一跃成为人气指数最高的招牌景区。

下环线景区名气最大的当属老忠泉(Old Faithful)，黄石国家公园密布着300多座间歇泉，老忠泉就是其中的一座。

符号说明 登录时间 遗产内容 遗产类型 文化遗产 自然遗产 综合遗产 濒危文化遗产 濒危自然遗产 濒危综合遗产

符号说明	登录时间	遗产内容		遗产类型	文化遗产	自然遗产	综合遗产	濒危文化遗产	濒危自然遗产	濒危综合遗产

1979

自然遗产

峡谷景观

大峡谷国家公园

Grand Canyon National Park

大峡谷是由科罗拉多河切割而成的溪谷景观。整个峡谷地区长度约363千米，深度达1.6千米，主要由谷底部蜿蜒曲折的科罗拉多河切割而成，经历大约300万年至600万年的过程才形成今日的面貌，镂刻出令人叹为观止的奇景，从早至晚变化万千的颜色，让人目不暇接。

大峡谷的旅游路线分为北缘(North Rim)和南缘(South Rim)，两者之间虽然距离才25千米，但由于被溪谷分隔，所以不得不迂回穿梭于山路之间，距离变成332千米左右。北缘景点不多，分别为“皇家海角公路”(Cape Royal Road)和“大峡谷小屋”(Grand Canyon Lodge)。

而西峡谷(Grand Canyon West)全新完工的天空步道(Skywalk)，悬挂于离地1219米的半空，凌空伸出绝壁达21.34米，面对着数百万年风化成形的老鹰岩(Eagle Point)，是观赏大峡谷西缘景色的绝佳位置。

天空步道自2004年动工，估计耗资达3000万美元，于2007年正式对外开放营运。步道主体的透明玻璃桥是由90吨重的多层厚玻璃铺成，呈马蹄形向外悬空延伸，桥面上下完全没有任何支撑点，是天空步道最大的卖点。不过这里并不在世界遗产范围内。

天空步道的兴建计划曾引发瓦拉派保留区的争论，支持者认为此计划能为原住民创造更多就业机会，反对派则称这是对神圣土地的亵渎。瓦拉派族人在多年考量后，最终在改善全族生活的前提下，同意兴建天空步道，盼望为族人的未来寻找一条新的出路。

©UNESCO/Ron Van Oers

1979 濒危自然遗产 湿地生态

大沼泽地国家公园

Everglades National Park

位于佛罗里达半岛南端的广大湿地，拥有多姿多彩的生态体系，哺育着丰富的鱼种、朱鹭、鳄鱼、短吻鳄、佛罗里达山豹，它们都曾经是这里的主要居民。

然而，此区人口增加、城市向外拓展、大规模农业增长，土地和水源需求激增，20世纪50年代更挖掘多条人工水道排水，造成湿地面积迅速缩小，同时水银等工业污染亦进入食物链，在1993年一度被列入濒危自然遗产。为了挽救这个野生天堂，美国自2000年起投入大量资源，力图再度擦亮这块蒙尘的碧玉。无奈这里生态实在太脆弱，2010年又再度被提报为濒危自然遗产。

1979 文化遗产 人权纪念建筑

美国独立纪念厅

Independence Hall

这座位于费城的建筑最初兴建作为宾州殖民当局的议会会场，1776年，北美十三州代表们在此签署由托马斯·杰弗逊撰稿的美国《独立宣言》，文件中提出的生命权、自由权与追寻幸福之权等基本理念，随后于1787年编入同样在此制定的美国宪法，日后越南与罗得西亚(今之津巴布韦)等国的独立宣言皆以此为蓝本。

宣言内容经常为政治演说所引用，包括后来激励了法国大革命根本宣言之一“人权和公民权宣言”、林肯的《葛底斯堡演说》、马丁·路德·金博士的《我有一个梦》，对世人的深远影响可见一斑。

1981 自然遗产 喀斯特地形

猛犸洞穴国家公园

Mammoth Cave National Park

猛犸洞穴是世界上已知的溶洞系统中最大的一个，已探测长度达560千米，此数字仍在增加中。若以剖面图看猛犸洞穴，可以分为三层，目前已发现77座地下大厅，最高的一座称为“酋长殿”，还有著名的柯林斯水晶洞。雨季时洞内形成地下河；旱季时部分地区变成地下湖泊。有盲鱼、穴蟋蟀、无色蜘蛛、印第安纳蝙蝠和盲鳌虾等50种珍稀洞穴生物，长年生活在黑暗中，视觉已经退化，与世隔绝，仅靠河水提供养分生存。但现代污水却对这些生物造成严重威胁，故此区现已被列入世界生物圈保护区名单。

1980 自然遗产 海岸森林生态

红杉国家公园

Redwood National and State Parks

红杉国家公园位于加州北部海岸，公园包含数个早先已经成立的州立公园，总面积广达450多平方千米，联合国教科文组织在1980年将此地列入世界自然遗产名录。公园保护了加州北部沿海森林生态，包括加州45%的海岸红杉林、大草原、长达60千米的原始海岸线，以及北美原住民文化遗址等。

海岸红杉是地球上最高的树种，公园内部分树木高度超过100米，其中一棵名为亥伯龙(Hyperion)的红杉，更是高达115.66米，为目前世上已知最高的树。红杉平均寿命在500—700年，有些树龄可达2000年。漫步在古老的巨木林间是最受游客欢迎的活动，骑自行车与露营也相当有人气。

公园内还可观察到40种以上哺乳类动物，包括黑熊、山狮、水獭、土狼等，沿海一带可见到海狮、海豹和海豚的踪影。值得一提的是罗斯福麋鹿，成年公鹿体重可达300—500公斤，体型与鹿角皆十分壮观。

©加州旅游局

符号说明 登录时间 遗产内容 遗产类型 文化遗产 自然遗产 综合遗产 濒危文化遗产 濒危自然遗产 濒危综合遗产

1981

自然遗产

生物多样性 × 野生动物

奥林匹克国家公园

Olympic National Park

奥林匹克公园地处华盛顿州西北的奥林匹克半岛上，是美国除了阿拉斯加以外最大的原始地区，为了维护其自然资源及原始之美，公路的设计并未深入公园内的每一个区域，而是从周围渐进式地绕进去。

暴风山脊(Hurricane Ridge)可以说是公园内最美丽也是最不容错过的景点，在山顶可远眺白雪覆盖、峰峰相连的奥林匹克山脉，还可一览公园特殊景观全貌及领略劲风的威力。

由于地势及气候的关系，公园内最高峰奥林波斯山山头终年都笼罩在一片阴郁的云雾中。设立此座公园的原因之一是为了保护罗斯福麋鹿，使它们免于被滥捕滥杀的厄运，当然珍奇动物还有黑熊、豪猪、秃鹰、红狐及短耳兔等。

因为这块地区特殊的自然环境，公园里面有许多种稀奇的动物，这些动物仅仅生存于奥林匹克国家公园这片区域。根据当地生物学家的统计，有16种动物，被称为“Endemic 16”，这些动物的命名前面都会加上“Olympic”这个字眼，例如奥林匹克土拨鼠、奥林匹克地鼠等。

除了“Endemic 16”之外，还有11种动物是仅仅生存于公园之外的奥林匹克山区，虽然同样在奥林匹克半岛上，但是公园里面就是没有它们的踪影，这些动物被称为“Missing 11”，包括了山猫、山羊、大灰熊等。罕见的生态景观成为生物学家最佳的天然研究室。

美洲

美国

1982

文化遗产

人文聚落景观遗址 × 北美印第安

卡俄基亚土墩遗址

Cahokia Mounds State Historic Site

这座遗址位于密苏里州圣路易市东北方约13千米处，属于伊利诺伊州，为哥伦布发现新大陆之前在墨西哥以北最大的印第安人部落。

部落的历史可以上溯到公元800—1400年之间，也就是所谓的密西西比时期(Mississippian period)，遗址面积将近16平方千米，共有120个土墩，整个部落的布局是以数个卫星土墩为核心，然后外围包围着许多村庄，呈现复合领导的农业社会。1050年至1150年极盛时期的社会规模，人口约2万人。其中，僧侣墩(Monks Mound)为史前美洲最大的土木工程，占地5万平方米，高30米。

1983

自然遗产

生物多样性

大雾山国家公园

Great Smoky Mountains National Park

高山、冰川、气候交互影响下，大雾山国家公园成为地球温带区物种最多样化的区域。古老山脉的海拔高度为266—2025米，剧大的高低落差，恰恰模拟纬度的变化，让南北方物种都有合适的环境生存。

阿巴拉契亚山脉呈东北—西南走向，在最后一次冰川时期阻挡了冰川的入侵，并成为动植物避难后落地生根的家。公园里雨量充沛，夏季高温高湿，提供植物绝佳的生长环境，使这里形同温带的雨林。公园另以野生花卉保护及“蝾螈首府”著称。

1983

文化遗产

殖民城市 × 西班牙

美国中美洲领地

圣胡安的堡垒及历史遗址

La Fortaleza and San Juan National Historic Site in Puerto Rico

公元1521年，西班牙人建立了这座城市，并筑起高高的围墙，阻隔外来的侵扰，是美洲第二古老的殖民城市。走进老城区里，各种屋宇五彩缤纷，锻铁铸造的阳台雕工精细，还有到处立着雕像的广场，以及铺着鹅卵石的狭窄巷弄，别具加勒比海的殖民风味。

1987

文化遗产

人文聚落景观遗址 × 北美印第安

查科文化国家历史公园

Chaco Culture National Historical Park

这是个由许多不同部落的原住民文化所共同发展而出的文化中心；其建筑形式、社群组织和生活方式，与目前在其他地方所发现的都大为不同。查科文化区的发展约始于公元900年，他们从外地运来巨型砂岩和大树，建造了15座大型的公共建筑，其排列方式与日、月的运行与位置相关，显示建造者拥有丰富的天文知识。

此外，该地区也以完善的道路设施联结了150个社群部落，也显示其高度的工程技术能力。不过，在公元1250年后，全部的人迁出该地，据推测可能是因为干旱导致饥荒，使人们不得不往外迁移。

符号说明 登录时间 遗产内容 遗产类型 文化遗产 自然遗产 综合遗产 濒危文化遗产 濒危自然遗产 濒危综合遗产

1984

冰川地形 × 生物多样性

自然遗产

约塞米蒂国家公园

Yosemite National Park

约塞米蒂是全美知名且非常受欢迎的国家公园，1984年被列入世界自然遗产名录。公园面积达3081平方千米，拥有内华达山脉最为完整的生物栖息地。海拔高度从648米到3997米，漫山遍野的森林主要由冷杉、白松、黄松、黑松、雪松、山桧、栎树等组成。加州约有7000种植物，20%以上可在约塞米蒂发现，丰富多样的植物让此地随着季节更迭散发不同风情。

约塞米蒂也是观察冰川作用下U型谷地的活教材，像是花岗巨岩的半圆顶峰与酋长岩，都是公园内的重要地标，陡直的切面有如被利刃削过一般。落差739米的约塞米蒂瀑布，以春季水量最为丰沛，游客可经由步道走到瀑布上方，欣赏壮观水势。公园南边的马利波萨神木群是园区另一受欢迎的景点，此处遍布高耸入云的加州巨杉，历经千年依然生机盎然。

1987

自然遗产

火山地形景观与生态

夏威夷火山国家公园

Hawaii Volcanoes National Park

位于夏威夷大岛东南部，全世界最活跃的两座活火山冒乌纳罗亚(Mauna Loa)和奇劳威亚(Kilauea)都位于此公园内。迄今仍在不断喷流而出的奇劳威亚火山，仿佛在向所有人诉说自然界的伟大力量。

整个奇劳威亚火山的行进路线，乃是沿着火山链路(Crater Chain Road)绕行一周，沿途参观林立周围的相关景点。当你看着火山口喷烟袅袅的特殊景观、火山爆发形成的熔岩流、如同被撞击陨石坑般的火山口、烟雾弥漫的地热蒸汽口，还有像是月球表面般的地质，那一望无际特殊景观的壮阔美景，令人惊心动魄！

哈雷茂茂火山口(Halemaumau Caldera)则是传说中火山女神佩蕾居住的地方，这个因为火山爆发撞击所形成的坑洞，像是水分干涸的大湖，也像是上帝突然恶作剧，在地球表面上挖了个大洞，直径大约800米，深度则有300米，巨大的坑洞令人叹为观止，偶尔还会冒出白色的烟雾。

沿着火山链路外缘的停车场，有一条陡峭的下坡小径可以通到瑟斯顿熔岩隧道(Thurston Lava Tube)，这是一条由火山熔岩迅速由山顶往下流经所形成的隧道，由于顶端和两侧的表面冷却，形成一层外壳，而熔岩则继续流动至海岸，形成一道中空形的熔岩隧道。

爆发后的火山熔岩，滚烫地流入冰凉的海水中。由于受到来往浪潮的推挤，熔岩冲击岩石和暗礁而逐渐形成的黑沙滩，是夏威夷岛备受瞩目的海岸景色之一，也是特殊的火山景观。

©夏威夷旅游局

1987

文化遗产

大学

×

美国传承欧洲文化的象征

夏洛茨维尔的蒙蒂塞洛与弗吉尼亚大学

Monticello and the University of Virginia in Charlottesville

美国《独立宣言》起草人、第三任总统、优秀建筑师托马斯·杰弗逊(Thomas Jefferson)设计的自宅及弗吉尼亚大学校园前身“学院村”，建筑反映其严谨的新古典主义、崇尚文艺复兴的热情。

蒙蒂塞洛是个农庄，宅内有自动门、旋转椅及许多杰弗逊发明的便利装置，他本人亦安葬于此。弗吉尼亚大学是美国唯一由总统创建、摆脱宗教影响的高等学府，其建筑设计方案全由杰弗逊一手包办。校园以仿罗马式建筑的图书馆为U字形中心顶点，中央草坪两侧分立学生和教员宿舍，这批建筑至今仍为校园的核心。

符号说明	登录时间	遗产内容	遗产类型	文化遗产	自然遗产	综合遗产	濒危文化遗产	濒危自然遗产	濒危综合遗产

1992

人文聚落景观遗址 × 北美印第安

文化遗产

陶斯印第安村

Pueblo de Taos

陶斯聚落位于新墨西哥州格兰特河(Rio Grande)的支流上，这里是17世纪以来原住民的文化中心，更是原住民抵御外侮的精神象征。陶斯的建筑很特别，是以泥砖筑成的多楼层建筑，也是这一带原住民特有的建筑形式。而为了抵御使用枪炮的欧洲人，枪孔、双重门等欧洲城堡的防御设施，也被运用于建筑上。陶斯至今仍有居民居住，遵循传统生活，严禁使用自来水和电等现代化设备。

1995

自然遗产

冰川

沃特顿冰川国际和平公园

Waterton Glacier International Peace Park

这里最著名的就是各种冰川地形。过去在冰川时代，此地由无数体积庞大的冰川所盘踞，当冰川后退消融时，巨大的移动力量在地表刨、凿、挖、割，连坚硬的岩石都无法幸免，于是留下许多U型谷、冰斗、悬谷、角峰、冰积石等雄奇万千的地形景观，而星罗棋布的大小冰川湖泊，更是公园里最具代表性的特色。虽然说随着冰川时代远去，冰川消融本是无可避免的自然现象，但近年来的温室效应，却似乎加速了这个过程，导致冰川公园里的活冰川从19世纪的150条锐减到现在的25条，科学家预计在不久的将来，这里的冰川可能会全部消失。

冰川国家公园北边与加拿大的沃特顿湖国家公园相连，这两座公园地形相同、物种相通，却被人为的国界一分为二，因此1932年时在两国扶轮社与议会的大力促成下，两座公园终于合并，成为全世界第一座国际和平公园，不但代表着地球生态环境合作保育的重要指标，也象征了两国永远的和平友谊。

*与加拿大并列

1995

自然遗产

喀斯特地形

卡尔斯巴德洞穴国家公园

Carlsbad Caverns National Park

卡尔斯巴德洞穴国家公园是个钟乳石洞穴群，地质为海底珊瑚礁沉积而形成的石灰岩，经过长时间的溶解、堆积，形成钟乳石、石笋与石柱等地形，水与时间联手在这里形成独特的景观。

卡尔斯巴德洞穴由吉米・怀特(Jim White)所发现，他致力于保护这片洞穴，并促使政府终于在1923年成立国家纪念公园，他也成了第一个洞穴导览员。迷宫般的通道连接了100多个洞穴，其中最有名的为雷修古拉洞穴(Lechuguilla Cave)，也是最深的一座，虽然可自行沿着路径参观，然而由公园管理员所带领的导览行程更精彩。

2010

综合遗产

海洋生态 × 人文聚落景观遗址 × 南岛语族

帕帕哈瑙莫夸基亚国家海洋保护区

Papahānaumokuākea

位于夏威夷主要群岛西北方约250千米处、延伸超过1931千米的帕帕哈瑙莫夸基亚，是一处面积广达36万平方千米的美国国家海洋遗迹，包括10座小岛和环状珊瑚礁。在夏威夷人的观念中，这片传承自祖先的环境，既是生命的起源，也是死后灵魂回归的地方。它是当地人与大自然间亲密关系的具体化表现，对于现存的夏威夷文化来说，无论在宇宙还是在传统观念上均扮演非常重要的角色，也因此兼具文化与自然价值。

其中，马库玛纳玛纳岛(Makumanamana)和尼欧亚岛(Nihoa)上遗留了欧洲人来之前夏威夷人的古老聚落和相关考古遗迹。它们大部分由远洋和深海居民建立，以海底火山和隐没的海岸、大规模的珊瑚礁和潟湖为最大特色，这里同时也是世界上少有的面积非常大的海洋保护区。

2014

文化遗产

人文聚落景观遗址 × 北美印第安

波弗蒂角纪念土墩

Monumental Earthworks of Poverty Point

波弗蒂角的名称是来自19世纪的一座农场，而纪念土墩位于路易斯安那州下密西西比河河谷一处略高而狭窄的土地上。这里共有5座土墩、6个同心半椭圆的田垄，并由浅凹地和中央广场隔开。

这些土墩的建筑年代约在公元前1650年到公元前700年之间，为北美原住民猎人所建，主要作为住家、交易和祭典使用。这里占地约9.1平方千米，被认为是北美古典时期晚期最大也最复杂的土木工程。

2015

文化遗产

基督教遗产

圣安东尼奥教会建筑

San Antonio Missions

这座遗产主要包括最早来到圣安东尼奥传教的教团沿着圣安东尼奥河所兴建的5处建筑，以及南边37千米的一座牧场。这些建筑包括农场、住宅、教堂、粮仓，以及供水系统，由18世纪方济会传教团所兴建。

当年这里是西班牙的殖民地，从这些建筑可以看出融合了西班牙和北美印第安考奎特坎(Coahuiltecan)族两种文化，在教堂里的装饰，除了天主教的符号，也可以看到来自大自然的原住民的设计灵感。

乌拉圭Uruguay

2 0 0 Total 2

乌拉圭是仅次于苏里南，南美洲面积第二小的国家，于1828年独立。被列为世界文化遗产的萨克拉门托是这个国家最早有欧洲人定居的城市，为葡萄牙人所建立，有别于周遭地区的西班牙殖民地。

萨克拉门托的历史城区

1995 文化遗产 殖民城市×葡萄牙×西班牙

Historic Quarter of the City of Colonia del Sacramento

葡萄牙人于1680年在拉普拉塔河(Río de la Plata)地区建立了这座城市，是对抗西班牙人时期重要的战略据点。历经近一个世纪的纷扰，在1777年10月1日，两国签订第一次《圣伊尔德丰索条约》(First *Treaty of San Ildefonso*)，解决了拉普拉塔河地区的领土争执，葡萄牙人终于自此地撤离。此城至今仍保存相当完善，向世人展现葡萄牙式、西班牙式及后殖民地建筑风格的完美融合。

弗雷本托斯工业景观

2015 文化遗产 工业景观×肉品加工

Fray Bentos Industrial Landscape

弗雷本托斯位于乌拉圭西部乌拉圭河东岸，邻着与阿根廷接壤的边境。此工厂建筑群就位于乌拉圭河畔、弗雷本托斯镇的西边，建于1859年，主要是建来处理和生产肉类，而工厂附近辽阔的大草原，就是供应牛羊等牲畜肉类的主要地区。

这项遗产说明了当年南美的肉类从来源、处理、包装到运送，整个连贯生产过程。

委内瑞拉 Venezuela

2 1 0 Total 3

正式名称为委内瑞拉玻利瓦尔共和国，坐落于南美洲北部，境内地形多变而复杂，西边是高耸的安第斯山，南部是亚马孙盆地的雨林，中部为拉诺平原，北部是加勒比海海岸，东边则是河口三角洲。三座世界遗产中，以世界落差最大的天使瀑布最为出色。

科罗港口城镇

1993 濒危文化遗产 殖民城市×西班牙×荷兰

Coro and its Port

科罗建立于1527年，是南美洲少数仍存在的第一批殖民城市，现存602栋加勒比海地区的传统陶土古建筑，受双重殖民文化交互影响，融入西班牙摩德哈尔式(Spanish Mudéjar)和荷兰建筑技术，相当独特。

卡奈马国家公园

1994 自然遗产 瀑布×奇岩景观

Canaima National Park

位于委内瑞拉东南部圭亚那高地上，境内超过百座的平顶山(又名桌山)，原为南美与非洲大陆相接时的湖底，经地壳抬升后被风雨侵蚀而成。世界上落差最大的天使瀑布(979米)自海拔2560米处落下。

1835年，德国探险家罗伯特・尚伯克(Robert Schomburgk)曾多次尝试攀上这些边缘陡峭的平顶山，但功败垂成。50年后，英国探险队终于成功登顶，并发现山顶遍布了被侵蚀的奇岩怪石，英国作家亚瑟・柯南・道尔(Arthur Conan Doyle)爵士因而称此地为“失落的世界”。

加拉加斯大学城

2000 文化遗产 大学×现代城市规划

Ciudad Universitaria de Caracas

加拉加斯大学由委内瑞拉建筑师卡洛斯・劳尔・维拉纽瓦(Carlos Raúl Villanueva)于1940—1960年间设计建造，为一现代城市规划的杰出作品。大学城里整合了每栋建筑物及各自功能，不仅在视觉上整体连贯，还有一群风格各异的前卫艺术名家通力合作。

符号说明：登录时间 遗产内容　遗产类型：文化遗产 自然遗产 综合遗产 濒危文化遗产 濒危自然遗产 濒危综合遗产

大洋洲

澳大利亚Australia

3 12 4 Total 19

澳大利亚虽是个年轻国家，却拥有古老的大地。19处世界遗产中，高达12处为自然遗产，4处为综合遗产，仅有3处文化遗产，完全异于全球的常态分布。从其12处自然遗产及4处综合遗产来看，澳大利亚无疑是地球上最重要的自然宝库。

1981

综合遗产

有袋动物化石
×
人类活动考古遗迹

威兰德拉湖区
Willandra Lakes Region

威兰德拉湖区于1981年登入世界遗产的保护名单，原因是此区域保存有自更新世(Pleistocene，1万—164万年前)所形成的湖泊群和砂积层化石，以及45万—60万年前，人类在此活动的考古遗迹，因此被归为综合遗产。除此之外，在此地也挖掘出许多完整的巨型有袋动物的化石。

2010

文化遗产

殖民遗产

澳大利亚罪犯流放地遗址
Australian Convict Sites

18—19世纪，澳大利亚开始沦为大英帝国用来惩处罪犯的殖民地，当时关押罪犯的监狱有上千座，如今被列为世界遗产的则有11座，主要位于悉尼、塔斯马尼亚岛(Tasmania)、诺福克岛(Norfolk Island)及西澳的费里曼图(Fremantle)等地。把这批监狱列为文化遗产的主要意义，是它们象征了在殖民年代，帝国主义者除了把罪犯流放到海外，也将罪犯视为庞大劳动力，用来开垦海外的殖民地。

其中亚瑟港(Port Arthur)就是一个例子。从1803年起，塔斯马尼亚这个孤悬在澳大利亚大陆东南方的岛屿，开始沦为大英帝国用来惩处罪犯的殖民地，在接下来的50年间，超过73500名囚犯曾经在这块当年名为“凡狄曼之地”(Van Diemen's Land)的遥远南方，垦荒、造桥、铺路、采矿、劳动；一旦再犯，便会被押解到东南端塔斯曼半岛(Tasman Peninsula)上的亚瑟港，这里海水冷冽，周遭海域鲨鱼环伺，仅仅靠着一道宽100米的鹰颈地峡(Eaglehawk Neck Isthmus)与本岛相连，地峡两侧，猛犬狂吠、守卫森严，监狱本身则被形容为“一部把流氓磨炼成老实人的机器”，纪律与严惩、隔离与分化、宗教与教化、训练与教育等是带动这部机器的齿轮，运转了近半个世纪，大约12700名囚犯曾经在这个“地球地狱”服劳役，甚至度过余生。

而位于西澳费里曼图的旧监狱，从1855年到1991年关闭之前，一直是全澳大利亚戒备森严的监狱之一，超过35万人曾被囚禁在里面。

符号说明 登录时间 遗产内容 遗产类型 文化遗产 自然遗产 综合遗产 濒危文化遗产 濒危自然遗产 濒危综合遗产

©澳洲旅游局

©澳大利亚旅游局

1981

综合遗产

热带雨林生态 × 澳大利亚原住民岩画艺术

卡卡杜国家公园

Kakadu National Park

占地面积达22000平方千米的卡卡杜，是澳大利亚最大的国家公园。在此蕴藏丰富的动植物生态及原住民生活5万年的遗迹，是少数被列入综合类世界遗产的国家公园。

“卡卡杜”之名源于当地名为“Gagadju”的原住民，大部分的卡卡杜地区都是原住民的居住地，在经过血泪抗争后，卡卡杜被归还给原住民，目前租借给国家公园单位开放观光。

©澳大利亚旅游局

每年到了11月—次年3月的雨季，充沛水量所凝聚的洼地成为大量鸟类的栖息地，瀑布和雨林让卡卡杜生机盎然。事实上，地处澳大利亚北端热带地区的卡卡杜之所以珍贵，正是因为园中延续生息的生态环境，在几乎未受人类活动干扰的情况下，繁衍着50多种哺乳动物、280多种鸟类、123种爬行动物、77种淡水鱼类及10000种昆虫。

也许就是如此丰沛的生态资源，为当地的原住民提供了丰富的创作灵感。他们留下大量的岩石艺术遗迹、石器工艺品、用于祭祀的赭石等，即便时至今日，受到白人殖民者侵入的影响，部分的传统与仪式已经遗失，然而原住民和卡卡杜大地之间，仍旧是紧紧相联的。

©澳大利亚旅游局

1981

自然遗产

海洋×珊瑚礁生态

大堡礁

Great Barrier Reef

大堡礁是世界最大的珊瑚礁群，北端靠近赤道附近的巴布亚新几内亚，南端则已靠近布里斯班外海，绵延昆士兰海岸线约2300千米的大堡礁，总面积35万平方千米。

珊瑚礁的形成主要是因为珊瑚虫分泌的石灰质，使死后的遗体钙化，然后再经过一代一代的沉积，于是珊瑚礁的面积日益扩大。但是每只珊瑚虫平均只有指甲大小，要形成如大堡礁今日的规模，必须经过200万年到1800万年的钙化过程，何况大堡礁的珊瑚还是活生生的有机体，由此可见大堡礁的珍贵了。

由大大小小约2900个珊瑚礁构成的大堡礁，像珍珠般环绕着昆士兰的东海岸，事实上钙化后的珊瑚骨骸是白色的，但是大堡礁的活珊瑚却是彩色的，而且还孕育了400种海绵动物、300种珊瑚、4000种软体动物和1500种鱼类，大堡礁的海底世界可以说是色彩缤纷。

游览大堡礁的最佳方式，是参加由凯恩斯出发的旅行团，最佳的旅游季节是4—10月间。从凯恩斯出发大约需要2小时的时间才能抵达大堡礁，抵达后船会停靠在特别的大型海上平台，平台上设有海底生物动态观赏室、直升机、玻璃船、潜水艇、餐厅与各式各样的潜水装备等。

由于大堡礁是世界知名的水肺潜水点，有潜水执照的人一定不能错过潜入更深的海域，探索五彩斑斓的珊瑚礁海底世界。

©澳大利亚旅游局

©澳大利亚旅游局

1982

冰川地形
×
温带雨林生态
×
人类考古遗迹

综合遗产

塔斯马尼亚荒原

Tasmanian Wilderness

位于澳大利亚南方的塔斯马尼亚岛上，荒原历经了冰川时期的洗礼，造就了陡峭的山脉和峡谷，其境内的公园及自然景观保留地共涵盖1.41万平方千米，是全球仅存的温带雨林之一。从山中的石灰岩洞发现的考古遗迹可证实，早在两万年前便有人类在此活动，因此被归为综合遗产。

©澳大利亚旅游局

1982

自然遗产

玄武岩地形
×
世界最南端的珊瑚礁
×
稀有物种

豪勋爵群岛 Lord Howe Island Group

豪勋爵群岛坐落于澳大利亚与新西兰之间的塔斯曼海(Tasman Sea)，位于悉尼东北方780千米。这个在七百万年前因火山爆发而形成的群岛，据传是由英国海军军官亨利・李奇伯德・伯尔(Henry Lidgbird Ball)在1788年首先发现，后来许多货船及捕鲸船也开始行经此地。

豪勋爵群岛由28个岛屿组成，拥有丰富的生态以及珍贵稀有的物种，例如澳大利亚特有的森秧鸡(Lord Howe Woodhen)以及全世界罕见的大型竹节虫(Lord Howe Island Phasmid)。本区其他的重要景点还包括世界最南端的珊瑚礁、海洋玄武岩地形，以及历史悠久的文化古迹。

©澳大利亚旅游局

1986

自然遗产

雨林生态
×
火山景观

澳大利亚冈瓦纳雨林

Gondwana Rainforests of Australia

©澳大利亚旅游局

冈瓦纳雨林保护区位于澳大利亚东海岸的大断层上，包含了好几个保护区，大约位于昆士兰州东南部和新南威尔士州东北部之间。雨林保护区以盾形火山口特殊的地质景观，以及多样濒临绝迹的雨林物种而闻名。这些景观及雨林物种，对全球的科学研究和自然保护具有重大意义。

1987

综合遗产

沙漠奇岩景观
×
澳大利亚原住民文化

乌鲁鲁－卡塔丘塔国家公园

Uluru-Kata Tjuta National Park

世界上最大独立巨岩乌鲁鲁(Uluru，也称爱尔斯岩)和群岩卡塔丘塔(Kata Tjuta)，是澳大利亚中部沙漠两个美丽的红色传奇。1987年，乌鲁鲁及卡塔丘塔以神奇的地理景观和悠久的原住民文化，被列入综合类的世界遗产。现今的乌鲁鲁－卡塔丘塔已还给原住民，租借给澳大利亚公园单位作为观光用途。

它们确实令人感到不可思议。乌鲁鲁圆周达9.4千米，高度达348米。卡塔丘塔由36块岩石所构成，平均高度500多米。在此居住超过万年的阿男姑(Anangu) 原住民，视它们为祖先、为圣地。

6亿年前，乌鲁鲁及卡塔丘塔所在的阿玛迪斯盆地(Amadeus Basin)被造山运动往上推挤，致使原本埋在海底的山脉形成两个冲积扇。到了3亿年前，新的造山运动又将这两个冲积扇推出海面，呈90度直角拱起的是乌鲁鲁，而卡塔丘塔则以20度的斜角耸立，经过日积月累的风蚀，形成今日所见的独立巨岩和岩群。

“Nganana Tatintja Wiya”是阿男姑语“我们不攀登”的意思，虽然在乌鲁鲁上设置了攀爬锁链，但由于这条登岩路线正是玛拉人当时走过的路途，对原住民而言有极大的神圣意义，攀爬乌鲁鲁就像是踩在祖先头上般不敬。

当你亲身接近乌鲁鲁，一定会被那股神秘的力量所震撼，或许正如阿男姑人的信仰一般，数万年以来，先祖的灵魂仍然栖息在这里，日日夜夜守护着这块生命之石。

1988
自然遗产
热带雨林 × 湿地生态

昆士兰热带雨林 Wet Tropics of Queensland

位于昆士兰东北角的热带雨林，是世界上最古老的雨林区，不只蕴含许多濒临绝种的动植物，它本身更像是一部地球的生态进化史。

这里拥有绝佳的雨林生长环境，气候变化不明显，终年高温，年雨量高达4000厘米，加上雨林直接和大堡礁海岸线衔接，湍急的河谷与峡谷瀑布反而让这些热带动植物快速而密集地生长起来。不只是当地蝴蝶和鸟类之种类和色彩多到令人惊艳，这里更成为蛙类、蛇类和蝙蝠的天堂。据说50万—100万年前，80%的澳大利亚土地上都遍布雨林，目前大约只剩下不到0.25%了，而其中有一半又都集中在昆士兰的雨林区。

©澳大利亚旅游局

1991
自然遗产
海洋生态 × 海洋动物

鲨鱼湾 Shark Bay

鲨鱼湾位于澳大利亚大陆最西端，总面积22000平方千米，周围环绕着岛屿和陆地。这里拥有三大特色景观：全世界范围最广、最丰富的海草床；数量多达一万只的儒艮；位于哈美林池(Hamelin Pool)由海藻沉积成的坚硬圆顶状叠层石。人们可以在此目睹地球上最古老的生命形式。除此之外，这里也是海龟、海豚及5种濒危哺乳动物的栖息地。

鲨鱼湾的海岸线绵延超过1500千米，是人们从事划船、钓鱼、浮潜及深海潜水的热门地点。由细小白色贝壳形成的迷人海滩，则是另一个吸引游客造访的景点。

©澳大利亚旅游局

©澳大利亚旅游局

©澳大利亚旅游局

1992
自然遗产
砂岛生态 × 热带雨林

弗雷泽岛 Fraser Island

位于澳大利亚昆士兰州东方的弗雷泽岛，面积广达1620平方千米，又称大沙岛。弗雷泽岛的沙丘色彩缤纷，因为沙中所含的矿物质比例不同，因而形成除了黄色沙之外，还有赭色、茶色、红色等多姿多彩的丰富颜色。事实上，岛上的沙丘并非在同一时期形成，而是经由冗长时间累积成的，据知目前最古老的沙丘已有超过70万年的悠久历史。而岛上的高耸雨林也是全世界唯一，这处生长在沙丘上高度超过200米的热带雨林被完整保存下来。

除此之外，弗雷泽岛上更林立着大大小小多达四十几座的悬湖(Perch Lake)，也是生态奇景之一。因为沙丘中长期凹陷的地盘形成不透水层，致使雨水在经过细沙的过滤后，反而成为十分清澈的水源。这些色泽或蔚蓝或碧绿的湖水，蕴含了许多生态宝藏，形成极为特殊的景观。

1997 自然遗产 火山 × 冰川 × 极地生态

赫德与麦克唐纳群岛

Heard and McDonald Islands

赫德岛和麦克唐纳群岛位于澳大利亚南部海域，距南极洲约1700千米，离珀斯西南部约4100千米。这是唯一靠近南极的活火山群岛，被人类誉为“一扇深入地球核心的窗户”，借以观察目前仍在不断发展的地貌及冰川动态。其保存价值在于未受到外来动植物的影响，保存了丰富原始的岛屿生态系统。

1994 自然遗产 动物化石遗址

澳大利亚哺乳动物化石遗址（里弗斯利／纳拉库特）

Australian Fossil Mammal Sites (Riversleigh / Naracoorte)

本哺乳动物化石遗址由澳大利亚东岸北部的里弗斯利以及南部的纳拉库特所组成，是澳大利亚最大、保存最完整的化石遗址，也是全球十大化石遗址之一，它详细记录了澳大利亚大陆的哺乳动物演进史。

里弗斯利化石遗址保存了渐新世到中新世的古老化石，年代距今1000万年到3000万年，纳拉库特化石遗址则收藏了53万年前更新世中叶以后的化石。这些化石包括了冰川时期就已灭绝的巨型哺乳动物、鸟类、爬行动物，以及一些近代生物的化石，例如蛇、蝙蝠、鹦鹉、龟、老鼠、蜥蜴等。

©澳大利亚旅游局

1997 自然遗产 火山地形

麦夸里岛 Macquarie Island

长34千米、宽5千米的麦夸里岛位于澳大利亚南部海域，大约位于塔斯马尼亚东南方1500千米处，刚好在澳大利亚与南极大陆的中间。

当印度—澳大利亚板块碰撞太平洋板块后，造成海底山脉上升到今日的高度，因此麦夸里岛可以说是海底的麦夸里山脉(Macquarie Ridge)露出海面的部分。该岛是地球上唯一一处不断有火山岩从地幔(海床下6千米深处)冒出海平面的地方，也是重要的地质生态保护区。

2000

自然遗产

森林

×

尤加利树

大蓝山地区自然保护区

Greater Blue Mountains Area

大蓝山区域包括7个国家公园，以蓝山国家公园最为出名。本区因拥有广大的尤加利树林地，所以空气中悬浮着大量尤加利树所散发出来的油脂微粒，在经过阳光折射之后，视野所及一片淡蓝氤氲，犹如身在不可思议的国度，由此而得名。

大蓝山区域拥有海拔高度100—1300米的沙丘高原，这里也正是动植物兴盛的繁殖区域，据说由于15000年前造山运动频繁，火山活动兴盛，又经过长年风雨的侵蚀，于是今天这片土地处处可见自浓密的植物群中突起耸立的岩峰，成为这里独特的景观。

虽然说蓝山本身等同一部完整的澳大利亚尤加利树生态进化史，还有超过400种的动植物在此栖息，但这里绝对不只是单纯的生态保护区，和其他国家公园不同的是，到目前为止，仍有相当数量的居民住在国家公园范围内，与自然和谐共处。

2007
文化遗产
现代建筑

悉尼歌剧院 Sydney Opera House

在争议声中，澳大利亚最具知名度的地标悉尼歌剧院，终于在2007年被列为世界遗产，也成为澳大利亚第二座文化遗产。落成于1973年的悉尼歌剧院，不论在建筑形状还是建筑结构上，在20世纪的建筑史上都具有开创性的地位。当初设计歌剧院的丹麦建筑师约恩・乌松(Jørn Utzon)从此名垂青史，虽然当时他在建筑未完工时便负气离去，直到2008年过世前，不曾再踏上澳大利亚国土一步。

悉尼歌剧院外形犹如即将乘风出海的白色风帆，与周围景色相映成趣。白色屋顶是由100多万片瑞典陶瓦铺成，并经过特殊处理，因此不怕海风的侵袭，屋顶下方就是悉尼歌剧院的两大表演场所——音乐厅(Concert Hall)和歌剧院(Opera Theater)，是全世界知名的表演艺术中心之一。

音乐厅是悉尼歌剧院最大的厅堂，通常用于举办交响乐、室内乐、歌剧、舞蹈、合唱、流行乐、爵士等表演，可容纳2679名观众。此音乐厅最特别之处，就是位于音乐厅正前方，由澳大利亚艺术家罗纳德・沙普(Ronald Sharp)设计建造的大管风琴，号称是全世界最大的机械木连杆风琴(Mechanical tracker action organ)，由10500支风管组成。

歌剧院较音乐厅小，主要用于歌剧、芭蕾舞和舞蹈表演，可容纳1547名观众。另外悉尼歌剧院还有一个小型戏剧厅(Drama Theater)和剧场(Playhouse)，通常用于举办讲座和会议活动。

符号说明 登录时间 遗产内容 遗产类型 文化遗产 自然遗产 综合遗产 濒危文化遗产 濒危自然遗产 濒危综合遗产

2003 自然遗产 奇岩景观

波奴鲁鲁国家公园

Purnululu National Park

波奴鲁鲁国家公园坐落于澳大利亚西部，园区主要顺着班格班格山脉(Bungle Bungles)而规划。其地质结构是泥盆纪时期的石英砂岩，历经2000万年不断的侵蚀，形成一连串蜂窝状的圆锥尖顶，在陡斜的山脉上可观察到因水的侵蚀而形成的黑灰色条纹。

©澳大利亚旅游局

©澳大利亚旅游局

2011 自然遗产 海洋生态

宁格罗海岸 Ningaloo Coast

宁格罗海岸位于西澳首府珀斯北方1000多千米处的凯普山脉半岛(Cape Range Peninsula)。由于地理位置偏远，栖息地形态多元，因此本区海陆物种丰富，不仅孕育着500多种热带鱼、300多种珊瑚、各式各样的软体动物、甲壳动物及藻类，还有成千上万的海龟来此筑巢下蛋，每年更有数百头鲸鲨聚集在此觅食，与美丽壮观的珊瑚产卵盛况互相辉映。

本区的珊瑚礁绵延260千米，是全世界最大的一座紧邻陆块边缘的裙礁。陆地部分的主要特征则是大范围岩石裸露、崎岖不平的喀斯特地形，以及生机盎然、蜿蜒曲折的地下水道与洞穴。此外，潮间带还有岩岸、沙滩、潟湖、河口以及大片的红树林。

考古人员在凯普山脉半岛岩棚中发现的贝壳珠，最早可追溯到32000年前，显示远古时代就有原住民在本区生活，并且已经懂得制作个人饰品。鉴于目前考古人员进驻研究的洞穴及岩棚只占了一小部分，宁格罗海岸极可能还有更多不为人知的文化宝藏等待发掘。

2004 文化遗产 展览式建筑 × 花园

皇家展览馆和卡尔顿花园

Royal Exhibition Building and Carlton Gardens

位于墨尔本市中心偏北方，卡尔顿花园是为了1880—1888年在墨尔本举办的国际性展览会而特别设计的。花园里的皇家展览馆以红砖、木材、钢铁和石板瓦建成，建筑设计融合了拜占庭、仿罗马式、伦巴第式和意大利文艺复兴风格，由建筑师约瑟夫·里德(Joseph Reed)所设计。

这座展览馆可以说集结了1851年到1915年间，超过50个国际性展览会的展览，包括巴黎、纽约、维也纳、加尔各答、牙买加的京斯顿、智利的圣地亚哥等主办地。其共同的宗旨和目的，就是通过各个国家的工业展示，来促进人类物质和精神的进步。

马绍尔群岛
Marshall Islands

1 0 0 Total 1

马绍尔群岛是北太平洋上的岛国，地理上属于密克罗尼西亚的一部分，由1156座大小岛屿组成，分属于34座环礁。西班牙、英国、德国、日本、美国先后都染指过这片海域上的部分岛屿，直到1986年才正式独立。

2010

文化遗产

战争遗产

比基尼环礁核试验地
Bikini Atoll, Nuclear Test Site

太平洋的密克罗尼西亚群岛(Micronesian Islands)上，有一串名为“比基尼环礁”的群岛，共由23座岛屿组成，环绕着一座面积将近600平方千米的中央潟湖。第二次世界大战展开之时，美国在比基尼环礁上方进行核武试验，1946—1958年间这处“太平洋试验地”(Pacific Proving Grounds)上共进行了67次核武试验，其中包括首枚氢弹的试爆。

多次的测试，等同7000倍广岛核弹爆发的威力，对当地的自然环境产生莫大的影响。沉船被核爆威力推往潟湖底与巨大的火山口。比基尼环礁成为表现核武最直接且具高度象征意义的证据，同时也代表了历史上核子时代的来临。

符号说明 登录时间 遗产内容 遗产类型 文化遗产 自然遗产 综合遗产 濒危文化遗产 濒危自然遗产 濒危综合遗产

斐济群岛Fiji Islands

1 0 0 Total 1

斐济群岛位于南太平洋美拉尼西亚，由330座岛屿所组成，其中一半无人居住，又以维提岛(Viti Levu)和瓦努阿岛(Vanua Levu)两座岛屿为主，占了总人口的87%。1643年荷兰探险家塔斯曼首先发现斐济，1874年成为英国殖民地，1970年独立。

2013

文化遗产

殖民城镇 × 欧洲人 × 英国

莱武卡历史港口镇

Levuka Historical Port Town

莱武卡镇位于斐济东部的欧瓦劳岛(Ovalau)上，建立于1820年左右，是欧洲人和美国人来到斐济第一个建立的据点，他们在原住民村庄的周围建仓库、商店、港口设施、住宅，以及社会、教育和宗教机构。其城镇发展过程一直受到当地原住民社区的影响，而且原住民人口始终多于欧洲人，这是晚期殖民港口镇少有的特殊案例，也因此呈现出有别于其他殖民地的独特景观。1874年莱武卡成为英国殖民地之后，这里进一步成为斐济的首府，后来才被苏瓦(Suva)所取代。

基里巴斯Kiribati

0 1 0 Total 1

基里巴斯是太平洋上的岛国，1979年从英国独立出来。32座环礁分布于赤道两侧，虽然岛屿面积总和仅811平方千米，但分布的水域面积却广达350万平方千米，是世界上唯一既地跨赤道又横越国际日期变更线的国家，也是世界上第一个见到日出的国家。

2010

自然遗产

海洋 × 珊瑚礁生态 × 生物多样性

菲尼克斯群岛保护区

Phoenix Islands Protected Area

基里巴斯共和国位于中太平洋，名列世界遗产的菲尼克斯群岛范围包括8处环礁与2座珊瑚暗礁，海域面积超过40万平方千米。菲尼克斯群岛拥有未遭破坏的超大型珊瑚群岛生态系统、14座海底死火山，以及其他深海生物。此区域共有将近800种动物，包括约200种珊瑚、500种鱼类、18种水生哺乳类动物和44种鸟类，是南太平洋的海洋与陆地生物栖息地，同时也是全世界规模最大的指定海洋保护区。

密克罗尼西亚联邦The Federated States of Micronesia

1 0 0 Total 1

密克罗尼西亚联邦就位于西太平洋地理区域密克罗尼西亚的东半侧，自西向东由雅浦(Yap)、楚克(Chuuk)、彭培(Pohnpei)、科斯瑞(Kosrae)四州所组成，共有607座岛屿，第二次世界大战之后交由美国托管，1990年结束托管，隔年正式成为联合国一员。

2016

濒危文化遗产

巨石建筑 × 南岛语族遗产

南马都尔：东密克罗尼西亚的庆典中心

Nan Madol: Ceremonial Centre of Eastern Micronesia

南马都尔由超过2.5亿吨的柱状玄武岩，在礁湖上建造出92座人工岛，散布面积广达30平方千米，其间有无数的渠道彼此相通。从彭培的首邑科罗尼亚(Kolonia)乘快艇出海，约半小时许，便到达南马都尔所在的天文(Temwen)岛。要进入这座城的“市中心”，得乘船或者涉水走过珊瑚礁，城墙高达10米，由六角形的柱状玄武岩构成，岛与岛之间用运河网贯穿起来，运河宽度仅够一只独木舟通过。牢固、结实的堤防伸向大海，以保护这座迷宫般的城堡。

帕劳Palau

0 0 1 Total 1

帕劳位于密克罗尼西亚岛群最西端，由6个分离的小岛群组成，南北绵延约160千米，由两种不同的地质所构成。北方诸岛为丛林茂盛的火山岛，南方各岛大多是珊瑚礁岛，被海洋学家评为世界七大海底奇观之首。

©周丰培

2012

综合遗产

海洋和珊瑚礁生态 × 南岛语族岩石艺术

洛克群岛南部潟湖

Rock Islands Southern Lagoon

洛克群岛是帕劳最早有人居住的地方，也是游客最常造访的观光区域，岛屿主要由石灰岩组成，这些石灰岩岛原本是由几百万年前露出水面的珊瑚礁干涸后所形成，多半为布满树林的无人岛，有“水上花园”之称，也是常出现在许多帕劳风景明信片中的代表景观。

帕劳拥有全世界最洁净的水质、最美丽的珊瑚礁景观，还有最合适的水温，被海洋学家评为世界七大海底奇观之首。这里蕴藏了全世界种类最多、最丰富的海底资源，总计有700多种珊瑚，以及超过1500种的热带鱼类，再加上水温适中、水流平稳等得天独厚的自然条件，使得这里成为浮潜爱好者的天堂。

生活着数百万只无毒水母的水母湖(Jellyfish Lake)；富含多种矿物质火山泥的牛奶湖(Milky Way)；五颜六色、珊瑚丛随着水流摇曳生姿的软珊瑚区(Soft Coral Garden)；有如一丛丛石林一般的硬珊瑚区(Stiff Coral Garden)；因珊瑚状似灵芝而得名的灵芝珊瑚礁区(Flower Coral Garden)；有一道迤逦近1千米长白色沙滩的长沙滩(Long Beach)；德军在1900年左右以炸药破坏环礁所形成的德国水道(German Channel)；五角星形的星象岛(Carp Island)；多达三四百颗百岁砗磲贝的干贝城(Clam City)；可以和鲨鱼共舞的鲨鱼城(Shark City)；有多种海洋生物栖息产卵的生态保育区七十群岛(Seventy Islands)；从环礁向外延伸两三米后便遽降成约300米深的大断层峭壁(Big Drop Off)，沿着陡直的断层浮潜，便可以看到相当精彩的海底生物……这些都是洛克群岛被评为世界七大海底奇观之首的精华。

此外，岛上的原住民为南岛语族的一支，其留下的墓冢与岩石艺术，见证了小岛社会组织超过3000年的历史，和海洋生态一起被纳入世界遗产，因此是一座综合遗产。

符号说明 登录时间 遗产内容 遗产类型 文化遗产 自然遗产 综合遗产 濒危文化遗产 濒危自然遗产 濒危综合遗产

新西兰New Zealand

0 2 1 Total 3

新西兰世界遗产仅有3座，但在全球却具有举足轻重的地理价值。古老的陆块，再加上地壳挤压、造山运动等作用，新西兰这块土地记录了数亿年来地质上的演变，古老与年轻的地貌兼备，北岛的火山、南岛的冰川，以及近南极洲的岛屿，在地理与生态上各有其特殊意义。

©新西兰旅游局

©新西兰旅游局

1990

自然遗产

冰川 × 峡湾 × 生物多样性

蒂瓦希普纳穆——新西兰西南部

Te Wahipounamu—Southwest New Zealand

南岛西南部几乎都划归在世界自然遗产蒂瓦希普纳穆(Te Wahipounamu)的范围里，将近新西兰国土的十分之一，包括库克山、峡湾、阿斯派灵山(Mount Aspiring)、西地(Westland)4座国家公园，以及2处自然保护区、3处科学保护区、13处景观保护区、4处野生动植物管理保护区、5处生态区和数座观察区、1处私有保护区。

目前全球只有三处是地球主要板块的交界处，蒂瓦希普纳穆的阿尔卑斯断层即为其一。500万年来，太平洋板块和印度—澳大利亚板块彼此倾轧，造成地壳的剧烈变动，推挤出连绵不绝的山峦。

巨大的万年冰川则塑造出南岛西南部的地貌，此处有全球最大的中温冰川和数条流动快速的冰川。庞大且坚硬的万年冰川缓慢向下移动，硬生生在山峦间切割出通道入海，在冰川融化后，便留下峡湾、峭壁、瀑布、砾石海滩等冰川地形。

蒂瓦希普纳穆的自然植被相当丰富多元，纬度、高度、气温、雨量等的不同，形成了湿地、草地、灌木丛和森林等生态区，由于受到政府和民间良好的保护，拥有许多古生物，如14种罗汉松、南山毛榉、不会飞的奇异鸟、肉食性蜗牛，以及唯一的高山鹦鹉“Kea”，可以让科学家揣摩180万年前的冈瓦纳古陆(Gondwanaland)世界。

1990

火山景观
生态
×
南岛语族
(毛利人)
遗产

综合遗产

汤加里罗国家公园

Tongariro National Park

汤加里罗于1990年先被认可为自然遗产，1993年又名列文化遗产。前者是因为有多座活火山和休眠火山，加上多元的生态环境，形成诡奇多变的地理景观；后者则是因为境内高山对毛利族有文化与宗教上的重大意义。

在电影《魔戒三部曲》里，燃烧着熊熊烈火可以摧毁魔戒的末日山脉多摩山(Mt. Doom)，就是以汤加里罗国家公园里的鲁阿佩胡山(Mt. Ruapehu)作场景，山坡上的怀卡帕帕(Whakapapa)滑雪区也出现多次，位于北岛中央地区的这座新西兰第一个国家公园从此声名大噪。

1987年新西兰原住民毛利部落酋长将鲁阿佩胡山、汤加里罗山和瑙鲁霍伊山(Mt. Ngauruhoe)三座火山，赠送给新西兰国人民，汤加里罗国家公园才得以有今日的规模，火山健行和滑雪是最热门的活动。

1998
自然遗产
野生动物 × 极地生态

新西兰次南极群岛

New Zealand Sub-Antarctic Islands

次南极群岛位于新西兰南部和东南部海域，由五个群岛组成，以其生态资源丰富入列。此区位置介于南极区和亚寒带复合区，生物族群大量繁殖且多样化，有许多禽鸟、植物和无脊椎动物的特有种，岛上野生动物繁衍稠密，最值得注意的是多种大型海鸟和企鹅也选择在此筑巢生子，称得上是海鸟天堂。经专家统计，共有126种鸟类在此落地成家，包括40种海鸟，其中有5个品种是世界上其他地方没有的。

©新西兰旅游局

巴布亚新几内亚

Papua New Guinea

1 0 0 Total 1

位于西太平洋的巴布亚新几内亚，可以说是世界上少数多元民族文化的国家之一。根据官方统计，这里使用的语言多达841种，足见它仍处于经济落后的部落社会。由于低度开发，这里保留了六七千年前完整的早期农业活动证据。

2008
文化遗产
农业景观遗址

库克早期农业遗址

Kuk Early Agricultural Site

库克早期农业遗址被发现于巴布亚新几内亚西部高地，海拔约1500米的沼泽地，面积约1.16平方千米。根据考古挖掘出的迹象发现，在六七千年前，当地人们从食物采集转变为农耕，成功地栽种香蕉、芋薯类蔬食，而针对沼泽地耕种所开凿的排水系统、土墩和垄沟等都是农业技术和土地利用的一大提升和突破，是同时期少见的成熟发展，也是极少数保留完整的早期农业活动的见证。

符号说明 登录时间 遗产内容 遗产类型 文化遗产 自然遗产 综合遗产 濒危文化遗产 濒危自然遗产 濒危综合遗产

©UNESCO/S. A. Tabbasum

所罗门群岛 Solomon Islands

0 1 0 Total 1

所罗门群岛是南太平洋上由1000多座岛屿组成的岛国，地理上属于美拉尼西亚的一部分。在欧洲人发现所罗门群岛之前，南岛语族已在这片广阔的海域生活了数千年。美国、英国、日本都曾在此争夺势力范围，1978年所罗门群岛独立。

东伦内尔岛

East Rennell

1998

濒危自然遗产

海洋 × 珊瑚礁生态 × 物种演化

伦内尔岛位于西太平洋所罗门群岛最南端，长86千米，宽15千米，是世界上最大的珊瑚环礁。岛上的特加诺湖(Lake Tegano)为咸水湖，过去曾经是礁湖，也是太平洋诸岛中最大的湖泊，湖泊里还有许多石灰岩小岛并孕育不少地方特有种。东伦内尔位于伦内尔岛南部三分之一处，面积约370平方千米，并向外延伸海域达3海里。

伦内尔岛上森林密布，树冠高达20米。由于经常受强烈热带气旋侵袭影响，该岛成为西太平洋物种迁移及进化的跳板，对科学研究来说，是极重要的天然实验室。

瓦努阿图Vanuatu

1 0 0 Total 1

位于南太平洋的瓦努阿图，属于美拉尼西亚的一部分，由火山岛所组成。欧洲人于17世纪来到瓦努阿图之前，这里是南岛语族的家，西班牙、英国、法国都曾经占领过部分岛屿。1980年瓦努阿图独立建国，国名取自南岛语的“vanua”，意思为“家”和“土地”。

洛伊玛塔酋长领地

Chief Roi Mata's Domain

2008

文化遗产

南岛语族遗产 × 酋长的居所 × 死亡地 × 墓葬群

洛伊玛塔酋长领地是瓦努阿图的第一座世界遗产，包括埃法特(Efate)、勒勒帕(Lelepa)和阿尔托克(Artok)三座岛上的三处17世纪初遗址，那是瓦努阿图最后一位最高统治者洛伊玛塔酋长的居所、死亡地及墓葬群。

在这个借由语言和口述传承的社会，一切以酋长为核心，除了延续传统及制定价值体系，也为民众排忧解难。这些遗址十足反映了瓦努阿图诸岛的典型社会。酋长居所和坟冢的各种禁忌，四百年来人民奉行不悖，形成当地特色及习俗，处处显示酋长仍存活于现代瓦努阿图人的心中。

图书在版编目（CIP）数据

世界遗产全书 / 朱月华・墨刻编辑部编. —北京：世界图书出版有限公司北京分公司，2022.5（2024.1 重印）
ISBN 978-7-5192-7854-0

Ⅰ.①世… Ⅱ.①朱… Ⅲ.①文化遗产—介绍—世界 Ⅳ.①K103

中国版本图书馆CIP数据核字（2020）第163358号

书　　名　世界遗产全书
SHIJIE YICHAN QUANSHU

编　　者　朱月华・墨刻编辑部
责任编辑　王思惠
封面设计　沙逸云

出版发行　世界图书出版有限公司北京分公司
地　　址　北京市东城区朝内大街137号
邮　　编　100010
电　　话　010-64038355（发行）　64033507（总编室）
网　　址　http://www.wpcbj.com.cn
邮　　箱　wpcbjst@vip.163.com
销　　售　新华书店
印　　刷　北京中科印刷有限公司
开　　本　889mm×1194mm　1/16
印　　张　36.25
字　　数　1740千字
版　　次　2022年5月第1版
印　　次　2024年1月第4次印刷
版权登记　01-2020-2996
国际书号　ISBN 978-7-5192-7854-0
定　　价　238.00元